DELIUS KLASING

Zum Andenken an Gerry, Daniel, Olivier, Loïc
und an alle anderen, die auf See geblieben sind,
und aus deren Kielwasser diese Geschichte entstanden ist.

»Angenehm? Das ist etwas ganz Einmaliges«, sagte die Wasserratte feierlich, als sie sich vorbeugte und in die Riemen legte. »Glauben Sie mir, mein junger Freund, es gibt nichts, absolut gar nichts, das nur halb so schön wäre, wie einfach im Boot die Zeit verrinnen zu lassen, einfach verrinnen« fuhr sie verträumt fort, »im Boot verrinnen lassen, verrinnen ...«

Kenneth Graham

»Durch Bilder, Erzählungen und Lektüre allein kann man nur ganz unwissenschaftlich, völlig ungenau und sogar gänzlich konfus Kenntnisse erwerben. So baut man sich einen guten Traum zusammen. Dazu benötigt man eine Mischung aus Raum und Zeit, das angeblich Wahre und das bestimmt Falsche, winzige Details und riesengroße Ansichten.«

Paul Valéry

»Für einen Historiker befinde ich mich in einem beklagenswertem Zustand, denn wie viele andere glaube ich nicht an die Existenz einer historischen Wahrheit. Unsere Vergangenheit lässt sich nicht eindeutig festschreiben, sie ist anfechtbar und zweifelhaft. Die Geschichte dieser Welt wurde so geschrieben, wie die Zeitungen das heutzutage tun: die Tatsachen sind mit Vorsicht zu genießen, sie variieren je nachdem, welche Zeitung darüber berichtet. Die Darstellung ändert sich jeweils nach dem Blickwinkel, unter dem der Journalist oder der Historiker diese betrachtet; die Aussagen unmittelbarer Zeugen, so ehrlich sie sein mögen, stimmen nicht überein. Und es gibt auch falsche Zeugen.«

Elsa Triolet

Daniel Charles

Die Geschichte des

YACHTSPORTS

Delius Klasing Verlag

Vorbemerkung

Im Jahre 1980 veröffentlichte ich ein Buch zur Geschichte des Yachtsports (Le Yachting, une Histoire d'Hommes et de Techniques), das nach einem Jahr vergriffen war. Zehn Jahre später bat ich den Verleger zweimal vergeblich, es wieder aufzulegen. Als der Verlag Arthaud mir vorschlug, eine Geschichte des Yachtsports zu schreiben, glaubte ich etwas naiv, die alten Texte wieder aufnehmen zu können – aber da irrte ich! 17 Jahre danach taten sich offensichtlich Lücken auf. Neues hatte sich ergeben, Forschungen hatten die bis dato kaum erforschte Vergangenheit des Freizeitsports Segeln zu Tage gebracht. Die Bedeutung der Klassen im 19. Jahrhundert war größer, als man gedacht hatte. Man kannte jetzt die Geschichte der Zeit zwischen dem Ersten und Zweiten Weltkrieg besser sowie die des Einhandsegelns.

Und vor allem war die Entwicklung nach dem Erscheinen meines ersten Buches nicht stehen geblieben, sondern diese 17 Jahre waren im Gegenteil wohl die bewegtesten in der Geschichte des Segelns.

Eine einfache Überarbeitung kam also nicht in Frage, sondern ich musste ein ganz neues Buch entwerfen und schreiben. Vom ersten Buch sind einige Wendungen erhalten, aber es ist hier ein ganz anderes Werk entstanden, doppelt so umfangreich wie das erste, gründlicher erforscht und wie ich hoffe, besser erzählt und witziger. Einige Leser werden sicher vor den vielen Anmerkungen zurückschrecken, aber zu Unrecht, denn für die eigentliche Lektüre sind sie nicht wichtig. Meist enthalten sie bibliographische Hinweise oder Gedankengänge, die den Fluss des Textes gehemmt hätten. Und manchmal haben sie nur einen ironischen Bezug zum Thema, etwa wie eine dumme Bemerkung, die sich zwei schlechte Schüler hinter dem Rücken des Lehrers zuflüstern.

Daniel Charles

Vorwort

Ich verhehle nicht, dass ich begeistert bin von allem, was Daniel Charles schreibt. Ich liebe seine bisher erschienenen Bücher, und jeden Monat warte ich ungeduldig auf die belgische Zeitschrift »Yachting Sud«, um seine Chronik »Vagues du Monde entier« (Wellen aus aller Welt) zu lesen. Ich schätze seinen Stil, seinen Humor und seine umfassenden Kenntnisse: er weiß alles über Schiffe und über die Geschichte unseres Sports und unserer Freizeit. Niemand war also geeigneter als er, die Geschichte des Freizeitsegelns zu schreiben.

Das Buch hat mich nicht enttäuscht. Das Thema scheint etwas spröde, aber das Ganze liest sich wie ein Roman. Vor allem kann man die Entwicklung der Yachten und ihrer Konstruktion kaum erschöpfend begreifen, ohne den grundsätzlich negativen Einfluss der Klassen zu bedenken. Aus der Feder eines anderen könnte die Geschichte der Vermessungsregeln jedem, der sich nicht für das Thema interessiert, langweilig erscheinen, aber bei Daniel wird alles zum Vergnügen.

Diese Geschichte des Yachtsports ist äußerst lebendig, nicht nur weil Daniel auf Grund seines Wissens über die Schifffahrt das Geschriebene mit eingängigen und witzigen Anekdoten versieht, sondern auch, weil er die Ereignisse und Entwicklungen im Segelsport in ihrem historischen Kontext beschreibt, was natürlich von großer Bedeutung für die Entwicklung des Segelsports ist.

Das Lob für die Qualität des ausgezeichneten Textes gilt auch für die zahlreichen Abbildungen, von denen viele in noch nicht veröffentlicht wurden. Auch in einem Werk über die Geschichte von Yachten und Menschen sagt ein Bilddokument meistens mehr als Worte aus.

Ich hoffe, dass dieses Buch den ihm gebührenden Erfolg haben wird.

Éric Tabarly †

Inhalt

Die Entwicklung des Segelsports

Eine Legende wird geboren

Menschen und Ideen

Eine grundlegende Revolution

Symbol des Segelsports: Endeavour *– legendäre Yacht der J-Klasse (vorhergehende Doppelseite).*

Zwischen den Weltkriegen

Die große Wende

Die Multiplikation des Yachtsports

Tendenzen

Zu Anfang war der Prunk, wie bei der Paradefahrt des Dogen an Bord der Bucentaure *während der alljährlichen Festlichkeiten aus Anlass der Vermählung von Venedig mit dem Meer (Gemälde von Francesco Guardi, 1712–1793).*

Die Entwicklung des Segelsports

Ruhm und Prunk

1500 vor Christus bis 1720

»Ich will es euch erzählen. Sie saß in einer langen Barke, die auf dem Wasser leuchtete, wie ein feuriger Thron, das Heck war aus geschnitztem Gold, die Segel purpurrot und so duftend, dass die Luft vor Liebe seufzte; die silbernen Ruder bewegten sich zum Klang von Flöten und das Wasser schien unter dieser Liebkosung schneller unter dem Kiel dahinzuströmen. Was die Königin anbetrifft, so ist es fast unmöglich, sie mit Worten zu beschreiben: sie ruhte unter einem goldgestickten Baldachin und war noch schöner als jene Venus, bei deren Darstellung der Künstler die Natur übertrifft. Neben ihr lächelten zwei Knaben mit bezaubernden Grübchen wie Amor, und ihre Fächer aus bunt gefärbten Federn schienen die zarten Wangen, die sie doch kühlen sollten, zum Glühen zu bringen, anfachend, wo sie löschen sollten.«

William Shakespeare[1]

Am Anfang war die Faszination des Meeres, seines Zaubers und auch seiner Gefahren. »Es gibt«, sagt Platon, »drei Arten von Menschen: Die Lebenden, die Toten und die Seefahrer.« Wegen der Zerbrechlichkeit seines Schiffes und der Gewalt der Wogen befand sich der Seemann in einem Zwischenstadium: Nicht mehr ganz unter den Lebenden, aber auch noch nicht völlig verschlungen vom menschenfressenden Meer, das diejenigen, die an es glaubten, wie heidnische Götzen verschlang. Kennzeichen dieser Gefahr war das Unvorhersehbare. Im Gegensatz zum Leben an Land stand das Leben auf See unter dem Eindruck des Unvorhersehbaren: Sturm, Meeresungeheuer, die schöne Zauberin auf ihrer Insel, die Königstochter, die Hilfe brauchte, der Schatz, den es zu entdecken galt. Das Meer drohte mit Gefahren, versprach aber auch Reichtümer. Jenseits des Horizonts lagen die Länder, die entdeckt werden wollten. Von jenseits des Meeres würde man Gold, Zinn, Purpur und Sklaven mitbringen.

So verkörperte das Meer das Schicksal mit Glück und Unglück. Wem es gelang, sich mit ihm zu verbünden, der konnte reich und mächtig werden. Darüber hinaus konnte es für denjenigen, der schon reich und mächtig war, politisch und persönlich von Vorteil sein, wenn er eine Verbindung mit dem Meer vorgaukelte, indem er einen Palast zu Wasser baute, der nach dem Vorbild der irdischen Güter so etwas wie eine symbolische Inbesitznahme bedeutete. Ein eindrucksvolles Beispiel dafür war sicher die *Bucentaure*, eine mit Skulpturen und Vergoldungen überladene Galeere, auf der der Doge von Venedig einmal im Jahr die Vermählung seiner Stadt mit dem Meer erneuerte, indem er einen goldenen Ring in das Wasser der Lagune warf.

Diese Art von Hochzeitsfeier findet sich in den meisten an den Ufern der Meere entstandenen Kulturen, genau wie die Idee eines Schlosses auf dem Meer. Abgesehen von dem, was im Orient entstand, wurde der eindrucksvollste schwimmende Palast der Antike (genau gesagt: das schwimmende Objekt, das als größtes dieser Epoche bekannt wurde) von jenem Mann entworfen, nach dem ein Prinzip benannt wurde, welches Grundlegendes über die Schwimmfähigkeit von Körpern formuliert: von Archimedes.[2] Für seinen Dienstherrn und Verwandten, Hieron II., König von Syrakus, ließ er gegen 250 v. Chr. ein riesengroßes schwimmendes Schloss bauen, eigentlich ein Handelsschiff mit 200 Tonnen Ladevermögen. 300

Archimedes (Mitte) entwarf für Hieron II., König von Syrakus, einen schwimmenden Palast, der wegen seiner Größe nicht im Hafen manövrieren konnte (Skulptur von Boquet, 1788).

Das Gemälde von A. Willaerts zeigt zu Beginn des 17. Jahrhunderts neben den Schiffen die den Reichtum der Niederlande gründeten im Vordergrund auch eine Yacht (linke Seite).

Ägyptisches Schiff etwa 2000 v. Chr.

Zimmerleute verbauten darin in einem Jahr soviel Holz, wie man für 300 normale Galeeren gebraucht hätte. Aber wie herrlich sah es aus, als sie fertig war! Der Rumpf hatte drei Decks. Ballast und Vorräte waren unter Deck gestaut. Im Zwischendeck lagen 30 Suiten, von denen jede über vier Betten verfügte. Starke, mit Kriegsgerät bestückte Holztürme, dienten zur Verteidigung der oberen, mit Mosaiken vom Trojanischen Krieg geschmückten Brücke. Es gab außerdem Räume für die Leibgarde, einen Gemeinschaftsraum, eine Bibliothek und eine Galerie, deren Wände aus kostbarem Holz mit Intarsien aus Elfenbein und Silber verziert waren. Der Damensalon war mit Einlegearbeiten aus Achat und Koralle dekoriert. In der Galerie wuchsen Blumen und Sträucher. Erst zu Beginn des 20. Jahrhunderts gab es wieder eine ähnliche botanische Raffinesse, als der Bankier Anthony Drexel einen Rosengarten auf seiner Yacht *Semiramis* anlegen ließ. Aber leider gingen die Rosen im Seewind ein und die künstlichen Blumen, die diese ersetzen sollten, verblichen auf der Brücke.

Zurück zu Hieron II., König von Syrakus, dessen Schwierigkeiten mit seinem Schiff von anderer Art waren: Die *Syrakusia* war so schlecht zu manövrieren, dass der Hafen von Syrakus sich als zu klein für das Monstrum erwies.[4] Man verkaufte sie also an die Ägypter, die, was Prunkschiffe betrifft, eine beeindruckende Tradition hatten, nur mit dem kleinen Unterschied, dass sie mit dem allmächtigen Nil und nicht mit dem Meer einen Bund schließen wollten.

Nicht weit vom Ufer des Nils entfernt hat man in einem Grab aus dem Jahre 1500 v. Chr. das 30 m lange Modell eines Lust- und Prunkschiffes gefunden. Etwas jünger, aber nicht weniger eindrucksvoll war das Schiff, mit dem Kleopatra Antonius entgegen fuhr: »Sie fuhr den Nil hinauf an Bord eines Bootes, dessen Heck aus Gold war, mit Segeln aus purpurner Seide; die Ruder, die sich zum Takt der Musik bewegten, waren aus Silber. Sie selbst (Kleopatra) stand unter einem üppigen, goldgewirkten Baldachin, bekleidet wie Venus, die dem Wasser entsteigt, umgeben von Knaben, schön wie Cupido, die ihr Kühle zufächelten.« (Plutarch[5])

Der Nil ist nicht der einzige Fluss, den man verehrte. Von 1526 bis 1771 empfingen die Bewohner von Bordeaux ihre Würdenträger vom anderen Ufer der Gironde (aus Blaye) in »Flusshäusern« mit einem Kleopatra würdigen Prunk. François I. (1526) konnte über zwei Flusshäuser verfügen, eins davon »mit vier Türmchen«. Fünf Jahre später wurde das Flusshaus für seine Gattin Eléonore von 400 Booten begleitet, »geführt von den Bewohnern der Stadt und Handwerkern, die auf dem Meer allerlei Kunststücke vollführten und Feuerlanzen und Drachen in die Luft warfen.« Man schenkte ihr das Modell eines Dreimasters aus Gold »voller Wappen mit einer Sonne darauf« Diese Tradition hielt sich bis 1771, als das Flusshaus zur Ankunft eines neuen Bischofs mit zwanzig Sesseln ausgestattet wurde, davon sechs großen.[6]

Dem auf der Gironde geschleppten Zug vergänglicher, schwimmender Paläste, den Pontons mit Theaterkulissen mit vielen Fensteröffnungen, geschmückt mit Brokat, besetzt mit Orchestern, Schauspielern und Feuerwerkern, folgten mächtigere, prächtige Galeeren: ein Projekt von 1767 beschreibt einen 41 Fuß langen und 9 Fuß breiten Galeerenrumpf mit zwei Masten, davon der achtere höher, mit Lateinsegeln getakelt. Auf dem Deck eine Kajüte mit Fenstern sowie eine Vorschiffskajüte, verziert mit Schmuckreliefs, einer Drachenfigur am Bug; man sieht Girlanden, Schmuckblätter, sechs gedrehte und mit Skulpturen ausgestattete Vasen, die fest aufgestellt sind – und das alles zum Preis von 4700 Livres und der Überlassung der alten, im Besitz der Stadt befindlichen Galeere. 1769 gab Bordeaux mehr als

Römische Prunkschiffe auf der Gironde

Etwa im Jahre 463 lud Sidoine Apollinaire in Bordeaux mit folgenden Worten seinen Freund Trygetius ein: »Mein lieber Freund Leontius, der sicher die bedeutendste Persönlichkeit in Aquitanien ist, und Paulin machen sich auf den Weg, um dich abzuholen – nicht nur mit einer Flotte, sondern mit dem Fluss selbst, indem sie die Strömung der Garonne nutzen. Mit Gesang werden die Ruderer auf ihrer Bank und die Steuerleute am Heck gemeinsam im Takt ein Loblied auf dich singen. Ein Lager aus Kissen und ein Spieltisch erwarten dich. Damit deine herabhängenden Füße nicht auf dem schwankenden Schiff durch das schmutzige Wasser im Rumpf benetzt werden, wurde ein Boden aus Brettern eingesetzt. Ein schräg gestelltes Segel aus Zelttuch über deinem Kopf wird dich vor der unberechenbaren, klaren Winterluft schützen. Was kann noch zu deiner Annehmlichkeit beitragen, wenn nicht die Überraschung, dass du bereits angekommen bist, nachdem du kaum den Beginn der Reise wahrgenommen hast? Warum zögerst du noch?«[3]

1200 Livres aus, um die Besatzung einzukleiden, davon fast 380 Livres nur für den Schiffsführer, und mehr als 420 Livres gab man für die Dekoration des Schiffs mit Vergoldung und Malerei, für Kunstschmiede und Glaser aus. Gegen Ende des 18. Jahrhunderts wurde diese Galeere dann offiziell als Yack oder Yacht bezeichnet.

Das Wort »Yacht« kommt vom germanischen »Jacht« oder »Jachtschiff«, und war ein Schiff, das zum Jagen von Piraten und Schmugglern oder von diesen selbst benutzt wurde. Die Holländer übernahmen das Wort Ende des 16. Jahrhunderts, es wurde zu Jaght, dann Yacht, und in dieser Fassung übernahmen es im 17. Jahrhundert die Engländer und der Rest der Welt. In seinem Lexikon von 1718 erläuterte Richelet: »Iacht: ein englisches oder holländisches Wort, das man im Französischen iac ausspricht. Die englische Jacht ist ein Schiff mit Masten und Segeln, das aufs Meer hinausfahren kann und innen und außen mit bequemen und hübschen Wohnräumen ausgestattet ist.«

Die Definition von Herrn Richelet zeigt Stil, genau wie die beschriebenen Schiffe: »Hübsch von innen und außen.« Es wurde schon gesagt, wie kostspielig die Ausschmückung der Yacht von Bordeaux war, und die Könige standen nicht zurück. 1661 kostete allein die Dekoration einer der Yachten von Charles II. von England 300 Pfund, während das Schiff selbst nur 335 gekostet hatte.

Heimat dieser Luxusschifffahrt war unbestreitbar die Niederlande, seinerzeit das mächtigste Land Europas. In einem populären Lexikon steht: »Gott hat die Welt erschaffen, aber die Holländer haben Holland geschaffen.« Praktisch jeder Quadratmeter dieses Landes wurde dem Meer abgerungen: Deiche als Schutz gegen die Flut, Kanäle zum Entwässern der feuchten Polder. In den flachen Niederlanden ist der Seewind allgegenwärtig: er fegt über Kanäle und Felder, und so gibt es in der flämische Sprache für das Meer nur das Wort

Der Hafen von Bordeaux (oben) zur Zeit der letzten Flusshäuser (Gemälde von J. Vernet, 1714–1789).

Die Dekoration der Yacht Caroline *im 18. Jahrhundert. Manchmal lag der Preis der Skulpturen höher als der des Schiffes (unten).*

»Zee«, welches das Geräusch der bewegten Brise lautmalt.

Auch der Geist war dort in Bewegung: Erasmus[7], Flame von Geburt und Europäer von Natur, war Verkünder der Toleranz, und lange blieben die Niederlande Zufluchtsort für Verbannte, für diejenigen, die vor Absolutismus oder Willkür flohen. Als die Spanier 1585 Antwerpen eroberten, wanderten die Bürger der Stadt nach Norden aus und brachten ihr Können und ihr Geld in die Niederlande.[8] Zusammen mit den Unternehmungen der neu gegründeten Vereenigde Oost-Indische Compagnie (V.O.C.) sowie den Erträgen aus den Gründungen in Guayana und Neu-Niederland auf dem amerikanischen Kontinent wurde innerhalb eines halben Jahrhunderts aus den Niederlanden die wirtschaftlich blühendste Macht Europas. Dazu profitierte das Land von der allgemeinen Flaute in Europa: In Deutschland hatte der Dreißigjährige Krieg die Handelsstädte der Hanse geschwächt, während in Frankreich und England immer wieder Bürgerkriege ausbrachen.

Die Niederländer trieben Handel mit beiden Seiten: mit den Siegern von gestern und den Besiegten von morgen. Sie schickten Jachten – das Wort war noch nicht ausschließlich den Lust- und Luxusschiffen vorbehalten – in die ganze Welt: So lieferte die V.O.C. 1609 eine Yacht, *De Halve Moen* (Der Halbmond), an Henry Hudson, der damit Nowaja Semlja und das spätere Kanada erkundete. Aber das war nur ein winziger Teil der riesigen niederländischen Handelsflotte: 1670 brachten es die 3500 Handelsschiffe der Vereinigten Provinzen auf rund 600 000 Tonnen, zweimal soviel, wie die französische und englische Flotte zusammen besaßen!

Auch der große Reichtum aus den neuerworbenen Besitzungen und Gründungen in Übersee war aus einem für jene Epoche typischen politischen System entstanden, dem der Kaufleute und Städte. Ganz all-

Parade verschiedener niederländischer Schiffs- und Yachttypen (Gemälde von A. Storch, um 1700).

gemein gesagt, war die Zentralgewalt auf ein Minimum reduziert worden, und jede Stadt verwaltete sich selbst. Eine Folge dieser Dezentralisation der Macht war natürlich, dass auf lokaler Ebene die Zahl der bedeutenden Persönlichkeiten stark anwuchs. Und all diese guten Leute waren in Bewegung, sie kamen und gingen, reisten von einem Ort zum anderen. Zwar gab es nur wenige Straßen, aber die Wasserwege waren bequeme Verbindungsrouten, und die Kanäle, die man zum Entwässern der Polder gegraben hatte, dienten zum Transport von Waren und Menschen. Die Notabeln gingen also auf Reisen, aber sie mussten Rang und Stand unter Beweis stellen und die Nachbarn beeindrucken: Ihre Yachten waren so mit Schmuck beladen, vergoldet und prunkvoll, dass man sie »Speeljachten« nannte, Yachten für Lust und Spiel.

Zum ersten Mal sah man sie 1580 aus Anlass der in Amsterdam zum Empfang Wilhelms I. von Oranien veranstalteten Parade – einem »fröhlichen Aufzug der Schiffe«, der vieles gemeinsam hatte mit den Flusshäusern von Bordeaux, nur mit dem Unterschied, dass die Flusshäuser eine Aufgabe hatten, es waren Luxusbarken (und was für ein Luxus!), die einen Würdenträger von Blaye nach Bordeaux bringen sollten. Das Fest in Amsterdam war insofern ohne äußeren Anlass, denn es sollte einzig und allein ein Vergnügen für Augen, Ohren (Kanonen) und Nasen (Pulverdampf ...) sein. Wir werden später noch auf diese Wasserfeste zurückkommen. Zunächst einmal erzeugte die Vermehrung der Speeljachten gewisse Probleme.

Schließlich mussten die schwimmenden Karossen irgendwo festmachen. 1622 wurde in Amsterdam der erste Yachthafen in Betrieb genommen. Er bot Platz für zehn Speeljachten unter 6,50 m Länge sowie 30 weiteren, die bis zu 10 m lang waren.[9] Der Erfolg war so groß, dass drei Jahre später am Westufer der Amstel[10] ein zweiter Hafen nur für diese Boote mit gut 40 Plätzen gebaut werden musste. 1657 kam ein

1675 gab es in Amsterdam drei Yachthäfen wie auf diesem Bild: Das waren die ersten Marinas (Gemälde von J. Bluauw, um 1750).

dritter Yachthafen dazu. Er bestand aus drei kleinen Inseln vor Katenburg in Amsterdam und maß 113 m x 27 m. Dreißig Liegeplätze konnte man kaufen, ebenso viele waren zu mieten.

Und während die niederländischen Speeljachten stolz Flagge zeigten, erlebte England seinen absoluten Tiefpunkt: Aus Verfolgungen und Verwicklungen war ein Bürgerkrieg erwachsen. Oliver Cromwell (1645–1658) hatte die Macht übernommen, nicht ohne zuvor seinen Vorgänger einen Kopf kürzer zu machen. Der legitime Thronfolger war in die Niederlande geflüchtet, von wo man ihn zurückrief, um ihn als Charles II. zu krönen. Aus seiner Residenz in Breda begab er sich nach Rotterdam, um dort das Schiff zu besteigen. (Das fand 334 Jahre vor der Eröffnung des Tunnels unter dem Ärmelkanal statt.) Die Niederländer stellten ihm eine Flotte von Jachten zur Verfügung. Der zukünftige König war so begeistert, als er die wendigen Segelboote sah, dass er ausrief: »Sobald ich angekommen bin, werde ich mir so eins bauen lassen.« Der Bürgermeister von Amsterdam kam diesem Wunsch zuvor, indem er mit der Oost-Indischen Compagnie über die Abtretung einer ihrer Yachten an das englische Staatsoberhaupt verhandelte. Dieser nannte das Schiff *Mary* und kehrte damit nach Hause zurück. »Ich bin heute mit Seiner Majestät auf einer seiner Yachten (oder Lustschiffe) gefahren, die bei uns unbekannt waren, bevor die Oost-Indische Compagnie dem König dieses merkwürdige Stück schenkte.«[11]

Die Lustflotte auf dem Canal Grande in Versailles. König Ludwig XIV. hatte in England »Iacs« bauen lassen, deren Innenausbau kunstvoll von französischen Handwerkern ausgeführt wurde.

Merkwürdig, indeed: Das Schiff erwies sich als wenig brauchbar. Im Gegensatz zu den flämischen Kanälen sind die Gewässer der Britischen Inseln tief und die Wellen können recht hoch sein. So gab man für die zukünftigen königlichen Yachten Englands den breiten Rumpf, den Platt- bzw. Rundboden sowie die Seitenschwerter der niederländischen Kollegen auf und entwarf eine rundere, elegantere Form. Der König an der Themse ließ sich mehr als ein Dutzend Yachten bauen, nicht weniger als 17 in sechs Jahren. Die Tatsache, dass alle vier Monate ein Stapellauf stattfand, beweist, dass diese Schiffe weniger zum Vergnügen, denn als Aushängeschilder für Reichtum und Luxus gebaut wurden.

Oder sollte damit vielleicht Überzeugungsarbeit geleistet werden? Wie konnte man die jungen Adligen besser dazu bringen, ihre spitzenbesetzten Gewänder und Schlösser zugunsten einer Karriere in der Marine aufzugeben, als dadurch, dass man ihnen

das Meer zeigte auf Schiffen, die noch goldener waren, als ihre Jugend?

Genau das taten Charles II. und seine Nachfolger, und das tat auch Frankreichs Ludwig XIV., als er 1710 einige Schiffe in Auftrag gab, zwei davon in England, mit denen er auf dem großen Wasserbecken am Schloss von Versailles seinem Hof Seeschlachten vorführen ließ – learning by doing! Und Zar Peter I., der Große von Russland machte es 1718 auch so. 21 Jahre zuvor, als er während seiner großen Europareise beschloss, sein Land zu modernisieren, war der zukünftige Zar von den Amsterdamer Würdenträgern mit großem Aufwand empfangen worden. Man hatte ihm zu Ehren eine Parade von Yachten veranstaltet. An diese Prunkschiffe erinnerte er sich, als er seinem Hof die Schifffahrt nahebringen wollte. Er liess in seiner Hauptstadt St. Petersburg die Newskij-Flotte bauen. Das war eine Luxusausgabe der Ecole Navale Frankreichs. Höfisches Treiben und Aufstiegsmöglichkeiten spielten dort sicher eine größere Rolle, als das Vergnügen zu Wasser.

Lange behielten die Yachten ihre Funktion als Rekrutierungsinstrument für die Kriegsmarine. 1834 wurde der Yachtclub von Cowes zur Königlichen Yachtschwadron, da aus ihr die zukünftigen Marineoffiziere hervorgingen. Seit 1890 galt Kaiser Wilhelm II. auch als Schirmherr des deutschen Segelsports, weil dieser ein unerlässliches Sprungbrett für die kaiserliche Marine war.[12] In der französischen Kriegsmarine wurde bis in die Jahre nach dem Zweiten Weltkrieg aktiv gesegelt, in der Hoffnung, auf diese Weise Nachwuchs zu gewinnen.

Das so offen in den Vordergrund gestellte Anliegen der Seefahrt war aber schon lange zweitrangig geworden, denn inzwischen hatten nichtadlige Untertanen wie Bürger, Handwerker, Fischer und sogar Schmuggler (horresco referens!), die das Vergnügen dem Prunk vorzogen, das Segeln als Freizeittätigkeit entdeckt.

Das Fest auf dem Wasser, das am 24. Mai 1660 in Rotterdam König Charles II. von England zu Ehren veranstaltet wurde, beeindruckte den Herrscher so sehr, dass er das Lustsegeln in seinem Land einführte.

Frühe Formen der Vergnügungsschifffahrt

1370–1720

»Es galt herauszufinden, ob es vor der Entstehung der bürgerlichen Republiken eine Vergnügungsschifffahrt gegeben hat, die man heute als Vorläuferin der Sportschifffahrt bezeichnen kann.«

Nicolas Guichet[13]

Der Hafen von Bordeaux, Zentrum der französischen Vergnügungsschifffahrt im 18. Jahrhundert (linke Seite). In dem Medaillon, einem Ausschnitt (Mitte) aus dem Gemälde von J. Vernet (1759), einer der Segler, die gleichzeitig Luxusfähre und Prunkschiff waren.

Zweifelsohne hat die Freude an der Schifffahrt die Menschen, die nicht mit Prunkschiffen fahren konnten, schon sehr früh zum Wasser hingezogen. Wie weit soll man diese frühe Vergnügungsschifffahrt zurückverfolgen? Der riesige schwimmende Palast von Hieron II. war gerade zu Wasser gelassen, als Plautus (254–184 v. Chr.) schrieb: »Und dann lasse ich mir zu meinem Vergnügen ein Schiff bauen; wie Stratonicus werde ich von einer Stadt zur anderen fahren.« Kleopatra ließ sich auf dem Nil Kühlung zufächeln, als Horaz (65 v. Chr.–8 n. Chr.) über einen Zeitgenossen lästerte: »Er ist auf seinem gemieteten Boot genau so seekrank, wie ein Reicher auf seinem eigenen Kriegsschiff.« Daraus könnte man schließen, dass für die Lustschifffahrt früherer Zeiten der Prunk überwog, und dass sie heutigen Kreuzfahrten ähnelte. Jene Art antiker Vergnügungsschifffahrt schlief dann auch in Venedig oder Asien wieder ein. Zwar liegen dort die Wurzeln, aber dieser Luxus zur See verschwand von der Bildfläche um dann später anderswo plötzlich wieder aufzutauchen. Isolierte Ereignisse ohne Zukunft und Folgen sind nicht Teil einer kontinuierlichen Entwicklung, einer »Geschichte«. Es ist ein zeitliches und geographisches Problem, die wirklichen Quellen der Lustschifffahrt zu finden, ohne an all denen hängenzubleiben, die versiegt und dann mit neuen Zuflüssen wieder sprudeln konnten. Die Zahl der belegbaren Tatsachen ist äußerst begrenzt, und die wenigen schriftlichen Zeugnisse handeln, mehr noch als heute, vor allem von den Reichen und Mächtigen, als sei das Leben der Menschen ohne Rang und Namen uninteressant. Zum Beispiel wird in den Akten der französischen Verwaltungen bis zur Mitte des 19. Jahrhunderts kein Unterschied gemacht zwischen Marine und Vergnügen. Nach unserem augenblicklichen Wissensstand fand das erste nautische Vergnügen in Frankreich vor 600 Jahren auf der Gironde statt.

Am Nordufer des Flusses steht in der Gemeinde Plassac eines der ältesten Häuser der Region. Unter der Kirche erkennt man noch die Ruinen einer römischen Villa. Möglicherweise war der Ort Montuzet, auf einem Hügel, von dem man die ganze Flussmündung überblickt, zur Zeit der Druiden heilig; auf jeden Fall war die Anhöhe im 14. Jahrhundert ein

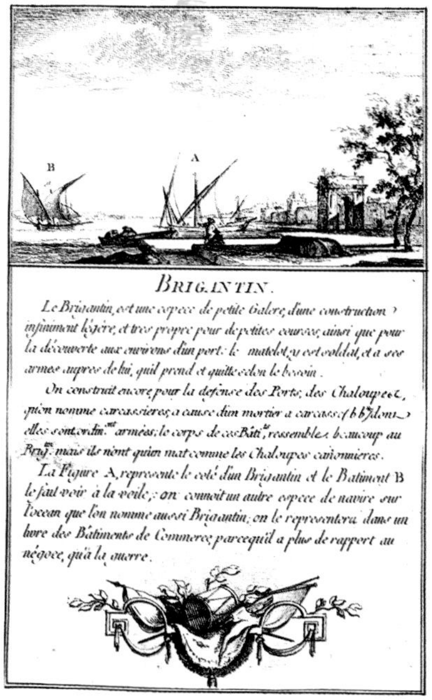

sakraler Ort. Die Bruderschaft Notre-Dame von Montuzet[14], deren Gründungsdatum unbekannt ist, zog in das Michael-Viertel in Bordeaux und organisierte gegen 1390 eine jährliche Schifferwallfahrt nach Plassac. Nicht Adlige oder Bürger waren Mitglieder der Bruderschaft, sondern Menschen aus dem Volk: Schiffer und Handwerker. Mit lautem Trommel- und Pfeifenklang wurde die Schifferprozession in Bordeaux angekündigt. Die etwa 80 km lange Anreise musste bei ablaufendem Wasser in Richtung Plassac begonnen werden, dann mit auflaufendem Wasser zurück nach Bordeaux, sodass am Ziel selbst verhältnismäßig wenig Zeit blieb. Diese lange Promenade auf dem Wasser, die bis zur Revolution jedes Jahr stattfand, war eine Vergnügungsfahrt. Aus einigen Rechnungen geht hervor, dass nur begrenzt Lebensmittel mitgenommen wurden, damit das Ganze nicht zum Gelage ausartete. 1461 wurde die Bruderschaft von Montuzet durch König Ludwig XI. wieder ins Leben gerufen; er sagte ihr »ad vitam« jedes Jahr ein Fass Wein aus Graves zu. Im Laufe der 400 Jahre ihrer Existenz erfuhr die Bruderschaft viele Veränderungen: Von der frommen Vereinigung zur gegenseitigen Hilfe wurde sie zeitweilig zur Standesvereinigung der Seeleute und Schiffer. Aber Jahr für Jahr organisierte sie ihre festliche Pilgerfahrt nach Plassac. Leute, die weder Könige noch Würdenträger waren, und die mit Prunkschifffahrt nichts zu tun hatten, vergnügten sich gemeinsam, indem sie auf dem Wasser Segel setzen oder ruderten, aßen, tranken und sangen.[15] Vielleicht findet man eines Tages einen Bericht jener Confrères aus der Gascogne, die schneller fahren wollten als alle anderen – und dabei nicht wussten, dass die Venetianer solche Schifferfeste »Regatta«[16] nannten.

Aber warum in Frankreich, in Bordeaux? Weil dieses vor allem der Hafen des östlich von Toulose gelegenen »Pays de Cocagne« war, wo Indigo[17] angebaut wurde. Die Cucugnes oder Cocagnes genannten Indigokugeln hatten für den Reichtum der Stadt dieselbe Bedeutung, wie der Claret, der in Fässern nach England exportiert wurde. Die Quellen für diesen Reichtum sprudelten hier auch deshalb so ergiebig, da die Stadt weit entfernt von der Zentralgewalt lag. Die Beamten aus Paris[18] mussten entweder zwei natürliche Wasserläufe überqueren, die Dordogne und die Garonne – oder sie mussten sich in Blaye einschiffen. »Der weite Bogen der Garonne, der das Bild der Stadt prägt, ist deshalb so geeignet für Schiffervergnügen, weil er quasi eine Arena bildet, die von den Kais, Fassaden und öffentlichen Plätzen wie eine Tribüne eingerahmt wird. Die Bewohner von Bordeaux haben ein geradezu freundschaftliches Verhältnis zu dem Fluss. Ein Teil der Bevölkerung arbeitet am Hafen, wo die Elite den malerischen Anblick genießt, der ein Sinnbild des eigenen Reichtums ist.«[19] Die Tatsache, dass es bis 1821 keine Brücke über die Garonne gab, erklärt die herausragende Bedeutung des Lebens auf und mit dem Fluss, die Flusshäuser, die städtische Galeere oder die Bruderschaft von Montuzet. Es erklärt aber auch, dass die Bürger dieser Stadt immer mitten im Leben standen.

»In diesem Jahr (1621) ließ Geneste, ein reicher, adliger Stadtverordneter in Bordeaux, eine Galiot bauen, um mit seinen Freunden zu seinem eine Meile von Bordeaux entfernt am Flussufer gelegenen Haus zu fahren.«[20] Dieser Herr Geneste ist der älteste »Vergnügungs«-Segler in französischen Quellen, dessen Namen wir kennen. Sein Beispiel steht aber nicht isoliert da, denn 1775 ließ man den Grafen von Noailles bei seiner Ankunft »auf dem Wasser umher-

Diese Galeeren (oben und rechts) waren die Vorfahren der Yacht mit Hilfsmotor. Ruderknechte sollten auch bei ungenügenden Winden oder widriger Strömung für ausreichenden Vortrieb sorgen.

fahren, begleitet und umgeben von einer Schar kleiner, mit Lorbeer geschmückter Galeeren und Barken«[21], die wohl nicht nur aus diesem Anlass gebaut worden waren. Das war sicher ein schönes Fest, aber seit dem Ende des 16. Jahrhunderts hatte Europa anderes gesehen.

Außerhalb von Aquitanien fand das erste Wasservergnügen, »Water Frowlyke«[16] genannt, von dem man weiß, 1570 in Burgh statt. Burgh, das alte Gariannonum, war der Schmelztiegel des historischen Englands, von Königin Boadice und König Knut. Die Ruinen der römischen Festung aus dem 3. Jahrhundert stehen noch am River Waveney, nicht weit von Great Yarmouth an der Nordseeküste entfernt. An der Südküste dieses atlantischen Nebenmeeres saßen die Niederländer, die gerade anfingen, aus den Jachten ihre Speeljachten zu entwickeln. Die Bauern aus Norfolk hatten keine Ambitionen in puncto Prunk und Pracht, sie wollten nur auf dem Wasser ihren Spaß haben. In dieser Beziehung waren sie den Brüdern aus Montuzet näher, als den holländischen Würdenträgern. »Water Frolics« gab es in Norfolk bis ins 19. Jahrhundert. In Frankreich fand das erste Flussfest 1613 auf der Seine in Paris anlässlich des Endes der Trauerzeit Heinrichs IV. statt. Die Organisatoren ließen Fischer und Lotsen aus Caudebec kommen, die mit ihren Arbeitsbooten und -schiffen auf der Seine fuhren.[23] Es wurde auch eine Art Regatta veranstaltet, von deren Regeln und Resultaten wir allerdings nichts wissen.

Natürlich wurde dieser erste bekannte Wettfahrt von Seeleuten durchgeführt. Für Fischer, die vor der Erfindung von Stangeneis eine verderbliche Ladung nach Hause bringen sollten, oder für Schmuggler, die der Küstenwache entkommen wollten, war Geschwindigkeit lebensnotwendig. Es war damals schwierig, zwischen Fischern und Schmugglern zu unterscheiden, weil es sich meist um dieselben Leute auf denselben Schiffen handelte. Bis zum 19. Jahrhundert spielte der Schmuggel eine äußerst wichtige Rolle im internationalen Handel. Welchen Handel sie auch immer gerade ausübten, Geschwindigkeit war unverzichtbar; sie war gleich nach dem Überleben unabdingbare Grundlage des Berufs. Und wenn man nur schwerlich ein Rennen, das sich zwei Skipper liefern, um als erstes ihre Ware zu entladen, als »Lustfahrt« bezeichnen kann, was hat es dann mit den Wettfahrten der Berufsschiffer in ihrer Freizeit auf sich? Es fällt schwer, eine klare Unterscheidung zu treffen, und wir kennen im Moment das wahre Ausmaß dieser Aktivitäten im 17. und 18. Jahrhundert nicht. Wie dem auch sei, ein bemerkenswertes Kennzeichen der ursprünglichen Vergnügungsschifffahrt ist ihre Zweiteilung: Einerseits sind da die Bürger, die sich in Schauspieler eines nautischen Theaters verwandeln und in einer Art Maskenball als Seeleute verkleiden, andererseits sind da die Berufsschiffer, die schnell sein müssen. Aus der Verschmelzung dieser beiden ganz unterschiedlichen Strömungen entstand die Vergnügungsschifffahrt.

Im Laufe dieser Fusion, die sich über das ganze 18. Jahrhundert hinzog, kam von 1670 an mit dem Schifferstechen[24] im Mittelmeerraum neues Leben in das Wasservergnügen. Es war praktisch die nautische Version eines mittelalterlichen Turniers, in dem das Pferd durch ein von Ruderern bewegtes Schiff ersetzt wurde und in dem die Kämpfer an Stelle eines Blutbades nur ein Bad im Wasser riskieren. Zur gleichen Zeit zogen andere Bürger in den Krieg. Die Bürger aus der Republik Genf zum Beispiel übten sich im Umgang mit Waffen. Am Ufer des Genfer Sees bildeten sich allerlei

Plassac und seine Kirche, wie es sich den Mitgliedern der Bruderschaft von Montuzet Jahr für Jahr von 1370 bis 1785 im Rahmen der festlichen Pilgerfahrt bot.

Die »Water Frolics« in Norwich, wie diese von 1824, dargestellt auf einem Gemälde von J. Stannard (1797–1830), gingen zurück auf eine im Volk beliebte Tradition aus dem 16. Jahrhundert (folgende Doppelseite).

SYLPH

Das Fischer- oder Schifferstechen geht wie hier in Sète am Mittelmeer auf eine Tradition aus dem 17. Jahrhundert zurück.

Vereinigungen, in denen die taktischen Grundlagen der Schifffahrt auf dem See ausprobiert wurden. Aber der Frieden bestand fort in der Schweiz, und aus den ernsthaften Geschicklichkeitsübungen wurde ein Spiel. Sehr viel später, 1872, entstand auf der Grundlage der »edlen Ausübung von Schifffahrt und Büchsenschießen« die Schiffergesellschaft von Genf.

Allerdings hatten nicht nur das Schifferstechen im Mittelmeer und das Exerzieren in Genf als frühe Formen der Vernügungsschifffahrt ihre Wurzeln auf militärischem Gebiet. Im frühen 18. Jahrhundert – manchmal ist von 1704 die Rede, aber das genaue Jahr ist unbekannt – wurde in Irland, in der Nähe von Dublin, der »Water Club«[26] von Cork gegründet. Wer das bewegende Vorrecht hat, das Original der Satzung des Water Clubs, die älteste Schrift dieser Art, in Händen zu halten, stellt mit Erstaunen fest, dass eine der wichtigsten Aufgaben die exakte Regelung der festlichen Zusammenkünfte der Mitglieder auf der Insel Haulbowline[27] in der Bucht von Cork war. Der Text schrieb vor, »dass kein Admiral (des Clubs) mehr als zwei Fleischgerichte zu Veranstaltungen des Clubs oder mehr als zwei Dutzend (Flaschen) Wein für seine Runde mitbringen solle, was immer als Missachtung der alten Vorschriften und der Zielsetzung dieses Clubs galt, außer für den Fall, dass die Herren[28] Schiedsrichter eingeladen sind.« Diese Zusammenkünfte von Bürgern und Handwerkern hatten, zumindest zu Beginn[29], viel mit denen der Bruderschaft von Montuzet gemein – von deren Frömmigkeit einmal abgesehen. Das ist nicht erstaunlich, wenn man weiß, dass Cork der erste Importhafen für Bordeauxweine für die Britischen Inseln war. Irische Händler hatten sich in Bordeaux niedergelassen, wo sie auf Emigranten aus den spanisch besetzten Provinzen der Niederlande trafen. Das Zusammentreffen der Handelsbeziehungen zwischen den drei Städten Bordeaux, Amsterdam und Cork mit der für diese Städte typischen Vergnügungsschifffahrt ist zu ungewöhnlich, als dass es rein zufällig sein könnte: Müssen diese Wechselbeziehungen nicht ins Auge fallen? Alles weist also darauf hin, dass diese Art von Seefahrt ohne direkten Erwerbszweck von Anfang an nicht an nationale Grenzen gebunden war, und das ist einer ihrer grundlegenden Wesenszüge.

Die Satzung des Water Club regelte nicht nur Festessen, sondern definierte auch Grundsätze für die Schifffahrt und legte die Rolle des Admirals der Flotte fest. Dieser gab seine Befehle mit Hilfe eines ausgeklügelten Systems von Flaggensignalen. Er dirigierte quasi ein Ballett, in dem alle Boote gleichzeitig wendeten oder wie im Gänsemarsch hintereinander segelten. Große Geschwindigkeit interessierte ihn nicht, sein Ziel war im Gegenteil, die ganze Flotte mit gleicher Geschwindigkeit fahren und in einer Reihe defilieren zu lassen, wie bei den Schiffen seiner Majestät. Für die Kriegsmarine bestand die ganze Manövrierkunst darin, im Angesicht des Feindes eine Wand von Kanonen aufzubauen, die »Linienschiffe« in einer Reihe anzuordnen. Damit wirklich einer hinter dem anderen blieb, mussten zwangsläufig alle Schiffe mit derselben Geschwin-

Parade der Yachten in Cork

Bericht eines Engländers von 1784

»Ich will Ihnen jetzt von einer Veranstaltung in Cork erzählen, die ein wenig an die Feier des Dogen bei der Vermählung Venedigs mit dem Meer erinnert. Etliche hochgestellte Herren, die sich zu einer Vereinigung mit dem Namen ›The Water Club‹ zusammengeschlossen haben, fahren einige Meilen aufs Meer hinaus in kleinen Schiffen, die in Bezug auf Malerei und Vergoldungen die Yachten des Königs in Greenwich übertreffen. Ihr Admiral, der jedes Jahr neu gewählt wird, hisst seine Flagge an Bord seines kleinen Schiffes und nimmt die entsprechenden Ehrenbezeigungen entgegen. Die anderen ordnen sich jeder an seinem Platz ein und bleiben in der Kiellinie, ganz wie die Schiffe des Königs. Unter Trommel- und Trompetenklang begleitet eine riesige Menge von Schiffen mit im Winde wehenden Fahnen die Flotte. Einen angenehmeren und großartigeren Anblick kann man sich kaum vorstellen.«[25]

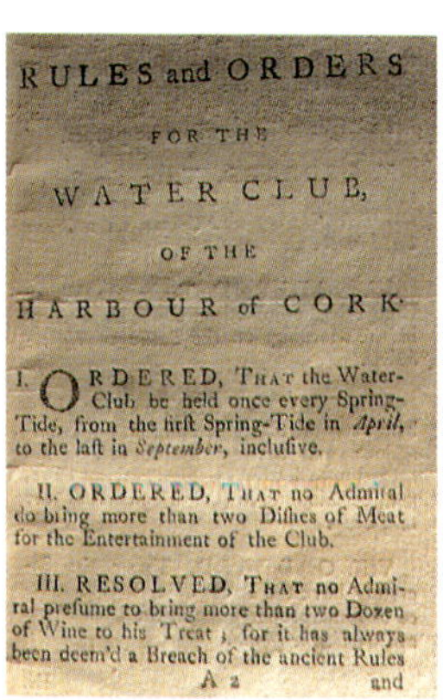
RULES and ORDERS
FOR THE
WATER CLUB,
OF THE
HARBOUR of CORK.

I. ORDERED, That the Water-Club be held once every Spring-Tide, from the firſt Spring-Tide in *April*, to the laſt in *September*, incluſive.

II. ORDERED, That no Admiral do bring more than two Diſhes of Meat for the Entertainment of the Club.

III. RESOLVED, That no Admiral preſume to bring more than two Dozen of Wine to his Treat; for it has always been deem'd a Breach of the ancient Rules
A 2 and

»Rules and Orders« – das erste Regelwerk des ältesten Clubs in der Welt des Segelsports (unten).

digkeit fahren, der des Langsamsten. Die Mitglieder des Water Club orientierten sich an dem, was ihnen vorgemacht wurde: Die Nachahmung spielte eine wichtige Rolle bei der Entstehung des Segelsports. Das militärische Vorbild hätte sportlichem Wettkampf nicht im Wege gestanden, wenn hier nicht das völlige Desinteresse an Geschwindigkeit gewesen wäre.

Noch war die Zeit bei Vorführungen aller Art nicht so wichtig, wie sie es durch die industrielle Revolution mit ihrem Leistungsdenken wurde. Schnelligkeit spielte im Bewusstsein der Bürger keine Rolle. Das englische Wort »Sport« bedeutete im 15. Jahrhundert »angenehmer Zeitvertreib, Entspannung«, vom 18. Jahrhundert an »Vorführung sportlicher Spiele« – von Wettfahrten war keine Rede, wenigstens zunächst nicht.[30] Sportliche Leistung an sich galt als vulgär, Erbe der Fischer und Schmuggler.

Aber so langsam entwickelte die Idee sich fort. Es gab Wettbewerbe, die allerdings ungewöhnliche Auslöser hatten, z. B. den Wunsch, eine Idee zu verwirklichen. 1662 besiegte das Experimentierschiff *Simon and Jude*, der erste, von William Petty entworfene Katamaran, eine königliche Schaluppe. Im Jahr darauf gewann ihr großer Bruder, die *Experiment*, einen Preis von 50 Pfund, weil sie zwischen Dublin und Holyhead ein Schiff seiner königlichen englischen Majestät vernichtend geschlagen hatte. Dieses war die erste Hochseeregatta der Geschichte und zugleich der erste Sieg eines Katamarans.

Wenn man nicht gerade eine Idee verwirklichen wollte, konnte man – wie es zwei Vertraute von Charles II. mit ihren eigenen Yachten unternahmen – Regatten segeln, um die Gunst eines Herrschers zu erlangen, der ein leidenschaftlicher Liebhaber der Lustschifffahrt war. So waren also die wenigen Wettfahrten zweckgebunden, entweder um etwas auszuprobieren oder um einem König zu schmeicheln.

Ziemlich nah kamen einem Wettbewerb mit ausschließlich sportlicher Zielsetzung einige 1705 durchgeführte Kanurennen. Ganz zufällig standen sich dabei Trapper, also Fachleute, gegenüber. Diese Veranstaltung fand in Quebec unter Leitung des Gouverneurs von Neu-Frankreich statt.

Ein zwölf Jahre später entstandener Kupferstich stellt »*Fancy*, die Yacht des Colonels Morris« vor New York dar. Die Lustschifffahrt war also zu Beginn des 18. Jahrhunderts jenseits des Atlantiks angekommen. Seither überquert sie ihn ständig in beiden Richtungen.

Yachten wurden auch zur Erprobung von Ideen eingesetzt, wie die Simon and Jude, *der erste, 1662 von Sir William Petty gebaute Katamaran. Das Foto (oben) zeigt einen Nachbau.*

Auf diesem Kupferstich von 1717 ist unten rechts die Fancy, *die Yacht des Colonels Morris, dargestellt, eines der ersten Lustschiffe der Neuen Welt zur Zeit, als New York noch britisch war.*

95
RE

Schiffbaukunst im 18. Jahrhundert

1650–1800

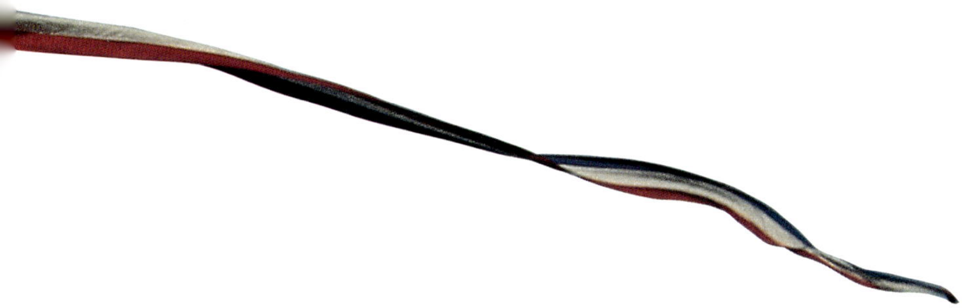

»Unterschiedlich geformte und gewölbte Körper mit gleicher Grundfläche setzen während der Fahrt dem Wasser unterschiedlichen Widerstand entgegen.«

Fredrik Henrik af Chapman (1721–1808)[31]

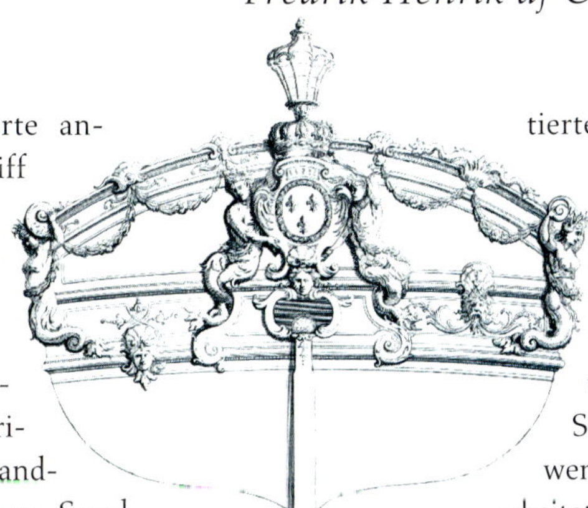

Heckspiegel einer Gondel in Versailles von Berain (Mitte).

Die Yacht repräsentierte anfangs weniger ein Schiff als einen Stil. Sie unterschied sich von anderen nicht durch besondere technische Merkmale, sondern durch ihre Protzigkeit: mehr Skulpturen, mehr Malerei, mehr Oriflammen (Flaggen)[32], mehr Standarten. Die ersten holländischen Speeljachten des 17. Jahrhunderts zeigten am Heck über einer bildlichen Darstellung eine überdimensionale geschnitzte Dekoration[33], durch die das Heck doppelt so hoch wurde, wie der Bug. Als sie sich später von verschiedenen regionalen Fischerbootstypen beeinflussen ließen – Botter, Boeier, Lemsteraak – wurden die Veränderungen weniger durch Schiffszimmerleute ausgeführt, als vielmehr durch Schnitzer, Vergolder, Sattler, Glaser und Dekorateure. Im Süden blieben die Galeeren von Bordeaux Fährschiffe, Wassertaxis, die später allerdings besser gebaut und ausgeschmückt waren, als die ersten Exemplare. Das Lustsegeln war noch nicht genügend entwickelt, um, wie heute, besondere Schiffsformen hervorzubringen. Die Baupläne der Vergnügungsschiffe des 17. und 18. Jahrhunderts orientierten sich an denen normaler Schiffe.

Zu jener Zeit arbeiteten die Schiffbauer auf der Grundlage des Althergebrachten und Gewohnten. Kann man überhaupt von speziellen Schiffbauern sprechen? Die wenigen ausgebildeten Ingenieure arbeiteten für die nationalen Marinen, die ihre Dienste nur für große Stückzahlen in Anspruch nahmen; die kleineren Schiffe wurden von Handwerkern gebaut, von Praktikern, wie Maurern, Kupferschmieden und Holzschuhmachern[34]. Die Parallelen in der Arbeitsweise von Bootsbauer und Holzschuhmacher fallen ins Auge: Aufgrund seiner langen Erfahrung weiß der Holzschuhmacher, welches Maß er den Holzschuhen für unterschiedliche Füße geben muss. Sobald er entschieden hat, wie groß der Schuh werden soll, wählt er Holz und Werkzeug aus. Genauso machte es der Bootsbauer, der aus Gewohnheit wusste, dass ein bestimmter Rumpf für einen bestimmten Zweck eine bestimmte Länge im Verhältnis zur Breite haben musste. Dann schnitzte er ein Halbmodell des geplanten Rumpfes. Er schnitt das Holz, fegte die

Ein Tjotter, in Friesland entstanden, ist der kleinste Typ einer Yacht in den Niederlanden, dessen Charakteristika schon zu Beginn des 18. Jahrhunderts festgelegt waren (linke Seite).

Ansicht eines Schiffes beim Bau auf der Werft mit allen Einzelteilen, aus denen es zusammen gesetzt ist.

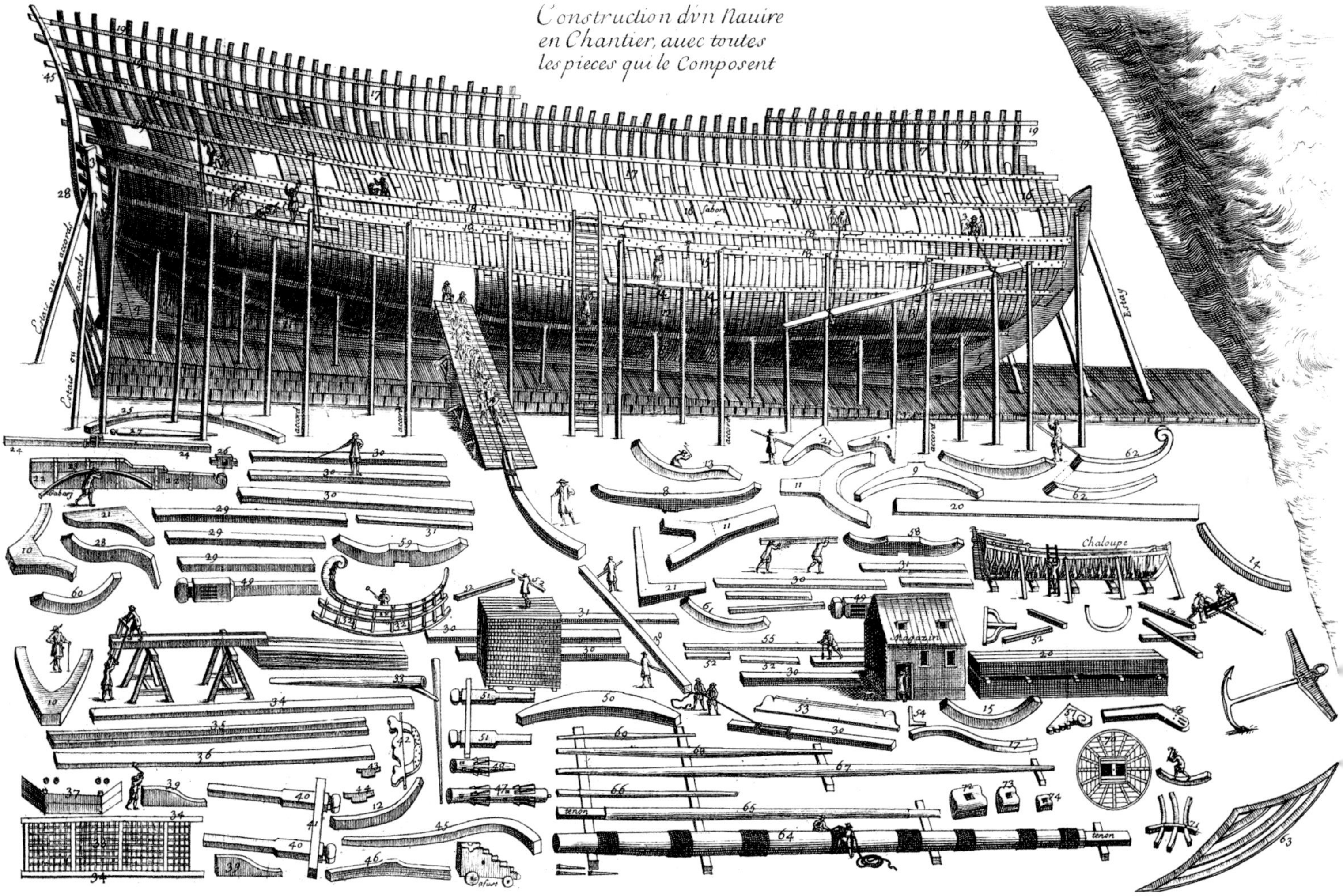

Schiffbau im 18. Jahrhundert. Unten wird gezeigt, wie Spant und Balkenknie unter Ausnutzung der Maserung des Holzes hergestellt werden sollten.

Späne beiseite und fuhr mit der Hand aufmerksam der Form nach. Seine Augen saßen in den Fingerspitzen. Mit dem Ballen folgte er der Wasserlinie. Schließlich war der Modellbauer zufrieden mit seiner Arbeit. Er nahm die Maße von seinem Modell ab und übertrug diese in ein Tafelwerk, aus dem er dann die wahren Größenangaben nach vorgegebenen berechnen konnte. Es heißt, die Höhe eines Schiffes entspräche 12,4 Prozent der Länge. Für einen anderen Schiffstyp galt 12,5 Prozent. Warum 12,4 Prozent und nicht 12,8 Prozent? Weil es so war, aus Gewohnheit oder Erfahrung.

Die Schiffe des 18. Jahrhunderts ähnelten einander sehr, weil die Schiffbauer nur wenig Spielraum hatten; sie waren alle abhängig vom Holz, von massivem, gewachsenen Holz. Keine Rede von Sperrholz, nur gute, starke Balken und gute, starke Bretter, aus denen sie gute, starke Schiffe machten, wie bereits ihre Vorfahren.

Darstellungen vom Bau eines jener grossen Schiffe des 18. Jahrhunderts rufen bei denjenigen, die moderne Werften kennen, Erstaunen hervor, weil Kräne fehlen. Man sieht wohl mal einen Flaschenzug oder eine Winde, aber keinen jener Hebemechanismen, an die wir durch die modernen Werften gewöhnt sind. Das hat einen ganz einfachen Grund: man brauchte sie nicht. Die Einzelteile, aus denen ein Rumpf zusammengesetzt wurde, waren alle ziemlich klein, auf jeden Fall konnten sie mit Muskelkraft bewegt werden. Die Natur bestimmte ihre Ausmaße: Zwar konnte man die Schiffe vergrößern, aber nicht die Bäume. Das Baumaterial bedingte den Bau. Die Beschaffung von Holz war eines der wichtigsten Anliegen jeder Marine. Wie-

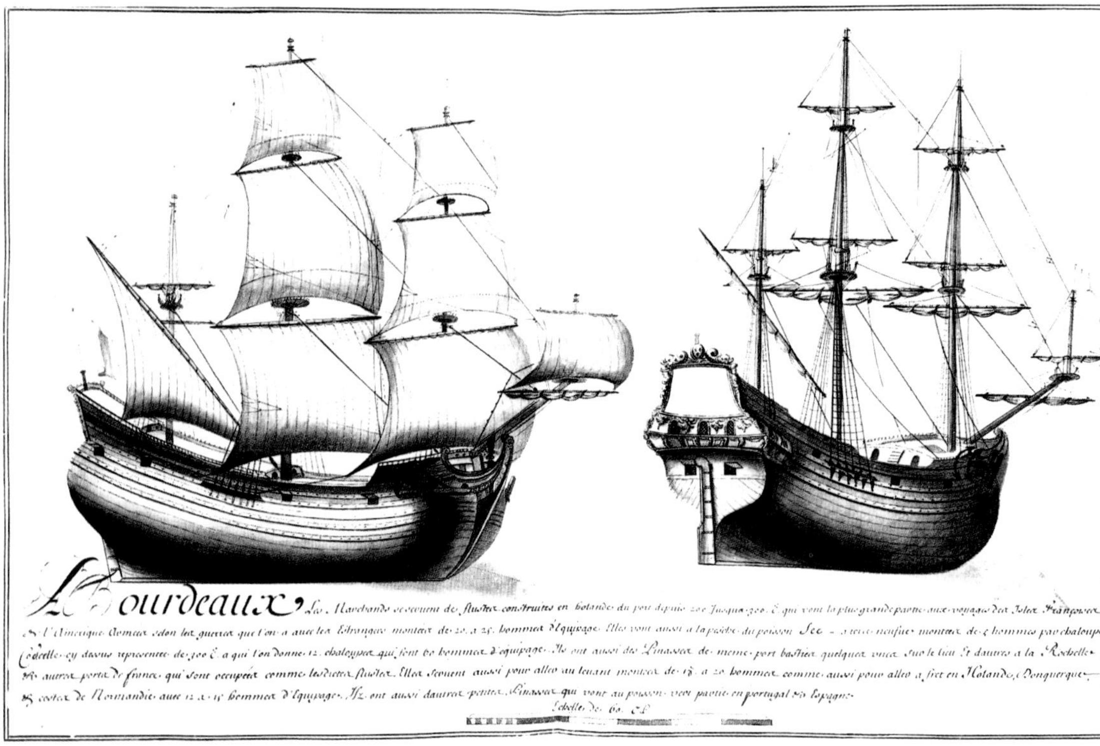

In den Häfen entstanden Schiffstypen mit jeweils eigenen Merkmalen, hier ein Handelsschiff aus Bordeaux im 17. Jahrhundert.

viele Könige haben wohl im Interesse ihrer Marinen Bäume pflanzen lassen? Der New Forest, der Neue Wald, zwischen Southampton und Lymington, wurde angepflanzt, um die Vergrößerung der Marine Englands zu ermöglichen. Kein Holz, keine Marine! Zu Beginn des 18. Jahrhunderts markierten die Abgesandten des Königs von England alle großen Kiefern der amerikanischen Kolonien, indem sie mit drei Axthieben einen Pfeil hinein schlugen: Diese Bäume gingen in den Besitz des Königs über. Sie wurden nach England gebracht, wo man Schiffsmasten daraus machte. Indem sie die großen amerikanischen Bäume beschlagnahmten, hinderten die Engländer mit einem Axthieb die Kolonien daran, eigene Schiffe zu bauen und festigten so ihre Abhängigkeit.[35]

Wenn man die Geschichte der Schiffbaukunst unter dem Gesichtspunkt der zur Verfügung stehenden Baumaterialien und Werkzeuge betrachtet, dann wird deutlich, warum bestimmte Schiffstypen entstanden oder wieder verschwanden.

Zu Anfang waren die Einbäume, deren Ausmaße durch die der Bäume bestimmt wurden. Bald wollte man Schiffe bauen, für die die Bäume nicht ausreichten, sodass man sie aus kleineren Einzelteilen zusammen setzte. Das Problem war das Zusammenfügen der großen Zahl von Einzelteilen. Vor 3500 Jahren bei den alten Griechen war jede Planke mit Einkerbungen in regelmäßigen Abständen versehen, in die man Zapfen einfügte, die jeweils zwei Planken zusammen hielten. Jeder Zapfen wurde mit einem Dübel verkeilt. Wenn man über Holz von guter Länge und/oder Handwerkszeug zum Schneiden großer Stämme verfügte, verband man die Planken miteinander, wie es bis zum 19. Jahrhundert in den Ländern am Persischen Golf üblich war. Auf diese Weise entstanden wunderbar gleichmäßige Rümpfe. Jede Planke übertrug ihre Spannung in ganzer Länge auf die gegenüberliegende. Leider erforderte das System von Nut und Zapfen außergewöhnliche Geschicklichkeit. Und manchmal dauerte der Bau eines derart zusammengehefteten Rumpfes länger als sein Einsatz, der beim Schiff immer unvorhersehbar ist. Sobald dann die Arbeitskosten berücksichtigt werden mussten, verbot sich diese Methode von selbst. Im nächsten Stadium, das einige Jahrhunderte vor unserer Zeit aufkam, befestigte man die Planken mit Dübeln an einem starken Gerüst. Das war schneller gemacht und kostete weniger, aber das alte Ebenmaß ging verloren. Die Spannung übertrug sich nur noch durch entfernt voneinander angebrachte Befestigungen. Die Torsionskraft der längsgerichteten Planken wurde auf die dazu querverlaufenden Spanten nicht mehr durch

Ein 16,30 m langes Drachenboot aus dem Jahre 1000, teilweise erhalten, steht im Wikingerschiffsmuseum im dänischen Roskilde.

die ganze Plankensektion übertragen, sondern nur über die ungleich schwächeren Zapfen. Und wie wurde die Spannung auf die Zapfen übertragen? Über die Maserung in Spaltrichtung, dort wo das Holz am wenigsten widerstandsfähig ist.[36] Jeder Zapfen musste also mit genügend Holz umgeben werden, um diese von der Natur nicht vorgesehene Spannungskonzentration aufzufangen. Ergebnis: Durch die Anwendung von Zapfen und die damit verbundene Konzentration der Spannung im Festigkeitsverband auf einen Punkt, benötigte man ein Mehrgewicht von 30 bis 40 Prozent im Vergleich zu dem, was erforderlich gewesen wäre, wenn man die ganze Oberflächenspannung durch Verklebung der Einzelteile, wie es später gemacht wurde, hätte übertragen können.

Es gab noch eine andere Lösung: die Klinkerbauweise. Man konnte die Planken wie Dachziegel übereinander legen und dann miteinander verzapfen. Die Holzplanken mussten allerdings sehr lang sein und nahe an der Küste wachsen. Dafür kam ausschließlich die in Skandinavien wachsende nordische Kiefer in Frage. Die Küstenbewohner besaßen hier Bootsbauwerkzeug aus Metall, mit dem sie die Planken exakt zurichten und dort, wo sie sich überlappten, abschrägen konnten, wodurch die ganze Konstruktion an Gewicht verlor. Ein 22 m langer Rumpf wog nur acht Tonnen. Diese Männer, die den Dechsel so geschickt zu führen verstanden, trugen Helme mit Hörnern, die ihnen ein wildes Aussehen gaben. Man nannte sie Wikinger, und sie waren wirklich wild. Ihre Schiffe waren makellose Fahrzeuge, die allerdings einen Fehler hatten: Weil die Planken sich gegeneinander, wie auch an den Spanten, verschieben konnten, waren sie sehr biegsam. Jahrhunderte später hatte der Autor lange Diskussionen mit einem Schweden, der den Atlantik an Bord eines getreuen Nachbaus eines Drakkars – eines Drachenbootes – überquert hatte. Der erste Sturm versetzte die Mannschaft in Angst und Schrecken, denn das Schiff bog sich ungewohnt stark in alle Richtungen. Die Wellen verdrehten es so, dass der Bug bis zu einen halben Meter aus dem Lot war. Das bedeutet, dass dieses elastische Schiff für den Transport schwerer Lasten ungeeignet war. Andererseits besaßen diejenigen, die z. B. Korn zu transportieren hatten, keine nordische Kiefer, und so blieb das Drachenboot auf die küstennahe Seeräuberei beschränkt, die gleichzeitig mit ihrer kriegerischen Funktion verschwand.

Die Klinkerbauweise stammt von den Booten der Wikinger.

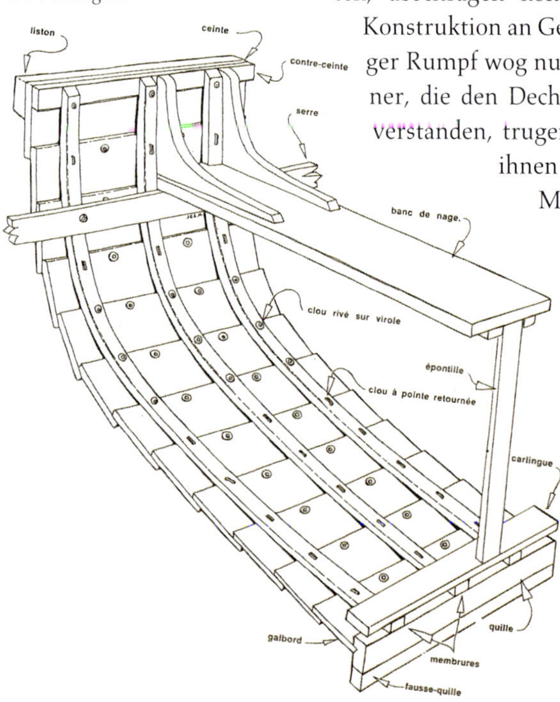

Diese Erfahrungen führten dazu, dass man die Länge des Holzrumpfes auf ein vernünftiges Maß beschränkte. Die mit dieser technischen Anforderung konfrontierten Reeder versuchten, den größtmöglichen Nutzen daraus zu ziehen. Sie mußten bei der vorgegebenen Länge den optimalen Rauminhalt erzielen, um so viel Güter wie möglich transportieren zu können. Unter dem Gesichtspunkt des Volumens betrachtet, war der ideale Schiffskörper ein Quader, eine Form, die der See wenig entspricht. Auf jeden Fall mußten die Winkel abgerundet werden.

Bei den Querrippen im Rumpf hatte man keine Wahl. Bekanntlich findet man eher gebogene als kerzengerade gewachsene Stämme; und weil man Holz nicht beliebig zusammen fügen kann, weil es wenig Nägel und noch weniger Schrauben gab und der Klebstoff noch nicht erfunden war, musste man zwangsläufig auf das von der Natur gekrümmte Holz zurückgreifen.

In Längsrichtung zögerte man nicht, zur Platzgewinnung den Bug fast senkrecht zur Fahrtrichtung[37] zu bauend – das Wasser würde eher darunter hinweg ablaufen als über die Seiten. Am Heck hätten die durch eine so grobe Lösung verursachten Wirbel eine ausreichende Wirkung des Ruders unmöglich gemacht.[38] Man musste also hier einen sanfteren Übergang finden, um ruhiges Wasser für das Ruderblatt[39] zu schaffen, selbst auf die Gefahr eines verringerten Laderaums hin.

Ein runder Bug vorne, relativ schlank hinten: man sprach von Schiffen »mit Dorschkopf und Makrelenschwanz«. Dieser Kompromiss zugunsten von Raum, Länge und guter Manövrierfähigkeit ging auf Kosten der Geschwindigkeit: Der »Dorschkopf« schob enorme Wassermengen vor sich her.

Das war nicht schlimm, solange die Leistung der Segel mittelmäßig war, solange die nötige Kraft zur

Erzeugung von Geschwindigkeit fehlte, solange es (bis 1851) kein ausreichend dicht gewebtes Tuch gab, um die Segel Wasser undurchlässig zu machen, solange die für eine kräftigere Besegelung unumgängliche metallene Verstagung des Riggs fehlte (nicht vor 1840–55), solange es keinen äußeren und tiefen Ballast gab, um eine der wachsenden Kraft entsprechende Stabilität zu schaffen (nicht vor 1870), solange (bis 1910) die notwendigen aerodynamischen Kenntnisse nicht vorhanden waren.

Mit anderen Worten: die Schiffe des 18. Jahrhunderts waren so, weil sie nicht anders sein konnten. Wenn die hervorragenden Konstrukteure von heute unter den Anforderungen und Zwängen des 18. Jahrhunderts ein Schiff bauen sollten, dann würde auch bei ihnen nichts Anderes herauskommen, als das, was auf den Gemälden aus der Zeit König Ludwigs XIV. dargestellt ist. Was heute mit klugen und schwer verständlichen Formeln ausgedrückt wird, in denen von metazentrischen Strahlen, den Reynoldschen Zahlen und Navier-Stokes-Gleichungen die Rede ist, beruhte damals auf Augenmaß, Erfahrung und Tradition, die aus unzähligen Versuchen und Irrtümern erwachsen waren. Die Schiffbauer des 18. Jahrhunderts waren weder weniger intelligent, noch weniger geschickt oder schlechter ausgebildet, als diejenigen vom Ende des zweiten Jahrtausends: In der Geschichte des technischen Fortschritts ist der einzige unveränderliche Maßstab, die einzige gleichbleibende Größe die Intelligenz des Homo sapiens.

Beweis dafür ist, dass die Modellbauer des 18. Jahrhunderts das Äußere neu gestalteten, sobald sie von ökonomischen und technischen Zwängen befreit waren. Im Moment, wo sie nicht mehr den Anforderungen von Laderaum und Ladung unterworfen waren, machten sie sich z. B. daran, zur Verringerung des Fahrtwiderstands den Schiffskörper zu verschlanken und den Dorschkopf zu verschmälern. Um das zu verstehen, braucht man sich nur die eingezogenen, fließenden, fast sinnlichen Konturen der Ruderboote vor Augen zu halten, die im 18. Jahrhundert in einmaliger Vollendung geschaffen wurden.

Zwar waren Baumaterial und Werkzeug überall gleich, aber Meer, Wind, Verwendungszweck, Einflüsse und Kulturen unterschieden sich von Land zu Land, von Hafen zu Hafen. Die kurzen Wellen einer Flussmündung erforderten andere Vorsteven, als die Dünung der offenen See. Für eine lehmige Böschung ohne Anleger brauchte man andere Rümpfe, als für ein mit Kieselsteinen bedecktes Ufer. Kurz: Was gut in Bordeaux war, war es nicht in Portsmouth. So hatte jeder seine Wahrheit, und die war natürlich die einzig richtige.[40] Alles, was von außerhalb kam, wurde mit dem größten Misstrauen betrachtet, und man kann sagen, dass im so genannten Zeitalter der »Aufklärung« die europäischen Gemüter gerade so reagierten, wie jener afrikanische

Ein Boot in Klinkerbauweise gut 1400 Jahre nach der Entwicklung dieser Methode durch die Wikinger.

Studienmodell von Le Furet (18. Jahrhundert). Der Konstrukteur baute ein Schiffsmodell, das anschließend in natürlicher Größe hergestellt wurde.

Walfangboot vom Beginn des 19. Jahrhunderts, das aber auch ein Jahrhundert älter sein könnte. War Geschwindigkeit das Ziel, konnten die Werften elegante Rümpfe bauen. Der Steven (links) war stark genug, den Zug der Harpunenleine aufzunehmen, wenn der Wal wegtauchte.

Stamm, bei dem dasselbe Wort einen Fremden wie einen Feind bezeichnet.

So hatte also jedes Land, jeder Hafen, jeder Schiffbauer seine Gewohnheiten und seine Wahrheit. Hier war die Länge Grundlage für die Proportionen, dort die Breite und woanders die Anzahl der Kanonen.[41]

Vergleichen wir die Rumpflinien des Unterwasserschiffs von zwei Fregatten, der französischen *Sirenne*[42] und der britischen *Unicorn*: der Völligkeitsgrad der Hauptspantfläche der *Sirenne* ist um 15 Prozent kleiner, als jener der *Unicorn*. Man ist unterschiedliche Kompromisse eingegangen: Die Franzosen legten weniger Wert auf Rauminhalt, als auf Geschwindigkeit. Ergebnis: Die Briten schätzten die Geschwindigkeit der Schiffe, die sie von den Franzosen erbeuteten, wohingegen letztere nichts gegen die Ladekapazität der von den Engländern gekaperten Schiffe hatten.

Das 18. Jahrhundert war nicht besonders friedliebend. Zahlreiche Kriege boten Möglichkeiten für Zusammenstöße von Schiffen unterschiedlicher Länder und ergaben Gelegenheiten, zu vergleichen und technische Informationen zu gewinnen. Bei diesen frühen internationalen Wettfahrten, bei denen Kanonen nicht dazu dienten, den Sieger zu begrüßen, sondern den Gegner in Stücke zu reißen, spielte Frankreich eine wichtige Rolle.

Dieses Land hatte gegenüber England und den Niederlanden den Vorteil, dass es eine Küste am Mittelmeer hatte, einem Meer, auf dem man seit Jahrtausenden Handel trieb, wo sich in Folge dessen seit Jahrtausenden die Kunst der Piraterie bis zur Perfektion entwickelt hatte.[43] Im Mare Mediterraneum erschienen die ersten wirklich eleganten Schiffe. 1786 gab der Schwede Fredrik Henrik af Chapman eine Enzyklopädie der Schiffe seiner Zeit heraus, die allumfassende »Architectura Navalis Mercatoria«. Unter den 148 Schiffen, die Chapman zeigte, waren nur vier Segler mit wirklich feinem, d. h. eingezogenem, konkavem Steven: »eine spanische Barke aus Cadiz«, »eine französische Tartane«, »eine algerische Schebecke«, »eine maltesische Galeere«: Alle aus dem Mittelmeerraum!

Höchstwahrscheinlich übermittelten die Franzosen ihren Schiffsbauplätzen am Atlantik die Informationen vom Mittelmeer. In der zweiten Hälfte des 18. Jahrhunderts tauchten kleine, sehr schnelle französische Schiffe auf, wie *Le Coureur* mit seinem passenden Namen. Sie hatten sehr feine, elegante Linien und einen eingezogenen Steven, der 64 Jahre später revolutionär schien, als die *America* diesen Typ eines Stevens in England bekannt machte. Als sich Frankreich 1776 aus Anlass der amerikanischen Revolution den Vereinigten Staaten näherte, überquerten Schiffe wie *Le Coureur* den Atlantik und beeindruckten die Amerikaner durch ihre Geschwindigkeit. Um 1800 wurden die Klipper[44] aus Baltimore, die als die schnellsten Segler ihrer Zeit galten, zumindest teilweise von den gegen Ende des vorausgehenden Jahrhunderts importierten französischen Schiffen beeinflusst.

Frankreich war nicht das erste Land, das Gedankengut aus dem Mittelmeer auf den Atlantik übertrug. Im 15. und 16. Jahrhundert hatte Spanien mit dem Lateinsegel den Schiffbau an der europäischen Atlantikküste beeinflusst. Es handelte sich um ein an der Schiffslängsachse ausgerichtetes Segel, bestens geeignet für seitlich einfallende Winde, und man war damit nun fähig, gegen die Windrichtung, sowie weiterhin mit achterlichem Wind, zu segeln. Dagegen war die auf die Querachse des Schiffes ausgerichtete Rahtakelung gut geeignet für Wind von achtern – man konnte auch die seitlich einfallenden Winde nutzen –, war aber unfähig, damit gegen die Windrichtung zu segeln.

Das Lateinsegel war also das erste Schratsegel, ein großes flaches Dreieck, die Hypotenuse angeschlagen an einer Rute, der Lateinrah. Ein Teil dieses Dreiecks breitete sich vor dem Mast aus, um die Drehbewegung des Segels zu unterstützen. Es sei daran erinnert, dass es damals keine Winschen gab! Es war ein Schönwettersegel, das sich bei frischem Wind nur schwierig kürzen ließ. Das war kein Prob-

lem im Mittelmeer, wo entweder wenig Wind weht oder zuviel (dann nimmt man alles weg), war aber nicht für den Atlantik tauglich. In den unter spanischer Herrschaft stehenden Niederlanden, dem späteren Holland, betrachtete man diese Takelung recht kritisch. Schlecht war sie nicht, aber man müsste anders vorgehen: eine Spiere für das Unterliek verwenden und an Segelfläche wegnehmen, was den Mast Richtung Bug überragte – auf diese Weise entstand das Großsegel (die Fock gab es schon bei den Römern). Man benutzte eine Talje um die Segel an der Schiffslängsrichtung ausgerichtet zu führen und konnte so hoch am Wind segeln.

Der Nachteil war, dass man um so stärker abgetrieben wurde, je höher man am Wind segelte. Da die holländischen Häfen, Kanäle und Flussmündungen ziemlich flach sind, lagen die Rümpfe nicht tief genug im Wasser, um die Abdrift durch den Wind zu verhindern. Die Wassertiefe war sogar so gering, dass man nicht, wie bei Hochseeschiffen mit ausreichend großem Rumpf vorne und hinten ein Schwert anbringen konnte, das ein Abtreiben verhinderte. Also bot sich eine Aufgabenteilung an: Der Rumpf nahm die Güter auf und sicherte die Stabilität, und um nicht abgetrieben zu werden, verwendete man ein quergestelltes Brett, das bei geringer Wassertiefe hochgezogen werden konnte. Allerdings war es zu jener Zeit wichtig, dieses so genannte Schwert seitlich außen am Rumpf etwa auf Mittschiffshöhe zu befestigen, weil ein Schwertkasten den Laderaum, oder bei einer Yacht die Kabine, versperrt hätte. Daher beschlossen die Holländer, an jeder Rumpfseite so ein Schwert drehbar aufgehängt zu befestigen. Man brauchte stets nur eines abzusenken, das in Lee. Mit Gelassenheit konnte bei einer Wende jeweils das eine Schwert angehievt und das andere abgesenkt werden, denn die Schwerfälligkeit dieser sehr langsamen Schiffe, die nur träge reagierten, erlaubten ein geruhsames Manövrieren.

Während seine Landsleute Seitenschwerter entwickelten, erlitt Adrian Block 6000 km von zu Hause entfernt Schiffbruch. Er nannte die Region Nieuw-Nederland. Auf einer Insel, die bei den Eingeborenen Manhattan, »Insel der Hügel«, hieß, gründeten einige Siedler 1625 eine Stadt und nannten sie Nieuw-Amsterdam. Die Engländer eroberten diese

Der französische Logger Le Coureur *(1775). Rechts auf dem Plan die dicht gelegten Wasserlinien. Solche Formen aus dem Mittelmeerraum fielen in Amerika auf fruchtbaren Boden, als ähnliche Schiffe aus Anlass der Revolution über den Atlantik segelten.*

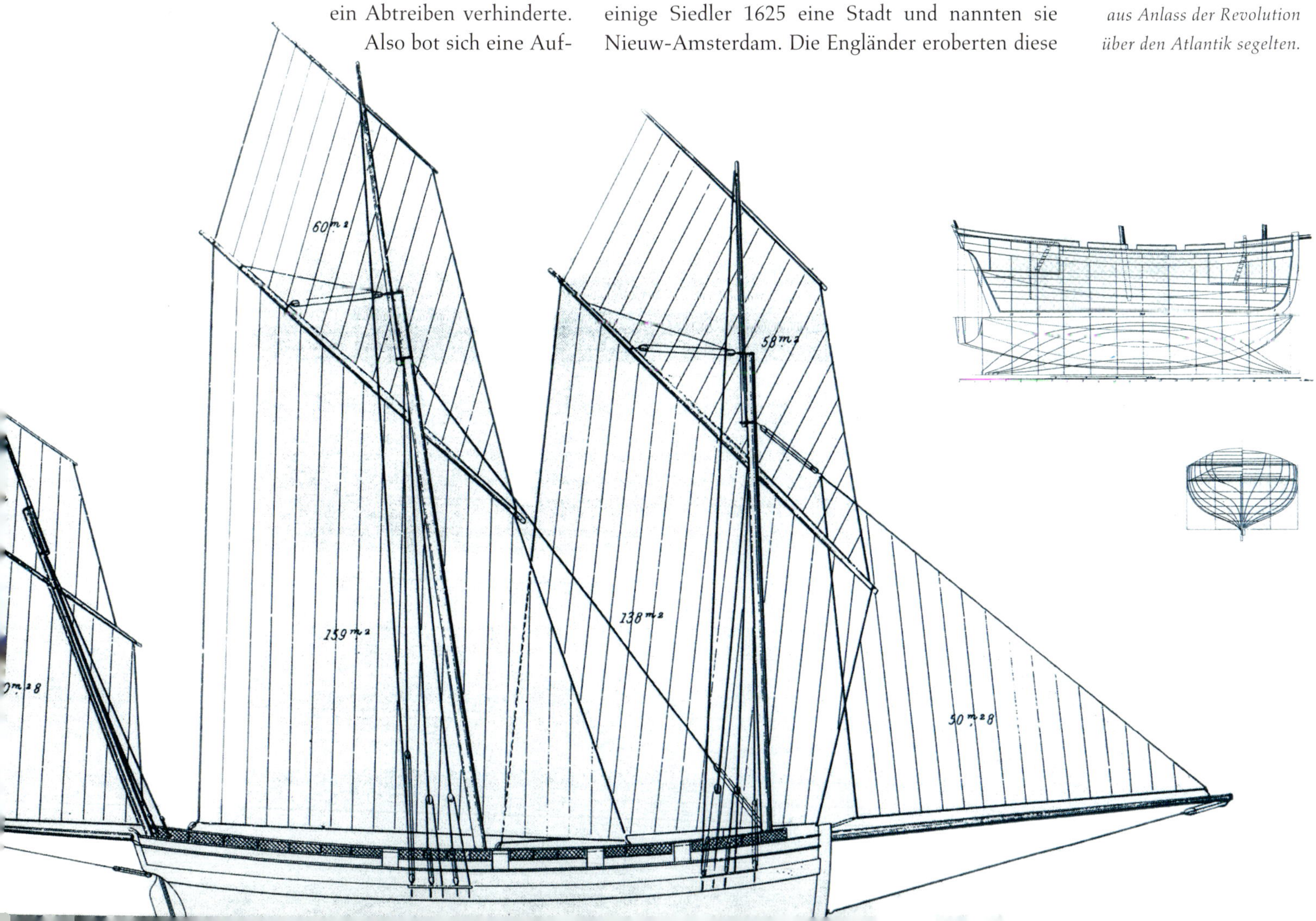

1664 und nannten sie New York. Allerdings änderte der Flaggenwechsel die nautischen Gewohnheiten dieser Nachfahren von Niederländern nicht. Die Küste war damals – und ist es noch – ein Irrgarten aus Inseln und oft recht flachen Buchten. Auf dem Hudson River[45] waren gegen Ende des 18. Jahrhunderts fast alle Schiffe mit Seitenschwertern ausgestattet. Während des Unabhängigkeitskrieges (1775–1783) lieferten sich die Amerikaner und die Engländer mehrere Seegefechte auf dem Champlainsee nördlich von New York. Beide Seiten bauten Flachbodenschiffe, die nicht gegen den Wind segeln konnten. Es wäre ein Leichtes gewesen, sie mit Seitenschwertern auszustatten, aber daran dachte niemand. Oder doch: Ein Engländer, Leutnant Shank, hatte die Idee, bewegliche Seitenschwerter anzubringen. Er baute sie innen auf Mittschiffshöhe ein, weil die ungenutzten Laderäume der Kanonenboote das ohne weiteres erlaubten. Diese Schwerter wurden in einem Kasten senkrecht in die Höhe gezogen bzw. nach unten abgesenkt. Logischerweise hätte die Entwicklung von zwei holländischen Seitenschwertern zu einem zentralen führen müssen, aber das trat nicht ein und zwar ganz einfach deshalb, weil dieser verschiebbare Kiel von Shank keine niederländische Erfindung war: er war schon sehr viel früher entstanden. »So wichtig die Erfindung des beweglichen Kiels auch ist«, schrieb Shank, »so muss doch gesagt werden, dass wir sie den Indianern Südamerikas[46] verdanken. Deren 1735 in der Reisebeschreibung von Ulloa erwähnten Balsaflöße hatten solche beweglichen Kiele, von dort ist die Idee gekommen und verbessert worden.«[47] Die Erfindung hat wohl einen anderen Vater: den Grafen Percy, einen Liebhaber des Schiffsbaus, auf dessen Anregung hin sich Shank 1774 dem Problem zuwandte.

Drehbar aufgehängtes Seitenschwert an einem niederländischen Tjotter. Man kann ähnliche aus dem 17. Jahrhundert auf dem Gemälde auf Seite 12 erkennen.

Zwei Jahre später schlug Shank vor, ein Floß auf dem Champlainsee mit seiner Erfindung auszustatten. Aber welche Bedeutung hat schon die Erfindung eines einfachen Leutnants? Als er nach England zurückkehrte, stellte sich die Sache anders dar, denn inzwischen war er zum Kapitän avanciert. Sein erster praktischer Versuch wurde auf einer Yacht durchgeführt: da es keine Ladung gab, konnte der Laderaum aufgeteilt werden – und Shank hielt sich nicht bei Kleinigkeiten auf: Der Schwertkasten, mit fünf hintereinander angeordneten, beweglichen Schwertern, nahm fast die ganze Länge des Laderaums ein. Die Yacht *Cumberland* gehörte Thomas Taylor, dem Commodore der Cumberland Sailing Society.

1781 errang sie den »Duke of Cumberland's Cup«. Zehn Jahre nach dem Versuch ließ die britische Admiralität drei Schiffe mit beweglichen Schwertern bauen: *Trial*, *Cynthia* und *Lady Nelson*. Zunächst ging alles gut. Aber dann merkte man, dass die Schwerter nach jeder Grundberührung Schlamm und Steine mitnahmen, die beim Hochfieren das ganze System blockierten. Die Verbesserung der Möglichkeit, hoch am Wind zu segeln, glichen die Nachteile nicht aus, sodass schließlich die beweglichen Schwerter nicht den von ihrem Erfinder erhofften Erfolg hatten.

Diese Erfindungen zur Verbesserung des Kreuzens blieben nicht ohne Nachfolge. 1650 stellten – wieder einmal – die Niederländer fest, dass das Dichtholen des Segels bis zur Schiffsmitte zu nichts führte, außer zur Abdrift. Gleichzeitig musste man die Schot bis zum Anschlag dichtholen[48], weil Tau und Segeltuch unter der Spannung nachgaben. Daher entwickelten sie für den Block der Großschot den Leitwagen.

Schratsegel, Seitenschwerter bzw. bewegliches Mittelschwert und Leitwagen –, von nun an konnten die Segler kreuzen. Von jetzt an konnten sie ablegen, ohne auf günstigen Wind warten zu müssen, sie konnten fahren, wohin sie wollten. Eine Unabhängigkeitserklärung Äolus gegenüber! Es war eine kleine Revolution, und die Seefahrt sollte sich

Peggy, das Boot mit dem Kapitän Quale 1796 auf dem Windermere eine Regatta segelte (links).

grundlegend verändern. Allerdings galt diese Neuerung nur für kleine Schiffe, für Fischerboote oder Fähren, oder auch für Yachten, auf denen Honoratioren und Bürger sich zeigten, aber nicht für richtige Schiffe. Das war leider nicht möglich.

Wenn man am Wind segelt, entwickelt das Segel sehr viel mehr Kraft, als wenn der Wind von achtern bläst, ganz einfach, weil mehr Wind darauf steht: Zur wahren Brise kommt der Fahrtwind, der durch die Geschwindigkeit des Schiffes entsteht – der einem ins Gesicht bläst, wenn man sich an einem windstillen Tag schnell bewegt.[49] Da das Schiff also mehr Wind ausgesetzt ist, vergrößern sich Zug und Druck, und selbst die Kraft der großen Besatzungen jener Epoche, als man 40 Seeleute auf einem Schiff von 15 m Länge zusammenpferchte, hätte nicht ausgereicht, um die Segel richtig einzustellen, vorausgesetzt, man hätte hinlänglich widerstandsfähiges Tauwerk gefunden. Wenn man hoch am Wind segelt, leiten die Segel, die man dichtholt, damit sie nicht wie Flaggen schlagen, den größten Teil ihres Auftriebs seitwärts. 80 Prozent der Kraft waren und sind für nichts weiter gut, als dafür, das Schiff zum Neigen und Abdriften zu bringen. Weder im 17., noch im 18. oder auch im 19. Jahrhundert verfügte man für ganz große Schiffe über ausreichend starke Masten, haltbare Wanten oder widerstandsfähige Rümpfe, um diese Kräfte aufzufangen.

Folglich konnte sich die holländische Neuerung nur langsam durchsetzen. Erst 1794, gut 400 Jahre nach Magellan, startete ein Schiff mit Schrattakelung zu einer Weltumsegelung. Der Kapitän der 98 Tonnen großen *Union*, war gerade 19 Jahre alt, als er mit einer 22-köpfigen Mannschaft Newport in den Vereinigten Staaten verließ. Es war nicht nur eine technische Premiere: Diese Reise ohne Fracht, nur mit dem Ziel, die Gegend anzuschauen, war die erste Weltumseglung in der Geschichte der Vergnügungsschifffahrt.

Vier Jahre später legte die *Union* wieder in Newport an: schließlich war die Erde rund. Im selben Jahr, 1796, brachte Kapitän Quale seine Yacht *Peggy*, ein großes offenes Boot mit Großsegel und Fock[50], von der Isle of Man nach Greenodd in England und ließ sie dann über Land zum Windermere, dem größten See Englands, transportieren. Sinn des

Mit der Union *wurde die erste Weltumseglung zum Vergnügen 1794–1798 unternommen (Gemälde von Giuseppe Fedi, 1803).*

Unternehmens war ein Zusammentreffen mit der Yacht von John Christian Curmen. Sie segelten eine Strecke am Wind und diese dann mit achterlichen Winden zurück. Es war eine richtige Regatta[51], wie die Yachten der Cumberland Sailing Society sie seit 15 Jahren auf der Themse veranstalteten. Jetzt war die frühe Lustschifffahrt den Kinderschuhen entwachsen, und es wurde ernst.

Die Yacht von John Curmen (rechts im Foto), Konkurrentin der Peggy. *Beide Boote existieren noch (links).*

Auf der Suche nach einer Identität

1700–1850

»Die ganze Welt ist ein Theater, und alle Männer und Frauen sind nur Spieler, sie haben ihre Auftritte und Abgänge, und im Laufe seines Lebens spielt ein Mensch viele Rollen.«

William Shakespeare[52]

»Oh, rauer Westwind, Hauch des Herbstes, du bringst Leben, du bringst Tod, oh Unwiderstehlicher ...«

Percy Bysshe Shelley

Wie schöpferisch war doch das Ende des 18. Jahrhunderts gewesen! Man hatte die Menschenrechte und die Guillotine erfunden, einen siebten Planeten[53] entdeckt, festgestellt, dass nichts verloren geht und nichts aus nichts geschaffen wird; 1785 war der Ärmelkanal mit dem Freiballon überquert, 1790 die erste Walzmaschine mit Dampfantrieb, 1795 die erste hydraulische Presse erfunden worden, und man hatte Äthylalkohol gewonnen. Und vor allem hatte man die Zeit als Maß entdeckt.

Die Entdeckung der Zeit! Kardanisch aufgehängter Chronometer (Mitte) von Louis Berthoud (1754–1813).

Bis dahin war sie ein unwichtiger Faktor gewesen, die Zeit zählte nicht, »weil niemand sie zählte«. Im wörtlichen und im übertragenen Sinn hatte man keine Zeit, bis gegen Ende des 19. Jahrhunderts die Uhren eine Elite formten.[54]

Auf dem Lande, wo der größte Teil der Bevölkerung lebte, verging die Zeit nicht im Stundenrhythmus, sondern in dem des Himmels mit Sonne und Regen – oder dem der Kirche mit Frühmesse, Mittagsgottesdienst und Vesper. Nicht sich ständig wiederholende Pflichten bestimmten die Zeiteinteilung, sondern die Aufeinanderfolge unterschiedlicher Aufgaben vom Melken bis zum Pflügen.

Und niemand soll sagen, das alles habe nichts zu tun mit Schiffen und Seefahrt. Wie viele Fischer bebauten ein Stückchen Land, wie viele Landarbeiter an der Küste halfen auf Fischerbooten aus? Heute Bauer, morgen Fischer, übermorgen Zimmermann, vielleicht auch Drehleierspieler bei Hochzeiten – mit Ausnahme weniger spezialisierter Handwerker übte jeder mehrere Berufe aus.[55] Man begann bei Tagesanbruch, tat eine Arbeit nach der anderen, unterbrach für ein Plauderstündchen und fuhr fort bis zum Abend. Unterbrochen wurde die Arbeit auf dem Lande, aber auch in den Städten (das Beispiel der Bank von England wird es zeigen) von zahllosen Volksbelustigungen, Hochzeiten und dörflichen Bällen, Prozessionen mit anschließendem Festessen; es gab Feiertage zu Ehren des örtlichen Schutzpatrons, Saat-, Blüten-, Ernte- und auch Fischfeste. Ohne ins Romantisieren zu geraten muss man zugeben, dass diese harte Zeit eine gewisse Harmonie zwischen Arbeit und Vergnügen zu wahren verstand. Beides war eng miteinander verbunden, aber die Zeit als Maß hatte nichts damit zu tun.

Die industrielle Revolution zerstörte diese problemlosen Beziehungen. Der Aufstieg der Industrie

Regatta der Cumberland Sailing Society auf der Themse in London vor St. Paul's Cathedral etwa 1780 (linke Seite).

brachte andere Anforderungen: in Zukunft musste soviel wie möglich in einer vorgegebenen Zeit produziert werden. War die Zeit gegeben oder gestohlen? Im 18. und vor allem im 19. Jahrhundert wurde aus der Zeit eine Ware, die man bestmöglich nutzen musste. Unnachsichtig wurden die vielen religiösen und weltlichen Feste beschnitten, während derer die Arbeit geruht hatte. Im 18. Jahrhundert war die Bank von England außer an Sonntagen an 47 Tagen im Jahr geschlossen, 1808 gab es nur noch 44 Feiertage, 1824 dann 40, 1830 noch 18 und 1834 ganze vier.[56] Es ist heute schwer vorstellbar, dass ein Angestellter in neun Jahren widerstandslos 90 Prozent seiner Freizeit abgibt, aber die gigantische Umgestaltung der Verhältnisse durch die industrielle Revolution erlaubte keine Vorrechte mehr.

Das Verhältnis zum Reichtum änderte sich: Man konnte jetzt auf andere Weise, als durch Landbesitz reich werden, indem man etwas produzierte. Die Sozialstruktur nahm andere Formen an: Neben dem Adel von Gottes Gnaden, dem Amts- und Schwertadel entstand der Geldadel, und als Zwischenform bildeten sich Mittelschichten heraus.

Ein großer Teil der Bevölkerung begann also, während festgelegter Zeiten zu arbeiten. Daraus folgte, dass man sich aus Mangel an freier Zeit nur zu festen Zeiten amüsieren konnte. Da aber die für Vergnügungen verfügbare Zeit auch berechenbar wurde, konnte man die dafür vorgesehenen Einrichtungen wirtschaftlich betreiben. Dass gegen Ende des 18. Jahrhunderts vermehrt Theater, öffentliche Anlagen und feste Vergnügungsparks entstanden, mag andere Ursachen haben, auf jeden Fall standen diese Einrichtungen zur Verfügung, als man sie brauchte. Sie boten die Möglichkeit, man selbst oder auch ein anderer zu sein.

Was hatten denn die Freizeitschiffer bis dahin gemacht? Sie hatten gespielt, so getan, als ob. Ob man zwischen dem Ende des 17. und dem Beginn des 18. Jahrhunderts in Amsterdam (Niederlande), Genf (Schweiz), in Bordeaux und Versailles (Frankreich), in Cork (Irland) oder Sankt Petersburg (Russland) segelte, überall war Nachahmung angesagt. Man segelte paradierend aneinander vorbei und ahmte Seeschlachten nach. Man war Admiral oder Korsar, man spielte eine Rolle, so wie bei den ersten offiziellen Festveranstaltungen auf dem Wasser, beim Empfang Wilhelms I. von Oranien 1580 in Amsterdam, dem Ende der Trauer (1613) um Frankreichs Heinrich IV., den von der niederländischen Admiralität 1638, 1655 und 1660 organisierten Festen, oder offiziellen Veranstaltungen, wie der Ausbildung einer Seemiliz in Genf. Aber die Zeiten hatten sich geändert, und man suchte sich neue Vorbilder.

Die Bindung an die Zeit erzeugte Träume von freier Zeit. Da die Zeit für die Mehrheit der Bevölkerung eingeteilt war, träumte man davon, sie im Überfluss zu besitzen, wie die Faulen, die Reichen und Adligen. Wenn man auch nicht deren Freiheiten besaß, konnte man doch ihre Freizeitbeschäftigung nachahmen. Die Reichen veranstalteten auf ihrem Besitz Feste; also wurden die Parks fürs Volk geöffnet z. B. der Prater in Wien, und Vergnügungen veranstaltet, wie beim Adel. Die Reichen veranstalteten vermehrt private Schiffsvergnügen auf Flüssen und Seen, also standen auf Jahrmärkten Schiffsschaukeln, oder man begab sich mit echten Schiffchen auf echtes Wasser. In den Tivoli-Gärten[57] in Paris wurden Boote vermietet, und das Rudern kam derart in Mode, dass an manchen Sonntagen der Eindruck entstand, man könne die Seine trockenen Fußes über die Boote von einem Ufer zum anderen überqueren. In London war es dasselbe. Auf dem Wasser hatte man genau so viel Spaß, wie die Adligen, und viele der Aristokraten liefen dabei Gefahr, in schlechte Gesellschaft zu geraten. Auf der Themse konnten die Ruderer nun Bürger sehen, die ein höheres Niveau des schönen Scheins erreicht hatten. Sie ahmten nicht nur die maritimen Spiele der herrschenden Klasse nach, sondern ergänzten sie durch »Verfolgungs«-Spiele – mit anderen Worten, sie veranstalteten Wettfahrten mit Vergnügungsbooten. Start war bei der Brücke von Blackfriars, dann gings bis zur Brücke von Putney und von dort zurück zu den Parkanlagen von Cumber-

Regatta des »Water Club« von Cork Ende des 18. Jahrhunderts.

land.[58] Jene Männer, die 1775 die Cumberland Sailing Society gründeten, nahmen dieses Spiel sehr ernst: Sie standen selbst am Ruder ihrer stolzen Segler und gaben sich eine eigene Kleiderordnung: »Die Gentlemen … haben beschlossen, sich Seeuniformen zuzulegen«, mit passenden Knöpfen und Abzeichen, wie bei der Royal Navy.

Das Zitat wurde verstümmelt wiedergegeben. Eigentlich muss es heißen: »Die Gentlemen, die am Preiskampf teilnehmen …«, und es gab sogar mehrere Preise! Der Herzog von Cumberland, Bruder Seiner Majestät, stiftete sechs Jahre lang alljährlich einen Pokal, die ersten in der Geschichte des Sportsegelns. 1781 wurde daraus ein Wanderpreis, dem ersten seiner Art, um den jedes Jahr erneut um die Wette gesegelt werden musste. Die Besitzer von Vauxhall Park sponsorten übrigens diese Veranstaltung indem sie fast 20 Jahre lang Pokale stifteten, mit denen Reklame für ihre Vergnügungseinrichtung gemacht wurde.

Die Boote der Cumberland Sailing Society waren nicht groß: Es waren Boote von 6 bis 10 m Länge. Diese geringe Größe, die typisch war für alle frühen Lustyachten, sei es in Bordeaux, Cork, Genf oder London, trug zu ihrer allgemeinen Verbreitung bei.[59] Alles, z. B. die Grenzen der damaligen Konstruktionsmethoden sowie die geringe Tiefe der Flüsse und Häfen, sprach dafür, die Größe dieser Wasserfahrzeuge zu begrenzen; die Takelage auf den Frachtseglern jener Zeit erforderte eine große, auf engem Raum zusammengepferchte Mannschaft, das passte nicht zur Vergnügungsschifffahrt. Um eine gewisse Intimität und den eigenen Stand zu wahren, begrenzte man Mannschaft und Bootsgröße. In dieser Frühzeit der Lustschifffahrt waren die üppigsten Yachten und Lustschiffe nur fünfmal so lang, wie die einfachsten. Dieser geringe Größenunterschied – er betrug im 19. Jahrhundert das 25fache und stieg im 20. Jahrhundert auf das 30fache – verwischte die Unterschiede, man konnte sich leichter mit einem Vorbild identifizieren, sich mit den Reichen auf einem Niveau wähnen, was die große Popularität der Lustschifffahrt förderte.

Jenseits der visionären Ideen der Cumberland Sailing Society entwickelte sich das Fahren mit Booten zum Volksvergnügen. Unter den begrenzten Erholungsmöglichkeiten nahm der Fluss einen wichtigen Platz ein. In allen Städten Europas entstanden kommerzielle Segel- oder Ruderbootvermietungen. Voraussetzung für den Spaß auf dem Wasser, für Besitz oder Mieten eines Bootes, war ein Minimum an Freizeit und Geld – und dieses Vergnügen blieb damit für das einfache Proletariat, das die Masse der Bevölkerung bildete, unerreichbar. Nur die Mittelstand konnte es sich erlauben, seine Freizeit auf dem Wasser zu verbringen.

Die Vergnügungsschifffahrt entstand in Städten. Amsterdam, hier ein Stadtplan aus dem 15. Jahrhundert, mit seinen Grachten, mit Amstel und der nahen Zuiderzee, bot ideale Möglichkeiten, gefahrlos Wind und Wellen zu trotzen.

Diese neu entstandene Schicht, die das Vergnügen am und auf dem Wasser entdeckte, lebte nicht in kleinen Hafenorten und auch nicht am Meer.

Die ersten entsprechenden Zentren entstanden (in nicht chronologischer Reihenfolge) an der Køge Bugt vor Kopenhagen, an den Binnengewässern vor Amsterdam, in Bordeaux und Cork, an der Seinemündung vor Le Havre, an den Seen in Genf und Berlin sowie in Paris an der Seine. Es handelt sich ausschließlich um Städte mit regionaler oder nationaler Bedeutung. Es fällt auf, dass der erste Yachthafen Englands in London entstand, nicht in Plymouth oder Liverpool. Nur in den großen Städten gab es zu jener Zeit eine aufkeimende Dienstleistungsgesellschaft, deren Angehörige aufs Wasser strebten und so freisinnig waren, die sonntägliche Andacht zugunsten des Freizeitvergnügens zu opfern, was in der katholischen Bretagne nur schwer vorstellbar gewesen wäre.

Warum entwickelte sich diese Freizeitbeschäftigung hinter dem Deich und im Binnenland und nicht auf der offenen See? Weil die Teilnehmer zwar gerne Seemann spielen wollten, aber keine Selbstmordkandidaten waren. Seefahrt war nämlich unglaublich gefährlich und blieb es auch sehr lange: 1881, ein dreiviertel Jahrhundert später, ertranken 3798 Briten, d. h. 311 auf eine Million Einwohner. Zum Vergleich: angenommen, Ende des 20. Jahrhunderts stiege die gesamte britische Bevölkerung ins Auto, dann kämen bei Unfällen auf den Straßen des Landes zwei Drittel weniger Menschen ums Leben, als ein Jahrhundert zuvor auf dem Meer, auf das sich verhältnismäßig wenige wagten.

Das hinderte sie nicht, davon zu träumen. Anfang des 19. Jahrhunderts war die große Zeit der Romantik. Für ihre lebhaften Gefühle brauchten die Romantiker den Schauder der Gefahr. 1816 beschrieb der Romantiker Shelley, der zusammen mit seinem Freund Byron eine Fahrt auf dem Genfer See unternahm, als Ausdruck von »Sturm und Drang«, einen heftigen Sturm[61]: »Der Wind frischte immer mehr auf bis es gewaltig stürmte, und da er vom äußersten Ende des Sees kam, türmte er Wogen von entsetzlicher Höhe auf und bedeckte die Oberfläche mit wildem Schaum.«[62]

Von da an waren nicht mehr der Kapitän mit seinen Ärmelstreifen oder der untätige Adlige Vorbild. Zu der für die Romantik typischen Auflehnung und zu dem von Rousseau ein halbes Jahrhundert zuvor propagierten »Zurück zur Natur«, kamen jetzt die Reiseberichte großer Entdecker wie Cook und Dumont d'Urville, die jenseits der zivilisierten Welt die »guten Wilden« entdeckten. Man bildete sich ein, Abenteurer, berühmter Entdecker, gleichsam Pirat zu sein, oder, als das Bootsfahren in Frankreich immer bekannter wurde, auch ein echter Pirat. »Nur das Meer und der Fluss mit ihrem Toben ziehen diese unverstandenen Burschen an, in deren Angestelltenbrust das Herz eines Seemanns schlägt, die unwillig Woche für Woche ihrer friedlichen Arbeit nachgehen … Der Liebhaber, der zum ersten Mal seine Angebetete in den Armen hält, der Musikfreund, der den Liedern von Duprez lauscht, der Weinkenner, der eine Flasche alten Weins öffnet, sie alle können nicht die Begeisterung des Seglers nachempfinden, der die Schot in der Hand, die Pinne unter den Arm geklemmt mit dem Wind dahinfliegt, voller Stolz Wind und Wellen bändigend.«[63] Damit war alles gesagt!

In Frankreich wurde Bootsfahren sogar so populär, dass es dem Pöbel anheimfiel. Im Gefolge dieser Schifffahrt bildeten sich billige, verführerische Attraktionen: Vorstadtkneipen, die keine Alkoholsteuer entrichten mussten, weil sie genau jenseits der Stadtmauern standen, boten zu konkurrenzlosen Preisen ihre Getränke an. Wie nicht anders zu erwarten »setzten sich einige Mannschaften ausschließlich aus sehr schlecht erzogenen Männern zusammen, und nach einigen Ausschreitungen fiel die ganze Zunft in Misskredit. Die Bezeichnung ›canotier‹ wurde zum Schimpfwort. Um nicht verhöhnt zu werden, traute man sich in der Öffentlichkeit nicht mehr zuzugeben, dass man Segeln ging, was auf jeden Fall bedeutete, dass man einer höchst verdammenswerten Überspanntheit anhing.«[64]

Sollte also das Vergnügungssegeln seine Wurzeln im niederen Volk haben? Nicht nur das, sondern auch die Yachten selbst.

Das Lied der *Gibbon*[60]

(etwa 1840)

Fröhliche Kinder der Seine, die ihr auf ihrem Wasser stromaufwärts fahrt, um im Land der ehrwürdigen Fässer eure Sorgen zu vergessen; seid willkommen, ihr meine Brüder, wir wollen an Bord den Wein genießen. Und wenn wir froh die Gläser leeren, lasst uns alle singen:

Klingklang, das ist der Refrain aller Ruderer auf der Seine, klingklang, das ist der Refrain, es leben die Seine und der gute Wein.

Sollen doch die Mächtigen der Erde in ihren Salons einschlafen. Lieber als ihre Vergnügen sind mir meine fröhlichen Freunde von der *Gibbon*; als würdiges Kind Neptuns ziehe ich ihrem Reichtum, ihrem Überfluss meine Pfeife und meine Crewkameraden vor.

Man erzählt von Venedig und seinen schmachtenden Gesängen, von den Gondolieri und der Brise. Ah, sagt man, die sind glücklich! Zum Teufel mit ihren Gitarren! Mir ist die Fanfare der alten *Smogleur* lieber, das fröhliche Lied der *Gibbon*.

Wenn uns eines Tages die listigen Engländer bezähmen wollen, dann nehme ich meine Kameraden mit ins Getümmel. Von einem wagemutigen Kaperschiff aus werden diese unbekannten Ruderer auf den englischen Fregatten ihre Flaggen hissen.

Wenn unser Boot an einem Tag an dem wir an Bord schlemmen versinkt, und die Seine uns auf ihrem Grund empfängt, dann werden wir uns am Ufer des schwarzen Kokytos über den alten Caron lustig machen, wir werden ihn in sein Loch stecken und an seine Stelle treten.

Eine häufig zitierte Legende besagt, dass Lotsenboote Vorbild für den Bau der ersten Yachten gewesen sein sollen. Diese kleine Heuchelei ist entschuldbar, denn man konnte nur schwer zugeben, dass die britischen, dänischen, niederländischen, belgischen, spanischen und russischen Herrscher, dass all diese respektablen Herrschaften einem Sport anhingen, an dessen Wiege Piraten und Schmuggler gestanden hatten. Und trotzdem …

1809 besaß der Marquis von Anglesey die *Liberty*, die als schnellster Segler der Themse galt. Eines Tages gab sich dieses edle Gefährt dem Vergnügen des sportlichen Wettkampfes hin, als er von der Smack eines Austernfischers[65] eingeholt, dann überholt und schließlich weit abgeschlagen blieb. Diese Niederlage konnte nur durch den Bau eines ähnlichen Schiffes wettgemacht werden. Sieben Jahre später, der Marquis hatte inzwischen bei Waterloo ein Bein verloren, wollte er eine größere Yacht und ging zu seinem Bootsbauer. Man stelle sich den folgenden Dialog vor: »Er ist nicht da, Euer Gnaden.« »Wo ist er denn?« »Im Gefängnis, Euer Gnaden.« Der Marquis, der seine Pappenheimer kennt, ist nicht im geringsten erstaunt: »Wann kommt er raus?« »Nie mehr, Euer Gnaden.« »Was hat er denn verbrochen?« »Er hat einem Geldfälscher zur Flucht nach Holland verholfen. Dem hats da nicht gefallen und er ist zurückgekommen, ist

Kleidung eines französischen Bootsfahrers 1845 (linke Seite).

Die außerhalb der Stadt angesiedelten Lokale schenkten steuerfreien und damit günstigen Wein aus. Dies war in Frankreich einer der Gründe für die Verbreitung des Wassersports.

Eine Oyster Smack – eigentlich für den Austernfang gebaut, wurden diese schnellen Boote gern von Schmugglern gesegelt. Dieser Typ war Vorbild für die ersten englischen Regattayachten.

wieder geschnappt worden und hat alles der Polizei gestanden. Sainty selbst, sein Sohn und sein Bruder haben lebenslänglich bekommen.« Der Marquis zog alle Fäden, ließ einige seiner zahlreichen Verbindungen spielen, und Philip John Sainty konnte das Gefängnis verlassen. Stellen Sie sich die Miene des wartenden Marquis vor (er hatte sich viel Mühe gegeben), als er einen ihm unbekannten jungen Mann ankommen sah, der, wie dessen Vater Philip John Sainty hieß! Man musste also noch den Vater aus dem Gefängnis holen, der aber nicht imstande war, ohne seinen ebenfalls noch einsitzenden Bruder eine Yacht zu bauen ... Schließlich konnte d'Angelsey die *Pearl,* einen Kutter von 113 Tonnen, in Auftrag geben. Der reuige Schmuggler, der auf den rechten Weg des Schiffbaus zurückgekehrt war, beendete sein Leben als Lieferant der Royal Navy, für die er eine Fregatte mit 50 Kanonen baute.

Die *Pearl* erregte Aufsehen. »Vor 1820 hatten die Yachten eigentlich keine individuelle Note; das Unterwasserschiff war, wie bei schnellen Schmugglerschiffen und Fischerbooten, tonnenförmig, der Vorsteven rund und voll und der achtere Bootsboden, der ›Sog‹, mit feinen Linien. Die Yachten wurden ein für alle Mal aus Holz gebaut, hatten Steine und Kies als Ballast, die Fortschrittlichsten vielleicht Erzbrocken, die Verstagung war aus Hanf, und es wurde kein Versuch unternommen, die Segel flacher zu schneiden.«[66] Die *Pearl* erhielt einen schlankes, v-förmiges Unterwasserschiff, damit der Ballast so tief wie irgend möglich lag. Das war revolutionär!

Allerdings tauchten solche Formen nicht zum ersten Mal auf. 1796 hatte man die beiden Fregatten *Redbridge* und *Eling* mit v-förmigem Kiel und schnittigen Linien gebaut. Man verfolgte damit nicht so sehr das Ziel, die Geschwindigkeit zu erhöhen, als vielmehr, die Anzahl der gebogenen Bauteile und damit des Abfalls zu vermindern. Auf diese Weise wurden 30 Prozent Holz eingespart. Diese Fregatten waren gute, schnelle Schiffe, die allerdings zum Schlingern neigten. Aber die Linien, die das vorausnahmen, was 40 oder 50 Jahre später wieder auftauchen sollte, wurden wieder aufgegeben.

Warum? Unbeweglichkeit und Gewohnheit herrschten auch hier. Im Laufe dieser Geschichte werden immer wieder Schiffe auftauchen, die – wie die *Pearl* 1820 – hochgelobt und als revolutionär betrachtet wurden, weil man ihre Vorgängerinnen vergessen hatte. Es geschah bei dieser oder jener Regatta, dass es einigen wie Schuppen von den Augen fiel, aber revolutionär war das nur für diejenigen, die nicht wussten, was vorausgegangen war und wie sich alles entwickelt hatte.

Trotzdem musste man die Augen die nichts sehen wollten, öffnen und »Revolutionen« inszenieren, auch wenn sie eigentlich unberechtigt waren. Diese Rolle übernahmen die Verbände und Clubs der Segler.

1815, im Jahr der Schlacht von Waterloo, kamen am 1. Juni in London im Restaurant »Thatched House Tavern« auf Anregung von Lord Grantham, dem späteren Earl of Gray, 42 Persönlichkeiten zusammen. Von diesen 42 waren nur 19 bürgerlich und nicht adlig, die übrigen waren Viscounts, Baronets und Marquis'. Die Teilnehmerliste, die auch einen Geistlichen und drei Offiziere enthielt, liest sich ein bisschen wie der Gotha. Sie beschlossen, nicht irgendeinen, sondern d e n Yacht-Club zu gründen. Schon im darauffolgenden Jahr wurden Marineoffiziere als Ehrenmitglieder zugelassen, die sich so mit der Forderung nach Geschwindigkeit auf dem Wasser – ohne Ladung – konfrontiert sahen.

1826 schufen die Mitglieder des Yachtclubs, »indem sie schnelle Schiffe konstruierten und an die besten Seeleute Preise verteilten, einen Geist des Wettstreits zwischen den einzelnen Gruppen, die mit der Schifffahrt zu tun hatten. Nach Erprobungen führten sie neue, mechanische Entwicklungen ein und leisteten damit Dienste, die keine Einzelperson hätte ausführen wollen oder können. Einzelne Yachten rivalisierten derartig in Geschwindigkeit und Schönheit, dass sie beachtliche Aufmerksamkeit bei der Regierung erregten …«[67]

Als Beispiel sei erwähnt, dass Lord Belfast die *Waterwich* bauen ließ, nachdem er drei Jahre lang mit der *Louisa* ungeschlagen geblieben war und so sein Können bewiesen hatte. Für gewöhnlich ging er mit seiner Yacht vor dem Hafen von Portsmouth vor Anker. Sobald ein Schiff der Navy auftauchte, wurde es von der *Waterwich* verfolgt und jedes Mal überholt. Das Resultat ließ nicht auf sich warten: die Marine seiner Majestät kaufte die *Waterwich*, die für zehn Jahre als Modell für alle englischen Briggs diente. 1831 hatte die Navy aus demselben Grund bereits die *Pantaloon* des Duke of Portland gekauft. Auf diese Weise war es den Seglern gelungen, ihrem Vorbild, der Marine, die sie zuvor nachgeahmt hatten, Anregungen zu geben.

Auf Anhieb erwies sich der Yachtclub als so nützlich, so würdig königlicher Aufmerksamkeit, dass König Georg IV. ihm gleich nach seiner Krönung den Titel »königlich« verlieh. Dann »tat der König am 4. Juli 1833 als weiteres Zeichen seiner gnädigen Anerkennung einer Institution von solch nationaler Bedeutung seinen gnädigen Willen kund, der Royal Yacht Club möge sich in Zukunft Royal Yacht Squadron nennen«[68]. Man war nun das königliche Yachtgeschwader.

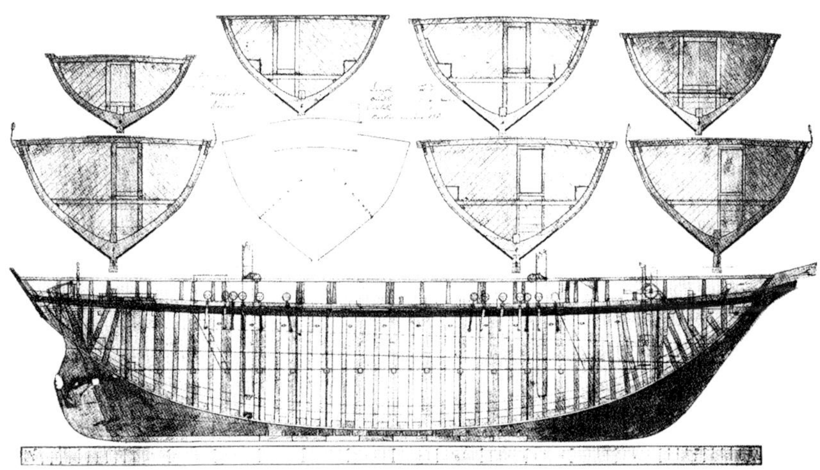

Die Erprobungsfregatte Redbridge der Royal Navy wurde 1796 entwickelt, um Holz zu sparen. Sie war eines der ersten Segelschiffe mit Außenballast.

Inzwischen waren aus Anlass der Krönung von Georg IV. die Boote der Cumberland Sailing Society zur Krönungsflotte ernannt worden. Der Monarch drückte 1830 seinen Dank dadurch aus, dass er ihr den Titel »königlich« zuerkannte, und so wurde sie zum Royal Thames Yacht Club. 1845, 15 Jahre später, hielt der König die Patenschaft für elf »königliche« Yachtclubs.

Hauptaufgabe dieser Clubs war die Organisation von Wettfahrten. Der Royal Yacht Club organisierte seit 1825 Regatten. Ab 1830 galt: »Aufgabe des Royal Thames Yacht Club ist, den Bau von Yachten und die Schifffahrt auf der Themse anzuregen; die Finanzmittel des Clubs sind für die notwendigen und gewöhnlichen Ausgaben bestimmt sowie für den Kauf von Cups und anderen Preisen, die nur für Wettkämpfe der Yachten von Clubmitgliedern ausgesetzt werden sollen.« Die Wettfahrten waren nicht uninteressant. Die Wetteinsätze waren fantastisch: die erste Wette um 1000 Guineas wurde am 29. Juli 1825 auf der Themse ausgesegelt. Einige Jahre später wechselten in Cowes aus Anlass der ersten Wettfahrt der *Waterwich* gegen eine andere Yacht 50 000 Pfund, ein Vermögen[69], den Besitzer, weil so viele Wettteilnehmer zugegen waren.

Geld war eine Handelsware geworden. Am 18. Juni 1815, 18 Tage nach der Gründung des Yachtclubs, standen sich in einer großen Schlacht bei Waterloo in Belgien die Alliierten und Frankreich gegenüber. Ein Abgesandter des Londoner Finanziers Rothschild bildete sich dort ein Urteil über den Ausgang der Schlacht, sprang aufs Pferd, kaufte in Ostende ein Schiff, bestieg bei Dover erneut ein Pferd und traf pünktlich zur Öffnung der Börse in London ein. Daraufhin verkaufte Rothschild: Aktien, Land – alles. Der alte Fuchs! Wenn der seinen Besitz verschleudert, dann wohl deshalb, weil er weiß, dass Napoleon die Schlacht gewonnen hat, die bei Waterloo im Gange ist – und dann wollen auch die anderen verkaufen, verkaufen, verkaufen. In der allgemeinen Panik kaufen die Leute von Rothschild unter Hand wieder auf. Als schließlich die Niederlage der Franzosen bekannt wird, hat Rothschild sein Vermögen verzehnfacht. Menschen wie er sollten das 19. Jahrhundert prägen.

Bevor Frankreich die Freuden des Kapitalismus kennenlernte, sollten noch etliche Jahrzehnte vergehen. Allerdings nahm man südlich des Ärmelkanals durchaus zur Kenntnis, wie die Briten ihre für den maritimen Geist so förderlichen Aktivitäten organisiert hatten. 1820 stellte der Marineoffizier Joseph-Vincent Antressangle einen Plan vor, wie man das französische Vergnügungssegeln nach dem Vorbild Englands – wo er zehn Jahre verbracht hatte – entwickeln könne. Dieser Plan enthielt u. a. regelmäßige Regatten, Preise und die offizielle Schirmherrschaft. Die französische Verwaltung beschied Antressangle abschlägig und stellte ihn als Spinner hin »der verlangt, dass man in alle Häfen Übungsyachten legt und dass Seine Königliche Hoheit (Prinz Graf von Artois, der spätere König Karl X. von Frankreich) eine eigene Yacht erhält«[70].

Bald gaben die Ereignisse der Verwaltung Unrecht. Zwischen 1824 und 1827 segelte die Herzogin von Berry, Gattin des Herzogs von Bordeaux, des Thronfolgers, während ihrer Aufenthalte in Dieppe häufig auf einem Staatskutter aufs Meer hinaus. Sie nahm zu diesem Freizeitvergnügen einen Teil der gesellschaftlichen Elite mit. Manchmal begleitete sie der König Karl X. auf der Seine bei Saint Cloud. 1835 besaß Louis-Philippe, der Bürgerkönig, in Neuilly eine kleine Flotte, »die aus

Yachten der Royal Yacht Squadron bei einer Regatta (Ölbild von Joseph Mallord William Turner, 1775–1851).

mehreren sehr tüchtigen Fregatten und einer großen Anzahl von Booten à l'anglaise bestand«.

Die Yachten der Royal Yacht Squadron hatten 1827 und 1831 in Cherbourg festgemacht und dort sogar Wettfahrten veranstaltet, so wie es 1836 andere britischen Yachten vor Calais taten. Daraus folgt, dass die ersten Yachtregatten in Frankreich englisch waren.

Die Franzosen veranstalteten ebenfalls Regatten, aber mit Ruderbooten, und zwar ab 1834 auf der Seine vor Bercy, Ivry und in Paris. Zwölf Jahre lang, zwischen 1835 und 1847, organisierte die Gesellschaft des Bootes *Smogleur*[71] alljährlich Fahrten bei Fackelschein auf der Seine. Ruderregatten auf der offenen See, wie vor Dieppe 1837 und vor Le Havre 1839, blieben allerdings eine Angelegenheit von Berufsseeleuten. Diese Veranstaltungen erregten die Aufmerksamkeit einiger Ruderer aus Paris, denen es gelang, 1841 einen Wettkampf nur für Amateure zu organisieren. Im Anschluss daran wurde der Ruderclub von Le Havre, der erste »Club Nautique« Frankreichs, gegründet.

Im Jahr darauf fand auf der Seine, vor Carrières-Charenton, die erste Segelregatta für Amateure statt. Es folgten zahlreiche Veranstaltungen, endlich 1846 auch vor Marseille; die Regatten vor Le Havre fanden alljährlich statt. Dem Segelsport in Frankreich fehlte nur noch eins: Die offizielle Anerkennung.

Während die Mitglieder der Royal Yacht Squadron das Privileg hatten, unter der gleichen Flagge zu segeln wie die königliche Yacht, konnten französische Freizeitsegler keine Yacht auf dem Meer unterhalten. Verboten war es zwar nicht, aber schlicht unmöglich, weil jedes Seeschiff entweder für die Küsten- bzw. Hochseefischerei oder als Frachtsegler registriert sein musste, mit allem was an Mannschaftslisten, Frachtbriefen und Papierkram dazugehört. 1848 beschloss Auguste Pagelet, ein pensionierter Kapitän aus Saint Malo und leicht aufbrausender Dickschädel, dass der Beschränkungen genug sei. Er segelte nur zum Vergnügen mit seinem kleinen Kutter *Tom Thumb* – mehr tat er nicht. Damit handelte er gegen Recht und Gesetz, erhielt eine Anzeige und zog vor Gericht. Er gewann und behielt auch im Berufungsverfahren Recht. Das Kassationsgericht gab schließlich, ohne wirklich überzeugt davon zu sein und um das Gesicht zu wahren, dem Minister Recht. Die Verwaltung wartete das Urteil gar nicht erst ab und erließ ein Gesetz über die Sportschifffahrt. Das war 1850 und damit war der französische Segelsport endlich legal.[72] Danach bildeten sich zwischen 1850 und 1860 zahllose Seglervereinigungen in Frankreich.

So hatte der Yachtsport 1850 in England und Frankreich seine Identität gefunden. Es war eine eigenartige Mischung, von Land zu Land unterschiedlich gewichtet in Italien, Skandinavien, Deutschland und der Schweiz. Noch war nichts endgültig festgelegt, aber die Zutaten blieben gleich: etwas von der Marine, ein wenig Angabe und Abenteuerlust, eine Prise Verruchtheit, ein Quäntchen Sport – würzen, schütteln und vor dem Servieren mit Gischt besprühen! Selbst in den weit entfernten Vereinigten Staaten verlief die Entwicklung ähnlich – aber das ist eine andere Geschichte.

Ruderregatta auf der Seine um 1840.

Der Schoner America, *Sinnbild für den Beginn des modernen Yachtsport. Hier der Nachbau mit einem Deckshaus.*

Eine Legende wird geboren

Die Entwicklung in Amerika

1776–1850

»Wo Rauch ist, muss auch Feuer sein.«
Sprichwort[1]

Frühe Felszeichnung mit einem Kanu, entdeckt am Pictured Lake in Ontario (Mitte).

Der amerikanische Kontinent war wohl schon bevölkert, lange bevor er von den Chinesen[2] entdeckt und vom christlichen Abendland kolonisiert wurde. Die europäische Invasion war nicht die erste. Die heute an der Grenze von Arizona und Colorado lebenden Navajos kommen ursprünglich aus Zentralkanada, 1500 km nördlicher. Diese amerikanischen »Indianer« hatten natürlich ihre eigenen nautischen Rituale, Feste, Kanu-Rennen usw. Aber wie bei den Römern oder anderen blieben auch diese festlichen oder prunkvollen Schifferfeste ohne Nachfolger. Während die Honoratioren in Amsterdam zwischen mehreren Marinas wählen konnten, um ihre Speeljachten festzumachen, während die von Cork die Verteilung von Schinken und Getränken regelten, beschränkte sich die Lustschifffahrt der europäischen Einwanderer in Amerika auf ein Kanu-Rennen in Quebec und auf die schon erwähnte Yacht des Colonels Morris. Wahrscheinlich besaß der eine oder andere französische Pflanzer in Louisiana ein Schiff zu seinem Vergnügen, aber das bleibt im Anekdotischen. Im 18. Jahrhundert gab es in Amerika nur einige Kolonien und Niederlassungen, die untereinander keine Verbindung hatten. Die Spanier saßen in Kalifornien, die Franzosen in Louisiana und Quebec, die Engländer an der Atlantikküste der späteren Vereinigten Staaten und in Kanada.

Für diese so weit von Europa entfernten Ansiedlungen zählte nur das nackte Überleben: es gab keinen Platz für einen Luxus, wie die Vergnügungsschifffahrt, die in erster Linie ein Wohlstandsprodukt ist. Man wird sagen, dass mit dieser Behauptung offene Türen eingerannt werden – schreiten wir ruhig hindurch! Man muss sich immer klarmachen, dass das Freizeitsegeln eng mit der wirtschaftlichen Entwicklung zusammen hängt, was genauso dessen unglaublichen Aufschwung erklärt, die der Segelsport in den Vereinigten-Staaten gegen Ende des 19. Jahrhunderts nahm, wie den Misserfolg bei dessen Demokratisierung in Frankreich nach dem Zweiten Weltkrieg. Das Gegenteil ist nicht weniger wahr: Mit zunehmendem Wohlstand entsteht fast zwangsläufig ein Segelsport. Nach den außerordentlichen wirtschaftlichen Erfolgen zwischen 1950 und 1960 begaben sich Japan und Deutschland erfolgreich aufs Wasser. Folglich geht dieser Wassersport zurück, sobald der Wohlstand abnimmt, was in den Niederlanden auch geschah.

Kanu in einer Stromschnelle. Gemälde von Frances Ann Hopkins, Juli 1863 (linke Seite).

Bau eines Indianerkanus. Die senkrechten Pfähle hielten die an der Oberkante des Bootsrumpfes verlaufenden Balken, die Balkweger, an denen die am linken Bildrand erkennbaren, gebogenen, aus Holz hergestellten Spanten befestigt wurden. Darauf wurden große Teile aus Birkenrinde gelegt, die aneinander und auf die Balkweger »genäht« wurden. Die Nähte überzog man mit Teer (siehe die schwarzen Linien auf dem Rumpf im Gemälde auf Seite 50).

Nachdem die Franzosen 1672 bedeutende Teile in den Südlichen Niederlanden abgetrennt hatten, erfolgte der wirtschaftliche Niedergang. Das Land verarmte zwar nicht völlig und die Bewohner gingen auch weiterhin aufs Wasser, aber das niederländische Vergnügungssegeln wurde dermaßen stark eingeschränkt, was seinen Niedergang bedeutete. 300 Jahre lang entwickelten die Yachten sich nicht weiter, sie blieben isoliert, bewahrt vor äußeren Einflüssen, in der Zuiderzee, diesem Binnenmeer von der Größe eines Sees. In der ganzen Geschichte des Segelsports aber war internationaler Austausch Mittel oder Gelegenheit, Neuheiten einzuführen, einen Schritt vorwärts zu machen.

Nun hatten 1776 die Vereinigten Staaten von Amerika auf der Grundlage philosophischen Gedankengutes französischer Intellektueller ihre Unabhängigkeit erklärt. Wie schon erwähnt, war der amerikanische Schiffbau beeinflusst von französischen Schiffen, die zur Unterstützung der Revolution gekommen waren. Als Voraussetzung für eine Verbreitung von Yachten fehlten aber noch Wohlstand und urbane Zentren. Daher ist es nicht verwunderlich, dass das erste öffentliche Erscheinen des amerikanischen Seglers George Crowninshild mit Prunk und Pracht, einem Charakteristikum aus der Frühzeit der Lustschifffahrt, verbunden war.

»Die Abenteuer eines verrückten Yankees im Land der Prinzessinnen«, wie man die Berichte der Fahrten Crowninshilds überschreiben könnte, hatten keinerlei historische Folgen. Eine Besonderheit dieser Art von Schifffahrt sind aber die unglaublichen Geschichten, die jedes natürliche Maß übertreffen, und dies ist eine davon. Ihr überquellender Bilderreichtum erleichtert das Einprägen und macht auf wenigen Seiten klar, mit welcher Geschwindigkeit sich die USA in nur 30 Jahren veränderten.

Also: Im Jahr des Herrn 1815 hatte der Reeder George Crowninshild aus Salem (Massachusetts, USA) nur eine Leidenschaft: sich selbst. Zunächst suchte er durch möglichst auffällige Kleidung Aufmerksamkeit zu erregen. Aber das Leben in den Vereinigten Staaten war ihm zu öde, nur Europa konnte sein Verlangen nach Luxus stillen. Für die Überfahrt ließ er eine sehr schnelle, außerordentlich luxuriös eingerichtete Brigantine mit 27 m Länge in der Wasserlinie bauen.

»*Cleopatra's Barge* war in bunten, fröhlichen Farben gestrichen. An Steuerbord hatte sie mehrere farbig voneinander abgesetzte Längsstreifen, während sich an Backbord ein kompliziertes, wie die Fünf auf dem Würfel, angeordnetes Muster aus Gold und Email im klaren Wasser des Hafens von Salem spiegelte. Jede dafür geeignete Fläche war mit Blattgold belegt.«[3] An Bord dieses recht auffälligen Schiffes brach Crowninshild in Richtung Mittelmeer auf. Während der Überfahrt gab er seine Befehle in Form von Zeichen, die durch seine Träume inspiriert waren, und die die Besatzung richtig zu interpretieren hatte, wenn ihr daran lag, Zornesausbrüche des Eigners zu vermeiden. Während eines Regengusses ließ er alle Luken öffnen, weil nach seiner Überzeugung das Schiff durch die im Inneren zirkulierende Luft leicht wie ein Ballon und damit schneller würde. Crowninshild träumte von wilden Pferden und von einer echten

Prinzessin, die ihm die Ehre erweisen würde, auf seiner Yacht zu nächtigen, bevor sie seinem Charme erlag und ihn heiratete. Nachdem er ohne Zwischenfälle in Europa angekommen waren, besichtigten Zehntausende das Schiff in den Häfen, nahmen den einen oder anderen Teelöffel als Souvenir mit, aber keine Prinzessin widmete sich *Cleopatra's Barge*. Schließlich traf Crowninshild Pauline Bonaparte, die ihn beauftragte, den »Adoptivsohn« Napoleons mit nach Amerika zu nehmen. Unterwegs stellte sich heraus, dass dieser nur ein Liebhaber von Pauline war, dessen sie überdrüssig geworden war. George Crowninshild kehrte also nach Salem zurück. Er plante eine Reise nach Russland, wo es von Prinzen und Prinzessinnen nur so wimmeln sollte, aber er starb, bevor er das Projekt verwirklichen konnte. Er hatte zu seinen Lebzeiten die Menschen so beschäftigt, dass niemand seinen Tod wahrhaben wollte: Man glaubte, er sei nur in Trance. Als sein Leichnam anschwoll, musste man ihn begraben, aber die Dorfbewohner hielten Wache am Grab, »falls er wiederkommt.« Nun endlich bekam *Cleopatra's Barge* einen hochrangigen Passagier: Sie wurde an Kamehameha II., König von Hawaii, verkauft!

Aus historischer Sicht war der Reeder aus Salem ziemlich rückständig, Royalist zur Zeit der Republik, ein Träumer, während andere der Welt kritisch gegenüberstanden. Glücklicherweise traf das nicht auf alle Amerikaner zu. Einen hervorragenden Platz in der Geschichte der großen amerikanischen Techniker und Ingenieure nimmt die Familie Stevens ein. Beispielhaft für die industrielle Revolution verband sie geschickt technisches Wissen, mit Fantasie und finanziellem Wagemut. Gegen Ende des 18. Jahrhunderts verkündete sie die für diese Epoche sehr seltene Überzeugung: dass Fortschritt einzig und allein durch Technik möglich sei und dass man Reichtum eher mit Maschinen als mit Landbesitz erwerben könne. Erfinder und Geschäftsleute, Menschen die sich mit allem beschäftigen, was Fortschritt heißt und hohen Gewinn abwirft, die sich manchmal auf Abenteuer einlassen, sie alle sind – im Gegensatz zu Crowninshild – wichtig für die Geschichte: Der Bau der *America* war ein Ereignis, mit dem sie einen neuen Geist nach Europa brachten. Aber die Legende des schwarzen Schoners lässt außer Acht, dass deren Väter in erster Linie Pioniere des Dampfantriebs waren.

Die Geschichte beginnt denkbar banal: 1669 landete ein Anwaltsschreiber mit Namen Stevens in Amerika und erwarb dort ein kleines Vermögen. Sein Sohn wurde Kaufmann und Reeder; seine Geschäfte liefen so gut, dass er in New Jersey große Ländereien erwerben konnte, bevor er in die Politik ging. Als gutem Kaufmann war ihm klar, dass die Vereinigten Staaten nur verlieren konnten, wenn sie weiterhin Kolonie blieben. Von Stund an waren die Stevens überzeugte Yankees. 1749 wurde Sohn John geboren, der während der Revolution unter George Washington diente und bei Ende der Feindseligkeiten Colonel war. Er wurde Finanzminister des Staates New Jersey. Auch er kaufte Land, und zwar am Ufer des Hudson gegenüber von Manhattan , wo heute die Stadt Hoboken liegt. In Hoboken gründete Edwin, einer der Söhne des Colonels, das Ste-

Cleopatra's Barge, *mit der George Crowninshild aufbrach, um die Prinzessin seiner Träume zu finden und doch nur mit einem Liebhaber von Pauline Bonaparte zurückzukehren.*

vens Institute of Technology, eine Hochschule, die der Traum seines Vaters gewesen war. 150 Jahre später[4] entwickelte Kenneth Davidson dort die Grundlagen für die Erforschung und Erprobung von hydrodynamischen Vorgängen am Schiffsrumpf anhand von Modellversuchen im Schlepptank. Alle Verteidiger des America's Cup von der *Ranger* (1937) bis zur *Courageous* (1974) wurden dort erprobt. Die Stevens hatten den America's Cup nicht nur gestiftet, sondern sie ermöglichten den Amerikanern auch, ihn zu behalten.

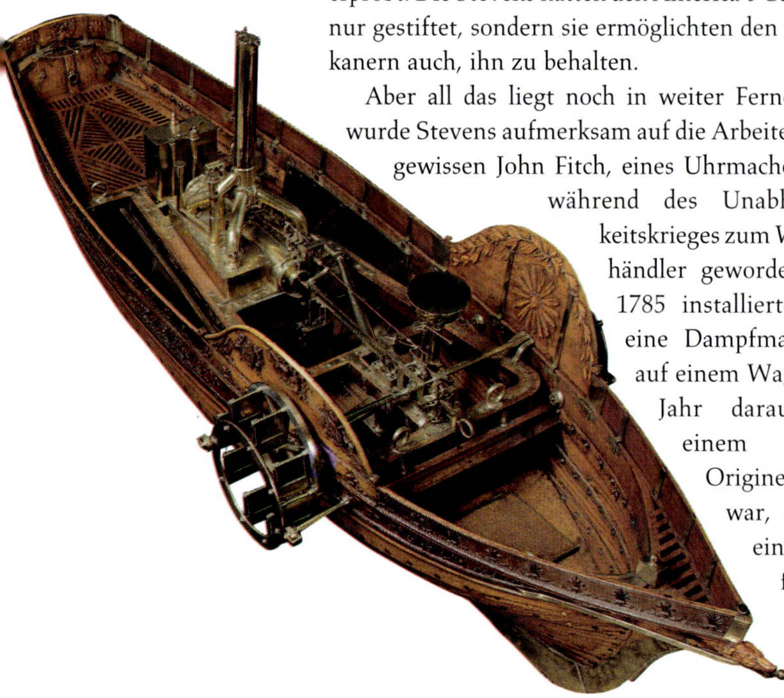

Modell des Dampfschiffes von Jouffroy d'Abbans. Es handelt sich hier nicht um den Pyroscaphe. Beachten Sie den liegenden Zylinder, der in den Heizkessel »hinein« konstruiert ist.

Aber all das liegt noch in weiter Ferne. 1789 wurde Stevens aufmerksam auf die Arbeiten eines gewissen John Fitch, eines Uhrmachers, der während des Unabhängigkeitskrieges zum Waffenhändler geworden war. 1785 installierte Fitch eine Dampfmaschine[5] auf einem Wagen, im Jahr darauf auf einem Schiff. Originell daran war, dass es eine kreisförmige Schraube mit aufgesetzten Paddeln hatte, eine Art Unterwasser-Schaufelrad. Die von Fitch angesprochenen Staaten erklärten, diese Erfindung sei völlig uninteressant; wie alle unverstandenen Erfinder starb Fitch in Armut.

Ein ähnliches Schicksal war einem anderen Vorreiter beschieden, dem Franzosen Jouffroy d'Abbans. Nach der Überwindung von tausend Hindernissen stellte er einen Kupferschmied aus seinem Dorf an und ließ in Baume-les-Dames am Doubs das erste Dampfschiff der Geschichte vom Stapel. Das war 1776, neun Jahre vor Fitch. Vom Schiff aus tauchten Ruder ins Wasser, die mit Klappen versehen waren und die Bewegung von Schwimmvögeln imitierten. Es kam voran, wenn auch ganz langsam! Vier Jahre später entwickelte Jouffroy d'Abbans auf der Saône bei Lyon einen 46 m langen, mit Schaufelrädern ausgestatteten »Pyroscaphe«[6]. Tausende von Zuschauern verfolgten das Schiff zwischen Vaise und der Insel Barbe, darunter Akademiemitglieder aus Lyon. War es ein Erfolg? Fast. Jouffroy d'Abbans beantragte beim königlichen Schatzmeister Calonne das Privileg, dreißig Jahre lang Dampfschifffahrt betreiben zu dürfen. Calonne wandte sich an die Académie des Sciences. »Wie sollen wir etwas beurteilen, was wir gar nicht gesehen haben?«, wurde gefragt. »Er soll es uns zeigen.« Aber Jouffroy konnte keinen neuen Pyroscaphe in Paris bauen, weil er kein Geld dazu hatte. Er war ruiniert und unbekannt. Vergessen starb er in Armut.

Nun hatte der Colonel Stevens zwar beschlossen, all sein Geld und seine Zeit in den Dampfantrieb zu Land und zu Wasser zu stecken, er beabsichtigte aber keinesfalls, sich zu ruinieren. Zunächst musste die Erfindung geschützt werden, wofür man ein Patentgesetz brauchte, an deren Ausarbeitung er sich beteiligte. Stevens war einer der ersten Amerikaner, die ein Patent besaßen. Fitch bestritt ihm das alleinige Recht auf die Dampfschifffahrt im Staat New York, aber er starb ja bald. An seine Stelle trat ein Konkurrent von einem anderen Kaliber: Robert Fulton. Der Amerikaner, ein früher Spezialist für U-Boote, hatte 1803 in Paris ein kleines U-Boot vorgeführt und sich dann mit einer reichen Familie aus New York, den Livingstons, zusammen getan, um das Monopol der Linie New York–Albany zu kassieren. Eine Unverschämtheit, schließlich war Robert Livingston Pate des zweiten Sohnes der Familie Stevens!

Der Colonel hatte sechs Söhne, von denen drei interessant für uns sind: John, der Dandy, Robert, der Ingenieur und Edwin, der Verwalter. Ihre Erziehung wurde geprägt durch den Vater, dessen Versuche die Kinder faszinierten, vor allem Robert. Als dieser 11 Jahre alt war, schloss sein Vater sich mit einem gewissen Marc Brunel zusammen, einem Franzosen, der das Palace Theater in New York gebaut hatte. Auf dem Fluss Passaic in New Jersey erprobten sie erfolgreich einen kleinen Dampfer mit stehendem Kessel. Leider fuhr Brunel zurück nach Europa zu seiner Geliebten.

Colonel Stevens blieb nicht lange allein. Ab sofort arbeitete der blutjunge Robert mit ihm zusammen. 1804 fuhren sie mit der *Little Juliana* den Hudson hinauf und wieder zurück: Das war die erste längere Fahrt eines Dampfschiffes. Robert war ganze 17 Jahre alt. Vier Jahre später baute er mit seinem Vater die *Phenix*, ein Seitenraddampfer mit zwei vierblättrigen Schaufelrädern.

Die Gruppe Fulton-Livingston hatte das Monopol für die Dampfschifffahrt im Staat New York erstritten. Damit die *Phenix* sich rentierte, brachten die Stevens sie nun über die offene See nach Philadelphia. Das war eine Premiere, und trotz aller Cassandrarufe wurde die Kohle nicht verschüttet und der Kessel stand auch nicht unter Wasser. Robert war Erster Offizier an Bord, der Kapitän hieß Moses Rogers und glaubte an die Dampfkraft. Auf Grund seiner Erfahrung stattete er später einen Segler, die *Savannah*, mit einer Maschine aus. Er verließ Amerika am 24. Mai 1819 und erreichte Liverpool nach 27 Tagen und 15 Stunden. Moses Rogers war nur 80 Stunden lang ausschließlich unter Dampf gefahren, aber es war die erste Atlantiküberquerung, die nicht allein unter Segeln bewältigt worden war.

Dampf als Antriebskraft kam in Mode. Einige anscheinend Verrückte hatten die seltsame Idee, man könne dieses Antriebsmittel auf Yachten verwenden. Als in England Thomas Assheton-Smith seine 400 Tonnen Dampfyacht *Menai* übernahm, wurde er aus der Royal Yacht Squadron ausgeschlossen. »Ziel des Clubs ist die Pflege der Kunst des Segelns, mit der sich Dampfantrieb nicht vereinbaren lässt. Jedes Mitglied, das auf Dampf zurückgreift, wird ausgeschlossen.« Das hinderte die niederländische Königsfamilie nicht daran, mit ihrem 1827 vom Stapel gelaufenen Dampfschiff *De Leeuw* (Der Löwe) zu fahren. Noch schlimmer war, dass 1842 Königin Victoria die Fahrt auf der königlichen Yacht nach Schottland als zu lang empfunden hatte, sodass sie für die Rückreise lieber eine Dampfyacht nahm. Das war so viel praktischer! Dampfschiffe fuhren bei jedem Wetter, und man konnte ohne Schlepperhilfe in den Hafen einfahren. Sie waren ein zuverlässiges Verkehrsmittel, und das allein zählte für die neue, nicht an Traditionen verhaftete Generation reicher Leute.

Wen störten da schon Schlingern, Rauch, Gestank und Aschenstaub im Auge: der Dampf war dazu bestimmt, die Segel abzulösen, wie die Eisenbahn die Postkutsche abgelöst hatte. Dampf war modern, er trieb Lokomotiven an, und die Eisenbahn trieb Bankkonten und Aktienkurse auf nie gekannte Höhen. Auf dem Banner der industriellen Revolution erschienen Heizkessel und Kolben.

Als Erstes besaß das niederländische Königshaus eine Dampfyacht mit Namen De Leeuw.

Maria oder die Erfindung des Fortschritts

1820–1851

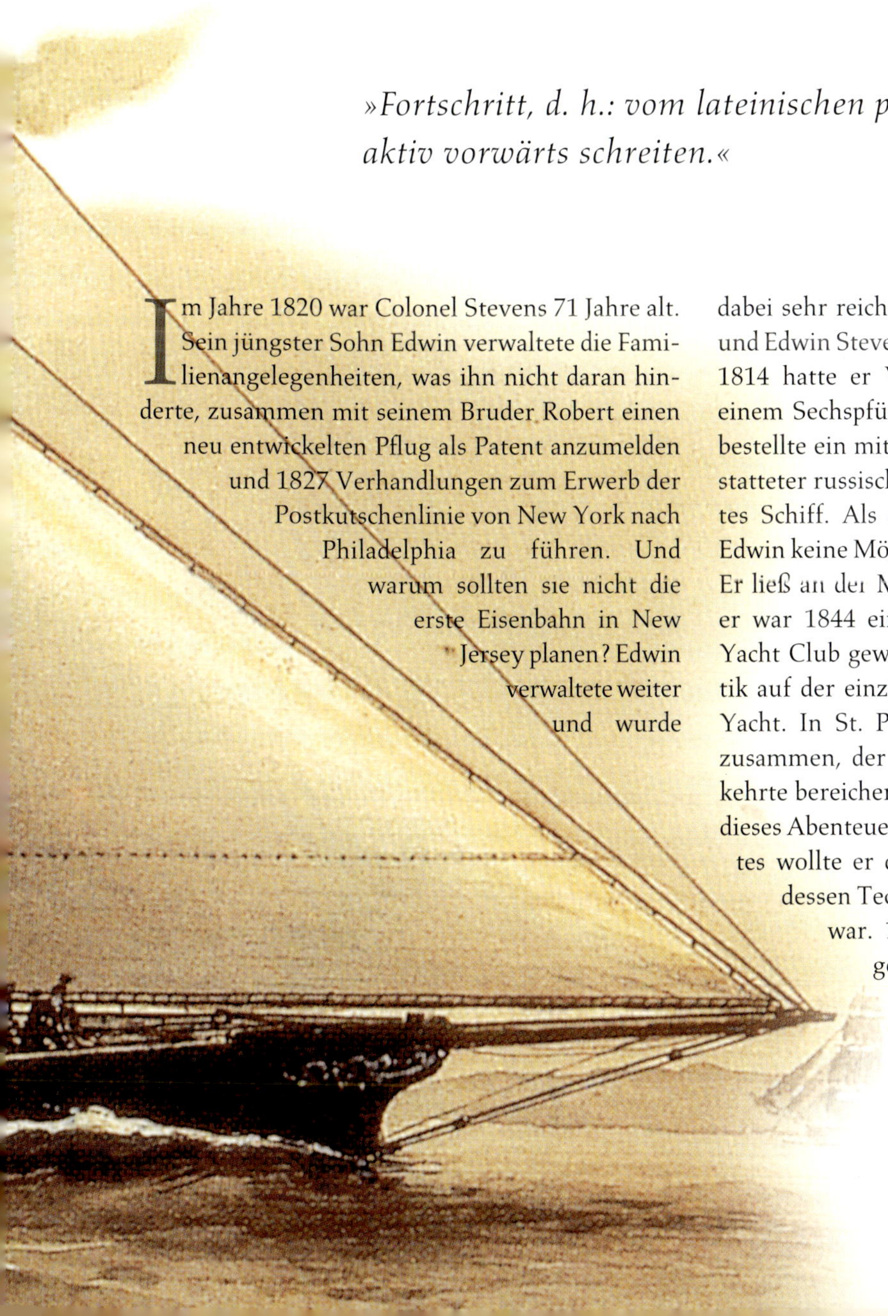

»Fortschritt, d. h.: vom lateinischen progressus – aktiv vorwärts schreiten.«

Lexikon Le Robert

Im Jahre 1820 war Colonel Stevens 71 Jahre alt. Sein jüngster Sohn Edwin verwaltete die Familienangelegenheiten, was ihn nicht daran hinderte, zusammen mit seinem Bruder Robert einen neu entwickelten Pflug als Patent anzumelden und 1827 Verhandlungen zum Erwerb der Postkutschenlinie von New York nach Philadelphia zu führen. Und warum sollten sie nicht die erste Eisenbahn in New Jersey planen? Edwin verwaltete weiter und wurde dabei sehr reich. Jeder Mensch hat seine Marotte, und Edwin Stevens liebte gepanzerte Schiffe. Schon 1814 hatte er Versuche unternommen und mit einem Sechspfünder auf Blech geschossen. Später bestellte ein mit entsprechender Vollmacht ausgestatteter russischer Minister bei ihm ein gepanzertes Schiff. Als es vom Stapel gelaufen war, sah Edwin keine Möglichkeit, an sein Geld zu kommen. Er ließ an der Mastspitze seinen Stander setzen – er war 1844 einer der Gründer vom New York Yacht Club gewesen – und überquerte den Atlantik auf der einzigen jemals gebauten gepanzerten Yacht. In St. Petersburg traf er mit dem Zaren zusammen, der das Schiff kaufte. Edwin Stevens kehrte bereichert (vor allem) mit den Erfahrungen dieses Abenteuers in die Staaten zurück. Als Nächstes wollte er das ideale Panzerschiff bauen, für dessen Technik sein Bruder Robert zuständig war. 1854 wurde das Schiff auf Stapel gelegt. Um seinen kriegerischen Traum zu realisieren, vermachte Edwin Stevens dem Staat New Jersey eine Million Dollar; für diese Summe hätte man 50-mal eine 150 Tonnen-Yacht wie die *America* kaufen können. Trotz

Maria, *die größte jemals gebaute Slup (Aquarell von Francis H. Schell).*

dieser Schenkung wurde die *Stevens Battery* nie fertiggestellt. Edwin starb 1868 in Paris.

Sein ältester Bruder Robert, der für den Segelsport von den drei Stevens-Brüdern der bedeutendste ist, war ihm um 12 Jahre vorausgegangen. Als ganz junger Mann hatte er in den Anfängen des Dampfantriebes seinem Vater tatkräftig zur Seite gestanden. Nach 1820 galt Robert Livingston Stevens als bester amerikanischer Schiffbauer, von dem Entwürfe für mehr als 20 Dampfer und Fähren stammen. Er erfand Spezialventile und einen röhrenförmigen Kessel mit beschleunigtem Luftzug. 1830 schickte ihn die Camden & Ambay Railroad & Transportation Company, die erste Eisenbahngesellschaft der Vereinigten Staaten, deren Chefingenieur er war, nach England zum Studium des dortigen Eisenbahnwesens. Da ihn die aus kleinen Guss-Segmenten zusammengefügten Schienen nicht befriedigten, entwickelte Stevens die moderne Breitfußschiene und die Möglichkeit des durchlaufenden Walzens. Gleich danach erfand er den berühmten Nagel mit hakenförmigem Kopf zum Befestigen der Schienen und kehrte nach Amerika zurück mit der Überzeugung, dass Steinkohle für Heizkessel besser geeignet sei, als Magerkohle. Welch ein Mensch: die Stütze der New Yorker Musikszene sprühte vor Ideen, und zudem verfügte er über ausreichend finanzielle Mittel, um sie zu verwirklichen.

Schiffe standen weiterhin im Mittelpunkt seines Interesses, und 1839 baute er sich eine Yacht, die so groß war, wie die berühmte *Cleopatra's Barge* des Kapitäns Crowninshild. Das neue Schiff hieß *Onkahye*, was auf indianisch tanzende Feder heißt. War es wirklich eine Yacht oder ein Versuchssegler? Sowohl als auch. Sicher war die *Onkahye* der Versuch, neue Formen zu realisieren in der Hoffnung, wirtschaftliche oder militärische Märkte zu öffnen, wie es mit der *Waterwitch* von Lord Belfast gelungen war. Aber die Verwirklichung dieses äußerst gewagten technischen Kunststücks war ohne Bedeutung für das Überleben seines Erfinders. Auslöser war die Neugier eines Gentlemans. Jeder dieser wohlhabenden Männer hatte sein Faible: Im 17. Jahrhundert besaß Sir William Petty seine Katamarane, Edwin Stevens hatte seine aufwendige *Stevens Battery*, und Voorhuis, später Commodore des New York Yacht Clubs, würde einen Katamaran als Passagierschiff einsetzen. Manchmal trieben die exzentrischen Ideen ihre Urheber in den Ruin, so den unglücklichen Voorhuis mit seinem doppelten Eisentorpedo. Es gibt noch andere Beispiele …

Wir wollen einen Augenblick innehalten, denn es tut sich etwas, es ist ein Knistern in der Luft, und die *Onkahye* von Robert Stevens ist dafür ein gutes Beispiel.

Man sollte sich klarmachen, dass bis zu dieser Zeit geistiges Streben stets einer Elite von Wohlhabenden vorbehalten blieb. In dem großartigen Roman »Der Leopard« muss der Astronom Prinz Giulio de Lampedusa[7], der Prototyp des Adligen, das Ende der alten Ordnung konstatieren. Leute wie er betrieben Wissenschaft um ihrer selbst willen. Galilei oder Newton brauchten ihren Lebensunterhalt nicht selbst zu verdienen. Auch nicht als der eine seine »Dialoge« veröffentlichte, der andere seine »Principia Mathematica«, oder wie Albert Einstein, der im Patentamt von Bern angestellt war, als er »Zur Elektrodynamik bewegter Körper«[8] schrieb. Die Aufklärer der gleichnamigen Epoche wurden von ihren Forschungen nicht durch so alltägliche Sorgen wie die ums Überleben abgelenkt. Diese Freiheit begünstigte natürlich die Abstraktion, die Pflege der Wissenschaft um ihrer selbst willen.

Im 19. Jahrhundert änderte sich alles. Robert Stevens und seine Zeitgenossen waren genauso intelligent, wie ihre Vorgänger, ihre Neugier war ebenso leidenschaftlich, aber sehr viel pragmatischer. Ihr Ehrgeiz zielte weniger darauf ab, die Welt zu verstehen, als sie zu verändern. Als Beispiel sei Colonel Stevens angeführt, der, wie schon erwähnt, unter Assistenz des Franzosen Marc Brunel erste Versuche mit einem schraubengetriebenen Dampfschiff gemacht hatte. Die Verbindung wurde unterbrochen, weil Brunel nach London zur Frau seines Lebens fuhr.[9] Beider Sohn erhielt den Namen Isambard Kingdom[10] Brunel (1806–1859). Dieser junge Mann bewies sehr früh außerordentlichen Ehrgeiz, der z. B. darin zum Ausdruck kam, dass er schon 1815 träumte, Algier zu erobern. Als Erwachsener nahm er davon Abstand und wurde einer der größten Ingenieure des 19. Jahrhunderts. Er entwarf Kanäle, Brücken und Eisenbahnen sowie ein Passagierschiff, das Jules Verne wegen seiner Größe zum Helden in »Eine schwimmende Stadt« machte. Von jetzt an konnte man die Welt mit anderen Mitteln, als Waffen, verändern. Als Industrieller, Bankier oder Ingenieur – Robert Stevens hatte von allem ein wenig – konnte man mit einem einzigen Unternehmen, ohne einen anderen Chef als sich selbst, die Ordnung der Dinge verändern. Um die Geschichte zu erobern, gab es nun eine neue Waffe: den Fortschritt. Diese Waffe vermochte Grenzen zu verändern, aber vor allem veränderte der Fortschritt das Leben.

Die unterschiedlichen Techniken, Maschinen und Materialien wurden derart zahlreich, dass es 1830, als Brunel und Stevens junge Erwachsene waren, zu einem Entwicklungssprung kam. Der Fortschritt entwickelte eine bisher nicht gekannte Eigendynamik – und die Energie, die er produzierte, würde die Welt verändern. Schwindel erfasste Menschen wie Stevens, die gebildet genug waren, um die Konsequenzen begreifen zu können. Sie gehörten zur ersten Generation von Menschen, deren Welt sich zu ihren Lebzeiten total veränderte. Die Hingabe an den Fortschritt drängte alles andere in den Hintergrund. Die Verfechter des Fortschritts empfanden es geradezu als Pflicht, ein Erprobungsschiff, ein Walzwerk oder eine Maschine zu entwerfen, wobei diese Pflicht ihnen Vergnügen und Freude bereitete. Je gewagter ein Schiff war, desto besser diente man dem Fortschritt. Einziges Ziel des New York Yacht Club, zu dessen Gründern Robert gehörte, war »die Förderung des Yachtbaus, der Kunst des Schiffsbaus und der nautischen Wissenschaft«[11]. Das war vier Jahre nach dem Stapellauf der *Onkahye*, die neue Wege aufgezeigt hatte.

Sie war ein Schoner; aber während ihre Takelung traditionell war – wenn auch gigantisch und das Großsegel ohne Baum gefahren wurde …, so war jede weitere Ähnlichkeit mit einem vorhandenen oder bisher bekannten Rumpf rein zufällig, denn bei der Konstruktion seines Rumpfes hatte Robert Livingston Stevens völlig neue Wege eingeschlagen.

Fangen wir bei null an, dachte er. Die Segelfläche ist vorgegeben, ich kann sie nicht verändern, weil die augenblickliche Technik nicht mehr hergibt und so viel Arme verlangt, dass meine Nachkommen entsetzt sein werden. Eine andere Vorgabe ist die Gestaltung des Rumpfes. Ich brauche einen breiten Kiel für den Stapellauf auf der mit Talg bestrichenen Ablaufbahn. Das Wasser vor New York ist recht flach, sodass ein geringer Tiefgang eine weitere Vorbedingung ist. Da ich in der Längsachse unter Wasser eine Oberfläche brauche, die groß genug ist, um ein Abdriften meines Schiffes zu verhindern, muss das Unterwasserschiff des Rumpfes eine möglichst große Fläche haben: ein Rechteck. Wenn man die riesige Segelfläche berücksichtigt, reicht das am Wind wahrscheinlich noch nicht aus, also werde ich ein Schwert hinzufügen. Das wäre also die Form des Rumpfes.

Technische Vorbedingungen führen manchmal zu eigenartigen Formen. Um den Ballast aus Steinen und Erz möglichst tief zu platzieren, verwandte Stevens auf der Schoneryacht Onkahye *(oben) einen kleeblattförmigen Querschnitt. Die Risszeichnung unter dem Text zeigt die enorme Segelfläche.*

Die Planung der Unterwasserlinien ist schon schwieriger. Das rundliche Vorschiff normaler Konstruktionen produziert eine riesige Bugwelle, die viel Energie schluckt. Unsere Steven sind zu mächtig, der Rumpf muss unterhalb der Wasserlinie sanfter und fließend ins Wasser eintauchen. Warum soll der Übergang ins Wasser nicht konkav sein? Davon bin ich übrigens seit 30 Jahren überzeugt, seit ich die konkave Linie der *Phenix* gezeichnet habe, aber es ist schwierig, einen zierlichen Steven auf einen breiten Rumpf zu zeichnen (eines Tages wird es bei der *Maria* doch gelingen). Und wenn ich einen schmalen Rumpf baue, woher bekomme ich dann die Stabilität und die für die Segelmanöver notwendige Decksbreite? Für die Stabilität kann ich den Schwerpunkt tiefer legen, aber ich muss Raum finden, um den Ballast aus Eisenerz sehr tief unterzubringen, dessen spezifisches Gewicht größer als Steine ist, aber trotzdem enorm viel Raum benötigt. Also erhält der Rumpf einen ebenen Kiel, und die Rumpfsektion darüber bekommt einen u-förmigen Querschnitt. Und dann kann mich niemand hindern, über der Wasserlinie die Rumpflinien dann sehr füllig zu zeichnen. Wenn die *Onkahye* krängt, vergrößern sich die Wasserlinien. Man hat noch nie ein Schiff mit dem Rumpfquerschnitt eines dreiblättrigen Kleeblatts gesehen? Na und? Ich habe meine schlanken Linien im Unterwasserbereich und die nötige Formstabilität. Ich bin mal neugierig, was dabei herauskommt.

Die *Onkahye* lief 1840 vom Stapel. Sie schlingerte aber so stark, dass sie eines Tages ihre Masten »abschüttelte«. Aber sie war schnell, so schnell, dass die Marine der Vereinigten Staaten sie 1843 kaufte. 1848 ging sie nach einer Kollision vor der brasilianischen Küste unter.

Was soll man daraus schließen? Zunächst, dass Robert Livingston vor keiner ihm logisch erscheinenden Lösung zurückschreckte, auch wenn sie weit entfernt war von allem, was damals üblich war. Allerdings waren diesem mutigen Geist Grenzen gesetzt durch die technischen Möglichkeiten seiner Zeit.

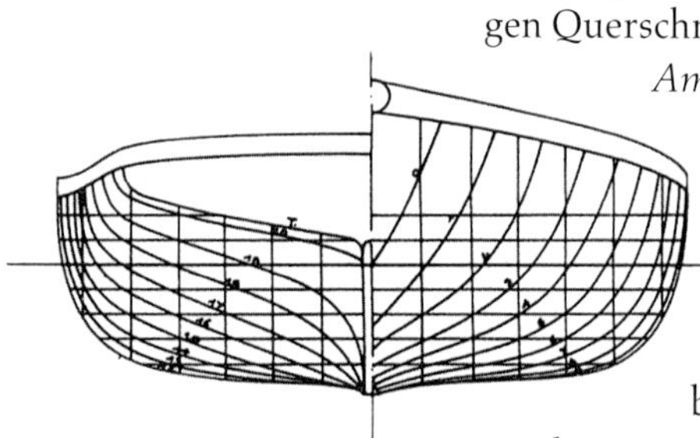

Linienriss der riesigen Maria, *die auf der Werft von W. Capes in Hoboken gebaut wurde.*

Das relativ geringe spezifische Gewicht des Ballasts bedingte eine große Breite direkt über dem Kiel, und dadurch entstand der ungewöhnliche Querschnitt der *Onkahye*. Zwar hatte Robert Stevens versucht, etwas Ballast aus Blei außen unter dem Rumpf anzubringen, aber der machte nur einen winzigen Anteil des gesamten Ballasts an Bord aus. Wenn ihm anstatt der Eisenerzbrocken größere Mengen Blei zur Verfügung gestanden hätten, wäre der voluminöse Rumpf nicht erforderlich gewesen. Und dann hätte er den dreieckigen Querschnitt gehabt, der elf Jahre später bei der *America* angewandt wurde.

Als wolle er seine geistige Beweglichkeit unter Beweis stellen, änderte Robert Stevens bei seiner nächsten Yacht die äußere Form von Grund auf – obwohl rückblickend die wichtigste Veränderung ist, dass Stevens überhaupt sein Experimentierfeld verlegte, um systematisch Neues auszuprobieren. Heute scheint uns das ganz selbstverständlich, weil es eine wesentliche Grundlage unserer Geisteswelt ist, aber damals war diese Art zu denken noch nicht üblich und galt als sehr unkonventionell. Nur langsam überwand man die Trägheit von Jahrhunderten. Eine der Grundlagen dieser statischen Epoche war die Alchimie gewesen mit ihrer ständigen Wiederholung derselben Gesten und Versuche verbunden mit der Erwartung, eine göttliche Eingebung werde das Ergebnis beeinflussen. Diese fromme Unterwürfigkeit hatte bis dahin alles wissenschaftliche Handeln bestimmt. Isaac Newton, Prophet einer Sphärenmusik mit göttlichem Dirigent, war Alchimist, und die Astronomie wurde von Giulio de Lampedusa eigentlich nur als notwendige Ableitung seiner Astrologie betrachtet. Von nun an würde die Wissenschaft alles mögliche sein, nur nicht unterwürfig. Als er seine neue Yacht entwarf, wollte Robert Stevens es besser machen. Das war eine moderne Motivation, Grundlage für allen Fortschritt. Auf der Suche nach Umwälzungen, die schlagartig das Erscheinungsbild aller Dinge verändern sollten, rückte man ab von dem alten Weltbild, das sich aus nicht definierbaren Zutaten zusammensetzte. Natürlich würde dadurch die alte Ordnung über den Haufen geworfen werden. Das Prinzip Ordnung, das die Welt zur Bewegungslosigkeit verdammt hatte, musste einem Zustand ständiger Veränderung weichen, in dem eine Neuerung der anderen folgte. Auf diese Weise wurde das Reich des Fortschritts kultiviert durch den Wandel, der die Lieblingsobjekte vom Vortag verwarf und der tiefsten Vergessenheit anheimfallen ließ. So kam die *Onkahye* durch die *Maria* aus der Mode, und eine ganze Reihe weiterer Veränderungen machte diese zum alten Eisen.

So tief und gerade der Kiel der *Onkahye* gewesen war, so breit und flach war der der *Maria*. Beim Bau der *Onkahye* hatten die begrenzten technischen Möglichkeiten seiner Zeit den amerikanischen Konstrukteur eingeengt, mit der *Maria* baute er erste nur auf Effektivität und Leistung eingestellte Yacht, die erste pure Rennyacht.

Ausgangspunkt Stevens' war die Wasserverdrängung eines leichten Körpers. Da die *Maria* sehr leicht war, brauchte sie eine beachtliche Formstabilität, d. h. eine große Breite in der Wasserlinie im Gegensatz zur geringen Breite in der Wasserlinie von *Onkahye* und *Phenix*. »Ich brauche also Linien im Unterwasserbereich, die sanft und behutsam vom Kiel zur Wasserlinie verlaufen, damit das schmale Vorschiff sachte ins Wasser eintaucht. Wie ich aber die Dinge hin und her wende, es will mir nicht gelingen, mit diesem rechteckigen Längsschnitt eine genügend große Oberfläche zu erhalten, um die *Maria* am Abdriften zu hindern. Also gebe ich ihr zwei Schwerter: Das kleinere am Heck dient der Kursstabilität während der Fahrt, denn bei der gigantischen Segelfläche dieser Slup, die ich für Regatten gezeichnet habe, verlagert sich der Schwerpunkt ständig, je nachdem, ob die Segel aufgefiert oder dichtgeholt sind. Ich brauche dann ein weiteres Schwert im Zentrum von derselben Größe.

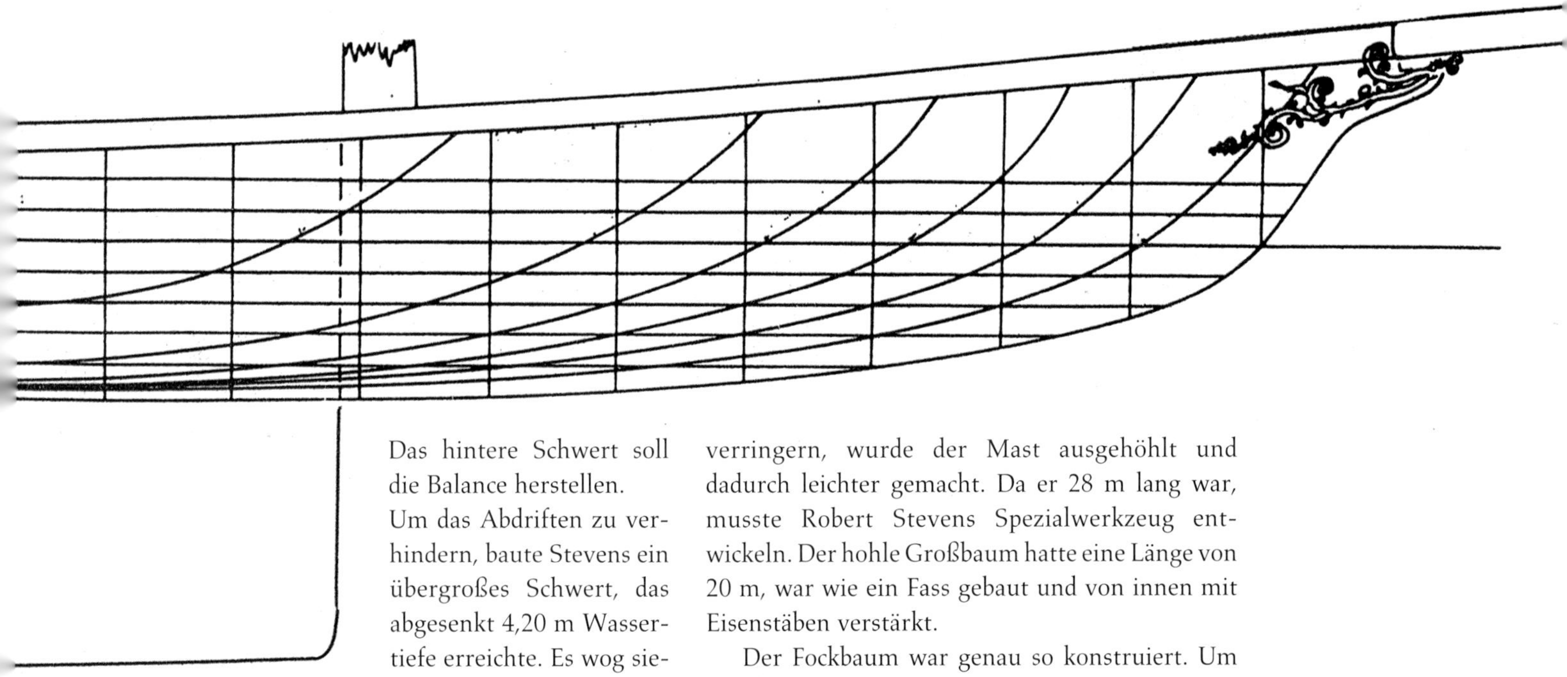

Das hintere Schwert soll die Balance herstellen.

Um das Abdriften zu verhindern, baute Stevens ein übergroßes Schwert, das abgesenkt 4,20 m Wassertiefe erreichte. Es wog sieben Tonnen und war aus bleiverstärktem Stahl – sozusagen ein beweglicher Kiel. Aber war es nicht gefährlich, ein derartiges Gewicht von einer Querachse aus weichem Eisen oder Bronze tragen zu lassen? Stahl? Der war 1844 fast noch im Erprobungsstadium und im Handel noch nicht erhältlich. Auf jeden Fall war der Bau einer Achse, die auch seitlichen Druck aushalten konnte, auch noch 150 Jahre später problematisch. Mit dem für ihn typischen Einfallsreichtum umging Stevens die Schwierigkeit: Das Schwert wurde an Ketten aufgehängt, mit denen es aufgefiert bzw. abgesenkt werden konnte. Die Winde dafür stand an Deck – wie bei einem Brunnen, bei dem Eimer über eine solche Winde hochgezogen werden. Dank einer Untersetzung an der Vorderkante sowie einer kleineren am Ende, sank der hintere Teil des Schwerts schneller als der vordere.

Nun musste das Schiff noch so leicht wie möglich gebaut werden, weshalb die *Maria* immer mit Strukturproblemen zu kämpfen hatte. »Das Konzept war fehlerfrei, aber die Materialien der Epoche waren ungeeignet. In einem Rennen ging das ganze Vorderteil des Schwerts verloren, aber sie beendete trotzdem das Rennen nur fünf einhalb Minuten nach ihrem Gegner.«[12]

Schnell wurde – wie auf der *Onkahye*, wenn auch in größerem Maße – ein Teil des Ballasts nach außen verlagert. Man bohrte fünf Zoll (12,7 cm) große Löcher in die Bordwand und goss von innen Blei hindurch, das in außen angebrachte Formen lief. Auf diese Weise vergrößerten zwanzig Tonnen Blei das Volumen der äußeren Bordwand auf einer Länge von 6 m und verstärkten den hölzernen Kiel von beiden Seiten um durchschnittlich 12 cm. Um die Stabilität zu erhöhen, den Schwerpunkt tiefer zu legen und das Gewicht der oberen Teile zu verringern, wurde der Mast ausgehöhlt und dadurch leichter gemacht. Da er 28 m lang war, musste Robert Stevens Spezialwerkzeug entwickeln. Der hohle Großbaum hatte eine Länge von 20 m, war wie ein Fass gebaut und von innen mit Eisenstäben verstärkt.

Der Fockbaum war genau so konstruiert. Um das Überstaggehen des Baums bei einer Kursände-

Die Erfindung des Schwerts

Das Seitenschwert wurde zu Beginn des 17. Jahrhunderts erfunden, das Steckschwert, von seinem Erfinder, Leutnant Shank, »gleitender Kiel« genannt, kam Ende des 18. Jahrhunderts auf. Trotz ihrer Nachteile hatten diese Erfindungen verdeutlicht, wie notwendig es war, die herkömmliche Aufgabe des Rumpfes – der Transport einer Ladung – zu überdenken und eine Vorrichtung gegen das Abdriften zu entwickeln, die das Segeln hoch am Wind ermöglichen sollte. Aber vielleicht ließ sich der gleitende Kiel verbessern? Wie zum Beweis, dass diese Perfektionierung im Rahmen der allgemeinen Entwicklung ein notwendiger Schritt war, tauchte das bewegliche Mittelschwert gleichzeitig an zwei Orten auf.

1809 geriet der englische Kapitän Molyneux Schudlam in napoleonische Gefangenschaft. Um sich im Gefängnis in Verdun die Zeit zu vertreiben, ersann er ein Schwert, dass in einem Kasten auf einer Querachse drehbar gelagert war. Später baute er zwei Modelle, von denen eines in der Galerie Adelaide in London ausgestellt wurde. Aber der Tiefgang der englischen Schiffe hatte sich damals schon verbessert, sie segelten höher am Wind und so blieb die Erfindung Schudlams unbeachtet.

Fast gleichzeitig, am 10. April 1811, meldeten die Brüder Joshua, Henry und Jacocks Swain in den Vereinigten Staaten ein absenkbares Mittelschwert zum Patent an; sie konnten unmöglich von der Erfindung Schudlams erfahren haben. Während aber Schudlam zusätzlich Blei als Kielballast nutzen und so die Gedanken seiner Vorgänger wieder aufnehmen wollte, kümmerten sich die Brüder Swain nicht um die Gewichtsstabilität: ihr Schwert war aus Holz und sollte nur das Segeln am Wind verbessern. Das war eine wichtige Vereinfachung, denn das geringe Gewicht verminderte die Gefahr des Verklemmens und ersparte eine leistungsfähige Winde. Die einfache Anwendung machte die Erfindung für leichtere Schiffe nutzbar, die wegen ihrer Bauweise keine Seitenschwerter tragen konnten. Ein bewegliches Mittelschwert aus Blei hätte das Gewicht des Bootes zu sehr vergrößert und alles kompliziert. Ein Holzkiel war dagegen ganz einfach. Das erste Boot mit einem Kielschwert wurde 1815 in Nyack-on-the-Hudson gebaut. Es hieß *Advance*. Von den holländischen Seitenschwertern bis zur Erfindung der Brüder Swain war man in 200 Jahren von schweren Arbeitsbooten zu leichten Schwertbooten gelangt.

Die gigantische Maria *und links ihre Nachfolgerin, der Schoner* America *(Gemälde von Edward Butterworth).*

rung zu dämpfen, war der Leitwagen mit Gummistoppern versehen – wahrscheinlich die erste Anwendung dieses Materials in der Sportschifffahrt.

Die Takelung war denkbar einfach: ein riesiges Großsegel von 540 m² und eine nicht weniger riesige Baumfock von 200 m². Niemals hatte es zuvor eine so große Slup gegeben. Tatsächlich ist die 1844 erbaute *Maria* die größte Slup aller Zeiten mit 34,50 m Wasserlinie. Die *Santanita* von 1893, der man normalerweise diesen Titel verleiht, war 4,30 m kürzer.

Angeblich hat dieses Yachtbau-Vorhaben die Familie Stevens 100 000 Dollar gekostet, fünfmal soviel wie später die *America*. Aber man hatte die technischen Möglichkeiten ihrer Zeit mit unerbitterlicher Logik ausgenutzt – und die *Maria* war pfeilschnell. Bei ruhigem Wasser soll sie 17 Knoten erreicht haben.

In der Umgebung von Robert Livingston Stevens war George Steers, ein junger Architekt, aufgetaucht. 1845 entwarf er die *Una*, »deren äußere Form mit Dorschkopf und Makrelenschwanz für diese Zeit umwerfend war. Der füllige Bug verlieh dem Unterwasserschiff am Heck so viel Reserven, dass Steers es um sieben Fuß verlängerte und 1846 feststellen konnte, dass es schneller geworden war. Angesichts der Tatsache, dass eine Verlängerung von sieben Fuß eine Verbesserung bewirkt hatte, schlug Mister Stevens vor, es auf 17 Fuß zu verlängern, wodurch man eine noch größere Geschwindigkeit erwarten konnte.« Und so geschah es. Danach erklärte George Steers, »der Erfolg mit der *Una* habe ihn ermutigt, der *America* dann das lange, schlanke Vorschiff zu geben, das sie über alle englischen Yachten triumphieren ließ und in England eine Umwälzung im Yachtbau bewirkte«[13]. Es gibt mehrere Versionen dieser Anekdote, in denen die Rolle von Robert Stevens stärker hervorgehoben wird. Auf jeden Fall hat die Verlängerung der *Una* auch ihn beeinflusst.

Im Oktober 1846 wurde die *Maria* von einem 14 m kleineren Schoner, der *Coquette*, geschlagen. Die eigentliche Favoritin, die *Maria*, hatte nämlich einen Schwachpunkt: Bei kabbeliger See stampfte sich der flache Rumpf fest. 1849 wurde sie um 6 m auf 40,50 m verlängert[14], womit sie die allergrößte Slup in der Geschichte wurde. Dreißig Jahre zuvor hatte das amerikanische Segeln noch in den Kinderschuhen gesteckt, denn *Cleopatra's Barge* war nur ein Prunksegler gewesen.

Welch ungewöhnliches Selbstbewusstsein war nötig gewesen, um sich an die Verwirklichung von etwas so Großartigem zu wagen. Als überzeugter Fortschrittsanhänger fürchtete Robert Stevens nichts. Einen so großen Baum hat's noch nicht gegeben? Dann machen wir einen! Niemand hat je einen so großen hohlen Mast hergestellt? Wir höhlen ihn aus! Es ist noch nie soviel Ballast außen angebracht worden? Man kann doch flüssiges Blei von innen nach außen gießen! Nichts konnte ihn aufhalten. Der Fortschritt hat ihn beschützt, sein Katechismus, die Technik, hat ihn

erleuchtet, und sein Geist, der Optimismus, hob ihn von anderen ab.

Sieben Jahre nach dem Stapellauf der *Maria* entwarf George Steers den Schoner *America*, dessen Ruf auf seiner Unbesiegbarkeit fußte. Nur einem einzigen Schiff, der Riesenslup *Maria* von Robert Livingston Stevens, gelang es, die *America* zu schlagen. Dieser Sieg überraschte nicht, er war buchstäblich ein Meisterstück, denn Robert Stevens war der Lehrmeister von George Steers gewesen.

Der Vater von George Steers war Schiffbauer, und dieser Henry Steer trug einen bedeutungsvollen Namen, denn im Englischen bedeutet »to steer« steuern. Als er 1819 seine Heimat Devonshire verließ, um in die Vereinigten Staaten von Amerika auszuwandern, hängte er ein »s« an den Namen und manifestierte mit diesem Plural den Beginn eines neuen Lebens. Das dritte seiner 13 Kinder wurde 1820 geboren. George Steers wuchs in New York auf der väterlichen Werft auf. Ganz im Sinne der Familientradition baute er sich mit zehn Jahren ein kleines Boot mit flachem Boden, das so gefährlich schien, dass sein ältester Bruder es zerstörte. Aber George setzte seinen Kopf durch und lernte

Bootsbauer. Er war gerade 16 Jahre alt, als er eine kleine Slup entwarf und baute, deren Leistung die Aufmerksamkeit eines reichen Amerikaners erregte, eines gewissen John Cox Stevens. Er war der dritte der Stevens-Brüder, und galt als Dandy. Seine Leidenschaft war Cricket, für dessen Verbreitung in den USA er sorgte, aus dem schließlich Baseball wurde. Auch John Cox erlag dem Forschungsbazillus der Familie. 1820 baute er den ersten amerikanischen Katamaran, den er illusionslos *Double Trouble* nannte – und der Apparat gab sich alle Mühe, seinem Namen gerecht zu werden.

John Cox Stevens, Gründer des New York Yacht Club und Förderer von George Steers (1785–1857).

John Cox Stevens nahm sich also George Steers' an und brachte ihn mit seinem Bruder Robert Livingston zusammen, der einer der größten Schiffbauer seiner Zeit und mit allen Strömungen der Technik vertraut war. Schnell stellte sich heraus, dass die Stevens auf ein sehr gutes Pferd gesetzt hatten. Das erste wichtige Schiff, das George Steers entwarf, die *Manhattan*, ein 27 Fuß langes Catboot, war bemerkenswert. Schnell folgten größere Einheiten: Ein 75 m langer Schoner, Dampfschiffe für die Großen Seen, und für John Cox Stevens persönlich ein Schoner von 15,50 m, die *Gimcrack*. Auf der komfortablen Yacht versammelte ihr Besitzer am 30. Juli 1844 einige Freunde und gemeinsam beschlossen sie die Gründung einer der ersten Segelsportvereinigungen der USA, die den Namen New York Yacht Club erhielt.

George Steers, Konstrukteur der Gimcrack *und der* America.

1849 wurde Steers berühmt durch das Lotsenboot *Mary Taylor*. Da der Tiefgang nicht beschränkt werden musste, war der Rumpfquerschnitt v-förmig, um den Ballast aus Steinen so tief wie möglich unterzubringen, wie 1800 bei den Schonern aus Baltimore. Nach dem v-förmigen Vorschiff wurde die größte Breite erst im letzten Drittel der Rumpflänge erreicht; der Hauptspant lag viel weiter achtern, als man das von Konstruktionen z. B. aus England kannte.[15] Der Tiefgang wurde in Höhe Vorschiff mit 1,68 m gemessen, unter dem zwiebelförmigen, breiten Achterschiff waren das dann 3,05 m. Der Bug war leicht hohl gezeichnet, aber weit entfernt von den extremen Formen, die Griffith, der »Clipper-Papst« bei anderen Lotsenbooten angewandt hatte.

Griffith hatte die konkave Wasserlinie in Mode gebracht. Robert Stevens hatte nicht als einziger gemerkt, dass der Dorschkopf mit Makrelenschwanz zuviel Wasser vor sich her schob. Die Clipper und Lotsenboote von Griffith waren vorne fast genauso eingezogen, wie achtern. Jenseits des Atlantiks war der Engländer John Scott Russell zu einer ähnlichen Lösung gekommen.

Im Gegensatz zu George Steers, der zwischen Holzspänen und Teer aufgewachsen war, hatte John Scott Russell, Sohn eines schottischen Geistlichen, die beste Ausbildung erhalten. 1835 beauftragte ihn die Vereinigung Britischer Ingenieure, Untersuchungen über Hydrodynamik anzustellen. Zwei Jahre danach wurde das berühmte Werk des 29-jährigen »Gesetzmäßigkeiten, nach denen Wasser schwimmenden Körpern Widerstand bietet« von der Royal Society in Edinburgh hoch gelobt. Die Gesellschaft zeichnete ihn mit einer Goldmedaille aus und wählte ihn zum Mitglied. In dieser bewundernswerten Untersuchung – später stellte man allerdings fest, dass die geprüften Erscheinungen in keiner Weise der Wirklichkeit entsprachen – entwickelte Scott Russell seinen »wellenförmigen Steven«[16] mit konkaver Linie zur Verringerung des Widerstandes im Wasser. Der junge Mann war zu begabt, um in Schottland zu bleiben: 1844 ging er nach London und leitete dort die berühmte Mare-Werft, auf der die *Fairy*, die erste Dampfyacht der Königin Victoria gebaut wurde. Die Anwendung der Erkenntnisse von Scott Russell führten zu beträchtlichen Fortschritten im Yachtbau. Der Schotte hat wohl auch an der *Mosquito* mitarbeitet, die gleich nach dem Stapellauf 1848 ein großer Erfolg beschieden war. Leider führte man ihre Erfolge nicht auf die von Scott Russell entworfenen Rumpflinien zurück, sondern darauf, dass es der erste aus Eisen gebaute Segler war – etwas Neues, Geheimnisvolles, mit dem man sich so seine Leistung erklärte. 1850 entwarf er zwei weitere Segelyachten, die *Volante* und die *Titania*. Das war mehr Hobby als berufliche Pflicht. Der mutige Ingenieur aus Glasgow hatte gehalten, was er versprach. Er wurde zum Sekretär der mächtigen Royal Society of Arts: »Warum«, fragte er, »sollen wir nicht eine große internationale Ausstellung organisieren, die der Welt die Macht Englands vor Augen führt?« Die Idee wurde begeistert aufgenommen, und auch Prinz Albert, der Gemahl der Königin, stimmte zu. 1851 sollte ein großes Jahr werden. Man begann mit dem Bau einer großen gläsernen Kathedrale, Crystal Palace[17], als Ausstellungsort, und mit der Suche nach attraktiven Ausstellungsstücken.

In London lebte ein Geschäftsmann, dem die hervorragenden Leistungen der amerikanischen Lotsenboote bekannt war. Über seinen Agenten in New York schlug er vor, eines davon nach Cowes zur Weltausstellung zu holen. Das Angebot landete natürlich beim New York Yacht Club und dessen Commodore John Cox Stevens. Stevens stellte ein Syndikat zusammen, bestellte bei George Steers eine Yacht – kein Lotsenboot – mit konkavem Steven, fuhr über den Atlantik und schlug die Engländer bei der ersten internationalen Regatta der Geschichte. Damit bewies er, dass Scott Russell mit der hohlen Linie des Steven Recht hatte, auch wenn seine theoretischen Ausführungen nicht Hand und Fuß hatten. Außerdem wurden bei diesem Besuch aus Anlass einer Ausstellung, die sich ein Schotte ausgedacht hatte, die Schiffe des Mannes aus Glasgow von der amerikanischen Yacht vernichtend geschlagen.

Ironie der Geschichte ist, dass zur gleichen Zeit auf beiden Seiten des Atlantiks vergleichbare Rumpflinien entwickelt wurden. Bei der Erfindung des Mittelschwerts stehen wir wieder vor dieser unglaublichen Gleichzeitigkeit. Einen isolierten Geistesblitz kann man mit Zufall und Wahrscheinlichkeit erklären, aber doch nicht zwei zur gleichen Zeit! Die allgemeine technische Entwicklung führte dazu, dass mehrere Menschen zur gleichen Zeit vor denselben Problemen standen und annähernd, die selben Lösungen fanden.

Die konkaven Rumpflinien mussten beim Bau von Yachten zur Anwendung kommen, als diese zur Gewinnung ihrer Stabilität eine große Breite erreicht hatten, die so gleitend wie möglich ins Wasser eintauchen musste. Übrigens hatte man die *Maria* 1849 dahingehend verändert. Auch ohne Scott Russell, Griffith, Stevens und Steers wäre man diesen Weg gegangen, aber ihr Wirken und die Folge der Ereignisse machten aus einer unabwendbaren Entwicklung Revolution und Legende. Das Werkzeug des Schicksals war der schwarze Schoner *America*.

Die Gimcrack, *auf der 1844 der New York Yacht Club gegründet wurde (Zeichnung von Fred. S. Cozzens).*

Zur Rolle der Mäzene im Schiffbau

Alle Karrieren großer Schiffskonstrukteure begannen mit einem Zusammentreffen. Wir haben gelesen, wie zornig der Marquis von Anglesey war, weil er überholt worden war, wie er Sainty verfolgte und dann bei dem Schmuggler eine Yacht bestellte. Bis repetita: der 22-jährige, blinde John Herreshoff umrundete zusammen mit seinem Bruder James und dessen Slup von 9,92 m Länge das Kap Cod. Auf dem Rückweg nach Bristol ließen die beiden die *Qui Vive* weit hinter sich. Deren Besitzer folgte den Brüdern Herreshoff bis nach Bristol und erteilte ihnen ihren ersten Auftrag. Die Herreshoff-Werft, auf der Nathanael, der dritte Bruder, wahre Wunder vollbrachte, entstand nach diesem zufälligen Treffen auf dem Meer. Ein anderes Zusammentreffen mit Folgen: Edward Burgess (siehe Seite 111) baute erst seit drei Jahren Schiffe, als General Paine auf den jungen Unbekannten setzte und bei ihm die *Puritan* bestellte, die 1885 den America's Cup gewann. Etwa 40 Jahre später schlug ein Schiffshändler dem 19-jährigen Anfänger Olin Stephens ein gemeinsames Unternehmen vor: »Wenn alles gut geht, wird am 19. April 1929, an Ihrem 19. Geburtstag, unsere Gesellschaft geboren.« Diese hieß Sparkman & Stephens und hatte bald einen guten Ruf im Schiffbau. John Cox Stevens, der Teilhaber von George Steers, spielte eine Hauptrolle als Mäzen, so wie General Paine bei Edward Burgess. Der Schiffshändler Sparkman verhielt sich Olin Stephens gegenüber wie ein Galerist, der auf einen viel versprechenden Künstler setzt. Die Parallele zur Welt der Kunst war kein Zufall. Bis zum Vordringen des Computers Ende des 20. Jahrhunderts galt der Bootsbauer als ein mit übernatürlichem Verständnis für die Phänomene Wind und Wasser ausgestatteter und von den Göttern der Inspiration, der Intuition sowie des Fortschritts gesegneter Künstler[18], dessen Gaben auf den Mäzen zurückstrahlten.

Die *America* oder die Geburt einer Legende

1851

»Wenn im Westen eine Legende stärker ist, als die Wahrheit, druckt man die Legende.«

John Ford[19]

Der Hundred Guineas Cup, Preis im ersten internationalen Rennen, der zum America's Cup wurde (Mitte).

Die *America* war mehr als nur berühmt, sie war ein Kultobjekt. Die Verehrung schien ein wenig zu verblassen, als 1983 die *Australia II* die älteste Trophäe in der Geschichte des Sports eroberte, diesen Pokal, den die *America* 1851 den Engländern entrissen hatte und der 132 Jahre fest verschraubter Besitz des New York Yacht Club war. Und selbst wenn seit 1983 die Vermarktung durch die Medien und seltsame Verfahren und Entscheidungen den America's Cup banalisiert haben, selbst wenn am Ende des 20. Jahrhunderts die Königin der Regatten nackt dasteht, kann doch die Krone, die sie trug, nicht unbeachtet bleiben, und auch nicht die Bedeutung, die unsere Altvordern und wir selbst ihr bis 1983 zugestanden haben. Um es ganz klar auszudrücken: Wenn wir hier die verschlungenen Wege der Ereignisse nachvollziehen, wird die Geschichte revidiert. Bei der erneuten Lektüre ihres Mythos (»Die *America* ist umwälzend, ein unbesiegbares Schiff, es gibt nichts Vergleichbares« und dergleichen), wird nach einem bestimmten Verfahren vorgegangen: Die Legende und die Tatsachen, aus denen sie entstanden ist, sollen einander gegenüber gestellt werden, und dem werden etliche Allgemeinplätze zum Opfer fallen. Aber die aktuelle Sicht der Dinge darf die Vergleiche nicht beeinflussen. Wir müssen uns zurückversetzen ins Jahr 1851, als eine Regatta politisches Bewußtsein weckte. Wir müssen unsere Naivität und unseren Wunderglauben bemühen und uns in diese so nahe und doch längst vergangene Zeit – etwa 150 Jahre – zurück versetzen, als der Pokal groß war und Amerika sein Prophet.

Der Sieg der *America* über die britischen Yachten im Jahre 1851 begründet den Mythos des Segelns. Damit beginnt ein Kreislauf, der alle Zutaten eines Heldenepos hat mit dem unbekannten, aus dem Nichts aufgetauchten Helden (Amerika 1851), mit unglaublichen Knalleffekten und Symbolen, die so einleuchtend waren, dass weniger skeptische Geister göttliche Fügung vermuteten.

Hier einige Beispiele: Der America's Cup, die Trophäe aus purem Silber, Gral des Segelsports, stand fest verschraubt in seiner Vitrine. Die Schraube war Sinnbild für die durch nichts zu erschütternde Unbesiegbarkeit Amerikas. Als die Australier schließlich 1983 siegten, schwenkten sie diese Schraube mit mehr Jubelgeschrei als den Pokal selbst. Aber wie war die Schraube soweit gekom-

Die America, *hier der Nachbau von 1967, mit achterlichem Wind (linke Seite).*

men? Tatsächlich gilt die silberne Kanne nicht nur als hässlich, sondern war auch sehr instabil. Um 1880 schützte noch keine Vitrine die Trophäe, und natürlich fiel sie vom Sockel. Die Tülle ist seitdem schief. Um eine Wiederholung zu vermeiden, musste dieses Stück viktorianischen Silbers befestigt werden, und da die Kanne keinen Boden hatte (noch ein Symbol!), stabilisierte man das gute Stück mithilfe eines Eisenstabes, der am Fuß verschraubt wurde – Ursache für weitere Anekdoten.

Von 1851 bis 1983 war die Unbesiegbarkeit jener Stoff, der dem Mythos zugrunde lag, und die 23 Yankee-Boote, die im Kielwasser der *America* siegten, schmückten sich alle mit diesem Nimbus.

Was hat es nun auf sich mit dieser legendären Unbesiegbarkeit? Schon bei ihrem ersten Rennen ließ sich die angeblich unschlagbare Yacht von der *Maria* abhängen. Dann bestritt die *America* zwei Regatten in England. Angeblich gewann sie die Erste, indem sie eine Abkürzung nahm und ihre gefährlichsten Konkurrenten abhängte. Bei der nächsten besiegte sie zwei drittklassige Gegner. Wo ist also die viel beschworene Unbesiegbarkeit? Es gab sehr viel glorreichere Zeiten mit der *Madge* 1882, *Gloriana* 1891, *Aero* 1929, *Dorade* 1932, *Myth of Malham* 1947, '48, '49, *Pen Duick III* 1967, *Williwaw* 1976, *New Zealand* 1976. Worauf beruht dann dieser außerordentliche Ruf? Auf einer Folge von Ereignissen, die bewirken, dass in der Legende der *America* die nüchternen Resultate durch derart ungewöhnliche Details umbewertet wurden, dass man eher das Gefühl hat, sie seien von einem Feuilletonschreiber verfasst, als von Seglern.

Das geschnitzte Wappen am Spiegel der America.

Bei der Einladung gingen die Engländer davon aus, dass sich ein amerikanisches Lotsenboot mit den britischen Yachten messen solle. Warum wurde keine amerikanische Yacht eingeladen? Weil die einladende Macht sich nicht vorstellen konnte, dass es in den Vereinigten Staaten, den ehemaligen Kolonien, Yachten gäbe. Außerdem war »der Gedanke, Amerika oder andere Länder könnten uns im Schiffbau oder irgendwo sonst Konkurrenz machen, absolut lächerlich!«[20] Tatsache ist also, dass das Yankee-Boot als folkloristische Einlage gedacht war, so als ob man Volkstänze als Attraktion bieten wolle. Aber der Mann, auf dessen Schreibtisch die Einladung landete, John Cox Stevens, Commodore des New York Yacht Club, wollte sich mit den Engländern messen. Besaß er doch zusammen mit seinen Brüdern den zweifellos schnellsten Segler seiner Zeit, die *Maria*.

Leider »war die *Maria* nicht für den Wind auf offener See gebaut«, erklärte J. C. Stevens später. »Mit einem Baum von 95' (28,95 m) Länge und 7 1/2' Umfang (2,28 m, d. h. 0,72 m Durchmesser), würde sie

Probleme kriegen, und das wollte ich vor allem vermeiden.«[21] Zu jener Zeit war die Atlantiküberquerung noch ein herausragendes Unternehmen. Ein Lotsenboot war die sicherste Lösung. Wie die Yachten transportierte es keine Ladung, außer dem Lotsen, der so schnell wie möglich und bei jedem Wetter zu den wartenden Schiffen gebracht werden musste. Der beste Schiffbauer dafür war George Steers, der die berühmte *Mary Taylor* entworfen hatte. Der bewährte Riss war Grundlage für die *America*.

Eine elegante Gesellschaft versammelte sich bei John Cox Stevens: sein Bruder Edwin, der Verwalter der Familie sowie James Hamilton, J. Beekman Finlay und zwei Gründungsmitglieder des NYYC, George L. Schuyler und Hamilton Wilkes. Gemeinsam konstituierten sie eines der ersten Eigner-Syndikate[22]. Sie teilten nicht nur die Ausgaben, sondern auch den Überschuss, z. B. Erlöse aus Wetten, die man mit den Engländern abschließen und aus denen man siegreich hervorgehen würde. Und sie würden gewinnen, weil sie das bessere Schiff hatten.

Ihre Zuversicht war umwerfend! Hatten die Engländer nicht schon ein Jahr vor der Unabhängigkeitserklärung der USA mit der Cumberland Sailing Society auf der Themse Regatten gesegelt? Regierte Britannien nicht die Meere, und war nicht die Marine Albions die mächtigste der Welt? Das schon, aber vielleicht nicht die beste! Griffith in New York und McKay in Boston bauten die schnellsten Handelssegler der Welt. 1854 segelte die von McKay erbaute *Champion of the Sea* ein Etmal von 467 Seemeilen ein (etwas zweifelhafter) Rekord, der bis 1985 hielt. Diese großartigen Schiffe, die schnell von den Engländern kopiert wurde, nannte man Clipper.[23] Ihre überlegenden Merkmale hatten auch die amerikanischen Lotsenboote.

Die America *im Bau auf der Werft von William H. Brown.*

Halbmodell der America, *geschnitzt von George Steers, gedacht als Geschenk für Königin Victoria (unten). Das Vollmodell ging verloren.*

Die riesige amerikanische Takelage verlangte eine große Mannschaft, die vor Arbeit nicht zurückschreckte.[24] Der harte Wettkampf zwischen den New

Eröffnung der Weltausstellung 1851 in Crystal Palace, dem ersten Bau der Geschichte mit Fertigteilen.

Yorker Lotsen-Vereinigungen hatte zu immer größeren und schnelleren Schiffen mit enormer Segelfläche geführt. Dagegen nahmen sich die europäischen Kollegen wie Zwerge aus. Beweis dafür ist das Erstaunen des Bruders von George Steers bei seiner Ankunft in Le Havre an Bord der *America*: »Diese Lotsenboote sind kaum zu beschreiben, es sind Slups oder Kutter von 12 m Länge[25] mit meist zwei Lotsen an Bord, die beide schwarz wie Schornsteinfeger sind.« Tatsache ist also, dass die amerikanischen Lotsenboote schneller waren, und dass George Steers die allerbesten entworfen hatte. Davon war er so überzeugt, dass er vor dem Bau der *America* einen erstaunlichen Vertrag unterzeichnete: »Sofort nach seiner Fertigstellung wird das Schiff Herrn Hamilton Wilkes zur Verfügung gestellt, der 20 Tage Zeit hat, um festzustellen, ob die *America* wirklich schneller ist, als jedes gegen sie ins Rennen geschickte amerikanische Schiff.« Sonst könne Hamilton Wilkes es ohne Bezahlung zurückgeben. »Wenn Hamilton Wilkes zu dem Schluss kommt, die *America* sei das schnellste Schiff der Vereinigten Staaten, brauchen die Besitzer sie nicht sofort abzunehmen, sondern können sie nach England zu einem Wettkampf gegen irgendein dort gebautes Schiff der gleichen Größe schicken, und im Fall einer Niederlage, haben sie das Recht, die Annahme zu verweigern.« Der Vertrag bedeutete im Klartext: »Bei Nichtgefallen kein Geld.«[26] Yes, sir! Falls aber der unwahrscheinliche Fall eintrete, dass alle Versprechen gehalten wurden, war der zu zahlende Preis für das Schiff auf 30 000 Dollar festgelegt, zweimal so viel, wie ein gleich großes Lotsenboot kostete.[27]

War Steers durch so einseitige Verträge gezwungen worden, seine Werft Hawthorne & Steers zu schließen? Auf jeden Fall wurde die *America* bei Brown[28] gebaut und mit Verspätung abgeliefert, womit die Besitzer nicht zufrieden waren. Beim ersten Wettfahrttest zogen die Besitzer natürlich die *Maria* aus dem Hut. Die riesige Slup von Steers war bestens gerüstet. Die verspätet gestartete *Maria* überholte den Schoner, lief aber auf Grund. Am selben Abend überholte die *America* zum allgemeinen Erstaunen die *Maria* in Lee. »Offensichtlich hatten einige Leute am Schwert der *Maria* herum experimentiert und den Tiefgang um fünf Fuß verringert.« Als das in Ordnung gebracht war, »kamen wir nach der Uhr von Mister Schuyler sieben Minuten vor der *America* am Ankerplatz vor Hook[29] an.« Nachdem die *America* geschlagen worden war, schloss man mit der Werft einen Vergleich über 20 000 Dollar und segelte über den Atlantik mit dem Kapitän, den Spieren und den Segeln der *Mary Taylor*. Die Rennsegel wurden auf einem anderen Schiff nach

Le Havre gebracht. Dieses Detail sagt alles: Wenn man sich entschlossen hatte, die eindrucksvolle Besegelung der *Mary Taylor* zu benutzen, dann würden die Segel der *America* bei der Regatta eine ganz unglaubliche Segelfläche haben. Das Einlaufen der *America* in Cowes unter diesen Segeln der Atlantikreise erregte schon allgemeine Beachtung.

Die britischen Zeitungen und ihre Leser bekamen Wind vom ungewöhnlichen Wagemut des Fremden. Sie hatten den Bau des schwarzen Schoners verfolgt und langsam wurde ihnen klar, dass dieser Yankee sie und ihre Vorherrschaft herausforderte. Die letzten Zweifel schwanden bei der ersten Äußerung von Stevens. Er schrieb dem Commodore der Royal Squadron einen Brief, in dem er ankündigte, »er sei bereit, für jeden Einsatz mit jedem Schoner im Königreich oder sonst wo zusammen zutreffen«. Etwas später ließ er verlauten, dass er alle Segler Englands auf 10 000 Pfund herausfordere. Das war eine kolossale Summe, die heute mehreren Millionen[30] Pfund entspricht und es war ein absurder Vorschlag, der seine Wirkung nicht verfehlte.

Worauf würde das hinaus laufen? Stellen Sie sich vor, auf der Pariser Messe würde ein Winzer aus Sidi Brahim behaupten, der Wein aus seiner Gegend sei besser als der beste Bordeaux, dann würden sich die französichen Kollegen sehr amüsieren. Stellen Sie sich nun vor, dass dieser unbekannte Winzer einige Dutzend Millionen Francs auf die Überlegenheit seines Tropfens wetten würde, seine Überzeugung würde alle rühren und die Boulevardpresse würde sich lustig machen über die französischen Weingutbesitzer, die zu feige sind, um diesen Fehdehandschuh aufzunehmen. Stellen Sie sich schließlich vor, dass die Gegenüberstellung stattfindet und dass der Mann aus dem Ausland gewinnt. Eine Revolution! Welcher Schlag für die Überlegenheit des französischen Weins! Und trotzdem illustriert dieses Beispiel nur unzureichend, was 1851 geschah. Die Beherrschung der Welt hängt nicht von der Güte des Weines ab, aber im 19. Jahrhundert war die Beherrschung der Meere gleichbedeutend mit der Vorherrschaft über den ganzen Planeten. Dachten Sie, es sei die Rede vom Lustsegeln? Nein, es handelt sich ausschließlich um Politik.

Weiter im Text. Die Aussicht auf Gewinn reizte das Yankee-Syndikat. Es hatte die *America* bauen lassen, um Wetten abzuschließen, aber kein Brite war bereit, zu wetten. Schon seit Jahrzehnten wettete man in England nicht mehr auf Yachten, aber dieses Detail war Stevens und seinen Freunden unbekannt. In die Enge getrieben, gaben sie bekannt, sie seien bereit, jede Wette anzunehmen, »die geeignet sei, auf die eine oder andere Weise die Besitzer für den Bau der *America* und die Überfahrt nach England zu entschädigen.« Niemand biss richtig an.

Die Zeitung »Bell's Life« in London verglich die *America* »mit einer in Längsrichtung aufgeschnittenen Karotte.« Schon bei der Ankunft war der Überraschungseffekt, auf den die Amerikaner setzten, nicht recht gelungen. Nachdem die *America* in Le Havre ihre Regatta-Besegelung übernommen hatte, erreichte sie den Solent in der Nacht und ankerte in der Nähe von Cowes. Am Morgen tauchte wie ein Held aus dem Nebel ein englischer Champion auf, der Kutter *Laverock*, ein Schiff von solcher Schönheit, dass es nach seinem Konstrukteur »Vollendung von White« genannt wurde. Daraus wurde eine improvisierte Regatta zwischen John Bull und Onkel Sam. »Die Yachten und Schiffe im Hafen, die Anleger und Fenster aller umgebenden Häuser waren besetzt mit Tausenden aufmerksamer Zuschauer.« Vor all den hochrangigen Persönlichkeiten, die im Jahr der Weltausstellung in Cowes zusammen gekommen waren, erzielte die *America* auf einem Parcours von sechs Seemeilen einen Vorsprung von 600 Metern. Die Reaktion der Engländer ließ nicht auf sich warten: Die amerikanische Yacht ist zwar über den Atlantik gekommen, um gegen uns zu segeln, aber diese Ehre werden wir ihr nicht geben. Außerdem sieht das Reglement vor,

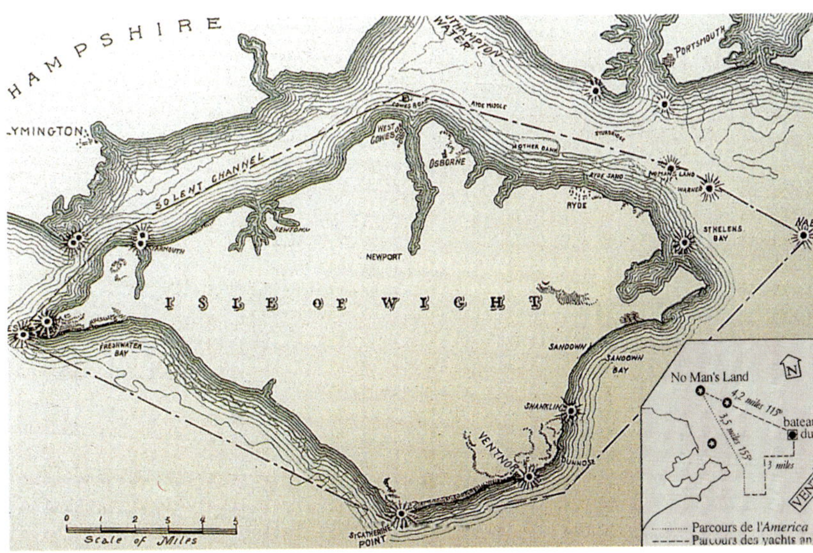

Der Kurs rund um die Isle of Wight mit der Abkürzung (siehe kleine Karte), die die America *und einige Konkurrenten nahmen.*

dass jede Yacht in den Händen eines einzigen Eigners sein soll, aber an Bord sind fünf Besitzer und ein sechster lebt in New York. Die erschrockenen Eigentümer wurden zum Ziel einer überwältigenden Neugier. »Ich habe einen ganzen Sack voll Visitenkarten, und alle wollen uns kennenlernen«, berichtete der Bruder von George Steers. Aber der erhoffte Erfolg war das nicht.

Die Stimmung an Bord war gedrückt. Die Brüder Steers wurden wie Untergebene behandelt, und schließlich vergiftete eine undurchsichtige Geschichte von rationiertem Alkohol die Beziehungen derartig, dass die Steers am 20. August nach Amerika zurückfuhren, und so um zwei Tage die berühmteste Regatta der Welt verpassten.

Angeführt von der »London Times« forderte – und erreichte – die Öffentlichkeit ein Aufeinandertreffen. Die *America* »hat England, Irland und Schottland den Fehdehandschuh hingeworfen, und niemand war bereit, ihn aufzunehmen,« schrieb die »Times«. »Ihre Majestät und der ganze Hof spüren die allgemeine Neugier, denn man will wissen, wie sich dieser Ausländer, von dem man so große Dinge erzählt, verhalten wird.« Gelegenheit bot am 22. August 1851 eine Regatta ohne Handicap[31], die ausdrücklich allen Nationen offen stand. Es war die allererste internationale Wettfahrt in der Yachtgeschichte. Als Preis war ein Pokal im Wert von 100 Guineen, etwas mehr als 100 Pfund, ausgesetzt, ein großes, wackeliges Ding aus 3837 g Silber.

Die America *vor Cowes.*

Zunächst weigerte sich Steers; wie konnte man für etwas Anderes als Geld an einem Rennen teilnehmen! Als aber die Zeitungen schrieben, wegen des für ihn ungünstigen Parcours sei es ganz normal, dass er zurückschrecke, war er tief getroffen und meldete die *America*.

Am 22. August 1851 waren 16 Boote am Start, um die Isle of Wight östlich zu umrunden und das Feuerschiff von Nab an Steuerbord zu lassen. »Die Kutter bildeten vorne eine Linie, die Schoner kamen etwa 300 Yards dahinter. Bei auflaufendem Wasser blies ein östlicher Wind. Der erste Kanonenschuss galt der Vorbereitung, und dann durfte man Segel setzen. Wir wollten gerade unsere Segel hissen, als wir über unseren eigenen Anker fuhren und uns so um die eigene Achse drehten, dass wir einholen mussten, und als der zweite Schuss fiel, hatten alle Schiffe schon einen Vorsprung, obwohl wir sehr schnell hissten, denn wir hatten eine gute Mannschaft.«[32] Schnell holte die *America* den Rückstand auf.

Und während die Konkurrenten mit südöstlichen Kurs auf das Feuerschiff von Nab zuhielten, nahm die *America* unter der Führung eines eingesessenen Lotsen, dessen Anweisungen entscheidend[33] waren, eine Abkürzung, die im Widerspruch zur Segelanweisung stand. »Die Rennkarten mit den Namen und Farben der Yachten beschrieben den Kurs einfach als ›um die Isle of Wight‹, aber das gedruckte Programm, das die genauen Vorgaben enthielt, gab an, der Kurs führe um die Isle of Wight herum, innerhalb Norman's Tonne und Sandhead Tonne und außerhalb des Feuerschiffs von Nab.«

Die Überlegenheit der *America* war so groß, dass die Yankees nur zwei Kreuzschläge brauchten, wo die Engländer sechsmal kreuzten. Dabei wird vergessen, dass die *America* durch die unerlaubte Abkürzung höher an den Wind gehen konnte, sodass sie natürlich weniger kreuzen musste.

Der Wind frischte auf. Auf der *America* brach ein Baum »Made in England«, und durchaus nicht widerwillig musste man den Flieger setzen. Die von Scott Russell entworfene *Volante* gab auf, nachdem bei einer Kollision ihr Bugspriet gebrochen war, obwohl sie für ihre Größe von 48 Tonnen im Vergleich zu den 170 der *America* gut im Rennen lag. Die *Arrow* lief auf Grund, und die *Alarm* leistete ihr Hilfe; die Konkurrenten waren so nahe an der *America,* dass die Yankees »die Geräusche hören konnten, die durch die Bergungsversuche der anderen Schiffe entstanden«[34]. Trotz der Abkürzung, die der Amerikaner genommen hatte, war alles sehr eng, noch dazu, wo an der Südspitze der Insel die Flut kenterte und die Konkurrenz neu ordnete. Die *Aurora* (47 Tonnen) war ganz nahe bei der *America* (170 Tonnen). Nach dem Aufgeben von *Volante, Arrow* und *Alarm* blieb den Amerikanern aber kein ernst zu nehmender Gegner, und damit hatten sie den Sieg in der Tasche.

Hinter Saint Catherine's Point fiel der Wind seitlich ein, und der große amerikanische Schoner flog mit 13 Knoten davon. Bei dieser Geschwindigkeit war die Länge der Wasserlinie ausschlaggebend, und die kleine *Aurora* konnte nicht mehr folgen. Sogar die Dampfyacht der Königin, von der aus das Rennen bei Saint Catherine's beobachtet wurde, konnte nicht lange mit den Amerikanern mithalten, die im Dunst verschwanden, nachdem sie ihren entscheidenden Vorsprung herausgesegelt hatten.

Die britische Yachtflotte kurz vor der Ankunft der America*: Der eiserne Kutter* Mystery*, dahinter die Flotte des Royal Thames Yacht Club im Solent 1844.*

Die Königin war an Bord ihrer Yacht. Noch war sie nicht die strenge, sich in Trauer um ihren geliebten Albert verzehrende gesetzte Dame, die man von alten Fotos kennt. Die Herrscherin war im Gegenteil damals eine schlanke, fröhliche junge Frau, die

Der Kutter Arrow *lief auf Grund und machte damit den Weg für die* America *frei.*

ihren schönen deutschen Ehemann, der 1861 starb, von Herzen liebte. Wie schön und voller Leben war dieser 22. August 1851! Und jetzt, als man sich gerade anschickte, von Bord zu gehen, um in Pferdekutschen den langen Weg quer über die Isle of Wight zurückzulegen, tauchte im Glanz von Farbe, Lack und Kupfer die erste Yacht auf, die – oh Schreck – am Heck einen amerikanischen Adler mit ausgebreiteten Flügeln zeigte.[35] Welche Enttäuschung muss die Königin empfunden haben, als sie mit ansehen musste, wie ihr Land von den ehemaligen Untertanen geschlagen wurde, die noch 1812, sieben Jahre vor ihrer Geburt, gegen das Mutterland Krieg geführt hatten! Zudem waren sie Republikaner! Und plötzlich zogen diese Aufsässigen ohne König und Königin beim Passieren der königlichen Yacht die Hüte. Dieser symbolische, eindrucksvolle Gruß – man trug beim Segeln damals Zylinder – war kein Ausdruck von Unterwürfigkeit, sondern Anerkennung des Adels und der Legitimität des Königtums, das die Amerikaner so heftig bekämpft hatten. So waren also diese Wilden von jenseits des Atlantiks bereit, die Königin als hochgestellte Persönlichkeit anzuerkennen, vor ihr den Hut zu ziehen? Auch wenn sie eine Abkürzung genommen hatten, entpuppten sie sich doch als Gentlemen. Eine Nation, die solche Bürger mit einer solchen Yacht besaß, konnte nicht durch und durch schlecht sein. So ging die kleine Königin überzeugt von der Größe der Vereinigten Staaten von Bord, stieg in ihre Kutsche und fuhr zurück zu ihrer Sommerresidenz Osborne House.

Während dessen schlief der Wind ein. Nur noch eine schwache Brise trieb die *America* vor sich her, als sie den Solent hinauffuhr. Diese Bedingungen begünstigten die kleinen Schiffe, die zur Führenden aufschlossen. Um 20 Uhr und 37 Minuten passierte die *America* schließlich die Ziellinie. Die Menge jubelte. Am nächsten Tag schrieb die »London Times«, an Bord der kleinen Yachten, die gegenüber der Squadron ankerten, habe jemand gefragt: »Wer ist Erster?« »Die *America*.« »Und wer ist Zweiter?« Wegen des gegliederten Küstenverlaufs und der schlechten Sicht an diesem dunstigen Abend, kam die Antwort: »Es gibt keinen Zweiten.« Diese Geschichte wurde so oft wiederholt, dass die Amerikaner bei der Rückkehr in ihr Land die Frage der Königin zuschrieben und das »There is no second« dem Kapitän der königlichen Yacht, der allerdings noch gar nicht wieder in Cowes angekommen war. Diese hochgespielte Frage trug wahrscheinlich mehr zur Entstehung der Legende bei, als der 0,68 m hohe Silberpokal.

Außerdem gab es einen Zweiten: die *Aurora* kam 21 Minuten nach der Siegerin an und darauf folgten sehr schnell die *Bacchante* und die *Eclipse*. Alle drei zusammen waren so lang, wie die *America*. Wenn das Handicap der Squadron angewandt worden wäre, hätte der Vorsprung der *America* nur zwei Minuten betragen. Mit dem Handicap des NYYC hätte die sogar verloren, und mit den heute gültigen auch. Vor allem wäre sie disqualifiziert worden, weil sie sich nicht den Rennvorschriften gemäß verhalten hatte, oder man hätte das Rennen annulliert. Übrigens gab es eine diesbezügliche Reklamation, die aber sofort zurückgezogen wurde. Die englischen Clubs hatten in dieser Angelegenheit genügend schlechte Presse gehabt und wollten nicht den Zorn der Allgemeinheit erregen. Außerdem war das Rennen organisiert worden, um sich den Amerikanern gegenüber korrekt zu verhalten, und daher konnte man sie nicht gut disqualifizieren. Dies umso mehr, als die Königin dem Sieger die höheren Weihen verliehen hatte: sie hatte den schwarzen Schoner besichtigt, hatte sich die Mannschaft vorstellen lassen und die Einrichtung bewundert. Als Frau mit Sinn für hausfrauliche Pflichten hatte sie mit dem weiß-behandschuhten Finger über ein Regal gestrichen. Der Handschuh war blütenweiß geblieben. Die *America* war makellos, das sollte allen klar sein.

Trotzdem murrten die Yacht-Leute. »Mister Ratsey und die übrigen Schiffbauer waren betroffen und sagten, sie alle seien in der Lage, ein Schiff zu bauen, das die *America* schlagen könne. Sie meinten, sie sei eine Nussschale, die durch einen Yankee-Trick nur gebaut worden sei, um in England Rennen zu fahren; und dass wir (die Mannschaft der *America*) erschöpft waren.« Da trafen die Kritiker ins Schwarze, denn die riesige Takelage der *America* war, trotz der 21-köpfigen Mannschaft, schwer zu handhaben.

Im Zusammenhang mit der Geschwindigkeit der fremden Yacht gingen allerlei böse Gerüchte um. Der alte Marquis von Anglesey, der die berühmte *Pearl* hatte bauen lassen und bei Waterloo ein Bein verloren hatte, war überzeugt, die *America* habe eine Schraube. Auf seinem Holzbein hinkend erschien er persönlich, um sich einen Eindruck zu verschaffen. In seine Untersuchungen vertieft, beugte er sich unachtsam vor und kippte über die Bordwand. Stevens packte ihn am gesunden Bein und stellte den alten Seebär wieder aufs Deck.

Schließlich wettete man 500 Pfund auf ein Rennen zwischen der *America* und der *Titania* rund um

John Cox Stevens empfängt Königin Victoria an Bord der America.

das Feuerschiff von Nab. Trotz einer Havarie[36] umrundete die *America* das Feuerschiff mit vier Minuten Vorsprung und nahm dann auf dem Rückweg der *Titania* 47 Minuten und 43 Sekunden ab. Obwohl Scott Russell die *Titania* entworfen hatte, war sie kein Glanzstück.

Für den Baupreis und die Überführungskosten (25 000 Dollar) wurde die *America* an Lord de Blaquière verkauft, der ihr die Flügel stutzte, indem er die überlangen Masten kürzte. Die amerikanischen Gentlemen kehrten nach Hause zurück mit ihrer Trophäe und den 500 Pfund aus der Wette. Eine magere Ausbeute, abgesehen vom Ruhm, den die Helden davongetragen hatten. Man applaudierte Stevens und den anderen nicht wie Athleten, die bei der Rückkehr von Olympischen Spielen, die noch nicht neu belebt waren, ihre Medaillen präsentieren, nein, es war der Triumph von Staatsmännern. Sie hatten nicht nur einen Sieg errungen, sie hatten Amerika zu Ansehen verholfen. Diese »Bauern« hatten die Herren der Welt geschlagen? Dann waren sie weniger grob, als man bisher geglaubt hatte. Sie hatten die europäische Gesellschaft gezwungen, die vorgefasste Meinung über ein von Jefferson[37] und Landwirtschaft geprägtes Amerika zu ändern, das in Zukunft zu den entwickelten Nationen zählte. Mit einem Land, das in der Lage war, ein so ausgeklügeltes Schiff wie die *America* zu bauen, musste man auch in technischer Hinsicht rechnen. Die zur Feier des Ereignisses hergestellten Aushänge, die dem schwarzen Schoner sehr viel mehr Platz einräumten, als dem Revolver von Mister Colt, behielten recht: Der 22. August 1851 war mehr als die Geburtsstunde einer Legende, an der sich Generationen von Seglern ergötzten, es war das Jahr Eins des industriellen Amerika, der erste Schrei des zukünftigen Herrn der Welt.

In England machte die entfesselte Presse aus dem wenig überzeugenden Sieg der Amerikaner eine nationale Niederlage. Das Volk, das natürlich erleben möchte, wie Kasper den Gendarm besiegt, freute sich über die Demütigung der Oberen. Denen blieb zur Rechtfertigung dieser lächerlichen Niederlage nichts übrig, als sie als verhängnisvolles Missgeschick darzustellen in Anbetracht eines Gegners, der vom Schicksal mit übernatürlicher Unüberwindbarkeit ausgestattet worden war. So wendeten die Besiegten selbst die Geschichte der *America* zur Legende, und gestanden dem schwarzen Schoner einen Ruf zu, der durch die Ereignisse wenig gerechtfertigt war.

War dieser Ruf wirklich ungerechtfertigt? So paradox es klingt: er war es nicht. Die *America* war wirklich ein ungewöhnliches Schiff. Sie segelte besser als jedes andere gegen den Wind – ausgenommen die *Maria*. Und diese Ausnahme lässt aufhorchen. Da waren zwei nicht vergleichbare Rümpfe, einer mit dreieckiger (*America*), der andere mit rechteckiger Spantform (*Maria*). Was hatten sie gemeinsam, um derartig die Gegner zu beherrschen? Gemeinsam war ihnen der Antrieb, die Besegelung.[38] Die Segel der *America* bestanden aus Baumwolltuch, das auf einem mechanischen Webstuhl hergestellt und so flach wie möglich zugeschnitten war, während die englischen Segel mit übermäßiger Wölbung aus sehr weitmaschigem handgewebtem Leinen hergestellt waren. Vor dem Wind und bei raumem Wind ist aber die Luftundurchlässigkeit des Gewebes ausschlaggebend.

Ein Segel funktioniert nach demselben Prinzip wie ein Flugzeugflügel: Der Wind umströmt das Profil. Durch dessen Wölbung muss er an der gewölbten Seite einen längeren Weg zurücklegen als auf der anderen. Damit am Ende des Profils kein Luftloch entsteht, muss die Luft an der gewölbten Seite schneller strömen. Es entsteht ein Sog, der das Profil zieht. Wenn die auf einer Seite komprimierte Luft durch das Gewebe dringt und den Unterdruck auf der anderen Seite aufhebt, dann verringert sich die Leistung des Segels. Das hatten die Amerikaner begriffen und verwandten als Erste sehr dicht gewebtes, undurchlässiges Segeltuch.

Das Gewebe dieses mechanisch hergestellten Stoffs blieb stabiler, und man konnte weniger geteilte Segel mit großer Fläche und besser kontrollierbarer Form vorsehen. Schließlich schlugen die Amerikaner zum Erstaunen der Briten das Großsegel mit einer Reihleine am Baum an, um zu vermeiden, dass es sich in einen Windsack von undefinierbarer Form verwandelte. Es dauerte mehrere Jahre, bis diese Erfindung Allgemeingut wurde, aber es genügten einige Monate, um den Engländern klar zu machen, dass die schmale Wasserlinie der *America* ein großer Fortschritt gegenüber ihren massigen Rümpfen war. Im Winter nach dem Rennen erhielten viele englische Yachten einen verlängerten Rumpf »à l'*America*«, jenen Rumpf, für den ihr Landsmann Scott Russell sich schon zehn Jahre zuvor eingesetzt hatte. Diese Huldigung an die amerikanische Technik verlieh dem revolutionären Ruf des Schoners von Steers nun die Aura. Ihr größtes Verdienst war also nicht, dass sie mehrere Regatten gewonnen hatte, sondern dass sie die Fantasie geweckt und Ideen zum Durchbruch verholfen hatte, die sonst noch Jahre bis zur Verwirklichung gebraucht hätten.

Die *America*, Ergebnis einer 50 Jahre zuvor mit den Klippern von Baltimore begonnenen Entwicklung und Synthese aus hochentwickelten Techniken, war selbst kein umwälzendes Schiff, aber der Einfluss ihres erfolgreichen Vorbilds bewirkte Umwälzungen. Sie war der Beweis dafür, dass man Rumpf und Besegelung der Yachten verbessern konnte, dass logische oder gar wissenschaftliche Überlegungen vor dem Bau nützlich sein konnten. Und vor allem waren die Engländer nicht mehr die einzigen Segler auf der Welt. In diesem Jahr 1854, das als Höhepunkt der Macht Englands gilt, war das »Britania rules the waves«[39] eindrucksvoll widerlegt worden.

Geheimnis des Sieges der America*: die riesige Besegelung und ihre große Stabilität. Die Breite des Rumpfes war eindrucksvoll, vor allem im Vergleich zu den damaligen Kuttern (linke Seite).*

Regatta in der Bucht von Chesapeake 1874. Jedes der 4,50 m langen Boote war mit fünf Seglern und einigen Sandsäcken als Ballast bestückt. Zuschauer auf zwei Dampfschiffen (links) verfolgten das Rennen (Gemälde von Thomas Eakins, 1844–1916).

Menschen und Ideen

Die Yachtsegler

1815–1914

»Unter allen Vergnügen, denen Adelige und ordentliche Menschen auf unserer Insel nachgehen, gibt es keines, das männlicher, aufregender, patriotischer oder nationaler ist, als das Yachtsegeln. In weiser Voraussicht unterstützen es unsere Herrscher, denn ihnen ist bewusst, dass die Sicherheit der Königreiche verbessert wird, wenn jeder Mann mehr oder weniger Seefahrer oder doch beruflich mit dem Meer verbunden ist. Von allen Vergnügen geben Sie mir bitte das Yachtsegeln.«

Captain Marryatt (Royal Navy), 1845[1]

Die von der *America* erregte Aufmerksamkeit beweist das Interesse der Öffentlichkeit am Yachtsegeln, auch außerhalb der ausübenden Kreise, aber dafür gibt es noch andere Beispiele. Der Erfolg wurde nicht erst am 22. August 1852 sichtbar: Schon am 3. Juli 1834 hatten 20 000 Menschen bei den Regatten in Plymouth Beifall gespendet. In allen großen Städten des Okzidents zwischen New York und Le Havre, London und Paris, Stockholm und Berlin, Bordeaux und New Orleans versammelten sich Tausende von Zuschauern, wenn Regatten gesegelt wurden.

In den ersten beiden Dritteln des 19. Jahrhunderts war der Wassersport ein außergewöhnliches, festliches Ereignis, für das es keine echte Konkurrenz gab. Welcher andere Sport hätte den Regatten das öffentliche Interesse streitig machen können? Fußball erlangte in Europa erst ab 1863, nach Gründung der britischen Football Association, Geltung und moderne Tennisregeln wurden erst 1874[2] festgeschrieben. In den Vereinigten Staaten tauchte amerikanischer Fußball gegen 1869 auf und wurde erst 1880 zur Attraktion, zur selben Zeit, als John Sullivan, der erste große amerikanische Boxer, auftrat. Die erste professionelle Baseballliga (entstanden aus dem von J. C. Stevens eingeführten Kricket) bildete sich 1876, und erst 1894 wurden Regeln für Pferderennen aufgestellt.

In England wurden Pferderennen schon so lange veranstaltet, dass die Nähe zum Volk verloren gegangen war, und sich nur noch die feinen Leute dort trafen. Bei den ersten, von Yachtclubs und nautischen Gesellschaften veranstalteten Regatten war das Publikum weniger exklusiv, denn im Gegensatz zu den geschlossenen Rennplätzen war es nicht möglich, an einem Flussufer die Zuschauer zu trennen und das Volk zu hindern, wenigstens von Weitem in freudiger Erregung am Segel- oder Ruderwettkampf teilzunehmen. Da diese soziale Pluralität nicht erwünscht war, bauten die Regatta-Gesellschaften Tribünen, die ihren Mitgliedern und ausgewählten Gästen vorbehalten waren. So zeigte das bei Regatten anwesende Publikum räumlich getrennt die damaligen Bevölkerungsschichten auf: Ganz oben saßen auf der Tribüne die Stadtväter und Abgeordneten, die Mitglieder des Clubs oder der – ach so hermetisch – geschlossenen Gesellschaft waren. Weiter unten

»Willkommen an Bord, Mademoiselle.« Man ist versucht zu glauben, dass der Kapitän trotz seiner hilfreichen Haltung nicht abgeneigt wäre, die Hüften der hübschen Fahrgäste zu berühren (Gemälde von James Tissot 1873, linke Seite).

Die Tribüne der »Bains Frascati« in Le Havre, Sitz des ersten Segelclubs von Frankreich.

spazierten am Ufer die Bürger, die es wegen ihres Sonntagsstaates nicht wagten, sich irgendwo hinzusetzen. Noch weiter unten, ausgestreckt in Gras oder Schilf, der sonntäglich gekleidete Pöbel, mit flinken Gesten und losem Mundwerk.

Man sollte sich nicht täuschen: Diese geräuschvolle Mehrheit bildete noch lange nicht die unterste Stufe der Leiter. Die Angestellten und Dienstboten verkörperten eine Schicht noch über der schweigenden Masse, die überhaupt keine Freizeit hatte und darum nicht einmal den Regatten zusehen konnte. Trotzdem besaßen viele von jenen mehr, als die anderen. Aber die reichen oder armen Bauern, die 1910 in Frankreich noch 90 Prozent der Bevölkerung ausmachten, die Ladenbesitzer oder Handwerker, deren Arbeit die industrielle Revolution noch nicht weggefegt hatte, waren an die Scholle, den Ladentisch oder das Haus gefesselt. Mauern oder Hügel begrenzten ihre Welt, und die Aktivitäten der Städte, die modernen Vergnügungen und die neue Zeit im allgemeinen waren noch nicht zu ihnen vorgedrungen. Und was noch schlimmer ist: Die Menschen ohne Freizeit, die keine Regatten ansehen konnten, hatten auch kein Geld.

Auf dem Lande herrschte Tauschhandel. »Die Tagelöhner, Knechte und Arbeiter lebten von den Früchten ihrer Felder und von der Arbeit bei anderen, und man bezahlte sie mit Naturalien. Alle Produkte wurden an Ort und Stelle gegen andere getauscht, für Hilfe bei der Ernte erhielten sie einen Scheffel Getreide, als Lohn für die Weinlese gab

man ihnen Treber, aus dem sie ihren eigenen sauren Wein herstellten. Der Müller nahm seinen Teil von dem Korn, das ihm gebracht wurde, der Weber behielt einen Teil vom Flachs, der Schmied fertigte eine Hacke gegen ein Tagewerk in seinem Weinberg.«[3] Zweifellos war die Ablösung des Tauschhandels durch Geld ein noch wichtigeres Zeichen, als die Industrialisierung eines Landes. In den stark vom Ackerbau geprägten Vereinigten Staaten galt Ende des 19. Jahrhunderts die Doppelwährung[4] mit Gold- und Silbermünzen als eine besondere politische Herausforderung, während auf dem Lande in Frankreich bis zum Ende der 20er-Jahre der Geldumlauf so schwach war, dass die örtlichen Handelskammern zur Ermutigung des Handels Münzen schlugen. Dieses Geld aus wertlosem Metall machte den größten Teil der im Umlauf befindlichen Münzen aus.[5] Wie sollten sich Yachtsport und anderes mehr entwickeln, wenn Grundlage des Handels eher der Scheffel Korn war, als Geld?

Genauso wie es unterschiedliche Stufen der Armut gab, bestanden graduelle Unterschiede bei den Reichen. Ein Name mit gutem Klang konnte ein hohl klingendes Bankkonto ersetzen, und in Ländern mit später Industrialisierung steckten die Reichen ihr Geld eher in Land und Ziegelsteine, als in Maschinen und deren großartigste Verkörperung: die Yacht. Es gab nicht weniger reiche Franzosen als Engländer oder Amerikaner, aber als erste betrieben die Angelsachsen mit Elan[6] das Segeln mit luxuriösen Yachten.

Für die britische Oberklasse war das Segeln fester Bestandteil der alljährlichen gesellschaftlichen Ereignisse. »Es begann mit der Vorstellung bei Hof und ging dann weiter mit den Derbys von Ascot, Henley, Lord's und Goodwood. Höhepunkt

Zuschauer an einem Regattatag in Cowes gegen Ende des 19. Jahrhunderts.

Die Woche von Cowes war gleichzeitig Höhe- und Schlusspunkt der britischen Saison.

Der Marquis von Anglesey, Held von Waterloo, Gouverneur der Isle of Wight, Erfinder und Sportsegler (Mitte).

Ruderregatten in Bordeaux etwa 1856. Es handelt sich nicht um eine naturgetreue Zeichnung, sondern eher um eine idealisierte Darstellung. Dennoch gibt die Menschenmenge auf den Tribünen links einen Eindruck von der Beliebtheit der Regatten.

war der Moment, wo die letzte Rakete in einer Augustnacht im blauen Himmel über Cowes verglühte als Zeichen dafür, dass die Regatten beendet waren.«[7] Die großen englischen Regatten waren mondäne Ereignisse, die von den Schönen und Reichen zu ihrer eigenen Unterhaltung veranstaltet wurden. 1893 fuhr der Royal Thames Yacht Club seine Mitglieder per Sonderzug nach Gravesend, was Gleichgesinnten derselben Gesellschaftsschicht die Gelegenheit eines Zusammentreffens bot. In der sehr vornehmen Royal Yacht Squadron von Cowes »müssen die zur Aufnahme anstehenden Bewerber eine Stellung innehaben, die den darüber entscheidenden Clubmitgliedern als Empfehlung gilt. Zwei schwarze Kugeln disqualifizieren den Kandidaten«[8]. Jedes an der Wahl beteiligte Mitglied konnte seine Ablehnung durch eine schwarze Kugel bekunden, eine moderne Art der Ächtung. Eines Tages wurde ein Yachtbesitzer abgelehnt, weil seine Yacht »aussah wie ein Flussboot, weil die Fahrt von der Themse bis nach Cowes zwei Monate gedauert hatte, und weil die Wände der Kabine und des Schornsteins aus Backstein waren«[9]. Was war denn wohl schrecklicher, dass sich jemand mit einem solchen Kahn für einen Sportsegler hielt oder dass es ihm Spaß machte, darauf zu segeln? In der Squadron wie im New York Yacht Club war der Besitz einer imposanten Yacht die »conditio sine qua non«, um aufgenommen zu werden, sonst war das eher die Ausnahme, als die Regel. Die Mitglieder der im 19. Jahrhundert entstandenen Seglervereinigungen waren nicht unbedingt aktive Sportsegler.[10] Es waren oft gute Bürger, die gerne die Vorteile des Clublebens wie Zeitungen, Kartenspiele, Restaurant und sogar Zimmer[11] in Anspruch nehmen wollten. 1845 waren die Einrichtungen des Arundel Yacht Club sogar mit dem Hotel von John Wright am Strand verbunden. Im 19. Jahrhundert war also ein Yachtclub vor allem privates Hotel in einer nicht weniger privaten Institution.

In den mondänen Clubs, die am Beginn des organisierten Sportsegelns standen, gab es einige ruhmreiche Helden – keine andere Epoche liebte sie so – wie den Marquis von Anglesey, der in Waterloo gekämpft hatte. Als eine Kugel ihn zum Einbeinigen machte, schrie er: »Mein Gott, ich habe mein Bein verloren!«, worauf Wellington unbeeindruckt antwortete: »Bei Gott, haben Sie das?«[12] Es gab auch Leute mit sportlichem Ehrgeiz wie Horatio Ross, den Patensohn

Nelsons: 1826 gewann er mit seinem Pferd das erste Hindernisrennen gegen Lord Kennedy bei einem Wetteinsatz von 1000 Pfund; er siegte auch in einer Ruderregatta über 11 km zwischen Vauxhall und der Hammersmith-Brücke in London; er wettete um 1000 Pfund, dass er mehr Rebhühner schießen würde, als sein Konkurrent und gewann; und schließlich lief er für eine Wette 97 Landmeilen (150 km) nonstop zurück. Um ein guter »Sportsman« zu sein – das Plural »s« gibt zu denken – genügte es also nicht, tüchtig oder geschickt zu sein, man musste auch spielen und wetten; übrigens zuckte niemand zusammen, als sich 1869 der Yacht Club de France mit dem Spielzirkel des Hauses von Hannover zusammenschloss.

Für viele bedeutete Yachtsegeln eine soziale Verpflichtung ohne körperlichen Einsatz. Als Lord Cardigan eine Yacht besichtigte, fragte man ihn, ob er das Ruder nehmen wolle, und er sagte: »Nein danke, zwischen den Mahlzeiten nehme ich nie etwas.« Nun war Lord Cardigan »ein entsetzlich jähzorniger Mensch und widerwärtiger Snob«[13], aber er war der typische Repräsentant einer Epoche, in der die vornehmste Pflicht eines Besitzenden weniger das Segeln war, als die Wahrung seiner sozialen Stellung. »Als ein Mitglied der Royal Yacht Squadron einen berühmten Schiffbauer aus Cowes mitnahm, um ihn nach Cherbourg zu bringen, protestierten die anderen und sagten, er kompromittiere sich mit jemandem aus einer niedrigeren Klasse.«[14] Das Vergnügen derer, die etwas besaßen, egal ob es sich um eine Segelyacht oder einen Rennstall handelte, war nicht, sich in der Öffentlichkeit mit seinem Konstrukteur oder seinem Trainer sehen zu lassen, sondern sein Signum, sein Wappen, die Fahne des reichen Mannes oben am Mast oder an der Kruppe seines Pferdes zu zeigen.

So bildete sich ein fester Grundsatz: um eine Yacht zu besitzen, musste man reich sein, folglich war eine Yacht Beweis für Reichtum, und der fiel umso mehr ins Auge, wenn man nicht selbst segelte. Ein reicher Bankier aus der City, der leicht seekrank wurde, hatte eine Yacht erworben. Warum? »Also, ich habe mir ein Fernglas gekauft, und im Moment, wo ich hindurch schaute, wurde mir klar, dass ich gerne ein Yacht hätte.«[15] Für ihn und andere war die Yacht weniger eine Möglichkeit wegzufahren oder zu reisen, als eines dieser »musts«, die einfach dazu gehörten, wie schöne Gemälde oder ein Louis XV.-Tischchen. Die Yacht zeigte die soziale Stellung, und es war unwichtig, dass diese Operettensegler kaum Bug und Heck unterscheiden konnten. Thomas F. Day, Herausgeber der amerikanischen Segelzeitschrift »Rudder«, schimpfte: »Was wissen diese elenden alten Knochengerüste, die ihre Zeit damit verbringen, sich auf der Terrasse ihres Clubhauses Alkohol durch die Kehlen laufen zu lassen, von den Gefahren auf hoher See? Wenn sie eine Fahrt von einigen wenigen Meilen von Larchmont nach Cowbay machen bei einer Brise von 10 Knoten, ist das das

Regatta vor Ryde auf der Isle of Wight 1846. Das Schauspiel war von Land aus ebenso schön, wie auf See.

Wright's Hotel am Strand in London, Sitz des Arundel Yacht Club um 1840 (Mitte).

Die Mitglieder der Royal Yacht Squadron gegen Ende des 19. Jahrhunderts. Dritter von rechts ist der Prince of Wales, Commodore. Natürlich gibt es keine Frauen.

Ereignis ihres Lebens, ein Erlebnis, das sie nie vergessen werden und nicht noch einmal erleben möchten. Was weiß der durchschnittliche Yachtbesitzer von der Navigation auf hoher See? Überhaupt nichts!«[16] Die Verkörperung dieser Sorte von Yachteignern hat Anthony Heckstall-Smith unter dem Pseudonym Sir Walter[17] vorgestellt. »Der Eigner wies mit dem Finger auf einen Kutter mit grünem Rumpf: ›Brown, das ist doch die *Shamrock* da hinten, nicht wahr?‹ – Brown: ›Ja, das ist sie, Sir Walter.‹ Ermutigt von diesem Erfolg sagt der Besitzer mit triumphierendem Lächeln: ›Und ist nicht die *White Heather* genau dahinter, Brown?‹ Brown: ›Ja, Sir Walter.‹ Der Eigner wird durch seinen Erfolg geradezu übermütig: ›Aber, verdammt nochmal, ich kenne den weißen Kutter nicht, was ist das für einer, Brown?‹ Brown scheint mit plötzlicher Taubheit geschlagen und bleibt stumm. Der Eigner: ›Brown, ich habe Ihnen eine Frage gestellt. Ich habe Sie nach dem Namen des dritten Kutters gefragt.‹ Brown verzieht gequält das Gesicht und knirscht mit den Zähnen. Der Eigner sagt freundlich zu mir: ›Der alte Knabe wird taub.‹ Lauter: ›Brown, wer ist der Eigner des dritten Kutters?‹ Und Brown antwortet traurig: ›Sie, Sir Walter.‹«

Das Emblem der Royal Yacht Squadron.

»Die Eigner« – diese Leute, die alles hatten und Segeln nur als gesellschaftliche Pflicht betrachteten, hatten landgebundene Sorgen. Thomas Assheton-Smith, ein weiteres Mitglied der Royal Yacht Squadron, war »der größte Jäger Englands«. Dieses Kompliment hatte ihm Napoleon III. gemacht, der ebenfalls Mitglied der Squadron war.[18] Er unterhielt 100 Paar Hunde und jagte vier Tage pro Woche, oft mit zwei Meuten pro Tag. Man kann verstehen, dass er sich von Zeit zu Zeit auf einer seiner *Menai* ausruhen musste, die nicht alle den weißen Wimpel der Squadron hissen durften. 1830 hatte man nämlich Assheton-Smith wegen offenkundig schlechten Geschmacks aus der Squadron ausgeschlossen: Er hatte als Erster das Segel zugunsten des Dampfes aufgegeben. Vergeblich erinnerte er daran, dass seine erste *Menai* 1829 von zwei Konkurrenten derart behindert worden war, dass er auf Grund lief. Vergeblich schimpfte er laut gegen die Atmosphäre der offenen Messer bei den Regatten, nichts konnte seinen Ausschluss verhindern.[19] Aber er hatte recht. Das mit der »Atmosphäre der offenen Messer« war durchaus wörtlich zu nehmen. Kurz zuvor hatte die *Lulworth* der *Louisa* die Vorfahrt verweigert, worauf die Mannschaft der *Louisa* die Gegnerin geentert, die Mannschaft misshandelt und mit Messern die Segel zerschnitten hatte.

Grund für diese traurigen Begebenheiten, die erst 1860 mit der Erstellung von Wettfahrtregeln endeten, war Geldgier. Die Regatten wurden darum so verbissen gefahren, weil die Besatzung aus ausgebildeten Seeleuten bei einem Sieg die doppelte Heuer erhielt. Wie soll man, wenn das tägliche Brot davon abhängt, nicht der Versuchung erliegen, eine Abkürzung zu nehmen – wie die *America* – oder der aufwallenden Wut widerstehen, wenn jemand einem den Gewinn streitig macht?

Die Regatten erhitzten auch die Gemüter der Eigner. Zwar dienten die Rennen nicht ihrem Lebensunterhalt, aber das Yachtsegeln bot eine Möglichkeit, das Leben aufzuwerten und Spannung hineinzubringen. Es war kein Unterschied, ob man Regatten segelte, am Spieltisch auf die 13 setzte, oder, wie Horatio Ross, wettete, wer mehr Rebhühner schoss: Alles war Spiel. Als 1866 Pierre Lorillard und die Brüder Osgood behaupteten, die beste Yacht zu besitzen, beschlossen sie, ihre Meinungsverschiedenheit auf dem schwierigsten Terrain auszutragen, das überhaupt möglich war: Auf dem Atlantik im Dezember. Allerdings musste der Kampf sich lohnen, allein die gefährliche Überquerung machte ihn nicht anziehend genug, die entscheidende Rolle spielte Geld. Jeder Besitzer wettete also 30 000 Dollar auf seine Yacht. Daraufhin beschloss James Gordon Bennett jr. mit einzusteigen und hielt dagegen. Es standen also 90 000 Dollar auf dem Spiel, abgesehen von der Ehre der Besitzer und nebenbei auch dem Leben der Mannschaften.

James Gordon Bennett: Der Zeitungsmagnat gewann das erste Transatlantik-Rennen 1866 und das Preisgeld von 90 000 Dollar.

Am 11. Dezember 1866 verließen die *Vesta* (Lorillard), die *Fleetwing* (Osgood) und die *Henrietta* (Bennett) vor Sonnenaufgang New York, an Bord die Mannschaften und ehrenwerten Yachtsegler als Repräsentanten der Besitzer, allerdings waren zwei von drei verhindert – die leidigen Geschäfte! Um den Yachtseglern ein verhängnisvolles Geschick zu ersparen, hatten einige ihrer Freunde sie bei einem Prozess, der ihnen völlig fremd war, als Zeugen hinzuziehen wollen, was sie am Ablegen gehindert hat. Schließlich war das Abenteuer wirklich gefährlich, denn vier Matrosen und zwei Maate gingen über Bord.

Wollte James Gordon Bennett während dieser Überfahrt ans Ruder? Dick Brown, der Kapitän seiner *Henrietta*, hatte beim berühmten Rennen um die Isle of Wight am Ruder der *America* gestanden. Brown hatte die Angewohnheit, die Segel so gekonnt zu trimmen, dass er das Ruder mit zwei Fingern halten konnte. Als er eines Tages mit dieser Perfektion segelte, die Hand leicht aufs Ruder gelegt, die Augen auf die Segel gerichtet, tauchte der Eigner und Herr nächst Gott auf, und als er sah, wie ruhig das Meer und wie gut getrimmt das Schiff segelte, rief er: »Sehr gut, Skipper, jetzt nehme ich das Ruder.« Ohne mit der Wimper zu zucken, antwortete Brown: »Stören Sie mich nicht. Sehen Sie nicht, dass ich in einem Wettkampf bin?«

Trotzdem kam die *Vesta* als erste in Sichtweite der Isle of Wight. Vor der Einfahrt in den Solent nahm sie einen Lotsen an Bord, der einen Fehler beging, sodass die *Vesta* 40 Minuten und das Rennen verlor. Pierre Lorillard war den Sieg und seinen Wetteinsatz los. Die 90 000 Dollar gingen an Bennett jr., der als einziger Eigner den Mut gehabt hatte, an der Überfahrt teilzunehmen. Weder Lorillard noch die Brüder Osgood hatten es für nötig gehalten, für die Wette ihre Haut aufs Spiel zu setzen. Für sie zählte nur der Einsatz, nicht die damit verbundene Aktion.

Dieser Meinung war auch Rufus T. Bush, der 1887 für Ruhm und Ehre – er hatte nicht die Absicht, selbst zu segeln – einen Wetteinsatz von 10 000 Dollar für eine weitere Atlantik-Überfahrt aussetzte. Als er das erfuhr, sprang der junge Caldwell H. Colt, Erbe des Erfinders des Trommelrevolvers, in eine Kutsche, trieb seine Pferde mit der Peitsche an und fuhr mitten in der Nacht nach Brooklyn, um sich der Dienste des berühmten Kapitäns Bully Samuels zu versichern. Im Gegensatz zu Rufus T. Bush, der Rennen und Wette

Der Salon in der Royal Yacht Squadron (Gemälde von Raoul Dufy).

gewann, ohne das Haus zu verlassen, bestieg der temperamentvolle Caldwell »Colly« Colt sein eigenes Schiff. Er hatte beschlossen, dieses Abenteuer zu genießen. Als der Trinkwassertank seiner Yacht barst, rief er seine Gäste zusammen und zog triumphierend Champagnerflaschen aus jedem nur möglichen Versteck: er hatte an alles gedacht, sogar an Durst.

Was bedeutete Geld für diese Männer mit praktisch unbegrenztem Kapital? Für sie war Macht wichtiger als weiterer Reichtum. Sobald sie an Bord ihrer Yacht waren, brauchten sie sich keinem an Land gültigen Gesetz mehr zu beugen. Als der Millionär Jay Gould seine Kansas Pacific Railroad mit der Union Pacific zusammenlegte, tauchten in den Konten drei Millionen für wohltätige Zwecke nicht auf. Die Aktionäre sahen ein schuldhaftes Versagen und gingen vor Gericht. Jay Gould befahl dem Kapitän seiner Yacht *Atlanta*, heimlich Vorräte für eine Seereise an Bord zu nehmen. Plötzlich war die große schwarze Dampfyacht mitsamt ihrem Besitzer verschwunden. An Bord stand Jay Gould stundenlang am Ruder und blickte still auf die Wellen. Der Untersuchungsrichter konnte so viele Vorladungen schicken, wie er wollte, Jay Gould war abwesend und blieb Herr im Haus, Herr über seine Welt. In ruhigeren Zeiten herrschte er, durch Wächter abgeschirmt in derselben Isolation wie auf seiner Yacht auf See, über seinen persönlichen, irdischen Mikrokosmos. Nach Lundhorst, das nördlich von New York am Hudson 500 Hektar umfasste, fuhr er auf seiner Yacht. Dort hatte er seine 8000 Orchideen und ein Schwimmbad, das so groß war, dass der Bademeister ein Boot brauchte.

Die Vesta *gehörte dem Tabakkönig Pierre Lorillard, der aufgrund eines Lotsenfehlers das Atlantikrennen von 1866 und seine 30 000 Dollar verlor.*

Vielleicht erscheinen uns diese Anekdoten mit dem zeitlichen Abstand ungewöhnlicher, als den Zeitgenossen. Zweifellos machten sie sich nicht klar, wie paradox ihre Zeit war. Während man die bürgerlichen Tugenden lobte, teilten »Haie« wie Rockefeller, Vanderbilt oder Jay Gould die Welt unter sich auf. Zu einer Zeit, in der die Wissenschaft zu allen Wundern fähig schien, stieß man oft auf einen höchst rückwärts gerichteten Traditionalismus. Das und vieles andere mehr macht es schwierig, sich in die Haut dieser Personen zu versetzen und ihre Gedankenwelt zu rekonstruieren. Wir haben unter anderem das Gefühl für »das Schickliche« verloren, das doch zu den wichtigsten gesellschaftlichen Antriebskräften gehörte. Als 1891 Leutnant Henn und seine Frau mit einer kleinen Yacht von 9,54 m Länge nach Florida segelten, war zu ihrer Assistenz kein Matrose mit an Bord, sondern ein »Steward«, der sicher die Schoten bediente. Man musste den äußeren Anschein wahren, auch wenn es noch so unbequem war.

Für eine sommerliche Kreuzfahrt wurde empfohlen, außer der normalen Kleidung »Abendkleidung mit Schuhen, einen Stadtanzug, drei Leinenhemden, mehrere weiße Krawatten und Handschuhe, sowie sechs Kragen«[20] mitzunehmen. Das äußere Erscheinungsbild war von größter Bedeutung. Als 1901 der französische Präsident Loubet mit dem U-Boot-Prototyp *Gustave Zédé* an einem Tauchgang teilnehmen wollte, kam er, seiner Funktion entsprechend, mit Frack, Orden und seidenem Zylinder an. In seiner Begleitung waren drei Zivilisten in Gehrock und Zylinder sowie zwei Offiziere in Galauniform, mit Säbel und Federbusch am Helm. Nach längerer Diskussion wurde den Herren der besseren Gesellschaft klargemacht, dass das U-Boot randvoll mit elektrischen Motoren und säuregefüllten Batterien sei, der Raum begrenzt sei, und dass man auf keinen Fall Zylinder oder Federhut tragen könne. Außerdem waren 15 m unter der Wasseroberfläche Säbel nicht unbedingt erforderlich. An Bord setzte der Präsident sofort die Mütze des Kapitäns auf, seine Begleiter durften die Mützen der Matrosen tragen, und keiner musste die Demütigung erdulden, ohne Kopfbedeckung zu sein.

Wie männlich waren doch die Zylinder und Säbel! Diese Welt war den Männern vorbehalten. Die Frauen hatten sich auf »Küche, Kinder, Kirche« zu beschränken, wie es der deutsche Kanzler Bismarck so nett formulierte. Beim American Yacht Club, den der Geschäftsmann Jay Gould gegründet hatte, nachdem sein Ruf als Aufrührer ihm die Türen des New York Yacht Club verschlossen hatte, waren Frauen allerdings zugelassen. Aber die Frauen des American Y. C. waren keine Damen, sondern Geschöpfe der männlichen Mitglieder, Tänzerinnen und Kokotten! Echte Damen, vor allem Gattinnen, hatten in diesem Club, wie in den meisten anderen, keinen Zutritt. Dieses Verbot war weniger eine Maßnahme untreuer Ehemänner, als vielmehr Ausdruck eines allgegenwärtigen Antifeminismus. Die Stellung der Frau änderte sich bei der Hochzeit, indem sie vom Objekt der Begehrlichkeit zu dem der bequemen Ausnutzbarkeit wurde, weiterhin ohne freien Willen. Dieser Unsinn wurde durch »wissenschaftliche« Beweise gerechtfertigt: Bis zum Ersten Weltkrieg traten Theoretiker auf mit der These, Frauen seien Untermenschen.[21] Wie absurd diese Theoretiker auch den folgenden Generationen vorkommen mögen, sie sind ein Merkmal für die Dummheit jener Epoche

Trotzdem hatte das angeblich schwache Geschlecht genauso viel Spaß am Segelsport, wie das angeblich starke Geschlecht. 1885 gewann eine Frau die erste in den USA veranstaltete Regatta einer Einheitsklasse. Als Preis erhielt sie eine Brosche, die besser zu ihrem Geschlecht zu passen schien, als ein Pokal, der Siegern mit Schnurrbart vorbehalten blieb. »1899 war bemerkenswert in Bezug auf die Aktivitäten von Damen. Im Solent segelte Miss Cox weiter Regatten auf der *Madcap* und ihre Schwester auf der *Natador*. Allem Anschein nach hatten die Damen beschlossen, aktiv an den Wettfahrten im Solent teilzunehmen. Aber obwohl im Jahr darauf eigene Veranstaltungen für Damen im Programm des Castle Club vorgesehen waren, protestierten einige Eigner, und dadurch erhielt diese Form des Sports einen heftigen und unerwarteten Rückschlag, von dem er sich nie erholt hat.«[22] Als diese Zeilen 1894 geschrieben wurden, hissten etwa 30 Frauen einen Clubstander auf ihrer Yacht. In Frankreich gestand die Union des Yachts français Frauen, die ein Boot besaßen, das Recht zu, den Stander der Union zu setzen. Lady Carnegie, Witwe des berühmten Stahlmagnaten, wollte nichts Anderes, als den blauen Stander des New York Yacht Club auf ihrer Yacht zu setzen. Neujahr 1894 stellte sie den Aufnahmeantrag. Obwohl sie mächtige Fürsprecher hatte und sich verpflichtete, sich weder in die Verwaltung einzumischen, noch die Salons zu betreten, löste ihr Antrag bei der Generalversammlung des NYYC einen wahren Sturm aus. Erst nach einer außerordentlichen Sitzung wurde Lady Carnegie, der Eignerin der *Missoe*, das Recht zugestanden, den Sternen-Stander zu setzen und die Anleger des Clubs zu nutzen. Nach diesem Sieg erwarben einige Frauen Yachten, aber die Begriffe »Frau« und »Eignerin« widersprachen sich. Für eine Frau war es gesellschaftlich unmöglich, unverheiratet zu bleiben, und sobald sie verheiratet war, ging die Verfügung über ihren Besitz ... auf ihren Mann über!

Am unteren Ende der Leiter, beim volkstümlichen Rudern, war die Situation genau so. Auf den Jollen und Kanus, die man mieten konnte, gab es zwei getrennte Abteile für Frauen und Männer. Die Herren ruderten in Freizeitkleidung und zeigten den Damen, die gemütlich auf der aus Rohr geflochtenen Rückbank saßen, ihre Muskeln. Die weiten Kleider der Mädchen mit Volant und Unterrock hatten eine geradezu tödliche Wirkung, wenn diese sich beim Kentern der zerbrechlichen Boote um die Beine der Damen wickelten. Dieser Umstand raffte so viele potentielle Mütter dahin, dass die Präfek-

Regatta in Granville Ende des 19. Jahrhunderts. Man sieht zwar einige Yachten, aber die großen Fischerboote überwogen. Mit Sondertarifen versuchten die Eisenbahngesellschaften, die Leute zum Reisen zu ermutigen.

tur von Paris 1863 den Frauen strikt untersagte, »Warreys, Randams, Outriggers, Phonets, Yoles, Skiffs, Ozéans, Youyous, Périssoires und Podoskaphes«[23] und alle Boote zu benutzen, die möglicherweise umschlagen könnten. Als Besitzerinnen und Bürgerinnen durften die Frauen im 19. Jahrhundert nur Seglerinnen und Ruderinnen zweiten Ranges sein. Ihre Anzahl hielt sich in Grenzen.

Lady Brassey beschrieb ihre Erlebnisse bei der Weltumsegelung und einer Mittelmeerfahrt an Bord der familieneigenen Yacht, der riesigen Sunbeam.

Das gilt auch für die superreichen Yachtsegler, ob es sich dabei um Snobs oder Aktive handelte. Der wichtige Platz, den sie in der Geschichte einnehmen, rührt daher, dass alle ihre Taten und Gesten beobachtet, kommentiert und festgehalten wurden. Ihre Yachten stellten den Höhepunkt der industriellen Zivilisation dar, sie waren Ausdruck für Fortschritt und Luxus, der den des Sonnenkönigs noch überstieg. »Wenn eine solche Yacht an Ihnen vorbeisegelt, dann schlägt Ihnen der Duft von frischem Lack, Leinöl, Kupfer-Putzmittel, Havannazigarren und Champagner entgegen, vermischt einem mit leichtem Geruch nach Teakholz und anderen exotischen Hölzern.«[24] Das bot der Fantasie genügend Stoff. Yachtsegeln wurde zum Inbegriff des Reichtums und blieb es, selbst nachdem die Unvollständigkeit dieses Bildes deutlich geworden war.

Denn das Yachtsegeln war nicht die einzige Möglichkeit der Vergnügungsschifffahrt! Wenn ein Segler Spaß am Segeln hatte, warum nicht am Manövrieren? Und musste man mit all den Berufsseeleuten zusammen sein, deren Zahl jede Intimität an Bord ausschloss? Als die Eheleute Brassey mit ihren drei Kindern, dem Bruder des Besitzers und zwei Freunden zu einer Weltumsegelung aufbrachen, hatten sie eine 35-köpfige Crew an Bord, 35 Augenpaare, die die Herrschaften beobachteten! Ende 1870 waren in der Yachtsegelei 5000 Seeleute beschäftigt, fast genau so viel, wie in der Kriegsflotte des mächtigen Österreich-Ungarn.[25] »Die ständige Zunahme der Regatten bietet einer großen Anzahl tüchtiger Männer Arbeit. Auf diese Weise können sie mehr verdienen und ein besseres Leben führen. Dank des blühenden Yachtsegelns haben viele Fischer an der Westküste Englands ihren harten Beruf aufgegeben und das schwere Leben gegen ein weniger abenteuerliches und lukrativeres an Bord einer Rennyacht getauscht.«[26] Selbst wenn sie »im Prinzip nüchtern, ehrlich, zuvorkommend, charakterlich einwandfrei und unverbogen«[27] waren, gehörten sie doch einer niedrigeren Klasse an, deren Verhalten wegen der verlockenden, hohen Siegprämien und des ihnen anhaftenden Makels der Armut verdächtig war. Sollte man nicht lieber unter Freunden bleiben, unter Menschen, die reich genug waren, um nicht am Geld interessiert zu sein, kurz: unter Amateuren?

Das Damenzimmer von Lady Brassey an Bord der Sunbeam.

Der Beginn der nicht-professionellen Regatten fällt in die frühesten Anfänge des Lustsegelns. Ist der Sportsegler nicht Kapitän aus Liebhaberei? Damals benutzte man dafür das Wort »korinthisch«; eine Amateurregatta war ein »korinthischer Kampf«. Diese Korinther, so genannt »in Anlehnung an die schnellen, jungen Männer, die im griechischen Reich die Heldentaten der Athleten nachzuahmen versuchten«[28], segelten die Regatten der Cumberland Sailing Society und der 1870er-Jahre. Ein Jahrhundert danach war die Bedeutung des Wortes »Amateur« nicht genau definiert, denn der Yachteigner, der an Deck amateurhafte Freizeitsegler beschäftigte, bezahlte sie in der Regel. Es handelte sich dabei nicht um ausgebildete Seeleute, sondern um Notare, Baumwollkaufleute im Urlaub oder ganz einfach Söhne aus besseren Familien. Weil sie nicht so gut waren wie gelernte Seeleute, übertrug man ihnen Aufgaben, bei denen sie sich ohne Gefahr als Freizeitskipper betätigen konnten. Große Schiffe wären für das Vergnügen dieser Leute zu aufwändig und zu kompliziert gewesen und hätten zuviel Besatzung gebraucht; daher spezialisierten sie sich auf kleine oder mittlere Schiffe.

Um 1860 tauchte sogar ein Boot »für Solitär-Segler«[29] auf, das keine Transozean-Regatten fahren sollte, die noch gar nicht erfunden waren, sondern Einzelpersonen das einfache Vergnügen gestattete, völlig unabhängig zu segeln. »Ich fand mich in einer neuen Situation: zum ersten Mal im Leben segelte ich allein. Ich zündete meine Pfeife an und wartete auf neue Empfindungen, aber diese treten nur ein, wenn der Charakter sich verbessert«,[30] schrieb Edward Empson Middleton zu Beginn einer Segelreise, die ihn um die Britischen Inseln führte. Zu seinem großen Erstaunen kam er wieder am Ausgangspunkt an. Da er auf diese Weise den schlagenden Beweis dafür erhalten haben wollte, dass die Erde flach ist, verbrachte er den Rest seiner Tage damit, diese Überzeugung zu vertreten, besonders in einem hitzigen Briefwechsel mit den königlichen Astronomen in Greenwich. Zwar hatten die meisten Freizeitsegler nicht viel Spaß an Einsamkeit, aber sie vertraten doch gewisse Theorien, in denen es nicht generell um den Planetenzustand der Erde ging, aber doch um die Form der Yachten und die Art, wie man sie führen sollte. Diese Meinungen waren Anlass für leidenschaftliche Diskussionen. »Beim Betreten des Salons des Pariser Segelclubs erhält man rein visuell einen Eindruck von Seefahrt, dasselbe gilt für das Gehör. All die Kaufleute, Maler, Angestellten, sogar Rechtsanwälte, lauter Angehörige unterschiedlicher Berufe, haben nur ein Gesprächsthema: das Vergnügungssegeln, Details zum Bootsbau, Besegelung, Takelage. Wenn jemand verkünden würde, der Präsident der Republik, Monsieur Jules Grévy, werde sich demnächst in Reims krönen lassen, er wolle hoch zu Ross einreiten mit Schwert, Zepter und Schild Karls des Großen, auf dem Haupt die Krone des Abendlandes, dann wäre selbst eine solche Nachricht nicht in der Lage, die Gespräche über Navigation zu unterbrechen.«[31] Diese Diskussionen und Briefe an Zeitschriften waren oft erfolgreich, und dann sah man plötzlich auf einem Gewässer eine neue Rumpfform oder eine ungewohnte Takelung, die manchmal sogar funktionierte. So befruchteten Amateure mit dem Schwung von Neueinsteigern den Segelsport mit ungewöhnlichen Ideen, obwohl er für die meisten Eigner ursprünglich nichts als ein soziales Aushängeschild war.

Die Rolle der »Pioniere mit den sauberen Händen« wurde bald als Ausdruck von Adel anerkannt. Die Magnaten selbst brüsteten sich mit der Tugend der Amateure, der Korinther. So zum Beispiel Theodore C. Zerega, der vornehmes Mitglied im New York Yacht Club, im Seawanhaka Corinthian Yacht Club und im Calumet Yacht Club war. Er hatte mit offenen Yachten begonnen, hatte dann mehrere Weltumseglungen gemacht, ohne jemals den Beruf des Seemanns zu erlernen, weil er eigentlich mehr Berufs-Rentner war, und schließlich erhob die U.S. Navy diesen hervorragenden Segler in den Rang des Kommandanten des Marineschiffes *Free Lance*, das Herr Zerega wahrscheinlich mit seinen Steuern bezahlt hatte. Im Ersten Welt-

Eine Yachtseglerin. Ihre Taille war durch ein Korsett so eingeschnürt, dass man wohl bei den Segelmanövern nicht auf sie zählen konnte.

Der Wortführer der Amateure

Die Korinther hatten ihren Wortführer, John »Rob Roy« Mac Gregor. Er war begeisterter Verfechter des Amateurgedankens, und er liebte das Meer. Sein Eintreten für das Yachtsegeln beruhte eher auf einer Vorliebe, als auf sorgfältiger Wahl der Freizeitbetätigung. Seit frühester Kindheit war er von der Seefahrt geprägt: im Alter von drei Monaten war er schon zweimal dem Ertrinken entronnen. Danach widmete sich der viktorianische Gentleman, den ein kleines Vermögen daran hinderte, die Wohltaten der Arbeit kennenzulernen, der vernachlässigten Jugend Londons und gründete Trupps von Schuhputzern, Zeitungsverkäufern, Messerschleifern und Putzfrauen. Zur Finanzierung seiner guten Werke[32] hielt er Vorträge, und machte durch Briefe an die »Times« auf seine Betätigung aufmerksam. Er schrieb weiter Briefe, als ihn die Begeisterung für Indianerkanus und Eskimokajaks[33] erfasste. Alles was er anpackte, artete in Missions-Kampagnen aus. Er gründete einen Kanuclub, dessen Mitglieder schon wegen der geringen Größe der Boote Amateure waren. Diese Organisation fand in den USA Nachahmer, wo der Kanuclub rasch zum Seawanhaka Corinthian Yacht Club wuchs, dem ersten ausschließlich Amateuren vorbehaltenen Club Amerikas. Danach kam Mac Gregor zu einer Seefahrt, bei der professionelle Hilfe nicht zu erwarten ist: dem Einhandsegeln. Mit einer Ladung Neuer Testamente für französische Seeleute überquerte er allein den Ärmelkanal an Bord eines Segelbootes von 6,40 m Länge, das, wie alle seine Boote *Rob Roy*[34] hieß. Sein zerbrechliches Gefährt erregte die Bewunderung der Besucher der Pariser Weltausstellung 1867. Er schrieb ein erfolgreiches Buch über diese Fahrt, das erste Buch über einen Einhandsegler.[35] Die Tatkraft Mac Gregors und sein Sinn für Öffentlichkeitsarbeit machten das Amateursegeln populär und zu einer bedeutenden Freizeitbeschäftigung. Wenden wir uns nun der Hochzeit dieses hervorragenden Viktorianers zu:

Der eingefleischte Junggeselle Mac Gregor unternahm eine Segelfahrt zu den Azoren. Vom ersten Anblick der vulkanischen Insel Faial war er dermaßen entzückt, dass ihm bewusst wurde, eine Dame, die er schon lange kannte, innig zu begehren. Ohne anzulanden, segelte er zurück, bat um die Hand seiner Zukünftigen und heiratete sie. Sein Verhalten erstaunte niemanden: Die viktorianische Epoche brachte so viele Exzentriker hervor, dass diese abgehobenen Typen einfach dazugehörten.

krieg übergab Alexander S. Cochran seine große Dampfyacht *Warrior* und fünf Torpedoboote der Royal Navy, die diesen amerikanischen Bürger als Reservistenkommandanten seiner eigenen, zum Lazarettschiff umgebauten Yacht ernannte. Das war wirklich der Gipfel der Überspanntheit: ein Amateur als Kommandant eines Kriegsschiffs.

Die Amateurbewegung hatte andere nachteilige Folgen. Die Mode und die Zustimmung, die man ihr entgegenbrachte, führten nach 1870 zur Gründung von Clubs, die nur Amateuren vorbehalten waren. Ende des 19. Jahrhundert hatten Berufssegler nur Zugang zu Regatten für große Yachten. Im übrigen bestand die Anforderung, dass zumindest der Rudergänger Amateur sei, was dieser Stellung eine bis dahin unbekannte Ausstrahlung gab. Dank der Amateure wurde der Mann am Ruder zum Skipper[36] erhoben, zum Kapitän einer sportlichen Crew.

Durch den wachsenden Einfluss der olympischen Bewegung – die Olympischen Spiele waren 1896 neu belebt worden – wurde, zumindest im Segelsport, das Amateurstatut zum Träger sozialer Auswahl: Auf hohem Niveau konnte am Wettfahrtsegeln nur teilhaben, wer Zeit und Muße hatte und die Mittel besaß, ein Schiff auszurüsten. Um Segel und Masten zu beschaffen, brauchte man Geld, über das das gemeine Volk nicht verfügte. Geld, nichts als Geld …

Es soll aber nicht der Eindruck entstehen, das nur die Reichen wirklich oder vorgeblich Freude an der Seefahrt hatten. Meer und Schiffe übten, unabhängig von Geschlecht und sozialer Stellung, auf alle Menschen Anziehung aus. Wenn ein Austernfischer am Sonntag seine kleine Familie im Boot spazieren fuhr, machte er das zum Vergnügen. Und wenn derselbe Fischer sein Großsegel setzte, um mit seinen Fischerfreunden um die Wette zu segeln, dann machte er das auch zum Vergnügen. In den Städten wurden sonntags die Angestellten zu Kanufahrern. Rudernd oder segelnd passierten sie die Grenzen der Stadt, um in Gartenlauben zu singen oder in Vorstadtkneipen zu trinken. Zu Hunderten und Tausenden nutzten sie das Schiff, ohne über den Augenblick hinaus zu denken, fern von Lebensart oder Ausschweifung, die für diese Aktivität sonst typisch waren. Die Reichen hatten ihre Clubs und das Lustsegeln, die anderen ein kleines, namenloses Vergnügen, das besser überlebte, als die überspannten Ideen der Magnaten.

Diese Vergnügungssegler im wahrsten Sinne des Wortes fuhren auf jedem verfügbaren Kahn, und während die Berufssegler Schiffe besaßen, kauften die Kleinbürger schon mal ein altes Boot aus zweiter Hand. »Zum bestandenen Abitur schenken seine Eltern einem jungen Mann 200 Francs[37], damit er sich ein Fahrrad kaufen und kreuz und quer durch das Morbihan fahren kann, wo die Eltern in einem der preiswerten Häfen die Sommerferien verbringen wollen.Unser junger Pariser ist jedoch begeisterter Segler und hätte statt des Fahrrades lieber ein nettes Boot.[38] Aber was kriegt man schon für 200 Francs? Einen kleinen Kutter? Vielleicht findet er einen aus zweiter Hand. Für meinen habe ich mit Segeln 160 Francs bezahlt. Meine kleine *Chapeau-Rouge* ist zollamtlich mit 1,96 Tonnen vermessen, der Kiel misst 13 Fuß in der Länge und vorne ist ein großer, verschließbarer Kasten, in dem zwei Leute, wenn sie sich klein machen, Schutz vor der Gischt finden. An der ganzen bretonischen Küste finden Sie ausgezeichnete kleine seetüchtige Boote. Auf der Belle-Île kostet ein neues Boot von 10 Fuß Länge mit Mast, Steuer und einem Paar Ruder 140 Francs. Die alten Zöllner und Marine-Pensionäre haben fast alle so ein kleines Boot von 9 bis 11 Fuß Länge. Ein Mast, ein Steuer, zwei Ruder, ein Luggersegel, manchmal ein Besansegel, 15 bis 20 Faden Ankerleine mit ›crapaud‹[39] bilden seine Ausstattung, die gut und gerne ihre 50 Francs wert ist. Unser junger Gast bezahlt also für sein neues Boot:

Rumpf (inkl. Mast, Steuer, Ruder)	140 F
Luggersegel aus Baumwolle	30 F
15 Faden Ankerleine	8 F
›crapaud‹	1 F
Schot, Tauwerk, Schäkel, verschiedenes Eisenwerk	11 F
Zusammen	190 F

Ihm bleiben 10 Francs, um sein Boot zu streichen und eine Flagge aus Tuch[40] zu kaufen.«

Die Nationalflagge aus Tuch war das lächerliche Bindeglied zwischen dem alten Fischerkahn und der Yacht eines Vanderbilt, das aus dem Boot des jungen Amateurs »einen wirklich nationalen, männlichen und gesunden Zeitvertreib machte, der außerdem geeignet war, in unserer Jugend das Feuer wachzuhalten, das ihr angelegen sein lässt, unsere nationale Ehre zu verteidigen«[41].

Szenerie mit Yachten vor Arcachon 1905.

Die Theoretiker

1860–1880

»Nehmen wir ein Schiff mit D-mal den Ausmaßen seines Modells, wenn bei Geschwindigkeiten Va, Vb, Vc usw. der Widerstand des Modells Ra, Rb, Rc usw. entspricht, dann beträgt für die Geschwindigkeiten VDVa, VDVb, VDVc des Schiffes der Widerstand D3Ra, D3Rb, D3Rc usw.«

William Froude, Ähnlichkeitsgesetz.

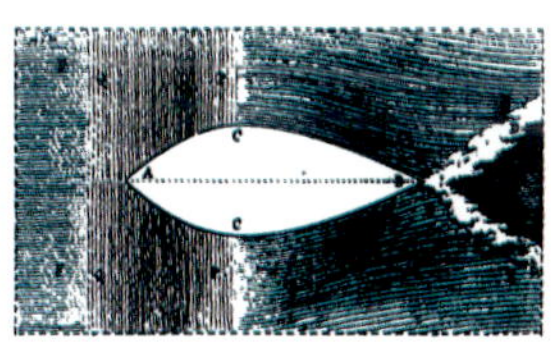

Im Jahre 1770 hatte Frederik Henrik af Chapman zum ersten Mal in der Geschichte unterschiedliche Modelle[42] in einem Wasserbassin erprobt. Chapman kannte die Bedeutung der benetzten Oberfläche nicht, er schenkte der Tatsache, dass auch bei verkleinerten Modellen das Fließverhalten des Wassers unverändert ist, keine Aufmerksamkeit. Seine Resultate konnten der Wirklichkeit nicht entsprechen; sie bewiesen aber, dass der Geist einen Schritt vorwärts gemacht hatte. Die Tatsache, dass man nach experimentellen Beweisen verlangte, setzte voraus, dass die bestehenden Erkenntnisse in Frage gestellt und die wissenschaftliche Überlieferung nicht mehr für bare Münze genommen wurde. Man machte sich die revolutionäre Devise der Royal Society im 17. Jahrhundert zu eigen: »Ich erkenne niemandes Wort an.«[43] Damit wurde eine bestimmte Weltsicht zu Grabe getragen, es war der Todesstoß für die aristotelische[44] Betrachtungsweise, die davon ausging, man könne die physikalischen Gesetze allein durch die verstandesmäßige Analyse von im Prinzip gottgegebenen Zusammenhängen nachvollziehen. Von nun an war das Wirken des Allerhöchsten keine ausreichende Erklärung mehr. Vielleicht war dieses gar nicht notwendig, und die Welt konnte sich auch so drehen (horresco referens!). Vielleicht waren die Gesetze des Himmels ganz irdisch? Diese Skepsis und das Streben nach experimentell bestätigten Erklärungen waren die Grundlage für allen wissenschaftlichen Fortschritt.[45]

Unter diesem Gesichtspunkt waren die Yachteigner des 19. Jahrhunderts und später gute katholische Scholastiker: Ihre Weisheit beruhte auf einem Basiswissen, das keinen Widerspruch duldete. Mit anderen Worten: Sie waren überzeugt, dass ihre Schiffe vollkommen waren und auf der höchsten erreichbaren Entwicklungsstufe standen. Nur eine neue Offenbarung – ein so unwahrscheinlicher Sieg wie der der *America*, den die Legende heiligte – konnte sie dazu bringen, ihre Meinung zu ändern. Wissbegierige Geister verbreiteten die offensichtlichen Ergebnisse wiederholter Versuche, es waren Zweifler wie Chapman, Skeptiker, die ihre Überlegungen mit häufig falschen wissenschaftlichen Theorien untermauerten, hinter denen aber stets die richtige Suche nach Erklärung stand.

Als Robert Livingston Stevens es wagte, mit dem Bau der *Onkahye* die ausgetretenen Pfade zu verlassen, waren zweijährige Versuche mit zahlreichen

William Froude, englischer Schiffbauer, war der Erste, der Modelle im Schleppkanal testete, und das Gesetz der Ähnlichkeit aufstellte (linke Seite).

Modellen seines zukünftigen Schiffes vorausgegangen. Diese allerersten Versuche mit Schiffsrümpfen enthielten zweifellos zahlreiche Irrtümer, zeigten aber ein echtes Bedürfnis, wirklichkeitsnahe Bedingung nachzubilden und daraus zu lernen.

Während der Ausarbeitung seiner »Wave line theory« benutzte John Scott Russell ein abstrakteres Modell. Anstatt das Verhalten eines beweglichen Körpers (Schiff) in seiner Umgebung (Wasser) zu untersuchen, prüfte er die Störung der Umgebung durch den Körper, indem er Kugeln in einem Wasserbecken aufhängte, durch das Schiffsmodelle gezogen wurden. »Bei geradem, vollem oder konvexem Steven wurden die Kugeln mit großer Kraft getroffen und von den Seitenwänden des Schiffes weggestoßen. Wenn andererseits die spezielle, sinuskurvenförmige Schwimmwasserlinie Russells durch das Wasser geschoben wurde, glitten die Kugeln am Steven entlang, anstatt weggestoßen und aus der Richtung geschoben zu werden. Ihre Bewegung endete, sobald das Schiff sie passiert hatte.«[46] Diese prähistorische Art, die an einem Rumpf verlaufende Strömung sichtbar zu machen, gestattete natürlich keinerlei quantitative Messung. Und die Theorie Russells setzte voraus, dass der Widerstand beim Vorwärtsfahren unteilbar war, obwohl er aus mehreren Widerständen besteht, deren Verhältnis sich mit der Geschwindigkeit ändert.

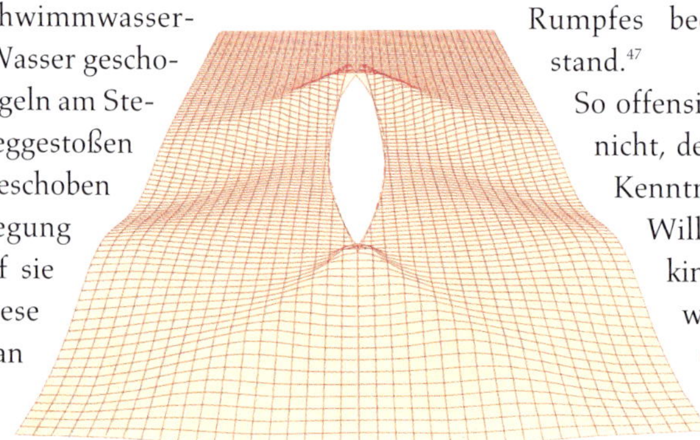

Durch einen fahrenden, stromlinienförmigen Körper verursachte Wellenbewegung. Vergleichen Sie die Zeichnung aus dem 19. Jahrhundert auf der vorhergehenden Seite mit dieser, ein Jahrhundert später entstandenen Computergrafik.

Allerdings hatte schon vor Russell ein Tüftler ein Stück vom Vorhang gehoben. Ende des 18. Jahrhunderts hatte ein gewisser Colonel Beaufoy die Bewegung von Körpern im Wasser untersucht. Er hatte seine Versuche im Wasserbecken der väterlichen Brauerei begonnen und war dann zum Greenland Dock bei London umgezogen. Beaufoy hatte den Widerstand von allen möglichen Formen untersucht, merkwürdigerweise nur nicht den schiffsförmiger Körper. Vor allem bestimmte er den Widerstand bei der Vorwärtsbewegung flacher Scheiben. Wenn ein glattes Brett, das keine Wellen machte, bei der Bewegung durch das Wasser auf Widerstand traf, dann lag das daran, dass es durch Reibung gebremst wurde. Es gab also offensichtlich einen bestimmten, durch die Wasserverdrängung des Rumpfes bedingten Reibungswiderstand.[47]

So offensichtlich war das allerdings nicht, denn niemand nahm davon Kenntnis, und erst 1865 brachte William John Macquorn Rankine, Professor für Ingenieurwesen an der Unversität Glasgow, einer der Väter der Thermodynamik, das Thema wieder auf den Tisch. Seine Aufmerksamkeit wurde erregt durch den Wasserwiderstand in Röhren, woraus er mathematisch folgerte, dass bis hin zu geringer Geschwindigkeit der Widerstand, den ein Körper in Flüssigkeit antrifft, auf Reibung beruht. Diese Erkenntnis wurde vier Jahre später durch einen andere Briten, William Froude, bestätigt. Er führte die Bedeutung des Reibungswiderstands auf sehr viel vernünftigere Proportionen zurück, als Rankine. Dann beschäftigte sich Froude mit der anderen Komponente des Widerstands im Wasser: der Wellenbildung.

Stellen Sie sich vor, dass in einem Zuchthaus zwei Sträflingen folgende Zwangsarbeit auferlegt wird: sie müssen gemeinsam einen Graben von einem Meter Tiefe ausheben und ihn beim Fortschreiten wieder zuwerfen. Die beiden armen Erdarbeiter würden Seite an Seite schaufelnd voran kommen, wobei der eine Sträfling seine Schaufel in einer großen Staubwolke nach rechts bewegen würde, um sie hinter sich zu leeren, während sein Kollege dasselbe nach links machen würde. Die aufgeworfene Erde würde sich vorne wie eine Bugwelle

Die Länge der Wasserlinie, Voraussetzung für Geschwindigkeit

Zur Verringerung des Widerstands der Wellen muss der Rumpf das Wasser verdrängen, dessen Raum er einnimmt, und zwar mit möglichst geringer Strudelbildung. Wenn man vermeiden möchte, dass ein Wasserglas umkippt, trägt man es ganz vorsichtig; wenn man Wellen vermeiden will, fährt man langsam. Aber wenn man schnell vorwärts kommen möchte? Dann braucht man einen langen Rumpf, weil damit bei gleicher zu verdrängender Wassermenge die Bewegung gleichmäßiger erfolgt. Man stelle sich zwei Bootskörper von je einer Tonne vor, die beide mit 2 m/s (etwa 4 Knoten) fahren. Einer hat eine Wasserlinie von 6 m, braucht also für die Fortbewegung seiner Tonne Wasser nur drei Sekunden (6:2=3). Der andere von 8 m Länge braucht vier Sekunden (33% mehr) für dieselbe Arbeit und macht weniger Wellen. Es gibt Ausnahmen: Ein extrem schmaler Rumpf macht weniger Wellen als ein breiter, aber wie steht es mit der nötigen Stabilität? Man kann den Rumpf auch wie einen Kiesel übers Wasser springen oder auf dem Wasser gleiten lassen – aber diese Lösung wurde erst am Ende des 19. Jahrhunderts gefunden.

heben, dann senken, sich danach beim Abgeben der Ladung von neuem wie eine Heckwelle heben. Ein Schiffsrumpf ist ähnlichen Schikanen ausgesetzt. Im Zuchthaus Ozean gibt es sogar den Latrinendienst in Form des »WC-Gesetzes«, etwa so: »Ein Schiffskörper, der sich an der Oberfläche einer Flüssigkeit fortbewegt, wird gebeten, beim Wegfahren die Flüssigkeit in demselben Zustand zurückzulassen, wie er sie beim Eintritt vorzufinden wünscht.«

Um ins Wasser einzudringen, muss der Rumpf dieses Wasser wegdrücken, und was macht er damit? Er schiebt auf beiden Seiten gut sichtbare Wellen fort, während am Heck das Wasser zusammenschlägt, um den durch das Schiff geschaffenen Leerraum wieder zu füllen. Diese Wasserbewegungen bringen einen als »Wellenwiderstand« bezeichneten Energieverlust. Als er dieses Phänomen untersuchte, entdeckte Froude, dass der Widerstand, auf den zwei Modelle von gleicher Form, aber unterschiedlicher Größe treffen, proportional in einer bestimmten Beziehung zueinander stehen, die »Froudesche Zahl«[48]. Die Formulierung dieses Ähnlichkeitsgesetzes ermöglichte wissenschaftliche Versuche mit verkleinerten Modellen.

Finanziert durch die Royal Navy ließ Froude 1874 in der Nähe seiner Villa in Torquay den ersten Schleppkanal von 90 m Länge, 11 m Breite und 3 m Tiefe bauen. Dieser Einrichtung folgten bald andere, zuerst in Dumbarton bei Glasgow. Warum genau dort? Weil Schottland damals das Zentrum des britischen Schiffbaus war.[49] Beim Segeln, wie bei der Marine, spielten die schottischen Schiffbauer eine große Rolle. Da waren Vater und Sohn Fife, und vor allem der junge George Lennox Watson, der zusammen mit Rankine Versuche gemacht hatte. Seine 5-Tonnen-Segelyacht *Clothilde* schlug 1873 die *Pearl* von Fife. 1875 entwarf er die berühmte *Madge*, die auf die Amerikaner einen so starken Eindruck machte. Diese Überlegenheit hatte einen Grund: »Mein Vorteil war«, schrieb er, »dass ich sehr früh Zugang zu den Arbeiten von Professor Froude hatte. Ich habe die benetzte Oberfläche der *Clothilde* sehr zurückhaltend verkleinert. Es reichte aber, dass man sie mit einer Schubkarre verglich und vorhersagte, sie werde wohl auf der Erde, aber nie in Salzwasser fahren können.[50]« Der ewige aristotelische Reflex: Unsere Schiffe sind perfekt, warum etwas Anderes ausprobieren?

Georg L. Watson war noch kein großer Schiffbauer, als er (sehr zurückhaltend) versuchte, die Theorie umfassend anzuwenden: Wenn sie erst auf der Höhe des Ruhmes standen, riskierten die Schiffbauer sehr selten oder nie[51] die Verwirklichung eines völlig neuen Plans. Diese Aufgabe überließen sie jungen Unruhestiftern, technischen Abenteurern, den mehr oder weniger erleuchteten Amateuren.

So war es der Landmaschinenfabrikant E. Bental, der alles daran setzte, die benetzte Oberfläche zu verringern. »Seit seiner Kindheit begeisterte er sich für Segeln und Modellbau. Seine Idee war, irgend etwas für die Verbesserung der damaligen (1875) Form der Rennyacht zu tun. Nachdem er zahllose Halbmodelle geschnitzt hatte, gelang ihm endlich eins, das ihm gefiel, und auf einem Teil seines Grundstücks am Blackwater-Fluss wurde die berühmte Yawl gebaut, die später unter dem Namen *Jullanar*[52] bekannt wurde.« Sie lief 1877 vom Stapel und war »ein eigenartiger, dem Hirn eines Amateurs entsprungener Schiffstyp. Man sollte keine der bekannten Grundlagen für den Segelschiffbau suchen, sie sieht aus wie ein an den Enden zugespitzter Zylinder, den man auf einen dreieckigen Bleikiel gesetzt hat. Niemals hat ein Schiff die Gemüter stärker erhitzt: Es musste herhalten für die ausgefallensten Vergleiche von Holzschuh bis Muschelschale, von Spindel bis Walfisch«[53].

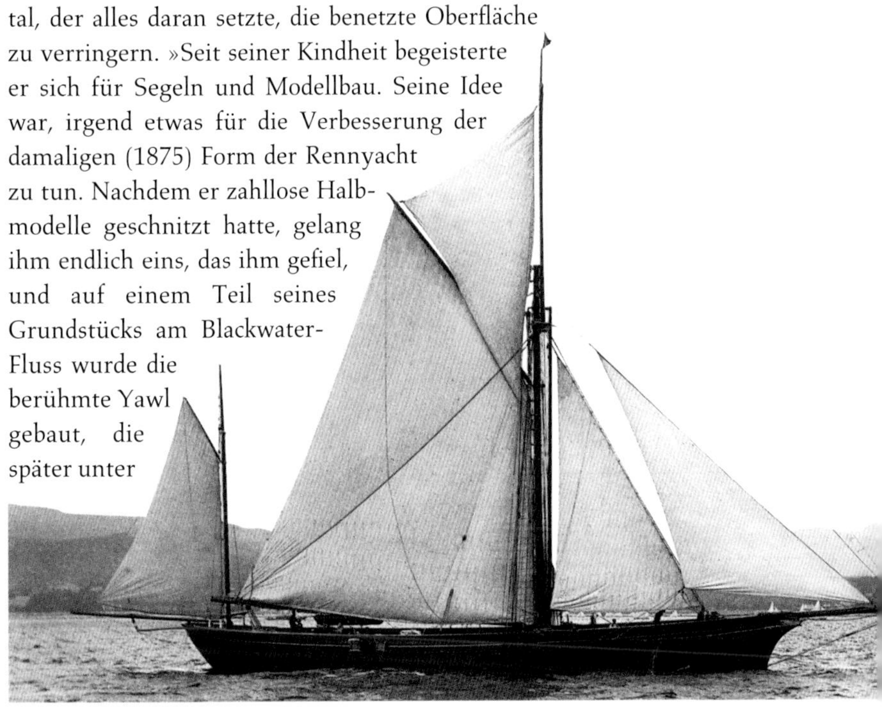

Die Jullanar. *1878 galt die große Ketsch als Inbegriff des äußersten Fortschritts in wissenschaftlicher Hinsicht.*

Man bezeichnete es vor allem als in jeder Beziehung intelligentes Schiff. Der Rumpf, dessen Wasserlinie wegen der Geschwindigkeit sehr lang war, hatte so einfache Formen wie ein Kanu; darunter saß ein Kiel mit geringer Oberfläche, der genau ausreichte, um ein Kentern zu vermeiden. Das behaupteten auf jeden Fall die damaligen Zeitungen und vor allem die darauf folgenden Artikel und Bücher. Die *Jullanar*, die voll ausgerüstet dem Hirn eines unbekannten Propheten entsprungen war, errang durch einige hoch gelobte Siege den Beweis für den praktischen Nutzen wissenschaftlicher Theorien.

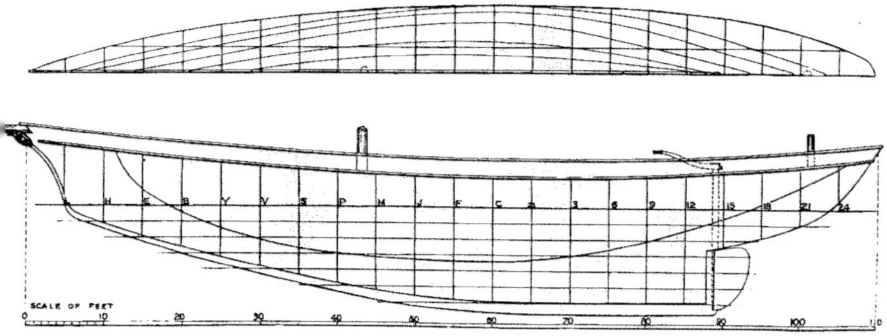

Riss der Jullanar, *mit ihrem weit nach vorne gesetzten Ruder und der geringen Länge in der Vermessung, durch die künstlich ein vorteilhaftes Handicap geschaffen wurde.*

Allerdings gilt hier dasselbe wie für den Triumph der *America*: In Wirklichkeit war die Überlegenheit der *Jullanar* über ihre Zeitgenossen gar nicht so unbestreitbar. 1878 gab es 18 Aufeinandertreffen mit der nach konventionellen Linien entstandenen *Florinda*, bei denen die *Jullanar* nur sechsmal gewann, die *Florinda*[54] aber achtmal. Und den unschuldigen[55] Bental leitete nicht die Hand Gottes, sondern ein Fachmann, Gründungsmitglied der Institution of Naval Architects, John Harvey, ein hervorragender Schiffbauer. John Harvey flüsterte dem Pflughersteller ins Ohr, er solle mehr Außenballast anbringen als je zuvor, denn der Ballast war die Voraussetzung für die große Segelfläche der *Jullanar*.

Dixon Kemp, Schiffbauer und Verfasser populärwissenschaftlicher Abhandlungen. Seine Gedanken zur Vermessung wurden in den USA früher anerkannt, als in seiner Heimat England.

Und dann gab es da noch einen Skandal, der den Ruf der gottgegebenen Überlegenheit der *Jullanar* vollendete. Man beschuldigte Bental des Plagiats einiger australischer Modelle. Warum hätte er so weit gehen sollen, um zu finden, was er suchte? 25 Jahre zuvor war 1852 in einem mit Vanderdecken[56] unterzeichneten Brief an »Bell's Life« in London ein Schiff mit einem der *Jullanar* ähnlichen Aufriss vorgeschlagen worden. Das war lange vor den Arbeiten von Rankine und Froude, und das Ziel war nicht, die Unterwasserfläche, deren Bedeutung man noch nicht kannte, zu verringern, es handelte sich nur darum, die lieben Kameraden durch ein künstlich verbessertes Handicap, eine geringere Vermessung, zu schlagen.

Diese 1852 veröffentlichte Zeichnung von Vanderdecken zeigt, dass man schon vor 1878 und der Jullanar *auf die Idee gekommen war, das Ruder vorzuverlegen und so die vermessene Länge zu verringern (unten).*

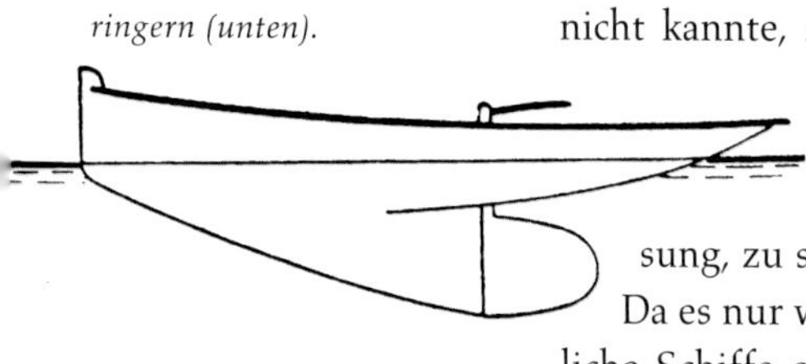

Da es nur wenige, allerdings völlig unterschiedliche Schiffe gab, und man Regatten veranstalten wollte, mussten lange und kurze, breite und schmale, flache und tiefgehende Schiffe gegeneinander antreten, deren Möglichkeiten in Bezug auf Geschwindigkeit sehr unterschiedlich waren. Aus diesem Grund musste ein Handicap geschaffen werden, das jedem den Hauch einer Chance gab. Dieses Handicap war das Resultat einer Formel, der Vermessung, die sich aus den äußeren Kennzeichen des Schiffes, wie Länge, Breite und Tiefgang zusammen setzte. Zu jener Zeit maß man die Länge zwischen den Senkrechten von Bug und Ruderachse. Was Vanderdecken vorgeschlagen und Bental ausgeführt hatte, war, das Ruder unter der Wasserlinie vorzuverlegen, damit die vermessene Länge weit unter der Länge der Wasserlinie lag. Bei der Vermessung wurde also nicht die ganze Länge der *Jullanar* berücksichtigt, deren Handicap dadurch vorteilhafter war, als eigentlich erlaubt.

Die *Jullanar* war also das erste britische Schiff, das nicht nur für Geschwindigkeit als solche entworfen worden war, sondern für höchste Geschwindigkeit bei vorteilhaftesten Handicap. Die Amerikaner hatten das schon einige Jahre zuvor gemacht im Rahmen einer als »Kitt-Klumpen« bezeichneten Vermessung, denn so sahen die auf Schnelligkeit getrimmten Rümpfe aus.

Allerdings kam die *Jullanar* genau richtig, um das Banner der Theorien Froudes, Rankines und aller Anhänger wissenschaftlicher Theorien hochzuhalten. Bannerträger war Dixon Kemp, Sekretär der 1876 gegründeten Yacht Racing Association. Von ihm stammte die ins Deutsche und Französische übersetzte »Abhandlung über die praktische Anwendung der wissenschaftlichen Prinzipien, die Grundlage des Yachtbaus sind.« Die weiteren Auflagen galten in den folgenden 30 Jahren als Standardwerk. Er schrieb dort: »Die in den letzten Jahren im Zusammenhang mit dem Widerstand von Flüssigkeiten gemachten Entdeckungen haben die vorgefassten Theorien, die man als grundlegendes Prinzip betrachtete[57], völlig verändert.« Und genau dafür war die berühmte *Jullanar* der Beweis!

Die Wissenschaft würde alles Schlechte ausmerzen, darunter auch die unsägliche Vermessung, von der die *Jullanar* profitierte, und gegen die Dixon Kemp lauthals opponierte. Er schlug eine andere Vermessung auf wissenschaftlicher Grundlage vor. Auf diese Weise schuf er eine Utopie, die ein Jahrhundert lang die Segelwelt bewegen sollte, sei es in Bezug auf Regatten oder Fahrtensegeln[58]: eines Tages würde die Wissenschaft eine unbestechliche

Methode finden, wie man unterschiedliche Schiffe auf gleicher Grundlage gegeneinander segeln lassen könnte. Eines Tages würden alle Schiffe (und zweifellos auch alle Menschen) an der Startlinie gleich sein.

Nur wenige Leute waren so weitblickend. »Man fragt einen der Nestoren des New Yorker Segelns nach seiner Meinung. Er sagt: ›Sie wollen eine klare und einfache Regel ohne Hieroglyphen und mehr? Wer weiß, was Mehr bedeutet? Ich weiß nicht, was Mehr bedeutet‹.«[59]

Wenige Menschen fühlten sich direkt betroffen von dieser neuen Wissenschaft, die zu hoch für sie war. »Die Väter des Schiffbaus, die sich bisher mit dieser Kunst beschäftigten, waren tüchtige, aufrichtige und praktisch veranlagte Männer; die meisten konnten Dechsel und Kalfathammer so gut wie der beste ihrer Arbeiter handhaben, und sie fühlten sich wohler, wenn sie mit einer Straklatte Kurven aufrissen oder einen Stapellauf dirigierten, als wenn sie die Geschwindigkeit analysieren oder den Widerstand von Stoffen berechnen sollten.«[60]

Das war zu schwierig. Eine Theorie musste einfach sein, um allgemein akzeptiert zu werden – und was machte es schon, wenn die Hydrodynamik nicht in dieses Schema passte – man brauchte eine Theorie, die zwar wissenschaftlich fundiert, aber so verständlich war, wie ein Küchenrezept. Es gab davon etliche in jener Zeit, als jeder sich Ingenieur nennen durfte, und als Erfinder und Gelehrter noch gleichbedeutend war. Die erfolgreichste Theorie stammte von einem norwegischen Schiffbauer mit schottischen Eltern, der in den USA gearbeitet hatte, was ihm eine weltweite Legitimität gab, einem gewissen Colin Archer, der durch solide, seegängige Schiffe bekannt geworden war, die wegen ihrer Form eine hervorragende Stabilität besaßen. Er arbeitete auf der Basis der Ideen von Russell, der formuliert hatte, dass die größte Breite eines Schiffes 60 Prozent seiner Länge betragen solle, und dass die Formen der Wasserlinie einer mathematischen Kurve entsprechen sollten, die der Verteilung des Wassers in der Welle entspreche. Im Gegensatz dazu verkündete Colin Archer 1877, man müsse diese Idee nicht auf die Wasserlinie anwenden, sondern auf die Längsverteilung der Rumpfvolumen.

Das hatte keinerlei Bezug zur Realität, aber der Ruhm Colin Archers hatte Bestand bis 1980, als die moderne Zeit diese Theorie zum Alteisen erklärte, wie so viele andere vorher. Hundert Jahre nach Russell bemerkte Jacob Bronowski: »Wissenschaftliche Entdeckungen sind ein dauernder Prozess von Brüchen am äußersten Ende des Systems, das man nach Ende der Arbeit schnell wieder schließt. Natürlich hätten Sie gerne, dass ihre Entdeckung die letzte sei. Aber das wird nicht der Fall sein.«[61]

Dieses intellektuelle Brodeln brachte eine neue Generation von Schiffbauern zum Nachdenken: es waren gebildete junge Leute mit guter Schulbildung, die gelernt hatten, zu rechnen und wissenschaftlich zu denken, die alles mit neuen Augen sahen. Diese Schiffbauer, wie der Ingenieur George Lennox Watson oder der Gelehrte Edward Burgess, konnten auch Pläne zeichnen. Anstatt das Halbmodell eines Rumpfes zu schnitzen, dessen Maße abzunehmen und es danach bauen zu lassen, entwarfen sie ihre Yachten direkt auf dem Papier, wie man es auch mit den großen Schiffen zu tun begann.

Linienrisse waren Ende des 16. Jahrhunderts aufgekommen, sie dienten aber nur zur Darstellung bereits bestehender Rümpfe oder Modelle. 1850 veröffentlichte ein gewisser Philip R. Marett eine kleine Arbeit »Yachts and Yacht building« (Yachten und Yachtbau), in der er ausführte, wie man die Linien des Rumpfes einer Yacht nach Plan ohne Rückgriff auf ein Modell berechnen und zeichnen solle. Robert Center, einer der Teilnehmer am Transatlantik-Rennen 1866, kaufte das Buch während seines Aufenthaltes in England und war begeistert von dem Gedanken, ein Schiff nach Plan zu bauen. Er gab dem berühmten Rudergänger Cary Smith den Auftrag dazu. Das Resultat war 1870 die Versuchsyacht *Vindex*, dessen Mast zur Gewichteinsparung ausgebohrt wurde und die, wie die modernen Schiffe jener Zeit, einen eisernen Rumpf hatte. Mit der *Vindex* bewegte sich die Ingenieurkunst in Richtung Schiffsarchitektur.

Und trotzdem! Man hätte erwarten können, dass all diese Umwälzungen neue Formen nach sich zögen. Das aber geschah nicht. Die Schiffe, die Dixon Kemp als Beispiele für wissenschaftliche Entwürfe zitierte, waren ihren Vorgängern aus der Zeit vor Froude zum Verwechseln ähnlich. Es genügte nicht,

Colin Archer: Seine Theorie entbehrte jeglicher wissenschaftlicher Grundlage, aber die guten Eigenschaften seiner Schiffe sicherten ihm einen bleibenden Ruf (Mitte).

In »Yachts and Yacht Building« legte Philip R. Marett dar, wie man Yachten nach Plan bauen könne. Die Lektüre ermutigte Cary Smith dazu, den Versuch zu wagen (Resultat auf der folgenden Seite).

neue Prinzipien und Zusammenhänge zu ersinnen, man brauchte die Möglichkeit, sie umzusetzen, und die boten weder die damalige Bauweise, noch das Material.

Wenn man zum Beispiel die benetzte Oberfläche unter Berufung auf die Lehrsätze von William Froude verringern wollte, schnitt man überall ein wenig vom Profil ab, verkürzte und verschmälerte den Kiel, und dann fehlte plötzlich der Raum für den Ballast aus Steinen und Eisenerz. Und selbst wenn das gelang, wie sollte man vermeiden, dass der Kiel übermäßig arbeitete, dass die Planken aus den Fugen

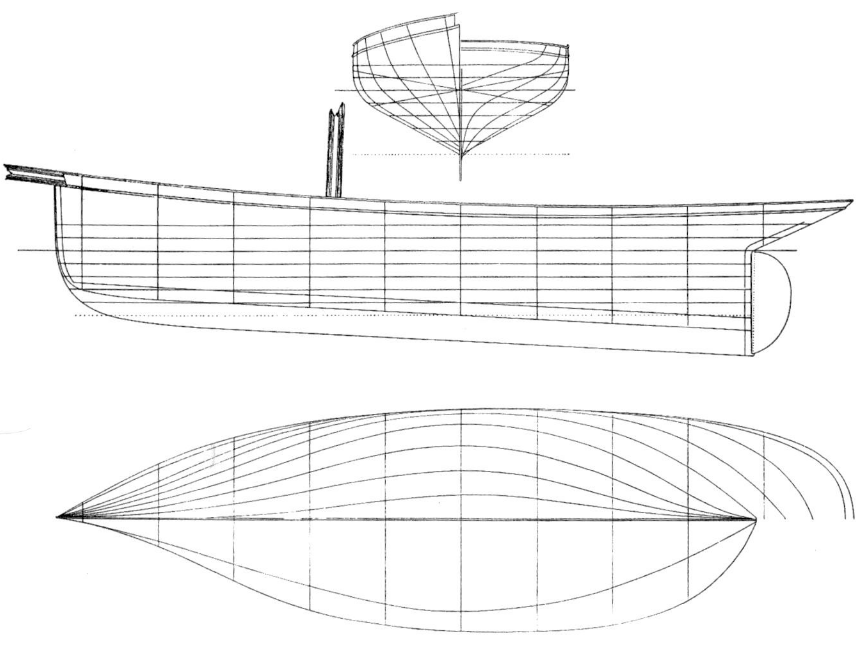

Die nach der Lehre von Marett entworfene Vindex *war der erste, 1870 rein nach Plan gebaute Vergnügungssegler. Sie unterschied sich äußerlich in nichts von zeitgenössischen, nach Halbmodellen gebauten Schiffen.*

gingen und Wasser eintrat? Wie sollte man dieser geballten Kraft entgegen treten?

Die Weiterentwicklung des Schiffbaus wurde also stärker vom unzureichenden Material behindert, als vom Stillstand im Geiste: Die Yacht jener Zeit hatte einen hölzernen Rumpf, Ballast aus Steinen und das laufende wie stehende Gut bestand aus Naturtauwerk und Taljen. In dieser Form hatte sie den Höhepunkt der Entwicklung erreicht, und daran konnten alle neuen Theorien nichts ändern. Eine Beschleunigung würde erst eintreten, wenn man Holz und Hanf durch Metall ersetzen könnte, und Steine und Erz durch Blei.

Die Veränderung lag im wahrsten Sinne des Wortes in der Luft, sie überspannte den Severn, es war die Brücke[62] von Coalbrookdale in England. Diese erste eiserne[63] Brücke war von 1775 bis 1779 erbaut worden. Ihr Initiator, der Schwerindustrielle John Wilkinson, schwor, sich in einem Eisensarg beisetzen zu lassen, was er 1808 auch tat. Bevor er starb, ließ er das erste Eisenschiff bauen, das zunächst als Marotte des Schwerindustriellen angesehen wurde. Sehr viel ernster nahm man, dass auf der Petterson-Werft in Bristol Eisenbleche für den Bau eines der größten Schiff der Welt entladen wurden. Kiellegung war 1839, und das Schiff sollte *Great Britain* heißen, ein Deplacement von 3270 Tonnen haben, und sein Konstrukteur, Isambard Kingdom Brunel, hatte beschlossen, es mit einer Schraube[64] auszustatten. Es dauerte noch Jahre, bis diese Antriebsart sich durchsetzte, während der Eisenschiffbau sofort erfolgreich war.

Warum Eisen? Weil es leicht war. Zwar ist Eisen zehnmal schwerer als Holz, und nur siebenmal so widerstandsfähig, doch bei Holzschiffen konnte man Steifigkeit nur durch große Dicke erreichen, bei der die Spannung über Zapfen, Nägel und Nieten von einem Teil auf den anderen übertragen wurde. Diese übermäßige Stärke belastete die Holzrümpfe.

Zunächst wurden die Planken mit Holzzapfen an den Spanten befestigt, dann mit Eisennägeln und vom 18. Jahrhundert an mit kupfernen Nieten. Ein Gehilfe schob von außen durch ein gebohrtes Loch eine Art Kupfernagel, der flache Kopf blieb außen, nach innen, wo ein Nieter eine runde Scheibe über die Kupferspitze schob und mit einem Hammer darauf schlug, um sie fest mit der Scheibe[65] zu verbinden. Als man zum Eisenschiffbau überging, änderte sich die Vernietung: die Nieten wurden zur Rotglut erhitzt eingeführt und dann mit dem Hammer bearbeitet. Beim Abkühlen zogen sie sich zusammen und erhöhten den Anpressdruck der Bleche aufeinander[66], die dadurch endgültig Wasser undurchlässig wurden.

Das Weicheisen war aber nicht widerstandsfähig genug, weil es zu viel Kohlenstoff und Unreinheiten enthielt. Man hätte den noch äußerst seltenen Stahl gebraucht, dessen Herstellung damals als rätselhafte, geheimnisvolle Alchimie galt. So auch für Emanuel Swedenborg (1688–1772), den Schöpfer der schwedischen Eisenindustrie, der Naturforscher und Theosoph war sowie Autor von »Himmlische Geheimnisse« und Gründer der »Kirche des Neuen Jerusalem«. Erst 1859 entwickelte Henry Bessemer eine allgemein anwendbare Methode der industriellen Produktion von Stahl. Stahl war zweimal so widerstandsfähig wie Eisen. »Ein Eisenschiff wiegt 610 kg pro Tonne Raumgehalt, während ein Stahlschiff nur 356 kg pro Tonne wiegt,« bemerkte Bessemer.

Stahl war das Material erster Wahl für Kabel. Metallkabel hielten die berühmte Hängebrücke von Brooklyn (1870–1871) und hatten damit ihre Zuverlässigkeit bewiesen. Bei der Takelung von Yachten konnte man damit die Angriffsfläche des Windes verringern und widerstandfähigere Masten bauen. Allerdings musste die Befestigung der Wanten halten. 1877 waren auf dem 10-Tonnen-Boot *Verve* die Drahtwanten über bronzene Spannschrauben mit dem Rumpf verbunden, aber durch eine Bö riss die Befestigung am Rumpf aus, und Mast und Takelage gingen über Bord. »Seit der Einführung von Metalldrähten hat man bei der Takelage bestimmter Yachten versucht, Spannschrauben einzuführen, die zwar gewisse Vorteile haben, aber auch den Nachteil, dass sie plötzlich brechen können. Obwohl wir gesehen haben, dass sie auf ziemlich großen Schiffen, vor allem auf Dampfschiffen, benutzt werden, sind wir doch der Meinung, dass man sie besser nicht auf Segelyachten zulassen sollte, sondern sich dort ganz einfach an den alten Jungfernblock halten und das Taljereep regelmäßig kontrollieren und erneuern sollte.«[67] Die großartige *Maria* war schon 1844 mit Wantenspannern ausgestattet, aber es dauerte 40 Jahre, bis diese sich allgemein durchgesetzt hatten.

Nach der *Vindex* und der *Mosquito*, die 1851 gegen die *America* gesegelt hatte, versuchte man, durchgängig aus Metall bestehende Rümpfe zu bauen. Weil es aber noch kein Sandstrahlen gab, musste der Metallrumpf bereits im ersten Jahr mehrere Male abgeschliffen und völlig neu gestrichen werden. Die durch den Stahlbau verursachte Revolution betraf nicht so sehr Außenhaut oder Takelage, sie lag unter der Oberfläche: es war die Bauweise.

Stahl setzte sich schnell auf allen großen Yachten durch, weniger wegen der besseren Eigenschaften, sondern weil die Quer- und Längsverbände im Rumpf weniger Platz brauchten. Bei einem hölzernen 20-Tonnen-Boot mit etwa 16 m Wasserlinie war die Außenhaut 4 cm dick, jeder Spant maß 9,5 cm, und durch die Wegerung im Rumpf kamen an einigen Stellen noch 5,5 cm dazu: Das machte insgesamt 18,5 cm, die durch ein Metallgerippe auf die Hälfte verringert wurden. Vor allem ermöglichte das Metall, Kiel und Boden so zu verstärken, dass man endlich daran denken konnte, mit Metallbolzen den Metallballast unter dem Kiel zu befestigen, wodurch die Gewichtsstabilität verbessert wurde und man eine größere, durch die neue metallene Abstagung gehaltene Segelfläche verwenden konnte. All diese Hilfen waren hochwillkommen!

Die *Jullanar* mit ihren 79 Tonnen Bleiballast hatte nicht den Weg der Wissenschaft eingeschlagen, sondern den der Stabilität. In wenigen Jahren verdreifachte sich die Segelfläche, wovon die Geschwindigkeit natürlich profitierte. Die Tür zur ersten Revolution[68], die in 20 Jahren die Yachten grundlegend veränderte, war geöffnet.

Holz: Rümpfe mit unterschiedlicher Dichte

Die Wasserdurchlässigkeit eines Holzrumpfes variiert je nachdem, ob er auf dem Trockenen oder im Wasser liegt. Jeder Stapellauf war begleitet von – manchmal spektakulären – Wassereinbrüchen, die nach einigen Tagen zum Stillstand kamen, nachdem das Holz Feuchtigkeit aufgenommen hatte und dadurch aufgequollen war. Das Aufquellen des Rumpfes war ein natürlicher und gewünschter Vorgang, der zu besonderen Gewohnheiten in Bezug auf Lagerung der Yacht an Land und dem Zuwasserlassen nach dem Winter, und zu speziellen, hoch entwickelten Techniken für Pflege und Dichtigkeit führte.

Mögen diese Gebräuche uns zu Beginn des 21. Jahrhunderts auch grob erscheinen, für die klassischen Rümpfe waren sie genau richtig: Das Kalfatern durch Einschlagen eines teergetränkten Wergstranges in die Nähte zwischen den Planken ist den weichen synthetischen Dichtungen hoch überlegen. Und die modernen Anstriche, die für die nicht deformierbare Oberfläche von Plastikrümpfen entwickelt wurden, sind zu hart und spröde für die traditionellen Holzrümpfe. Zwar wären die Chemiker des 21. Jahrhunderts in der Lage, Ersatzmittel zu entwickeln, sie tun es aber nicht, weil es keinen ausreichenden Markt gibt.

Die Technik des 19. Jahrhunderts entsprach also den Anforderungen ihrer Zeit, die sich natürlich hochgradig von denen ihrer Nachkommen unterscheiden. In diesem weit zurückliegenden 19. Jahrhundert mit geringem Stundenlohn, fehlender sozialer Absicherung und 60-Stunden-Woche war die praktische Anwendbarkeit eines Produkts unwichtig: Der Rückgriff auf zahlreiche, billige Arbeitskräfte vom Säger bis zum Zimmermann mit heute verlorengegangenen Fähigkeiten, hatte geringen Einfluss auf den Preis. Teuer war nur das Material.

John Bull gegen Onkel Sam

1870–1887

Die englischen Rümpfe näherten sich »mehr und mehr der euklidischen Definition einer Geraden, die lang, aber nicht breit sein darf«.

George L. Watson[69]

Diese Abbildung ist keine Karrikatur: Die englischen Kutter waren wirklich sehr schmal gebaut (Mitte).

Natürlich würden sich die Yachten mit neuen Ideen und neuem Baumaterial verändern. Ihre Wandlung fiel zusammen mit gesellschaftlichen und wirtschaftlichen Umwälzungen. Beide hingen nicht voneinander ab, sondern waren Ergebnis unglaublicher technologischer Veränderungen. Im letzten Drittel des 19. Jahrhunderts entwickelten sich die USA aufgrund der Eisenbahn, der Dampfmaschine und der Telegrafie. England konnte sein Empire vor allem wegen der dampfgetriebenen Eisenschiffe und der von ihnen verlegten Telefonkabel aufbauen, welche die nötige Zentralisation der Verwaltungen von Staat, Industrie, Verkehr und Handel ermöglichten. Während jene Supermächte diesen Fortschritt nutzten und vorantrieben, gaben sich weniger mechanisierte[70] Länder nationalistischen Strömungen hin.

Die deutschen Fürstentümer waren zu einem großen, von Preußen dominierten Gebilde zusammengefasst, und am 18. Januar 1871 war Wilhelm I. in Versailles (!) zum Kaiser des Deutschen Reiches gekrönt worden. Der Graf von Chambord lehnte 1875 die französische Krone für den Fall ab, dass die blau-weiß-rote Fahne der verabscheuten Republikaner nicht durch das weiße Banner der Bourbonen abgelöst werde. Die Deputierten, die für die Restauration der Monarchie gestimmt hatten, waren nicht bereit, ein so wichtiges Symbol aufzugeben, und so blieb Frankreich wegen eines Flaggenstreits Republik. Das junge Königreich Italien vollendete seine Einigung, indem es ohne Zustimmung der Kirche Rom annektierte. Der Papst tobte. Das Osmanische Reich begann die Bezeichnung »kranker Mann am Bosporus« zu verdienen und der Donaumonarchie ging es auch nicht sehr gut.

Im Gegensatz dazu herrschte in Großbritannien eine beispiellose politische Stabilität. Queen Victoria saß seit mehr als 30 Jahren auf dem Thron und hatte erst die Hälfte ihrer Regierungszeit hinter sich. 1876 wurde sie Kaiserin von Indien. Von Singapur bis Hongkong über London beschien die Sonne immer einen Teil des Empires.[71] Der Imperialismus triumphierte auch jenseits des Atlantiks, wo die Amerikaner innerhalb ihrer eigenen Grenzen lohnende Kolonien entdeckten, sowohl unbewohnte Gebiete im Westen, als auch die Südstaaten, die den verlorenen Sezessionskrieg teuer bezahlen mussten. Die Gewinne aus diesen Ländern sammelten sich in den Tresoren an der Ostküste der USA von Boston

Der Anreiz für die Regatten um den Amerika's Cup war sowohl nationaler als auch sportlicher Art (linke Seite).

bis Washington, der Wiege der Amerikaner, und in denen Englands, das abgesehen von Wales vom Ärmelkanal bis nach Schottland reichte. In diesen geografisch begrenzten Gebieten häufte sich der Reichtum des ganzen Planeten. So war auf beiden Seiten des Atlantiks der Imperialismus das Rezept für den Erwerb von großem Reichtum.[72]

Wie konnte dieser Reichtum ausgegeben werden in dieser Zeit vor der Konsumgesellschaft, als es erst wenige Fertigprodukte gab? Die traditionellen Möglichkeiten waren Land, Häuser, Schmuck, Luxus aller Art, Pferde und Jagd. Und dann gab es eine neue Möglichkeit, die auf die Antike zurückging: Die Yacht. In der Zeit um 1870/1880 verbreitete sich das Vergnügungssegeln von den Superreichen über die Bürger bis zum einfachen Volk auf eindrucksvolle Weise, aber nirgendwo so offensichtlich, wie in den USA und Großbritannien.

Die Anzahl der in den USA von »Fox's Yachting Annual« gezählten großen Yachten wuchs von 401 im Jahre 1872 auf 667 drei Jahre später. 1877 maßen in Großbritannien die über 12 m langen Yachten zusammen 90 703 Tonnen, mehr als manche Handels- oder Kriegsmarine besaß.

Während sie in der wichtigsten aller Leidenschaften, dem Segeln, übereinstimmten, lagen die Vorlieben für Yachttypen bei Amerikanern und Engländern weit auseinander. Dabei spielte zweifellos die Geografie eine wichtige Rolle. Zwischen New York und Boston besteht die Küste aus einer Vielzahl von kleinen, geschützten, flachen oder auch tiefen Buchten, in denen das Wasser im sommerlichen Dunst glänzt; dagegen sind Meer und Küste, denen sich die Briten stellen müssen, zerklüftet, hart, mit geschützten Stellen, die aber wegen Strömung und Gezeiten sowie unvorhersehbarer meteorologischer Bedingungen schwer zugänglich sind. Folglich favorisierten die Amerikaner die Geschwindigkeit, die Briten dagegen die Seetüchtigkeit von Yachten in ihrem ureigensten Gewässern. Die geoklimatischen Bedingungen erklären aber nicht, warum in diesen Regionen, die beide über tiefes Wasser oder seichte Abschnitte verfügen, die einen Boote mit geringem Tiefgang und die anderen den s-förmigen Spantriss sowie lange Überhänge bevorzugten.

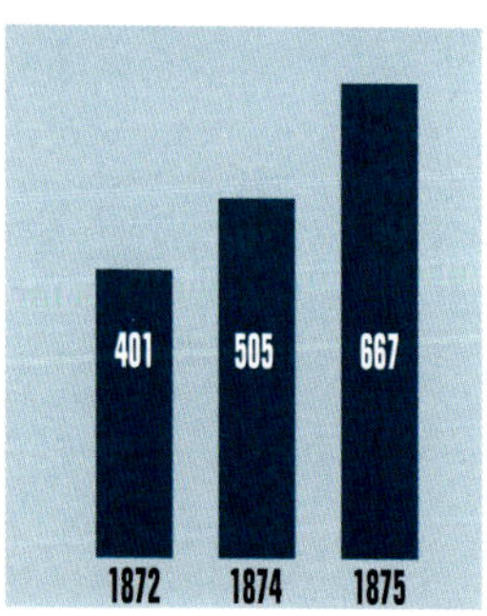

Der stetige Anstieg der Yachtflotte in den USA von 1872 bis 1875 (aus: Fox's Yachting Annual).

1875 standen die amerikanischen Jollen und englischen Kutter auf dem Höhepunkt ihrer Entwicklung. Auf nationaler Ebene veränderten sie sich weiter, aber in den Augen der Zeitgenossen hatten sie die größtmögliche Vollendung erreicht. Seit George Steers 1850/51[73] die *Sylvia* gebaut hatte, waren die amerikanischen Yachten unverändert geblieben. Sie waren breit, hatten geringen Tiefgang und wenig Wasserverdrängung. Das Schwert triumphierte, 80 Prozent[74] waren Schwertboote.

In Großbritannien hatte man nach den Erfahrungen mit der *America* 1851 dazugelernt, die Wasserlinie war eleganter geworden, die Segel flacher, und mechanisch gewebte ägyptische Baumwolle hatte die grobe Leinwand endgültig abgelöst. In zwei Jahren hatten die britischen Yachten derartige Fortschritte gemacht, dass sie problemlos die *Sylvia* schlugen, die 1853 gekommen war, um sie herauszufordern. Allerdings flüsterte man, die Yankee-Besatzung habe sich absichtlich zurückfallen lassen, um, wenn auch erfolglos, die Wetteinsätze zu steigern. Es erschien britischen Seglern unerträglich, die eigene Vorherrschaft alle zwei Jahre durch die schrecklichen Amerikaner in Frage gestellt zu sehen! Um neuen Streit zu vermeiden, verbannten die Engländer das Schwert und damit den von den Amerikanern bevorzugten Bootstyp aus ihren Regatten. So waren also auf beiden Seiten des Atlantiks die Segler überzeugt, im Besitz der einzig gültigen technischen Lösung zu sein. Ergebnis dieser Selbstzufriedenheit war eine aus intellektueller Isolation entstandene Einseitigkeit.

Trotzdem »gab es zwischen 1851 und 1871 36 Wettfahrten, in denen die amerikanischen Yachten 23-mal siegten, die Engländer 13-mal. Die Engländer gaben zu, dass ihre Yachten die Geschwindigkeit der amerikanischen nicht erreichen konnten, aber sie waren überzeugt, auf nautischem Gebiet besser zu sein«[75]. Jeder beharrte auf dem von ihm eingeschlagenen Weg, die Amerikaner auf immer geringerer, die Engländer auf immer größerer Verdrängung. Die geistige Unbeweglichkeit hatte den technischen Status quo festgeschrieben, aber schließlich brachte »ein Wink vom Himmel« Bewegung in die Angelegenheit.

Am 20. Juli 1876 gegen Abend kam an Bord des großen 45,70 m langen Schoners *Mohawk*, einer der berühmtesten Yachten ihrer Zeit, deren Besitzer William T. Garner, der ehemalige Vizecommodore des New York Yacht Clubs. Die Besatzung bereitete eine kurze Ausfahrt vor Sonnenuntergang vor. Die Segel wurden gehisst, während die Yacht mit nur 1,80 m Tiefgang – sie hatte dazu ein tiefgehendes Schwert – noch vor Anker lag und die Bäume der

Segel noch mitschiffs gelagert waren. Weil es regnete, begaben sich der Besitzer, seine Frau und die Gäste in den luxuriösen Salon der Yacht. Plötzlich wurde der Regen zum Hagel und eine heftige Bö fuhr in die dichtgeholten Segel. Das Boot schoss vorwärts, wurde aber sofort vom Anker gestoppt. Die Zuschauer im Battery Park an der Spitze von Manhattan sahen, wie das riesige Schiff krängte und dann kenterte. Unter Deck wurden die Frauen unter dem Sofa eingeklemmt, dann unter den 75 kg schweren Bleibarren, die als Innenballast dienten. Während Wasser einströmte, versuchte Garner verzweifelt, seine Frau zu befreien. Als die *Mohawk* sank, riss sie fünf Mitglieder der besten New Yorker Gesellschaft mit sich.[76]

Das war mehr als eine schreckliche Nachricht: Dieser Schiffbruch erschütterte die Überzeugung der hartgesottensten Yankee-Segler. »Sollten unsere Schiffe nicht mehr sicher sein?« fragten sie sich. Einige gingen sogar so weit, das Schwert und dessen geringen Ballast zu verdammen, obwohl die Ursache eher in der laxen Haltung der Mannschaft, dem niedrigen Freibord und dem nicht befestigten Innenballast zu suchen war. Außerdem kenterten nicht nur Schwertboote. Zwei Jahre später segelte die *Eurydice*, eine klassische, also schwertlose, englische Fregatte von 921 Tonnen dicht beim Wind im Ärmelkanal, als eine plötzliche Bö den großen Segler in zwei Minuten kentern ließ. Von den 300 Mann der Besatzung überlebten nur zwei.

Die neuen englischen Kutter mit ihrem Außenballast galten damals als unkenterbar. War es der tief angebrachte Ballast, der aber den Raum unter Deck einschränkte? Die Anhänger sagten: »Schließlich braucht ein Yachtsegler nicht viel Platz. Das Innere seiner Yacht ist weder Ballsaal noch Hotel; es ist nichts als ein Gang, in dem man sich hin und her bewegt«[77]. Unter Hinanstellung ihres eigenen Nationalismus probierten die Amerikaner die englische Formel aus. Einer der typischen Yankee-Kutter war 1883 die *Wasp* (White, Anglo-Saxon, Protestant), ein ganzes Programm, das über den Atlantik hin-

Das Kentern der Mohawk *1876 vor New York löste bei den Amerikanern die Diskussion um die Sicherheit ihrer Yachten aus.*

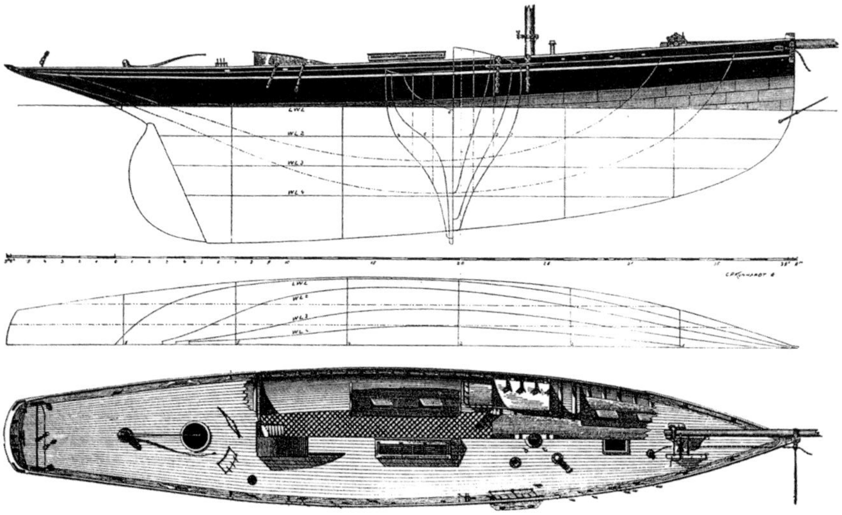

Der Kutter Madge *brachte die britische Erkenntnis nach Amerika, dass Segelboote einen möglichst hohen Außenballastanteil haben sollten.*

weg die beiden rivalisierenden Nationen miteinander verband.

Die ganze Saison 1882 hindurch hatte der schottische, von G. L. Watson entworfene Kutter *Madge* die Regatten vor New York beherrscht, 14,50 m Länge, aus Holz und der Bleiballast betrug 50 Prozent. Mit 20 Tonnen war seine Wasserverdrängung doppelt so groß, wie die seiner Konkurrenten. Er segelte genau so gut am Wind, wie die großen Schwertboote, lag besser im Wasser, als die Boote mit flachem, breitem Rumpf, und er gewann. War das der Sieg der großen Verdrängung? Von schlankem Rumpf oder größerem Tiefgang? Oder auch der kleineren Vermessung? Das breite Publikum interessierte sich wenig für diese technischen Fragen. Es sah in den Siegen der *Madge* nur die Niederlage des traditionellen amerikanischen Schwertbootes. Warum sollte man auf einem aussichtslosen Weg weitermachen?

Die Zeitungen ergriffen Partei: »Brooklyn Eagle«, »Forest and Stream«, »Spirit of the Times«, »Tribune« und »World« unterstützten den englischen Kutter, »New York Herald« und »Nautical Gazette« hatten eine eigene Meinung, und die Anhänger des amerikanischen Typs machten sich rar. (Es ist kaum vorstellbar, dass 100 Jahre später, auf dem Höhepunkt der Regatten mit Mehrrumpfbooten, der »Figaro« seine Leser aufrufen könnte, Katamarane den Trimaranen vorzuziehen, während »Le Monde« das Gegenteil vertritt. Was zu Beginn des 21. Jahrhunderts als undenkbar scheint, war Ende des 19. Jahrhunderts möglich.) Um alle Leute auf Vordermann zu bringen, organisierte der Seawanhaka Corinthian Yacht Club 1883 ein Rennen: Schwertboot gegen Kutter. Die *Gracie*, eine Slup mit Schwert, verlor zweimal gegen den Kutter *Bedouin*, aber im letzten Rennen besiegte die *Gracie* die *Bedouin* und einen anderen Kutter.[78] Die Sache ging unentschieden aus. Der Vergleich war aber nicht nutzlos gewesen. »Die Lehre, die wir aus diesen Wettfahrten ziehen können, ist, dass wir die Slup mit Schwert gegenüber der, die wir jetzt besitzen, und die das Produkt der Generationen vor uns ist, verbessern müssen. Können wir es besser machen? Wir halten es für möglich und sind sicher, dass die Herren Cary Smith, Philippe Ellsworth, Townsend und weitere Schiffbauer versuchen könnten, Modelle von der Länge von *Gracie* und *Bedouin* zu bauen, die in der Lage wären, diese in jeder Beziehung zu schlagen.«[79]

Während dieser Zeit hatten die Briten zweimal den America's Cup herausgefordert. Mit welchem Bootstyp sollte man ihnen entgegen treten? Die Amerikaner waren völlig ratlos. »Je länger die Diskussion über die Herausforderung in Bezug auf den America's Cup dauert, desto offensichtlicher wird für die amerikanischen Sportsegler, dass sie die berühmte Trophäe nicht länger werden behalten können. Die Amerikaner müssen sich damit abfinden, dass sich das Sportsegeln in England tiefgreifend verändert und in diesem Land eine Vollendung erreicht hat, die dem der Pferderennen gleich kommt.« Der Journalist von »New York Mail and Express«, der im Januar 1885 diese Zeilen schrieb, ahnte nicht, dass sein Land die Trophäe bis 1983 behalten würde, vielleicht gerade deshalb, weil diese Fragen gestellt und die Antworten darauf übernommen wurden.

Das breite, flache, leichte Schwertboot rollte in der kabbeligen See und ertränkte seine Besitzer. Der elegante, tiefgehende, schwere Kutter nahm viel Wasser über und hatte harte und unangenehme Bewegungen in der See. Außerdem war er eine Neuheit, ein Import. Die Stärke des Kutters rührte von seinem Ballast, seiner Gewichtsstabilität. Das Kennzeichen des amerikanischen Typs war die große Formstabilität. Was sollte man wählen? Vielleicht lag die Lösung zwischen beiden Extremen? Eine gute Lösung wäre ein Kompromiss gewesen, der die Vorzüge

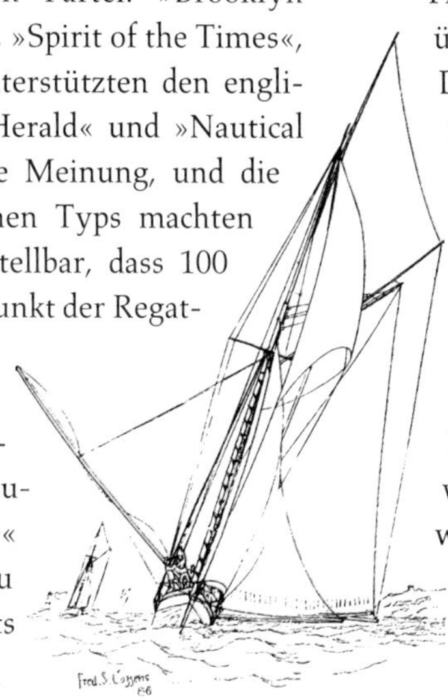

Die Madge *vor dem Wind. Obwohl der Spinnaker noch nicht gesetzt ist, schlingert das schlanke Boot bereits. (Zeichnung von Fred. S. Cozzens, rechts).*

beider Typen berücksichtigte. Diesen Kompromiss hatten die Amerikaner vor ihrer Nase und gleichzeitig den Beweis seines Wertes.

Denken Sie an die Siegesserie des schottischen Kutters *Madge* 1882. Nur ein einziger Schatten lag über diesem schönen Erfolg, der hieß sehr passend *Shadow* und war die letzte Chance der New Yorker, den bis dahin unbesiegten Kutter zu schlagen. Im ersten Rennen hatte die führende *Madge* Schwierigkeiten mit der Besegelung, und die *Shadow* gewann. Das zweite Rennen gewann die *Madge*, weil die *Shadow* Bruch machte. Ein drittes Rennen fand nicht statt. So richtig überzeugend war die Gegenüberstellung nicht für den schottischen Kutter ausgefallen, der vielleicht etwas schneller war, aber auch entscheidend größer. Und er hatte Bleiballast, während der Ballast der *Shadow* aus Steinen und gusseisernen Blöcken bestand. Ursache dafür war das unterschiedliche Alter der beiden Konkurrentinnen: Die *Madge* war brandneu, während die *Shadow* 1870, 12 Jahre früher, gebaut worden war.

Von den 150 Regatten, an denen das alte Schiff teilnahm, gewann es 126. Dazu trug natürlich die gute Crew bei, aber auch die eingezogene und gleichzeitig bauchige Form des Rumpfes, die zwischen Kutter und traditionellem Schwertboot lag, spielte eine Rolle. »Mir schwebte ein Rumpf vor«, sagte später ihr Erbauer, »in dem der Ballast ganz tief und die Kimmrundung praktisch außerhalb des Wassers lag, sodass das Schiff gleitende Linien hatte, wenn es aufrecht schwamm und eine große Breite, die ihm Stabilität gab, wenn es im Wind krängte.« Als er 1870 das Modell der *Shadow* schnitzte, war er technischer Zeichner bei der Colin Steam Engine Company. Dann konstruierte er einen Katamaran, der gut genug segelte, um 1876 der Flotte von New York eine Lektion zu erteilen, worauf sein Erbauer ein Zeit lang glaubte, vom Bau dieser eigenartigen Geräte leben zu können. Die *Shadow* war das erste Meisterwerk von Nathanael Greene Herreshoff, den man später »the Wizard of Bristol« (der Hexer aus Bristol) nannte.

Um 1880 war Herreshoff damit beschäftigt, Dampfboote zu bauen, die zu den schnellsten der Welt zählten, und die größte Yachtwerft der Geschichte aufzubauen.[80] Der Kompromiss, für den er sich stark machte, würde auch ohne ihn bekannt werden.[81] Edward Burgess verdankte er seinen Triumph, aber jemand anders hätte in seiner Abwesenheit die Fackel übernehmen können. Übrigens hatte Jacques-Augustin Normand schon 1875 mit dem großen Schoner *Vélox*[82] einen Kompromiss à la Française verwirklicht, aber leider bewirkte dieses visionäre Schiff nichts, weil es nie an einer Regatta teilnahm. Kurz: Der Name des Schiffbauers hätte sich ändern können, nicht aber der unaufhaltsame Lauf der Dinge.

Das Schicksal hatte mit diesem unaufhaltsamen Lauf nichts zu tun, es sei denn, man betrachte die Entwicklung des Fortschritts als schicksalhaft. Der industriell hergestellte Stahl änderte nun alles. 1880

Das einzige US-Schiff, das in der Lage war, die Madge *zu schlagen, war die 12 Jahre zuvor von einem Anfänger namens Nathanael Greene Herreshoff entworfene Slup* Shadow.

wurden Nägel überall maschinell[83] und so preiswert hergestellt, dass man sie zum Nutzen der Bauweise des Rumpfes großzügig verwandte. Die an zahlreichen Stätten entstandene Herstellung von Eisenblechen erlaubte nun, größere Schiffe zu planen und vor allem, den Ballast außen anzubringen. Was konnte der logisch erscheinenden Anwendung dieser neuen Techniken im Wege stehen? Wie immer die Macht der alten Gewohnheit!

In England war die Größe von Schiffen und folglich auch die von Yachten seit dem 18. Jahrhundert bei Androhung von Strafe begrenzt. Das war keine Marotte oder Aberglaube, nein, es war Ergebnis von Faulheit und Arbeitsvereinfachung.

Die Häfen erhoben von vorbeifahrenden Schiffen Zölle. Am einfachsten war es, sie nach dem Volumen der transportierten Waren zu taxieren, d. h. nach dem Volumen des Rumpfes.[84] Als die Cumberland Sailing Society 1775 bei einer Regatta unterschiedliche Schiffe vergleichen wollte, griff man ganz selbstverständlich auf die Vermessung der Boote zurück. Man nahm die Länge über Deck und die größte Breite, die einfach auszumessen waren. Der Tiefgang bereitete Schwierigkeiten, denn den konnte man nicht feststellen, wenn das Schiff im Wasser lag. Und zum Innenraum wurde schon gesagt, dass bei vielen Schwertbooten der Cumberland-Flotte der Raum unter Deck zweigeteilt war durch einen großen, Schwertkasten mitschiffs. Es war also unmöglich, den wirklichen Raumgehalt zu messen. Man beschloss daher, dass dieser in einem Verhältnis zu einer bekannten Dimension, der Breite, stehe. Genau genommen sagt die Länge über Deck über die Größe eines Schiffes weniger aus, als die Wasserlinie, die aber schwierig zu messen war. Man schloss also aus der Länge eine Funktion einer bekannten Dimension, die Breite. Diese nahm man mal drei, während die Länge nur einmal eingesetzt wurde, was bedeutete, dass bei gleichem Rauminhalt eine lange, tiefe Yacht günstiger war, als eine breite, flache.[85] Diese Formel[86] übernahm die britische »Yacht Racing Association« bei ihrer Gründung 1875 für die ganze Nation, während ihr Sekretär, Dixon Kemp, schriftlich deren Absurdität anprangerte.

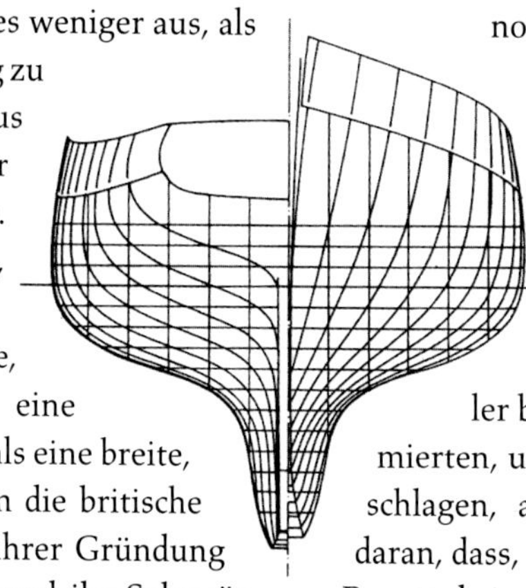

Der erste echte Kompromiss im Verhältnis von Breite zum tiefliegenden Ballast wurde 1875 beim französischen Schoner Vélox *verwirklicht. Die* Vélox *war, im Gegensatz zur zwei Jahre später gebauten* Jullanar, *ein wirklich visionäres Boot, und war ihren Zeitgenossen fünf oder sechs Jahre voraus. Leider wurde sie nie bei Regatten eingesetzt.*

Die englischen Clubs hörten nicht auf ihn. Als die *Jullanar* auftauchte, sahen die Anhänger des traditionellen Typs in ihr eine Bestätigung ihrer Überzeugung. »Sehen Sie, wieviel schlanker dieses Schiff ist, als unsere? Und wie tief es liegt? Und dass sein ganzer Ballast aus Blei besteht? Das ist genau das Richtige! Schmaler, tiefer, schwerer. Die benetzte Oberfläche? Bedeutungslos, wir vergrößern die Segelfläche.« Und die neue britische Vermessungsregel von 1886, vorgeschlagen von Dixon Kemp 1880, belegte diese Breite, von der einige so viel Gutes sagten und die ein ernst zu nehmender Geschwindigkeitsfaktor sein würde, mit noch mehr Strafpunkten, indem sie überhaupt nicht mehr in der Formel berücksichtigt wurde.

In Amerika war man nicht so sicher. Zweifel an ihrem traditionellen Yachttyp nagten, und die US-Clubs waren bereit, die neue, von dem Engländer Dixon Kemp vertretene Formel zu übernehmen. Eine Vermessung einzig auf der Grundlage des Volumens, also vor allem der Breite, konnte nach ihrer Meinung nicht die ganze, die Geschwindigkeit betreffende Leistungsfähigkeit eines Seglers darstellen. Die Segel mussten mit einbezogen werden. 1882 übernahm der Seawanhaka Yacht Club in New York die Formel von Dixon Kemp, die nicht nur das Volumen, sondern auch die Länge in der Wasserlinie und Segelfläche berücksichtigte.[87] Der New York Yacht Club ging nicht so weit, wie die Kollegen, weil er den America's Cup gegen die Engländer mit ihren sehr langen Schiffen verteidigen musste. Um die Chance der Herausforderer zu verringern, wurde die Länge sehr streng beurteilt.[88]

Der Leser sollte angesichts dieser verwirrenden Aktivitäten nicht verzweifeln. Franz Kafka, oder noch besser Georges Courteline, wären geeignet gewesen, um diese Art von Absurditäten zu beschreiben. Wozu war der Blödsinn gut? Wurden Regatten nicht gesegelt, um mit den Schiffen den Elementen zu trotzen? Nein, natürlich nicht! Was wollten die Yachtsegler bewirken, wenn sie ihre Boote deformierten, um eher die Regeln der Menschen zu schlagen, als die der Natur? Sie erinnerten daran, dass, anders als das Publikum glaubte, die Regatta kein Kampf gegen das Meer war, sondern ein Wettstreit zwischen den Eignern, ein Gesellschaftsspiel mit bestimmten Regeln, die ebenso Schiffbau wie Taktik berührten, (warum sich vom Boot mit Wind an Steuerbord freihalten und nicht dem an Backbord?[89]) und die nicht weniger willkürlich waren, als gesellschaftliche Umgangsformen (warum trug man den Ehering links und nicht rechts?[90]) Einige unabhängige Geister, wie Dixon Kemp, hätten sich logische Regeln gewünscht, was man zwar als erstrebenswert ansah, aber als nebensächlich galt. Wichtig war nur, dass es Regeln gab, dass die gesellschaftlichen Rituale beachtet und die Rangordnung nicht gestört wurde. Die Kulissen

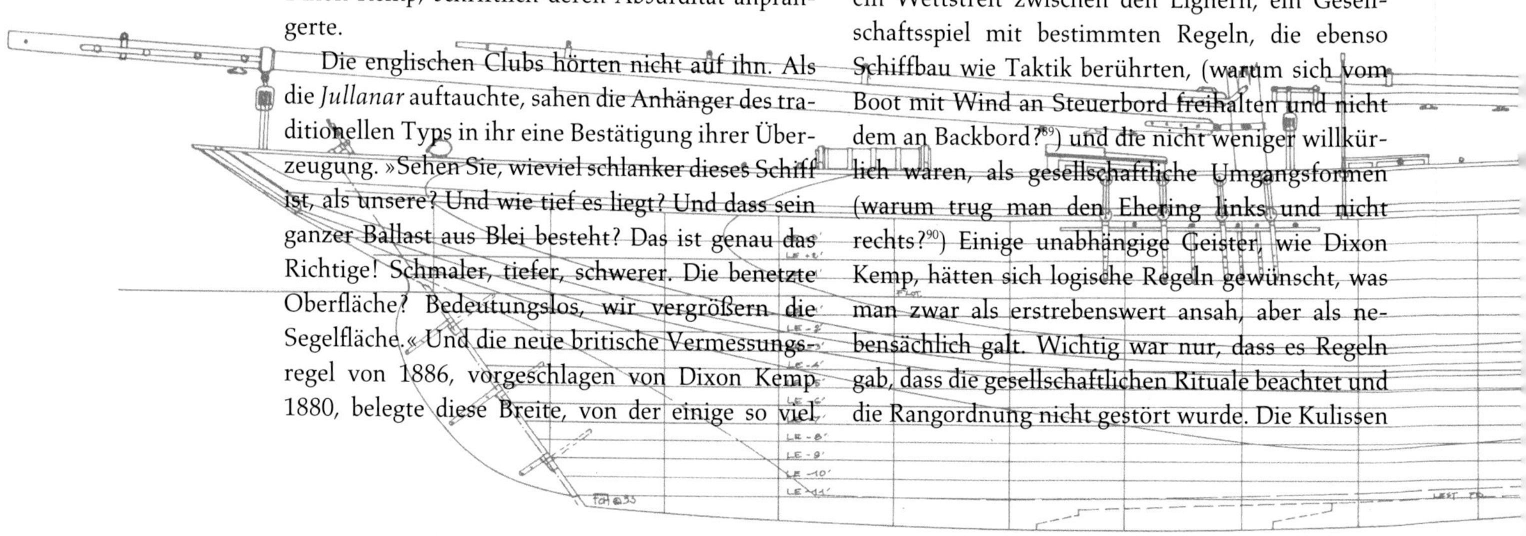

Die Puritan *vor der* Genesta *während des America's Cups 1885.*

waren weniger glänzend, als die Bühne. Gehört zu einem guten Schauspiel nicht Schatten genauso wie Licht? Ein begeistertes Publikum verfolgte das Spektakel, die Ufer waren überfüllt mit enthusiastischen Zuschauern, die Yachten waren die Stars ihrer Zeit.

Der Vorhang vor dem America's Cup hob sich 1885 vor einer neuen Hauptdarstellerin, dem Star von morgen, dem »compromise type«, mit dem alle zufrieden waren. Die neue amerikanische Heldin war eine Slup mit Schwert, aber mit größerer Verdrängung als ihre Vorgängerinnen. Das zusätzliche Volumen enstand durch den Kiel hinter einem schlanken, steilen Kutter-Steven. Dieser wulstförmige Kiel war aus massivem Blei. Der Segler war unkenterbar. Es hieß *Puritan*, weil Geldgeber, Werft und Konstrukteur aus dem strenggläubigen Boston kamen.

Der Konstrukteur verdient, dass man ihn gesondert vorstellt: Was für eine Geschichte! Die Eltern von Edward Burgess besaßen ein schönes Vermögen[91] aus der Zuckerherstellung. Der junge Erbe wuchs in Samt und Seide auf, lag aber nicht auf der faulen Haut. Sein Interesse galt den Insekten, und er wurde ein hervorragender Entomologe. Er segelte auf Yachten und wollte wissen, wie sie funktionieren. Anfang 1880 gehörte er zu den fanatischen Kutterfans. 1883 war er mit seiner Familie in Sommerfrische in Torquay, in England, als er erfuhr, dass die Zuckerpreise am Boden waren, was seinen Ruin zur Folge hatte. Anstatt zu jammern, ließ er sich als Schiffskonstrukteur nieder, ein unsicherer Beruf, wenn es überhaupt einer ist. Zwei Jahre später gewann seine *Puritan* den America's Cup. Sein Konzept des Kompromisses hatte das amerikanische

Yachtsegeln gerettet, und zum Dank taten sich die Regattasegler von Neuengland zusammen und schenkten ihm 11 500 Dollar, die Mitglieder des Atlantic Yacht Club übergaben ein Glasgefäß mit fünfzig 20-Dollar-Stücken, und die New Yorker Yachtsegler sammelten für ihn 10 172 Dollar – das waren damals 38 Jahresgehälter eines Arbeiters.[92] Eine märchenhafte Geschichte.[93]

Das wirkliche Spektakel fand auf dem Wasser statt. Während der Ausscheidungswettfahrten hatte die *Puritan* unter dem ehemaligen Kapitän der *Shadow* den Liebling der New Yorker, die traditionell gebaute *Priscilla*, ohne Schwierigkeiten besiegt. Die Rennen zwischen *Puritan* und *Genesta* gingen als die wohl fairsten in die Annalen ein. Vor dem Start zum ersten Match 1885 versuchte die *Puritan* auf Steuerbordbug die vorfahrtberechtigte *Genesta* zu passieren. Es kostete die *Genesta* das lange Bugspriet. Da nun die Wegerechtsverletzung eindeutig war, bedeutete die Jury der *Puritan*, sie sei aus dem Rennen. Sir Richard Sutton, von der Wettfahrtleitung informiert, er müsse für den Sieg sein Rennen allein zu Ende segeln, lehnte als britischer Sportsmann ab: »Wir sind äußerst geehrt, aber wie sind hier, um gegen einen Cupverteidiger zu segeln. Einen Alleingang akzeptieren wir nicht.« Sir Richard verlor schließlich glatt mit 2:0. Bei dem einzigen Rennen mit starkem Wind, dem dritten, führte *Genesta* fast bis ins Ziel, als die *Puritan*, die das Toppsegel geborgen und die Stenge gestrichen hatte, ihrem Konkurrenten gegenüber aufzukommen begann, weil das englische Boot unter seinem Vollzeug aufs Wasser gelegt wurde; die Engländer hatten nämlich im Vertrauen auf ihre Unschlagbarkeit bei solchem Wetter alles stehen lassen, sogar das Gaffeltoppsegel.[94] *Puritan* siegte mit einer Minute Vorsprung: Der Cup war gerettet.

Angetan von den seglerischen Qualitäten von *Puritan* und *Genesta* erbat der amerikanische Marineminister »Modelle der beiden Yachten, um sie durch die Ingenieure seines Ministeriums untersuchen zu lassen«.

Beeindruckt von diesem Sieg hielten die Amerikaner die Entwicklungsrichtung des Kompromisses der *Puritan* für unumkehrbar. Die Engländer dagegen waren beeindruckt vom geringen Vorsprung des US-Siegers – die *Genesta* hätte gewonnen, wenn ihr Besitzer kein Gentleman gewesen wäre – und das bestärkte sie in ihrer Überzeugung. Sie hatten gut voraus geplant. 1886 würden sie mit einem noch schwereren, noch schlankeren Schiff kommen. Die *Galatea* sollte tiefer als breit sein, »plank-on-edge«, eine Planke auf der schmalen Kante, und damit würden die Kutter triumphieren.

Zu Beginn der Saison 1882 liefen in England neue Yachten vom Stapel. Sie waren nicht wirklich schlanker, in dieser Beziehung war das Maximum einige Jahre zuvor mit »3-Tonnern« wie der *Spankadillo* erreicht worden, die 1,52 m breit und 11 m lang war: ein Längen-Breiten-Verhältnis von 7,2. Das Besondere an der Version für 1886 war die Verdrängung von 8,5 Tonnen, davon 5,5 Tonnen Bleiballast. Die Devise war: immer schwerer. Wohin mit der größeren Verdrängung? Eine größere Breite kam nicht in Frage, und der maximale Tiefgang war hier mit 1,90 m schon erreicht. Die einzige Lösung war, den unter Wasser liegenden Teil des Schiffes bauchiger zu machen, den Raum zwischen Kiel und Rumpf zu füllen. Typisch für diese Tendenz war die *Oona*, der neue 3-Tonner aus der Fay-Werft in Southampton. Unter der Wasserlinie hatte das Schiff eine dreieckige Querschnittsform. Man kann sagen, dass der herkömmliche Rumpf verschwunden war und die *Oona* nur noch aus Kiel bestand. Ein Jahrhundert später war das Verhältnis Länge/Breite der Kiele dasselbe wie die ganze *Oona*. Mit einer so vollen Querschnittsform lag der Formschwerpunkt[95] sehr tief, was außerordentlich schlecht für die Stabilität war, und die geringe Breite in der Wasserlinie half in keiner Weise weiter. Um ausreichend Stabilität zu erreichen, musste der Gewichtsschwerpunkt um jeden Preis tiefer gelegt, d. h. mehr Ballast angebracht werden. Auf der *Oona* machte der Ballast 87 Prozent des Gesamtgewichts aus.

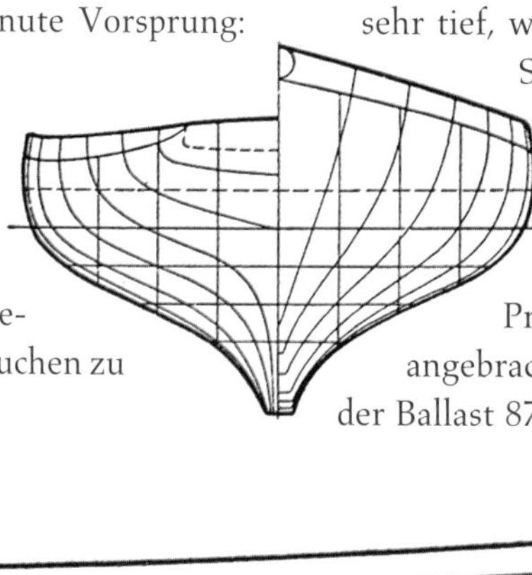

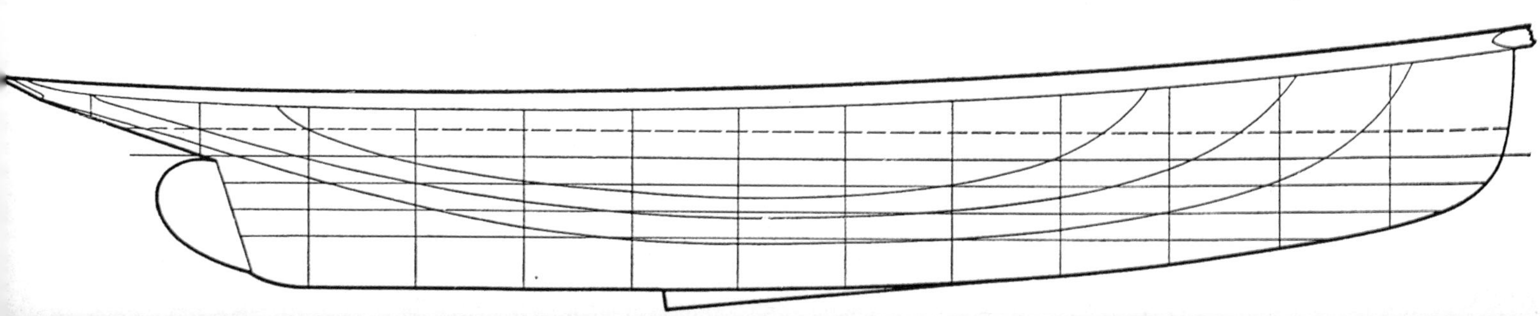

Riss der Puritan. *Der Plan Burgess' stellt ein Schwertboot dar. Vergleichen Sie den sanften Verlauf der Linien mit denen der* Vélox *auf Seite 108.*

Diese beispielhafte Synthese der damals in England herrschenden Tendenzen war das Werk von William Evans Paton, einem der Hoffnungsträger des wissenschaftlichen Schiffbaus. Er hatte so große theoretische und praktische Kenntnisse, dass die Britische Admiralität ihm einen beneidenswerten Posten in den Arsenalen der königlichen Marine anbot. Anfang Mai 1886 verließ die *Oona* Southampton mit Ziel Belfast. Am Ende dieser ersten Fahrt fegte ein Sturm über die *Oona* und riss fünf Mitglieder der Mannschaft, darunter den Konstrukteur Paton, in die Tiefe. Das Wrack schwamm noch, was bewies, »dass englische Schiffe unsinkbar sind, aber ihre Besatzung versenken können.« Die 87 Prozent Blei, die sie aufrecht gehalten hatten, hatten sich vom Rumpf gelöst. Die Ursache des Schiffbruchs war unbekannt, aber das gähnende Loch im Boden der *Oona* bedeutete das Ende für die Tonnageformeln.

Man war zu weit gegangen. Zugunsten der Stabilität wurde das Gewicht auf den Ballast konzentriert. Das bedeutete, den Rumpf leichter zu bauen. Man hatte die Anzahl der Spanten verringert und sie aus Stahl gefertigt, um unter Deck Wohnraum zu schaffen. Da der Ballast der *Oona* mit Bolzen an einem hölzernen Kiel von geringer Festigkeit befestigt war, der für den Rumpf zu schwach war, brach der Kiel mitsamt dem Ballast ab und versank. Die Konstruktion stand auf dem Prüfstand, nicht der Kutter als solcher. Dennoch kamen Zweifel auf, und die Engländer fragten sich, ob ihre Yachten wirklich sicher seien.

Dieselbe Frage hatten sich zehn Jahre zuvor die Amerikaner nach dem Untergang der *Mohawk* gestellt. Ihr Problem betraf nur die Sicherheit, nicht die Leistung. Die Engländer aber konnten sich nicht einmal damit trösten, dass sie schneller waren, denn schon 1886 wurde die *Galatea* in beiden Wettfahrten des America's Cups von der *Mayflower* vernichtend geschlagen. Der Eigner der *Galatea*, Leutnant William Henn, war nicht gerade begeisterter Regattasegler. Während des zweiten Matches bat er das Komitee, »den Kurs auf 30 Seemeilen zu verkürzen, weil sein Gesundheitszustand die Bemühungen eines Arztes erforderte.« Die Tatsache, dass er seine Frau, drei Hunde und einen zahmen Affen mit an Bord hatte, ist unwichtig; er war ein vornehmer Engländer, hatte gegen die Sklavenhalter auf Sansibar gekämpft und an der erfolglosen, von der Zeitung »Globe« organisierten Expedition zur Suche nach David Livingstone teilgenommen. Die *Galatea* war von dem Amateur[96] J. Beavor-Webb gebaut worden, der in Regatten so erfolgreiche Boote wie die kleine *Freda* (5 t), die große *Freda* (20 t) und die *Tara* (40 t) entworfen hatte. Und seine *Genesta* hätte im Jahr zuvor fast die Amerikaner geschlagen. Man konnte ihn ohne weiteres mit den Koryphäen des britischen Schiff-

Die Galatea, *die einzige Yacht, die je am America's Cup teilnahm mit drei Hunden und einem zahmen Affen an Bord. Sie verlor 1886 nicht wegen zu vieler Tiere, sondern wegen zu geringer Breite.*

Die Mayflower, *die 1886 die* Galatea *geschlagen hat. Der Riss von Burgess war schwerer und kraftvoller als für die* Puritan, *aber er hatte dieselben eleganten Linien, die charakteristisch sind für den Konstrukteur aus Boston.*

baus vergleichen, mit Watson, den Fifes und Ratsey. Und wen interessierte dieser America's Cup schon? »Mister Jameson wollte die *Samoena* unter Führung des berühmten Kapitäns O'Neil nach Amerika schicken, aber der Gentleman von der Bucht in Dublin war ein zu begeisterter Segler, um die Regattasaison in England zu opfern und über den Atlantik zu segeln, um einen Pokal zu ergattern, der so bewacht wurde, als wäre er aus altem chinesischem Porzellan.«[97] Es war eine Sache, mit Jean de la Fontaine zu sagen: »Die Trauben sind mir viel zu sauer,« und eine andere, nach New York zu fahren um zu sehen, wie die *Mayflower* der *Galatea* erst 12, dann 29 Minuten abnahm, ohne dabei den Typ des britischen Kutters nicht in Frage zu stellen.

»Dieses Mal müssen unsere englischen Freunde einsehen, dass der Kutter nicht der einzig mögliche, überlegene Typ eines Segelbootes ist. Sollen die Engländer doch versuchen, Slups mit Schwert zu bauen; wenn sie nicht klarkommen, schicken wir ihnen Modelle, aus denen sie lernen können. Die Routine unserer Gegner erklärt sich aus der Natur der Sache, und wir verstehen, dass sie daran hängen. Aber mit diesen Mitteln werden sie den America's Cup nicht wieder erlangen.«[98] Die Engländer machten es besser und übernahmen die Vermessungsregel, die vier Jahre zuvor die Amerikaner von einem Briten übernommen hatten.

Die Amerikaner ließen sich von den überschwänglichen Kommentaren ihrer Journalisten wenig beeindrucken, denn sie wussten, auf welch schwachen Füßen ihr Sieg stand. Während der Ausscheidungsrennen hatte die alte *Puritan* der neuen *Mayflower*, die länger, breiter, schwerer und besser besegelt[99] war, sehr zu schaffen gemacht. Damit das neue Schiff das alte schlagen konnte, hatten der Konstrukteur Edward Burgess und General Charles J. Paine, der Vorsitzende des Syndikats, das die *Mayflower* finanzierte, während der letzten Wochen der Fertigstellung an Bord gelebt und geschlafen. Letztlich war der Sieg das Ergebnis dieser Vorbereitung; die Herausforderer der Amerikaner brauchten ein Jahrhundert, um sich diese Lektion zu eigen zu machen. Anders gesagt: Ohne diese Vorbereitung wäre der America's Cup für die USA vielleicht verloren gegangen.

1887, ein Jahr später, hielten die Briten den rechten Augenblick für gekommen, den Kompromissgedanken wieder aufzugreifen und ihn – im wahrsten Sinne des Wortes – zu vertiefen. Dies geschah durch den besten schottischen Konstrukteur George Lennox Watson, der die Herausforderin *Thistle*[100] veränderte. Die unter dem Stander des Royal Clyde Yacht Club segelnde *Thistle* war schmal und tief wie ein Kutter, aber nicht so schwer. Um das zu erreichen, hatte er den herkömmlichen Rumpflinien die Fülle genommen mit dem Ziel, den Kiel auszuformen. Er hatte auch den Lateralplan verkleinert, indem er z. B. einen Klipperbug zeichnete und so die benetzte Oberfläche verkleinerte. Das erfuhr man allerdings erst später. Das Aussehen der *Thistle* blieb verborgen; diese Distel war so unter Stacheln verborgen, dass die New Yorker Zeitung »World« einen Taucher anheuerte, um den Boden der Unbekannten zu erkunden, aber das Hafenwasser war zu trüb. Der Versuch überzeugte genau so wenig, wie der schottische Herausforderer, der verlor. Trotzdem hatte der leichte Sieg des letzten von Burgess entworfenen Schiffs, der *Volunteer*, bei den Amerikanern ein ungutes Gefühl hinterlassen und den Verdacht, dass eines Tages der America's Cup verlorengehen würde! Um sich dagegen zu schützen, wurde das Regelwerk der Stiftungsurkunde für den Cup neu abgefasst, und die Herausforderer wurden z. B. dazu verpflichtet, die bei der Meldung angegebenen Hauptabmessungen auch einzuhalten. Nur durch die deutliche Formulierung und Liberalisierung des Regelwerks von 1887[101] konnte der Sieg einer ausländischen Yacht ermöglicht werden, aber darauf musste man noch 96 Jahre warten[102].

Von 1885 bis 1887 war der America's Cup also das internationale Forum, das die beiden so völlig unterschiedlichen Tendenzen des damaligen Yachtsports aufzeigte und zusammenführte. Aber Yachtsegeln bedeutete nicht nur spektakuläre Regatten. Bei den kleineren Booten herrschte, falls das möglich ist, noch mehr Leben.

Thistle, Volunteer *und der America's Cup 1887.*

Arbeit für die Zukunft

1830–1895

»Wie kann man einen Körper im Wasser auf die wirksamste Weise fortbewegen: bei der Suche nach des Rätsels Lösung bekommt man graue Haare.«

Lord Dunraven, Herausforderer des America's Cup[103]

Die Hauptakteure im America's Cup waren nicht plötzlich aufgetaucht. Der Wettstreit zwischen amerikanischen und britischen Konstrukteuren war auf kleineren und weniger kostspieligen Yachten vorbereitet worden, bei denen eine Niederlage nicht den finanziellen Ruin bedeutete. Es wäre aber nicht gerecht, die kleineren Einheiten als »Unter-Yachten« oder Boote für Arme zu betrachten, wie viele es tun, die vom Segelsport nichts verstehen; sie vergessen, dass kleinere Yachten wendiger und begeisternder sind, und körperlich wie geistig höhere Anforderungen stellen. Das war natürlich schon im 19. Jahrhundert so. Diejenigen, die sich bis zum Ende der 80er-Jahre, als man sich auf die geringe Verdrängung einigte, mit kleineren Booten beschäftigten, hätten sich durchaus große Yachten leisten können. Ein so berühmter Mann wie der Maler und Architekt Gustave Caillebotte begnügte sich zum Beispiel mit kleineren Segelbooten, weil er sie einfach mochte, obwohl er genug Geld hatte, um sich größere leisten zu können. Caillebotte segelte vor allem auf der Seine, wodurch seine Reichweite begrenzt war; andere segelten in Buchten oder auf Seen. Diese geschützten Gewässer verlangten nur geringe seemännische Kenntnisse. Man konnte dort ohne Einschränkung der Geschwindigkeit seinen Sport ausüben, und niemand hielt sich zurück.

Bis zur zweiten Hälfte des 19. Jahrhunderts gab es noch keine selbstfahrenden, dampfgetriebenen Schiffe; die Fortbewegung auf dem Wasser geschah entweder mit Rudern oder unter Segeln. Für kurze Strecken, wie die Überquerung eines Flusses, wurde das Ruder bevorzugt; das Segel war nötig, wenn man eine große Bucht überwinden wollte. Der Weg zum Reichtum begann für Cornelius Vanderbilt an Bord einer Piroge mit Segel, auf der er Passagiere von Manhattan nach Staten Island brachte.

Dieser aus einem Stamm herausgearbeitete Einbaum war damals nicht nur den Eingeborenen von Afrika, Asien und Ozeanien vorbehalten. Es gab sie in Europa, wie in Amerika.[104] Sobald aber industrielle, dampfbetrie-

Der New Yorker »Sandbagger« Pluck & Luck. Wörtlich übersetzt bedeutet der Name »Mut und Glück«, und beides war nötig, um ein solches Monstrum zu manövrieren (linke Seite).

Regatta mit »Clipper«-Booten auf der Seine vor Argenteuil 1875 (unten) und der Spiegel eines Catbootes vom Typ »Océan« (folgende Seite, unten).

bene Sägewerke gebaut waren, und man über preiswertes Bauholz verfügte, hatte die Piroge überlebt. Das galt für die Austernzüchter in New Haven, die Boston und New York mit Austern versorgten, und denen die traditionellen Pirogen zu teuer wurden. Sie brauchten preiswerte Boote mit geringem Tiefgang, die einfach zu bauen waren und gut im Wasser lagen. 1848 baute Mister Goodsell die *Telegraph*, das erste »Scharpie«. Die Konstruktion war denkbar einfach. Der Rumpf hatte eine scharfe Kimm, der Boden war platt. Die Rumpffestigkeit wurde durch die quer zur Längsachse eingesetzten Bodenplanken erreicht.

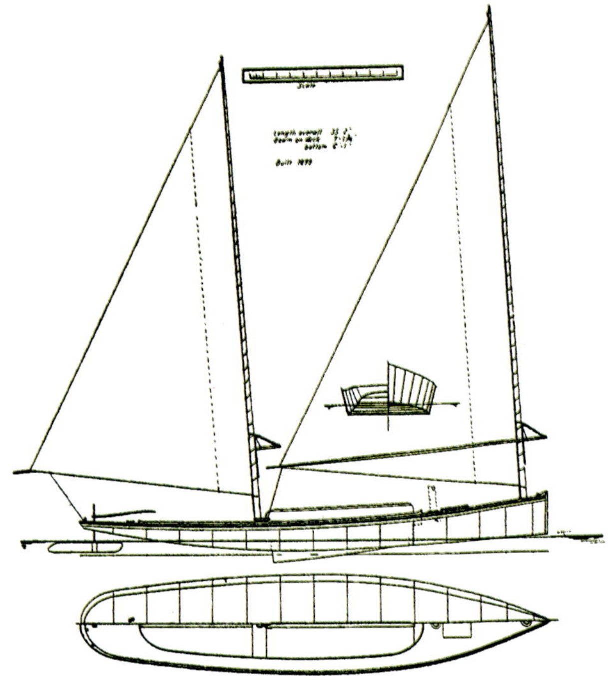

Ein Scharpie aus Newhaven. Seinerzeit, gegen Mitte des 19. Jahrhunderts, erreichte kein Segler vergleichbarer Größe dieselbe Geschwindigkeit (rechts).

Die wechselnde Rolle des Ruders

Mit dem Erscheinen von Booten, die für ihre Länge übertakelt waren, wie Sandbagger, Clipper von Argenteuil oder deren kleinen Brüdern, den Océans[105], entstanden langgezogene Ruderblätter, die aber nur wenig eintauchten. Diese Entwicklung war schon im Ansatz abwegig, weil die formstabilen Rümpfe mit beweglichem Innenballast stark krängten, wenn zuviel Ballast auf einer Seite lag, und wenn aufgrund der Breite des Hecks das kurze Ruder aus dem Wasser tauchte. Die Wirkungslosigkeit dieser Konstruktion war deutlich, zumal sich die Aufgabe des Ruders damals sehr von denen späterer Zeiten unterschied. Man beachte: Auf dem Clipper-Boot von Argenteuil *Condor* waren die Unterlieks der Schratsegel zweimal so lang wie die Wasserlinie des Rumpfes. Diese Länge hatte auf die Kursbeständigkeit einen ausgesprochen stabilisierenden Einfluss, wirkte aber destabilisierend, wenn die Mannschaft den Kurs ändern wollte. Wenn man zum Beispiel der Fockschot ein wenig Lose gab, verlagerte sich der Segelschwerpunkt nach hinten, das Boot drehte sofort in den Wind, und man brauchte nur das Ruder loszulassen, um es zum Wenden zu bringen. Diese Boote hatten ein hohes Vermögen, ohne bedienen des Ruders einen geraden Kurs zu segeln, und sie mussten mit solcher Gewalt gelenkt werden, dass man ein Ruder mit starkem Hebelarm brauchte, in der Hoffnung, damit die Wirkung der Segel überwinden zu können.

Aufgabe des Ruders war es also, das Heck (franz.: le cul – den Arsch) des Schiffes beweglich zu halten.[106] Das Ruder musste heftig herumgerissen werden, wodurch das Ruderblatt das Heck gegen die Wirkung der Segel in die eine oder die andere Richtung schob. Natürlich konnte man eine solche Kohlenschaufel nicht mit zwei Fingern dirigieren, wohl aber mit zwei, manchmal drei oder vier starken Armen. Glücklicherweise nutzte man es selten, denn jeder Einsatz des Ruderblatts bedeutete ein Bremsmanöver.

Festzuhalten ist, dass die ersten Seitenruder an Flugzeugen aus demselben Grund eine ähnliche Form hatten. Bei den ersten Flugzeugen wurde der stabilisierende Effekt der Segel durch die Kreiselwirkung des Sternmotors[107] ersetzt, welche die Geschwindigkeit derart beschränkte, dass der Pilot hart ins Fusspedal treten musste, um seine Maschine nach rechts oder links kurven zu lassen.

Maßstab für die Größe des Ruders war die Körperkraft des Rudergängers. Kein Rudergänger hätte ein Ruderblatt bewegen können, das den Dimensionen eines 15 m langen Rumpfes angemessen war, wodurch der Größe der übertakelten Schiffe Grenzen gesetzt wurden. Auf langen und schweren Schiffen war das Ruder nichts als ein schmales, am Kiel befestigtes Blatt, das nur kleinere Fehler im Trimm der Segel ausgleichen konnte. Bei größeren Abweichungen lief die Yacht aus dem Kurs, bis die Segel wieder richtig eingestellt waren. Die großen britischen Yachten wurden mithilfe von Winschen und Steuerseilen geführt, die am Ruder angeschlagen waren und deren freies Ende der Rudergänger führte. In den USA setzte sich bald die Untersetzung durch Zahnradgetriebe durch.

Erst als die Takelung höher[108] wurde und der lange Hebelarm zum Steuern des Schiffes nicht mehr nötig war, wurde das Ruder ein Präzisionsinstrument, ein langes Skalpell, das den Kurs markierte.

Ein französisches Scharpie. In Frankreich wurde die Einsatzmöglichkeit des Scharpie als Freizeit-Segelboot entdeckt. Die Idee überquerte ein zweites Mal den Atlantik, und kam in Amerika zu voller Blüte (links).

Vorbilder der Boote mit quer eingesetzten Bodenplanken waren wohl die zur Angelfischerei auf den Neufundlandbänken benutzten Dorys. Woher Dorys kommen, ist unbekannt, möglicherweise aus Portugal. Man weiß, dass die Portugiesen sehr früh auf den Neufundlandbänken mit Langleinen fischten, und dass sie mehrere Typen von quergeplankten Booten besaßen. Angeblich sind diese Boote phönizischen Ursprungs, was bedeutet, dass das Scharpie, dieses ausgesprochen amerikanische Boot, phönizisch wäre. Es gibt weitere Querverbindungen über den Ozean: Die Franzosen entdeckten das Scharpie 1863[109] und nutzten es bald zum Freizeitsegeln. Als die Amerikaner das sahen, übernahmen auch sie, vor allem auf Anregung des britischen Einwanderers Thomas Clapham, das Scharpie in dieser Funktion. Jahrzehnte später bezeichnete man in der Bucht von Chesapeake das Scharpie weiterhin mit dem französischen Wort »bateau«. In jener Zeit ohne Telefon, Fax und Internet entwickelten interkontinentale Einflüsse eine relativ hohe Wirkung. So hatte New York für Le Havre durch die Handelsverbindungen eine größere Bedeutung, als Berlin und London. Davon wird bald die Rede sein.

Schnell wurde man auf die Leistungsfähigkeit der Scharpie aufmerksam. Ein solches Boot von 40 Fuß (12,20 m) Länge soll mehrere Stunden lang eine Geschwindigkeit von 14 Knoten gehalten haben. Diese leichten Boote ohne Ballast profitierten vom Mittelschwert, einer Entwicklung der Brüder Swain. Dabei waren sie nicht die Einzigen.

Ende 1830 kamen in den Gewässern vor New York kleine Arbeitsslups auf. Bei diesen im Hafenbetrieb vielseitig einsetzbaren Booten waren Vor- und Achtersteven senkrecht und hatten ein großes Ruder am Heck. Sie zeigten einen abgeflachten, v-förmigen Spantquerschnitt, was die Wendemanöver erschwert hätte, wenn das Unterliek der Segel nicht die Länge des Rumpfes übertroffen hätte. Die riesige Fock, wenn es eine gab, wurde an einem schier endlosen Klüverbaum gesetzt, der Großbaum war überlang, und man änderte die Stellung der Segel, indem man den Segelschwerpunkt verlagerte: der Wind, nicht das Ruder, drehte das Boot[110], etwa so, wie später bei den Surfbrettern. Die Boote hatten sehr große Holzschwerter, um die Abdrift durch die große Segelfläche, die auf der Jagd nach Geschwindigkeit zu groß geworden war, zu verringern. Die Breite war sehr wichtig, denn da es keinen Ballast gab, musste man die Stabilität in der Form finden. Als beweglicher Innenballast dienten Sandsäcke, daher die Bezeichnung »Sandbagger«. Außerdem musste die Mannschaft ausreiten, um mit dem Körpergewicht das Boot vor dem Kentern zu bewahren. Manchmal hielten sie sich an seitlichen Griffen fest, um die Krängung besser auszugleichen.[111]

Kommerzielle Erwartungen und der Wunsch der Passagiere brachten die New Yorker Slups bald dazu, gegeneinander Regatten zu segeln. Diese

Der Sandbagger Zoe *(Zeichnung Fred. S. Cozzens). Die Unterliekslänge der Segel betrug ein 2,5faches der Rumpflänge.*

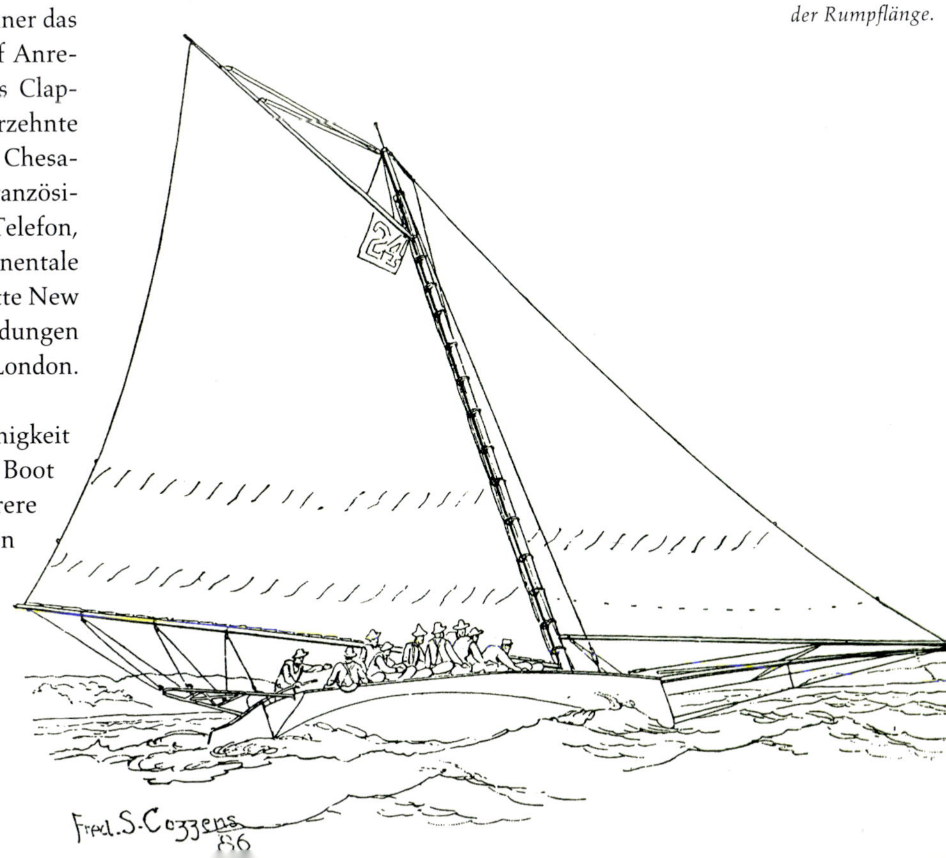

Wenn auch die Form der Sandbagger der moderner Schwertboote ähnlich scheint, so unterscheiden sie sich doch durch das Gewicht. Die schweren Boote, die es mit dem Sandballast auf bis zu vier Tonnen brachten, konnten keine hohen Geschwindigkeiten erreichen.

schnellen und sehr gut manövrierbaren Fahrzeuge von Berufsseglern weckten das Interesse der Freizeitsegler und verbreiteten sich jenseits des Atlantiks.

1848 importierte Monsieur Cor, ein Reeder aus Le Havre, der Amerika gut kannte, eines dieser Boote nach Frankreich, wo es Furore machte. Darauf werde ich zurückkommen. Drei Jahre später – in jenem Sommer segelte Commodore Stevens mit seiner *America* das Rennen um den Hundred Guineas Cup – brachte ein Brite, Lord Conygham, ein Catboot aus New York, eine Slup ohne Fock, in seine heimischen Gewässer: Die *Una*[112] sahnte bei den Regatten derartig ab, dass man noch ein Jahrhundert später die Takelung mit einem Großsegel als »Unarig«[113] bezeichnete. 1854 importierte ein Monsieur Goupil aus Le Havre ein weiteres amerikanisches Boot, das er passend *New York* nannte. *Margot, Una, New York,* diese drei Boote waren bis 1880 in Europa[114] Ursprung allen Fortschritts bei den kleinen Booten.

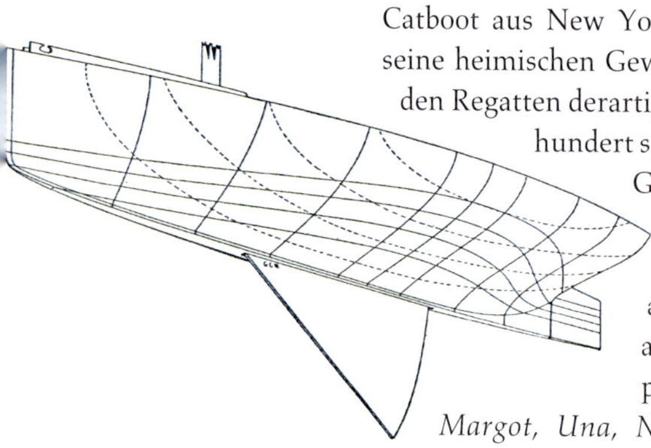

Eigenartiger Weise blieb diese im Ausland so fruchtbare Quelle im Ursprungsland ohne Nachfolge. Die New Yorker Yachten waren zu Regatta-Monstern geworden. Um ein Gegengewicht zur immer größer werdenden Segelfläche (mehr als 150 m², fast genauso viel wie die 12-Meter-R-Yachten, die den America's Cup zwischen 1858 und 1987 verteidigten) zu schaffen, genügte die ursprüngliche Mannschaftsstärke nicht mehr. Auf der *Susie S* (8,30 m Länge) vergrößerte man sie auf 17 Mann, und auch das reichte noch nicht aus. Weil an Bord kein Platz für weitere Seeleute war, lud man Sandsäcke (28 Säcke zu je 20 kg auf der *Susie S*), die auf dem Seitendeck aufgestapelt wurden, mehr als ein halbe Tonne, die bei jeder Wende bewegt werden musste. Auf der anderen Seite des Atlantiks machten die französischen Nachkommen der New Yorker Slups eine ähnliche Entwicklung durch.

1839–1840 wurde nach britischem Vorbild in Frankreich die Société des Régates du Havre gegründet. Wie schon erwähnt, importierte einer der Gründer, Monsieur Cor, eine Slup aus New York und nannte sie *Margot*. Ein Bewohner von Bordeaux tat dasselbe und importierte die *Reine-Blanche* aus den USA. Das war im Jahre 1848 das erste amerikanische Schwertboot in Europa. »Ich war zu jener Zeit in Le Havre und sah, mit welcher Überlegenheit über alle anderen Boote die Schwertboote ihre Regatten segelten. Die *Margot* gewann. Ich erinnere mich, wie erstaunt alle Seeleute beim Anblick dieser vorne schlanken und achtern breiten Rümpfe waren, die so flach auf dem Wasser lagen, dass man sie wegen ihres Aussehens Bügeleisen nannte, und an die allgemeine Verwunderung, als sie lossegelten und siegten. (…) Die *Reine-Blanche* hatte ein schweres eisernes Schwert, das mit einer Kette über eine Winsch bewegt wurde.

Das amerikanische Catboot, »das so intelligent ist, dass ihm nur noch die Sprache fehlt«.

Diese beiden Schiffe übten in der Geschichte der Schwertboote völlig gegensätzliche Einflüsse aus: eins war nützlich, das andere schädlich. Das Erste (die *Margot*) hat zur Einführung des Schwertes in Paris geführt; das Andere (die *Reine-Blanche*) hat dasselbe in Bordeaux verhindert«[115], weil es beim ersten Törn mit Mann und Maus in der Gironde versank. Auch in Le Havre war der *Margot*, dem Bügeleisen, kein dauernder Erfolg beschieden. Das amerikanische Schwertboot hatte aber den Kapitän, der es nach Frankreich überführt hatte, begeistert. Er hatte ein Modell verwahrt, nach dem sich der Telegraphenamtdirektor von Saint Malo die 8 m lange *Farfadet* baute. Das Boot und sein kleiner Bruder, die *Électrique*, wurden nach Nantes verkauft, das daraufhin zu einem der französischen Zentren für Schwertboote wurde. Das Interesse für das ausländische Schwertboot rief in Paris Erstaunen hervor: »Ein sehr tüchtiger und einfallsreicher Konstrukteur, der Sohn von Monsieur Baillet, fuhr nach Le Havre, um sich die *Margot* anzusehen und baute danach ein ganz ähnliches Boot, die *Espadron*, die spätere *Capricieuse*. Aber die mehr oder weniger gelungenen Nachbildungen hätten nicht gereicht, um in Paris die Überlegenheit der Schwertboote aufzuzeigen, wenn den Pariser Eignern nicht 1853 ein Original der amerikanischen Konstruktion zu Gesicht gekommen wäre, dessen Erfolge das Problem aus der Welt schafften.«[116] Die Rede ist von der *New York*, die David Kirby in Rye bei New York gebaut hatte und die, von Monsieur Goupil eingeführt, in den Händen von Lucien Môre[117] zu einem gefürchteten Regattaboot wurde, was allerdings nicht ohne Schwierigkeiten abging. Das Boot hatte »nach mehreren Havarien den Ruf, gefährlich und unbeherrschbar zu sein. Mit der Hartnäckigkeit, die ihn später zu einem der besten Regattasegler machte, spürte Lucien Môre, dass er da ein schwieriges, aber sportlich interessantes Gerät hatte. Er studierte die *New York* gründlich und machte sie sich untertan, sodass sie unter seinen Händen unschlagbar wurde«[118]. Die *New York* war winzig, 4,60 m lang. Auf einem zeitgenössischen Foto sieht man allerdings fünf Personen an Bord, davon vier auf derselben Seite, was als Beweis für die Formstabilität des breiten Rumpfes gelten mag. Das Boot führte nur ein einziges Segel, das an einem 30 cm

Das 1853 in Frankreich eingeführte amerikanische Catboot New York *war Vorbild für alle französischen Boote dieses Typs.*

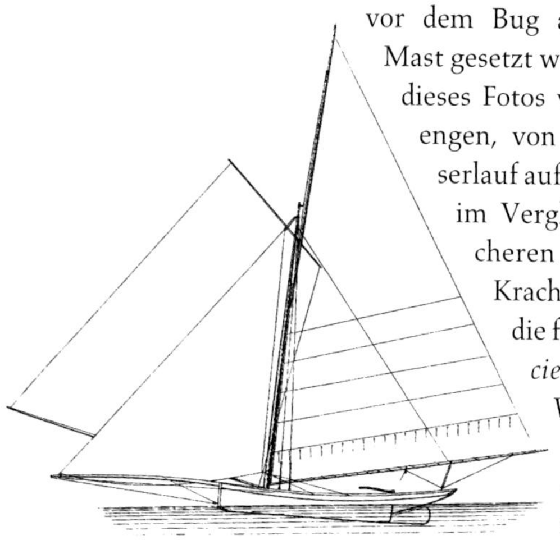

vor dem Bug aufgestellten, wantenlosen Mast gesetzt war. Wer käme beim Anblick dieses Fotos von einem Boot auf einem engen, von Pappeln gesäumten Wasserlauf auf die Idee, dass die *New York* im Vergleich zu ihren noch einfacheren Gegnerinnen ein echter Kracher war? Sie schlug alle, auch die fast zweimal so große *Capricieuse*.

Weil der Sandbagger aus Amerika kam, nannte man die französische Variante »Clipper«. Und bald waren die Clipper von Argenteuil erfolgreicher als die New Yorker Sandbagger.

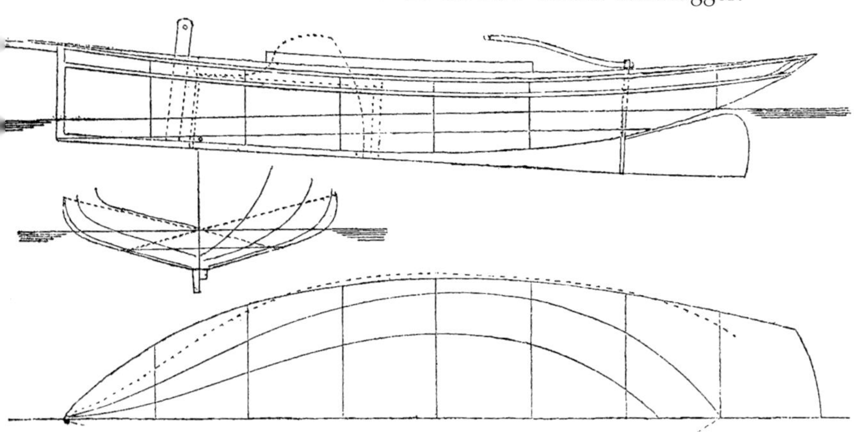

Die Pariser Version des Sandbaggers, der Clipper Lison, *der Ende 1870 auf der Seine dominierte.*

Um 1870 waren die großen Clipper mit Schwert, die Vater und Sohn Texier in Argenteuil bei Paris bauten, teure Regattaboote. Das Spiegelheck wurde durch ein Yachtheck ersetzt, das Ruder nach vorne gesetzt. Die Rumpflinien wurden eleganter: der schlanke Vorsteven ging in einen kelchförmigen Spantquerschnitt über, gefolgt von einem bananenförmigen Unterwasserschiff achtern. Der Gewichtsschwerpunkt wanderte weit nach hinten. (Als der Autor 100 Jahre später den Riss des letzten Clippers von Texier 1:1 zeichnen sollte, staunte er nicht schlecht, denn diese unzusammenhängenden Formen ähnelten nichts Bekanntem. Erst als der Rumpf gebaut wurde, fand man die Antwort: Der Riss war deshalb so eigenartig, weil es gar keinen gegeben hatte! Als er das Halbmodell schnitzte, hatte sich Texier[119] mehr auf seine Hand verlassen, die das Holz liebevoll umschloss, als auf Reißfeder und Lineal.) Der Prototyp des neuen Clippers lief 1874 vom Stapel. Die *Lison* hatte eine Segelfläche von 112 m². Dem Beispiel der amerikanischen Sandbaggers folgend, behalf man sich auf den Clippern zur Erhöhung der Stabilität mit Säcken voller Sand oder Splitt. Wenn das nicht ausreichte, und der Clipper kenterte, verhinderten Auftriebstanks das Sinken.

Der Clipper von Argenteuil, der die Seine über New York und Le Havre erreicht hatte, fand weite Verbreitung. Bei Quiévrain gab es schon 1860 einen 5 m langen, halb gedeckten Clipper. Es war eines der allerersten Boote mit absenkbarem Mittelschwert in Belgien.[120] Im Mittelmeer erlebte der Binnen-Clipper eine unerwartete Renaissance, als in den schwierigen Jahre nach dem Krieg 1870[121] der Segelsport wieder auflebte. Vor Marseille war in den tiefen Gewässern ohne Gezeiten das Schwert unnötig. Das Schwert wurde also entfernt, allerdings ohne den Rumpf zu verändern, der sich ja bewährt hatte. Die Regattasegler am Mittelmeer befestigten unter dem Clipper einen festen, dreieckigen Kiel ohne Ballast. Das geringe Gewicht der Jolle konnte beibehalten werden, weil durch die eindrucksvolle Länge von 10 m bei 4 m Breite die Formstabilität sehr hoch war. Während die Briten auf die Gewichtsstabilität setzten, weil damals die Vermessungsregeln die Länge berücksichtigte, tendierte man in Frankreich, und vor allem in Marseille[122] eher zur Formstabilität. Manchmal, wenn sie bei gutem Mistral raumschots segelten, kam das Vorschiff aus dem Wasser, die Heckwelle riss ab und die Rumpffahrt wurde überschritten. Man sagte noch nicht: »Das Boot gleitet«, aber nicht, weil man es nicht empfand, sondern einfach, weil man es so nicht auszudrücken vermochte. Die Steilgaffelboote aus Marseille und die Clipper aus Argenteuil waren in ihrer Größe die schnellsten Segler der Welt – ausgenommen einige amerikanische Katamarane, die in der Öffentlichkeit noch unbekannt waren. Die französische Bezeichnung »Houari« verdankten sie der Huari-Takelung.

Die Vermutung, dass in Anbetracht der internationalen Einflüsse bei dieser Freizeitsegelei das Wort Huari nicht europäischen Ursprungs ist, trifft zu. Es kommt aus der frühamerikanisch-indianischen Seefahrt, in einigen Indianersprachen steht »hura« für den Wind. Das Großsegel wurde mit losem Unterliek gefahren,das Oberliek wurde an einer fast senkrecht stehenden Steilgaffel angeschlagen, die beinahe so lang war, wie der Mast. Die französischen Freizeitsegler übernahmen diese Takelage von Arbeitsbooten. Seit 1860/1870 war

die Huari-Takelung die bevorzugte französische Regatta-Takelung. Sie war ideal für schwache Brisen auf Flüssen und Seen im Binnenland; durch ihre Höhe wirkte sie wie eine Hochtakelung und konnte den Luftzug dort einfangen, wo er nicht durch Bodenreibung eingeschränkt war.[123]

Die Einführung der Huari-Takelung war vernünftig auf Flüssen und Wasserläufen mit geringem Wind, unerklärlich aber bleibt, dass überall, in gemäßigten wie windreichen Gegenden, die Takelung kleiner Boote nach oben verlängert wurde. Als Gustave Eiffel später das erste aerodynamische Laboratorium gegründet und Ludwig Prandtl seine Tragflügeltheorie entwickelt hatte, konnte wissenschaftlich begründet werden[124], dass die Verlängerung unabhängig von der Kraft der Windes war. Diese Begründung war bis dahin unbekannt, aber bei Wettfahrten machte sich diese Kenntnis bezahlt. Im Schiffbau entwickelte sich dieselbe Dynamik, wie in der Natur: Charles Darwin spricht vom »Überleben des am besten Angepassten«.

Allerdings musste das technisch möglich sein, wie die Geschichte der Bermuda-Takelung zeigt. Seit jeher waren die Masten aus Kiefernholz. Als Juan Bermudez 1515 die Bermudas entdeckte, wuchsen dort Bäume, deren Holz leichter, gerader und weniger knorrig war, als Kiefern. Die amerikanischen Reeder, die seit dem 18. Jahrhundert die Masten ihrer Schiffe aus dem Holz eines Baumes mit der lateinischen Bezeichnung G. juniperus bauen ließen, wussten damals nicht, dass in ihrem Land in noch unzugänglichen Gebieten viele Hektar lagen, auf denen dieser später Red Cedar (Rote Zeder)[125] genannte Baum wuchs. Auch die Bewohner der Bermudas waren nicht untätig: Da sie sich hauptsächlich mit Handel und Schmuggel beschäftigten, wo hohe Geschwindigkeit wichtig war, versahen sie ihre Slups, die natürlich von den britischen Schaluppen abstammten, mit hohen Masten aus einem einzigen Stamm mit einem einzigen Dreieckssegel, das sehr viel einfacher zu handhaben war, als ein Gaffelsegel. Den Baum ersetzten sie durch eine Backspiere, mit der das Segel an Lee ausgebaumt wurde. Der gute Ruf der Bermuda-

Auf dem Houari Phare *aus Marseille werden in einer Windbö die Segel gerefft. Eile ist geboten, denn diese Boote hatten keinen Ballast.*

Slups wuchs schnell. Werften entstanden, auf denen leichte, schnelle Boote für den Handel gebaut wurden, Vorgänger der berühmten Klipper – der richtigen, nicht der Clipper von Argenteuil. Die Seeleute von der Ostküste der USA übernahmen diese Bermuda-Takelung, nannten sie »Schafsbein«[126] und takelten damit ihre Scharpies[127] aus. Leider versiegte der Vorrat an Roter Zeder, und die Werften auf den Bermudas mussten aufgeben.[128] Die Inseln wurden wieder zur verschlafenen Kolonie mit Verwaltung, offiziellen Vertretern, Garnison und Offizieren. Und alles langweilte sich! Das blaue Meer und die sandigen Lagunen verlockten zum Segeln. Die einheimischen Boote mit ihren hohen Masten und ihrem dreieckigen »Bermuda«-Großsegel veranstalteten Wettfahrten. Mit vier Leuten an Bord wurde ein Dreieckskurs von jeweils drei Seemeilen Seitenlänge gesegelt. Wichtig für den Sieg war das Kreuzen. Um höher am Wind zu segeln, brachte man bald unter dem Rumpf ein festes »Schwert« an, zunächst aus Holz, später aus Blech. So verging auf angenehme Art die Zeit. Das Empire stand auf dem Höhepunkt: Ein Beamter konnte von Indien auf die Bermudas versetzt werden und brachte allerlei fremde Vokabeln mit. In Hamilton auf den Bermudas unter dem Vordach seines »Bungalows« (das Hindi-Wort »bungalo« bedeutet »aus Bengalen stammend«) sitzend überwachte er sein Boot, sein »Dingi« (Hindi zur Bezeichnung eines leichten Ruderbootes). Dann kehrte er in die Heimat zurück und nahm sein Bermuda-Dingi mit. In England schlug dieses amerikanische Boot mit der indischen Bezeichnung alle einheimischen Boote.

Regatta von Houaris vor Marseille (Gemälde von Roux).

Die Ankunft der Bermuda-Dingis brachte frischen Wind in das schiffbautechnisch verschlafene England. Aus irgendeinem Grund hatten sich die kleinen Boote dort nicht weiter entwickelt. Die Siege der *Una* hatten die Fragestellungen verhindert, die in Frankreich im Zusammenhang mit der *Margot* aufgetaucht waren. Einige Leute hatten die Takelung der *Una* übernommen, aber nicht ihre

Form. Ihr Schwert wurde 1853 verbannt. Und nun hatten die Bermuda-Dingis ein festes Schwert, die Blechplatte unter dem Rumpf, was umso mehr Interesse erregte, weil es das Vorurteil der Engländer gegenüber dem Schwert bestätigte. Man versuchte ohne großen Erfolg in England Bermuda-Dingis zu bauen. Aber die Masten aus europäischen Hölzern waren zu schwer, und die Takelung war nicht auf größere Schiffe übertragbar.

Das hatte man durchaus versucht: Am eindrucksvollsten war der Erfolg der *Vautour*, eines großen Pariser Clippers mit 8 Tonnen Verdrängung, der mit seinem 22 m langen Mast aus einem Stück als Dritter bei den Regatten während der Weltausstellung von 1878 einlief. Das Gewicht des Mastes muss ziemlich schrecklich gewesen sein. Ende 1891 ließ Caillebotte ein Boot mit 30 m^2 Segelfläche bauen, dessen Mast wie eine Bohnenstange aus einem Stück bestand, weil die Vermessungsregel die Länge des Seitenlieks des Spinnakers auf der Höhe des Mastes begrenzte: Dessen Zerbrechlichkeit wuchs mit der Größe, und der erste kräftige Windstoß zerschmetterte die Spiere. 1894 tauschte man auf der amerikanischen Erprobungsyacht *Scarecrow* die Huari-Takelung gegen einen Mast aus einem Stück aus. Im Jahr darauf gewann derselbe Schiffbauer, W. P. Stephens, den Seawanhaka Cup mit der *Ethelwynn*, aber sein durchgehender Mast war außerordentlich kurz. Ebenfalls 1895 probierte der britische Konstrukteur Linton Hope die Bermuda-Takelung auf einer seiner Rennjollen aus, ließ aber schnell davon ab, weil sie zu schwerfällig und zu schlecht manövrieren war.

Diese Schwierigkeiten sind erstaunlich, denn man war damals durchaus in der Lage, theoretisch die Widerstandskraft eines Mastes zu berechnen. Allerdings gingen diese Berechnungen von gleichbleibenden Bedingungen aus, ohne schlagende Segel etc., und auch von einer gleichmäßigen Struktur des Holzes, die aber wegen des ungleichmäßigen Wuchses nicht auf der ganzen Länge des Mastes gegeben war. Wer damit vertraut war, konnte die Berechnung bis zur vierten Stelle hinter dem Komma durchführen; das Resultat musste dann mit einem willkürlich gewählten Sicherheitskoeffizienten multipliziert werden – mit 1,5, mit 2 oder 3? – für alle, für die Erfahrung nicht ausreichte. Kurz: Die Zeit war noch nicht reif für die Bermuda-Takelung, sie kam erst nach dem Zweiten Weltkrieg.[129]

Dagegen war deutlich, dass die Suche nach einem höherem Wirkungsgrad der Segel sich in jeder Beziehung bezahlt machen würde. Offensichtlich ergab ein kleines, gut profiliertes Schwert ebenso gute Wirkung wie ein schlecht geformtes, großes. Man wusste, dass in manchen Fällen die Stabilität durch das Gewicht der Mannschaft erhöht wurde, und dass häufig der aufgeschichtete Innenballast durch eine weniger gewichtige Lösung ersetzt werden konnte. Irgendwo hin würden all diese Überlegungen führen – aber es war völlig ungewiss, wohin. Vielleicht standen Umwälzungen bevor – aber welche?

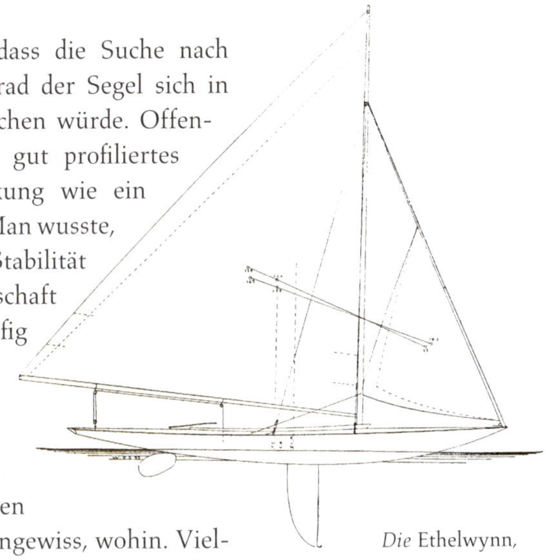

Die Ethelwynn, die mit einem durchgehenden Mast 1895 den Seawanhaka Cup gewann.

Ein Bermuda-Dingi, das mit seinem englischen Rumpf, mit Takelung und Schwert von den Bermudas, Ruder und Baum aus Amerika und dem indischen Namen sehr kosmopolitisch war!

Die Vétille, Baujahr 1893: 40 Quadratmeter Segelmeter bei 1100 kg Verdrängung. Das Boot im Hintergrund, gebaut 1903, zeigt noch die Linien traditioneller Segelfahrzeuge.

Eine grundlegende Revolution

In Bristol lebt ein Magier

1880–1895

»Wenn wir nicht aufpassen, werden in naher Zukunft bei unseren Segelyachten Veränderungen eintreten, die unsere Grundsätze, Gewohnheiten, Bedürfnisse und Bauweisen von Grund auf ruinieren.«

Brief an die Zeitschrift »Le Yacht«[1]

Gustave Caillebotte: der Impressionist, der auch der wichtigste französische Yachtkonstrukteur des ausgehenden 19. Jahrhunderts war.

Im Jahre 1882 legte der avantgardistische Maler Gustave Caillebotte (»Vor allem in den Gemälden der Herren Caillebotte, Monet und Pissaro zeigt sich die neue impressionistische Schule in ihrer ausdrucksvollsten Form«[2]) vorübergehend seinen Malerpinsel beiseite und nahm am Zeichentisch Platz. Er wollte, der Empfehlung von Dixon Kemp folgend, ein Boot auf dem Papier entwerfen. Das Boot vom Typ »Clipper von Argenteuil« schlug sich achtbar bei den Regatten vor Le Havre und nahm dann Kurs auf England. Im Solent traf die Mannschaft des Cercle de la Voile de Paris (CVP), dessen Vizepräsident Caillebotte war, zum ersten Mal auf Boote mit Außenballast, der unter dem Rumpf befestigt war, was die Franzosen in Erstaunen versetzte. Darauf stellte Caillebotte, der mit der *Condor* den besten Pariser Clipper besaß, diesen nationalen französischen Typ in Frage. Nach den ersten systematischen Vergleichen in der Geschichte zwischen zwei Clippern, einem englischen Kutter und einem amerikanischen Scharpie, wurde Caillebotte klar, dass die französischen Schwertboote ihr großes Potenzial der schnellen Rümpfe durch den Transport von Innenballast und Splittsäcken vergeudeten, und dass man mit Außenballast bei geringerem Gewicht und weniger Segelfläche bessere Resultate erzielen konnte – womit er Recht hatte. Noch vor Ende jenes Jahrzehnts sollten Boote mit der Hälfte an Verdrängung und einem Drittel der Segelfläche die Clipper und Sandbagger der 1870er-Jahre schlagen.

Allerdings war der Umweg über die übertakelten Monster nicht vergeblich gewesen. Wenn Clipper und Sandbagger mit einem einzigen Schwert auskamen, warum sollte man sich dann mit einem langen Kiel belasten, der doch nur die benetzte Oberfläche vergrößerte? Früher war der lange Kiel nötig, weil beim Stapellauf der Rumpf darauf ablief, aber jetzt verfügte man über dampfbetriebene Kräne, Trockendocks und andere Möglichkeiten, das Schiff während des Stapellaufs aufrecht zu halten. Der lange Kiel aus Holz war die unerlässliche Wirbelsäule des Boots, deren Bedeutung sich durch den jetzt verfügbaren Stahl verringerte. Folglich wurden die Kiele kleiner, sie dienten nur noch dazu, die Abdrift zu vermindern und den Ballast zu tragen. Diese Veränderung wurde zunächst bei kleinen Booten, wie den überall in Mode kommenden Bermuda-Dingis, angewandt.

Nathanael Greene Herreshoff, der Magier aus Bristol (linke Seite).

In England »hat die Dampfschifffahrt die Entwicklung kleiner Rennyachten befördert. Leute, die sich sonst große Segelyachten gekauft oder gebaut hätten, nehmen jetzt lieber Dampfschiffe«[3]. Wer Regatten liebte, konnte den Komfort einer »steamyacht« mit dem Spaß und dem geringeren Preis eines abgemagerten Rennbootes vereinen. 1895 besaß der Esquire Ch. Barton den 178 Tonnen-Dampfschoner *Gladys* und außerdem zwei nette Rennkielboote, die *Baby* (0,70 t) und die *Pickle* (1,30 t), die nur darauf warteten, zu Wasser gelassen zu werden. Als Antwort auf die neue Vorliebe für kleinere Boote gaben die britischen Konstrukteure dem traditionellen Boot mit dem Heckruder einen Kiel. Dann erhielten die Boote an Bug und Heck ausgeprägte Überhänge, das Ruder wanderte unter das Heck an das Kielende. »Seit einigen Jahren hat sich das Aussehen der englischen Boote völlig verändert. Vorne haben sie fast keinen Tiefgang mehr. Das Blei, das praktisch den gesamten Ballast ausmacht, ist unten im Kiel befestigt. Eigentlich ist aus dem alten Schwertboot eine Yacht mit festem Kiel geworden, in dem tief unten der Ballast liegt.«[4]

Die Thomas, *der französische Kompromiss-Typ (Riss Chevreux), mit der Caillebotte die höchste jemals erreichte Anzahl von Regattasiegen in Frankreich anhäufte.*

In Frankreich verlief die Entwicklung, wenn auch mit leichter Verzögerung, ähnlich. Caillebotte, der unangefochtene französische »Segel-Papst«, machte Versuche mit Kuttern, und wandte sich dann jenem Kompromiss zu, der beim America's Cup triumphiert hatte, und den er in Frankreich zum Triumph führte. Der wiederholte Erfolg Caillebottes, der drei Jahre nacheinander mit seinem »Kompromiss-Typ« *Thomas* inoffizieller französischer Meister war, hielt ihn davon ab, radikalere Formen zu verwirklichen, mit denen er durchaus geliebäugelt hatte.[5] Ein weiterer Grund für die relative Unbeweglichkeit der Franzosen war die Vermessung, die die Segelfläche[6] nicht berücksichtigte: da diese Größe nicht berücksichtigt wurde, konnten die französischen Boote weiterhin Segel auftürmen, um den Faktor Verdrängung zu verkleinern.

Der Umschwung kam einmal mehr aus den USA. Man muss sich wundern, dass damals dieses Land mit seiner instabilen Währung, ständigen Finanzskandalen und einer unterentwickelten Infrastruktur, bei den Innovationen in den Bereichen Segelsport, Telefon, Elektrizität und Metallurgie ständig an der Spitze stand. Nordamerika litt unter ständigem Mangel an qualifizierten Arbeitskräften in Industrie und Gewerbe, was die Produktionskosten in die Höhe trieb. Es musste dort rationalisiert werden, während Arbeitskräfte in Europa im Überfluss vorhanden waren. Man musste neue industrielle Verfahren und entsprechende Maschinen entwickeln. In den USA bedeutete Innovation mehr als eine Modeerscheinung, sie war notwendige Lebensgrundlage.

Edward Burgess, der anerkannte Spitzenkonstrukteur im Yachtbau der USA, wurde am 13. Juli 1891 vom Typhus dahingerafft; allerdings hatte er seine Überlegenheit schon vorher eingebüßt. Der Neue war kein Insektenforscher, sondern Ingenieur. Und bei genauem Hinsehen war er auch nicht ganz neu, denn er hatte schon 1870 die *Shadow* entworfen, den einzigen Segler, dem es elf Jahre später gelang, die *Madge* zu schlagen. Nathanael Greene Herreshoff[7] hatte Burgess den Vortritt gelassen und zunächst eine eindrucksvolle Spezialwerft für Yachten und dampfgetriebene Torpedoboote[8] gebaut; als sein Bankkonto gut gefüllt war und er den Kopf für Neues frei hatte, wandte er sich wieder den Segelyachten zu. 1891–1892 liefen die *Gloriana*, die *Dilemma* und die *Alpha* vom Stapel, durch die im Regattasport bereits neun Jahre eher das 20. Jahrhundert begann.

Gloriana, Dilemma, Alpha: Die erste moderne Rennyacht, das erste moderne Kielboot, das erste moderne Schwertboot. In weniger als zwei Jahren waren sie entworfen, gezeichnet, gebaut, verbessert und zum Sieg geführt worden.[9] Es ergaben sich in jeder Beziehung grundlegende Veränderungen, die der Erbauer der ersten amerikanischen Werft für schnelle Dampfschiffe neben der enormen Aufbauarbeit vollbrachte. Ein solch geniales Feuerwerk von Ideen, deren jede eine neue nach sich zieht, findet man überall dort, wo ein Mensch die Welt durch die Kraft seines Geistes verändert. Man denke an die letzten Jahre Franz Schuberts oder an die außergewöhnliche Serie von Arbeiten, die Albert Einstein 1905 verfasst hat. Diese überquellende Fruchtbarkeit erscheint höchst selten. Der Segelsport erlebte nur ein derartiges Feuerwerk mit glanzvollen Resultaten.

Zwischen dem 16. Juni und dem 17. August 1891 ging die *Gloriana*, eine der neun 46 Fuß-Yachten, die in jenem Jahr vom Stapel liefen, siebenmal an den Start um genau so oft siegreich die Ziellinie zu passieren. Diese überwältigende Überlegenheit ließ die Chronisten allerlei Vermutungen anstellen. Von allen Yachten hatte nur die *Gloriana* einen weißen Rumpf – sicher zeigte die helle Farbe mehr Bewegung im Wasser um das Schiff – und schon kamen weiße Rümpfe in Mode.[10] Jeder hatte seine eigene Theorie, denn die genauen Linien und Abmessungen des Siegers wurden zuerst nicht bekannt. Man wusste nur, dass bei diesem etwa 21,5 m langen Rumpf die Überhänge 37 Prozent der Länge über alles entsprach, bei der *Thistle* waren es vier Jahre zuvor 25 Prozent gewesen. »Warum siegt die *Gloriana*? Sie ist so gezeichnet, dass die Wasserlinie sich enorm verlängert, wenn sie krängt.«[11] Fasziniert vom Überhang vernachlässigten die Kommentatoren den Rest des Bootes, gemäß dem chinesischen Sprichwort: »Wenn der Finger auf den Mond zeigt, schaut der Dumme den Finger an.« Die Linien der *Gloriana* waren der sichtbare Beweis für den genialen Entwurf des ganzen Schiffes. Der große Überhang vorne, bei ihrem Schwesterschiff achtern, milderte das Stampfen, während zum ersten Mal der Gewichtsschwerpunkt mittschiffs so tief wie möglich gelegt war. Ihr Seeverhalten war einer der Trümpfe der *Gloriana*. »Die Lukendeckel einer Schoneryacht von der doppelten Länge der Wasserlinie der *Gloriana* wurden weggerissen, während deren Deck nur ein bisschen Gischt abbekam und kein einziger Brecher das Deck überspülte.«[12] Um dieses Schiff zu beherrschen, bedurfte es eines starken Vortriebs, einer großen Segelfläche, und zur Bändigung der Segel, brauchte man ausreichend festes Tuch, weil der Gewichtsschwerpunkt so tief wie nur möglich gelegt war. Das war nichts Besonderes, denn man bemühte sich schon länger, diesen Schwerpunkt tiefer zu legen. Aber es gibt solche und solche Bemühungen. Für Herreshoff wurde das Aufspüren von hoch angeordnetem Gewicht zum Heiligen Krieg. Der Mast musste aus Stabilitätsgründen massiv bleiben, aber Baum und Bugspriet wurden ausgehöhlt. Die doppelte Rumpfbeplankung aus sehr leichtem Pinienholz schraubte man auf ein Spantgerüst aus Stahl, was sie fest und strapazierfähig machte. Das bei dieser gründlich durchdachten Konstruktion eingesparte Gewicht konnte in Form von Blei am Kiel befestigt werden, sodass der Ballast 60 Prozent betrug. Zur großen Gewichtsstabilität kam bei der *Gloriana* noch die Formstabilität durch die große Breite in der Wasserlinie. Das ergab eine massive Plattform für die nicht weniger mächtige Takelage. Die Kombination all dieser gründlich durchdachten Einzelheiten war Grundlage für die Siege der *Gloriana*.

Die Gloriana *gewann alle sieben Rennen, bei denen sie 1891 startete. Die erste große Yacht, die nur für Regatten konstruiert war, begründete den Ruhm Herreshoffs.*

Sie gewann noch aus einem anderen Grund, der an die *America* 1851 erinnert; mehr noch als der berühmte Schoner war die *Gloriana* eine reine Rennyacht, auf der alles auf Wettfahrt ausgerichtet war, und wo, im Gegensatz zu den Konkurrentinnen, Komfort und Fahrtensegeln keine Rolle spielten. Die spartanische Zeit der Rennyachten hatte begonnen.

Natürlich stand die *Gloriana* nicht allein auf weiter Flur, denn bei kleineren Schiffen wandte man dieselben Grundsätze schon an. In Frankreich ließ z. B. Caillebotte, der alles nur Mögliche aus seiner *Thomas* herausgeholt hatte, eine Reihe von Booten vom Stapel – die 30 m^2-Yachten des Cercle de la Voile de Paris – deren Linien die von Herreshoff vorwegnahmen.[13] Er hatte ganz einfach den Mut und die Fähigkeit besessen, diese anspruchsvollen Pläne in großem Maßstab zu verwirklichen. Und dabei sollte es nicht bleiben. Im Oktober 1891, drei Monate nach der Siegesserie der *Glo-*

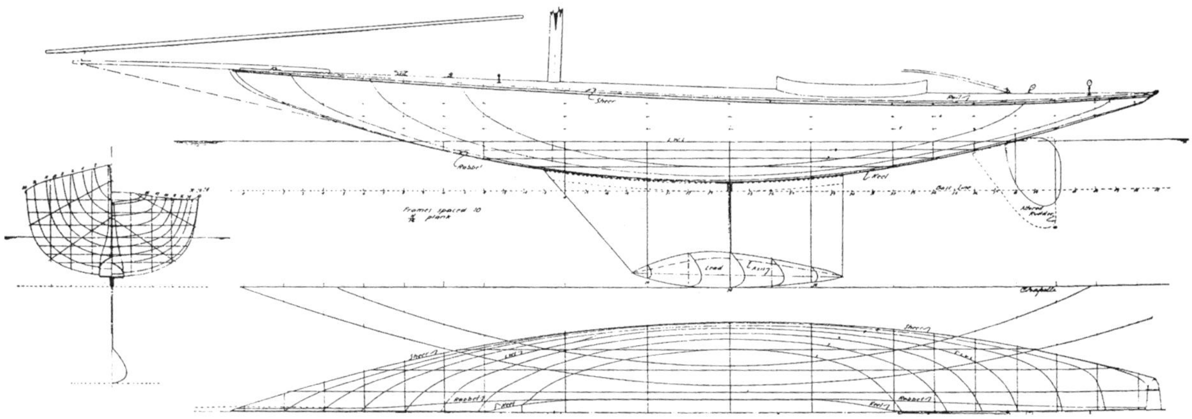

Die Dilemma*: mit diesem Boot schuf Herreshoff die moderne Kielyacht.*

riana, warf der »Magier aus Bristol« einen zweiten Stein ins Wasser, der kleiner war, als der vorhergehende, aber sehr viel mehr Wellen verursachte. Mit der *Dilemma* ließ Herreshoff das erste moderne Kielboot zu Wasser, die Mutter aller bewohnbaren Yachten, die ein Jahrhundert später so zahlreich über die Weltmeere segeln.

Das ganze 19. Jahrhundert hindurch war an einzelnen Konstruktionselementen der Yachten gearbeitet worden: Unter dem Boden des Rumpfes, der die Schwimmfähigkeit garantierte, entstand der Kiel, zuerst nur eine Eisenplatte, die die Abdrift verhindern sollte; der Laderaum wurde nach und nach zum Stauraum für Eisen- oder Bleibarren, und schließlich wanderte der Ballast unter den Kiel. Mit der *Dilemma* gewannen alle diese Funktionen ihre Selbstständigkeit: Der Rumpf sorgte für den Auftrieb, der Kiel, eine dünne Eisenflosse, verhinderte die Abdrift, und für die Gewichtsstabilität wurde ein torpedoförmiger Bleikörper an der tiefsten Stelle des Kiels angebracht. Dieses wulstförmige Gebilde unter dem Schwert versetzte die Öffentlichkeit ebenso in Erstaunen, wie zuvor der Bug der *Gloriana*. Man führte die Leistungen der *Dilemma* darauf zurück, obwohl die geringe Verdrängung und die kleingehaltene benetzte Oberfläche genau so ihren Anteil daran hatten. Auf jeden Fall lancierte die *Dilemma* mit ihrem medienwirksamen (das Wort gab es damals noch nicht) Wurmfortsatz in der Welt der Yachtsegler einen neuen Bootstyp: den Flossenkieler.

Dieser Kiel war – mit oder ohne Wulst – zu einem eigenständigen Teil des Rumpfes geworden. Diese deutliche Unterscheidung war umwälzend, selbst wenn sie durch die Bermuda-Dinghis und die Houaris von Marseille längst vorbereitet worden war. Bei ihnen kam zum »festen Schwert« die andere Eigenschaft der Kielflosse hinzu, die geringe Wasserverdrängung. Allerdings war hier der Unterwasser-Lateralplan nicht durch den Ballast verändert.[14] Als erster hatte 1881 der amerikanische General Garrard öffentlich vorgeschlagen, ein kurzes,

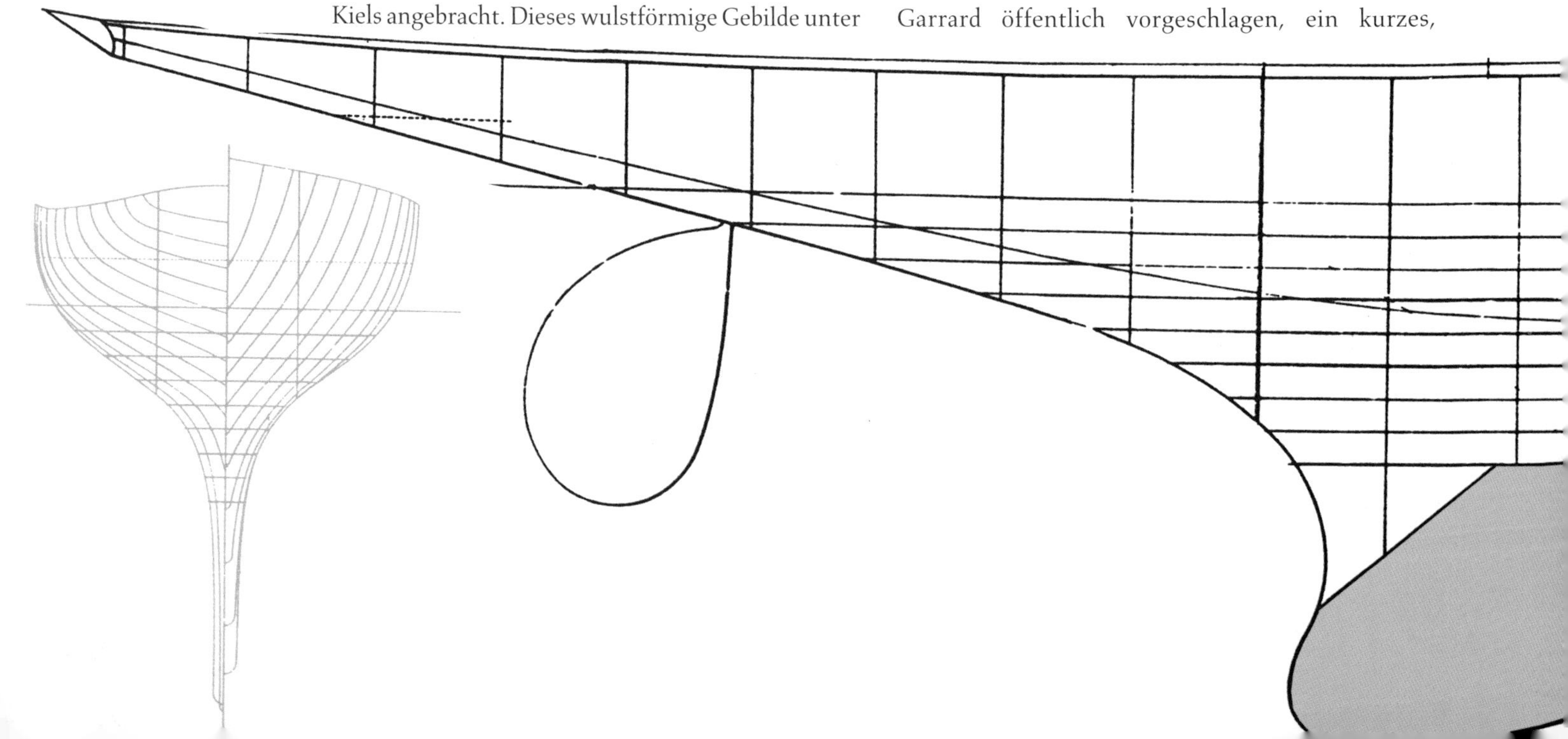

flaches, mit Ballast beschwertes Schwert an einem leichten Schiff zu befestigen. Er hatte unter einem Rumpf ein sehr grobes, dreieckiges, unten verdicktes Stück Gußeisen angebracht. 1884 folgte ihm der Belgier E. Plateau, und 1885 Caillebotte, der damit die erste Regatta der Geschichte mit einer Kielflosse[15] gewann. Keiner von ihnen wusste von der Arbeit der anderen. Sie ahnten auch nicht, dass sie einen Vorgänger hatten, einen Chemiker, der zum Erfinder geworden war. 1872 hatte dieser ein Fahrrad mit einem Verbrennungsmotor ausgerüstet – eines der ersten Motorräder der Geschichte.[16] Er heiratete in Irland und bereiste Europa von Norden nach Süden. Zweifellos sah er die Houaris vor Marseille mit »festem Schwert«. Er kannte alle Entwicklungen im Schiffbau seiner Zeit. Als 1875 und vor allem seit 1877 testete er in der Schweiz, wo er sich niedergelassen hatte, auf einem Alpensee ein Boot mit »festem Schwert« aus Eisen, an dessen Ende ein Bleiklumpen befestigt war. Das Ganze beschäftigte ihn derart, dass er nach achtjährigen Versuchen und allerlei weiteren Erfindungen zu dem Schluss kam, der beste Ort für die Fortsetzung seiner Versuche sei sein Heimatort Bristol, Rhode Island (USA), wo seine Brüder eine gutgehende Werft besaßen. Sie hatten das erste Torpedoboot der Vereinigten Staaten gebaut und mit einem von ihrem Bruder erfundenen Kessel ausgestattet. Die Gesellschaft hieß Herreshoff Manufacturing Co. und der Name des Chemikers war James Herreshoff. Der ältere Bruder, John Brown Herreshoff, war blind, was ihn bei der Besichtigung der *Priscilla* 1886 nicht hinderte, zu sagen: »Ich geh mal runter und seh mir alles an«, wobei er seinen Stock schwang, der eine Maßeinteilung in Zoll und Fuß[17] hatte. Der jüngste Bruder hieß Nathanael Greene Herreshoff, der »Magier aus Bristol«. Mit dem Stapellauf der *Dilemma* schloss sich 1891 der Familienkreis.

Sie war für eine Klasse entworfen, deren größte Länge in der Wasserlinie auf 25 Fuß (7,62 m) begrenzt war. Diese kleinen Schiffe verließen die Buchten nicht, und ihr Verhalten auf offener See war weniger wichtig, als die Geschwindigkeit. Herreshoff hatte daher einen Rumpf mit relativ kurzer Wasserlinie und ausgeprägten, aber niedrig liegenden Überhängen entworfen, dessen wirksame Wasserlinie bei Krängung länger wurde. Mit anderen Worten: wenn das aufgerichtete Schiff still lag, war die Wasserlinie kürzer, als wenn die *Dilemma* in Bewegung war. Nebensächlich? Keineswegs! Die Vermessung[18] jener Zeit berücksichtigte nur die Segelfläche und die Länge der Wasserlinie. Wenn er letztere verkürzte, ohne dadurch die Geschwindigkeit zu beschränken, gewann Herreshoff in zweierlei Hinsicht, indem er die relative Leistung vergrößerte und gleichzeitig die Einstufung bei Regatten vergünstigte.

Der Erfolg war sicher, zumal diese lineare Formel, die nur die Länge der Wasserlinie und die Segelfläche berücksichtigte, auch in Großbritannien aufkam. Einen Monat nach dem Stapellauf der *Dilemma* bestellte ein schottischer Sportsegler aus Glasgow eine ähnliche Yacht, die sein vom heimischen Konstrukteur George L. Watson entworfenes Boot ersetzen sollte. Der Erfolg von Herreshoff war

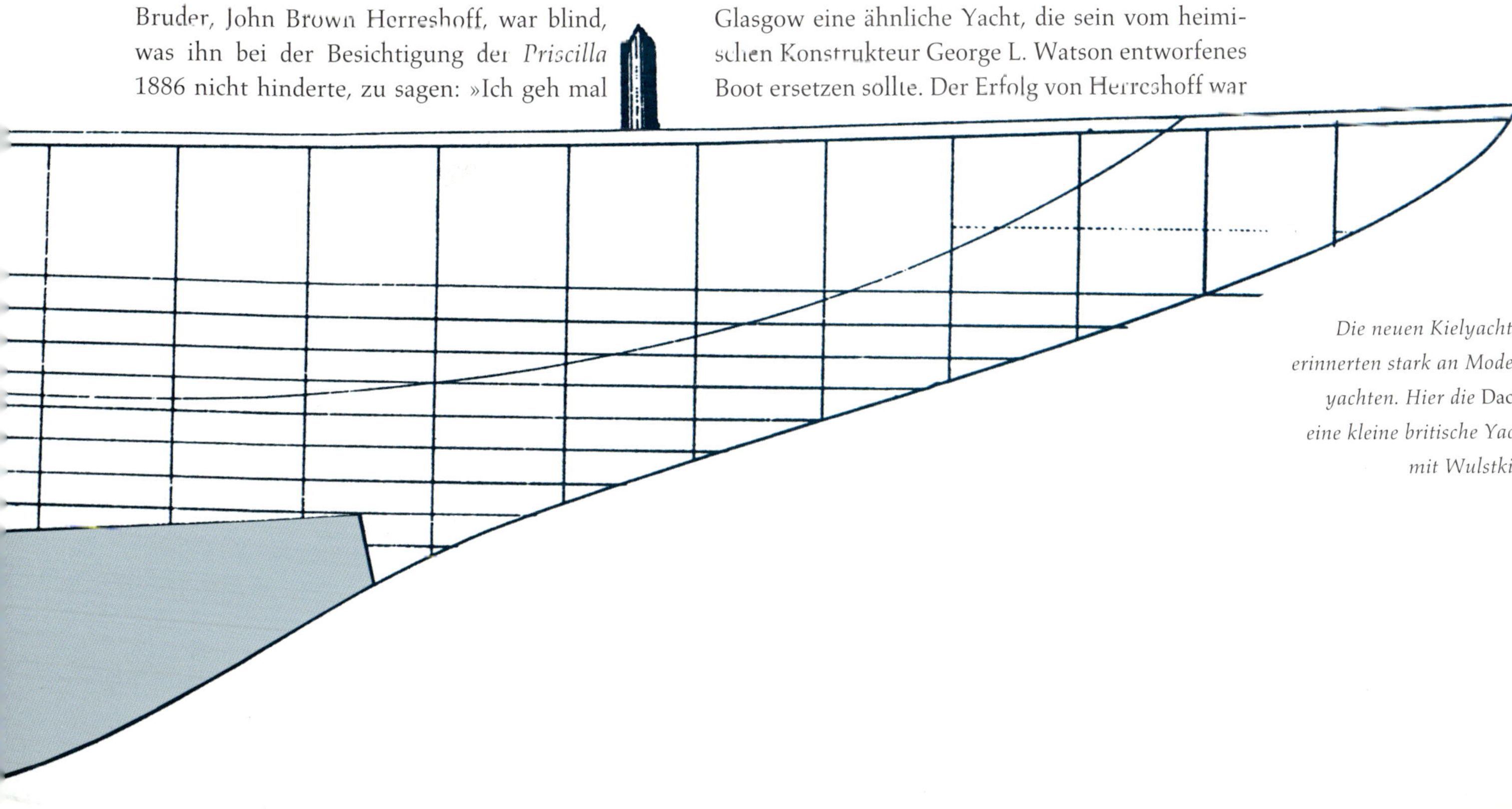

Die neuen Kielyachten erinnerten stark an Modellyachten. Hier die Dacia, *eine kleine britische Yacht mit Wulstkiel.*

nicht auf die Ufer des Clyde begrenzt, sondern erstrahlte auch auf dem Solent, wo die Legende der *America* entstanden war. Dort gewann ein kleines, von dem Amerikaner entworfenes Boot, ein Half-Rater, alle Preise und rechtfertigte so den Namen, den ihm Miss Sutton, seine Besitzerin, gegeben hatte: *Wee Winn* (Wir siegen). Der von den Amerikanern entwickelte Wulstkiel trat an die Stelle der bisher in Großbritannien bevorzugten Kiele. Angesichts dieser Überlegenheit hätten die britischen Autoritäten, wie es schon 1853 mit dem Schwert geschehen war, den neuen Typ kurzerhand verbieten können. Zwar stellten die britischen Clubs Nachforschungen über die für sie ungünstigen Chancen der neuen Formel an, aber die übergeordnete Organisation, die Yacht Racing Association, unternahm nichts.

Dafür hatte sie zwei Gründe. Zunächst wurde der Wulstkiel nur bei kleinen Booten verwandt, kleine Fische! Außerdem konnte die Erfindung auch britisch sein. Dieser James Herreshoff hatte seine Versuche in der Schweiz gemacht, so what? Das erste mit einem Wulst ausgestattete Schiff war 1880 britisch gewesen. Bental, der Amateur, der die berühmte *Jullanar* entworfen hatte, wollte die benetzte Oberfläche noch weiter verkleinern und verringerte das schon recht feine Profil der *Jullanar*, sodass unter dem Rumpf ein gut sichtbarer Wurmfortsatz erschien: Der erste »fin keel«. Wie seine Zeitgenossen, die durch die stupide, damals übliche Bestrafung der Breite angeregt wurden, war Bental überzeugt, der schmale Rumpf der *Jullanar* sei die Grundlage ihrer guten Eigenschaften. Nun wollte man die *Jullanar* noch übertreffen, aber nachdem die *Evolution* zu Wasser gelassen worden war, zeigte sich ihr katastrophaler Mangel an Stabilität, und der Kiel war zu schmal, als dass man Ballast daran hätte anbringen können. Man befestigte – erfolglos – an

Die Alpha, *das erste Schwertboot, dessen Stabilität nur durch das Gewicht der Mannschaft sicher gestellt wurde.*

Charlie Barr 1893 am Ruder der Vigilant, *nachdem er kurz zuvor auf der* Alpha *ziemlich nass geworden war.*

beiden Seiten des Kiels halbe Torpedos aus Blei. Die *Evolution* war ein Flop, weil man sich für die Stabilität ausschließlich auf den Ballast verlassen hatte. Zwar war die erste Yacht mit Wulstkiel tatsächlich englisch gewesen, aber ihr fehlten wesentliche Bestandteile, die die Engländer stets vernachlässigt hatten: das von Herreshoff und seinen Nachahmern verfolgte Konzept einer leichteren Bauweise und die Formstabilität.

In England übernahmen J. M. Soper aus Southampton und vor allem Sibbick aus Cowes das amerikanische Konzept. »Ende Juli (1894) bestellte Herr E. Tirard, ein bekannter Yachtsegler und Besitzer der Dampfyacht *Ondine*, bei Herrn Sibbick aus Cowes eine Yacht von einer Tonne, die *Petit Poucet*. Zwei Wochen später war das Boot fertig, was nicht weiter erstaunlich ist, wenn man weiß, dass Herr Sibbick auf seiner Werft alles Holz vorgefertigt liegen hat, zugeschnittene Kiele, Spieren in etwa der richtigen Länge und dergleichen, mit anderen Worten: er ist darauf eingestellt, sehr schnell Boote mit kleiner Tonnage zu liefern. Diese Spezialisierung hat ihm schon große Erfolge bei Regatten beschert.«[19] Der Wulstkiel verbreitete sich in Windeseile in Amerika und England, aber auch in Frankreich, Deutschland und Skandinavien, sogar in Österreich. Die rasche Überlegenheit eines neuen Schiffstyps zwang die Clubs schon 1895, für die Rennyachten Wettfahrten zu veranstalten.

»Wenn man heute mit einiger Aussicht auf Erfolg mit Booten von 3 Tonnen bis hin zu 20 Tonnen Regatten segeln will, muss man ohne lange zu überlegen einen Flossenkieler bauen lassen, denn dieser Typ ist auf allen Revieren und bei jedem Wetter am schnellsten.«

Als sei das nicht ausreichend, machte sich auch der Einfluss des dritten Bootes von Herreshoff bemerkbar, das er während der schicksalhaften 18 Monate 1891–1892 entworfen hatte. Das Segelboot hieß *Alpha* und war denkbar einfach gebaut. Es war eine Art breitere *Dilemma*; statt des festen Kiels hatte sie ein Schwert, und man hatte auf den torpedoförmigen Bleiballast verzichtet. Das Boot segelte nicht aufrecht, das war zumindest der erste Eindruck von Charlie Barr, dem jungen schottischen Skipper, der zum Ablegen die Fock backhielt, wie man es ihm beigebracht hatte, und sich sogleich neben seinem gekenterten Boot im Wasser wieder fand. Herreshoff erklärte ihm, dass das Gewicht der Mannschaft als Ballast diente und dass sie sich in Luv außenbords lehnen müssten, um den Rumpf aufrecht zu halten. Das war ziemlich akrobatisch, aber das Boot segelte viel schneller, weil es ohne Ballast unglaublich leicht war. Die *Alpha* war die erste Segeljolle wie wir sie heute kennen. Ab sofort musste man mit diesen kleinen Segelbooten rechnen, sie blieben nicht länger den Reichen vorbehalten, verlangten Körperkraft und Geschicklichkeit. Sie waren schnell, allerdings nicht so schnell, wie die flachen Boote, die Scows, die Herreshoff 1896 kreierte. So hatte der »Magier aus Bristol« die Rennsegler aller Größen revolutioniert, die kleinen (*Alpha*), mittleren (*Dilemma*) und großen (*Gloriana*).

»Ich weiß noch, wie wir uns daran gewöhnt hatten, immer wieder bei Windstille bewegungslos dazuliegen, und wie schwierig und anstrengend es war, bei wenig Wind gegen den Gezeitenstrom zu wenden. Plötzlich erschienen die *Britannia* und die anderen, und die Wettfahrten verliefen völlig anders. Innerhalb von zwei oder drei Jahren lernten wir, bei kräftiger Brise am Wind zwei- oder dreimal so schnell zu segeln, wie vorher.«[20] Das war der große Schritt vorwärts.

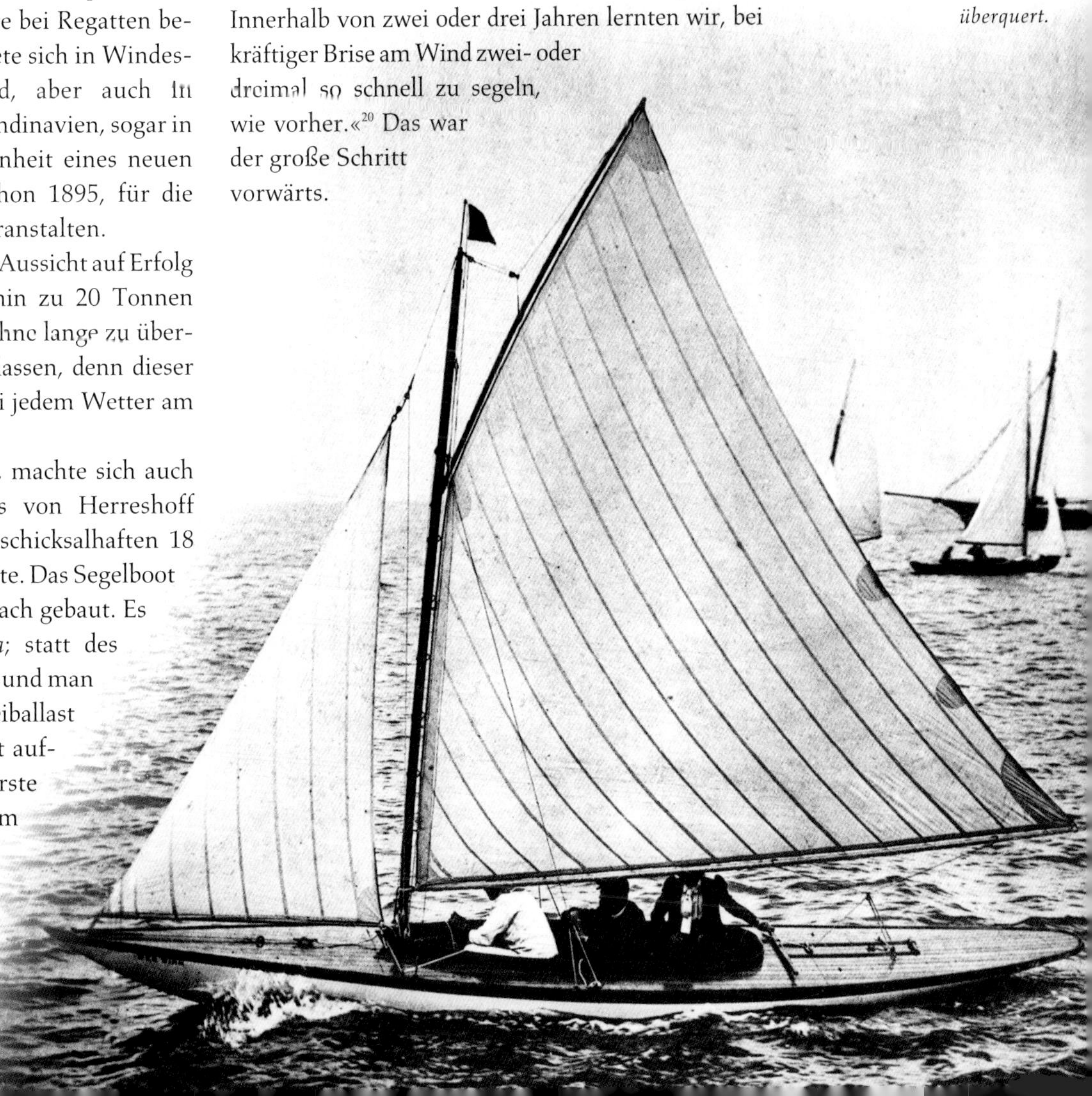

Wee Win *vor Cowes: innerhalb weniger Wochen hatte der neue Typ von Herreshoff den Atlantik überquert.*

Die Gegenrevolution

1892–1906

»Nichts ist schwieriger anzugehen und gefährlicher durchzuführen, nirgends ist der Erfolg unsicherer, als wenn man sich zum Vorreiter einer neuen Ordnung macht und der Erneuerer all jene zu Feinden hat, die unter den alten Bedingungen gute Arbeit geleistet haben.«

Niccolò Machiavelli, Der Fürst

Lord Dunraven, der britische Herausforderer für den Cup 1893 und 1895. Ihm wurde 1896 die Ehrenmitgliedschaft des New York Yacht Club entzogen, weil er die Defender des Betrugs beschuldigt hatte.

Im Jahre 1893 versuchte Lord Dunraven, den America's Cup nach England zu holen. Um dessen von Watson entworfene *Valkyrie II* zu schlagen, ließen die Amerikaner als Cup-Verteidiger nicht weniger als vier Boote bauen. Der zwei Jahre zuvor noch praktisch unbekannte Herreshoff sicherte sich den Löwenanteil, indem er die Pläne für die *Colonia* und den späteren Sieger, die *Vigilant*, entwarf. Das war ein Schritt vorwärts, dieses Mal auf dem Gebiet der Konstruktion. Die Außenhaut bestand über Wasser aus Stahlplatten, unter Wasser verwendete man Bronze. Die vor dem Stapellauf polierten Bronzeplatten verliehen in dieser Zeit vor den bewuchsverhindernden Schutzanstrichen, als nur Kupfer und Bronze Algen- und Muschelbewuchs unterbinden konnten, dem Rumpf der *Vigilant* ein Gleitvermögen, das mit den klassischen Baumaterialien nicht zu erreichen war.

Dem Bau dieser Segelmaschinen, bei denen Gewichtsersparnis plötzlich zum herausragenden Merkmal wurde, widmete man Qualität und Verfahren wachsende Aufmerksamkeit. Um das Aufstellen des Spantgerüsts und die Rumpfbeplankung zu erleichtern, ließ Herreshoff die Boote kieloben bauen. Die Diagonalbauweise der Rumpfe setzte sich allgemein durch, weil sie auf diese Weise leichtere Spanten benötigten, widerstandsfähiger wurden und den Kräften, die bei den kurzen und tiefen Kielen auftraten, besser gewachsen waren. Bei den kleinen Booten wurden die Spanten durch Stahlverbände verstärkt, die Decks konnten leichter ausgeführt werden, und um sie dicht zu bekommen, bespannte man diese mit Segeltuch.

Keine Lösung schien zu radikal zu sein. 1893 galt Aluminium als modernster Werkstoff. Als es 1827 zum ersten Mal gewonnen wurde, war es noch ungeeignet für jede industrielle Verwendung; erst 1854 entwickelte der französische Chemiker Henri Etienne Sainte-Claire Deville ein technisches Verfahren, das aber noch so teuer war, dass Napoleon III. Gedecke aus diesem wertvollen Metall nur besonderen Gästen vorbehielt. Ein halbes Jahrhundert später waren Bestecke für die Soldaten im Feld aus Aluminium. 1886 entwickelten Charles M. Hall in den Vereinigten Staaten und Paul L. T. Héroult in Frankreich unabhängig voneinander gleichzeitig mit Hilfe der Schmelzflusselektrolyse und sehr viel elektrischer

Vigilant, die »bronzene Schönheit«, die als erster Entwurf Herreshoffs den Cup 1893 gewonnen hat (linke Seite).

Die erste Aluminium-Segelyacht, die Vendenesse. *Der Bau musste unterbrochen werden, weil die Wasserkraftwerke wegen einer Dürreperiode nicht genügend Strom zur Herstellung des Leichtmetalls produzierten.*

Energie ein industrielles Herstellungsverfahren. Durch das Gesteinsvorkommen in Les Baux-de-Provence, das dem Mineral Bauxit seinen Namen gab, und durch die Wissenschaftler Sainte-Claire Deville, Hall und Héroult, die es nutzbar machten, war Frankreich eng in die Entwicklung und Verbreitung dieses Metalls eingebunden, das der Flieger Louis P. Mouillard folgendermaßen definierte: »Es ist widerstandsfähig, wie Eisen, und leicht, wie Porzellan. Ich habe große Klumpen gewogen, die eigenartig leicht waren. Man ist verwirrt, wenn man sie hochhebt.«[21]

Die ersten drei Aluminiumrümpfe entstanden allerdings auf der auf Binnenschiffe spezialisierten schweizerischen Werft Escher-Wyss. Das erste 5,50 m lange Boot lief 1890 vom Stapel und wurde in Frankfurt am Main auf einer Ausstellung gezeigt; ein zweites, ähnliches Boot war mit einem Leichtbenzin-Heizkessel ausgestattet; das Dritte, die *Mignon,* war eine 12 m-Dampfyacht für den Chemiker und Dynamit-Industriellen Alfred Nobel. Zur weiteren Verminderung des Gewichts dieses leichtesten Rumpfs der Welt wurde der bewegliche Schornstein aus sehr eng geflochtenem, mit undurchlässiger Farbe bestrichenem Weidenrohr hergestellt, eine aus dem Luftschiffbau übernommene Technik.

Der französische Ingenieur Victor Guilloux, Verfechter des neuen Leichtmeralls und Chronist all dieser Versuche[22], brachte schließlich den Grafen Jean de Chabannes de La Palice[23] dazu, seine nächste Regattayacht aus Aluminium bauen zu lassen. Der Rumpf sollte 40 Prozent weniger wiegen, als ein klassischer Holzrumpf. Aber das neue Material hatte die Kinderkrankheiten noch nicht überwunden. Nicht nur, dass es 2 Prozent Fremdbestandteile enthielt, es war auch so weich, dass man zum Härten 6 Prozent Kupfer[24] hinzufügen musste, dessen Folgen sich bald zeigten. Dann musste der Bau wegen einer Dürreperiode unterbrochen werden, denn die Stauseen waren ausgetrocknet und die Wasserkraftwerke konnten nicht genug Strom produzieren, um das Mineral zu Leichtmetall zu machen; und weil das Aluminium so kostbar war, gab es keinen Vorrat. Schließlich lief die erste Aluminium-Segelyacht der Geschichte am 6. Dezember 1893 vom Stapel und wurde auf den Namen *Vendenesse* getauft. Der Rumpf hatte eine Länge von 17,40 m über Deck und 12 m in der Wasserlinie und hatte einen Anteil von nur 18,5 Prozent am Gesamtgewicht. Mit dem Spantgerüst aus Stahl, der Aluminium-Außenhaut und dem Decksbelag aus Linoleum[25] war es die modernste Yacht der Welt.

Eine Ausnahme bildete der Riss, denn die *Vendenesse* glich im Längsprofil der *Gloriana* und im

Querschnitt der *Thistle*. Sie war näher an einem Kutter als am Flossenkieler. Anstatt das Aluminium zu nutzen, um des Boot leichter zu machen, hatte der Schiffbauer den Ballast in einem Maße vergrößert, das man seit der unglücklichen *Oona* nicht mehr gesehen hatte. Die *Vendenesse* war zu schwer für ihre Segelfläche oder zu gering besegelt für ihre Gewichtsstabilität. Sie war nicht schnell genug um zu siegen. Während er die Vorteile des Aluminiums nicht nutzen konnte, musste Graf de Chabannes de La Palice die Nachteile ertragen. Nach drei Monaten Liegezeit im Handelshafen von Le Havre zeigte der Aluminiumrumpf der Yacht tiefe Spuren der galvanischen Korrosion an den Stellen, wo der schützende Lack abgesprungen war. Saure Abwässer von den Färbereien liefen in das Hafenbecken, und da die *Vendenesse* neben einem Schoner mit kupferbeschlagenem Unterwasserschiff lag, löste sich durch Korrosion das Aluminium von der *Vendenesse* und setzte sich an ihrem Nachbarn ab. Die Franzosen wiederholten das Experiment nicht und überließen es den Deutschen, noch vor Ende des Jahrhunderts vier Rennyachten aus Aluminium zu bauen.

Das Ganze hatte noch eine andere Folge. Ende 1894 bat ein amerikanischer Gentleman, der eigens aus New York angereist war, die *Vendenesse* untersuchen zu dürfen. Sein Name war C. Oliver Iselin (Esq.); er hatte eine kräftige Nase, Grübchen im Kinn und einen eindrucksvollen Schnurrbart. Er sah großzügig aus, und der Eindruck trog nicht. Zusammen mit seinen Freunden William K. Vanderbilt und J. Pierpont Morgan finanzierte er ein neues Schiff, auf dem im Hinblick auf den nächsten America's Cup Nathanael Herreshoff tätig war.

Der berühmte Schiffbauer aus Bristol wollte mehr Leistung, mehr Segelfläche, mehr Stabilität, aber auf gar keinen Fall mehr Gewicht. Es gab nur eine Lösung: Das Gewicht musste so tief wie möglich gelegt werden. Der Kiel sollte aus Blei sein, dem damals schwersten Material, das Unterwasserschiff wegen der besseren Gleitfähigkeit aus Bronze, wie auf der *Vigilant*. Nun musste er die Aufbauten leichter machen. Alles, was sich über der Wasserlinie befand, sollte aus Aluminium sein. Ob sich das realisieren ließ? Die Syndikatsmitglieder verlangten eine Konstruktion aus Aluminium, daher ihr Besuch auf der *Vendenesse*, nach dem sie ihre Zustimmung gaben. Tatsächlich besetzen Aluminium und Bronze das entgegengesetzte Ende der Spannungsreihe der Elemente, was sie zu Feinden macht: In salziger Lösung setzen sich die unedlen Aluminium-Ionen auf dem in der Bronze enthaltenen edlen Kupfer ab, wodurch das Schiff sich auflöst wie Zucker im Kaffee. Aber selbst wenn die 140 Tonnen der *Defender* sich langsam selbst zerstören und das Aluminium sich zersetzen würde, selbst wenn das Schiff verschrottet werden müsste, bevor es die galvanische Korrosion täte: der Sieg musste her, koste es, was es wolle. Da der Schwerpunkt durch diese raffinierte Konstruktion – im wahrsten Sinne des Wortes selbstauflösend – tief gelegt worden war, konnte der amerikanische Champion mehr Segel setzen, obwohl das Gewicht des Bootes geringer war, als das der englischen *Valkyrie III*. Sie wurde geschlagen, wie zwei Jahr zuvor die *Valkyrie II*.

Aluminium brachte aber nicht die gewünschte Lösung. 1893 brachen die Aluminium-Blöcke der *Jubilee*, einer der Anwärterinnen auf die America's Cup-Verteidigung, und 1894 »schmolz« die *Vendenesse*. Die *Defender* hatte während ihres kurzen Lebens ständig Probleme. Den vier deutschen Rennyachten war, genau wie dem letzten, aus Aluminium für das Deck und Bronze für die Außenhaut gebauten Schiff, der *Independence*, kein langes Leben beschieden. Außerdem löste die Konstruktion, so durchdacht sie war, nicht alle Probleme.

Beweis dafür ist die *Vigilant*, die im Glanz ihres Sieges im America's Cup 1893 im Jahr darauf den Versuch unternahm, die Briten in ihren eigenen Gewässern zu schlagen. Dabei hatte die »bronzene Schönheit« zwei Nachteile: die Amerikaner sahen sich gleichzeitig konfrontiert mit der britischen Vermessung und der *Britannia*, dem Meisterstück von George Lennox Watson.

Es handelte sich dabei um die neue Yacht von H.R.H.[26] dem Prince of Wales, Sohn Ihrer Majestät, der Königin Victoria und Thronfolger, der sich eine königliche Rennyacht hatte bauen lassen. Allein der Großbaum war 27,74 m lang, und alles andere war dementsprechend dimensioniert. Aber »als ich an Bord kam, war ich erstaunt, wie einfach seine Kabine war. Es gab nichts Luxuriöses, nur poliertes Mahagoni und weiße Farben. Die Wände waren mit handgewebten Teppichen ge-

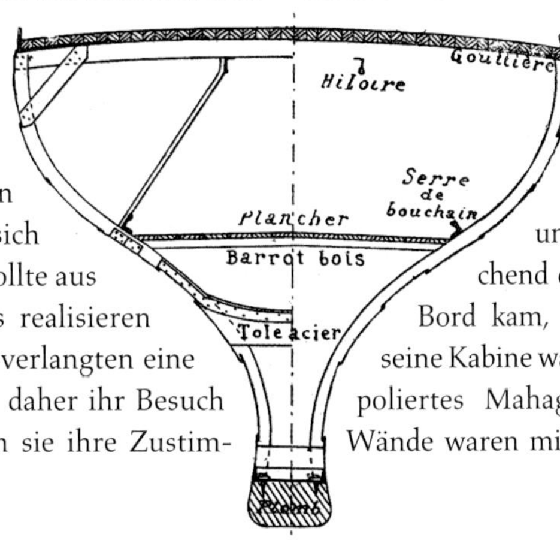

Querschnitt der Defender. *Die Spanten waren aus Stahl.*

Defender, *das schwimmende galvanische Element. Das Aluminium der Außenhaut setzte sich durch galvanische Korrosion auf der Bronze des Unterwasserschiffs ab. Trotzdem gewann sie ohne zu mogeln den America's Cup 1895.*

schmückt, die Vorhänge waren aus weißer Seide. Der einzige Luxus war ein Piano aus glänzendem Holz. Rapsöl-Lampen erleuchteten den Salon, während die einzige Beleuchtung der Kabinen von Kerzen herrührten, deren Halterungen an den Paneelen befestigt waren«.[27] Der einzige Luxus der Kabine war ein Schreibtisch, in den die Wappen der drei Königreiche[28] geschnitzt waren, und eine Badewanne, die der eindrucksvollen Größe des Prinzen entsprach.

Mit dem Auftrag für eine großen Kielyacht verlieh der zukünftige König Edward V. dem neuen Typ königliche Weihen, was umso bedenklicher erschien, da Kielyachten bisher nur kleine Boote waren und sich nun mit den großen messen sollten. Ihr Erscheinen erregte einen Skandal. Der Rumpf der edelsten Yacht des Königreichs hatte einen Löffelbug, wie bei der *Dilemma*, während der größte Teil der Yachten noch einen konkav nach vorn ausladenden Klippersteven hatte, wie die großen Handelssegler. Die Gemüter waren damals noch nicht reif für einen solchen Wandel. Watson selbst gab zu, dass »die kommende Generation von Yachteignern den Rumpf der *Britannia* vielleicht mit Gefallen betrachten könnte, obwohl mir das unwahrscheinlich scheint«.[29] Dreißig Jahre später galt die *Britannia* unbestritten als Urbild aller Yachten. Die lange Karriere des von Watson entworfenen Risses war ungewöhnlich: vom Stapellauf 1893 bis zum Untergang nach dem Tod König Georgs V. 1936 gewann die *Britannia* 365 der 630 Regatten, an denen sie teilnahm. Allerdings drohte der Karriere das Aus wegen des zweiten Handicaps, dem die *Vigilant* sich stellen musste, als die beiden großen Rennyachten 1894 aufeinander trafen: der Vermessung.

Für die »bronzene Schönheit« der Amerikaner war die Sache einfach: die englische Vermessung bewertete die Segelfläche höher, als die amerikani-

sche Vermessung. Und da die *Vigilant* 111 teure Quadratmeter mehr besaß, als die *Britannia*, musste sie 45 Sekunden pro Stunde an die Yacht des Prinzen abgeben. Und die Yacht aus den USA war nicht das einzige Opfer: Diese verrückte Vermessung sollte den Niedergang der ganzen Big Class der Briten verursachen.

Es ist zweifellos höchste Zeit, das Wirken dieser Formel zu untersuchen, über die quasi gottgegebene Vermessungsformel zu sprechen, wenn sie auch »ex machina« kam. Der fast religiöse Nimbus der Vermessungsformel ist unbestreitbar. Man erwartete von ihr das Wunder, das Boote unterschiedlicher Formen und Proportionen gegeneinander segeln können. Die Mitglieder des zuständigen Komitees, die sich gegenseitig aus der Yacht Racing Association, dem New York Yacht Club oder der Union des Yachts Français wählten[30], bildeten eine Oligarchie, deren Einfluss in keinem rechten Zusammenhang mit ihrem repräsentativen Charakter stand. Sie waren allmächtig. Sie brauchten nur ein Formelglied zu ändern, und schon fiel eine ganze Bootsklasse

Die Britannia *40 Jahre nach ihrem Stapellauf im Solent. Man hatte sie 1931 mit einem Bermuda-Rigg ausgestattet (Gemälde von Norman Wilkinson, 1930er-Jahre).*

heraus. Ihr Credo war ein einfacher Text – die Vermessungsformel – und dessen komplizierte Auslegung, mit der die Art und Weise, wie die Maße ermittelt werden mussten, definiert wurde. Dieser Zauber wirkte nur so lange, wie die Anhänger an ihn glaubten. Wenn das erwartete Wunder allzu deutlich misslang, galt die Devise: Der König ist tot, es lebe der König! Die Entflechtung dieses Durcheinanders im Jahre 1906 hatte etwas Demokratisches. Sie war das Werk der alten Herren des vorangegangenen Regimes, die wieder Funktionen und Einfluss hatten. Der britische Generalsekretär, während dessen 30-jähriger Tätigkeit es vier unterschiedliche Vermessungsformeln gegeben hat, hieß Brooke Heckstall-Smith.

Die etablierten Funktionäre der britischen Verbände hatten nicht mit der Wimper gezuckt, als plötzlich die kleinen Kielyachten auftauchten, aber das Erscheinen der *Britannia* traf sie hart, weil diese sich zu wenig um die Meister scherte. Man musste etwas unternehmen, beim Jupiter! Also änderten sie die Vermessungsformel und bestraften das geringe Gewicht des verhassten Typs, um ihn zum Verschwinden zu bringen. Leider konnte man den Fortschritt nicht rückgängig machen, denn die Kielyachten waren mit oder ohne Vorteil nach der Vermessungsformel ein echter Fortschritt. Unbeirrbar dominierten sie bei den kleinen Booten. Und die Besitzer der großen Boote, allen voran der Prince of Wales, die es skandalös fanden, dass man ihre Yachten trotz der hohen Anschaffungskosten aussonderte, gaben das Regattasegeln auf. Die *Britannia* wurde verkauft[31], und die Big Class verschwand. Das war schon erstaunlich, denn nie zuvor seit 1893 war diese Klasse so aktiv gewesen mit mehreren Neubauten. Ihr glühendster Verfechter war der Erbe des Empires, vormals Commodore der Royal Yacht Squadron. Trotzdem konnte eine Handvoll Eingeweihter mit einem Federstrich alles auslöschen. In einer visionären Karikatur, die das darstellte, was die Welt danach noch so häufig erleben sollte, zog die Bürokratie den toten Patienten dem kranken vor und opferte so die Wünsche der Sportler auf dem Altar der Theorie.

Die Theorie besagte, dass man fern aller Wissenschaft die Vermessungsformel zu einem Mittel im Interesse der Leistung machen solle. Zum Beispiel wurde die neue englische Vermessungsformel »Linear Rating« von 1896 über alle Maßen kompliziert, sie enthielt alles, bis auf das Alter des Kapitäns.[32] Zehn Jahre zuvor hatten die britischen Segler noch unter der groben Vereinfachung der Vermessung des Raumgehaltes gelitten (mit »einer Dimension«). Das sollte 1886 durch die Berücksichtigung der Segelfläche geregelt werden (mit »zwei Dimensionen«, weil sowohl die Länge in der Wasserlinie als auch die Segelfläche berücksichtigt wurden). Da das erwartete Wunder nicht eintrat, ging man zur »dreidimensionalen« Vermessung über, die Länge, Segelfläche, Raumgehalt und andere Größen einbezog. Das ganze komplizierte Gebilde war nicht auf englischem Mist gewachsen, sondern Ergebnis der sündigen Liebe zwischen einer französischen Idee und der Entwicklung eines dänischen Apothekers.

Der Apotheker hieß Alfred Benzon und kam als erster zum Zug. 1880 hatte er eine großartige Idee, wie man die Wasserverdrängung eines Bootes messen könne, dessen Länge und Breite, zwei einfach zu bestimmende Größen, bekannt waren. Man brauchte nur den Umfang des Querschnitts in Höhe des Hauptspant zu ermitteln in dem man eine Kette querschiffs um den Rumpf spannte und diese Messung zu wiederholen, indem man die Kette an der Stelle erneut spannte, wo der Rumpf am Ansatz des Kiels schmaler wurde. Je leichter das Boot, desto stärker eingezogen der Querschnitt und desto größer die Differenz zwischen den beiden Messungen. Das ließ sich schneller ausmessen, als der Schmiegenumfang des Hauptspants, und ermöglichte, die Wasserverdrängung zu vergleichen, ohne sie berechnet zu haben. Das Ermitteln des Kettenumfangs war für die Franzosen ebenso einfach wie für die Briten die Ermittlung der Differenz zwischen den Messungen. Beides diente dazu, die Vermesser zu befriedigen und war ausreichend undurchschaubar, um den durchschnittlichen Yachtsegler zu beeindrucken. Der Cercle de la Voile de Paris unter seinem Präsidenten Caillebotte gehörte zu den ersten, die 1882[33] die Idee des dänischen Apothekers umsetzten. Sie war 1886[34] Grundlage der ersten nationalen französischen Vermessungsformel. Caillebotte hatte sich für die Einführung der Formel in ganz Frankreich eingesetzt. Er wollte, dass die Segelfläche die Grundlage bildete, wie bei den Amerikanern und Briten, aber der Congrès National des Sociétés Nautiques lehnte diesen Vorschlag genauso ab, wie den seines Gegenspielers Sahuqué aus Bordeaux. Die neu entstandene Einheit der französischen Clubs lief Gefahr, zu platzen. Um die Geister zu besänftigen und nach einigen Berechnungen auf dem traditionellen Briefumschlag akzeptierte Caillebotte die gegnerische Formel, veränderte sie etwas und ließ darüber abstimmen. Es war eine Vermessung nach Raumgehalt, deren Nachteile Caillebotte wohl bewusst waren. Obgleich er mit dieser Vermessungsformel seine schönsten Erfolge errang[35], war er immer darauf bedacht, eine Vermessungsformel nach Segelfläche einzuführen. 1889 ließ er vom Cercle de la Voile de Paris eine Versuchsreihe genehmigen, deren einzige Beschränkung hieß: Nicht mehr als 30 m^2 Segelfläche. Diese 30 m^2-CVP (Cercle de la Voile de Paris), die erste Bootsklasse der Welt nach einem Kriterium, zeigten anmutige Linien, waren gut gebaut und leicht manövrierbar. Ihre Leistungen öffneten den Franzosen die Augen: die Segelfläche war wirklich ein wichtiger Parameter, wovon der Rest der Welt schon seit zehn Jahren überzeugt war. 1892 musste die französische Vermessungsformel geändert werden.[36] Caillebotte legte das Schwergewicht auf die Segelfläche, wusste aber gut, dass seine extreme Lösung nicht akzeptiert werden würde. Unter der Hand schlug Godinet, einer seiner Schützlinge, der im Jahr darauf die *Vendenesse* entwarf, eine Formel vor, die auf der basierte, die sein Meister 1886 zum Erfolg geführt hatte: eine Vermessung auf der Basis von Raumgehalt und Kettenumfang plus Segelfläche. Die Union des Yachts Français akzeptierte 1892 diese erste »dreidimensionale Vermessung«[37], danach wurde sie von den Schweizern, den Russen, Belgiern, Spaniern, Dänen und Deutschen[38] übernommen. Es war die erste internationale Vermessungsformel der Geschichte.[39]

Sie wurde den Booten mit geringer Wasserverdrängung eher gerecht, als die übrigen Formeln. Die Briten, die ihr sehr kritisch gegenüber standen, übernahmen das Prinzip der drei Dimensionen, fügten aber allerlei komplizierte Einzelheiten hinzu, die zu dieser Spitzennation des Yachtsegelns passten. So entstand die Vermessungsformel von 1896, die der *Britannia* und ihren Zeitgenossen zum Schicksal wurde. Sie war ein vollkommenes Beispiel für den Aphorismus, der besagt »dass die typische Vermessungsformel ein Ragout aus Theorie, Erfahrung, gesundem Menschenverstand, Eigennutz und Gefühl ist, alles in einen Topf geworfen und zu einer vorher festgelegten Zeit serviert, egal ob das Ragout gar ist oder nicht«[40].

Amerika beteiligte sich nicht an diesen großen europäischen Manövern. Zwar wusste man davon, und man war unzufrieden mit der Situation, in der die neuen Boote in unzulässiger Weise bevorzugt wurden; aber man konnte nicht gut die Schwachstellen der Vermessungsformel nach zwei Dimensionen (Länge in der Wasserlinie + Segelfläche) ignorieren, die der Seawanhaka Corinthian Yacht Club 1883 eingeführt hatte. Allerdings hatten diese Lücken drei Vorteile. Erstens wurden die Amerikaner, die seit Generationen mit schwachen Winden unter ihrer Ostküste segelten, dieser neuen Boote nicht müde, die bei gutem Wetter so schnell waren. Zweitens gab es gegen Ende des Jahrhunderts

Die französische Vermessungsformel von 1892 berücksichtigte als erste drei Dimensionen: Länge, Raumgehalt und Segelfläche, und hatte als erste international Erfolg. Die so genannte »Godinet-Vermessung« bestrafte noch den Freibord, wie man auf diesem neuen Foto der Vétille *sehen kann. Das älteste, noch segelnde französische Klassenboot steht unter Denkmalschutz und gehört der Vereinigung »Amerami«.*

Mit den ersten Scows, hier die Tecumseh, *wurde in Leichtbauweise, mit geringer Seitenhöhe und extremer Breite sowie einem rechteckigen Wasserlinienverlauf, ein echter »Formelschinder« gebaut.*

einen wirtschaftlichen Aufschwung[41], der sich auf das Yachtsegeln auswirkte, sodass die Neuankömmlinge bald zahlreicher waren, als die Alteingesessenen, die sich nicht ohne Grund über die völlig unkontrollierte Entwicklung aufregten. Diese war der dritte Grund, nicht einzugreifen und dem Fortschritt seinen Lauf zu lassen, der die Sieger von gestern zu Verlierern machte, und in dessen Kraft und Streben sich das ganze Land wiederfand.

In den USA wurden weiterhin Segelmaschinen entwickelt, die sich gegenseitig übertrafen, von denen eine schneller, zerbrechlicher, spektakulärer war, als die andere. Auf dem Höhepunkt der Vermessungsformel Länge/Segelfläche sah man zirkusreife Geräte. Als Phineas T. Barnum, der »König des Humbugs«, 1891, im Geburtsjahr von *Gloriana* und *Dilemma,* gestorben war, konnte man meinen, das Yachtsegeln wolle die Tradition des Besitzers des »Amerikanischen Museums« weiterführen und Merkwürdigkeiten vorführen.

Der »Einrumpf«-Katamaran Dominion *gewann 1898 den Seawanhaka Cup. Der Riss stammt von G. Herrick Duggan und hatte eine Länge in der Wasserlinie von 5,33 m bei einer Länge über alles von 10,92 m.*

Von *Defender*, dem galvanischen Element unter Segeln, das sich selbst zerstörte, war schon die Rede. Dann gab es die »Königinnen der Verstopfung«, deren langen Rümpfe einen kurzen Lateralplan hatten, der sich im Endstadium der Blähung befand, womit eine möglichst große Verdrängung bei geringster Länge in der Vermessungsformel erreicht werden sollte. Und es gab die exotischen Göttinnen mit flachen Aufbauten, die fliegenden Untertassen nicht unähnlich waren; außerdem die *Dominion,* das außergewöhnliche zweifüßige Einrumpfboot, das 1898 den Seawanhaka Cup gewann. Ganz zu schweigen von der *Outlook,* Siegerin beim Quincy Cup 1902, eine riesige schwimmende Schichttorte, die 6,40 m in der Wasserlinie maß, aber 21,35 m über alles, und die durch Querstreben verstärkt werden musste, um dem Zug gewachsen zu sein, den die 167 m² Segelfläche entfalteten. Und die Geschichte des vertrackten Bootes aus Kautschuk verdient es, erzählt zu werden.

1901 gab es so etwas wie eine offiziöse Herausforderung für den America's Cup, und zwar von einem Amerikaner! Bis dahin hatten alle Verteidiger der bodenlosen Kanne dem New York Yacht Club angehört, und das fochten die Segler aus Boston an. Ihr Sprecher, Thomas W. Lawson, stellte fest, der Cup sei Eigentum der Nation. Obwohl er kein Segler war, war Lawson im New York Yacht Club wohlbekannt. Wie hätte er den Mitgliedern des Clubs, dessen Haus auf einem vom Bankier J. Pierpont Morgan geschenkten Grundstück erbaut war, wie hätte er dieser amerikanischen Vereinigung, die die größte Anzahl von Schwerreichen pro Quadratmeter vereinte, unbekannt sein können? Der Selfmademan, Vordenker der amerikanischen Finanzwelt, der rigoros die Methoden der »robber-barons«[42] ablehnte, der Meister der kleinen Sparer, der aber niemals versäumte sich selbst zu bedienen, war die ideale Verkörperung dieser heuchlerischen, großschnäuzigen Zeit. Mit 12 Jahren brach er die Schule ab, um seiner verwitweten Mutter nicht länger auf der Tasche zu liegen, und trat in eine Maklerfirma ein. Mit 17 Jahren ging er mit Eisenbahnaktien baden, und einige Tage später war er ruiniert. 1887, mit 30 Jahren, besaß er eine Million Dollar; er feierte dieses Ereignis, indem er auf eigene Kosten eine Geschichte der Republikanischen Partei veröffentlichte. Er schloss eine Liebesehe und bezahlte galant 30 000 Dollar, damit eine Rosen-Neuzüchtung den Namen seiner Frau erhielt. 1900 besaß er schon 50 000 000 Dollar. Er war der bekannteste von allen Bankiers Bostons, und bekämpfte heftig den Finanzplatz New York und dessen liederliche Sitten. Bald kam es soweit, dass Lawson als Don Quichotte die Magnaten der Standard Oil Company angriff, öffentlich die Gaunereien der Wallstreet bloß stellte und sich dabei die Finger verbrannte.[43]

Er hatte sich bereit erklärt, sich an der Verteidigung des America's Cup mit bis zu 10 000 Dollar zu beteiligen. Als die anderen Teilhaber absprangen, hielt Lawson durch und zahlte schließlich 20-mal soviel, wie geplant. Dafür wurde seine *Independence* ganz »bostonisch«. Das Geld kam aus Boston, dort war die Werft, und der Schiffbauer war Bowdouin Crowninshield, ein junger Mann aus Boston, unter dessen Vorfahre der Besitzer der berühmten *Cleopatra's Barge* war. Spezialität des jungen Crowninshield waren die kleinen Kielyachten. Jetzt vergrößerte er diese ins Unermessliche und baute die riesige *Independence,* die mit 43 m Länge Folge der Vermessungsformel war, die seit 30 Jahren nur Segelfläche und Länge der Wasserlinie berücksichtigte. Diese Länge wurde nun extrem verkürzt und mit nahezu rechteckigen Überhängen ergänzt, durch die sich aber die Wasserlinie extrem verlängerte, sobald das Boot sich etwas auf die Seite legte. Auf der *Independence* betrug der über der Wasserlinie liegende Teil des Rumpfes, die Überhänge, 37 Prozent der Länge über alles, nämlich 15,8 m. Der Tiefgang betrug unglaubliche 6,10 m, und der Flossenkiel trug 80 Tonnen Blei. Wie bei den kleinen Booten hatte sie ein Spatenruder. Außerdem war der Rumpf der *Independence* aus Bronze und hatte ein Deck aus Aluminium. Auf dem Papier war alles in bester Ordnung; Nat Herreshoff übernahm zwei Jahre später bis auf das Spatenruder diesen Entwurf für seine *Reliance*. Leider ist nicht jeder ein Herreshoff, und Bowdouin Crowninshild besaß nicht die Fähigkeiten des genialen Konstrukteurs aus Bristol! Der große flache Rumpf der *Independence* sah nicht nur aus wie eine Nudel, er war auch genauso biegsam.

Während der ersten Fahrt brachen sämtliche Verstärkungsrohre und Zugstangen, mit denen die vorderen Spanten verstärkt waren. Dadurch schrumpfte die innere Höhe des Überhangs vorne um 4 cm. Jetzt setzte der stark arbeitende achtere Überhang das Spatenruder außer Kraft, die Ruderwirkung tendierte gegen Null. Ein neues, in aller Eile angebrachtes Ruder befestigte man auf althergebrachte Weise an der Kielflosse. Die Achse wurde in einem Schaft durch den Rumpf geführt, aber der Schaft verbog sich während der Fahrt und klemmte die Achse fest. Die Mannschaft musste das Ruderblatt mit Hilfe von Flaschenzügen und Ketten legen und das nach jedem Wendemanöver auf der anderen Seite wiederholen. Alptraum pur! Die am 18. März 1901 zu Wasser gelassene *Independence* musste in sechs Wettfahrten sechs Niederlagen einstecken, obwohl sie einige Spitzengeschwindigkeiten erreichte, die ebenso spektakulär, wie unvorhersehbar waren. 160 Tage nach dem Stapellauf wurde sie abgewrackt. Diese kläglichen Ergebnisse beendeten den Streit zwischen den Bostonern und dem New York Yacht Club von selbst. Die *Columbia* verteidigte zum zweiten Mal in Folge siegreich den America's Cup.

Wieso zum zweiten Mal? War Herreshoff krank oder im Urlaub oder waren ihm die Ideen ausgegangen, dass er kein neues Boot entworfen hatte? Nichts von alle dem. Er hatte die *Constitution* entworfen, die auch gebaut und mit großem Aufwand zu Wasser gelassen wurde. Sie wurde aber nicht eingesetzt, weil die Mannschaft nicht fit war und weil es »kleine Schwierigkeiten mit der Festigkeit gab«. Man gestand ohne Zögern den Misserfolg des Sonderlings Crowninshield ein, »dieses rasenden, unermüdlichen Satyrs, dem jedes Wesen mit Unterrock Recht war«[44], aber man rechnete nicht weniger damit, dass der »Magier aus Bristol« mit seiner dreißigjährigen Erfahrung[45] nicht in der Lage sein könnte, sein letztes Boot ausreichend zu versteifen. Wir wollen nicht auf die verrückten Anekdoten über die *Independence*[46] eingehen und uns an die einzigartige Tatsache halten, dass die Amerikaner für den America's Cup 1901 zwei neue Monster bauten, von denen keine stabil genug war, um durchzuhalten.

Was kann man aus diesem doppelten Misserfolg schließen? Dass Ideen, so genial sie auch sein mögen, nur zählen, wenn sie sich verwirklichen lassen.

Das Ende der Independence*, des vertrackten »Gummibootes«.*

Extreme Konzepte stoßen immer an die Grenzen der technischen Möglichkeiten ihrer Zeit. Je komplexer ein Gerät ist, desto größer ist die Anzahl der angewandten Technologien. Da jede sich mit eigenem Tempo entwickelt, bestimmt zwangsläufig die langsamste die Gesamtentwicklung. Zum Beispiel arbeiteten die ersten Flugzeugmotoren mit 1000 PS schon 1919[47], aber es dauerte 20 Jahre, bis einmotorige Flugzeuge diese Leistung[48] erreichten. Die Entwicklung der Zellen war langsamer verlaufen, als die der Antriebe.

Im Falle von *Independence* und *Constitution* war die Technik nicht ausgereift, aber man brauchte nicht lange zu warten, denn zwei Jahre später entwarf Herreshoff die *Reliance*, die noch monströser

Die Reliance *mit 17 Knoten. Die Heckwelle war mehr als mannshoch.*

war. 1500 m² Segel an einem einzigen Mast, ein nie überbotener Rekord, was auch für die Länge von 38,50 m des Baumes gilt. Die *Reliance,* deren Mastfuß noch auf der Werft verstärkt worden war, gewann problemlos den Cup gegen die *Shamrock III*…

Herreshoff und seine Geldgeber gaben nicht auf. Der Fortschritt, in dessen Namen die Menschen dieser Epoche – Yachtsegler und andere – bereit waren, ohne nachzurechnen große Opfer zu bringen, duldete keinen Aufschub. Der unbedingte Glaube an die Technik, der 75 Jahre zuvor mit Robert Stevens und Konsorten entstanden war, erreichte seinen Höhepunkt. Dabei waren die Zeiten wahrhaftig nicht rosig: die Lage der Arbeiterschaft war schrecklich, überall herrschte Korruption, die Bildung war auf dem Tiefpunkt. Dennoch, für den der Geld, Intelligenz und die richtige Hautfarbe hatte, war es eine großartige Zeit! Die Elektrizität entwickelte sich fort, jeden Tag ergaben sich neue Anwendungsmöglichkeiten. Das Automobil war erfunden, und es gab Leute, die behaupteten, es sei kein Spielzeug nur für Reiche, und eines Tages würde jeder eines haben. Züge und Schiffe wurden immer schneller und bequemer. Vorher war das Wort »Zivilisation« immer von Adjektiven wie christlich, arabisch oder chinesisch begleitet; jetzt schrieb man mit großen Buchstaben ZIVILISATION, und das war gleichbedeutend mit technischem Fortschritt.

Das Leben des Engländers Linton Hope war beispielhaft für diese ganze Entwicklung. Als guter Bürger des Empires begann er seine Karriere als Goldsucher in Südafrika. Nachdem er vier Jahre lang geschürft hatte, kehrte er heim, sah dort die neuen

TRANSPORT MIT HINDERNISSEN

»1899/1900 hatte ich in Lormont bei Bonnin nach eigenem Plan von Guédon[49] die fünf Tonnen Kutteryacht *Râma* bauen lassen. Unter schwierigen und schließlich auch gefährlichen Umständen hatte die *Râma* die Reise von Bordeaux nach Marseille hinter sich gebracht. Auf Rat des Schiffbauers Joseph Guédon hatte ich mich entschlossen, das Boot über den Kanal[50] nach Sète zu überführen, und das brachte viel Ärger. Ich hatte ein Pferd zum Treideln gekauft, und man hatte mir versichert, ich werde es am Ziel ohne Verlust verkaufen können. Da mein Matrose, Baptiste Clérissy, nichts von Pferden verstand, musste ich überdies zur Versorgung des Tieres einen Bauern einstellen.

Bis Toulouse lief alles ganz gut, außer dass das Pferd eines Tages in den Kanal fiel und fast ertrunken wäre, und dass es am Tag nach diesem Bad ins Feld rannte und erst in ziemlicher Entfernung wieder eingefangen werden konnte. In Toulouse mussten wir feststellen, dass der Tiefgang der *Râma* das zulässige Höchstmaß für den Canal du Midi weit überschritt. Wir mussten also den Tiefgang verringern, indem an beiden Seiten des Rumpfes drei leere Petroleumkanister angebracht wurden. Als diese schwere Arbeit beendet war, fuhren wir weiter. Das heißt: Wir versuchten weiterzufahren. Die Kanister bewirkten einen weiteren, beträchtlichen Widerstand[51], und das Treidelpferd, ein kleines Tier aus dem Landes (Landstrich in Südwest-Frankreich), das keinesfalls wie ein starkes Zugpferd wirkte, war nicht in der Lage, ausreichend Zugkraft für die *Râma* und die Kanister zu entwickeln. Also mussten wir das Pferd gegen einen Kaltblüter tauschen, was auch einen Wechsel des Geschirrs bedingte.

Bis Pexiora (Aude) lief alles normal; aber wir konnten nicht weiterkommen, ohne Verstärkung anzumieten.[52] Schließlich passierte die *Râma* beim Col de Naurouze die Höhe von 189 m und fuhr in Richtung Étang von Thau und Sète, wo der von Bordeaux aus per Dampfschiff gelieferte Mast und die Takelage warteten. Dort gab es weitere Schwierigkeiten, denn der Kaltblüter musste verkauft werden und es zeigte sich, dass trotz der in Bordeaux gegebenen Zusagen ein Käufer schwer zu finden war. In der Zwischenzeit war das Pferd untergestellt; die Wartezeit im Stall und das faule Leben[53 54] vergingen schnell.

Yachten und beschloss, die von Herreshoff erfundenen Boote vom Typ der Jolle *Alpha* zu verbessern. 1893 siegte seine *Sorceress* bei 28 Starts 25-mal. Linton Hope wurde Direktor der Thames Yacht Building Co. und schrieb das erste Buch über leichte Jollen.[55] Als erster nicht französischer Konstrukteur gewann er 1901 den One Ton Cup. Dann machte er Versuche mit Motorbooten, zunächst vom Pech verfolgt, denn seine *Parisienne IV* fing 1904 in Monaco Feuer, dann mit immer größerem Erfolg, sodass man bei ihm noch schnellere Rümpfe bestellte, die sich aus dem Wasser hoben. Am Ende seines Berufslebens baute Linton Hope Wasserflugzeuge. Eines davon gewann 1922[56] die Schneider Trophy. Im Laufe eines viertel Jahrhunderts hatte der Weg des Linton Hope vom Goldbergwerk über die Jolle zum Flugzeug geführt.

In dieser bewegten Zeit begannen die Segelboote auf dem Wasser zu gleiten. Von nun an wurde die Geschwindigkeit nicht mehr durch die Länge der Wasserlinie eingeschränkt. Unter dem Einfluss von Linton Hope entwickelten sich selbstlenzende Cockpits und wasserdichte Auftriebstanks, sodass ein gekentertes Boot sich aufrichten und weiter segeln konnte, und nicht mehr aufgegeben werden musste. Als weitere Raffinesse montierte man bei einigen kleinen amerikanischen Regattabooten Ausreitbalken, mit deren Hilfe die Mannschaft ihr Gewicht nach außen verlagern konnte. Man hatte sich weit von den Ballast-Sandsäcken entfernt!

Diese Boote, die das Gewicht ihrer Vorgänger hinter sich gelassen hatten, brachten auch große Entfernungen hinter sich. Große Jollen oder Kielyachten gingen auf Fahrt, was oft ein Wagnis war.

Schließlich wurde ich zu meinem Glück mit dem Pensionswirt einig, der Pferd und Geschirr für 100 Francs kaufte, abzüglich des Preises fürs Unterstellen. Die Reise von Agen nach Sète hatte vom 20. Januar bis zum 7. Februar 1900 gedauert. Die Überführung von Sète nach Marseille wäre fast schief gegangen.

Es folgt die Beschreibung dieser Fahrt, die Baptiste Clérissy in einem Brief aus Porquerolles beschrieben hat, wo die *Râma* nach schwieriger Reise festmachte.

Porquerolles, den 12. Februar 1900

Monsieur Fabre, ich bin froh, dass ich Ihnen von uns berichten kann, denn ich glaubte eine Zeit lang, Sie würden nichts mehr von mir hören. Wir haben am Freitag, dem 9. Februar abends um 10 Uhr bei schönem, klarem Wetter und leichter Brise aus Nordwest in Cette[57] abgelegt, alle Vorsichtsmaßnahmen waren getroffen, der Baum gesichert, Sturmsege! gesetzt, Fock Nr. 2.[58] Um ein Uhr morgens am Sonnabend nahm der Wind beunruhigend zu, das Meer ging hoch. Um sechs Uhr jagten wir durch das aufgewühlte Meer; wir konnten nicht Schutz unter Land suchen, ohne uns quer zu den Wellen zu legen. Wir segelten nach Südost, die Brecher überspülten das Deck, die See kam von achtern. Wir besaßen nur einen kleinen Kompass, den man mir in Cette geliehen hatte.

Den ganzen Tag kämpften wir verzweifelt. Bei Anbruch der Nacht wurde die See noch schwerer. Wir dachten, wir würden den nächsten Tag nicht erleben. Was uns ein bisschen Hoffnung gab, war, wie gut sich das kleine Boot hielt, das sich während dieses Sturmes bestens bewährte. Das war auch nötig, jedes andere Boot hätte nicht eine Stunde durchgehalten.

Die Wanten an Backbord waren aus den Wantenspannern herausgerissen und schlugen gegen den Mast, der über Bord zu gehen drohte. Um drei Uhr morgens war ich mit Ernest unter Deck, Pierre war am Ruder, als eine ungeheure Sturzsee über das Boot hereinbrach. Wir glaubten, unser letztes Stündlein habe geschlagen, aber es richtete sich auf und sauste weiter. Um fünf Uhr morgens wurde das Meer ruhiger. Heute, am Montag, sahen wir nachmittags Land. Es waren die Îles d'Hyères. Wir liefen in Porquerolles ein, von wo ich Ihnen die Depesche schicke. Seit Freitag abend haben wir nichts – oder fast nichts – gegessen.

Ich bin, Monsieur Fabre, Ihr ergebenster Diener.«[59]

Der Wulstkiel wurde abmontiert und neben dem Rumpf auf einem Eisenbahnwaggon deponiert, die Lokomotive pfiff, und auf ging's zu neuen Abenteuern. Es wurde sogar ein neuer Bootstyp für diese Art von Transport konstruiert, die 6,50 m-»Chemin de fer«[60] (Eisenbahn)-Klasse. Man konnte den Kiel abnehmen und im Schiff lagern, um so den Canal du Midi mit seinem geringen Tiefgang befahren zu können. Der demontierbare Wulstkiel eröffnete noch weitere Möglichkeiten: nachdem die *Pilgrim* 1893 nicht für den America's Cup zugelassen worden war, entfernte man den Kiel, gab ihr Decksaufbauten, installierte einen Heizkessel und Maschinen, setzte ihr zwei Schrauben unter den Rumpf, und schon hatte man eine ansehnliche Dampfyacht.

Alles war erlaubt, und diese Gedankenfreiheit zeitigte einen Erfolg nach dem anderen. In Großbritannien entstand 1893–1896 die »Big Class«, in den USA verbreiteten sich die Kielyachten in erstaunlichem Maße. 1899 stiftete der Cercle de la Voile de Paris den One Ton Cup, um den Yachten segelten, deren ungewöhnliche Formen es mit den gewagtesten amerikanischen oder britischen Konstruktionen aufnehmen konnten. Die Anzahl der Teilnehmer an französischen Regatten verdoppelte sich. Zwar war man noch weit entfernt von den Verhältnissen jenseits des Ärmelkanals und des Atlantiks, aber aus 120 Booten zu Beginn waren 240 geworden, und das innerhalb von nur zehn Jahren. Die neuen Boote waren leichter, hatten auch weniger Segelfläche, als die alten, und sie waren billiger. Das war zu schön, um lange so zu bleiben.

In allen Ländern formierten sich die Kielyacht-Gegner. Wo waren die ach so bequemen Yachten von früher? Es gab in der Nachfolge der *Gloriana* Regattayachten von 15 m Länge ohne jegliche Aufbauten. »Der Yachteigner soll entscheiden, ob das Regattasegeln wieder zum angenehmen Sport werden soll oder heftiger Kampf um Preisgelder in unbequemen, unbewohnbaren Segelmaschinen, die nur wenige Monate im Jahr genutzt werden können.«[61] Regatten waren nicht länger Beschäftigung für die Schönen und Reichen, sie waren anspruchsvoll, zu anspruchsvoll geworden, das war unerhört! Man hörte seit dem Aufkommen der Kielyachten Zähneknirschen allerorten. Dem obigen Zitat von 1894 war unter anderem eine Anfrage des Leutnants Henn, eines der britischen Herausforderer beim America's Cup 1886, vorausgegangen, der seiner Hoffnung Ausdruck gab »eine Gesetzesvorlage möge den entsetzlichen Tragflossen und Wülsten die Existenzgrundlage nehmen. Es besteht auch Hoffnung, mit dem schauderhaften Überhang abzurechnen«[62]. Das blieb ohne Echo, bis andere, beunruhigendere Rufe hörbar wurden, namentlich die der Verbandsfunktionäre, deren Vermessungsformel ständig durch Neuerungen verändert wurde. Die Briten hatten 1896 reagiert und ihre große Klasse ausgelöscht, ohne den Verlust durch die kleineren Klassen ausgleichen zu können. Die Franzosen folgten ihnen 1901. Ihre neue Vermessung[63] fegte die leichten Boote weg: die *Sidi-Fekar*, die den One Ton Cup 1900 gewonnen hatte, musste erleben, wie ihre Bewertung sich innerhalb von sieben Monaten verdoppelte, ohne dass das Boot sich verändert hätte. Das Ergebnis war, dass 1903 die Anzahl der Teilnehmer an französischen Regatten auf das Niveau von 1893 sank. Die Amerikaner folgten. Das war zuviel! 1902 wurde der Quincy Cup von einer schwimmenden Schichttorte mit dem passenden Namen *Outlook* (Standpunkt) gewonnen, die über alles 3,5-mal so lang war, wie in der Wasserlinie. Im Jahr darauf kam die *Reliance*, zweifellos das schönste Segelboot aller Zeiten, aber auch das extremste, das außerhalb reinen Regattasportes völlig ungeeignet war. Herreshoff wurde um eine Wunder-Formel gebeten, die ein für alle Mal die leichten Boote verbannen würde. Der Magier schimpfte, »die Vermessung sei eine Sache, die nie geregelt werden würde«[64]. Die Universal Rule[65] richtete nicht sofort Schaden an, weil der Partikularismus der Amerikaner so ausgeprägt war, dass eine zentrale Organisation[66] fehlte, die eine neue Formel auf Anhieb hätte durchsetzen können.

Die europäischen Funktionäre saßen allmächtigen Vereinigungen vor, die von den Meistern der Quadratwurzel und des Durchmessers nach Belieben unterwandert werden konnten, weil sie anerkanntermaßen die einzigen waren, die die unklaren Formeln verstanden. Sicher waren sie gewählt worden, aber jeder Leser, der sich ein wenig im Vereinswesen und -recht auskennt, weiß, wie schwierig es in der Praxis ist, Personen, die einmal im Amt sind, abzuwählen, und wie Versammlungen verlaufen, in denen jemand mit weniger als 15 Prozent der Wahlberechtigten ernannt werden kann.[67] Wer hätte diesen alten Knaben wohl eine so verzwickte Sache wie die Vermessungsformel streitig machen wollen? Verantwortlich für ein Regelwerk, mussten sie – obwohl verschiedener Mentalität – den Geist dieser Regeln verteidigen, und waren gehalten Auswüchse zu unterbinden, die eher Regel als Ausnahme waren. So wurden die Vermesser unweigerlich zu Richtern, und nicht alle urteilten nach denselben Prioritäten. Für die britischen Verantwortlichen war es die Verbannung des Leichtdeplacements; die Deutschen wollten es den Briten nachmachen, obgleich sie mit ihrer Sonderklasse die schönsten jemals gebauten Leichtdeplacementyachten besaßen; die Skandinavier wollten es nicht mit den Deutschen verderben und gleichzeitig ihre englischen Freunde schonen; für die Franzosen war es eine Vermessungsformel, die noch internationaler war, als die von Godinet 1892 und die Briten mit einschloss. Mit anderen Worten: Die Engländer hatten alle Trümpfe in der Hand, und ihr einziges Ziel war, die geringe Verdrängung an den Galgen zu bringen.

Am 18. Januar 1906 wurde dann in London auf einer von europäischen Delegierten veranstalteten Konferenz die internationale Vermessungsformel festgelegt. Dieses Mal ließ man keine Halbheiten durchgehen, wie 1896 in Großbritannien und 1901 in Frankreich: Bei einer vorgegebenen Länge in der Wasserlinie schrieb die neue »International Rule«[68] ein Mindestgewicht vor, das natürlich als Maximum verstanden wurde. Als reiche das nicht aus, wurde auch die Segelfläche beschränkt.[69] Indem sie ihre Aufgabe erfüllt hatten, setzten sich die Schöpfer der neuen, linearen Formel auf den Sarg der Leichtdeplacementkonstruktionen, ohne zu ahnen, dass es ihr eigener sein würde.

Zwei 6,50 m lange Boote der Klasse »Chemin de fer« bei einer Regatta. Diese Klasse war als Reaktion auf die Beschränkung der Verdrängung und die hohen Kosten der internationalen Vermessung entstanden.

S
66

Ganz langsam setzt sich das Neue durch

1906–1914

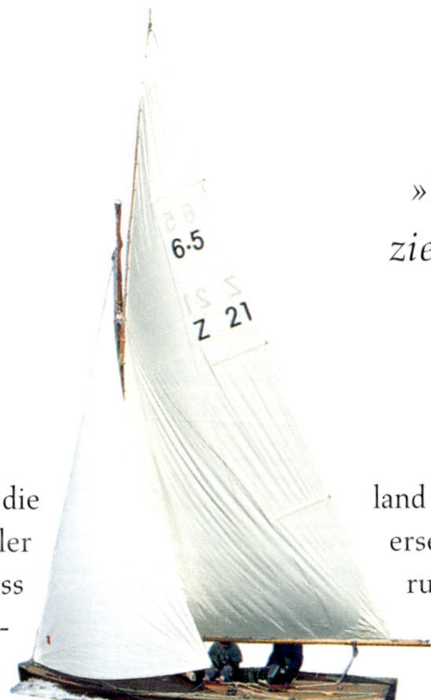

»Eines hinter dem anderen ziehen die 14 Klassen-Boote vorüber«.
Anonym, 1906[70]

Die luftige Anmut der deutschen »Sonderklasse«-Yachten. Bei dem Boot links wurde die Segelfläche vergrößert. Man hat wohl niemals wieder schlankere Boote gebaut (linke Seite).

Ohne es einzugestehen, hatten die Vermesser auf internationaler Ebene anerkennen müssen, dass es unmöglich war, Boote unterschiedlicher Größe und Typs miteinander zu vergleichen. Alle Versuche in dieser Richtung waren misslungen, und so gab man eine Zeit lang die Utopie einer absoluten, wissenschaftlich fundierten Vermessung nach Dixon Kemp auf. Ziel der neuen International Rule war daher, die Ausgleichsrennen einzuschränken und nur noch Boote der gleichen Klasse Regatten untereinander segeln zu lassen. In Zukunft würde man Boote nach vorgegebenen Standardabmessungen bauen und die Vermesser wären nach der International Rule nur noch für diese zuständig, nicht mehr für alle Größen. Diese Funktionäre, die nur noch für diesen Bereich zuständig sein sollten, sahen ihre Macht schwinden. Als sei das nicht genug, hatte man den deutschen Vorschlag angenommen, eine größere Anzahl von Klassen zu schaffen. Es gab anfangs 10: Die 5-, 6-, 7-, 8-,9-, 10-, 12-, 15-, 19- und die 23-m-R-Yachten – und man würde sehen, für welche sich die Segler interessieren würden. Von Nachteil war nur, dass die Interessen von einem Land zum anderen wechselten: In Deutschland bevorzugte man die 5- und 7-m-R-Yachten, in England die 6- und 8-m-R-Boote. Die so ersehnte internationale Harmonisierung hatte also einen schlechten Start.

Die beim Kongress in London 1906 gefassten Beschlüsse fanden ein unterschiedliches Echo. Die Briten verachteten ihren Sieg nicht, obwohl niemandem entging, wie hohl er war. »Für einen Yachtkonstrukteur ist es recht schwierig, bei den engen Grenzen, die ihm die Bedingungen der International Rule setzen, etwas Originelles zu schaffen.«[71] Die Schweizer taten so, als sei nichts geschehen und segelten weiter nach der veränderten Godinet-Vermessungsformel (früher: UYF 1892). Die Deutschen waren in der Position, den Franzosen eine Formel aufgedrängt zu haben, die diese nicht gewollt hatten, und sie zeigten die Abgeklärtheit derjenigen, die nichts riskieren: Die neue Vermessungsformel würde greifen oder nicht, aber sie konnte in Deutschland den Fortschritt der herrlichen Konstruktionsklasse »Sonderklasse« nicht mehr bremsen, deren Förderer die Prinzen Heinrich und Eitel Friedrich von Preußen waren. In Frankreich und Skandinavien rief die International Rule zur Überraschung der jeweiligen Verbandsoberen, Benzon in Dänemark und Clerc-Rampal und Dyèvre in Frankreich, heftige Unzufriedenheit hervor.

Die Franzosen hatten zwei Gründe für ihre Aufsässigkeit. In erster Linie waren sie in ihrem Nationalstolz verletzt. Ihr Vertreter, der Bretone Dyèvre, hatte seine Vorschläge in einem so entsetzlichen Englisch geradebrecht[72], dass niemand ihn verstanden hatte. Als sich die deutsche Zeitschrift »Wassersport« darüber mokierte, konterte »Le Yacht« außer sich vor Zorn: »Wir wussten ja, dass unsere Nachbarn vom anderen Ufer des Rheins keinen Humor haben – seit jeher fällt es Elefanten schwer, Menuett zu tanzen – aber diese Grobschlächtigkeit übertrifft alles.«[73] Außerdem bevorzugte die zu strenge Vermessungsformel schwere Boote, die den Franzosen nicht lagen. Clerc-Rampal übte gemäßigte Selbstkritik: »Unsere hinterhältigen britischen Nachbarn wussten im Voraus, dass sie mit den Deutschen und Skandinaviern auf einer Linie lagen. An Stelle der Freiheit, die darin besteht, dem Konstrukteur nur die Grundvoraussetzungen vorzugeben und ihm die Wahl der besten Lösung zu überlassen, bietet man uns nur Einschränkung, die keine Eigeninitiative zulässt. Die Lösung hat vielleicht einen bitteren Beigeschmack, aber das hilft nichts. Wir haben nur eine einzige Möglichkeit, wenn wir sie nicht ergreifen, stirbt der Sport.«[74] Die Leser dieser Moralpredigt verstanden, was er sagen wollte: »Wir müssen sterben, sonst sind wir tot«, und diese Alternative sagte ihnen gar nicht zu. Am zornigsten zeigte sich Eugène Laverne, zweifacher Gewinner des One Ton Cup. Er sagte den Untergang dieses berühmten Rennens voraus, wenn es mit 6-m-R-Yachten nach der International Rule veranstaltet würde, einer Klasse, die noch niemand gesehen hatte. Man ging noch darüber hinaus, und der One Ton Cup wurde vergessen, bis die Klassenvorschriften geändert wurden. Laverne sagte voraus, das französische Wettfahrt-Segeln werde diese neuen schweren, langsamen und teuren Boote nicht annehmen, und er hatte Recht. Vier Jahre später gab es in Frankreich nur 31 nach den Vorschriften gebaute 6-m-R-Yachten, das war ein Drittel von dem, was es 10 Jahre zuvor in Frankreich an Eintonner-Yachten nach den französischen Bestimmungen gegeben hatte. Laverne forderte eine bessere Regatta-Klasse und schlug ein Boot von 6,50 m Länge, 30 m² Segelfläche und mindestens 600 kg Verdrängung vor, das zwischen 1200 und 1500 Francs kosten und in seinen Ausmaßen für den Transport auf Güterzügen geeignet sein sollte. Daraus entstand die 6,50 m-»Chemin de fer«-Klasse, auf die bald eine 8,50 m-Klasse folgen sollte. Es nutzte nichts, dass Clerc-Rampal

Die »Sonderklasse« wurde entwickelt, um die Deutschen anzuregen, aufs Meer hinauszufahren und zum Nutzen der kaiserlichen Marine ihre Liebe zur See zu entdecken (Gemälde von Willy Stöwer).

72
76
Willy Stöw
04

Die Reaktion auf die International Rule: Im Vordergrund und in der Mitte zwei Sonderklasse-Boote; rechts ein 40 m²-Schärenkreuzer, dessen Vermessung noch freier war; links der Rumpf eines Starboots, des ersten Zweimann-Rennkielboots, das als internationale Klasse weltweit Verbreitung fand.

schimpfte, jede einzelne Nation habe sich in London verpflichtet, sich bei den Bootstypen an die International Rule zu halten. Man ging darüber hinweg, denn die 6,50 m-»Chemin de fer« bewegten sich außerhalb des Reglements. Sie waren trotzdem eine Bereicherung, und das Sportsegeln z. B. in Frankreich war nun geteilt in nationale (6,50 m- und 8,50 m-Boote) und internationale Klassen, dazu kamen jene Klassen-Boote, von denen noch die Rede sein wird. Diese Typenvielfalt zersplitterte die Teilnehmer bei Regatten. Um zu überleben, favorisierte jeder Club eine bestimmte Klasse. Von nationaler Einheit konnte nicht mehr die Rede sein, wodurch die jeweiligen Verbandsfürsten alle Macht verloren. Man war zum Partikularismus der Jahre 1870 bis 1880 zurückgekehrt. Das französische Segeln z. B. brauchte 20 Jahre, um sich davon zu erholen.

In Skandinavien war die Reaktion auf die International Rule nicht anders. Die schweren, teuren Boote eigneten sich nicht für einen Törn zwischen den Inseln in geschützten Gewässern. Dafür waren die Kielyachten und die deutsche »Sonderklasse« bestens geeignet. Und jetzt, lieber Leser, sollten wir ohne Zögern den Hut ziehen vor diesen Booten, die zum Schönsten gehören, was je gebaut wurde, ein Wunder an Eleganz und Lebendigkeit.

Das Entstehen dieser Klasse hatte eine politische Dimension, denn Kaiser Wilhelm II. wollte eine Marine und dafür brauchte er Offiziere, also musste er bei Adel und Bürgertum das Interesse für die Seefahrt wecken. Er beschloss, das Yachtsegeln zu fördern; er selbst besaß fünf große Yachten mit Namen *Meteor*, er unterstützte die Regatten der Kieler Woche und initiierte eine neue, radikale Konstruktionsklasse, die 1899 eingeführte »Sonderklasse«. Die Boote segelten die Wettfahrten nicht in berechneter, sondern in gesegelter Zeit, wie die 30 m²-CVP- oder die französischen Eintonner-Yachten. Die Regel war einfach: Die Summe aus Länge in der Wasserlinie, Tiefgang und Breite durfte 9,75 m nicht übersteigen. Das Minimalgewicht betrug 1839 kg, die maximale Besegelung 51 m². Die Konstruktion unterlag festen Vorschriften, und der Preis wurde regelmäßig festgelegt.[75] Außerdem durften hier nur jene Herrensegler einsteigen, die ihren Unterhalt nicht durch eigener Hände Arbeit erzielten. Das Ganze ergab eine unwiderstehliche Klasse, der Belgier, Spanier, Amerikaner (Herreshoff entwarf 1910 mindestens eine »Sonderklasse«) erlagen und sogar ein Franzose. Dass dieser Klasse schließlich in Frankreich kein Erfolg beschieden war, lag ganz einfach daran, dass sie aus Deutschland kam, dem man die Besetzung von Elsass-Lothringen nicht verziehen hatte. Aber als die 6,50 m »Chemin de fer« aufkam, schrieb einer der Initiatoren: »Jetzt haben wir eine kleine französische ›Sonderklasse‹«[76], und niemand hüllte sich in die Trikolore. Mit ihren einfachen Regeln, der wunderschönen Form, den guten Leistungen und einer problemlosen Organisation war die »Sonderklasse« vorbildlich.

Allerdings fanden die Skandinavier, die deutschen Rennboote seien mit ihren extremen Linien recht anspruchsvoll zu segeln, und sie reagierten schlecht auf die unangenehme Strömung zwischen den Inseln. Was sie brauchten, war dasselbe, aber weniger extrem und mit besserem Verhalten auf offener See, ohne den hochgesetzten Vorschriften der International Rule bei der Verdrängung zu folgen; dazu eine kleine Kajüte, in die man sich zurückziehen konnte. Zwei Jahre, nachdem sie sich verpflichtet hatte, keine anderen Klassen zu bauen, als die der International Rule entsprechenden, schuf[77] die königlich-schwedische Seglervereinigung den Typ »Schärenkreuzer« mit nicht weniger als sieben neuen Klassen. Es war die radikalste Formel, die es je gegeben hat: Alles war erlaubt, weder Länge, noch Breite oder Tiefgang waren begrenzt oder wurden bestraft, die Quadratwurzel oder der Umfang des Dänen Benzon spielten keine Rolle. Dies war das genaue Gegenteil der International Rule. Wozu Vorschriften? Was man wollte, waren nach Segelfläche eingeteilte Klassen, – genau davon hatte Caillebotte 16 Jahre zuvor geträumt – mit geringem Gewicht und strikt festgelegter Konstruktion, die eine lange Lebenszeit der Boote garantierte, mehr nicht! Die kleinste Klasse hatte bei 1100 kg Verdrängung 30 m² Segelfläche, was den legendären »Schärenkreuzern« eine luftige Eleganz verlieh, und sie würden bei unveränderten Regeln auch 24 Jahre später noch Regatten segeln. In ihnen überlebte das Leichtdeplacement und entwickelte sich weiter. In der baltischen Abgeschiedenheit lebten sie glücklich und zufrieden und bekamen viele Kinder, die »Drachen«, »Tumlare«[78] und »Requin« hießen.

Allerdings überlebten und gediehen die Leichtdeplacementyachten auch anderswo und auf andere Art und Weise, und zwar in Amerika, in ganz Europa und sogar in England. Dafür hatten sie ihr Image geändert und waren vom Spielzeug der Schönen und Reichen zum Boot für die nicht so Reichen geworden. Da sie preiswert waren und wegen der geringen Hauptabmessungen nur wenige Hände an Bord nötig waren, entsprachen sie genau den Ansprüchen derer, die ohne große Ausgaben die Freuden des Segelns kennenlernen wollten. Nach dem Motto: »Egal wie die Flasche aussieht, Hauptsache wir werden schön duhn« baute man in kleinen Serien Kielboote oder leichte Jollen, die gegen Boote des gleichen Typs Regatten segelten. Man bezeichnete sie als »Einheitsklasse«[79].

Die Geschichte der Einheitsklasse begann mit einem Benimm-Problem, aus der Sicht der Herren: »Das gehört sich nicht«, rief ein Mitglied des Preiskomitees aus, und seine Kollegen stimmten zu. Ein Pokal, sei er aus Gold oder Silber, ist gemacht um daraus zu trinken, und das ziemt sich nicht für junge Damen. Aber im August

Die Schweizer hielten die Fahne der Godinet-Vermessungsformel hoch, nach der sehr schnelle Boote entstanden, wie die 1910 gebaute Phoebus II *(3-tx/Plan Godinet).*

Eine Gruppe der Einheitsklassenboote »Chatou« segelt die Seine hinab (Zeichnung von Haffner).

1887 gewann in den USA eine Frau, Ellen Hayward, die erste Regatta der Einheitsklasse in der Geschichte, das heißt die erste Regatta der »North Haven Dinghies«[80]. Als Preis kramte die Jury schließlich eine Brosche für die Siegerin hervor. Es hatte zwei Jahre gedauert, bevor man sich entschloss, die 1885 konstruierten »North Haven Dinghies« Regatten segeln zu lassen, was bedeutet, dass der Gedanke, gleichstarke Crews mit identischen Booten Wettfahrten segeln zu lassen, für die Gründer der Klasse nicht an erster Stelle stand. Auf der europäischen Seite des Atlantiks war es kaum anders, denn offenbar haben die 24 Boote der ersten französischen Einheitsklasse niemals gemeinsam eine Regatta gesegelt. In jener Zeit war Wirtschaftlichkeit der einzige Grund für das Entstehen der Einheitsklasse, weil man die Yachten in kleinen Serien bauen konnte. Aber einheitliche Konstruktionszeichnungen boten keine Garantie für identische Boote, denn die Qualitäten von Holz, Segelstoff und Tauwerk war zu uneinheitlich, es war unmöglich, völlig übereinstimmende Boote herzustellen.

Vorbild der Einheitsklassenboote »Chatou« waren die amerikanischen »Scows«. Dreißig Jahre lang war dieser Segler in Frankreich weit verbreitet (rechte Seite).

1892 wollte der Seawanhaka Yacht Club herausfinden, ob dieses Ideal zu erreichen wirklich unmöglich war und ließ zu diesem Zweck vier im Prinzip gleiche Catboote bauen. »Man achtete sehr sorgfältig darauf, dass die Boote völlig gleich waren was Rumpf, Spieren, Takelung und Segel anbetraf. Sie wurden immer wieder erprobt mit dem Ergebnis, dass unabhängig von Wind und Mannschaft immer ein Boot, nennen wir es A, das schnellste des Quartetts war, während ein anderes, B, immer als zweites ankam.«[81] Die völlige Identität bestand nur in den Köpfen. Allerdings handelte es sich nur um einen zweitrangigen Nachteil, denn die Chancenungleichheit stand fest, sie war gesellschaftlich gesehen eine überall sichtbare Tatsache. Wichtig war allein der Preis. Das Einheitsklassenboot »Chatou«, ein wenig eleganter Segelponton, der einen Körpereinsatz verlangte, der in keinem Verhältnis zum Ergebnis stand, der aber Vielen glückliche Stunden des Segelns bescherte, kostete nur 500 Francs, ein Drittel des Preises, den man 15 Jahre zuvor für einen 30 m^2 CVP (Club Voile de Paris) bezahlen musste. Bei dem geringen Preis konnte man keine großen Ansprüche stellen.

Verglichen mit anderen Regattayachten segelten diese Boote stets hinterher. Als bei dem großen amerikanischen Konstrukteur William Gardner ein kleines Einheitsklasse-Kielboot bestellt wurde, übertrug er diese Aufgabe einem seiner Zeichner, einem gewissen Francis Sweisgurt. Da sich das erste Exemplar als zu klein erwies, entwarf Sweisgurt ein zweites, das er »Star« nannte. Es war ein schnelles, robustes und preiswertes Rennkielboot für zwei Mann. Sechs Monate nach dem Stapellauf 1911 waren schon 22 Exemplare gebaut. Dann waren es 100, dann 1000, es entstand eine Klasse, deren Organisation allen anderen Einheitsklassenbooten als Vorbild diente. Eines Tages würden die Starboote olympische Klasse sein. Die Idee der Klassenboote setzte sich durch, allein in Frankreich entstanden zwischen 1892 und 1939 insgesamt 58 Klassen. Auch Großbritannien bildete keine Ausnahme, kein Apriori konnte dem geringen Kaufpreis standhalten. Mehrere Mitglieder eines Clubs[82] kamen zusammen, definierten einen Bootstyp, den sie gerne haben wollten – seetüchtig, schnell und vor allem nicht so teuer – beauftragten einen Konstrukteur, oft aus dem Ort, und gaben bei einer nahegelegenen Werft eine gemeinsame Bestellung auf.

Bald hatte jeder Club seine eigene Klasse oder auch mehrere. Manche verlangten von neuen Mitgliedern vor der Aufnahme, dass sie ein Klassenboot des Clubs kauften. Nur wenige Jahre nachdem man von einer internationalen Vereinheitlichung geträumt hatte, beherrschten regional verbreitete Klassen die Szenerie. Das Charakteristikum der

Leichtdeplacementbauten, die sich gleichzeitig überall verbreiteten, war neben der Wirtschaftlichkeit ihre geringe Größe. Die »Chatou«-Boote waren nicht länger als 5 m. Vom Ufer aus gesehen waren diese Boote natürlich weniger eindrucksvoll als die Clipper von Argenteuil, die 30 Jahre zuvor 14 m in der Länge maßen. Regatten waren daher nicht mehr nur ein rein gesellschaftliches Ereignis, sondern eine weniger aufwändige Veranstaltung für Mitglieder.

Nach zwei verrückten Jahrzehnten zog sich das Yachtsegeln aus der Öffentlichkeit zurück und lebte fortan in Clubs, Vereinen und anderen Mitgliedern vorbehaltenen Vereinigungen. Dieser Rückzug dauerte mehr als ein halbes Jahrhundert.

Der glanzvolle Aufstieg der Dampfkraft

1850–1900

»Der Hase sagte zu sich selbst: Oh, oh, ich komme zu spät.«
Lewis Carroll[83]

»Die Kessel fauchten, die kraftvollen Maschinen zischten und schlugen wie ein großes, stählernes Herz. Der scharfe, steil abfallende Bug durchschnitt das ruhige Wasser und warf zu unserer Rechten wie zur Linken Wellenberge auf. Bei jedem Schlag der Maschinen sprang und stöhnte unser Schiff, als sei es lebendig.«
Sir Arthur Conan Doyle[84]

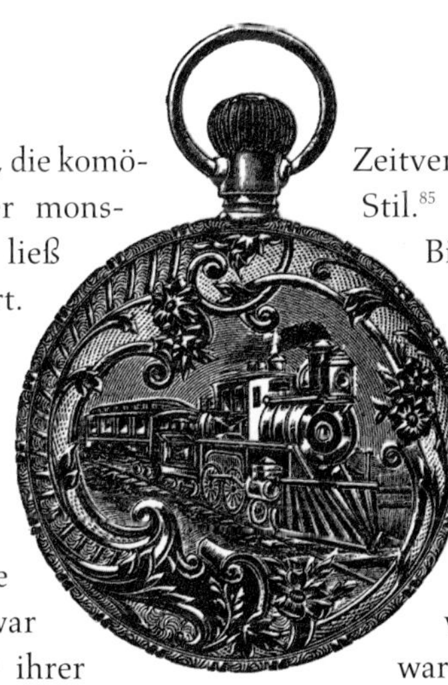

Die Entwicklung der Yachten, die komödienhaften Ereignisse oder monströsen Entwicklungen ließ einen Teil der Yachtsegler unberührt. Sie standen über all den Veränderungen, denn sie arbeiteten wirklich für den Fortschritt, und die Segelyachten, Überbleibsel aus vergangenen Zeiten, interessierten sie wenig. Hier wie überall würde die Maschine triumphieren. Es war unglaublich, was sie leistete. Mit ihrer Hilfe wurden Kontinente und Meere durchfahren, Brücken gebaut, Reichtum und Güter geschaffen. Die Dampfmaschine, die in einem Gewirr aus Pleuelstangen und Rohren das göttliche Feuer gebändigt hatte, war das Symbol der neuen Zeit.

Eine einzige Technik konnte den Menschen, die die Zeit erobert hatten, das bieten, was sie verlangten: Sie wollten bei der Abfahrt wissen, wann genau sie ankommen würden. *Say When* (Sag wann) forderte der Name einer der maschinengetriebenen Yachten und formulierte damit eine moderne Geisteshaltung, die sogar die Freizeit einteilte. Pünktlichkeit und Nutzen der Dampfmaschine drängten sich geradezu auf bei dem denkbar vergänglichsten Zeitvertreib, dem Yachtsegeln im luxuriösen Stil.[85]

Bis zum zweiten Drittel des 19. Jahrhunderts hatten die Yachten – die herrlichen, echten, großen – keine besondere Aufgabe zu erfüllen, außer dass sie eben Luxusschiffe waren, auf denen man Empfänge veranstaltete oder mit denen man eventuell Regatten segelte und dabei verrückte Wetten abschloss. Die Yacht war Symbol für puren Spaß und hatte keinen anderen Zweck, als das Amüsement des Eigners. Der neuen Generation amerikanischer Magnaten, die ihr Vermögen in der Industrie, mit der Eisenbahn oder der Spekulation gemacht hatten, genügte diese Funktion als Prunkfahrzeug für die Freizeit nicht mehr. Arbeit prägte das Leben des amerikanischen Geschäftsmanns, er kaufte, verkaufte und traf Kunden. Für die Herren des Dollars war die Arbeit überall gegenwärtig, im Büro, zu Hause, auf Reisen, im Restaurant. Geschäfte bedeuteten nicht nur Geld, sondern waren das Leben als solches. Und da der Lebensstil eine Yacht erforderlich macht, und man sich gleichzeitig von einem Ort zum anderen bewegen muss, sollte beides mitein-

Zur Jahrhundertwende war die Popularität der Dampfkraft sehr groß. Sears & Roebuck & Co., der weltgrößte Warenhauskonzern mit Sitz in den USA, vertrieb über seine Versandhäuser nur zwei Uhrendekors, eine ländliche Szene und eine Dampfeisenbahn, die dem Fortschritt entgegen braust (Mitte).

Luxus, Ruhe und Sinnenlust an Bord einer Dampfyacht von James Gordon Bennett zeigt das Gemälde von Julius L. Stewart, 1890 (linke Seite).

ander kombiniert werden. Vergnügen? Pfft. »Ich könnte niemals zugeben, dass Seefahrt unter Maschine wo und wie auch immer dasselbe Vergnügen bereiten könnte, wie Segeln, nicht ein Hundertstel davon. Wenn Sie es eilig haben, nehmen Sie ohne zu zögern das Dampfschiff. Schnell, schnell, schnell, nehmen Sie viel Kohle mit, verschmutzen Sie Himmel und Meer mit dem dreckigen Rauch, und so kommen Sie schließlich an; das bedeutet Spaß an der Fortbewegung, mit Lustsegeln hat das nichts zu tun.«[86] Man muss schon Engländer sein, um solchen Unsinn zu schreiben! Die reichen Amerikaner haben es eilig, aber die Geschwindigkeit an sich beeindruckt sie nicht, während der Reise verlassen sie den Salon nur selten, wo sie eine neue Religion pflegen: sie kultivieren die Leistung, um derentwillen sie es eilig haben.

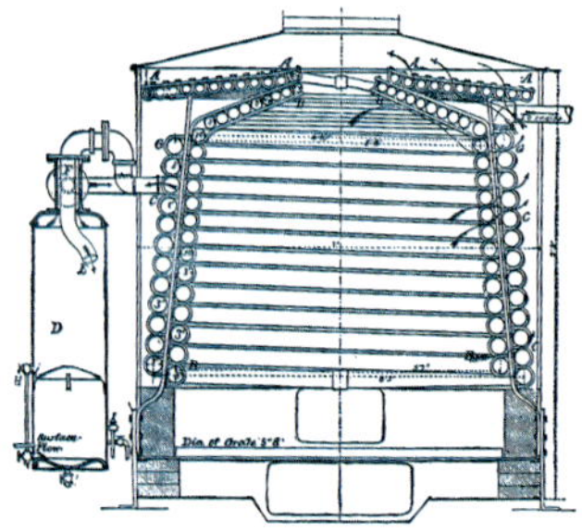

Schnitt durch den Heizkessel von Herreshoff, der dem auf der Stiletto *eingebauten ähnlich ist.*

Um 1880 kamen in den USA Spezial-Yachten auf, »commuter« genannte Dampf-Schnellboote, mit denen man schnell von einem Punkt zum anderen gelangen konnte, z. B. von einer großen Villa am Hudson River zum Anleger für die Wall Street.

Diese Nachfrage nach Geschwindigkeit war nicht leicht zu befriedigen, denn Dampfmaschinen wogen schwer, 50 Kilo pro Pferdestärke, etwa 50-mal das Gewicht eines modernen Außenbordmotors. Sie brauchten auch viel Platz, 0,2 m^2 pro PS. Dadurch wurden die Ingenieure gezwungen, Mechanik und Heizkessel der Schiffe immer kompakter und effektiver zu machen. Trotz jahrelanger Entwicklungen[87] war die Leistung mittelmäßig, nur 10 bis 12 Prozent des Energiepotentials wurde wirklich in Kraft umgewandelt. (Ein Jahrhundert später würde ein Turbodiesel-Verbrennungsmotor einen Wirkungsgrad von 37 bis 40 Prozent erreichen.[88]) Diese Maschinen waren also gefräßig. Um sie zu befriedigen, mussten große Mengen Kohle transportiert werden, und darum konnte man unmöglich von einer leichten Dampfyacht träumen.

Noch weniger konnte man davon träumen, dass sie trotz ihres Gewichts so viel Auftrieb hatte, dass der Rumpf teilweise aus dem Wasser käme, um so Wasserverdrängung und Wasserwiderstand zu verringern – kurzgesagt, dass diese rauchende, rußende, schwergewichtige Maschine fliegen könne. Außerdem war das Prinzip des Flugbootes gerade erst entstanden. Der Erste, der die Theorie entwickelt hatte, war Raoul Pictet, ein schweizerischer Spezialist für die Verflüssigung von Sauerstoff, der 1881 den Mut hatte, mit einem 16 m langen Schiff den Versuch zu starten. Das Ganze scheint nicht von Erfolg gekrönt gewesen zu sein, sicher aus Mangel an Leistung, obwohl man sich damals mit dieser Erklärung nicht zufrieden gab. Man sagte, es gäbe etwas wie eine »Wassermauer«, so wie man später von der »Schallmauer« sprechen würde, die den Rumpf daran hindert, eine gewisse Geschwindigkeit zu überschreiten. Hatte der berühmte Russell nicht bewiesen, dass eine Wasserlinie von 400 Fuß (120 m) nötig war, wollte man 20 Knoten erreichen? Glücklicherweise legte man die Beweise des Briten falsch aus. Schon 1871 erreichte die *Miranda* von John I. Thornycroft 19 Knoten, obwohl sie nur 15,30 m lang war. Allerdings war der Rumpf schlank wie ein Bleistift und hatte keine weiteren Einbauten; das heißt ohne große Brennstoffreserve und daher mit beschränktem Aktionsradius. Die amerikanischen Fährschiffe dieser Zeit fuhren weiter, mussten also mehr Brennstoff mitnehmen und waren daher länger, durchschnittlich 27 m. Bei dieser Länge waren für den Komfort der Passagiere nur zwei Kabinen und ein Salon vorgesehen (100 Jahre später gab es das auf einer 10 m langen Kreuzeryacht!). Den Rest des Rumpfes nahmen Mannschaftsraum, Maschine und Kohlenbunker ein. Und damit erreichte man eine

Die von Herreshoff entwickelte und gebaute Stiletto. *Diese Commuter-Yacht war so schnell, dass die U.S. Navy sie kaufte und zum Torpedoboot umbaute.*

bescheidene Durchschnitts-Geschwindigkeit von 15 Knoten.

Die Konstrukteure machten geltend, dass selbst bei verringerter Breite und einem unendlich verlängerten Rumpf keine höhere Geschwindigkeit erreicht werden könne, solange das Verhältnis zwischen Gewicht und erzielter Leistung so ungünstig sei. Man bemühte sich also um Verbesserung.

Als erstes baute man einen Kondensator ein, in dem der Abdampf beim Austritt aus der Maschine abgekühlt wurde, sobald er unter dem Rumpf durch das kältere Seewasser geleitet wurde. Der Dampf verflüssigte sich beim Kondensieren wieder zu Wasser, und durch das entstandene Vakuum verbesserte sich die Leistung der Maschine. Das Kondensat wurde dann über eine Pumpe, die der einzige empfindliche Teil der Maschine war, in den Kessel zurück gespeist. So ergab sich auf den Schiffen ein geschlossener Kreislauf, während die Lokomotiven, die nicht über diese Möglichkeit der Oberflächen-Kondensation verfügten, den Dampf in die Luft abblasen mussten. Daher rührt das charakteristische Geräusch, das auf Dampfschiffen fehlt. Das kondensierte Wasser gelangte mit einer Temperatur von 80 bis 90 °C in den Kessel zurück, und es bedurfte nur geringer Wärmezufuhr, um es wieder in Dampf zu verwandeln, was Heizmaterial sparte. Sodann versuchte man, leichtere Kessel zu bauen, um mehr Dampf zu produzieren. Es wurden unzählige Patente erteilt. Ein amerikanischer Chemiker, der verrückt nach Schiffen war, erfand das erste moderne Kesselsystem. Sein senkrechter Kessel enthielt eine 90 m lange Rohrspirale von 5 cm Durchmesser[89] aus Schmiedeeisen. Das Wasser wurde oben in die Spirale eingeführt, wo die Hitze am größten war, und fiel dann durch das eigene Gewicht nach unten, wobei der Fall durch die Umlaufströmung beschleunigt wurde, das die aufsteigenden Dampfblasen erzeugten. Dieser sehr leichte Heizkessel, dessen Herstellung und Bedienung noch sehr aufwändig war, brachte die beiden Brüder des Erfinders und ihre Werft zu Reichtum. Die Werft in Bristol, Rhode Island, wurde zur ersten Adresse für schnelle Dampfmaschinen in den USA. Der Chemiker hieß James Herreshoff, und wir sind ihm schon als Vater des Wulstkiels begegnet. Er wurde der Wohlhabendste jener Familie, von der schon die Rede war.

Es reichte nicht Dampfkraft wirtschaftlich zu erzeugen, man musste sie auch so gut wie nur irgend möglich nutzen. Das Problem war, dass Dampf mit niedrigem Druck sich langsam ausdehnt. Man führte den Dampf daher durch einen langen Zylinder, um ihm Zeit zur Expansion zu geben. Trotzdem blieb immer ein Restdruck zurück, wenn der Dampf aus dem Zylinder strömte. Dann kam man auf die Idee, den Restdruck für den Betrieb eines zweiten Zylinders mit größerem Durchmesser zu nutzen.[90] Diese zweistufige Expansion an einer Verbund- oder Compoundmaschine holte aus dem Dampf mehr Leistung. Um die Wirkung zu erhöhen, fügte man zusätzliche, größer werdende Zylinder hinzu. Nathanael, ein weiteres Mitglied der Familie Her-

Sogar die kompakteste Dampfmaschine beanspruchte seinerzeit viel Platz. Der Lunne-Valley-Kessel und die 1914 gebaute Compound-Dampfmaschine von Stuart-Turner in Oxbird nehmen hier ein Viertel des 6 m langen Rumpfes ein, produzieren aber nur 6 PS.

reshoff, entwickelte Maschinen mit drei-, vier- und fünfstufiger Expansion – das war vor der Zeit, als er moderne Segelyachten konstruierte.

Diese Maschinen waren nicht nur wirksamer, sondern auch komplizierter und teurer. Nur für Yachtsegler, die es sehr eilig hatten, und für Militärs kamen Maschinen mit vier- und fünffacher Expansion in Frage. Für alle, die diesen unglaublichen Gewinn an Leistung bezahlen konnten, wurden Leichtigkeit und Geschwindigkeit möglich. Auf der *Stiletto* (28,95 m x 3,35 m), mit der es Nat Herreshoff 1885 auf 20,5 Knoten brachte, gab es 16 PS pro Tonne Verdrängung, das war fast fünfmal so gut wie auf den leistungsstarken Passagierschiffen.

Der Spaß war also der Mühe wert, aber nicht jeder konnte sich ihn leisten. Ein Reporter der »World« schrieb: »Ich weiß nicht, wer schneller seinen Mann ruiniert, eine extravagante Frau oder eine Dampfyacht. Aber stellen Sie sich einen Mann vor, der beides besitzt.« Man musste wirklich gut betucht sein, und das umso mehr, als Ende des 19. Jahrhunderts der Commuter-Typ von einer verbesserten Dampfyacht überboten wurde, dem luxuriösen Seetaxi.

Man knüpfte an die Tradition der Prunkyachten an, deren letzte Repräsentantin *Cleopatra's Barge* gewesen war. Das Geschwindigkeitsideal bestand fort, aber dazu wollte man Komfort, der dem der Ersten Klasse auf Passagierschiffen entsprach oder ihn übertraf. Da der Aktionsradius der Commuteryachten beschränkt war, baute man Hochsee-Commuter. Königin Victoria, die Kaiserin von Indien, der deutsche Kaiser Wilhelm II., der belgische König Leopold II., John Pierpont Morgan, Kaiser der Finanzen, der Erdölkönig Rockefeller, der Stahlkönig Frick, Jay Gould, Prinz der Spekulation, der Pressekönig Bennett, der Tabakkönig Lorillard und Cornelius Vanderbilt, der König des Transportwesens – all diese gekrönten und ungekrönten Häupter ließen sich ihren eigenen Ozeandampfer bauen. Und als Cornelius Cornelius Vanderbilt 1853 nach einer langen Kreuzfahrt in Europa seiner *Northstar*, der ersten großen Dampfyacht, überdrüssig war, wurde sie zum Passagierschiff umgebaut, dem ersten der Northstar-Line.

Die Unterhaltskosten für diese schwimmenden Paläste bewegten sich in schwindelerregender Höhe: 50 000 Dollar pro Jahr allein für die Besatzung. Wenn der durchschnittliche Bootseigner seinem Kapitän 100 Dollar pro Monat zahlte, hätte keiner dieser erbarmungslosen Unternehmer zu sagen gewagt, wieviel allein ihr Chefkoch, meist ein Franzose, sie kostete. Mit diesen Dampf-Palästen bewegte man sich in den höheren Sphären des Kapitals. Die Dampfyacht war oft Dekor für das große Finanztheater, und bei den Stücken, die dort gespielt wurden, handelte es sich selten um Komödien. Als Cornelius Vanderbilt mit seiner *Northstar* auf Kreuzfahrt ging, zahlten ihm seine Teilhaber die Dividende nicht mehr aus. Aus England erhielten sie eine kurze Nachricht: »Gentlemen, Sie haben beschlossen, mich zu betrügen. Ich werde Sie nicht gerichtlich verfolgen, weil das Gesetz zu langsam ist. Ich werde Sie ruinieren. C. V.« Vanderbilt besaß 11 Millionen Dollar. Bei seinem Tod 24 Jahre später waren es 40 Millionen. Während der acht Jahre zwischen dem Tod des Vaters und dem seines Sohnes William Henry wuchs das Familienvermögen auf mehr als das Doppelte und betrug 1885 märchenhafte 90 Millionen Dollar. Um ein solches Vermögen anzuhäufen hätte ein Arbeiter, der bei der Firma Vanderbilt beim Eisenbahnbau beschäftigt war, 493 150 Jahre, fast eine halbe Million Jahre arbeiten müssen. Als der Erbe William K. Vanderbilt 1886 eine Yacht bauen ließ, die er nach seiner Ehefrau *Alva* nannte, bezahlte er dafür eine halbe Million Dollar. Zufällig

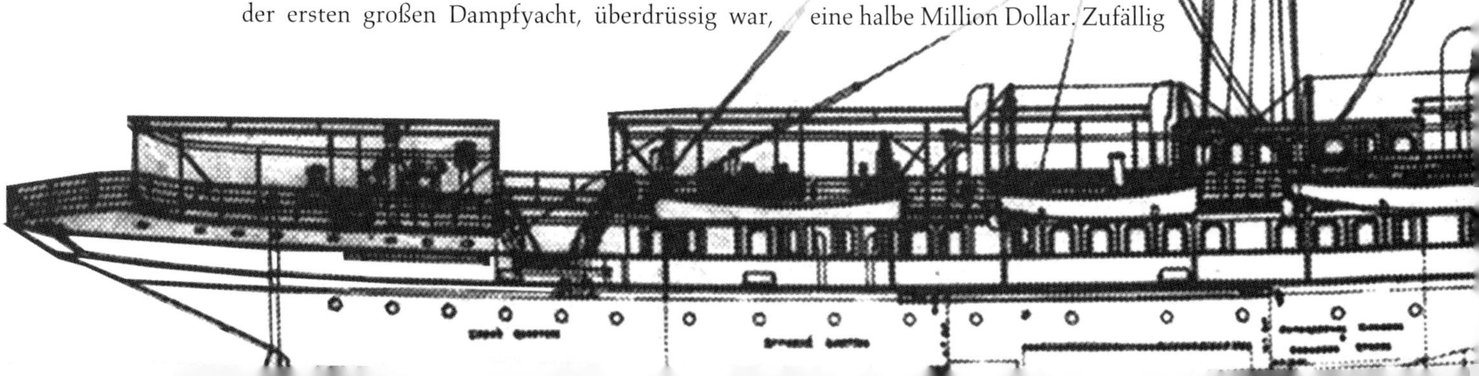

Mit der Lysistrata *gaben die Dampfyachten den Klipperrumpf und jede Ähnlichkeit mit Segelyachten auf. Sie behielten nur die Notsegel. Jetzt galt die Maschine als Maßstab für Schönheit.*

Lange Zeit ahmten die prunkvollen Dampfer die Eleganz von Segelschiffen nach mit Operetten-Bugspriets und einer Takelage, die vor allem dazu diente, reichlich Flaggen zu setzen. Hier Eros, *die Dampfyacht von Rothschild.*

wechselte er gleichzeitig Yacht und Frau und bezahlte für das neue Boot *Valiant* das Doppelte. Der Spaß war 101,20 m lang, 88,80 m in der Wasserlinie und 11,95 m breit. Eine Maschine von 4500 PS trieb zwei Schrauben an, die die *Valiant* auf 17 Knoten brachten. Nur zur Dekoration war der Dampfer als Brigantine getakelt.

Bis 1900 bewahrten die Dampfyachten etwas von der Anmut der Segelschiffe, einen Schornstein, der so geneigt stand, wie die Masten der *America*, eine Takelage, die eher eindrucksvoll als wirksam war, ein langes Bugspriet und einen Klipperbug. Britische Schiffskonstrukteure, die berühmt waren für ihre Yachten, wie Georg L. Watson und J. Beavor-Webb, verantwortlich für Herausfordereryachten des America's Cup, dominierten den Markt, auf dem moderne Mechanik sich hinter traditionellem Design verbarg. Man konnte befürchten, der schlechte Geschmack und die überquellende Dekoration im Zuckerbäckerstil der Paläste in Newport und die Villen in Torquay und Trouville würde auch auf den Yachtbau übergreifen, aber die Anforderungen, die das Meer stellte, verhinderten die größten Auswüchse. Mit dem neuen Jahrhundert änderte sich diese Vorliebe für die traditionelle Eleganz; die *Lysistrata*, eine Riesenyacht von 87 m Länge, die 1900 für James Gordon Bennett vom Stapel lief, hatte einen geraden, senkrecht abfallenden Steven, wie die seinerzeit neuen Passagierschiffe. Die Spielzeug-Takelage war verschwunden. Die *Lysistrata* gab nicht mehr vor, ein Segelschiff zu sein, sondern zeigte offen, dass sie zur Welt der Maschinen gehörte. Um schön zu sein, brauchten die Dampfyachten sich nicht mehr mit den Attributen der Segelschiffe zu schmücken, denn die Welt akzeptierte, dass die Maschine ihre eigene Eleganz besaß.

Das war der Triumph der Dampfkraft, aber dem Aufstieg folgte der Niedergang. Seit einiger Zeit schon war der Kolben nicht mehr das einzige Mittel zur Nutzung der Dampfkraft, Kohle war nicht mehr das einzige Brennmaterial zur Dampferzeugung, und der Dampf selbst war nicht mehr die einzige verwertbare Energie.

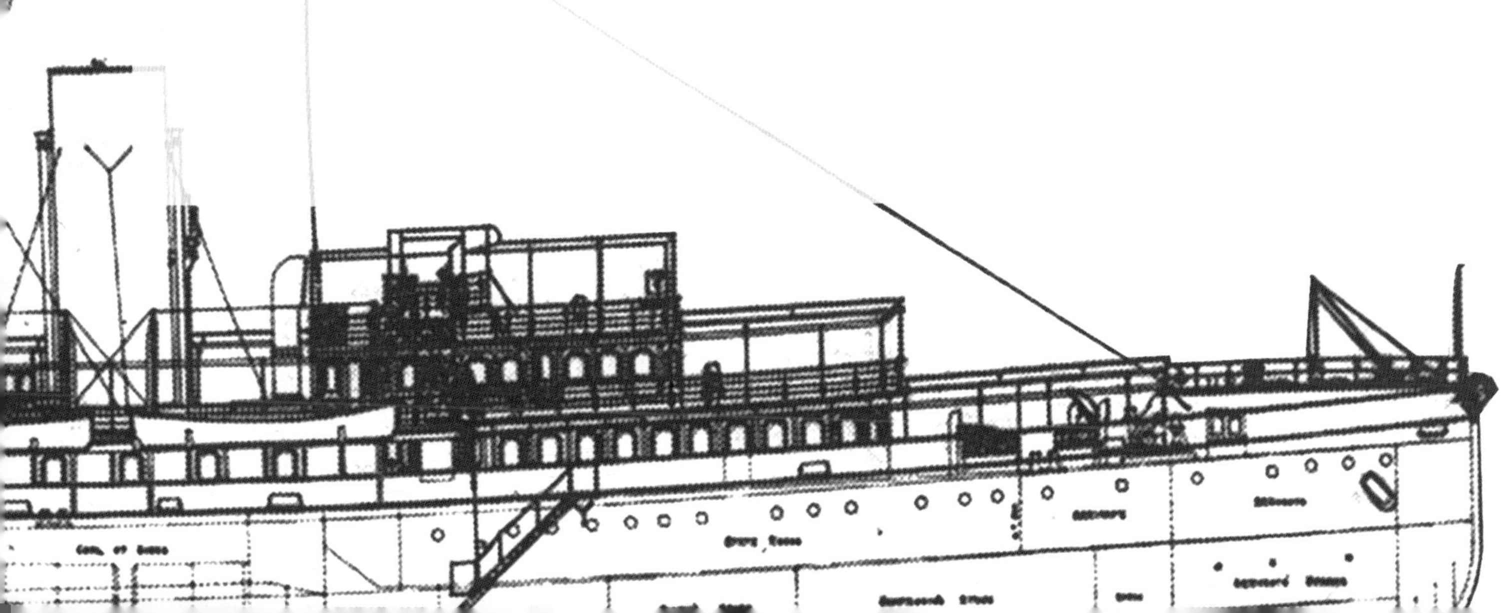

Es knallt in Monaco

1871–1914

»Man hatte mich beauftragt, einen Verbrennungsmotor zu prüfen, der für eine Förderbahn vorgesehen war, aber ich beschloss, ihn auch in der Schifffahrt einzusetzen. Ich kaufte einen eisernen Rumpf, der zu Versuchen mit Elektromotoren verwandt worden war. Dieser Rumpf hatte einen Namen, er hieß Volapük. *Vor dem Esperanto hatte Volapük zur Welthilfssprache werden sollen. Das Volapük hat sein Ziel nicht erreicht und wurde aufgegeben, während das Boot* Volapük *allgemeine Verbreitung fand.«*

Fernand Forest[91]

Das 19. Jahrhundert war das Jahrhundert der Dampfkraft. In ihrer landgebundenen Anwendung, der Eisenbahn, verbreitete sie die Zivilisation, unter positiven Aspekten genauso, wie unter den abstoßendsten. Die ersten großen Börsenspekulationen und -manipulationen wurden mit Eisenbahnaktien getätigt. Die Dampfkraft beförderte vor allem die Industrialisierung, indem sie den Bau von Maschinen ermöglichte, die unendlich oft die gleichen Gegenstände produzierten und die Arbeiter vor immer gleiche Aufgaben stellten. In der wassergebundenen Verwendung näherte sie die Kontinente einander an und schuf die Voraussetzung für die Bildung von Kolonialreichen. Sie ermöglichte den Bau neuer schwimmender Paläste, die teurer und prächtiger waren, als die an Land. Sie bewegte auch einfachere Maschinen, wie die der Firma Thomas Kane Co. aus Racine, Wisconsin, die ursprünglich Einrichtungen für Schulen, Theater und Kirchen herstellte und später kleine Dampfschiffe verkaufte, mit denen kirchliche Reisegruppen[92]

Die Volapük, *eines der ersten leistungsfähigen, selbstfahrenden Boote.*

Bereits um 1907 zogen die Motorbootrennen vor Monaco viele Zuschauer an.

Wenn eine Schraube sehr schnell dreht, reicht der Unterdruck, der sich auf der Sogseite bildet, aus, um das Wasser bei Umgebungstemperatur zum Kochen zu bringen, und Dampfblasen zerplatzen auf der Oberfläche des Flügels: Die Schraube dreht im Leeren. Um dieses Phänomen zu bekämpfen, installierte Parsons auf der Turbinia *neun Schrauben (rechts).*

In einer mehrstufigen Überdruckturbine expandiert der Dampf nacheinander über mehrere Laufräder, deren Durchmesser jeweils größer

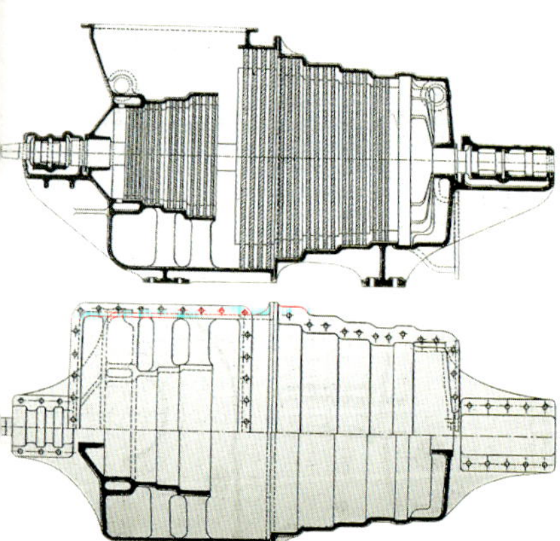

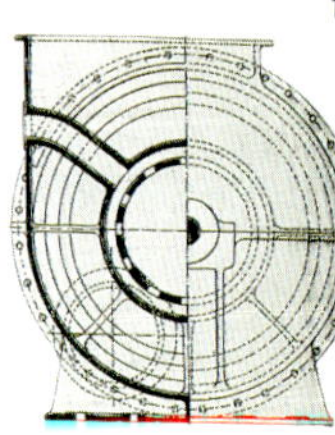

ist als das vorhergehende, sowie bei der Compound-Dampfmaschine (Foto S. 159), in der der Dampf zunächst in einen Hochdruckzylinder, dann in einen Niederdruckzylinder mit größerem Durchmesser geleitet wird.

Ausflüge machen konnten. So hatte der Nimbus des Sakrosankten der Dampfkraft noch nicht unter ihren Auswüchsen gelitten.

Und das aus gutem Grund: Sie verkörperte den Fortschritt! Die Dampfmaschine war die aufwändigste und entwickelste Mechanik jener Zeit. Die Ingenieure bezeichneten sie als »Wechsel-Maschine«, weil der Dampf im Zylinder abwechselnd expandierte und ausgestoßen wurde. Anschließend musste die Hin-und-Her-Bewegung des Kolbens in eine Drehbewegung umgewandelt werden, um die Welle mit Schraube in Bewegung zu setzen, und diese Transformation bedeutet Pleuelstangen und schwere Kurbelwellen, verbunden mit einem Leistungsverlust durch die Reibung des Kolbens im Zylinder, am Kreuzkopf und auf der Kurbelwelle. Es wäre soviel besser, wenn man gleich eine Drehbewegung hätte. Seit 1827 wurde doch in einem Kraftwerk an einem Staudamm der Wasserdruck in einer Überdruckturbine direkt in eine Drehbewegung verwandelt!

Dampf erreicht seine Leistung durch Ausdehnung. Er könnte sich doch durch eine Turbine aus mehreren Stufen mit Laufrädern ausdehnen, die zunächst mit hohem Druck arbeiten, der dann bis zum Ausgang der Turbine immer geringer wird. Der Erfinder dieser Technik hieß Charles Algernon Parsons. Im Alter von 35 Jahren ließ er eine Dampfturbine mit der unglaublichen Geschwindigkeit von 18 000 Umdrehungen pro Minute laufen. Die Turbine leistete nur 5 PS, aber das war schon erstaunlich im Hinblick auf ihr geringes Gewicht und ihren minimalen Raumbedarf. Sie hatte sofort Erfolg in der Industrie, aber nur dort. Die Royal Navy war an dieser Erfindung nicht interessiert. Würden Sie denn gerne aufs Meer hinaus fahren in dem Wissen, dass unter Ihren Füßen ein Apparat arbeitet, der 20 000 Umdrehungen macht in der Zeit, in der Ihr Herz gerade 70- oder 80-mal schlägt?

Parsons verlor nicht den Mut, auch wenn er Grund dazu gehabt hätte, denn die pessimistischsten Voraussagen der Navy schienen Wirklichkeit zu werden. Das von ihm gebaute 30 m lange, 3 m breite Versuchsschiff *Turbinia* erreichte trotz einer Turbine

von 1000 PS nur 21 Knoten. Lag es an der Maschine? Vielleicht passten die Schrauben nicht? Selbst wenn man durch ein Zahnradgetriebe die Anzahl der von der Schraube auf die Turbinen übertragenen Umdrehungen verminderte, drehten diese immer noch so schnell, dass sie sich im Leeren bewegten.

Dabei passierte Folgendes: Bei der Vorwärtsbewegung (selbst bei einer Bewegung um die eigene Achse) verformt die Schiffsschraube die sie umgebende Flüssigkeit, so wie es ein Kiel im Wasser, ein Segel oder ein Vogelflügel (und später das Flugzeug) in der Luft tut. Auf der Flügeloberseite wird die Flüssigkeit beschleunigt, auf der Unterseite wird diese langsamer. Nun hatte der Italiener Daniel Bernoulli zu Beginn des 18. Jahrhunderts entdeckt, dass man den Druck einer Flüssigkeit vermindert, wenn man sie beschleunigt, und erhöht, wenn man sie verlangsamt. Das gilt auch für die Flügel einer Schiffsschraube: Beschleunigung der Flüssigkeit an der Oberseite erzeugt Unterdruck, verminderte Geschwindigkeit an der Unterseite bedeutet Druck. Wie bei einer Flugzeugtragfläche oder einem Segel entsteht so Auftrieb, etwa rechtwinklig in Vortriebsrichtung. Das ist doch praktisch! Weniger angenehm ist, das die Siedetemperatur des Wassers bei abnehmendem Druck niedriger wird. Auf dem Gipfel des Montblanc kocht das Wasser bei 80 °C. Wenn der Druck niedrig genug ist, wie z. B. auf der Oberseite eines sehr schnell bewegten Schraubenflügels, kocht das Wasser bereits bei Umgebungstemperatur. Es verwandelt sich sofort in Dampf, eine explosive Angelegenheit, denn die Expansion von Dampf ist genau halb so groß wie die von Dynamit.[93] Man sagt, dass die Schraube im Leeren dreht, und 1893 konnte man noch keine schnelldrehenden Schiffsschrauben zeichnen, die das nicht taten. Parsons kreiste um das Problem, ohne es zu lösen. Parsons baute auf seiner *Turbinia* drei Turbinen (3000 PS) ein, deren Welle jeweils drei Schrauben antrieb, insgesamt also neun Schrauben.

Aber die Britische Admiralität war immer noch desinteressiert. Im Jahre 1897 nahm Königin Victoria zur Feier ihres diamantenen Regierungsjubiläums vor Spithead eine Parade der Kriegsflotte und der Yachten ab. Das Revier für die Flottenparade war natürlich Sperrgebiet. Plötzlich tauchte wie aus dem Nichts eine etwas tief im Wasser liegende, Wasser, Feuer und Rauch speiende Zigarre auf, die *Turbinia*! Die Torpedoboote, die sich an die Verfolgung des Störenfrieds gemacht hatten, mussten aufgeben, denn die *Turbinia* düste mit 34,5 Knoten davon, vier Knoten mehr, als das schnellste Schiff Ihrer Majestät leistete. Jetzt hatte man verstanden; aus Charles Parsons wurde Sir Charles Parsons, und die Dampfmaschine war nicht mehr die leistungsfähigste der Welt. Sechs Jahre später überquerte die Turbinenyacht *Emerald* den Atlantik, und 1909 stellte das große, mit vier Turbinensätzen ausgestattete Passagierschiff *Mauretania* auf dem Atlantik einen Rekord auf, der 20 Jahre bestehen sollte.[94]

Gleichzeitig wandte man sich ab von Kolbenmaschine und Kohle. Ihr Geschick war von Beginn an bis zum Ende aneinander gebunden, denn die ersten Dampfmaschinen hatten die industriemäßige Ausbeutung der Kohle erfordert, durch die eine sichere Befeuerung der Heizkessel möglich wurde. Und nun löste ein anderer fossiler Brennstoff die Kohle ab, das Erdöl und seine Derivate.

Schon 1823 förderten die Russen bei Baku am Schwarzen Meer Naphtha, ein sehr leichtes, flüchtiges Erdöl, aber der Absatzmarkt für diesen Brennstoff war äußerst begrenzt in einem Land, in dem noch Leibeigenschaft herrschte. Als aber 1859 in

Die Turbinia, *3000 PS, mit neun Schrauben, das erste Turbinenschiff der Geschichte im Jahre 1897. Zehn Jahre später fuhr die* Ricochet-Antoinette *(Foto S. 176) fast genau so schnell, 33,8 Knoten im Vergleich zu 34,5, mit 120-mal weniger Leistung. Das war der Weg des Verbrennungsmotors.*

den USA ein Abenteurer, ein gewisser »Colonel« Drake, in dem kleinen Ort Titusville, Pennsylvania, bohrte und in 23 m Tiefe auf Erdöl stieß, hatte er sofort Erfolg. Zum Schmieren der amerikanischen Maschinen, der Lokomotiven und Webstühle, brauchte man Öl. Bisher hatte man auf pflanzliches oder tierisches Öl zurückgegriffen. Walöl war beliebt, weil es so fein war. Rizinusöl vertrug hohe Temperaturen.[95] Es stellte sich dann heraus, dass Erdöl am billigsten und am vielseitigsten war.

1880, nur 21 Jahre nach der Entdeckung des »Colonel« Drake, betrug die Erdölförderung in den Vereinigten Staaten 4 000 000 Tonnen. Ab 1884 heizte die russische Nordmeer-Flotte ihre Kessel mehr mit Erdöl, als mit Kohle. 90 Prozent der Weltproduktion kamen aus den USA. Für manche Menschen, wie z. B. John D. Rockefeller, unterschied sich der Geruch des Erdöls nicht von dem des Geldes. Es war schwarzes Gold, Ursprung fantastischer Vermögen. 1902 wurden weltweit 15 Millionen Tonnen Erdöl produziert, 1922 waren es 30 Millionen Tonnen, 1922 120 Millionen und 1930 200 Millionen. Erdöl und seine Derivate hatten der Kohle zweierlei voraus: einerseits waren sie flüssig und man konnte sie durch Rohre bzw. in Tanks pumpen oder sie in einem Brennraum zünden. Andererseits enthielt Erdöl bei gleichem Gewicht sehr viel mehr Energie als Kohle.

Auf den Yachten fand der neue Brennstoff als erstes in Heizkesseln Verwendung. Naphtha ist ein extrem flüchtiges Erdölderivat; es wird oft zur Reinigung von Kleidung eingesetzt. Seit Beginn 1880 nutzte man es als Antrieb für kompakte Dampfmaschinen. Naphtha ersetzte in Heizkesseln die Kohle und im Rohrsystem das Wasser. Es verdunstet bei der geringsten Wärme; der in den Zylinder geführte Rohbenzindampf setzte den Kolben in Bewegung, bevor der Dampf im Kondensator unter dem Rumpf wieder flüssig wurde und dann im Kessel verbrannte. Unmittelbarer Vorteil war, dass der Naphthamotor schnell seinen Betriebsdruck erreichte, er brauchte nur zwei Minuten im Vergleich zu 30 Minuten, die bei klassischen Heizkesseln zur Dampferzeugung nötig waren. Außerdem war der neue Motor fünfmal leichter, als eine gleich starke Dampfmaschine. Trotzdem setzte er sich nicht durch, denn Naphtha war sehr teuer. Stellen Sie sich vor, man ließe ein Auto mit Whisky fahren, statt mit Benzin!

Nur Yachteigner und Militärs konnten sich diesen Luxus leisten – der im übrigen sehr gefährlich war –, denn Naphtha ist außerordentlich explosiv. Daher wurden nur verhältnismäßig wenige »Naphtha-Launches«[96], gebaut, die kurze Zeit

»Colonel« Drake 1859 in Pennsylvanien vor seinem ersten Bohrturm. Bald würde Erdöl die Kohle ersetzt haben.

Verbreitung als Tender von Yachten oder als kleine Vergnügungsboote fanden. Ende des Jahrhunderts waren sie verschwunden, weil man etwas Einfacheres, Wirtschaftlicheres und weniger Gefährliches erfunden hatte.

Zu der Zeit, als die ersten Naphtha-Heizkessel aufkamen, wurde eine Maschine vollendet, die eine sehr viel glänzendere Zukunft vor sich hatte: Der Verbrennungsmotor, bei dem durch die Verbrennung eines Kraftstoff-Luft-Gemisches innerhalb eines thermodynamischen Kreisprozesses mechanische Arbeit geleistet wird. Während bei der Dampfmaschine bzw. -turbine der Dampf separat erzeugt und dann mittels Kolben oder Turbinen an anderer Stelle in Bewegung umgeformt wird. Im Verbrennungsmotor findet alles im selben Raum statt, nämlich im Zylinder, wo das entzündbare Gemisch nach der Einführung und Verdichtung explodiert, den Kolben in Bewegung setzt und die nicht verbrannten Gemischreste aus dem Zylinder ausgestoßen werden.

Die Vorsichtsmaßnahmen für diese Art Motor sahen so aus, dass Gottlieb Daimler, als er 1886 sein erstes mit einem Benzinmotor angetriebenes Schiff, die *Neckar*, zu Wasser ließ, am Deckshaus Isolatoren und Drähte anbringen ließ, damit die Leute glaubten, es habe einen Elektromotor. Außerdem nahmen die Mechaniker den Motor jeden Abend auseinander und setzten ihn morgens wieder zusammen: Man kann gar nicht vorsichtig genug sein.

Die *Neckar* war das erste Motorschiff. Étienne Lenoir, ein in Paris lebender Belgier, hatte 1871 ein Schiff mit Verbrennungsmotor auf der Seine fahren lassen. 1880 erprobte Brayton diese Erfindung in den USA. Beide waren nicht sehr erfolgreich; erst Mitte des Jahrzehnts erwiesen sich mit Fernand Forest in Frankreich und Gottlieb Daimler in Deutschland selbstfahrende Schiffe als wirklich praktisch, weil Raumbedarf und Gewicht deutlich unter dem einer Dampfmaschine lagen. Ein anderer Vorteil war, dass man im Gegensatz zu Dampfschiffen zur Wartung der Maschine keinen diplomierten Ingenieur an Bord nehmen und bezahlen musste.[97]

Die klassische Dampfmaschine hatte den Weg gewiesen, indem sie zur Lösung jenes Problems beitrug, das beim Betrieb mehrerer Kolben enstand und dass sie unabdingbare thermodynamische Untersuchungen auslöste. Anfangs sah man im Verbrennungsmotor nichts anderes als eine Dampfmaschine, bei der die Verbrennung im Innern des Zylinders stattfand. Das Funktionieren dieser einfachen Mechanik hatte auch etwas gemein mit der Dampfmaschine, weil zudem etwas wie eine äußere Verbrennung überlebte.

Der Motor, den Gottfried Daimler 1886 auf der *Marie*, dem Lustschiff des deutschen Reichskanzlers Bismarck, einbaute, ist ein Beispiel für diese gemischte Verbrennung. Direkt neben dem senkrecht angeordneten Zylinder stand auf einer Seite ein Tank mit Naphtha, auf der anderen Seite eine Laterne. Der Docht der Laterne wurde von Naphtha gespeist. Zum Starten brauchte man keinen Zündschlüssel, sondern ein Feuerzeug. Man zündete die Laterne an, die Flamme erwärmte die Luft sowie einen Zapfen aus Kupfer oder Keramik (davon später). Die warme Luft stieg in einem gekrümmten Kamin an die Oberfläche des Behälters, wo sie über das Naphtha strich und es zur Verdunstung brachte. Der Naphthadampf vermischte sich mit der Luft und es entstand ein explosives Gas, das durch einen zweiten Kamin aufstieg. Über ein Ventil gelangte das Gemisch in den Verbrennungsraum neben dem Zylinder, in den der durch die Laterne erhitzte Kupfer- oder Keramikzapfen hineinragte. Peng! – das Gas breitete sich aus in Richtung auf den einzig möglichen Ausgang, den Zylinder, und schob den Kolben an, dessen Pleuelstange die Kurbelwelle in Gang setzte, die wiederum eine Welle drehte, auf der ein Radkranz mit einem Nocken saß, der das Eintrittsventil betätigte. Das verbrannte Gas

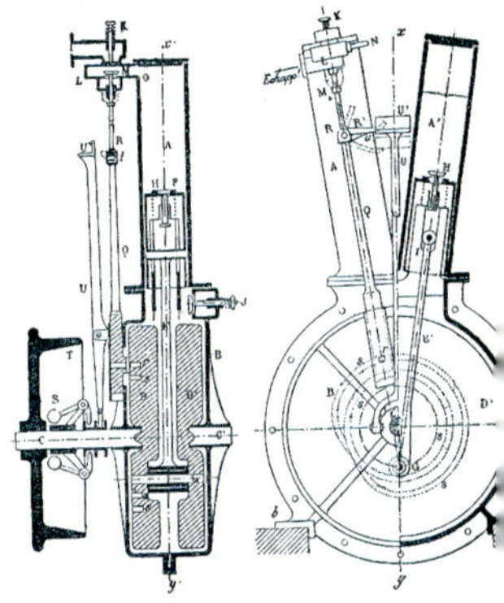

Schnitt durch den v-förmigen Zweizylinder-Verbrennungsmotor von Daimler.

Die Marie *(1886) mit ihrem Daimler Einzylinder. Vorne in der Mitte steht die Laterne, deren Wärme über das gebogene Kupferrohr aufsteigt und in den kleinen Behälter sinkt, um dort das Naphtha zum Verdunsten zu bringen, bevor das Gas-Luft-Gemisch in den Zylinder gelangt, wo es bei der Berührung mit einem durch die Laterne erwärmten Kupfer-Zapfen explodiert. Der Hut des Heizers hängt auf dem Hebel der Gangschaltung (unten).*

strömte durch ein seitlich im Zylinder befindliches Fenster aus – es gab kein Auslassventil – und das war's!

Der Start erfolgte mit einer Handkurbel und klappte eigentlich immer; tatsächlich betrug der Leerlauf weniger als 100 Umdrehungen pro Minute. Der Betrieb wurde wie bei einer Petroleumlampe geregelt, man drehte den Docht hoch und die Beschleunigung trat ein – unter Umständen, wenn man Glück hatte. Wenn allerdings ein Windstoß die Flamme in der Laterne flackern ließ oder gar auslöschte, wurde die Maschine langsamer oder hörte auf zu laufen. Der Autor durfte auf einem Nachbau der *Marie* fahren und erinnert sich, dass er die Laterne vor dem Wind schützen musste, was

Die Marie *wurde 1886 von Daimler für den deutschen Reichskanzler Bismarck gebaut. Sie war eines der ersten Motorboote, die ausschließlich dem Vergnügen dienten.*

die Mechanik nicht daran hinderte, mitten im Hafen von Monaco zwischen lauter glänzenden Nachkommen dieser Ahnfrau aller Motoryachten den Geist aufzugeben.

Wenn in 1000 Jahren ein Archäologe die *Marie* wiederfindet, wird er sicher verkünden, er habe das fehlende Zwischenglied zwischen Dampf- und Verbrennungskraftmaschine gefunden. Die Technologie der Dampfmaschinen war vorhanden: Der Verbrennungsraum außerhalb des Zylinders, dort wo zuvor die Dampferzeugung war, der Zylinder selbst, der Kolben und die Pleuelstange, die Kurbelwelle, die Ventilsteuerung außerhalb des Gehäuses und sogar die Umdrehungsgeschwindigkeit von 350 bis 500 U/min, alles das war eine genaue Nachbildung der einfachen Dampfmaschinen.[98]

Ein einfaches Getriebe erlaubte sogar das Umschalten von Vorwärts- in Rückwärtsfahrt bei laufender Maschine.[99] Ob es sich nun um diese Technologie handelt oder um die mit der Laterne und dem Behälter, nichts davon war zu kompliziert, als dass der Kupferschmied des Dorfes es hätte herstellen können. Die hatten genug Arbeit. 1895 baute z. B. eine Schmied aus dem kleinen Dorf Saint-Antonin (Tarn-et-Garonne) zwei Verbrennungsmotoren[100], von denen einer auf dem Fluss Aveyron ein Vergnügungsschiff antrieb, auf dem es sonst keinerlei Handelsschifffahrt gab. Die Mechanik bestand aus etwa 30 einfach herzustellenden Einzelteilen. Auf Anhieb war der Verbrennungsmotor, der unkompliziert, einfach zu bauen, leicht und wenig platzraubend war, die Dampfmaschine der kleinen Leute.

Zugegeben hatte diese simple Mechanik einen riesigen Nachteil: die optimale Leistung wurde nur in einem einzigen Drehzahlbereich erreicht! Allerdings hatten bis zum Ende des Jahrhunderts die Automobilmotoren eine gleichbleibende Drehzahl und waren mit einem von den Dampfmaschinen übernommenen Fliehkraftregler ausgestattet. Auf einem Boot, das immer die gleiche Geschwindigkeit hält, störte das nicht weiter, aber bei Autos, die Kurven und Steigungen fahren mussten, war es sehr unpraktisch! Man musste Getriebe bauen und darauf warten, dass Zündanlagen und zuverlässige Geräte für die Herstellung des Kraftstoff-Luft-Gemisches entwickelt wurden.

Zwei Wege zeichneten sich ab: Zunächst die Kombination Magnetzünder-Vergaser. Eine Magnetspule erzeugt einen elektrischen Strom hoher Spannung, der über einen Zündverteiler mit Unterbrecher in regelmäßigen Abständen einen hochgespannten Zündfunken an den Elektroden einer Zündkerze im Verbrennungsraum zündet. Das explosive Kraftstoff-Luft-Gemisch, das in einem Vergaser bereitet wurde, wurde nun in den Zylinder gesaugt und dort zur Verbrennung gebracht. Die andere Möglichkeit setzte auf Druck: Der Zylinder saugt nur Luft an, die durch den Kolben hoch verdichtet und daher stark erhitzt wird. Kurz vor Erreichen des Totpunktes spritzt man Kraftstoff, der sich durch die hohe Temperatur selbst entzündet. Diese Idee ließ sich der deutsche Erfinder Rudolf Diesel patentieren.

1893, im Jahr als Parsons seine Versuche auf der *Turbinia* begann, veröffentlichte Diesel seine Arbeit: »Theorie und Konstruktion eines rationellen Wärmemotors als Ersatz für Dampfmaschinen und andere, heute bekannte Maschinen.« Welche Gewissheit enthält dieser visionäre Titel! Diesel hatte in der aufkommenden kältetechnischen Industrie gearbeitet, deren Grundlage Kompressoren waren. Aus dieser Erfahrung heraus erfand er einen Motor, bei dem die Explosion durch Kompression ausgelöst wurde. Anstatt ein Gemisch aus Luft und Benzin in den Zylinder zu füllen und dieses durch einen Funken zur Explosion zu bringen, führte Diesel Luft in den Zylinder und komprimierte sie, wodurch die Temperatur anstieg. In diesem Augenblick spritzte er Kraftstoff[101] ein, der beim Kontakt mit der heißen Luft explodierte. Der Brennstoff brauchte weniger rein zu sein, als bei einem Benzinmotor, man konnte schweres Heizöl nutzen oder irgendein anderes billiges Öl, das nicht beim schwächsten Funken[102] explodierte.

Der erste Versuch fand 1897 statt – wieder im großen Jahr der *Turbinia* – und endete erfolgreich. Wenngleich ein Mitglied der Institution of Naval Architects 1906 in London erklärte, der Verbrennungsmotor von Diesel sei nutzbar nur »für kleine Schiffe auf Seen, Flüssen und Flussmündungen, wo es keine Wellen gibt, wo die Schifffahrt einfach ist und am hellen Tage stattfindet,« taten sich 1913 die beiden berühmtesten englischen Gesellschaften zusammen, um die erste Yacht mit Dieselmotor zu bauen. Die von George L. Watson entworfene *Pioneer* wurde von Camper & Nicholsons in Gosport gebaut. »Die beiden in Stockholm bei der Firma Polar-Diesel gebauten Hauptmotoren von je 250 PS waren ihrer Zeit weit voraus. Die *Pioneer* war herrlich ausgestattet, viel geräumiger und mit mehr Kabinen, als es auf einer Dampfyacht möglich gewesen wäre.«[103]

Wir wollen die *Pioneer* ohne uns auf Kreuzfahrt gehen lassen und den Weg der Entwicklung nachvollziehen. Von heute aus gesehen war das letzte Jahrzehnt des 19. Jahrhunderts außerordentlich fruchtbar. Parsons hatte die Dampfturbine erfunden und Diesel den Dieselmotor. Der Verbrennungsmotor hatte Getriebe, Zündung, Vergaser und das auf Schiffen unerlässliche Wendegetriebe erhalten. Das motorgetriebene Lustschiff war so salonfähig geworden, dass 1892 der wohlhabende Piano-Fabrikant William Steinway neben seinem New Yorker Geschäft für Musikinstrumente einen Ausstellungsraum für Motorboote einrichtete. 1893 machte der Franzose Alfred Seguin mit den Booten der Société Nautique de Genève Versuche mit einem Verbrennungsmotor und einer Schraubenwelle am Heck. Das war der erste Außenbordmotor.[104] Das neue Jahrhundert hatte kaum begonnen, als die Maschine den allerletzten Test bestand, indem 1902 die *Abiel Abbot Low*, ein 11,60 m langes Schiff mit Benzinmotor, den Atlantik überquerte. Die Fahrt war eine einzige Qual im Gestank des auslaufenden Treibstoffs, aber diese Überfahrt endete erfolgreich, was mit einem gleich großen Dampfschiff unmöglich gewesen wäre. Wo hätte man die Kohle unterbringen sollen, wo den Heizkessel und wo vor allem die Heizer, die 37 Tage lang den Kessel hätten füllen sollen? Nach diesem Erfolg gab es nur einen Titel den man der Dampfkraft entreißen konnte: den für die hohe Geschwindigkeit.

Die Geschwindigkeits-Teststrecken der Dampfschiffe waren in militärischem Besitz: Die Reede von Le Havre für das von Jacques-A. Normand teilweise aus Aluminium gebaute Torpedoboot *Forban*, das 1895 als erstes Schiff mehr als 30 Knoten[105] erreichte, und zwei Jahre später die Reede von Portsmouth für die *Turbinia*. Der Testkurs für den Verbrennungsmotor war von 1904 bis zum Ersten Weltkrieg nicht weniger militärisch. Sie endete nicht in einem Flottenarsenal, sondern vor einem Kasino. Es war kein Ort, wo man seine Macht zeigte, sondern einer, wo man seinen Reichtum ausbreitete. Es war Monaco.

Das Fahren mit Motorbooten verbreitete sich schneller als die offiziellen Strukturen. Der erste Motorboot-Club der Welt, der Hélice Club de France,

Rudolf Diesel, der Erfinder der Verbrennungskraftmaschine nach dem Gleichdruckprozess.

Das einzige Foto des allerersten Außenbordmotors der Geschichte bei der Erprobung durch Alfred Seguin in Genf 1893.

Das Wappen des Hélice Club de France, des ersten Motorboot-Clubs.

wurde 1896 in Paris gegründet. Aber das Ministerium, das diese Art der Fortbewegung gering schätzte, hielt es nicht für nötig, eine fördernde Gesellschaft für Motorboote zu gründen, wie den YCF und UYF für Segelboote. Es fehlte also die nationale Autorität. Der Automobile Club de France versuchte, diese Aufgabe zu erfüllen, indem er 1904[106] mit dem Yacht-Club de France fusionierte. Aber seine Statuten wurden nicht akzeptiert, die Bootsführer erkannten nur die des Meeting de Monaco an, des größten Wettbewerbs, von dem alle träumten.

Prinz Albert I., Ozeanograph und Yachtsegler, stimmte zu, als Fernand Blanc, Direktor der Société des Bains de Mer, im März 1904 vorschlug, ein internationales Motorboot-Treffen zu veranstalten. Das würde Touristen anziehen. Die erste Veranstaltung hatte einen derartigen Erfolg, dass sie jährlich wiederholt wurde. »An Renntagen versammelten sich wohl 25 000 oder 30 000 Personen auf den Terrassen von Monte Carlo, vor allem Ausländer: Die Engländer, Amerikaner und Deutschen verpassten kein Rennen.«[107] Der junge Motorbootsport hatte sein Mekka gefunden. Dort tauchten die ersten Gleitboote auf, die ersten Tragflügelboote und vor allem die ersten modernen Motoren.

Bis zum Ersten Weltkrieg boten Rennboote, mehr als andere Fahrzeuge, vor allem Testmöglichkeiten für sehr starke Motoren. Dafür gab es drei technische Gründe: erstens waren die starken Motoren sehr groß, so groß, dass man sie nicht in Automobilen hätte einbauen können. Das zweite Problem betraf die Kühlung. Die Leistung der Verbrennungsmotoren war relativ gering, zwischen 1,5 und 3 PS pro Liter Hubraum, mehr Leistung konnte man nur durch eine Vergrößerung des Motors erzeugen. Bei dop-

Die Megévet ist ein gelungenes Beispiel einer restaurierten Barkasse in traditioneller Bauweise.

Der auf die Delahaye eingebaute »feuerspeiende Papa« war 1905 mit etwa 350 PS der stärkste Verbrennungsmotor der Welt. Das Fehlen eines Gehäuses erinnert an die Technik der Dampfmaschinen, aber die Zylinderköpfe mit der ersten doppelten Nockenwelle der Geschichte waren zukunftsweisend (kleines Foto).

Die riesige Delahaye 1905 vor Monaco. Die Heckwelle des Bootes gibt einen Eindruck davon, welchen Widerstand sie während der Fahrt zu überwinden hatte (oben).

pelter Leistung wuchs die zu kühlende Oberfläche im Quadrat, d. h. um das Vierfache, und nur Schiffe konnten ständig frisches Wasser zum Kühlen aufnehmen.[108] Der Beweis wurde zwischen 1907 und 1909 erbracht, als Antoinette, ein berühmter Konstrukteur von Schiffsmotoren, sich dem Flugzeugbau zuwandte. Wegen mangelnder Kühlung sank die Leistung der Flugzeugmotoren nach wenigen Minuten. Der dritte Grund war strukturbedingt: die riesigen Motoren der damaligen Zeit waren enormen Torsionskräften ausgesetzt, und es gelang nicht, sie gleichzeitig leicht und fest zu machen; das Konzept des Blockmotors lag noch in weiter Ferne. Auf Schiffen konnte ein Fundament und die Verbände des Rumpfs die enormen Kräfte und das hohe Drehmoment ableiten.

Diese drei Gründe erklären, warum z. B. der riesige Delahaye-Motor 1905 in ein Rennboot[109] eingebaut wurde und nicht in ein Auto. Flugzeuge spielten noch keine Rolle. Dieser ungewöhnliche Motor, der stärkste der damaligen Zeit, entwickelte 350 PS. Dafür brauchte er einen Hubraum von 86 Litern, verteilt auf vier Zylinder, d. h. 21,5 Liter pro Zylinder. Er war fast 1,60 m hoch und 2 m lang, zu groß für vier Räder! Die unter den Zylindern installierte Mechanik war typisch Dampfmaschine: die Kurbelwelle lag frei, jedes Lager wurde unabhängig geschmiert. Das Fehlen eines Gehäuses für den unteren Teil des Motors konnte nur durch solide Längsträger ausgeglichen werden. Dagegen war der Kopf des Motors von geradezu visionärer Modernität. Wie sollte man in einem Zylinder von der Größe einer Mülltonne das explosive Gemisch gleichmäßig verteilen? Durch Vergrößerung der Anzahl der Ventile. Es gab sechs Ventile pro Zylinder, drei Einlass- und drei Auslassventile. Und wie sollten die zwei Reihen von je sechs Ventilen pro Zylinder gesteuert werden? Mit zwei Nockenwellen pro Dutzend, die über die ganze Oberfläche des Motors liefen. Das war nicht nur die erste oben liegende Nockenwelle der Geschichte, sondern die erste doppelte oben liegende Nockenwelle! Beim Auto kam die erste einfache Nockenwelle erst 1908[110] auf, die doppelte 1912[111]. Im Flugzeugbau erschien die erste einfache Nockenwelle 1915[112], und die doppelte gegen 1920, 15 Jahre nach dem Schiffsmotor Delahaye.

Der ungewöhnliche »feuerspeiende Papa«, wie der Delahaye genannt wurde, war Wegbereiter des jungen Motorbootsports. Von den ersten Rennen an entwickelte sich ein Wettkampf um Leistung. Die 1904 vom Stapel gelaufene *Rapée II* mit einem 34 PS Motor wurde bald mit 70 PS und noch vor Saisonende mit 100 PS ausgestattet. Diese spektakulären Fahrzeuge waren wirksame Reklameträger.

»Es tauchten große Mengen von Reklame-Schiffen auf, die das Publikum von der Überlegenheit des einen oder anderen Motors überzeugen

Eines der ersten kolorierten Fotos von einem Rennboot aus den USA, ca. 1910.

sollten. Das erste war die *Phœnix*. Sie ähnelte noch einem Schiff, wenn auch die Proportionen etwas extrem für ihre Größe waren. Seither wurde die ganze Flotte ausgetauscht, und die *Phœnix* verschwand, weil ihre Besitzer, die Firma Panhard, sie ersetzten, um auf der Höhe der von ihnen begonnenen Bewegung zu bleiben.«[113] Panhard-Levassor, Delahaye, Buire, Sizaire und Naudin, Daimler, Piquet, Wolsley, Fiat – alle großen Motorenhersteller dieser Zeit finanzierten immer spektakulärere, immer größere Schiffe.

Um einem weiteren Wachstum der Größe ein Ende zu setzen, hätte man kürzere Rümpfe bauen müssen. Da die Schiffe lang und leicht sein sollten, hatte man sie schmal, dann sehr schmal und schließlich extrem schmal konstruiert. Der Herzog von Westminster, der in Frankreich einen dieser motorisierten Bleistifte gekauft hatte, kenterte bei einer Wende. In den USA brauchte Clinton Crane, der vorübergehend das Segeln zugunsten des Motors aufgegeben hatte[114], dazu keine Kurve: als er 25 Knoten erreicht hatte, drehte sich sein Schiff um die Längsachse. So konnte es nicht weitergehen!

Gegen Ende des 19. Jahrhunderts tauchte eine Lösung auf: Die Umformung eines Teils des Fahrtwiderstands in senkrechten Schub. Ein Schiff, das sich ganz oder teilweise aus dem Wasser hob, würde weniger Wasser verdrängen und schneller fahren.[115] Das Problem war die passende Rumpf-Form.

Schon 1897 entwickelte Charles-Alexandre, Graf von Lambert, ein Gerät, das von mehreren wasserundurchlässigen prismenförmigen Körpern getragen wurde, die wie Kufen über das Wasser glitten. Es klappte nicht, weil die Dampfmaschine zu schwach war. Mit dem Verbrennungssmotor wurde alles anders. Man versuchte alles, um den Rumpf aus dem Wasser steigen zu lassen. Der berühmte brasilianische Luftschiffer Santos-Dumont wettete um 50 000 Francs, dass er auf dem Wasser mehr als 100 km/h erreichen würde. Er baute so etwas wie einen mit Tragflächen versehenen, aufblasbaren Trimaran, scheiterte, zahlte seinen Einsatz und schwor, nie mehr zu verlieren. Dem Italiener Forlanini gelang es, mehrere Tragflügelboote starten zu lassen. Er kam nach Monaco mit einer Art zylindrischem Rumpf, der von stufenartig angeordneten Tragflügeln angehoben wurde: das Ding flog nur bei spiegelglattem Wasser.

Am 28. Juni 1906 meldete Paul Bonnemaison das französische Patent Nr. 377 070 an, das einen Rumpf mit gezacktem Querschnitt beschrieb, bei dem »die Flüssigkeit, die aus der Ausbuchtung strömt, den Rumpf nur ganz hinten berührt. Ein großer Teil der Rumpfes bleibt so von der Reibung verschont.« Dieser Rumpf mit Ausbuchtung traf beim Fahren auf so geringen Widerstand, dass er

Graf Lambert beschäftigte sich mit langen, gleitenden Rümpfen, die aus einer Reihe aneinandergesetzter prismenförmiger Schwimmkörper bestanden, die eine lange Kufe bildeten (unten).

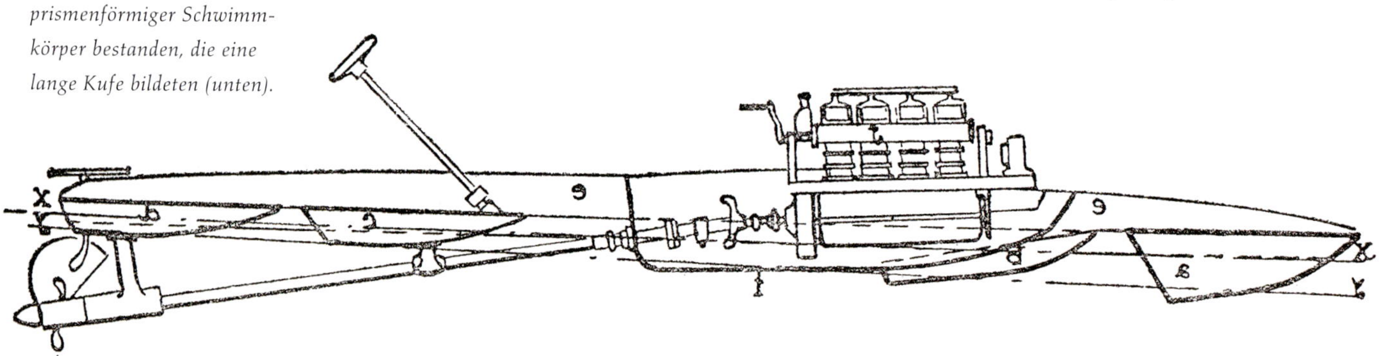

die übermächtigen Monstren auslachte. Am 8. November 1907 wurde die nur 25 PS starke *Ricochet-Antoinette* mit 62,068 km/h das schnellste Schiff der Welt. Im Jahr darauf erschienen in Monaco mehr als 20 »Ricochets«. Die von Bonnemaison entworfenen, von den Brüdern Le Las gebauten und gefahrenen Schiffe waren so vorbildlich, dass der Typ nach ihnen genannt wurde: ein Ricochet. »Die Gleitboote, zu denen alles zählt, was sich auf der Wasseroberfläche bewegt oder ›rikoschiert‹, waren alle mehr oder weniger Wassergleiter, ricocheurs.«[116] »Diese eigenartigen Geräte, die angeblich Gleitboote sind, sind in Wirklichkeit Springer, denn sie bewegen sich in Sprüngen fort, indem sie abwechselnd auf einen der beiden Flügel fallen, zwischen denen sich eine Ausbuchtung befindet, die den Boden des Rumpfes bildet. Auch wenn sie den Tanz in ruhigem Wasser aufführen, ermüdet er Boote und Mannschaft derartig, dass sie nicht mehr als zwei kurze Parcours fahren können, weil sonst die Rümpfe durch die Stöße aus den Fugen gehen und die Aufbauten sich lösen. Oft genug müssen sie aufhören, weil Wasser eindringt.«[117] Für diese Boote brauchte man neue Konstruktionsmethoden.

Torpedoboote, Fähren, Arbeits- oder Vergnügungsschiffe, die auf Geschwindigkeit getrimmt waren, hatte man mit sehr festem Verband gebaut, der alle Kräfte ausgleichen konnte, und mit einer Außenhaut, die keinen anderen Zweck hatte, als das Wasser daran zu hindern, ins Boot einzudringen.[118] In Folge dessen verwandte man sehr dünne, übereinander genietete Bleche bis zu 0,8 mm Stärke. Diese Technik hatte ihre Grenzen: Bei kleinen Booten störte das Mehrgewicht durch ein tragendes Gerippe nicht, und Bleche, die vom erstbesten Stein durchschlagen werden konnten, waren keine ideale Lösung. 0,8 mm dickes Blech wog genau so viel, wie 10 mm dickes Holz, das aber fester war und nicht so leicht verbeulte.[119] Wenn es gelänge, die Planken durchgehend aneinander zu befestigen, würde ein selbsttragender Rumpf entstehen, bei dem die Außenhaut zur Stabilität des Rumpfes beitragen würde. Leistungsstarke Klebstoffe waren noch nicht erfunden.[120] Also legte man feine, vernietete Planken diagonal so fest übereinander, dass ein Gerüst überflüssig wurde. Zu Beginn des Jahrhunderts waren die meisten Rettungsboote, aber auch einige Rennboote auf dem Genfer See so gebaut. Nachteilig war das erhebliche Gewicht der Kupfernieten. Tellier in Frankreich und vor allem Saunders in England hatten eine andere Idee[121]: Sie ließen die Nieten weg und nähten die Planken mit Kupfer- oder Bronzedraht aufeinander.

Sam Saunders (1856–1933), dessen Familie seit 1840 Themse-Boote herstellte, wurde in den Schiffbau hinein geboren. Als er die Idee hatte, Mahagoniplanken für die Außenhaut zusammenzunähen, schreckte ihn zunächst das Ausmaß der Arbeit ab. Mit Hilfe seiner Tochter baute er einige normale Nähmaschinen um und konstruierte 1898 ein 16,15 m langes Boot, die *Consuta*. Er ließ das Verfahren patentieren[122], gründete das Syndikat der »canots brevetés Saunders« und suchte nach Absatzmärkten. Da Cowes Zentrum des Vergnügungssegelns geworden war, ließ er sich dort in einer alten Kapelle nieder, die bald vergrößert wer-

Die Ricochet XX *in Monaco: »Diese Gleitboote sind eher Springer.« Die Bugwelle entstand unmittelbar vor der Ausbuchtung des von Paul Bonnemaison entworfenen Rumpfes.*

den musste, weil die meisten britischen und einige französische Rennboote bei Saunders bestellt wurden, der das Monopol für genähte Beplankungen besaß.

Bald brauchte man auch außerhalb des Schiffbaus eine leichte, solide Konstruktion. Wer baute das erste Flugzeug der Geschichte, das 1910 eine gerade Strecke von 100 km zurücklegte? Tellier, der französische Saunders. An wen wandte sich T.O.M. Sopwith als er 1912 das erste Wasserflugzeug in Auftrag gab? An Sam Saunders. Tellier und Saunders gehörten zu den wichtigsten Herstellern von Wasserflugzeugen vor dem Ersten Weltkrieg.

Vom Schiff zum Flugzeug, das war nicht die Ausnahme, sondern die Regel. Das Motorboot stand am Anfang des Flugzeugs, weil Flugzeugmo-

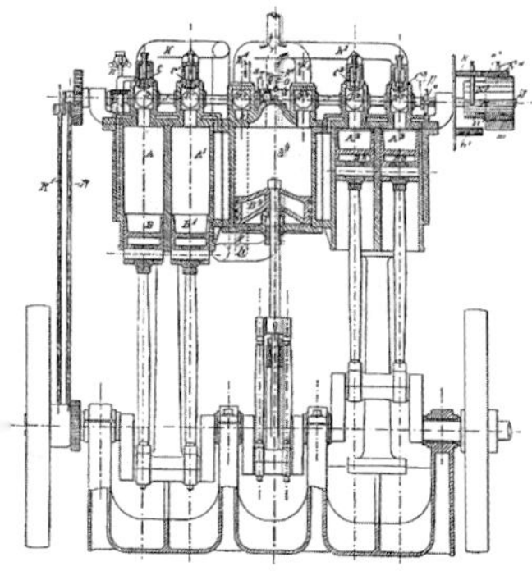

Lange glich die Technik des Verbrennungsmotors der von Dampfmaschinen. Beim 5 Zylinder-Verbundmotor Forest-Gallice setzte der Restdruck des Aufpuffs den großen Zentralkolben in Bewegung, der die Rolle eines Energiespeichers spielte, wie heute die Turbos.

Am 8. November 1907 stellte die Ricochet-Antoinette *mit 62,68 km den Weltrekord für Motorboote auf. Der Motor des Bonnemaison Rumpfes mit Einkerbung war ein 25 PS Antoinette. Das Boot hatte als eines der ersten einen Verstellpropeller.*

Nachdem er sich mit Bootsmotoren einen Namen gemacht hatte, baute Léon Levasseur den 8-Zylinder Antoinette, mit dem Santos-Dumont seinen ersten Flug absolvierte.

toren zunächst auf dem Wasser entwickelt wurden. Léon Levasseur baute Spezial-Motoren für Rennboote, die sogenannten Antoinette[123] Motoren. Er erfand den Vorgänger des »Springbootes«, eine Kreuzung aus Schuh und Heuschrecken-Schwanz. Sein Pilot Hubert Latham war so begeistert, dass er einen seiner Freunde, Alberto Santos-Dumont, der durch seine Versuche mit Luftschiffen berühmt geworden war, eine der Maschinen ausprobieren ließ. Der leichte, mit 50 PS leistungsstarke, v-förmige 8-Zylinder-Motor, der ideal für ein Flugzeug war, überzeugte Santos-Dumont. Der Brasilianer wollte den Motor kaufen, der aber war gerade an Louis Bréguet für seinen Prototyp eines Hubschraubers verkauft worden. Santos-Dumont kaufte daher einen 25 PS Antoinette vom Lager, mit dem sich sein Flugzeug »14 bis« am 13. September 1906 überschlug. Es wäre ja geflogen, wenn der Motor stärker gewesen wäre! Großzügig lieh ihm Bréguet den 50 PS Antoinette, dessen Karriere auf einem Schiff begonnen hatte, und mit dem Santos-Dumont am 23. Oktober 1906 in Bagatelle 60 m weit flog und 23 Tage später 220 m. Das war in Europa der erste kontrollierte Flug von etwas, das schwerer war als Luft. Levasseur gab, wie Hubert Latham, die Schifffahrt auf und widmete sich dem Fliegen. Graf Lambert, einer der Gleitboot-Pioniere, erhielt das erste französische Piloten-Diplom. Sein Fluglehrer war Wilbur Wright. Als Bonnemaison seinen Rumpf mit Ausbuchtung veränderte und vorne mit zwei seitlichen, pneumatisch steuerbaren Ausbuchtungen versah, stattete er diesen »fliegenden Schuh« mit einem Wright-Motor aus. Der Kreiskolbenmotor Gnôme, der zum ersten Mal auf einem französischen, von Saunders gebauten Gleitboot getestet worden war, wurde zum damals wichtigsten Flugzeugmotor. Dubonnet wurde von einem der berühmtesten Schiffsführer zum Flugzeugpiloten. Er stellte mit einem Tellier-Flugzeug den Rekord über 100 km auf. Ein Yacht-Makler namens Noel Pemberton-Billing schuf eine Gesellschaft »Supermarine« für alles, was sich aus dem Wasser erhebt, und beauftragte Linton Hope, Rümpfe für seine Wasserflugzeuge zu entwerfen. Und Jacques Schneider, der bei einem Bootsunfall in Monaco so schwer verletzt worden war, stiftete eine Geschwindigkeits-Trophäe für Wasserflugzeuge, die Schneider Trophy, dessen Erstausführung in dieser Motorboothochburg blieb. »Man muss feststellen, dass sich nur sehr wenige Motorenbauer mit der Schifffahrt beschäftigen. Alle sind fasziniert vom Fliegen.«[124] Motorboote verloren ihren Ruf als aufregendste Mechanik. Der Luftsport verdrängte den Wassersport, der seine Vorrangstellung nie wieder erreichte.

Dieser Absturz auf dem Gipfel beeinträchtigte die Dynamik des Verbrennungsmotors in keiner Weise, vor allem im alltäglichen Freizeitfahren. Sie haben keine Lust mehr zu rudern? Werfen Sie die Ruder fort, empfahl die erste Reklame für Evinrude-Außenbordmotoren. Diese waren 1903 in Frankreich in Serie erschienen. Ein hellsichtiger Geschäftsmann, Gabriel Trouche, hat wohl die von Alfred Seguin 1892 in Genf gemachte Erfindung wieder aufgenommen: Ein mit einer Achse und einem Propeller verbundener Motor wurde auf einen Zapfen montiert und am Heck in ein Metallgehäuse gesteckt. Der ganze Antrieb wog 40 kg. Trouche führte seinen Außenbordmotor 1904 beim

Treffen in Monaco vor. Es war der erste Außenbordmotor für Rennboote. Ab 1907 stand im Katalog der Manufacture Française d'Armes et de Cycles de Saint-Étienne »Außenbordmotor, superleichter, abnehmbarer Antrieb. Benzinmotor, perfektes System, mit Magnetzündung und Wasserkühlung.« Es gab schon drei Modelle, darunter einen Rennmotor für 2000 Francs. Der stärkste, mit 70 kg und 5 PS, war zugleich der erste mit 2 Zylindern und Rückwärtsgang.[125] Der Erfolg war so groß, dass Trouche 1910 die Société Buchet kaufen konnte, die seine Motoren baute.

Allerdings war der Außenbordmotor mit seiner weit über das Heck ragenden Achse ziemlich sperrig. Vielleicht konnte man eine andere Anordnung finden? 1906 reinigte Cameron B. Waterman, ein junger Jurastudent, einen Motorradmotor und beschloss, ihn zu testen. Er befestigte ihn senkrecht an einer Stuhllehne und startete ihn. Da das bei einem Stuhl klappte, warum dann nicht auf dem Heck eines Bootes mit einer Schraube unten dran? Zwei Jahre später gründete er die Waterman Marine Motor Company, 1520 Fort Street, Detroit, Michigan, USA. Dort entstanden die ersten vertikalen Außenbordmotoren mit unten angebrachtem Winkeltrieb, an dem der Propeller horizontal befestigt war. Diese Anordnung nahm Ole Evinrude auf, dessen Frau ein bemerkenswertes geschäftliches Talent entwickelte. Sie kauften Waterman auf und exportierten ins Ausland. Zwei Jahre nach der Gründung wurde ihr abnehmbarer Außenbordmotor Evinrude auf der anderen Seite des Atlantiks in Frankreich per Katalog verkauft, und außer dem Außenbordmotor auch Faltboote und Lockpfeifen für Enten.

Das Konzept des vertikalen Außenbordmotors setzte sich im Hexagon sehr schnell durch. Claude Bonnet, ein Pariser Schiffslieferant, vertrieb von 1912 bis in die dreißiger Jahre dasselbe einfache Modell. Der Ingenieur Marcel Echard, der für die Firma Nieuport einen Flugzeugmotor entwickelt hatte, brachte seine eigene Version mit einem Steuerrad mit Zahnleiste auf den Markt, die ebenfalls fast 20 Jahre lang gebaut wurde.[126] Diese Motoren waren unverwüstlich. Zwar war die Einstellung ungenau und die Leistung erbärmlich, aber sie waren herrlich praktisch und kompakt![127] Von ihm träumten alle Fischer und Jäger, all diejenigen, die ein kleines Boot besaßen. Der Verbrennungsmotor, der unter Spott und Kritik geboren war, – denken Sie an die Isolatoren auf der *Neckar* von Daimler – diese Mechanik, die reiche Sportler und Motorfans auf schrecklichen Monstren verwandt hatten, setzte sich schließlich auf einem Gebiet durch, wo man es am wenigsten erwartet hatte: In der einfachen Vergnügungsfahrt, dem populären Wassersport.

Der »fliegende Schuh«: Innerhalb weniger Jahre waren in Monaco Gleitboote, Ricochets mit Ausbuchtung und dann dieser erste Drei-Punkte-Rumpf der Geschichte aufgetaucht. Die Tiefe der Ausbuchtungen konnte pneumatisch geregelt werden.

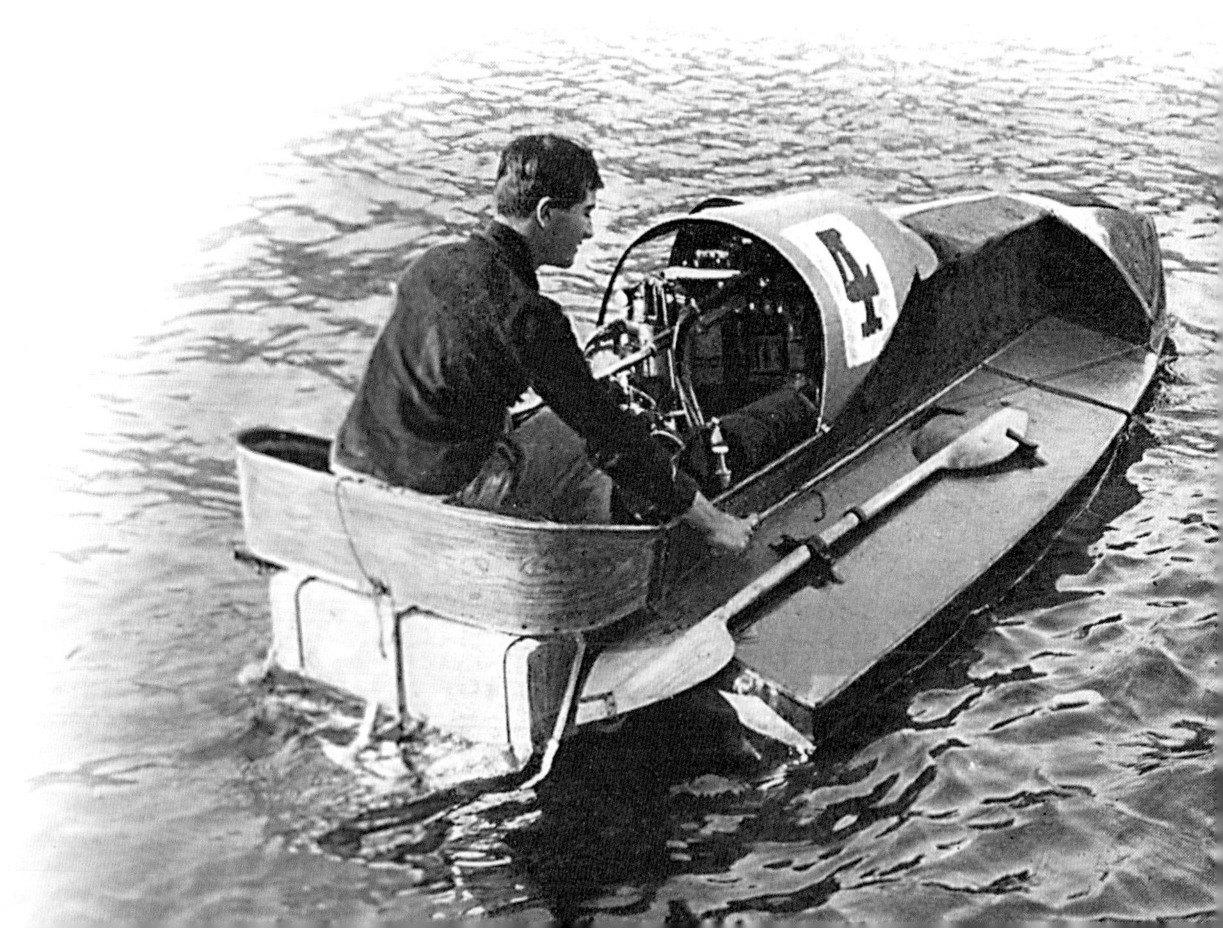

Das abgerundete Deck der Aéro II. Die Revolution von Manfred Curry (S. 198) hatte auch einen ästhetischen Aspekt.

Zwischen den beiden Weltkriegen

10

Verworrene und verrückte Jahre

1914–1920

»Möglicherweise erfüllt diese Invasion schließlich doch ihren Zweck, denn sie hat uns unseren heiteren Zukunftsglauben genommen, der eine fruchtbare Quelle für Dekadenz ist.«

Herbert George Wells[1] »Krieg der Welten«

Mitten in der Woche von Cowes 1914 versiegte die Vergnügungsschifffahrt ganz plötzlich. Zwar kündigte sich der Krieg seit elf Jahren an, und die Yachtsegler hätten eigentlich weniger überrascht sein müssen als andere, weil einer von ihnen den ersten Warnruf ausgestoßen hatte. Im Mai 1903 hatte Erskine Childers einen der ersten Yacht-Romane veröffentlicht, »The Riddle of the Sands«[2], in dem die Vorbereitungen des Kaisers für die Invasion Englands beschrieben wurden. »Man zögert, dieses Buch im Bereich der Fiktion anzusiedeln«, schrieb der »Scotsman«[3], und die Admiralität nahm die Warnung so ernst, dass sie ein Modernisierungsprogramm auflegte.

Von diesem Krieg war seit langer Zeit die Rede, und dann waren alle überrascht, als er ausbrach. Die Ermordung des österreich-ungarischen Thronfolgers durch einen Serben am 28. Juni 1914 zog die Kriegserklärung Österreich-Ungarns an Serbien nach sich. Russland mobilisierte, um die Serben zu unterstützen und zog andere europäische Länder mit hinein. Am 1. August erklärte Deutschland Russland den Krieg und dann, am 3. August, Frankreich mit der Invasion Belgiens. Am 4. August trat England in den Konflikt ein. Auslöser dieses Dominoeffekts auf europäischer Ebene waren nicht nur zwischen den Nationen abgeschlossene Verträge.

Ein Yachtsegler, der sich von anderen unterschied: Kaiser Wilhelm II.

Während des Ersten Weltkriegs wurden zahlreiche große Yachten – hier die Liberty *– zu Lazarettschiffen umgebaut.*

Hier löste sich eine Reihe von Widersprüchen auf explosive Art und Weise.

Die industrielle Revolution des 19. Jahrhunderts hatte die Arbeiterschaft zusammengefasst, hatte eine unabsehbare Menge von Landarbeitern zu einem solidarischen Proletariat werden lassen, das laut die Nachteile seiner Lage formulieren konnte. Soziale Agitation, Streiks und tragische Repressionen, der spektakuläre Aufstieg des Anarchismus gehörten zu den Begleiterscheinungen des industriellen Fortschritts. Die in ihrer Region verwurzelten Arbeiter fanden sich weniger wieder in einem Gebilde, das sich Frankreich, Deutschland oder England nannte, als in einem übernationalen Zusammenschluss von Arbeitern, den sie mit den Kollegen aus England, Deutschland, Niederlanden oder anderen Ländern teilten. Vor den Augen der entsetzten Regierungen bildete sich ein internationales Proletariat. Als Reaktion auf diese »rote Pest« überboten sich die Regierenden der Länder, das Groß- und Kleinbürgertum, die wichtigen und weniger wichtigen Geschäftsleute in Nationalismus und Patriotismus, mit dem sie z. B. die physische Auslöschung des Anti-Patrioten Jaurès[4] rechtfertigten. Jedes Land stürzte sich auf den Erbfeind seiner Wahl. Vier Jahre später waren die Rollen vertauscht: Wie die Nationalisten einen Grund zum Kriegführen gefunden hatten, fanden die weltfremden Arbeiter einen Grund, ihn zu beenden. Eine Folge der bolschewistischen Revolution war der Waffenstillstand zwischen Russen, Deutschen und Österreichern. Die Zersplitterung des habsburgischen Reichs in unab-

Das Gemetzel in den Schützengräben.

hängige Republiken[5], und die sozialistische Revolution in Deutschland schlugen den Kaiser und den österreichischen Monarchen in die Flucht.

Zwischen Kriegserklärung und Waffenstillstand gab es einen Konflikt, dessen Bewältigung nicht weniger paradox war, als seine Ursache. Die Verachtung der Reichen für das niedere Volk setzte sich fort im Verhalten der Offiziere dem »Kanonenfutter« gegenüber und endete in entsetzlichen Gemetzeln. Insgesamt war der Generalstab nicht auf moderne Kriegführung vorbereitet: Um den deutschen Vormarsch an der Marne aufzuhalten, musste Gallieni zum Transport des Nachschubs sogar die Pariser Taxis beschlagnahmen, da die Armee die strategische Bedeutung des Autos nicht einkalkuliert hatte. Die Engländer besaßen im August 1914 nur etwa 100 einsatzbereite Flugzeuge, 1918 waren es 30 782. Modern waren nur die Kriegsmarinen.

Zehn Jahre nachdem Paul Bonnemaison den Rumpf mit Ausbuchtung hatte patentieren lassen, ließen die Briten schnelle Motorkreuzer vom Stapel, die Coastal Motor Boats (CMB)[6]. Diese ungewöhnlichen, vor allem vom Yachtbauer Camper & Nicolsons konstruierten Boote, gab es in zwei Größen, 55 und 45 Fuß. Die größten CMB waren mit zwei V12 Thornycroft-Motoren von 250 PS ausgestattet und erreichten eine Geschwindigkeit von 36 Knoten. 1897, 15 Jahre zuvor, hatte die *Turbinia* mit ihren 3000 PS nur 34,5 Knoten erreicht, ein Beweis dafür, wie sich der Widerstand für die Gleitboote verringert hatte.

Nach der Rückkehr zum Frieden entwickelten sich aus den Coastal Motor Boats sehr schnelle und elegante Motorboote, wie die 1927 von Thornycroft gebaute Sereia.

Sir Thomas Lipton, der berühmte Yachtsegler, spielte während des Konflikts auf seiner Yacht Krankenpfleger, aber als die Erin *auf eine Mine lief und explodierte, war er nicht an Bord.*

Die Yachtsegler hatten Anteil sowohl am Konflikt, als auch am Blutbad. Den reichsten unter ihnen gelang es, Vergnügen und Patriotismus unter einen Hut zu bringen, indem sie ihre Yachten dem Staat zur Verfügung stellten, aber die Führung behielten. Sir Thomas Lipton, der unglückliche Herausforderer beim America's Cup 1899, 1901 und 1903, baute seine Dampfyacht *Erin* zum Lazarettschiff um und fuhr damit zu den Dardanellen. Der großzügige Baronnet ließ sich zwischen seinen Verletzten fotografieren, aber als die Yacht auf eine Mine lief, war er nicht mehr an Bord.

Eine Yacht, die 1893 von einem amerikanischen Millionär gekaufte *Lady Torfreida*, entging der Beschlagnahme. Der neue Besitzer übernahm seine Dampfyacht, die auf der Reede von

Die Lady Torfreida, *das erstarrte Schiff, hier nach der Instandsetzung unter dem Namen* Star of India.

Brightlingsea, nördlich der Themse, vor Anker lag, ließ sofort die Kessel anheizen und genoß die schöne Landschaft. Noch 15 Jahre später hatte er immer nicht genug davon. Die Kessel waren längst kalt, denn der Besitzer hatte verboten, seine große, vor Brightlingsea schwimmende Villa zu pflegen. Inzwischen war er Mäzen der örtlichen Cricket-Mannschaft. Er hatte immer eine Pistole bei sich und manchmal schoss er seinem Steward vor die Füße, um ihn zum Tanzen zu bringen oder er besprühte ihn mit dem Feuerlöscher. Die Bewohner betrachteten den Exzentriker mit Wohlwollen. Die Amerikaner sind wirklich große Kinder!

20 Jahre später erfolgte die Kriegserklärung, und Offiziere kamen an Bord, um die *Lady Torfreida* zu beschlagnahmen, gaben aber auf, als ihnen das Ausmaß der notwendigen Reparaturarbeiten bewusst wurde. Das Militär hatte nicht versucht, das Schiff in Gang zu setzen, was aber Lloyd's gelang, nachdem er mit dem Entzug des Versicherungsschutzes gedroht hatte, falls die notwendigsten Reparaturen nicht ausgeführt würden. 1919 lichtete die *Lady Torfreida* zum ersten Mal nach 26 Jahren die Anker und wurde nach Brightlingsea ins Dock geschleppt. Der Besitzer entdeckte ein neues Vergnügen: Er konnte an Land gehen, wann immer er wollte, was er äußerst praktisch fand, und es machte nichts, dass die Miete für das Dock 50 Pfund pro Woche betrug.[7] Sicher wäre er immer noch dort, wenn er nicht 1926 auf seiner Yacht, die seit 33 Jahren nicht gefahren war, einem Herzinfarkt erlegen wäre.

Diese regungslose Kreuzfahrt kann als Gleichnis gelten, denn alle fürs Vergnügen gebauten Schiffe lagen am Kai, ausgelaugt, ohne Schwung, jede Entwicklung war zum Erliegen gekommen. Man kann endlos darüber rechten, ob diese Stagnation Folge der Aktivitäten zu Beginn des Jahrhunderts war, ob die Umwälzungen des Ersten Weltkriegs Hauptursache waren, oder ob die spanische Grippe in Betracht gezogen werden muss, eine Epidemie, der noch mehr Menschen zum Opfer fielen, als dem mörderischen Ersten Weltkrieg. Tatsache ist, dass Granaten und Viren viele Yachtsegler gen Himmel expediert hatten; die Übriggebliebenen hatte oft ihr hohes Alter vor dem Schützengraben bewahrt, sodass sie nicht zu den fortschrittlichsten Geistern zählten.

Die Repräsentanten dieser Überlebenden kamen am 22. Oktober 1919 zu einem Kongress in London zusammen. Die Frage war, ob die internationale Vermessungsformel, die so wenig Leute zufrieden gestellt hatte, verlängert oder abgeschafft werden sollte. Der Gedanke an eine Vermessung, die teilweise noch entsetzlicher wäre, als die alte, lähmte die Delegierten. Nach endlosen Diskussionen kam man zu dem Schluss, dass dringend Nichtstun angebracht sei. Man behielt die internationale Vermessungsformel bei, außerdem wurden die französischen 6,50 m und 8,50 m »Chemin de fer« und die schwedischen 30 m² und 40 m² Schärenkreuzer international anerkannt. Diese Zersplitterung war das Ende für den Traum von einer für das gesamte Yachtsegeln gültigen, übernationalen Formel. Als Folge der blutigen Spuren, die der Erste Weltkrieg gezogen hatte, wurde eine weltweite Übereinstimmung durch nationale Streitigkeiten verdrängt. Die Kongressteilnehmer von London waren sich nur in einem Punkt wirklich einig, dem Ausschluss Deutschlands und Österreichs.

Damit schnitt sich die internationale Gemeinschaft von den Ideen ab, die seit Beginn des Jahrhunderts mit den »Sonderklassen«, den Leichtdeplacements und den »Rennjollen« in Deutschland verwirklicht worden waren. Deutschland hatte keine andere Wahl, als sich auf das Gebiet der Forschung zurückzuziehen und erreichte Resultate, die bald alle nachdenklich machten.

Bei den Motorbooten war die erste Nachkriegszeit kaum ermutigender. Es gab ausreichend Flugzeugmotoren, die das Militär nicht mehr benötigte, aber das Spielfeld hatte sich verändert, indem es sich von Monaco in die USA verlagert hatte. Dort fiel

Nach dem Krieg wurden die 6,5 m-»Chemin de fer« zur internationalen Klasse.

100 Jahre zuvor hatten Schmugglerboote die Segelyachten beeinflusst. Dasselbe wiederholte sich durch die Prohibition bei Motoryachten.

man von einem Taumel in den nächsten, denn das Glücksspiel im Kasino von Monte Carlo war vom Alkohol verdrängt worden. Am 16. Januar 1920 starteten die Amerikaner mit dem Verbot von Alkohol das »noble experiment«. Die Prohibition eröffnete dem neu aufkommenden Gangstertum ein weites Betätigungsfeld. Die modernen Schmuggler benötigten dasselbe, wie ihre Vorfahren ein Jahrhundert zuvor, nämlich Geschwindigkeit. Segel kamen nicht mehr in Frage, sondern Motorkraft. Plötzlich erfuhren die Gleitboote, die vor dem Krieg einigen Sportlern vorbehalten waren und während des Krieges dem Militär, ein zivile Nutzung, deren Erfolge die Presse großzügig verbreitete. Manchmal holten die Schmuggler ihre Ware weit draußen auf dem offenen Meer, und dafür konnten sie die Kapriolen der »Springboote« nicht gebrauchen. Die Rennboote von gestern mussten zivilisiert werden. Die Ausbuchtung verschwand, weil man mit den leichteren und dreimal stärkeren Motoren[8] ein wenig zusätzliche Reibung verkraften konnte. Der Rumpf wurde breiter, um mehr Ladung aufnehmen zu können, das Heck wurde flacher, um besser gleiten zu können. Scharfe Kanten wurden abgerundet, damit der bauchige Steven besser durchs Wasser glitt. Daraus entstand der klassische »runabout«[9], der sich beim Motorsport durchsetzte. Einmal mehr war der Gegenstand aus der Funktion heraus entstanden, auch wenn diese Funktion keinen Anlass für besonderen Stolz gab.

Worauf konnte man denn stolz sein? Auf die amerikanische Weigerung dem Völkerbund beizutreten, den doch ein Amerikaner 1920 angeregt hatte? Auf die Kämpfe um Irland, die 1921 zur Teilung der Insel führten? Auf den Marsch Mussolinis auf Rom 1922 oder auf den Staatsstreich von Primo de Rivera in Spanien 1923? Auf die Denunzierung der Anleihen des Zars durch die Sowjets, durch die alle Kleinanleger und damit ein fruchtbares Feld für Vergnügungen ruiniert wurden? Auf die Gerüchte, der charmante Clarence Hatry, Besitzer des berühmten Schoners *Westward*[10], sei ein Hochstapler, und auf die Tatsache, dass die Pyramide von Unternehmungen, die auf den Ersparnissen der britischen Anleger aufbaute, nur Wind[11] war? Darauf, dass die USA ein Drittel der Goldreserven der Welt besaßen – was blieb da für diejenigen, die den Krieg gewonnen hatten? Das vom Krieg geschwächte Europa hatte finanzielle Probleme. In Deutschland herrschte eine derartige Inflation, dass ein Arbeiter, der 1 920 990 Mark pro Woche verdient hatte, drei Jahre später 900 Milliarden-mal soviel erhielt, das sind 86 200 000 000 000 Mark wöchentlich, die ihn dennoch nicht davor bewahren konnten, hungers zu sterben. Die Soldaten, die an der Front die Hölle erlebt hatten, fanden nicht ganz das Paradies, von dem sie in den Schützengraben geträumt hatten.

Nicht nur, dass der Krieg die sozialen und wirtschaftlichen Probleme nicht gelöst hatte, sondern Sicherheit und Optimismus, die ihn ermöglicht hatten, waren auf den Schlachtfeldern im Artois und vor Verdun begraben worden. Was übrig blieb, waren Zweifel. Sollte es sich bei dieser Welt mit ihren Kriegsgewinnlern, ihren erbarmungslosen Generälen und den undankbaren Nationen doch nicht um die beste aller möglichen handeln?

Manche Leute tauchten ein in die Feste der verrückten Jahre. Im Land von Fauré, Debussy und Roussel wurde Jazz gespielt: Armes Frankreich! Im Land von Poussin und Meissonier ernteten Bilder von Ausländern wie Kandinsky oder Picasso Bewunderung. Im Land von Viollet-le-Duc und Versailles be-

mängelte Le Corbusier, dass Häuser zu Wohnmaschinen[12] wurden. Man musste mit der Vergangenheit brechen, ihr den Rücken kehren, sie verwerfen und neu beginnen.

Anderen fehlten Mut und Optimismus, um die Welt zu erneuern. Sie suchten ihr Heil in der Flucht. Wegfahren, so weit weg, wie möglich …

Der Schoner Westward *war das äußere Zeichen für den Reichtum von Clarence Hatry, einem der unseriösen Finanziers der 20er-Jahre.*

Das freie Meer

1786–1927

»Die Szene hatte noch einen anderen Zauber, der an meinem Blickwinkel lag – nicht als umsorgter Passagier einer schönen Motoryacht, sondern von der Brücke eines ärmlichen kleinen Schiffes von trauriger Banalität, das trotz allem hartnäckig seinen Weg durch ich weiß nicht welche Gefahren bis zu dieser einsamen Bucht genommen hatte.«

Erskine Childers[13]

Weit weg fahren, gut, aber wie? Das Auto steckte noch in den Kinderschuhen und war reichen Leuten vorbehalten, die nur in zivilisierten Gegenden herumfuhren. Zug und Schiff zwangen den Reisenden, sich nach Fahrplänen zu richten und erinnerten ihn an die Gesellschaft, der er doch entkommen wollte. Was nun? Flugzeug? In den 20er-Jahren war das Flugzeug zweifellos die teuerste und komplizierteste Möglichkeit für einen Selbstmord, und diese Vagabunden auf der Suche nach dem Glück liebten das Leben. Blieb nur das Segelboot. Man unternahm das Abenteuer in der sicheren Umgebung einer Kabine, die nach dem Geschmack des Seglers eingerichtet war. Bot aber diese Nussschale Sicherheit? Nein, aber es war möglich, andere hatten es auch schon gemacht.

Allerdings nur wenige. Berufssegler, echte, mit Tätowierung! Der Erste, von dem man weiß, war Alfred Johnson, ein einfacher Fischer und Patriot. Zur Jahrhundertfeier der USA wollte er beweisen, dass amerikanische Seeleute genau soviel wert sind, wie andere, sogar noch mehr, und darum wollte er den Atlantik allein überqueren. Seine *Centennial* von 1876 maß 6,10 m und brachte ihn in 46 Tagen ans Ziel.[14] Nachdem er den Beweis erbracht hatte, wurde Alfred Johnson wieder Fischer. Er war und blieb der einzige Berufsfischer, der aus Idealismus eine Premiere in der Schifffahrt unternommen hat.

Erst später erfuhr man, dass Johnson nicht der erste Einhandsegler auf dem Atlantik gewesen war, sondern dass 90 Jahre zuvor, 1786, Josiah Shackford ihm zuvor gekommen war. Shackford, der von Lorient oder Bordeaux nach Niederländisch-Guayana gefahren war, war nicht freiwillig Einhandsegler; sein Begleiter hatte ihn kurz vor der Abfahrt unerwartet zugunsten einer besseren Welt verlassen.[15] Shackford, per Zufall Einhandsegler, aber Seemann von Beruf, war in der jungen US-Marine Kapitän gewesen, dann Korsar gegen die Briten. Aber wie alle seine Nachfolger, bis auf Johnson, war Shackford ein Aussteiger und hatte »einen Sprung in der Schüssel«. Warum verbrachte dieser amerikanische Korsar mehrere Jahre beim Feind? Wenn er Gefangener war, warum kaufte er zusammen mit einem befreundeten Kaufmann (der dann starb) ein kleines englisches Boot von 12 m Länge, um auf den Antillen Waren zu verkaufen, und warum startete er in Frankreich? Warum verließ er nach der Atlantiküberquerung die Seefahrt und blieb an Land? Man weiß nur, dass Shackford einen so schrecklichen Streit mit seiner Frau gehabt hatte, dass er keine weibliche Person mehr in sein Haus ließ. Als

Mermaid *und* Sea Serpent, *die winzigen Konkurrentinnen beim ersten Einhand-Atlantikrennen (oben).*

Joshua Slocum (linke Seite).

Die Non-Pareil *war gleichzeitig der erste Trimaran und das erste aufblasbare Schiff, das den Atlantik überquerte (oben).*

er gegen Ende seines Lebens im amerikanischen Westen eine Stadt gegründet hatte, stieg er aus Angst, eine Frau könne ihm folgen, über eine Leiter in sein Zimmer. Shackford war alles, nur kein normaler Seemann.

Das Ehepaar Crapo war weniger untypisch. Thomas, ein Berufsseemann, beschloss, die Überquerung schneller als die *Centennial* mit Alfred Johnson zu machen, aber seine Frau ließ ihn nicht allein losfahren, sie kam mit. Das war 1877 die erste Atlantiküberquerung[16] eines Ehepaars[17], wenn auch die junge Frau Crapo[18] das Ruder nicht wieder anrührte, nachdem sie eingeschlafen war und nicht bemerkt hatte, dass ein Schiff sich näherte. Mit den Einnahmen aus der Ausstellung seines Bootes in Großbritannien konnte Crapo einen Schoner kaufen und sich als Reeder[19] niederlassen.

Alle Berufssegler, die im 19. Jahrhundert an Bord winziger oder eigenartiger Boote auf den Ozean hinaus segelten, träumten davon, aus diesem Gewaltakt finanziellen Gewinn zu ziehen. Kapitän Jakes und seine beiden Begleiter, die 1867 den Ozean auf einem aufblasbaren Trimaran[20] überquerten, machten Reklame für einen neues Rettungsgerät, genau so wie Hudson und Fitch im Jahr zuvor auf ihrer *Red, White and Blue*, auf der geschrieben stand, sie sei ein verbessertes Rettungsboot aus Metall aus Ingersoll, oder wie Lawlor 1889 mit der *Neversink*, die am Fuß des Eiffelturms ausgestellt wurde. Dieser Lawlor und sein Gegner, Teilnehmer an der ersten Einhand-Transat 1891, hofften auf einen ähnlichen Gewinn wie Crapo, als sie ihre 4,50 m langen Ozeanboote ausstellten. Harbo und Samuelson, die in 55 Tagen von einer Seite des Atlantiks zur anderen ruderten und damit 1897 die erste Überquerung per Ruderboot absolvierten, wurden von Richard K. Fox , dem Besitzer des Sensationsblattes »Police Gazette« gesponsort. Und Cloudman, der 1886 verkündete, er werde die Welt umsegeln, wurde von der Zeitschrift »Outing« finanziert, die seine Berichte über die Reise veröffentlichen wollte. Cloudman gab auf, aber der Gedanke zu segeln und von den Berichten darüber zu leben, reizte auch den erfahrensten von allen Berufsseglern, der als Matrose, Fischer, Kapitän, Reeder und Schiffbauer alle Aspekte des Meeres und der Schiffe kannte. Ihm würde gelingen, was

Der Kopf der Zeitschrift »Outing«, die den ersten und einzigen Versuch einer Einhand-Weltumseglung sponserte (unten).

Cloudman misslungen war. Sein Name war Joshua Slocum.

»Ungerecht dabei ist, dass die Bewunderung der Nachfolger Slocums von falschen Voraussetzungen ausgeht, denn seine Reise war völlig banal, wurde nur ganz zufällig von einer einzigen Person gemacht, aber das zum ersten Mal.«[21] Bei dieser Premiere handelte es sich um eine Einhand-Weltumseglung (1895–1898). Wie alle seine Vorgänger war Slocum Amerikaner, mit der typischen Fähigkeit, Professionalismus, Abenteuer und ein Gespür für Gewinn miteinander zu verbinden. Wie alle Berufssegler hatte Slocum ein Trauma, sogar mehrere. Er hatte sein geliebte Frau und sein Schiff, die *Aquidneck*, verloren, er hatte auf Segelschiffen gelebt und durch die Dampfschiffe seine Arbeit verloren, und nun floh er aufs Meer – wobei er einkalkulierte, dass er bei der Rückkehr Vorträge halten und ein Buch schreiben würde.

Wie die Non-Pareil *überquerte die* Red, White and Blue *den Atlantik, um Reklame für ein Rettungsboot zu machen.*

Und was für ein Buch! Man wird vom Sturm fortgeblasen und begegnet dem Geist des Kapitäns der *Nina de Colomb*; mit Slocum streut man Tapeziernägel auf die Brücke der *Spray*, um die allzu neugierigen »Fuégiens«[22] zu vertreiben; man begegnet Krüger, dem alten Burenführer, der Slocum klarmacht, dass er nicht um die Welt segelt, sondern auf der Welt, weil die Erde ja schließlich flach ist; und nach soviel Wunderbarem hören wir, wie Slocum auf seiner 11,20 m langen *Spray* einem riesigen amerikanischen Kriegsschiff – es war zur Zeit des spanisch-amerikanischen Kriegs – vorschlägt: »Lassen Sie uns gemeinsam fahren, um uns gegenseitig zu beschützen.« Es könnte von Jules Verne sein! Vom 24. März 1900, dem Zeitpunkt der ersten Veröffentlichung, bis 1941 verschlangen die Amerikaner nicht weniger als 21 Auflagen von »Allein um die Welt auf einem elf Meter langen Segelboot«. Es war der erste Bestseller in der Geschichte des Freizeitsegelns.

Der Erfolg Slocums fand einen Nachahmer, den letzten Berufssegler, der auf große Fahrt ging. Es

Joshua Slocum (links) und die vor Anker liegende Spray. *Ihre Silhouette erinnert an ein Schiff des 18. Jahrhunderts und das mit Recht, denn als Slocum den Rumpf wieder verwertete, war dieser schon fast 100 Jahre alt.*

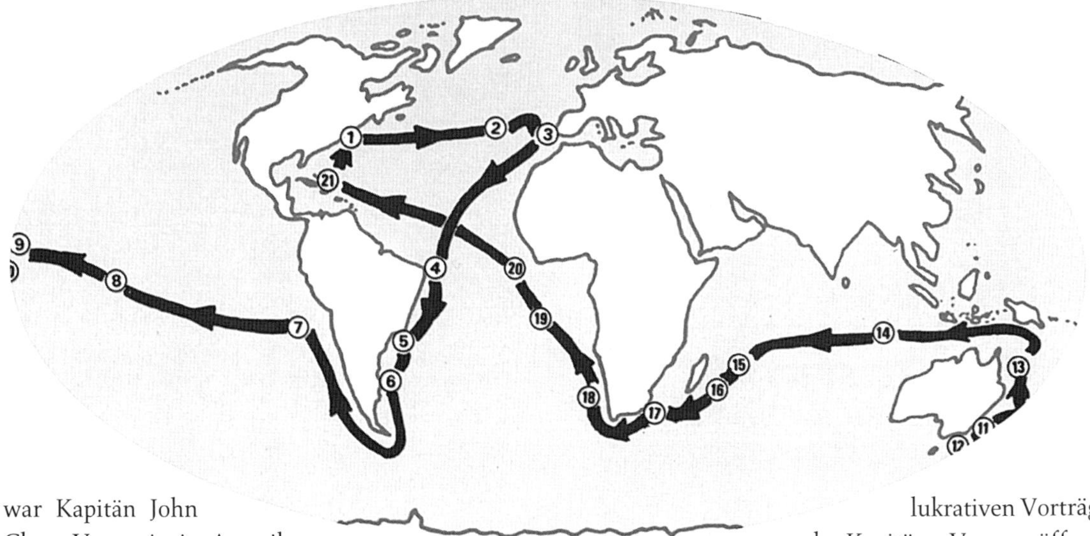

Die Fahrtroute Slocums mit der Spray. Zunächst wollte er durch den Suez-Kanal und das Rote Meer fahren, was seinen Zick-Zack-Kurs auf dem Atlantik erklärt.

Kapitän Voss war kein einfacher Mensch (Mitte).

war Kapitän John Claus Voss, ein in Amerika eingebürgerter Deutscher. Er beabsichtigte eine Weltumsegelung zu Zweit, aber sein Gefährte fiel ins Wasser. Man vermutet, dass Voss ihn hineingestoßen hat. So bauchig die *Spray* von Slocum mit 4,28 m Breite war, so schmal und niedrig war die *Tilikum* von Voss. Dieser Unterschied hatte dieselbe Ursache, indem beide Schiffe Notbehelfe waren, weil jeder mit dem Vorlieb nehmen musste, was er fand: Slocum mit dem Rumpf eines Fischerbootes von Anfang des 19. Jahrhunderts – Voss mit eine Indianer-Piroge, einem geschnitzten und ausgehöhlten Baumstamm.[23] Die *Tilikum* fuhr um die Welt, machte aber auch viele Zugreisen, denn die Piroge war Attraktion der lukrativen Vorträge des Kapitäns. Voss veröffentlichte sein Buch[24] – es war schließlich eines der Ziele der Reise – das lange Zeit das beste Handbuch war für Leute, die ein kleines Boot auf hoher See führen wollten. Damit war ein für alle Mal bewiesen, dass man keine riesige Yacht und entsprechenden Reichtum brauchte, um die Welt zu umrunden.

Allerdings waren die Boote Slocums und Voss' vorläufig nur Geräte, mit denen man sich auf dem Wasser bewegen konnte. Was ihnen noch abging, war der Zauber eines fliegenden Teppichs, der auf dem Weg ist zum Paradies auf Erden. Ein dritter Schriftsteller gab ihnen diese Aura. Er war nicht Segler, sondern Abenteurer von Beruf. Er war Schmuggler, Seehundjäger, Matrose, Arbeiter, blinder Passagier in Viehzügen, Goldsucher in Alaska und Kriegsberichterstatter in China gewesen. Alle diese Erfahrungen hatte er beschrieben und war dadurch zu einem der größten amerikanischen Schriftsteller und Vater des Abenteuerromans geworden. 1905 las Jack London das Buch von Slocum. Welch großartiges Abenteuer! Gab es ein besseres Mittel, um die Welt zu erkunden, als ein kleines Segelboot? Der Individualist London entwarf selbst das Boot seiner Träume, was keine so gute Idee war. Gutgläubig ließ er sich bei der Qualität des Materials und der Beschläge übervorteilen. Sein Traumsegler war schon vor der Abfahrt ein Wrack. London machte ihn wieder flott und startete in Richtung Hawaii, um festzustellen, dass der Mann, den er wegen seiner Kenntnisse in nautischer Astronomie angeheuert hatte, eher in der Lage war, in die Flasche zu schauen, als durch das Fernrohr eines Sextanten. Also stellte sich

Die Tilikum *des Kapitäns Voss war ein Einbaum, eine ehemalige Indianer-Piroge.*

der Schriftsteller selbst auf die Brücke und lernte Navigation. Eigentlich konnte ihn nichts aus der Fassung bringen, aber als er die Marquesasinseln erreichte, das von Herman Melville besungene Paradies, schrieb er: »Alle Kraft und Schönheit sind verschwunden, das Tal des Typee wird nur noch von einigen Dutzend armer Kreaturen bewohnt, die Lepra, Elefantiasis und Tuberkulose haben. Das Leben in diesem wunderschönen Garten ist aus den Fugen geraten.« Seinem Traum erging es bald genau so. Die *Snark* wurde in Sydney verkauft, und der große, amerikanische, sozialistische Schriftsteller Jack London, Autor von »Martin Eden« und »The Iron Heel«, musste zusehen, wie das Schiff seiner Träume zum Transport von Sklaven eingesetzt wurde.

Dieses bittere Abenteuer war Grundlage für »Die Kreuzfahrt der *Snark*«, die wegen des berühmten Autors große Verbreitung fand. Die weiten Reisen auf kleinen Segelbooten, deren Machbarkeit Slocum und Voss bewiesen hatten, fanden mit London ihre Daseinsberechtigung: Exotik, Abenteuer, Fernweh.

Die Snark *(oben) und Jack London (unten links). Sein Reisebericht veranlasste mehr als einen, die Leinen loszumachen, darunter auch Gerbault.*

Das Segelboot bot denen, die in der modernen Welt keine Befriedigung fanden, eine Möglichkeit zur Flucht. Wie Ralph Stock, der nach dem Waffenstillstand aus dem Krankenhaus entlassen wurde und mit seiner Schwester, einem Freund und seinem Klavier auf der *Dream Ship* auf Fahrt ging; wie William A. Robinson, der auf einem 9,75 m langen Boot mit Namen *Svaap* (Traum) losfuhr; wie Harry Pidgeon, der nicht länger Bauer sein wollte und Arbeit auf dem Ozean suchte, indem er dreimal die Welt umrundete; wie der irische Revolutionär Conor O'Brien und Dwight Long, der vor der Wirtschaftskrise floh, und vor allem der ehemalige Jagdpilot und Tenniscrack Alain Gerbault.

Die Islander *von Harry Pidgeon.*

Die Einhand-Weltumseglung Gerbaults von 1923 bis 1929 hatte nichts Vorbildliches, sie war vielmehr eine entsetzliche Anhäufung von zerrissenen Segeln und Problemen aller Art. Obwohl die Reise Gerbaults seinem Ehrgeiz als Seemann in keiner Weise entsprochen hatte, griff das Publikum das Abenteuer auf, denn es sah darin zu Beginn der 30er-Jahre auf spektakuläre Weise seinen eigenen Wunsch, auszubrechen, verwirklicht. Mit den Hochseereisen bekam die Vergnügungsschifffahrt einen neuen Stellenwert. Wer sich dafür interessierte, sah in ihr ein Abbild der Gesellschaft, aber für die Übrigen, die Unzufriedenen, die etwas Anderes sehen wollten, wurde sie zum Vehikel ihrer Träume. Man brauchte sich für keine dieser beiden Lösungen zu entscheiden, denn zwischen beiden Extremen gab es Freiraum für

Der irische Revolutionär und Weltumsegler Conor O'Brien.

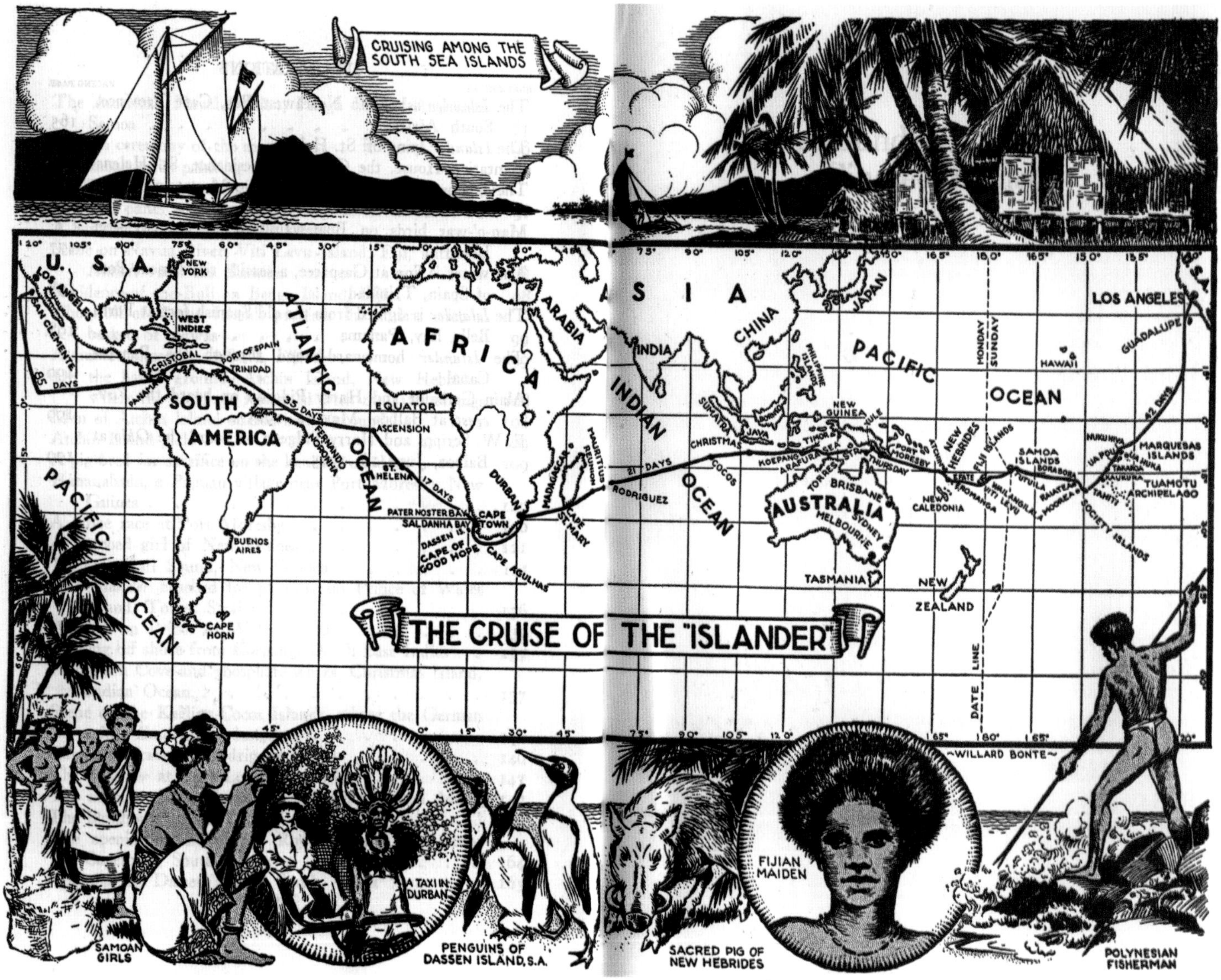

Der Weg des Harry Pidgeon auf seiner Suche nach dem Ungewöhnlichen.

die Freizeitsegler, die mit ihrem Platz in der Gesellschaft zufrieden waren und einfach nur einen Horizont suchten, der nicht so bevölkert war, wie die Ufer, an denen Regatten vorbeizogen.

Bis zum Ersten Weltkrieg waren Regatten vor der Küste das Spielfeld der Freizeitsegler. Es gab zwar richtige Fahrtensegler mit robuster Takelage und bequemer Einrichtung, aber sie fuhren an den Küsten entlang, und ihr Hauptvergnügen war die Teilnahme an Regatten mit all ihrem Drum und Dran. Die Regatta war eines der vielen Vergnügen der feinen Gesellschaft geworden; sportlicher als Bridge, verlangte sie weniger Präzision als Billard und weniger Mut als Ehebruch. Für diese kleinen Regatten wurden spezielle, für das Segeln bei Tageslicht geeignete Boote gebaut. Von den skandinavischen Schärenkreuzern bis zu den Giganten der großen englischen oder deutschen Klassen, wie *Britannia, Vigilant* und *Meteor*, fuhren die Schönen und Reichen ihre Regatten auf Strecken von 5 bis 30 Seemeilen, ohne je mit dem offenen Meer in Berührung zu kommen. Wettfahrten wie die Transatlantikrennen 1866 oder 1887 bildeten die Ausnahme, und beruhten eher auf Wagemut als auf Liebe zur Seefahrt. Ganz offensichtlich waren die Yachten nicht hochseetauglich. Als die *America* nach England kam, fuhr sie mit verkleinerter Segelfläche, und als die *Valkyrie II* 1895 wegen des America's Cup nach New York segelte, hatte sie einen provisorischen Besanmast. Die Dinosaurier des Segelsports waren empfindlich und unberechenbar, sie waren keine Sturmvögel.

Sie standen nicht allein da. Die Seefahrt als solche war gefährlich: In den fünf Jahren zwischen 1876

Alain Gerbault am Ende seiner Tage (links).

und 1881 ertranken auf britischen Schiffen 7624 Seeleute, 1 507 Fischer und 829 Passagiere, insgesamt also fast 10 000 Menschen, die Bevölkerung eines großen Marktfleckens. Daher war es zu jener Zeit, als Cholera, Fieber und Tuberkulose zahlreiche Opfer forderten, wenig verlockend, sich zum Vergnügen aufs Meer mit all seinen Gefahren zu begeben. Erst zur Jahrhundertwende wurde das Meer weniger gefährlich, als Karten der für Freizeitsegler geeigneten Gebiete aufkamen, als diese betonnt wurden und die allgemeine Verbreitung von Chronometern eine genaue Standortbestimmung zuließ.

Die verbesserte Sicherheit ermöglichte 1906 eine Hochseeregatta von Newport (USA) zu den Bermudas, unter Querung des Golfstroms. Die Idee dazu hatte Thomas Fleming Day, der jähzornige Chefredakteur der nautischen Zeitschrift »Rudder«. Day, Fantast und Pragmatiker, Techniker und Populärwissenschaftler, vertraute auf die kleinen, hochseetüchtigen Boote; nachdem er den Atlantik per Segelboot überquert hatte, veröffentlichte er dessen Pläne für Amateurschiffbauer. Einer davon war Harry Pidgeon, der den Parcours dreimal auf der von ihm selbst gebauten *Islander* zurücklegte.[25] Nachdem Day bei der Organisation einiger mehr oder weniger langer Rennen Erfahrungen gesammelt hatte, startete er am 26. Mai 1906 mit nur zwei Konkurrenten in Richtung Bermudas. Damit die Bermuda-Regatta überleben konnte, wurden auch Motorboote zugelassen; 1906 ging sie dennoch ein[26], das Herz war nicht dabei. Für Hochseeregatten fehlte der Vergnügungsschifffahrt noch die Motivation, die durch die Schriften von Slocum, Voss, London und ihren Nachfolgern wachgerufen wurde.

In ihrem Kielwasser gründete sich 1925 der Royal Ocean Racing Club (RORC), der im gleichen Jahr ein 627 Seemeilen-Rennen ins Leben rief. Ziel war, einen fernen Leuchtturm am äußersten Ende von Irland zu umrunden, das Fastnet. Der Erfolg war durchschlagend. Ein halbes Jahrhundert lang war das Fastnet Race die Königin unter den Hochseeregatten.

Der britische RORC und der Cruising Club of America schufen eine eigene Vermessungsformel[27], um unterschiedliche Boote miteinander vergleichen zu können (kommt einem irgendwie bekannt vor …) Die Bedeutung der Vermessungsformel des RORC wuchs schnell. Zu Beginn der 30er-Jahre vermehrte sich die Anzahl der Rennyachten. Sie waren weniger spezialisiert und vielseitiger als die eigentlich unbewohnbaren internationalen Serien; bald überstieg ihre Anzahl die der Regattakielboote. Die neuen, bewohnbaren Segler hatten sich organisiert, das Fastnet Race in Europa und das Bermuda-Rennen in den USA bewegten die Gemüter, sie waren viel aufregender, als wenn man nur Runden im Wasser zog. Dieses Mal ging das Vergnügungssegeln auf die See hinaus.

Das Siegel des Royal Ocean Racing Club: Man brauchte nicht mehr ans Ende der Welt zu fahren, um auf die See zu gelangen.

FOREVER
AND EVER

Die Wissenschaft von der Leistung

1920–1939

»Es sei gesagt, (…) die Wirkung des Windes auf eine Konstruktion ist physikalischen Gesetzen unterworfen und von ihnen abhängig (…) ist der Ausflug des Menschen auf das Meer und in die Lüfte.«

Manfred Curry[28]

Während Segelyachten in ihrem Element unterwegs waren, machte ihr Konzept einen Umweg durch die Labors. Bereits ein halbes Jahrhundert zuvor hatte Dixon Kemp den wissenschaftlichen Segelsport angekündigt; bis dahin hatte man sich nie wirklich wissenschaftlich mit dem Verhalten von Sportbooten beschäftigt. Einer der wenigen Versuche waren die Schlepptanktests von *Shamrock I*, der britischen Herausforderin zum America's Cup des Jahres 1899; Die Ergebnisse waren jedoch derart fehlerhaft, dass Konstrukteur George L. Watson nach der glatten Niederlage äußerte: »Ich wünschte, Herreshoff hätte ebenfalls einen Schlepptank gehabt«, in der Hoffnung, dessen Entwürfe würden dann vielleicht leichter zu besiegen sein! Der Krieg hatte alle Pläne zunächst begraben. Die rasanten Fortschritte im Bereich der militärischen Luftfahrt haben die Öffentlichkeit mit der Aerodynamik vertraut gemacht. Diese offensichtlich schematisierte Methodik eröffnete ganz neue Perspektiven. Wenn die Tragflächen von Aerodynamik profitierten, warum galt dann nicht das gleiche für die Segel? Und wenn die Tragflächen eines Flugzeuges um so wirkungsvoller waren, je mehr sie gestreckt wurden, warum sollte man dann nicht die kurzen und breiten Segel gegen lange und schmale tauschen?

Die J-Klasse-Yacht Endeavour, *die eigentlich den America's Cup 1934 hätte gewinnen müssen.*

Manfred Curry und seine Aero II *(unten) im Jahr 1937.*

Das Bermuda-Rigg des vergangenen Jahrhunderts war hinsichtlich Anmut und Einfachheit ein enormer Gewinn, aber auch ein Nachteil bezüglich bestehender Rennformeln. Trotzdem aber gab es einen sehr guten Grund, die Riggs zu verlängern: die Erkenntnis, dass die Verlängerung einen maßgeblichen Einfluss auf den Vortrieb hatte.[29] Bei den olympischen Segelwettbewerben traten in der internationalen Klasse Schiffe mit alten Gaffelriggs ohne Vergütung gegen solche mit moderner Hochtakelung an und hatten nicht die Spur einer Chance. Im Jahre 1921 übernahmen die kleinen Kielyachten der amerikanischen Star-Klasse das schlanke, hohe Rigg. In Großbritannien ersetzte man die Gaffel-Takelage der 34-Meter[30]-Yacht *Nyria* durch ein Bermuda-Rigg. Ganz gleich, um welche Bootsgröße es sich handelte, das schlanke Rigg überzeugte in allen Fällen. In Italien und Frankreich wurden diese einteiligen Riggs, die mit ihrer komplizierten Verstagung an hohe Antennenmasten erinnerten, nach dem Erfinder der drahtlosen Telegrafie Marconi bezeichnet.

Diese Entwicklung konnte man nicht mehr als nur eine Tendenz von untergeordneter Bedeutung bezeichnen. Man imitierte den Flugzeugbau, allerdings weniger nach wissenschaftlichen Erkenntnissen, sondern intuitiv. Es blieb nicht aus, dass es dabei zu einer Menge von Fehlern kam. Die Grundlagen mussten untersucht, systematische Studien angefertigt werden – und diese Studien, hier sind sie!

Der Vertrag von Versailles hatte den Deutschen jeglichen Bau militärischer und ziviler Flugzeuge untersagt. Damit allerdings wurden indirekt wissenschaftliche Untersuchungen im Bereich Aerodynamik gefördert (ach so, sobald man in der Lage sein würde, wieder Flugzeuge bauen zu dürfen, konnte man auf solide wissenschaftliche Grundlagen zurückgreifen). An der Universität Göttingen beschäftigte sich der große Aerodynamiker Anton Flettner mit neuen, effektiveren Tragflächenprofilen. Er erfand eine kleine Hilfssteuerfläche zur Verbesserung der Steuerung, die noch 80 Jahre später verwendet wurde. Er erfand einen vertikalen Rotor, der, wenn er von einem Motor gedreht wurde, mit der Windströmung den dreifachen Vortrieb des besten Tragflächen-Profils erzeugte. Für die Luftfahrt war der Rotor nicht geeignet, aber vielleicht für die Schifffahrt …? Flettner kaufte einen alten Dreimaster und setzte zwei Rotoren darauf, zwei vertikale Zylinder, die sich mit einigen hundert Umdrehungen pro Minute drehten. Das Experiment war ein Misserfolg: es gab zu starke Vibrationen und die Reeder lehnten diese Art des Antriebs ab. Vor diesem Versuch ohne Zukunft[31] hatte sich Flettner vorgestellt, er könne Schiffe nicht mit Segeln, sondern mit starren Tragflächen antreiben, eine Idee, die sich erst Ende des Jahrhunderts durchzusetzen begann und die durch den Einsatz von Kohlefasern überhaupt erst verwirklicht werden konnte.

Die Versuche im Windkanal und die zahlreichen Veröffentlichungen hatten das Interesse eines jungen, regattabegeisterten Seglers aus München geweckt. Er veröffentlichte seine Erkenntnisse unter dem anspruchsvoll anmutenden Titel »Die Aerodynamik des Segels und die Kunst des Regatta-Segelns«[32]. An Selbstbewusstsein hatte es Manfred Curry[33] nie gemangelt und er hatte es niemals nötig, das zu verbergen. Sein Buch, das er im Alter von 25 Jahren veröffentlichte, war weit mehr als ein Bestseller: Es revolutionierte die Denkweise der Regattasegler. Er beschrieb weit mehr als nur einfach die Wirkungsweise der Segel, er erläuterte auch die wesentlichen taktischen Grundlagen für Match-Race-Regatten. Der junge Mediziner aus Bayern entwickelte sich für die Regattaszene zu einer Kultfigur wie es Joshua Slocum für die Fahrtensegelei geworden war. Und er begnügte sich nicht mit schreiben, er segelte und gewann Regatten mit Booten eigener Entwicklung. Es bildete sich eine Manfred-Curry-Legende: Es wird behauptet, dass, wenn Herr Doktor Curry von einer Regatta zurückkam, ein Diener ein Stück weißen Stoffes bereit hielt, damit der Meister den gewonnen Pokal darauf abstellen konnte … Diese Anekdote ist

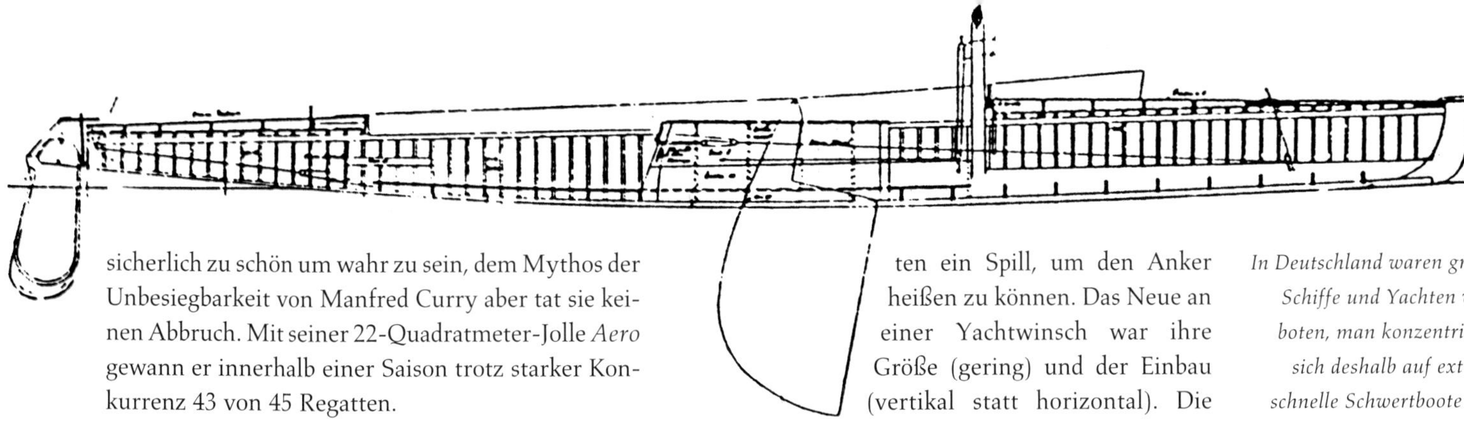

In Deutschland waren große Schiffe und Yachten verboten, man konzentrierte sich deshalb auf extrem schnelle Schwertboote wie diese 15-Quadratmeter-Rennjolle (7 m x 1,5 m), gezeichnet von Drewitz (oben).

sicherlich zu schön um wahr zu sein, dem Mythos der Unbesiegbarkeit von Manfred Curry aber tat sie keinen Abbruch. Mit seiner 22-Quadratmeter-Jolle *Aero* gewann er innerhalb einer Saison trotz starker Konkurrenz 43 von 45 Regatten.

Namhafte Konstrukteure wie Reinhard Drewitz, Th. Ernst, Artur Tiller, Ernst Retzlaff … waren bereits vor Manfred Curry durchaus in der Lage, schnelle Yachten zu entwerfen. Die Entwicklung von Rennjollen und Schwertbooten für deutsche Regatten hatte bereits im Jahre 1910[34] begonnen. Sie waren einerseits unglaublich fortschrittlich, andererseits aber auch ohne jegliche Konkurrenz: Größere Yachten durften im besiegten Deutschland nach dem Ersten Weltkrieg nicht gebaut werden, weil die Alliierten befürchteten, die Reparationszahlungen könnten sich sonst möglicherweise verzögern. Die Folge war, dass sich der gesamte deutsche Yachtsport auf superleichte Schwertboote konzentrierte, die dadurch einen Aufschwung ohne Beispiel erlebten. Die Konstruktionen beeinflussten den Bootsbau im gesamten nordeuropäischen Raum. Der Berliner Designer Artur Tiller zum Beispiel entwickelte für Belgien eine Serie Nationaler Kreuzer mit 15 Quadratmetern Segelfläche.[35]

Trotz starker Konkurrenz setzte sich Manfred Curry durch. Seine Jolle *Aero* war ein Meisterstück. Um den Windwiderstand zu reduzieren, gestaltete er den Rumpf über Wasser rund wie die Schnauze eines Delfins. Die Spantform sah aus wie der Querschnitt eines Flügels, bauchig in der Mitte und gerade oberhalb der Wasserlinie. Der Mast verwirbelte die Luft am Vorliek des Großsegels, das stehende Gut erhöhte den Windwiderstand … beides wurde durch Profilierungen optimiert. Nichts störte die Luft dort, wo sie auf das Großsegel traf, da es wie ein Vorsegel angeschlagen wurde. *Aero* war weit mehr als ein Segelboot, es war ein Windmotor.

Manfred Curry hat bei der Untersuchung der Wechselwirkungen verschiedener Segel untereinander festgestellt, dass sich mehrere Vorsegel gegenseitig störten. Die Lösung war einfach: Man müsste ein einziges, aber viel größeres Vorsegel setzen, aber wie sollte man diese großen Flächen mit Muskelkraft bändigen? Die Lösung war eine mechanische: Mit Hilfe von Winschen ließ sich der Kraftaufwand deutlich verringern. Das Prinzip des Spills (oder Winsch) – das Tauwerk wurde um einen Zylinder gelegt, der mit Stangen (Spaken) gedreht wurde, wobei Sperrklinken verhinderten, dass die Tautrommel zurückdreht – war seit der Antike bekannt. Alle Schiffe hatten ein Spill, um den Anker heißen zu können. Das Neue an einer Yachtwinsch war ihre Größe (gering) und der Einbau (vertikal statt horizontal). Die Derbheit dieses Ausrüstungsgegenstandes hätte sein Auftauchen zu jeder beliebigen Zeit des 19. Jahrhunderts möglich gemacht. Er tauchte aber nicht auf, weil niemand ihn wollte: Für eine Winsch benötigte man erheblich mehr Tauwerk als für eine Winde, und kein Mensch dachte daran, die Zahl der Segel zu verringern.

Erst als die Aerodynamik und ihr Prophet Curry nicht mehr wegzuleugnen waren, begann man, sich mit dem Problem auseinander zu setzen. Winschen hatten nach wie vor Seltenheitswert: *Enterprise*, die Verteidigeryacht des America's Cup von 1930, war mit 23 Winschen[36] ausgestattet. Man bezeichnete sie deshalb als das mechanische Boot. Man kam sehr schnell auf die Idee, die Crew im Stehen mit Kurbeln arbeiten zu lassen, die an einem kleinen Turm befestigt waren: Das war die Geburtsstunde der »Kaffeemühle«, eine Bezeichnung, die nichts mit dem Yachtsport zu tun hat. Mit dieser Mechanik war die Crew in der Lage, sehr große Segelflächen bedienen und trimmen zu können.

Ein Beispiel: ein einziges, den Mast überlappendes Vorsegel. Ein solches Segel wurde zum ersten Mal während einer Regatta vor Genua verwendet und wird seitdem Genua genannt. Die damals gültigen Rennformeln berücksichtigten den Teil des Vorsegels, der sich achterlicher als der Mast befand, nicht. »Man konnte nach der Internationalen Rennformel damals, als die Genua und die Winschen auftauchten, die vermessene Segelfläche verringern (nicht jedoch die tatsächliche Fläche) und dadurch die Rümpfe länger machen. Das war eher eine technische Angelegenheit, denn eine Genua ohne Winschen war nicht praktikabel.«[37] »Von den Dingen, die im Namen des Fortschritts entwickelt wurden, ist das als Genua bezeichnete Vorsegel das bedeutendste (…). Die Einführung der Genua schadete weniger der Rennformel als den Eignern. Man fragt sich, ob den Yachtbesitzern überhaupt klar war, was sie sich an zusätzlichen Kosten einhandelten, einschließlich der für Masten, die wegen des Einsatzes der Genuas brachen (…). Es war klar, dass die Segler sehr bald darauf drängten, die tatsächliche Fläche der Vorsegel zu vermessen.«[38] Allerdings konnte der Siegeszug der Genua damit nicht aufgehalten werden, sondern

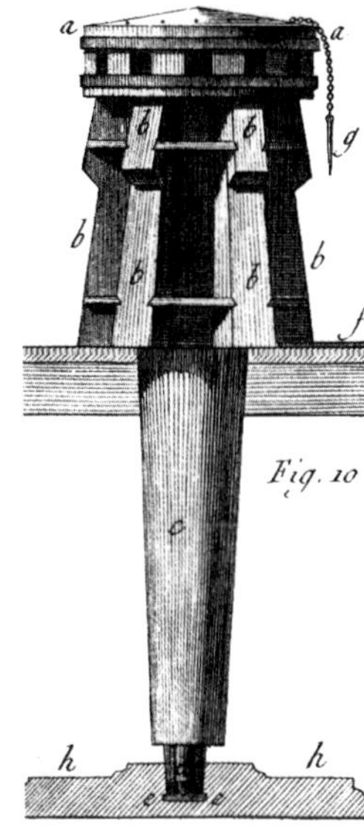

Eine Winsch war nie etwas anderes als eine umkonstruierte Winde. Oben eine Winde des 18. Jahrhunderts, unten eine Winsch von Lewmar Ende des 20. Jahrhunderts.

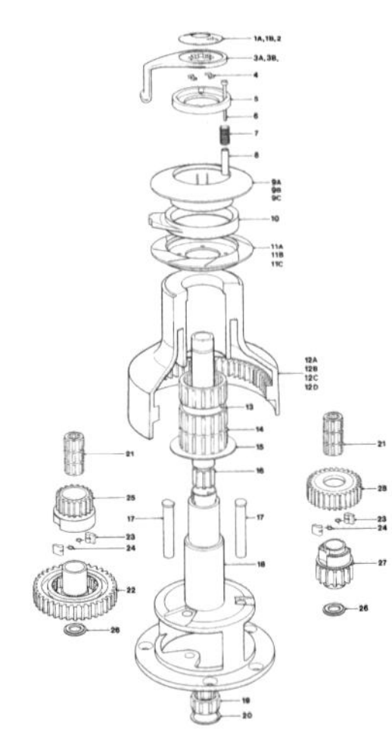

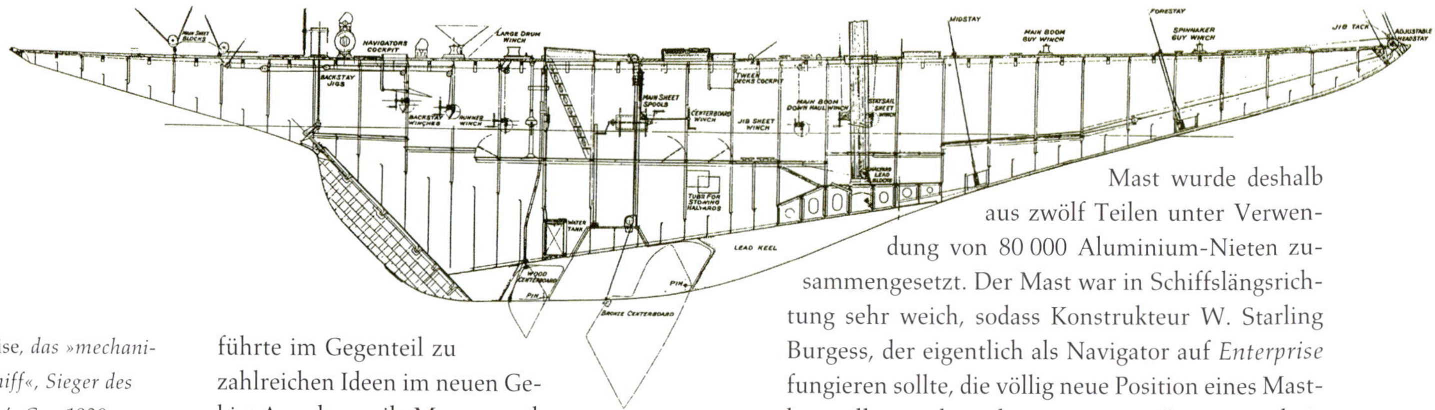

Enterprise, das »mechanische Schiff«, Sieger des America's Cup 1930.

führte im Gegenteil zu zahlreichen Ideen im neuen Gebiet Aerodynamik. Man versuchte es mit vierseitigen Segeln und jeweils zwei Schoten auf jeder Seite; man befestigte das Unterliek der Großsegel auf Bäumen breit wie Gehwege, auf die man zahlreiche Querschienen montiert hatte, um die Profiltiefe einstellen zu können; man experimentierte mit gebogenen Bäumen, die nach jeder Wende auf die andere Seite gebogen werden mussten. Im Kielwasser von Herrn Doktor Curry gab es nichts, was nicht ausprobiert wurde!

Auch auf die Entwicklung der Riggs wirkte sich der rationelle Umgang mit der Windenergie aus. Die Frage war, wie sollte man die immer höheren Masten abstützen? Der Konstrukteur William Gardner fand im Jahre 1914 eine Möglichkeit für seine unglücklich unterlegene America's Cup-Herausforderin, indem er für die Wanten einadrige Stahlkabel aus dem Flugzeugbau verwendete. Für die Wanten von *Rainbow*, der Cup-Verteidigerin von 1934, setzte W. Starling Burgess bereits hochfesten Stahl ein. Weil aber »die elektrischen Öfen zur thermischen Behandlung (die notwendig ist, um hochfesten Stahl erzeugen zu können) nicht lang genug waren, um die Wanten in einem Stück herstellen zu können, (...) mussten in der Mitte jedes Wants Spanner montiert werden: Für die Einstellung des Mastes musste ein Crewmitglied auf halbe Masthöhe vorgeheisst werden, um dort die Spanner zu lösen oder anzuziehen«[39]. Bei extrem hohen Masten gab es dann auch Überraschungen der besonderen Art: Wenn man ein Crewmitglied mit dem Großfall in den Mast gezogen hatte, entsprach das Gewicht des Tauwerks bald dem des Mannes in der Höhe. Um wieder an Deck zu gelangen, musste er sich mit aller Kraft nach unten ziehen[40] ...

Der Bau dieser gewaltigen Mastes hatte etwas albtraumhaftes an sich. *Enterprise*, die Cup-Verteidigerin von 1930, war der erste J-Klasse-Gigant mit einem Mast aus Leichtmetall: »Die Gesamtlänge betrug 49,40 Meter, der Durchmesser am Fuß 45,7 und 22,8 Zentimeter am Kopf. Die Werkzeuge zur Bearbeitung von Aluminium waren zu jener Zeit für die erforderlichen Abmessungen nicht geeignet, der Mast wurde deshalb aus zwölf Teilen unter Verwendung von 80 000 Aluminium-Nieten zusammengesetzt. Der Mast war in Schiffslängsrichtung sehr weich, sodass Konstrukteur W. Starling Burgess, der eigentlich als Navigator auf *Enterprise* fungieren sollte, die völlig neue Position eines Mastkontrolleurs übernehmen musste.«[41] Das Ergebnis war eindrucksvoll: Der Mast von *Enterprise* war um gut 30 Prozent leichter als der hölzerne der Herausforderin *Shamrock V*; die höhere Stabilität entsprach einem Gewicht von rund 20 Tonnen Blei im Kiel, die nun nicht mehr durchs Wasser gezogen werden mussten. Es war bereits vor dem ersten Rennen klar, welches das leistungsfähigere Schiff sein würde und der Cup blieb in Amerika.

Trotzdem, die scheinbar überlegene Technik triumphierte nicht immer; sie war niemals mehr als ein Werkzeug im Dienste der Menschen, die letzten Endes gewonnen oder verloren haben. Der Beweis erfolgte vier Jahre später. Für den Cup 1934 hatte Charles Nicholson darauf gesetzt, dass die Formel lange Schiffe bevorteilt und darauf hin ein Boot für T.O.M. Sopwith konstruiert. Der unerschrockene Flieger der Jahre 1910 bis 1912 war zum König des Flugzeugbaus avanciert. Im Vergleich dazu lagen die Amerikaner eine Generation zurück: Finanzier war Vanderbilt, dem mehrere Eisenbahngesellschaften gehörten; W. Starling Burgess, sein Konstrukteur, hatte Jahre zuvor ebenfalls mit dem Flugzeugbau zu tun gehabt (er hatte sogar 1911 eine Maschine verkauft – an Tom Sopwith!), danach aber den Kontakt zu der entwicklungsfreudigen Branche verloren. Kurz, *Endeavour*, die britische Herausforderer-Yacht war perfekter und schneller als die Verteidigerin *Rainbow*. Die Engländer gewannen die erste und zweite Wettfahrt. Damals musste man, um den Cup mitnehmen zu können, drei Rennen gewinnen. In der dritten Wettfahrt lag *Endeavour* auf dem letzten Schenkel vor dem Ziel weit in Führung ...

Es ist ein historisches Szenario, das hoffentlich niemals vergessen lässt, dass eine Regatta in erster Linie eine Angelegenheit der Menschen an Bord ist und die beteiligten Boote eine zweitrangige Rolle spielen. Die Technik wird genutzt, aber der Mensch setzt sie ein! Das Bühnenbild: Die Szene spielt vor Newport (Rhode Island, USA), wo der America's Cup seit 1930 ausgesegelt wird. Die beiden J-Klasse-Yachten[42] krängen in der abflauenden Brise nach Steuerbord.

Der Aluminium-Mast von Enterprise *wurde von 30 000 Nieten zusammengehalten. Das war allerdings nicht die Ausstattung des normalen Seglers.*

Rainbow liegt etwas zu Luv von *Endeavour*, aber weit achteraus. Dieses Mal ist die Sache gelaufen. Vanderbilt, Steuermann und Finanzier der Verteidigeryacht, übergibt das Ruder an seinen Taktiker und geht unter Deck, um ein letztes Sandwich zu verspeisen. Sein einziger Gedanke dabei ist, dass nun bald sein Kopf den Platz des verlorenen Pokals in der Glasvitrine einnehmen wird. Der Taktiker heißt Sherman Hoyt. Er ist kurzbeinig, spöttisch, dem Alkohol nicht abgeneigt, aber hart wie Stahl. Ein Jahr zuvor hatte er in England mit Sopwith gesegelt. Er weiß, dass Sopwith kein Risiko eingeht und ihn immer deckt. Immer? Man wird sehen.

Der Wind hat beim Abflauen gedreht: er kam zunächst genau von vorne, jetzt von der Seite. Es ist nicht länger notwendig, hoch am Wind zu segeln, um das Ziel anliegen zu können. Hoyt aber, der nichts zu verlieren hat, segelt weiter mit dichten Segeln. Wenn er so weiterläuft, wird er die Ziellinie luvwärts verfehlen. Sopwith sieht, was hinter ihm geschieht. Was zum Teufel geht in seinem Gegner wohl vor? Besser nichts riskieren: ich decke ihn. Und Sopwith wendet, kommt mit seinem 144-Tonnen-Schiff nur langsam in Fahrt, macht einen zu kurzen Schlag, um auf volle Geschwindigkeit zu kommen, passiert knapp den Bug von *Rainbow*, wendet wieder in Luv, um den Amerikaner in der optimalen Position zu decken, aber bleibt dabei in einem Flautenloch liegen, ohne Fahrt und ohne Ruderwirkung. *Endeavour* versucht mit allen Mitteln, wieder in Fahrt zu kommen, während *Rainbow* vorbeizieht. Sherman Hoyt nimmt sofort Kurs auf die Ziellinie und gewinnt das Rennen. Applaus. Vorhang. Der Mensch hat die Maschine besiegt.

Aber nicht alle Siege waren moralisch einwandfrei. Im folgenden Rennen disqualifizierte die nur aus Amerikanern bestehende Jury den Herausforderer wegen einer angeblich falschen Interpretation der Ausweichregeln. Die Briten waren demoralisiert und verloren auch die letzte Wettfahrt. Der Cup blieb in seiner Vitrine, aber man hatte Morgenluft geschnuppert!

Rainbow war ein Versager. Wie aber ließ sich so etwas in Zukunft verhindern? Ein Mann war überzeugt davon, die Lösung zu

Sherman Hoyt, der geniale Taktiker, der dafür sorgte, dass der Cup 1934 in den USA blieb (oben Mitte).

Endeavour*: Die britische Herausforderin war eindeutig das schnellere Schiff, aber die Geschwindigkeit allein genügte nicht.*

kennen. Er führte Nacht für Nacht Schleppversuche mit Schiffsmodellen im Schwimmbad des Technischen Institutes durch, das von der Familie Stevens gegründet worden war (die im Jahre 1851 einen Pokal aus Großbritannien mitgenommen hatte). Kenneth S. M. Davidson hatte aus den Misserfolgen früherer Schleppversuche gelernt. Dennoch »war es fast nicht zu glauben, dass eine experimentelle Methode, die seit Jahren mit Erfolg bei Dampfschiffen und Flugzeugen angewandt wird (...) sich nicht auf ganz ähnlich gelagerte Probleme bei Segelyachten übertragen lässt«[43]. Seine Forschungen dauerten mehrere Jahre. Er schaffte es schließlich, die von einem durchs Wasser

J-Klasse-Yachten waren wahre Kraftmaschinen wie man auf Endeavour *sieht, 1934 (oben) wie 1995 (links).*

gezogenen Rumpf erzeugten Verwirbelungen im Modell darzustellen und die Turbulenzen zu klassifizieren.[44] Plötzlich wurden die Versuche kleiner Modelle verlässlich. Um die Leistungsfähigkeiten voraussagen zu können, musste die nach vorne gerichtete Kraft des Objektes bekannt sein. Davidson vertiefte die Analysen der Segelflächen und veröffentlichte Koeffizienten, die als Grundlagen künftiger Schlepptankversuche galten. Es fehlte nur noch ein realer Test ...

Davidson hatte einen Schüler mit Namen Olin Stephens. Er war einer der jungen Zauberer der amerikanischen Yachtkonstrukteure, seine Kenntnisse aber waren rein intuitiv. Um ihm die Verteilung der Kräfte und Einflüsse auf ein Segelschiff demonstrieren zu können, nahm Davidson eine Kartoffel (das

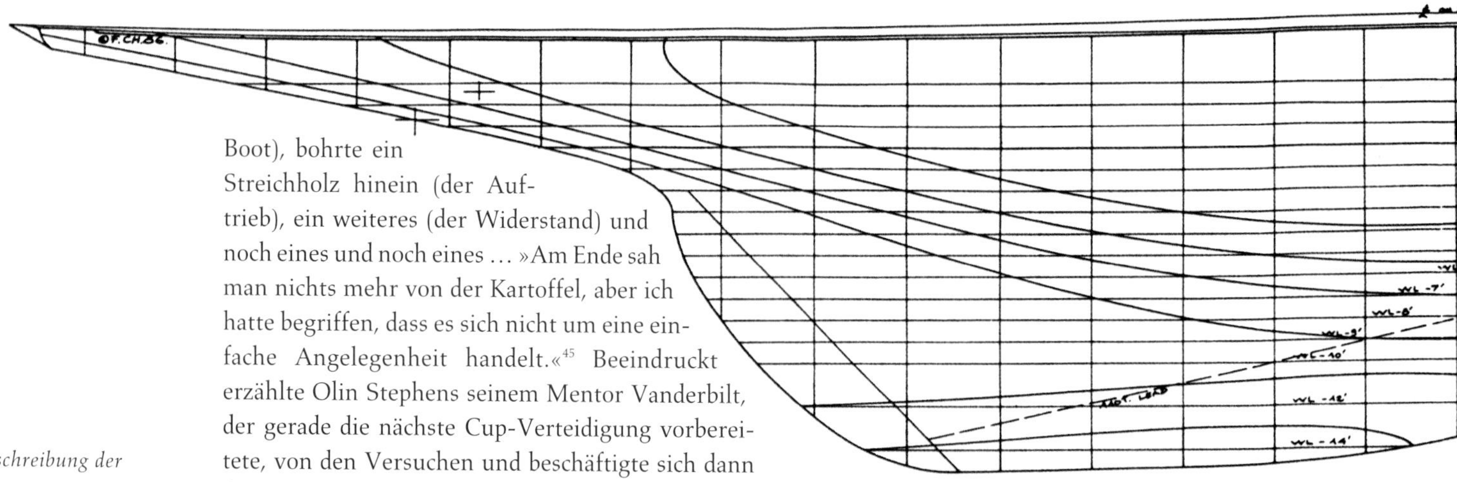

Boot), bohrte ein Streichholz hinein (der Auftrieb), ein weiteres (der Widerstand) und noch eines und noch eines … »Am Ende sah man nichts mehr von der Kartoffel, aber ich hatte begriffen, dass es sich nicht um eine einfache Angelegenheit handelt.«[45] Beeindruckt erzählte Olin Stephens seinem Mentor Vanderbilt, der gerade die nächste Cup-Verteidigung vorbereitete, von den Versuchen und beschäftigte sich dann damit, den Misserfolg von *Rainbow* zu wiederholen: Wenn sich die Konstruktion im Schlepptank im voraus überprüfen ließe, um so besser! Zügig drängte er seinem Konstrukteur W. Starling Burgess den jugendlichen Stephens als Partner auf nach dem Motto, ein bisschen frisches Blut hat noch nie geschadet (denn Burgess war trotz seines Alters von 59 Jahren noch so agil, dass er die Sekretärinnen um die Zeichentische herum verfolgte »sicherlich mit dem Ziel, ihnen die Konstruktion von Yachten zu erläutern«[46]).

Die Beschreibung der Schlepptankversuche (unten), die zu den Linien von Ranger *führten (oben).*

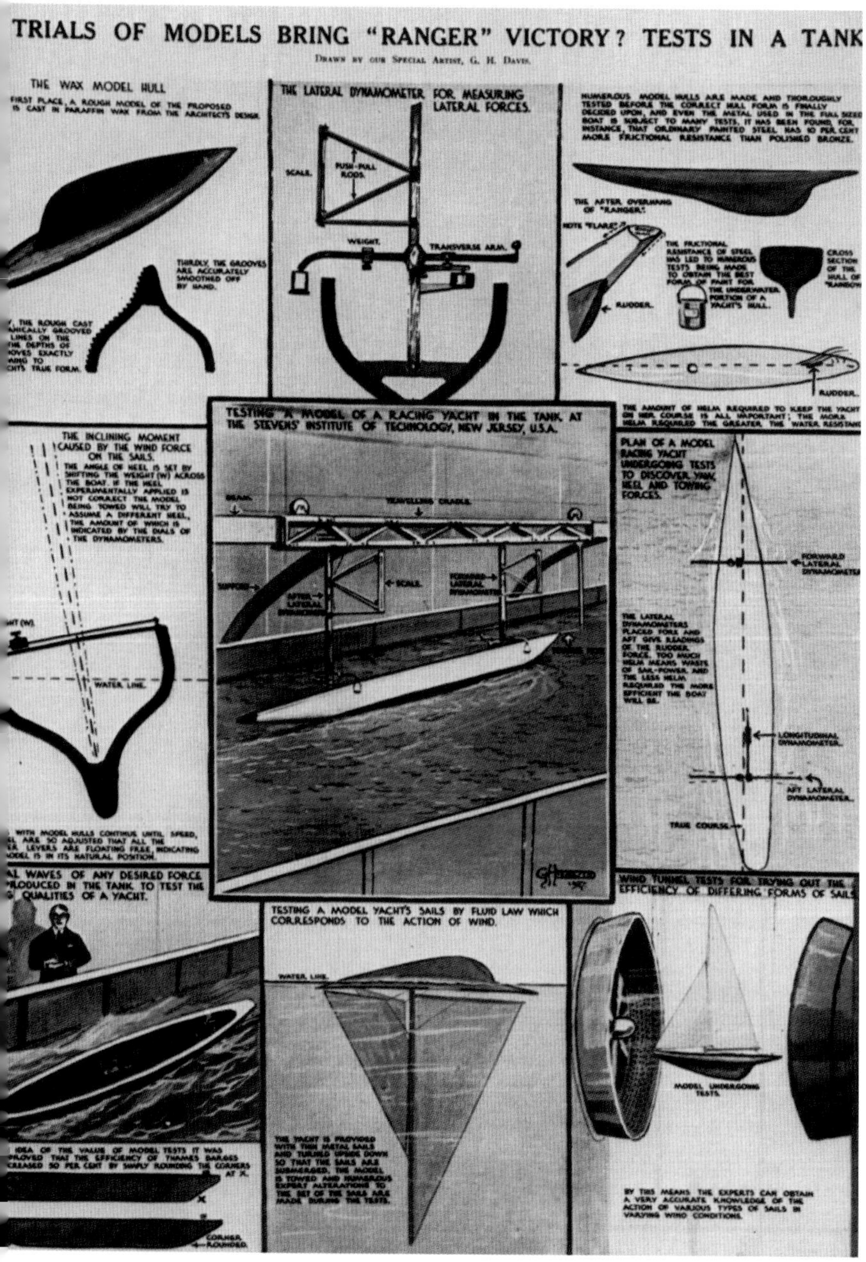

Nach dem vorangegangenen Cup hatten Burgess und Charles Nicholson, Konstrukteur der *Endeavour*, die Zeichnungen ihrer Boote ausgetauscht (der Brite hatte verloren). Die Herausforderin, die eigentlich hätte gewinnen müssen, wurde im neuen Schlepptank des Technischen Institut Stevens getestet. Dann wurden nach Plänen von Burgess und Stephens je drei Modelle gebaut, die ebenfalls geschleppt wurden. Das schnellste war Modell C von Burgess – der ältere war noch voll auf der Höhe.[47] Das Schiff wurde gebaut und auf den Namen *Ranger* getauft. Die neue *Endeavour II* von Nicholson hatte beim Cup 1937 nie eine Chance. Der Schlepptank hatte seine Generalprobe mit Bravour bestanden. Als wenn das nicht reichte, zeichnete Olin Stephens die 12-Meter-R-Yacht *Vim*, testete das Modell im Schlepptank und ließ dann 1939 den besten britischen Zwölfern in deren Gewässern keine Chance. Damit waren die rein intuitiven Zeiten der Yachtkonstruktion endgültig vorbei. »Während wir noch ein Getöse um die hohe Kunst der Yachtkonstruktion machen, kniet sich Olin Stephens auf der anderen Seite des Atlantik an einen Schlepptank und definiert die Wissenschaft des Yachtentwurfs völlig neu.«[48] Es spielte keine Rolle, dass die exorbitant hohen Kosten dieser Versuche nur für einige wenige, hochkarätige Schiffe in Frage kamen, auch nicht, dass man bald die Grenzen von Schleppversuchen erkannte. Die Neugier hatte gesiegt, man wusste bald sehr viel mehr über Segelyachten. Und für diejenigen, für die diese Erwägungen zu weit entfernt von den Möglichkeiten des normalen Seglers waren, gab es näherliegende Spielarten …

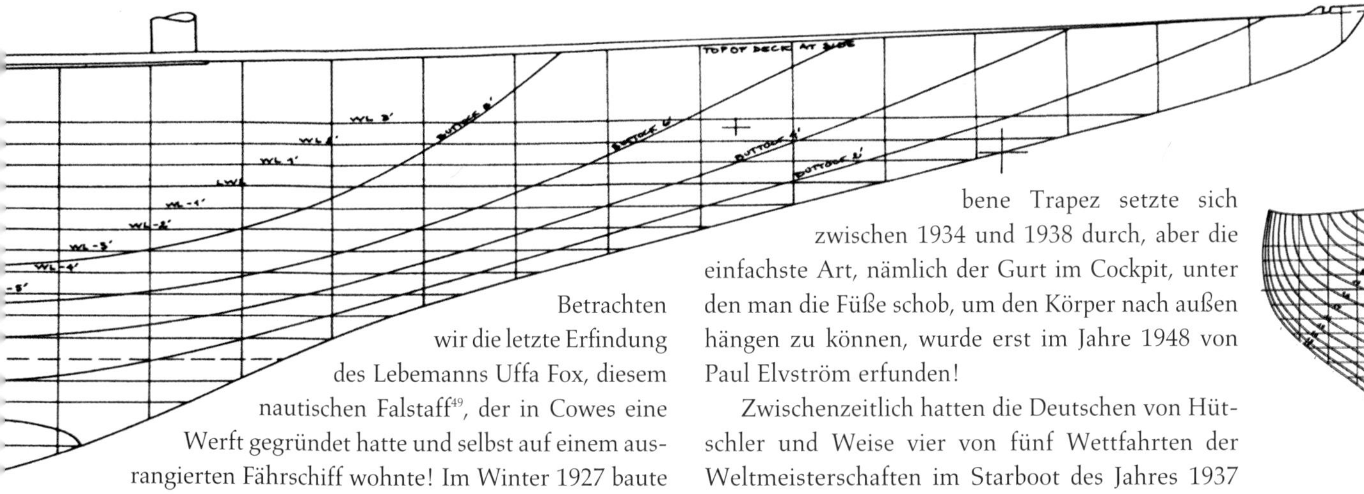

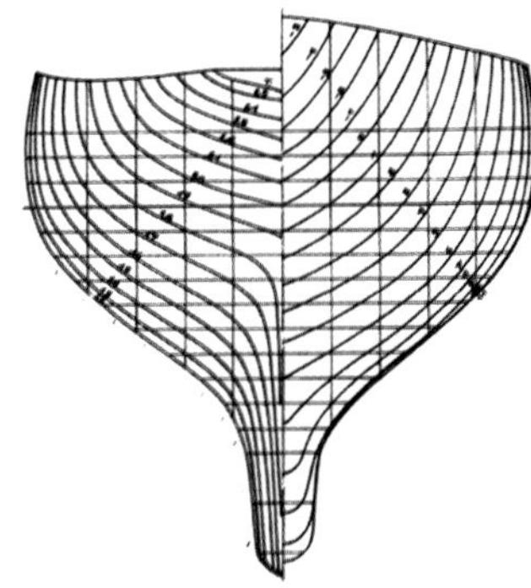

Betrachten wir die letzte Erfindung des Lebemanns Uffa Fox, diesem nautischen Falstaff[49], der in Cowes eine Werft gegründet hatte und selbst auf einem ausrangierten Fährschiff wohnte! Im Winter 1927 baute er ein Schwertboot der 14-Fuß-Klasse[50] mit einem flachen Unterwasserschiff im hinteren und einem scharf v-förmigen im vorderen Bereich, ähnlich wie bei einem Motorboot. Sobald es Wind gab, bäumte sich seine *Avenger* auf und surfte über das Wasser wie ein Schnellboot. Im Jahre 1928 nahm er an 57 Rennen teil und gewann 52 davon. *Avenger* legte die Grundlagen für moderne Schwertboote: Sie ist der Urtyp der 420er und der 18-Füßer, der Vauriens und der Laser …

Betrachten Sie *Vagabond*, das berühmteste Schwertboot der Themse, das unmittelbar von Linton Hope abstammte, der die Zeichnungen Ende des 19. Jahrhunderts angefertigt hatte! Im Jahre 1934 kam Beecher Moore, ein amerikanisches Mannschaftsmitglied von Uffa Fox, auf die Idee, sich an eine Leine mit Knoten zu hängen, die am Mast befestigt war. Ein Crewmitglied, das sich an die Leine klammerte, konnte seinen Körper nach außerhalb des Bootes bringen, und mit den Füßen auf dem Rand des Rumpfes stehen. Der Mann hatte den schicksalhaften Namen Milestone. Seine historische Idee führte zur Erfindung des Trapezes und damit zu einer völlig neuen Art der Stabilität von Schwertbooten. Es fehlte nur noch ein Gurt, um sich bequem an den Mast hängen zu können. Den entwickelte im Jahre 1938 Peter Scott, ein bekannter Naturwissenschaftler und Sohn des Polarforschers Robert Scott.

Die Wege des Fortschritts hinsichtlich der Stabilität von Schwertbooten waren verschlungen, die komplizierten Mittel erfand man meist vor den einfachen: Das Ausreitbrett, auf dem man außerhalb des Rumpfes sitzen konnte, wurde 1895 bekannt; das beschriebene Trapez setzte sich zwischen 1934 und 1938 durch, aber die einfachste Art, nämlich der Gurt im Cockpit, unter den man die Füße schob, um den Körper nach außen hängen zu können, wurde erst im Jahre 1948 von Paul Elvström erfunden!

Zwischenzeitlich hatten die Deutschen von Hütschler und Weise vier von fünf Wettfahrten der Weltmeisterschaften im Starboot des Jahres 1937 gewonnen. Ihr Boot war mit einem biegsamen Mast

ausgestattet, »das getrimmte Segel nimmt eine unerwartete Form vor allem bei halbem und vor dem Wind an, und der Mast wird von Mechanismen bewegt, die unter dem Deck und ein bisschen überall eingebaut sind«[51].

Damit waren alle Elemente eines modernen Segelbootes vereint.

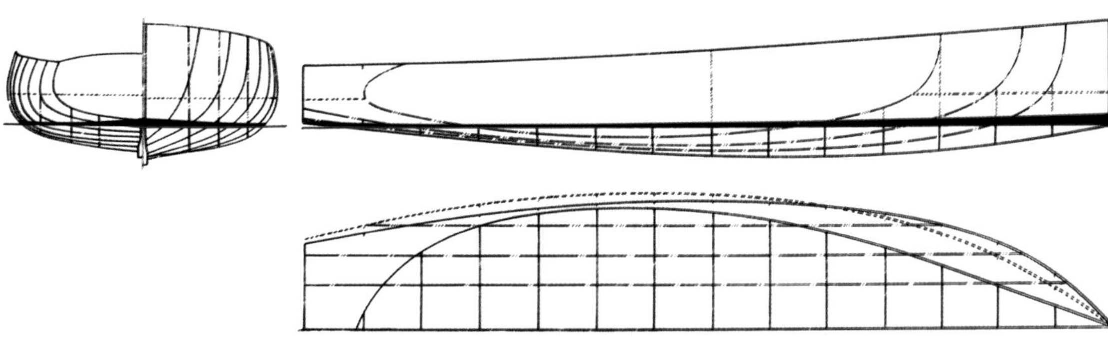

Uffa Fox war eine lebenslustige Persönlichkeit. Als sein Schüler der junge Charles Windsor, Prince of Wales (rechts), eine Regatta mit Abstand als Letzter beendete, nahm Uffa Fox ihn im Nachthemd in Empfang, eine Kerze in der Hand (Mitte). Man muss dazu sagen, dass der unbesiegbare Uffa fast nur an erste Plätze gewöhnt war, viele davon errang er mit seinem 14-Füßer Avenger, des Urtyps aller modernen Schwertyachten (unten).

Kanus und Rennboote

1927–1939

»Sich mit dem Strom treiben lassen, in diesem wunderbaren Buch Natur blättern (...). Die Nerven, angespannt durch den erschreckenden Rhythmus des heutigen Lebens, fordern sie nicht ein bisschen Entspannung, Stille, Erholung und Sonne?«

Katalog für Faltboote »Pirat«, 1935

»Das nächste Jahr oder das danach wird Entwicklungen im Bereich der Verbrennung im Motor hervorbringen, an die man bis zu diesem Moment nicht einmal zu denken wagt.«

H. Piersach, 1918[52]

In weniger als einem Jahrhundert hat sich die Sportschifffahrt in allen zivilisierten Nationen verbreitet. Manche Länder haben mehr Sportboote pro Einwohner als andere – aber das Verhältnis hat weniger mit den Freizeitaktivitäten als mit den geografischen Gegebenheiten zu tun. Im Laufe der 20er-Jahre entwickelte sich eine Konstante: Die Zahl der Boote pro Kilometer Küste und Einwohner blieb, egal in welchem Land, immer gleich. Daran änderte sich bis zur Jahrtausendwende[53] nichts, auch wenn die Typen und Größen der Boote von einem Gebiet zum anderen stark schwankten.

Zwischen den Weltkriegen erlebten die leichten Schwertboote eine große Popularität. Sie waren in den einfacheren Schichten wie im Kleinbürgertum beliebt, da die Preise wegen des Serienbaus niedrig waren.[54] Man brauchte also weniger Geld, um sich ein bescheidenes Boot kaufen und ein Segler werden zu können, trotzdem aber blieb der Yachtsport selektiv: Ohne Mitglied in einem Verein zu sein, konnte man ihn praktisch nicht ausüben und das Clubleben war nicht jedermanns Sache. Um sich entwickeln zu können, musste die Freizeitschifffahrt eine individuelle Sportart ohne jegliche Einschränkungen werden. In der zweiten Hälfte des 19. Jahrhunderts hatte sich bereits eine beliebte Unterart gebildet: Der Kanusport kannte keine Klassenunterschiede, keine Zwänge und keine Vereine, man konnte Kanus bei vielen Ausflugslokalen mieten. Parallel dazu wurden die Kanadier immer beliebter, eine ebenfalls zwanglose Sportart abseits des organisierten Yachtsegelns.

Neu waren diese Sportboote allerdings damals nicht! Sie hatten bereits in den Händen von »Rob Roy« MacGregor, der den Begriff des Amateurs

Das Kajak war eine Freizeitbeschäftigung für alle.

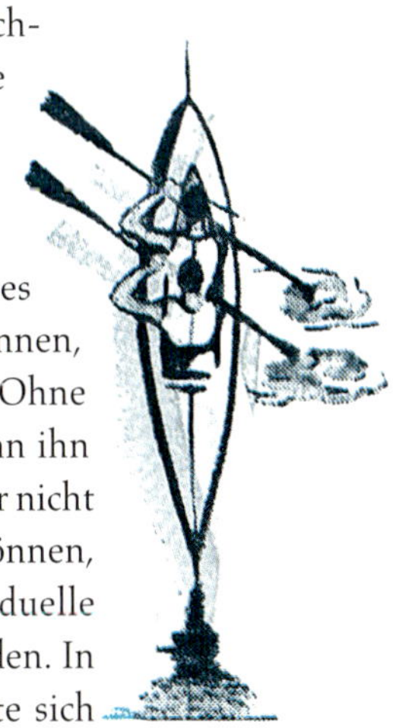

Der Motoryachtsport war nichts für jedermann, aber er inspirierte die Designer, auch die Dinge des täglichen Lebens runder und aerodynamischer zu gestalten (links).

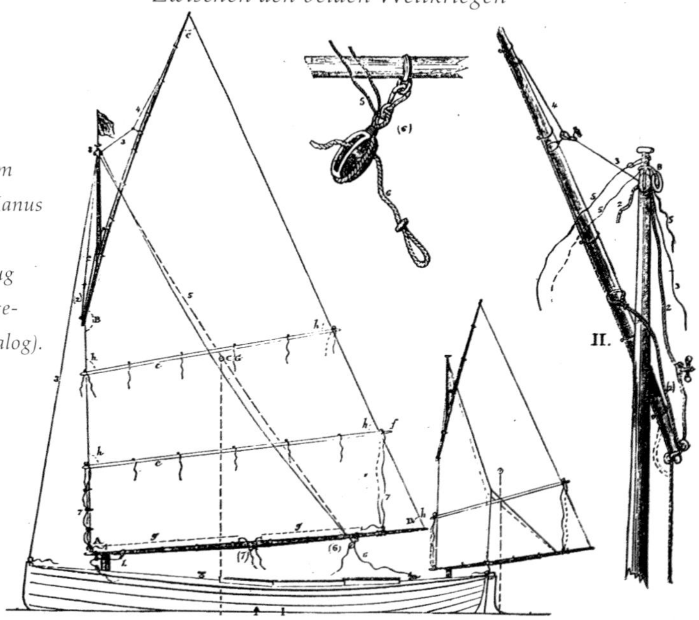

Kajaks waren im Gegensatz zu Kanus auseinander zu nehmen (Auszug aus einem zeitgenössischen Katalog).

prägte, eine nicht unwesentliche Rolle in der Geschichte gespielt. Ihre Verbreitung blieb jedoch vergleichsweise gering, wenn man eine preiswerte Unterart außer Acht lässt, die wegen der sargähnlichen Form und einer gewissen Instabilität den abwertenden Namen Paddelboot erhalten hatte.[55] Die Verbreitung preiswerter industriell gefertigter Klammern und die Erfindung pneumatischer Werkzeuge verhalfen dem Kanu wegen sinkender Fertigungskosten zu neuen Impulsen. Man bog über Dampf dünne Leisten aus Akazienholz, befestigte sie in den Einschnitten einer Form, legte die Außenhaut aus Kiefer oder Mahagoni (für das Luxusmodell) auf, verklammerte sie mit den Leisten, nahm das Ganze von der Form, setzte innen ein Stützgerippe ein, und das war's! Diese Rümpfe waren leicht und kompakt genug, um mit dem Zug oder per LKW zu den Händlern transportiert werden zu können, die sich einer großen Kundschaft erfreuten.

Unauffällig und ohne Aufhebens verlief die Hochzeit der Kanus in den 20er- und 30er-Jahren. Man musste nicht Mitglied in einem Yachtclub sein. Man musste nicht einmal eine Segelschule besuchen (die es bis auf einige wenige an den britischen Universitäten und in Deutschland kaum gab, aber volkstümlich waren die sicher nicht): Man kaufte sich ein Kanu, lernte das Paddeln, dann legte man sich mit Eisen beschlagene Bronzeschwerter und ein Regatta-Rigg zu (die irreführende Werbung war noch nicht verboten!) oder fertigte all das selbst an, die Segel zum Beispiel aus alten Bettlaken[56], und klar war die Galeere! Wie viel Tausende von Menschen wohl auf diese Art und Weise den Spaß am Segeln gefunden haben mögen?[57]

Unter Segeln machten die Kanus einen eher… rustikalen Eindruck (und reden wir nicht lange über die Kurse gegen den Wind, auf denen man wenigstens die Zeit zum Betrachten der Landschaft hatte).

Mit einem Kajak oder einem Kanu kam man überall hin, wie John »Rob Roy« MacGregor (s. Seite 93) im 19. Jahrhundert bewies.

Avenger *(Riss auf Seite 205) war wie ein Kanu gebaut worden (links).*

Dennoch, die Bauweise über eine Form brachte leichte und stabile Rümpfe hervor und diente bald als Vorbild für andere, weiter entwickelte Industriezweige. Die beiden Boote, die die Schwertyachten revolutionierten, waren *Aero* von Manfred Curry und *Avenger* von Uffa Fox. Beide sind wie Kanus gebaut worden. »Danach (als die Form fertig war) bog man Leisten mit den Abmessungen 9,5 x 6,4 mm über Dampf und legte sie quer im Abstand von 50 mm auf. Es folgte die erste diagonale Lage aus drei Millimeter dickem Holz. Dann legte man eine Schicht aus geölter Seide auf, bevor die letzte drei Millimeter dicke Holzlage in Längsrichtung befestigt wurde (mit Stiften aus Kupfer).«[58] Diese Bauweise wurde bald zum Standard für Rennyachten in Großbritannien, in Skandinavien, in Frankreich, in Deutschland …

Die Freizeitkanuten kümmerten sich wenig um die berühmt gewordenen Nachfolger ihrer Schiffe. Sie paddelten in aller Ruhe und setzten bei achterlichem Wind Segel. Natürlich, wenn man einen Motor hätte, wäre die Sache weniger mühsam … In den USA und Großbritannien gab es bereits luxuriöse Kanus mit Einbaumaschinen, und einige überkandidelte Reiche ließen sogar Heizkessel und Schornstein installieren, aber der Dampf, das war das Malerischere daran. Ideal wäre natürlich einer dieser mobilen Verbrennungsmotoren, aber dazu musste das Boot einen Spiegel am Heck haben, denn sonst kann man ihn ja nicht aufhängen! In der Folge baute man abgeschnittene Kanus, an deren Spiegel man leistungsschwache Außenborder befestigte (es gab keine anderen, noch nicht). In Neuilly zum Beispiel bot der Kanu-Bauer Franz-Olivier Guittard seiner Kundschaft zunächst verstümmelte, motorisierbare Rümpfe an, aus denen allmählich reine Motorboote wurden. Gegen Ende der 20er-Jahre hatte er eine ganze Palette entwickelt. Er modifizierte einen existierenden Außenborder, indem er ihn mit seinen Initialen FOG versah – den gleichen Motor konnte man unter der Bezeichnung Férax per Katalog bei der Waffen- und Fahrradfabrik in Saint-Étienne[59] bestellen …

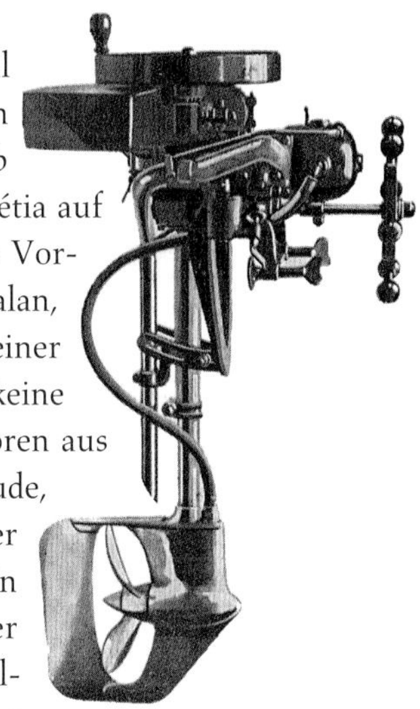

Die Nachfrage war groß, sodass schnell eine Vielzahl von Außenbordern auf den Markt kam: Im Frankreich der 20er-Jahre gab es die von FOG/Férax, eine neue Serie Lutétia auf der Basis des Echard von 1913[60], es gab die Vorkriegsmodelle Bonnet, Falso, Magnier, Svalan, Rosengart und die beiden Microrameurs (einer davon hatte eine Luftschraube und deshalb keine Probleme mit Seetang). Dazu kamen Motoren aus dem Ausland, von Johnson, Elto, Evinrude, Caille (USA), Archimedes (Schweden) … Der antiquierte Motogodille war 1929 bereits ein Vierteljahrhundert alt, beherrschte aber immer noch den Markt – aber um welchen Markt handelte sich eigentlich? Rund 50 Außenborder von Motogodille waren im Trainingslager der Kolonialen und Maritimen Liga in Bouafles-les-Andelys im Einsatz. Der Markt für Motoren »Made in France« erstreckte sich auch auf die Kolonialstaaten, von Schwarzafrika bis Indochina[61]. Motogodille[62] setzte in den Kolonien große Mengen ab, das älteste Außenborder-Unternehmen der Welt überlebte die Welle der Unabhängigkeitserklärungen vieler Kolonien in den 50er-Jahren allerdings nicht …

Der Außenbordmotor Echard von 1912 mit einem Ruderrad an der Vorderseite. Er wurde bis in die 30er-Jahre gebaut. Marcel Echard nannte seine Fabrik in Lutetia um und baute mehrere Rennboote unter eigenem Namen (Mitte).

Ein Motogodille wurde zum ersten Mal im Jahre 1904 in Monaco gezeigt. Es dauerte aber noch 20 Jahre, bis es die ersten richtigen Außenborder-Rennen gab. Marcel Echard, der seine Produkte zunächst nur schlecht vermarkten konnte, führte die Marke

Werbung für einen Motogodille aus den 30er-Jahren. Damals wurde der transportable Motor bereits ein Vierteljahrhundert lang gebaut (unten).

Lutétia ein, die dann alle Rennen dominierte. Er engagierte das Flieger-As Michel Detroyat als Pilot für seine Rennboote *Lutetia I* und *Lutetia II*, die auf der Seine und vor Monaco siegreich waren. Die Motoren hatten eine Leistung von etwa 20 PS und waren von respektabler Größe. Wie konnte man die Leistung erhöhen, ohne die Dimensionen (also die Zahl der Zylinder) zu erhöhen?

Es gab drei Möglichkeiten: primo, die Verbrennung verstärken, secundo, die Zahl der Verbrennungen erhöhen oder tertio, eine Kombination von beiden. Wenn man die Verbrennung verstärken könnte, ließe sich in jedem Zylinder mehr (deutlich mehr!) Kraftstoff verbrennen. Dazu wurd aber auch mehr Verbrennungsluft benötigt, was den Einbau eines Kompressors erforderte. Man könnte aber auch Kraftstoffe mit höherer Energiedichte als Benzin wie Methanol oder andere verwenden.[63] Eine höhere Zahl von Verbrennungen pro Minute bedeutete, dass der Motor schneller drehen musste. Um die Außenborder einfach, preiswert und leicht bauen zu können, handelte es sich grundsätzlich um Zweitakter, also ohne Ventile. Der Boden eines Kolbens war so geformt, dass das Verbrennungsgemisch, das durch eine Öffnung in der Zylinderwand eintrat, von dem bereits verbrannten Gemisch, das durch eine Öffnung an der gegenüberliegenden Seite austrat, getrennt wurde. Um die Drehzahl erhöhen zu können, mussten der Zündzeitpunkt exakt gesteuert und die einzelnen Bauteile hochpräzise gefertigt werden; mit einer industriellen Massenfertigung war das seinerzeit nicht vorstellbar. Gegen Ende der 20er-Jahre leisteten die stärksten Außenborder nicht mehr als 50 PS.

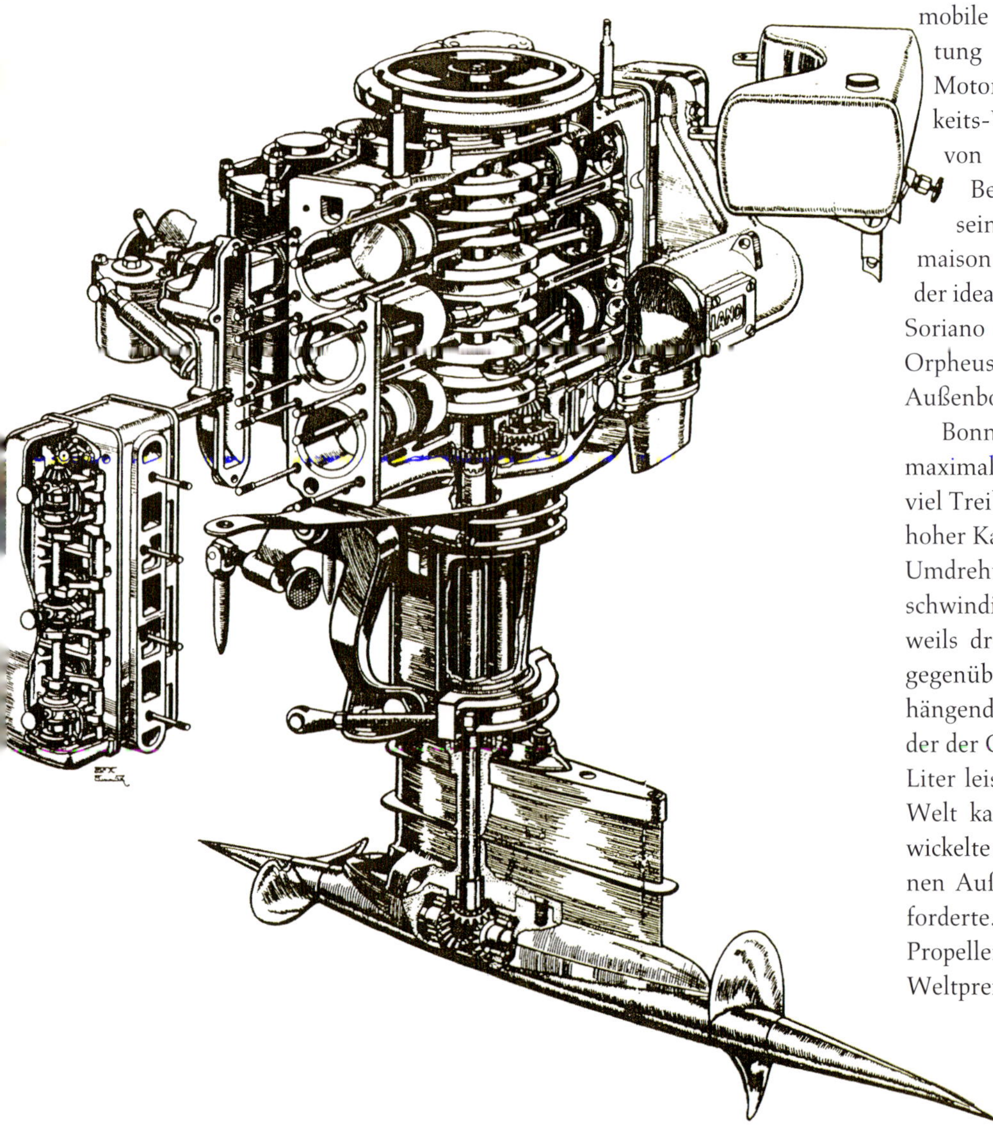

Ein Sechszylinder Dupuy-Soriano (die Frontseite ist links): Der schönste Außenborder aller Zeiten. Kein anderer Motor (auch kein Flugzeugmotor) leistete so viele PS im Verhältnis zum Hubraum.

Nicht genug, dachte der Marquis von Soriano, der die übermotorisierten Monster der Vorkriegszeit in Monaco vermisste, die große Zeit von Tellier und Bonnemaison. Tellier baute Wasserflugzeuge, aber was war aus dem französischen Erfinder der Schwimmrümpfe geworden? Bonnemaison war nach Großbritannien zu Sunbeam-Talbot-Darracq gegangen, wo Motoren für Flugzeuge und Automobile gefertigt wurden. Er arbeitete unter der Leitung seines Landsmannes Louis Coatalen an Motoren und Rennwagen, die den Geschwindigkeits-Weltrekord in der Zeit von 1922 bis 1927 von 215 km/h auf 327 km/h steigerten. Zu Beginn der 30er-Jahre verließ Coatalen mit seiner Mannschaft das Unternehmen. Bonnemaison kehrte nach Frankreich zurück und wurde der ideale Mann, um das Problem des Marquis von Soriano zu lösen: Er sollte in dessen Orgelfabrik Orpheus Synchronica in Barcelona den stärksten Außenbordmotor der Welt bauen.

Bonnemaison machte sich ans Werk. Um eine maximale Leistung zu erzielen, verbrannte er sehr viel Treibstoff, ermöglicht durch einen Kompressor hoher Kapazität. Der Motor drehte sehr hoch, 5000 Umdrehungen pro Minute. Damit die Kolbengeschwindigkeit nicht zu groß wurde, ordnete er jeweils drei Zylinder mit kleinen Kolben einander gegenüber an. Es war ein Viertakt-Boxermotor mit hängenden Ventilen, der erste Viertakt-Außenborder der Geschichte. Bei einem Hubraum von einem Liter leistete er 85 PS: keine andere Maschine der Welt kam da auch nur halbwegs heran. Er entwickelte so viel Kraft, dass das Drehmoment die kleinen Außenborder-Rümpfe jener Zeit völlig überforderte. Man montierte deshalb zwei gegenläufige Propeller mit dolchartigen Spitzen (eine weitere Weltpremiere), einen an jedes Ende des profilierten

Getriebegehäuses unter Wasser. Bonnemaison hatte alles gegeben, aber er konnte nicht ahnen, dass zukünftige Generationen in seiner Konstruktion den schönsten Außenborder aller Zeiten sehen sollten. Er baute in Courbevoie eine Vorserie von 15 Motoren[64], als die Spanier ihren König Alphonse XIII. absetzten, der als Yachtsportler besser gewesen war als Monarch. Angesichts der politisch instabilen Lage gab der Marquis von Soriano alle seine Geschäfte auf. Die Motorenfabrik verkaufte er an den 34-jährigen Jean Dupuy, dem die Zeitungen »Petit Parisien« und »Excelsior« gehörten.[65]

Jean Dupuy beauftragte Bonnemaison mit dem Bau von Rümpfen aus Aluminium, entfernte Abkömmlinge der Jahrhundertwende-Modelle Ricochet-Antoinette und Soulier Volant. Er baute eine Mannschaft auf, zu der neben dem Baron Alain de Rothschild die Autorennfahrer Louis Chiron und Raymond Sommer, der Motorradrennfahrer Georges Monneret und er selbst gehörten. Am 18. Oktober 1934 stellten sie auf der Seine mit 104,95 km/h einen neuen Geschwindigkeitsweltrekord für Außenborder auf. 19 Jahre später verbesserte der von den Brüdern Romani überarbeitete gleiche Motor den Rekord um 25 Prozent …

Der Dupuy-Sorano-Motor bildete aus technischer Sicht den Höhepunkt der Zeit zwischen den Weltkriegen.[66] Noch stärkere Aggregate waren keine Sonderkonstruktionen, sondern basierten auf Flugzeug- oder Automotoren. Inzwischen war Leistung nicht mehr das Problem – man musste nur wissen, was man wollte. Damit stand man vor einem eher philosophischen Dilemma: Waren eher Riesen oder Zwerge angesagt?

Auf den ersten Blick konnte es keine Zweifel geben: man baute sich den stärksten Motor an den Rumpf, schnallte sich an und hoffte, die Maschine kontrollieren zu können. Die Realität war allerdings weniger einfach. Nehmen wir zum Beispiel an, man kaufte sich einen dieser Espano-Motoren, die in den durch Guynemer berühmt gewordenen Jagdflugzeugen eingebaut waren. Dieser V12 leistete 180 PS. Er wog 180 kg, dazu kamen 60 kg für Schraube, Schaft und Verstärkungen, 80 kg Treibstoff und 350 kg Rumpf, um das alles zu tragen. Gesamtgewicht: 670 kg. Daraus ergab sich eine Leistung von einem PS pro 3,72 kg. Kurze Zeit später konnte man sich einen W12 Napier Lion mit 450 PS zulegen – also mit der zweieinhalbfachen Leistung des Hispano, aber wohin hätte das geführt? Der Motor selbst wog 185 kg mehr, Schraube, Schaft und Verstärkungen mussten stabiler sein (+ 90 kg), der Benzinverbrauch war höher (+ 120 kg Treibstoff); der ursprüngliche Rumpf war jetzt für das hohe Gewicht und die auftretenden Kräfte nicht geeignet: er musste länger, breiter, solider sein und mehr Auftrieb haben, im Endeffekt also schwerer sein (+ 500 kg). Das Gesamtgewicht hätte 1565 kg betragen, also ein

Eines der Boote des Rennstalles von Jean Dupuy verlässt die Werft. Es hat natürlich einen Dupuy-Soriano-Motor.

PS pro 3,48 kg. Um das Verhältnis von Leistung zu Gewicht um die nun fehlenden 6,5 Prozent zu verbessern, hätte die Leistung (und damit die Kosten!) um 250 Prozent gesteigert werden müssen.[67] Ein so großes Boot aber wäre schlechter zu manövrieren und deutlich langsamer in den Kurven gewesen …

Die Amerikaner hatten sich klar für möglichst hohe Leistung entschieden, seit sie bereits im Jahre 1905 den Gold Cup ins Leben gerufen hatten. Ihr Geschwindigkeitspapst hieß Christopher Columbus Smith, den alle der Einfachheit halber kurz Chris nannten. Er hatte mit der Produktion von Lockpfeifen für Enten begonnen, es folgten breite, flache Kähne für die Entenjagd. Im Jahre 1897 schließlich stellte er den Verbrennungsmotor Sintz vor, der seine etwas merkwürdigen Schiffe antreiben sollte. Die Fahrzeuge (englisch: craft) von Chris Smith hießen damals noch nicht Chris Craft, wurden aber immer leistungsfähiger und schneller. Smith erwarb 1911 einen Stufenrumpf von Bonnemaison und gewann zahlreiche Rennen. Schließlich verlor er sein Geld bei einer denkwürdigen Poker-Partie … Um wieder auf die Beine zu kommen, suchte er sich unter den Industriellen von Detroit einen Sponsor für ein Rennboot. Es war eine symbolträchtige Herausforderung: Detroit verstand sich als technisches Zentrum, die Stadt des Mittelwestens gab vor, besser als die Ostküste zu sein und schaffte es auch. *Miss Detroit* gewann den Gold Cup des Jahres 1915. Ein Jahr später schaffte Chris Smith den gleichen Erfolg mit Hilfe einer anderen, aufstrebenden Stadt, mit seiner *Miss Minneapolis* gewann er den Cup vor *Miss Detroit*. Der besiegte Fahrer hieß Gar Wood, er verlor nur höchst ungern. Er machte gemeinsame Sache mit Chris Smith und die beiden gewannen mit *Miss Detroit II* den Gold Cup auf dem Lake Michigan.

1911, als Chris Smith gerade seine ersten Versuche mit dem Stufenrumpf machte, erfand Gar Wood einen neuen Einsatzbereich für eine hydraulische Winde: Er hatte sie kippbar auf einem LKW installiert. Damit hat er so viel Geld verdient, dass er sich 15 Jahre lang finanzieren und seiner teuren Leidenschaft, der Geschwindigkeit auf dem Wasser, frönen konnte. Alle Rennboote von Gar Wood waren nach den gleichen Prinzipien wie *Miss Detroit* gebaut: ein Rumpf, der von fast ganz vorne bis achtern die gleiche Breite hatte, der oder die Motoren unter freiem Himmel in der Mitte. Pilot und Mechaniker saßen ganz achtern, unmittelbar vor dem Spiegel. An diesem Schema änderte bis zu der gewaltigen *Miss America X* des Jahres 1932 nichts. Das gerade 11,4 Meter lange Boot hatte vier Liberty-Kompressor-Flugzeugmotoren, die es mit einem Spezialtreibstoff auf eine Gesamtleistung von 6400 PS brachten! Es war der Höhepunkt des Kräftemessens. Sie hatte so unglaubliche Dimensionen angenommen, dass die Gentlemen des Gold Cup im Jahre 1922 versuchten, ihrer Herr zu werden. Sie begrenzten den Hubraum auf 10,2 Liter und verboten die Stufenrümpfe.[68] Sie hatten den gnadenlosen Wettkampf abgeschafft, nicht jedoch die Monster selbst.

Zum Ende der 20er-Jahre wiederholte sich für den maritimen Motorsport das, was sich in den 80er-Jahren des 19. Jahrhunderts beim Segelsport abgespielt hatte. Es existierte eine alte Trophäe, die Harmsworth-Trophy, die Alfred Harmsworth, Besitzer des »Daily Mail« 1903 gestiftet hatte. Inzwischen dominierten die Amerikaner das Geschehen – Gar Wood gewann das Rennen von 1920. Die Konzepte auf beiden Seiten des Atlantiks waren mittlerweile völlig unterschiedlich geworden. Im Gegensatz zu den Amerikanern, die einfach immer mehr Leistung in die Boote bauten, beschäftigte sich der Engländer Hubert Scott Paine mit der Optimierung des Verhältnisses von Leistung zu Gewicht. Um das Rumpfgewicht zu reduzieren, verringerte er den Freibord und überarbeitete die gesamte Konstruktion. Im Jahre 1929 war seine *Miss Britain I* mit Heckmotor genauso schnell wie die zehn Mal so leistungsstarke *Miss America VII* von Gar Wood. Zwei andere britische Konstrukteure, Bert Hawker und Fred Cooper, wählten einen Mittelweg: Die Maschinen waren unglaublich stark, die Rümpfe aber so leicht wie nur möglich. Hawker hatte eine Frau als Kundin, die steinreiche Betty Carstairs.[69] Ihre *Estelle V* hatte drei Maschinen mit einer Gesamtleistung von rund 2400 PS, die damit etwas höher war als die von *Miss America VIII*. Ihr Boot aber war leichter. Sie führte nach den ersten Rennen um die Harmsworth-Trophy des Jahres 1930, bis sie von einem Leck im Tank und ausgefallener Schmierung gestoppt wurde. Gar Wood gewann schließlich nur deshalb. Zwei Jahre später holte *Miss England III* von Fred Cooper den Pokal wieder zurück. Ausgestattet mit zwei im Heck eingebauten Rolls-Royce-Maschinen des Typs »R«[70] und etwa 2000 PS erreichte das Boot ein nie gesehenes Verhältnis von Leistung zu Gewicht: 1,45 kg pro PS war ein Wert, der noch besser war als der der Wasserflugzeuge der Schneider Trophy, für die diese Motoren entwickelt worden waren. Gar

Miss Minneapolis, *gezeichnet von Chris Smith, war ein Paradebeispiel für die US-Rennboote: ein riesiger Motor in der Mitte, die Crew so weit wie möglich achtern, hohle Linien.*

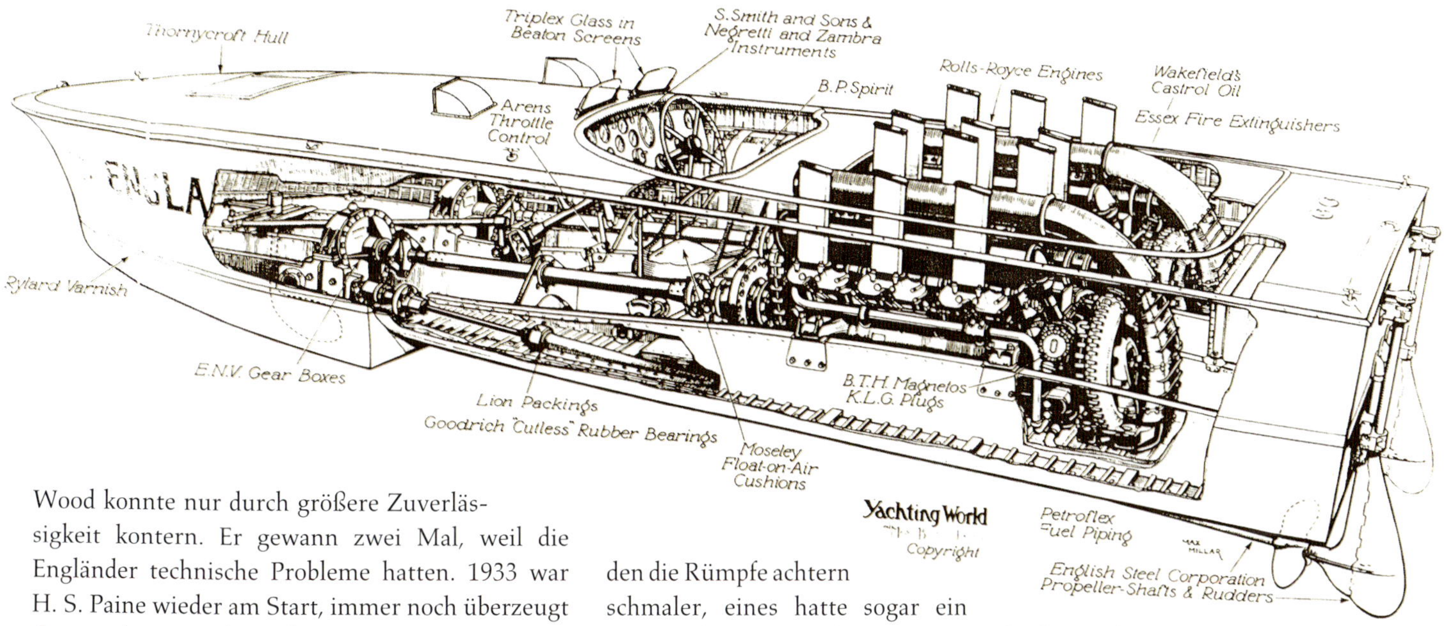

Auf Miss England *(oben) saß die Maschine achtern. Dem britischen Boot mangelte es mit 0,7 PS pro Kilogramm sicher nicht an Leistung. Kein Flugzeug konnte mit ähnlich vorteilhaftem Gewichts-Leistungs-Verhältnis aufwarten!*

Wood konnte nur durch größere Zuverlässigkeit kontern. Er gewann zwei Mal, weil die Engländer technische Probleme hatten. 1933 war H. S. Paine wieder am Start, immer noch überzeugt davon, die amerikanischen Monster mit einem leichten Boot schlagen zu können. Seine *Miss Britain III* hatte eine einzige Maschine vom Typ Napier Lion mit 850 PS, die wie bei allen britischen Booten im Heck eingebaut war. *Miss Britain III* war so flachbordig wie kein anderes Boot zuvor, die Außenhaut bestand aus Aluminium, das Holzgerüst so dünn wie Vogelknochen und ihr Verhältnis von Leistung zu Gewicht erreichte die magische Zahl von einem Kilogramm pro PS. Paine war gleich schnell wie die gewaltige *Miss America X* und ihren 6400 PS – die Trophäe aber blieb dennoch in den USA.

Während die Harmsworth-Trophy letzten Endes nur für die leistungsstärksten Rennboote attraktiv war, brachte der Gold Cup deutlich gemäßigtere Maschinen hervor. Man baute nur einen Motor ein, sparte das Gewicht des Mechanikers, der leichtere Rumpf konnte sehr schmal gebaut werden. In diesem Sinne wurden für den Gold Cup 1924 drei Boote von George Crouch gebaut. Crouch war Mathematiker am Webb Institute, wo man auch Yachtkonstrukteure ausbildete. Um Gewicht zu sparen, wurden die Rümpfe achtern schmaler, eines hatte sogar ein Kanuheck. *Miss Rainbow* siegte, wurde aber nachträglich disqualifiziert: Das Unterwasserschiff war den verbotenen Stufenrümpfen zu ähnlich. Zum Sieger wurde *Baby Bootlegger* gekürt.[71] Ihre Erscheinung spiegelte den Zeitgeist wider, mit einem Deck, das in die Bordwände überging und der überall abgerundeten Form. Es war eine Granate aus Mahagoni. Crouch baute in der Folgezeit mehrere sehr aerodynamische Rennboote, die für sich in Anspruch nahmen: »Wir befinden uns in einer neuen Zeit. (…) Die Historiker (…) werden später feststellen, dass aus einer weltweiten Melancholie wegen der schlechten Wirtschaftslage ein neues Zeitalter mit modernen Konzepten und freiem Horizont entstanden ist. (…) Geschwindigkeit ist ein Ausdruck dieser unserer Zeit.«[72] Norman Bel Geddes hat diese Zeilen geschrieben, als er das industrielle Design vorstellte. Er gehörte zusammen mit Raymond Loewy[73] und Henry Dreyfuss zu den Vorreitern einer neuen ästhetischen Bewegung, die das Leben revolutionieren wollte. Bald wurden Autos, Eisenbahnen und Dinge des täglichen Lebens

Miss Britain III: *H. S. Paine war mit wenig Leistung sehr schnell – das Boot war so klein wie nur möglich! Das Ruder war vorne eingebaut, sodass es bei einem Sprung über die Wellen interessant gewesen sein muss.*

wie Bleistiftanspitzer glatt und stromlinienförmig gebaut, wie am Beispiel *Baby Bootlegger* zu sehen[74] …

… Aber dieses Boot gab es bereits 15 Jahre zuvor! Bonnemaison hatte für die Rennen vor Monaco 1909 ein Schiff mit Stufenrumpf. *Ricochet XX* hatte einen ebenso rundes Deck und war ebenso stromlinienförmig wie *Baby Bootlegger*. Es erregte einiges Aufsehen, allerdings weniger durch seinen Stufenrumpf oder seine Erfolge. Um eine Tendenz aufzuzeigen oder um einen neuen Standard

Das originale Halbmodell der Ricochet XX *(s. Seite 175): Schon 1909 sehr stromlinienförmig.*

einzuführen, müsste man eben nur ein gewohntes Bild verändern: Ein Vorbild aber existierte in dem jungen maritimen Rennsport noch nicht. Im Gegenteil, im Jahre 1924 gab es Referenzkriterien – die Form der Boote einerseits und die Aerodynamik der Flugzeuge andererseits. Die Konstrukteure von *Baby Bootlegger* setzten neue Zeichen[75], indem sie beide Tendenzen in einem Design vereinigten.

Jenseits ihres Beitrages zu einer Vision, die bald auf Gebrauchsobjekte transponiert werden sollte, hatten die Boote des Gold Cup Schule gemacht. Gar Wood beschäftigte sich mit der Konstruktion von Luxusyachten. Horace Dodge, dessen Automobile sich zu Tausenden verkauften, glaubte, dass der Motoryachtsport vom wirtschaftlichen Aufschwung profitieren würde und gründete eine Werft.[76] Die Zukunft gab ihm nicht Recht: Die Entwicklung rechtfertigte nicht den Aufbau einer eigenen Industrie, auch wenn der maritime Motorsport in den USA mit bemerkenswerten Zahlen aufwarten konnte. Im Jahre 1927 gab es eine halbe Million Motorboote und 300 000 Außenborder (allein 1929 wurden 55 000 Stück verkauft). Und Chris Smith hatte Chris Craft zu einem profitablen Unternehmen gemacht, ihm gehörte sogar eine private Eisenbahnlinie. Auf der Bootsausstellung 1939 in New York wurden nicht weniger als 115 verschiedene Modelle präsentiert. In Europa sagte man bald wie schon in Amerika nicht mehr Motorboot, man sprach von einem Chriscraft.

Frankreich war an diesen großen Veränderungen des maritimen Motorsports nur am Rande beteiligt. Sicher, der internationale Verband des Motoryachtsports sprach französisch[77], aber die Amerikaner erkannten diese oberste Instanz ebenso wenig an wie die International Yacht Racing Union (IYRU) oder den internationalen Verband der Automobilclubs. Die Isolierung der US-Amerikaner verhinderte, dass ihre Weltrekorde auch vom Rest der

Baby Bootlegger*: Die Optik war noch eindrucksvoller als die blendenden Leistungen.*

Eines von Tausenden Chris Crafts, die in den 30er-Jahren von Chris Smith (rundes Bild) konstruiert wurden. Chris Craft wurde zu einem echten Industriebetrieb, der sogar seine eigene Eisenbahnlinie besaß.

Der Arzt Etchegoin an Bord von Sadi IV *(oben). Dieses Rennboot, gebaut von der Werft Jouët, zeigte den Einfluss der* Baby Bootlegger.

Welt anerkannt wurden. So kam es, dass Frankreich mit 101,93 km/h einen offiziellen Geschwindigkeitsrekord hielt, der am 10. September 1926 aufgestellt wurde. Natürlich, die Amerikaner waren damals rund 30 Prozent schneller, aber das wurde eben nicht anerkannt. Der Rekordhalter war allerdings kein Franzose: Eugenio Etchegoin stammte aus Argentinien – aber er arbeitete am Institut Pasteur. Der Rumpf seiner *Sadi III* aber war ebenso französisch wie der 180-PS-Motor (auch wenn er die Bezeichnung Hispano-Suiza hatte). In den 30er-Jahren machte Dupuy mit seiner Werft von sich reden, zu seiner Crew gehörten auch Picquerez und Vasseur. Dupuy besaß eine Reihe von Rennbooten mit den Namen *Rafale*, die von Galvin (einem Spezialisten für Tragflächenboote) gezeichnet und von Chauvière (einem Produzenten von Flugzeugpropellern, der aber auch Kanus herstellte) gebaut. Vasseur erreichte mit *Rafale VII* 140,61 km/h und damit einen Weltrekord in der Klasse bis 1200 kg. Sein 450-PS-Motor war ein V12-Prototyp, für den Farman keine Zulassung für die Luftfahrt erhalten hatte. Im gleichen Jahr schaffte Vasseur in der Klasse bis sechs Liter Hubraum einen weiteren Weltrekord. Seine *Ninette VI* war ein visionäres Boot, was nicht verwundert, denn der Konstrukteur hieß Ettore Bugatti und war der berühmte Automobildesigner aus Molsheim im Elsass.

Die Ideen, die Bugatti für *Ninette VI* aufgriff, waren nicht neu. Hubert S. Paine hatte bereits 1927 die Maschine im Heck installiert und 1933 *Miss Britain III* aus Aluminium gebaut, kurz bevor Bonnemaison damit begann, Rennboote aus Leichtmetall für Jean Dupuy zu fertigen. Die beiden gegenläufigen Schrauben hatte eben dieser Bonnemaison bereits für die Außenborder Dupuy-Soriano erfunden. Das Getriebe in einem rechten Winkel, in einem »Z«, gab es schon 1899 an dem Motor Autonautile – außer, das man das Getriebe des Designers aus Molsheim wie bei einem Außenborder hochklappen konnte. *Ninette VI* hatte kein Ruderblatt, sondern Ettore Bugatti erfand den Z-Antrieb[78] mit dem gesteuert wurde. Der 4,7-Liter-Kompressor-Motor war so leistungsfähig, dass eine Geschwindigkeit von 133,8 km/h erzielt wurde, genug, um den bestehenden Rekord des Italieners Theo Rossi, aufgestellt mit einer 6-Liter-Maschine, zu brechen!

Die letzte Spur dieses heroischen Zeitalters zog der Stufenrumpf. Im Oktober 1937 ließen sich Adolph und Arno Apel, die in Ventnor bei Atlantic City eine Werft besaßen, einen revolutionären Rumpf patentieren. Es handelte sich im Grunde um eine Weiterentwicklung der Wasserski, die in der Mitte der 20er-Jahre auf den Markt gekommen waren. »Das Ziel ist«, dachten Vater und Sohn Apel, »die Reibung zu minimieren. Es wäre ideal,

Ninette VI: *Ettore Bugatti hat sein einziges Rennboot eigenständig konstruiert. Es holte sich einen Geschwindigkeits-Weltrekord.*

wenn man einen Tunnel bauen könnte, in dem sich die Luft staut und das Boot anhebt, An jeder Seite des Tunnels müsste man zwei Skier haben, die für die Tragfähigkeit und die notwendige Stabilität sorgen. Die Skier müssten so kurz wie möglich sein, um die Reibung zu reduzieren. Wenn man damit zwei Stützen am Vorschiff hätte, was war geeignet, um das Achterschiff zu halten? Mal sehen … Wir haben einen Propeller, der eine nach voraus gerichtete Kraft erzeugt und das Boot antreibt … Und wenn diese Kraft so ausgerichtet wäre, das sie das Achterschiff stützt? Man hätte einen Rumpf, der an drei Stellen gestützt wird: vorne von den beiden Skiern und achtern von der Schraube«.

Bei glattem Wasser deklassierte dieser Drei-Punkt-Rumpf[79] die klassischen Stufenrümpfe, er war gut 30 Prozent schneller. Es gab allerdings auch Unzulänglichkeiten: In Kurven erinnerten die Drei-Punkter vielmehr an das Verhalten eines Stückes Seife auf einer Öllache. Diese Maschinen waren so schwierig zu beherrschen, dass sie kaum jemand fahren konnte. Fortan hatten Rennboote nichts mehr mit den Booten für Jedermann gemein – weder die Technik noch die Form.

Die Drei-Punkt-Rümpfe, ob mit oder ohne Stufe, hatten die Kontinuität der eckigen Formen aufgegeben, die auf den Ricochets der Vorkriegszeit basierten. Gleichzeitig veränderten sich die Rümpfe der Freizeitskipper: Man verzichtete auf hohle Flächen, seitlichen Kufen und Kanten, und fand andere Lösungen für die Richtungsstabilität. Ein Rumpf hat im Wasser die Form eines Dreiecks, er war vorne v-förmig und achtern völlig platt. Das topfebene Achterschiff bot keinerlei Lateralfläche, nur das Vorschiff übernahm eine stabilisierende Rolle. Wenn der Rumpf den geraden Kurs verließ, wurde eine seitliche Kraft erzeugt, die das Boot weiter auf dem ursprünglichen Kurs bewegte. Die Lösung war eine entfernte Weiterentwicklung der von den amerikanischen Schmugglern verwendeten Rümpfe. Ohne hohle Flächen konnte der Rumpf ähnlich wie ein Kanu über einer Form gebaut werden. Die Kanuhersteller gingen dutzendweise dazu über, vom Bau dieser Rümpfe zu profitieren. Zu guter letzt gab es Motorboote, die kaum teurer als diese Kanus waren, die die Freizeitschifffahrt so einfach gemacht hatten. Der volkstümliche Motoryachtsport würde sich durchsetzen, vielleicht nicht in der nächsten Saison, aber in der danach – Sommer 1940 oder vielleicht erst 1941 …

… Ohne die Offensive der deutschen Armee, die am 3. September 1939 begann, wäre es möglicherweise so gekommen. So aber hatte man andere Sorgen als die Weiterentwicklung des Motoryachtsports.

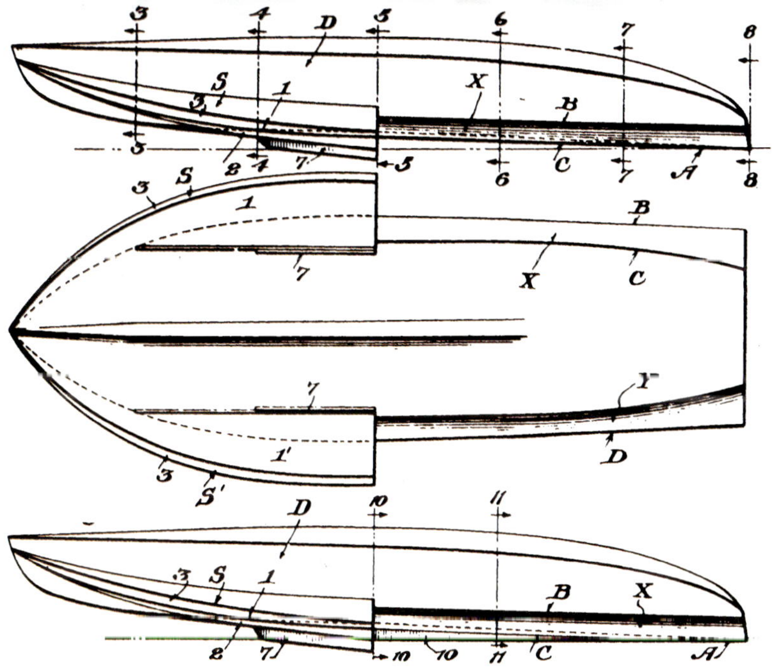

Das Patent Nr. 2126304, ausgestellt am 29. Oktober 1937 in den USA: Jetzt waren die Gleitrümpfe mit Kufen versehen (Zeichnung). Die Luft staute sich dazwischen und bildete ein Kissen, wie man es bei Shadow II *sehen kann (Foto oben). Der Drei-Punkt-Rumpf beeindruckte sehr schnell auch international wie der Stufenrumpf 30 Jahre zuvor.*

Bernard Moitessier in den 60er-Jahren – aber dieses Bild hätte auch 30 Jahre früher entstanden sein können.
Die Periode 1939–1980 war die Vereinigung von Vergangenheit und Zukunft.

Die große Wende

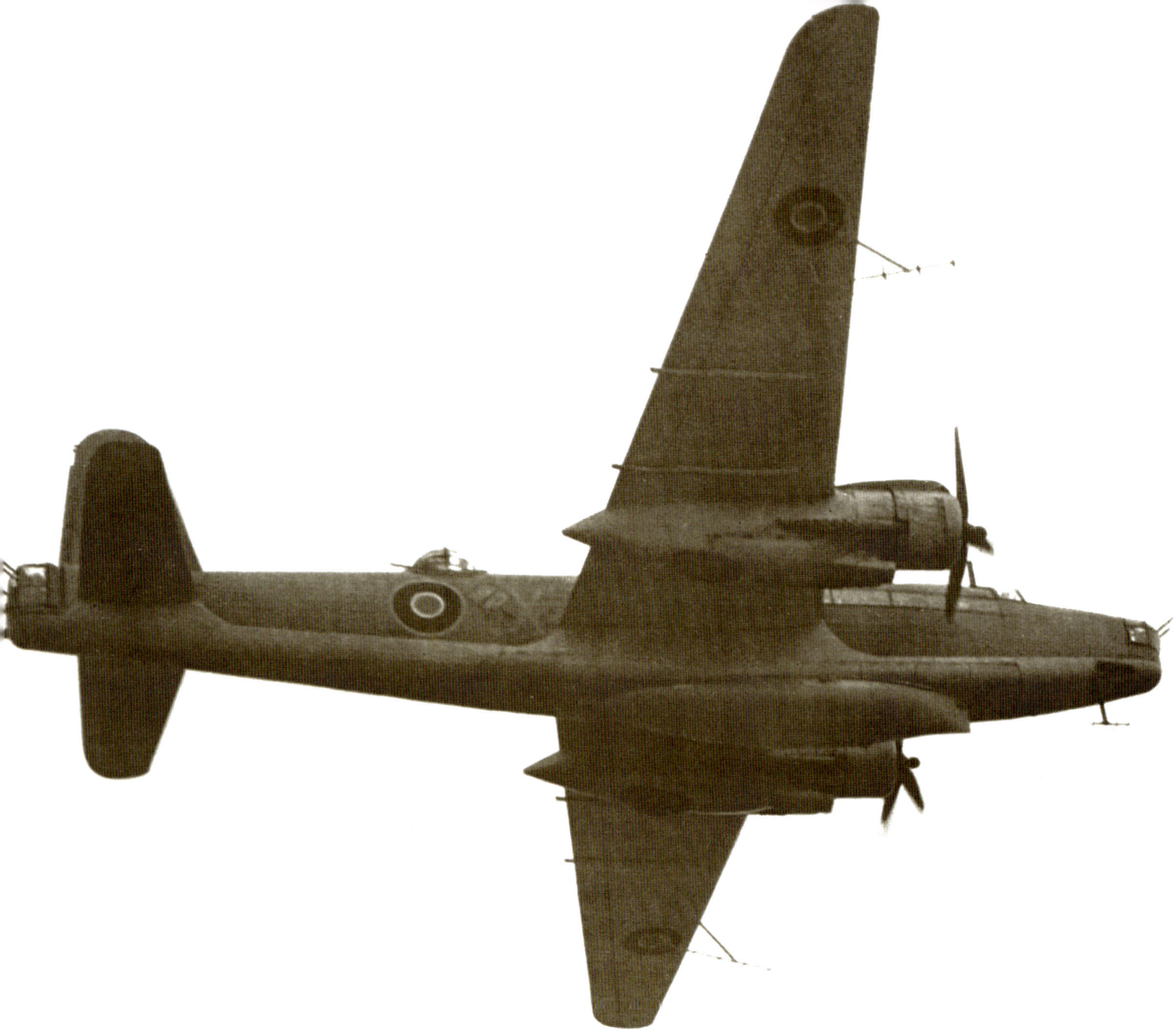

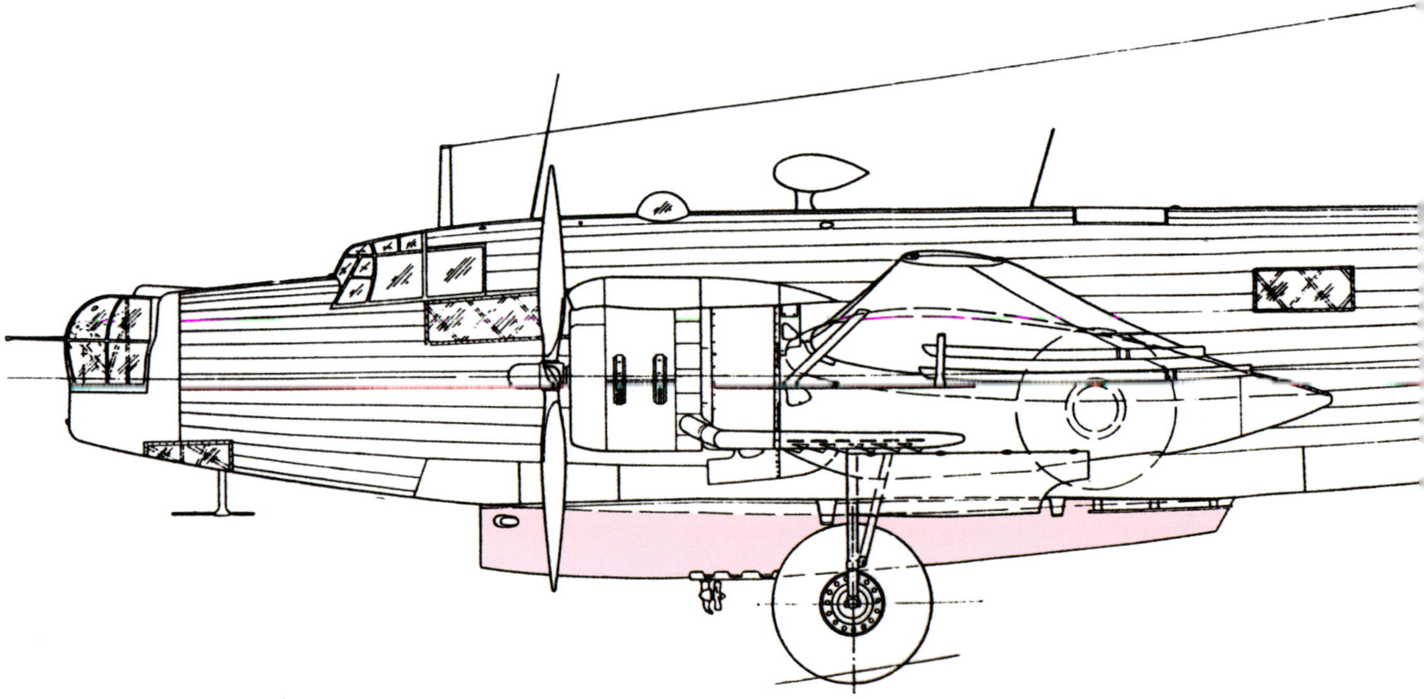

Krieg und Frieden

1939–1950

»Sicherlich wird die Welt eines Tages die Idiotie des Krieges begreifen und (…) dann beginnt die glückliche Zeit des Friedens auf Erden und der Freundlichkeit unter den Menschen.«

George Lennox Watson, Schiffbauer, 1881[1]

Während des Krieges wurden zahlreiche Wassersportler, die für Kampfeinsätze zu alt waren, bei der Küstenwache eingesetzt.

Der zweite weltweite Konflikt hatte sich bereits lange vor Beginn angekündigt, auch wenn niemand es wahrhaben wollte. Im Jahre 1939 bereiteten sich die Yachtsportler nicht auf den Krieg, sondern auf die kommende Regattasaison vor. Die Werft Costaguta baute in 70 Tagen eine 8-Meter-R-Yacht für Carlo Ciampi, einen Verwandten Mussolinis – die ersten Rennen standen kurz bevor. Vanderbilt ließ seinen Zwölfer *Vim* nach Europa bringen; die Liegegebühren in Cowes hatten sich im Vergleich zum Vorjahr um 14 Prozent erhöht.[2] Als der Krieg begann, fasste man ihn eher als vorübergehende Unannehmlichkeit auf: »Während der vergangenen Saison haben wir viele Freunde gewonnen, die aus dem Land kommen, mit dem wir jetzt Krieg führen. Es waren durchweg gute Segler und gute Freunde. Wie sollen wir jetzt ihnen gegenüber feindselig sein? Herr Chamberlain hat bereits gesagt (…), dass wir nicht dem deutschen Volk gegenüber feindselig sind, sondern nur gegenüber dessen Regierung. Wenn die vernichtet sein wird, werden wir mit den Deutschen wieder in Frieden leben und gegen sie mit der gleichen Rivalität segeln wie vorher.«[3] »Die Kriege folgen aufeinander und ähneln einander nicht (…). Es ist kein Problem, wie in Friedenszeiten (im Mittelmeer) alle nautischen Veranstaltungen zu organisieren. Einige davon, so scheint es uns, könnten ohne große Nachteile fortgesetzt werden. Die lokalen Behörden und die Regierung unternehmen jede Anstrengung, um möglichst viele Besucher an einen Teil der Riviera zu locken, etwa nach Cannes oder Nizza. Es sind hervorragende Eisenbahnverbindungen geschaffen worden. Die guten Hotels öffnen wieder oder werden eines nach dem anderen wieder öffnen.«[4] Die britischen Yachtzeitschriften, die während des Krieges 1914–1918 immer erschienen sind, stellen wie »Le Yacht – Journal de la Marine«[5] ihr Erscheinen von wöchentlich auf vierzehntägig um (eine Veränderung, die später in Friedenszeiten beibehalten wurde). Im zehnten Kriegsmonat dann, am 14. Mai 1940, verkündete die BBC: »Die Admiralität erteilt allen Besitzern von Schiffen zwischen neun und 30 Meter Länge (…) den Befehl, alle Informationen über die Schiffe zur Verfügung zu stellen, soweit sie noch nicht beschlagnahmt oder begutachtet worden sind.« Bald standen 609 Yachten und Fahrzeuge zur Verfügung, um den Schiffen der Admiralität bei der Rettung von 338 226 Soldaten zu helfen, die in Dünkirchen festsaßen.[6]

Die Vickers Warwick wurde aus dem berühmten zweimotorigen Bomber Wellington entwickelt, trägt einen Zusatzbehälter für den Abwurf eines Rettungsbootes (in der Zeichnung rot markiert), das von Uffa Fox entworfen wurde (links).

Nach der Evakuierung wurden viele Yachten beschlagnahmt oder stillgelegt. Bald nahm man den J-Klasse-Yachten den Bleiballast weg oder kommandierte diese Meisterstücke zu nützlichen Aufgaben ab. Wie die meisten der großen amerikanischen Yachten wurde 1942 auch *Cleopatra's Barge II*[7] requiriert, die einem Neffen George Crowinshields gehörte. Die Yacht machte sehr zum Missfallen ihres Eigners, der den Nazis gegenüber echte Sympathien hegte, Jagd auf deutsche U-Boote. Ganz anders Betty Carstairs, die Motorbootrennen fuhr und sich als Eignerin des 450-Tonnen-Schoners *Sonia*[8] begeistert für die Versorgung der Bahamas einsetzte. Adieu Gymnastikraum, Badezimmer … »Ich habe die Yacht ausräumen lassen und sie wie einen Frachter ausgerüstet. Das Schiff, das niemals wieder als Yacht fahren sollte, transportierte 250 Tonnen Ladung. Einmal hatten wir 10 000 Bananenstauden an Bord (…), ein anderes Mal herrschte auf einer der Inseln Zuckermangel und wir brachten eine Ladung dorthin. Wir transportierten auch Eis zur Kühlung von gefangenem Fisch und Rum.«[9]

Diese dramatische Epoche war nicht frei von heiteren Zwischenfällen. Die deutschen Soldaten der Garnison Brest requirierten an ihrem ersten freien Tag alle kleinen Boote, um sich auf der Bucht zu amüsieren. Als sie zurückkehrten, machten sie die Schiffe sorgfältig fest und fanden sie bald darauf an den Festmachern hängend vor. Ein unerwartetes Ereignis war eingetreten: Das Wasser war abgelaufen. Um einer derartigen Schändung durch den Feind zu entgehen, machten einige ihre Boote unbrauchbar, wie Philippe Dauchez seine *Plongeon*[10] oder versteckten sie. »Natürlich entwickelte der Verein Cercle de Voile (CVP) in Paris eine gewisse Tätigkeit, die gut getarnten Starboote blieben fast überall unsichtbar, auf dem Wasser waren nur die Scharpies (kleine, gut segelnde Boote) unterwegs (…). Ihre Besitzer kamen per Zug oder Fahrrad nach Les Mureaux. Zuerst machte man eine Tour über den Markt und durch die Geschäfte, denn die Versorgung war an diesem Tag das Wichtigste. Les Mureaux war im Vergleich zur Hauptstadt ein wahres Paradies. Abends schulterten die Mitglieder des CVP ihre vollen Rucksäcke und machten sich auf den Heimweg. Sie brüsteten sich weniger mit Regattaerfolgen als mit unglaublichen Einkaufsschnäppchen, etwa mit zwei Pfund Beefsteak oder mit einem herrlichen Napfkuchen, der nur unter dem Ladentisch zu haben war.«[11]

Das außergewöhnliche Abenteuer der *Kyloe*

Die Nazis hatten im Ausland Verbündete gesucht, selbst wenn es dazu hätte notwendig werden können, Unruhen anzustiften, um eine Regierung auszuwechseln. Man musste also Agenten vor Ort einsetzen, aber die U-Boote waren mit anderen Aufgaben betraut. Gegen den Rat der Kriegsmarine entschied sich Hitler für den Einsatz von Yachten für seine Geheimagenten.

Die Anfänge waren schwierig. In Camaret hatte Christian Nissen, ein hervorragender Segler und alter Kap Hoornier, einen zum Tunfischfänger umgebauten Segler requiriert, die bewaffnete *Soizic*, deren Propeller allerdings fehlte (er war in einem Garten vergraben worden). *Soizic* legte unter Segeln ab, um drei Agenten nach Irland zu bringen. Sie waren gerade an Land gegangen, als der Wind einschlief und *Soizic* in Sicht der Küste bekalmte – ach! Wenn man doch den Propeller hätte! Der mysteriöse und unbewegliche Segler führte die Iren auf die Spur der Agenten, sie wurden verhaftet.

Die nächste Reise hatte wieder Irland zum Ziel. Nissen hatte dieses Mal einen echten Thunfischfänger requiriert, mit Propeller, aber unzuverlässiger Maschine. Den Unterlagen von Brest nach bestand die Besatzung aus einem Steward der *Île-de-France*, einem Küchenjungen der *Normandie*, zwei Matrosen, einem Heizer und zwei Deckmatrosen – die *Anni Braz Bihem* wurde zu einer Segelschule. Kurz vor Irland entwickelte sich ein Sturm. Die Pressluft reichte zum Anlassen der Maschine nicht aus. Das Schiff machte Wasser; die Pumpe war von der vorherigen Crew unbrauchbar gemacht worden, sodass mit Pützen gelenzt werden musste. Nissen kehrte um.

Trotz des erneuten Misserfolges beauftragte die deutsche Abwehr Nissen damit, zwei Agenten nach Südafrika zu bringen. Hin- und Rückfahrt ohne Zwischenstopp würden die längste Seereise bedeuten, die je von einer Yacht unternommen worden wäre. Nissen requirierte in Saint-Malo die 22-Meter-Yacht *Kyloe*, die mit großer Sorgfalt vorbereitet wurde. Es gab zusätzliche Wassertanks und eine Ladung gewagter Zeitschriften aus Paris. Die Besatzung bestand aus den besten Seglern Deutschlands. *Kyloe* verließ Camaret am 5. April 1941 mit Lebensmitteln für sechs Monate und den beiden Spionen, einem Funkgerät und dem früheren südafrikanischen Boxmeister Robby Leibbrandt, ein Bure, den Nazis zugetan und ein Fanatiker im Kampf gegen jede Autorität. Gegen Ende der Reise schwoll der Arm des Boxers immer mehr an: Blutvergiftung. Er musste operiert werden und überlebte. Am 7. Juni wurde allein Robby Leibbrandt in Südafrika an Land gebracht – allein, weil er gedroht hatte, sein Funkgerät zu zerstören, wenn der Kerl, der nicht einmal englisch sprach, mitkommen würde! *Kyloe* machte kehrt. Am Freitag, den 13. Juni begegneten sie einem britischen Dampfer und hissten die amerikanische Flagge, zuerst kopfüber, dann richtig herum. Weil sie eine Durchsuchung befürchten muss-

Übrigens, wie sollte man im Krieg sein Boot pflegen? Das einzig verfügbare Tauwerk war aus Baumwolle und hatte sechs bzw. acht Millimeter Durchmesser. Es gab nur leichtes Segeltuch. Um diese Dinge zu erhalten, mussten die Segelclubs sie für alle Mitglieder gleichzeitig beantragen, einen »Gutschein für die Freigabe von Segeltuch, um Segel zu reparieren oder zu ersetzen und für verbrauchtes Tauwerk«. Dabei mussten die Segel genau spezifiziert werden, mit Angabe ihres Alters usw. Mangel herrschte überall: In England schneiderte Chris Ratsey Hemden aus den Spinnakern von *Endeavour*, in Paris machte sich Georges P. Thierry aus kunstseidenem Spinnakertuch einen Pyjama …

Außerdem war das Befahren der offenen See verboten. Zum großen Ärger von siebzig Prozent der Segelsportvereine[12] – nur wenige schrieben sich als Fischer ein wie der junge Jacques-Yves Le Toumelin, der auf bessere Tage wartete, um seine Weltumseglung antreten zu können, von der er träumte[13], bis die Deutschen sein Boot *Tonnerre* beschlagnahmten und das er dann nie wieder sehen sollte.[14] Das Paddeln auf den Flüssen blieb dagegen erlaubt und wurde sogar gefördert: ein paradoxer Peitschenhieb für den französischen Wassersport, verursacht durch die Besetzung der Deutschen … 1940 war man tief gefallen. Es war etwas faul in der Republik Frankreich. Die Aufgabe idealistischer Ziele (Freiheit, Gleichheit, Brüderlichkeit) zugunsten deutlich konkreterer Eckpunkte (Arbeit, Familie, Vaterland) durch Marschall Pétain wurde von einer schweigenden Mehrheit der Franzosen geduldet. Man hatte den Krieg verloren und er war deshalb beendet: Es war Zeit, wieder an die Arbeit zu gehen. Zuerst musste das wieder aufgebaut werden, was zerstört worden war – wie die Halle des Yachtclubs Île-de-France, in der 84 Boote, 13 Katzen, 60 Ruderboote und 103 Riggs verbrannt waren[15]…

Der Sport war Teil dieser gesunden Freuden, zu denen Pétain aufgerufen hatte. Im Jahre 1941 setzte er den Tennisspieler Jean Borotra[16] an die Spitze einer Kommission für allgemeine Erziehung und Sport. Am 15. April 1942 wurde die Union des französischen Wassersports per Dekret in die französische Segel-Föderation (Fédération Française de la Voile, FFV) umgewandelt. Man begann sofort damit, Segeln als Volkssport attraktiv zu machen. Der Zeitpunkt war

ten, warfen sie das mit Blei beschwerte Funkgerät über Bord, das aber nicht versank. Der Dampfer setzte seinen Weg fort ohne irgendetwas bemerkt zu haben. Aus Angst, Brest nicht mehr anlaufen zu können, ankerte Nissen vor Villa Cisneros (Rio de Oro), 109 Tage nach dem Verlassen von Camaret. Die Mission wurde als Erfolg gewertet, obwohl Leibbrandt innerhalb von sechs Monaten verhaftet worden ist. Heinrich Garbers, ein Crewmitglied der *Kyloe* setzte Nissens Arbeit fort. In Brest requirierte er die Yacht *Passim*, die nach dem Vorbild der französischen Thunfischfänger gebaut worden. Ihr Heimathafen wurde Arcachon. Immer wenn das Schiff auftauchte, informierten Mitglieder der Resistance die Alliierten, aber *Passim* konnte nie gestellt werden: Nach dem Auslaufen wurde aus der weißen Yacht auf offener See ein blauer Thunfischfänger.

Die erste Reise dauerte 140 Tage. Sie setzten drei Agenten an der südwestafrikanischen Küste ab (der erste wurde noch am gleichen Tag verhaftet, die beiden anderen sind in der Namib-Wüste verschollen). *Passim* ging ein Jahr später – 1943 – wieder in See, um zwei Spione nach Kap Frio in Brasilien zu bringen. Diese Reise dauerte 154 Tage, ohne Nachschub und ohne Streit (ein Rekord).

Die letzte Mission führte 1944 nach Mar del Plata, um zwei Agenten und mehrere Tonnen Medikamente abzusetzen, durch deren Verkauf sich die Spione finanzieren sollten. Für die Heimreise sollten drei andere Agenten an Bord kommen. Wann wird uns endlich das U-Boot abholen und nach Hause bringen? hatten sie gefragt. Welches U-Boot? antwortete Garbers. Nach Europa zurück auf einem so kleinen Schiff! Die Agenten hätten fast die Gefängnisse Argentiniens bevorzug! Trotzdem setzte *Passim* die Reise fort und brachte in Vigo die drei Geheimagenten an Land, die inzwischen Segeln gelernt hatten … Das war die letzte Reise. Nach dem Krieg konnten die Engländer kaum glauben, dass Heinrich Garbers, Träger des Ritterkreuzes, eine Yacht und kein U-Boot kommandiert hatte … Was den Rekord der Länge einer Reise mit Crew betrifft, so ist er bis heute, ein halbes Jahrhundert später, immer noch gültig.

Der Tennisspieler Jean Borotra wurde 1941 in Frankreich an die Spitze der Kommission für allgemeine Erziehung und Sport berufen, aus der 1942 die französische Segel-Föderation FFV hervorging.

Die Konstruktion der 9-Quadratmeter-Scharpie während der Besatzungszeit führte zu einer unerwarteten Entwicklung.

ideal: Das besetzte Frankreich langweilte sich. »Es gibt keine Autos mehr, keine Jagd, jeder müsste also begeistert von der Vorstellung sein, dass wenige Kilometer von seiner Haustür Boote zur Verfügung stehen, die mit wenig Geld und ohne große Probleme helfen, die Sonntage und Wochenenden auf angenehme Weise zu verbringen.«[17] Die Zentren des Wassersports, die 1943 von der Kommission gegründet wurden, hatten sofort regen Zulauf: Annecy hatte 100 Schüler, Nantes 130.[18] Der französische Yachtsport war ein nationales Anliegen und für die ganze Bevölkerung zugänglich. Die rechte Vichy-Regierung motivierte die Verantwortlichen des Yachtsports mit ungekanntem Eifer.

Eine der ersten Aktivitäten der Föderation war es, einfache Regeln aufzustellen. »Die Schaffung einer neuen Serie von Einheitsbooten oder Yachten unterliegt Einschränkungen, jedes Objekt muss zuvor von der FFV beraten werden und benötigt die Zustimmung der Direktion der Kommission. Falls die Beratung nicht stattgefunden hat und die Zustimmung nicht vorliegt, ist es ausdrücklich verboten, das Boot als eine Serie zu bezeichnen (...) oder dahingehend Behauptungen zu verbreiten mit dem Ziel, die Öffentlichkeit zu täuschen (...). Die Organisatoren von Regatten für solche Schiffe und die Amateure, die daran teilnehmen, müssen mit Sanktionen seitens der FFV rechnen.«[19] Der harte Ton der FFV ist erklärlich: Jede neue Konstruktion wurde wie ein künftiges Einheitsboot betrachtet. Nachdem von den 58 Einheitsbooten, die seit 1891 eingeführt worden sind, ganze 18 bis 1939 überlebt hatten, wurden in weniger als einem Jahr neun neue Typen eingereicht, die sich an eine Klientel wandten, die durch den merkwürdigen Frieden faul geworden war. Das entschuldigte nicht das übertriebene Autoritätsgehabe. Nach dem Bannspruch des FFV wurden Lockerungen der Regeln mit der Maßgabe angeordnet, künftig weniger diktatorische Methoden anzuwenden. Das betraf auch »bestimmte Güter wie zum Beispiel Baumwolltuch für die Segel, das selbst auf dem schwärzesten aller Schwarzmärkte nicht zu bekommen war. Die anerkannten Serienboote waren: die Starboote, 4,5-m-Dinghies, 9-Quadratmeter-Scharpies, Moths, Canetons, Einheitsboote aus Villefranche, A.S. (Côte d'Azur)«[20]. Gleichzeitig verteilte die FFV 30 000 Kartons mit Bausätzen, aus denen man Modelle der gängigen Einheitsboote basteln konnte. So ist der Yachtsport in die Familien gekommen, und die Resultate ließen nicht lange

Schwertboote segeln war während der Besatzungszeit in Frankreich auch eine Gelegenheit Lebensmittel zu kaufen, die es in der Stadt nicht gab.

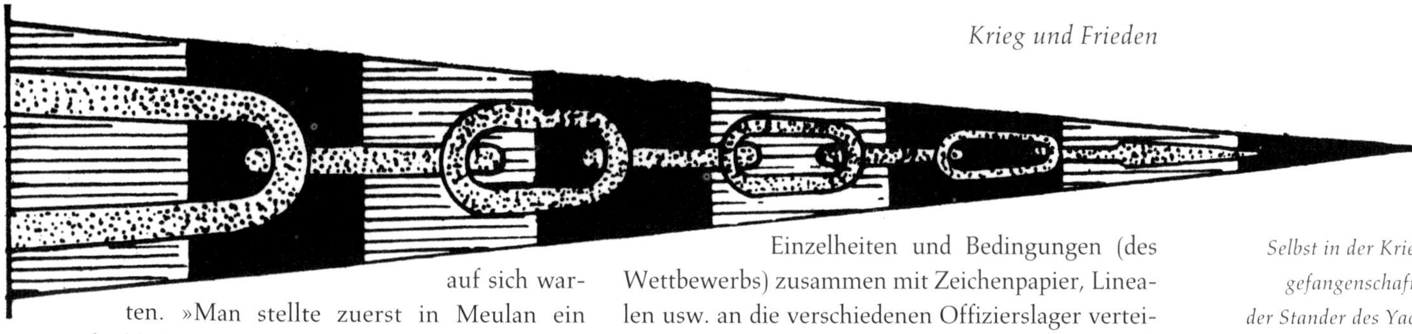

auf sich warten. »Man stellte zuerst in Meulan ein unglaubliches Phänomen fest, das sich dann in Nantes, Bordeaux, Annecy und anderswo wiederholte – die kleinen Boote wucherten regelrecht. Mehr als 200 Moths wurden gebaut. Andere Serienschiffe wie das 4,5-m-Dinghie, die Pazifik, die Vega, die Beluga wurden während der Besatzungszeit konstruiert. Am Ende des Krieges waren in der FFV 160 Clubs vereinigt, im Gegensatz zu 120 vor dem Krieg.«[21] Von der Entstehung der FFV im Jahre 1942 bis Juni 1944 wurden im besetzten Frankreich 1319 Einheitsboote gebaut, fast so viele wie zwischen 1892 und 1939!

Nicht alle Franzosen konnten sich dem Yachtsport widmen, allein zwei Millionen saßen in den deutschen Lagern fest. Das hinderte sie allerdings nicht daran, auch von Schiffen zu träumen, dem Symbol der Freiheit. Im Lager Stalag 1 A organisierte man Treffen mit Navigationskursen. Mitten in Schlesien veranstalteten die Kriegsgefangenen von Oflag VIII F Anfang 1942 eine kleine Bootsmesse, auf der 16 Schiffsmodelle, Aquarelle und Zeichnungen zu sehen waren. Und weil der Krieg andauerte, machte man eine jährliche Messe daraus. Vom 24. September bis zum 1. Oktober 1943 wurden 68 Exponate präsentiert: 45 Modelle von Yachten aller Art, ein dampfgetriebener Schiffsmotor, drei Elektromotoren, ein Sextant, ein Diorama, eine elektrische Modellbahn und selbst eine Schiffskabine in voller Größe. Die Bewegung nahm ein so großes Ausmaß an, dass die Föderation die Segelgruppe des Stalag 1 A und die nautischen Gruppen der Lager Oflag IV D, VIII F, XVII A und II B (Letztere allein mit nicht weniger als 307 Angehörigen) anerkannte und als Mitglieder aufnahm.

Es gab nicht nur französische Kriegsgefangene in Deutschland. »Der Royal Ocean Racing Club organisiert einen Wettbewerb zum Entwurf einer hochseetüchtigen Rennyacht mit einer Wasserlinienlänge zwischen 32 und 35 Fuß ausschließlich für Kriegsgefangene in den Händen des Feindes. (…) Einsendeschluss ist der 1. Juli 1944. Die Arrangements für diesen Wettbewerb werden von Mitarbeitern des britischen Roten Kreuzes und der Kriegsgefangenen-Organisation St. John getroffen, die die Einzelheiten und Bedingungen (des Wettbewerbs) zusammen mit Zeichenpapier, Linealen usw. an die verschiedenen Offizierslager verteilen. Man denkt nicht daran, die Unterlagen einfach an die Lager der Soldaten zu schicken, wenn aber einige Leser einen interessierten Kriegsgefangenen kennen, wird das Lager die Unterlagen erhalten.«[22]

Dieser zweite weltweite Konflikt sorgte – weit mehr als der Erste Weltkrieg – dafür, dass sich die Klassenunterschiede innerhalb der Bevölkerung abbauten: Das war die Grundvoraussetzung für eine Demokratisierung des Yachtsports. Tausende von Menschen interessierten sich für das weite Meer. Einige trafen – ohne es zu wissen – mit Seglern zusammen, die friedliche Leidenschaft bewirkte Wunder. Der Yachtkonstrukteur Olin Stephens, der zusammen mit W. S. Burgess an der Siegeryacht des America's Cup 1937 arbeitete, entwickelte das Amphibienfahrzeug Duck, das von General Motors viele tausend Mal gebaut wurde. Die Anweisung zum Betrieb des Duck schrieb der belgische Segler Hugo van Kuyck, der auch die zur Landung in der Normandie[23] erforderlichen Karten herstellte. Diese Fahrzeuge waren aber nicht das spektakulärste, was der Yachtsport für das Militär hervorbrachte: Uffa Fox war noch besser. Er entwickelte auf Basis eines seiner Vorkriegs-Schwertboote[24] ein selbstaufrichtendes Schiffchen mit zwei Motoren und Segeln. Es

Selbst in der Kriegsgefangenschaft … der Stander des Yachtclubs des Lagers Stalag 1 A (oben) und Kriegsgefangene, die ein Modellboot segeln lassen (unten).

Das Amphibienfahrzeug Duck ist von Olin Stephens entworfen worden. Der Krieg hat nicht unbedingt nur die graziösen Konstruktionen gefördert!

wurde mit dem Flugzeug transportiert und mit dem Fallschirm zu Besatzungen von Bombenflugzeugen abgesetzt, die ins Meer abgestürzt waren. Dank einer sehr genauen Gebrauchsanleitung konnten sie nach Hause zurückkehren. Das funktionierte so gut, dass man – mitten im Krieg – sogar ein spezielles Flugzeug für Transport und Abwurf dieser Abkömmlinge der Sportschifffahrt entwickelte. Hunderte von Menschenleben wurden so gerettet …

Ab Mitternacht des 3. Juni 1945 wurde die Sportschifffahrt an den französischen Küsten wieder gestattet. Mehr als 100 Leuchttürme waren zerstört worden, ebenso die Häuser der Yachtclubs in Ouistreham, Courseulles, Caen und Deauville. Die Scharpies des Cercle de la Voile Paris waren von den Deutschen beschädigt worden, weil sie befürchteten, die Amerikaner könnten sich dieser schrecklichen Waffen bemächtigen. Ein Jahr nach Kriegsende gab es 250 Moths, 950 Paddelboote, 950 Scharpies, 180 Loups, 230 Pazifiks, 200 Starboote und 150 Ruderboote. 1939 noch bestand die größte Flotte eines Typs aus 170 Einheiten. Zu den Regatten wurden verstärkt Frauen geworben »Sehr geehrte Damen, ob brünett, blond oder rothaarig, kommen Sie zu uns nach Meulan«, schrieb väterlich die Zeitschrift »Le Yacht«. »Lernen Sie die Wettfahrtregeln kennen, das Buch können Sie hier ab September (1946) unter Ihr Kopfkissen legen. Sticken Sie selbst Ihre Eignerflaggen …«

Für die Jugend, die während der Krieges groß geworden war, eröffnete der Resistance-Kämpfer Philippe Viannay ein Bildungszentrum. Im Jahre 1947 schickte er 120 Jugendliche ohne große Geldmittel zum Segeln lernen auf die Glénans-Inseln vor der Bretagne. Das war die Geburtsstunde des Segelzentrums Les Glénans, das seitdem zum Mekka des einfachen Segelns für die normale Bevölkerung geworden ist. Die Sportschifffahrt war für die Massen da. Um so mehr, als man fortan über die Techniken verfügte, um Schiffe schneller und preiswerter bauen zu können.

Vor dem Zweiten Weltkrieg war man niemals in der Lage gewesen, so viel Material in so kurzer Zeit zu verbauen. Die unterschiedlichsten Bereiche führten die Serienproduktion ein, darunter Flugzeug- und Kleiderfabriken, U-Boot-Werften und Radarhersteller. Um zum Beispiel 50 000 Bomber des Typs Lancaster bauen zu können, gab es drei Unternehmen mit 29 Produktionsstätten, die wiederum in Bau und Ausrüstung aufgeteilt waren. Die Produktivität der Kriegsindustrie war unglaublich: Von 1939 bis 1945 bauten die Messerschmitt-Werke nicht weniger als 39 666 Flugzeuge – Prototypen und Lizenzbauten nicht eingerechnet.

Im Krieg hat man technische Versuchsreihen in die industrielle Fertigung übernommen: Schiffsrümpfe wurden nicht länger genietet, sondern

Die unmögliche Route, mitten im Krieg

Der Argentinier Vito Dumas hatte sich mit den schönen Künsten beschäftigt, war Landwirt geworden und hatte eine kleine Rücklage gebildet, um 1931 nach Europa reisen zu können. Er wollte mit einem Segelboot zurückkehren und kaufte einen 1912 gebauten Achter. Mit dem Schiff, dass für Tageswettfahrten mit Crew gedacht war, überquerte er den Atlantik. Danach bat er den Konstrukteur Manuel Campos, ihm eine kleine Ketsch im Stil von Colin Archer zu zeichnen. *Lehg II* ging 1934 zu Wasser, wurde aber bald darauf wieder verkauft, denn ihr Eigner hatte schlechte Geschäfte getätigt. 1942 verließ Dumas seinen Bauernhof und kaufte sein Schiff Dank der Hilfsbereitschaft eines Freundes zurück – andere Freunde bezahlten die Ausrüstung. Dann startete er zu einer Weltumsegelung

durch die Roaring Forties. Er verließ Montevideo mitten während des Krieges am 1. Juli 1942 und erreichte am Rande der Erschöpfung das Kap der Guten Hoffnung. Er schaffte die erste Einhand-Überquerung des Indischen Ozeans, passierte das Südostkap von Tasmanien, legte in Neuseeland einen Zwischenstopp ein und segelte weiter bis nach Valparaiso. Blieb noch das Kap Hoorn, das er problemlos rundete. Vito Dumas erreichte Argentinien am 18. Juli 1943. Er hatte seinen Krieg gegen die Roaring Forties gewonnen. Es war die erste Einhand-Weltumseglung südlich der drei Kaps.

geschweißt; man setzte überall synthetische Klebstoffe ein und der Jagdbomber Mosquito, gebaut mit Sperrholz aus Spruce, Birke und Balsa, diente im Nachhinein als Versuchskaninchen für die spätere Serienproduktion von Sportbooten. Auch in der Nachkriegszeit standen diese Techniken zur Verfügung und mit ihnen die Arbeiter und Führungskräfte, die die neuen Methoden während des Krieges genutzt hatten.

So kam es, dass zwei Piloten und ein Regattasegler im Jahre 1946 damit begannen, das erste australische Schwertboot aus Sperrholz herzustellen. In Großbritannien baute die Werft Walton Motorboote nach dem selben Prinzip. Sie gehörte einem gewissen J. Hagg, der wie zufällig auch Direktor in einer Flugzeugfabrik war. »Das Merkmal von Sperrholz ist eine perfekte Querstabilität und eine absolute Steifigkeit der Außenhaut. Diese Homogenität führt trotz geringer Schichtdicke zu einer enorm steifen Konstruktion.«[25]

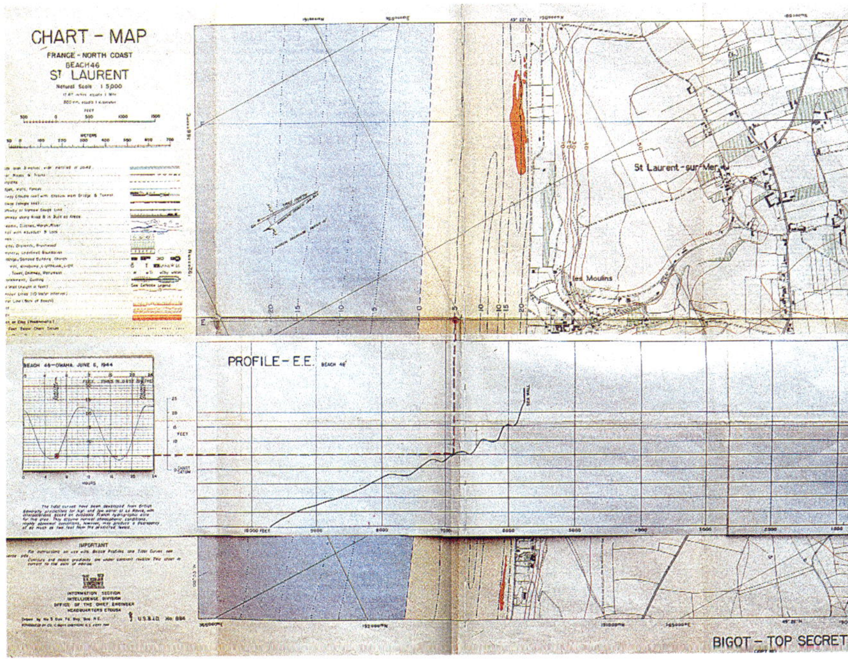

Das Kartenmaterial für die Landung in der Normandie, erstellt von dem belgischen Segler Hugo van Kuyck.

Das Prinzip der Außenhaut aus mehreren dünnen Holzlagen war allerdings keine echte Neuigkeit. Bereits 1929 ermöglichte das ausgezeichnete Verhältnis von Gewicht zu Widerstand der *Sea Sled* einen Geschwindigkeitsweltrekord in ihrer Klasse von über 60 km/h. 1939 stellte man die Schotten des Zwölfers *Flica II*[26] in Sandwichbauweise mit einem Kern aus Balsaholz her; im gleichen Jahr erschien in den USA ein 21 Fuß langes und bewohnbares Schwertboot aus Sperrholz. Diese Bauweise ermöglichte Rümpfe mit hohlen Flächen, die ebenfalls nicht neu waren. Sie gab es seit 1909 bei Motorbooten und bereits seit 1848 bei den Scharpies. Die meisten beliebten Einheitsboote vor dem Zweiten Weltkrieg wie Starboot, Snipe, das Kanu Brix, die 9- und 11-Quadratmeter-Scharpies und andere waren Knickspanter, die Außenhaut entstand aber aus karweeler Beplankung. Sperrholz-Konstruktionen waren einfacher herzustellen, die Schiffe wurden preiswerter, die Verbreitung größer. Doch die ersten Anwendungen waren von Vorsicht geprägt und auf Decks und untergeordnete Einrichtungen begrenzt. Während des Krieges wurden Klebstoffe auf Kunstharzbasis in großen Mengen produziert, die den Bau von ganzen Sperrholz-Rümpfen erlaubten, die gegen Wasser und Temperaturschwankungen resistent waren.

Dennoch, der eigentliche Aufschwung der Sperrholz-Boote begann erst mit den Typen Vaurien und Korsar zu Beginn der 50er-Jahre. Industrie und Segler der Nachkriegszeit waren mit einer anderen radikalen Neuerung beschäftigt: Formtverleimtes Holz ermöglichte Rümpfe ohne tragendes Gerippe, also selbsttragende Rümpfe. Auch dieses Prinzip war bereits bekannt: Bereits Ende des 19. Jahrhunderts wurden große Kutter aus dünnen, diagonal übereinander gesetzten Holzplanken gebaut. Diese Technik wurde systematisch verfeinert und zum Bau von Rettungsbooten mit immer weniger Spanten eingesetzt.

Das von Flugzeugen abwerfbare Rettungsboot von Uffa Fox war zwar keine Schönheit, rettete aber Hunderten das Leben (links).

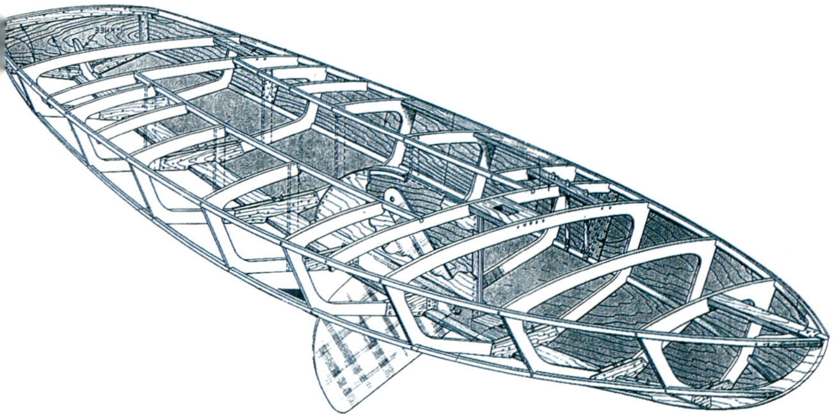

Ein Schwertboot aus Sperrholz für den Selbstbau, entworfen von William Crosby, dem Designer der Snipe.

Eine Werft in der Schweiz baute 1908 schon Motorboote ohne jegliche Innenaussteifungen. Die Bauweise wurde sogar für Regatta-Schwertboote verwendet: Die *Sea Serpent*[27] von Sir John Beale war 1933 »the first boneless 14 footer«, der erste 14-Füßer ohne Gerippe. Das Boot war eine bemerkenswerte Leistung, aber zu welchem Preis! Diese dünnen Planken, die aufeinander lagen (geölte Seide dazwischen diente zum Dichten), bildeten nicht mehr als ein Konglomerat, denn die Verbindungen wurden nur durch zahlreiche Kupferstifte hergestellt. Um daraus eine echte Einheit entstehen zu lassen, musste man die Stifte durch den Klebstoff ersetzen, den der Krieg zu einer alltäglichen Ware gemacht hatte.

Von diesem Wunderstoff haben viele seit langem geträumt. Sam Saunders nähte seine Rümpfe zusammen, Sir John Beale verwendete Kupferstifte.

Der Bau eines Rumpfes aus formverleimten Sperrholz. Eine Methode benötigt dabei das »Backen« in einer Heißluftkammer, wie hier bei der Firma Fairey, die auch als Flugzeugwerft bekannt ist.

Die neuen, im Krieg entwickelten Klebstoffe ermöglichten dem Amerikaner Franck P. Hickins die Ideen zu dem Motorboot Fairform Flyer in die Praxis umzusetzen. Ende der 30er-Jahre stand in seiner Patentschrift: »Der Steven aus dünnen, verklebten Furnieren bewahrte seine Form bis zu einer Last von 1700 kg, Last, bevor er anfing zu brechen. Der nach dem üblichen Verfahren gebaute Steven tat dies bereits bei einer Last von 900 kg. Doch bis neue Klebstoffe entwickelt werden, die hinsichtlich des Druckes und der erforderlichen Temperatur nicht mehr so kritisch sind, erfordert die Erhitzung eine strenge Kontrolle.«[28] Die Voraussetzungen, um unter Hitze formverleimte Hölzer herstellen zu können, erforderten Investitionen, die sich nur durch Großserien (von 1943 bis 1947 baute die US-Firma Plywood Co. mehr als 11 000 formverleimte Rümpfe, darunter 2500 für Armee und Marine der USA) oder einen hohen Preis amortisieren konnten. Schon 1945 verkaufte die Werft Luders zu hohen Preisen zwei Segelyachten (7,80 m und 11,50 m) aus unter Hitze formverleimtem Holz, die in Formen aus massivem Holz entstanden.

»Will man eine Yacht nach industriellen Methoden fertigen, benötigt man Material und Formen im Wert von einigen tausend Dollar, sodass es praktisch unmöglich ist, nur ein einziges Exemplar zu bauen. Die Ingenieure, die sich mit der formverleimten Bauweise auskennen, versicherten mir, dass der Klebstoff bei einer Temperatur von 21 °Celsius aushärten würde, wenn ich einen ausreichenden Druck würde erzeugen können. Mir kam eine Idee, die zu einfach ist, um wirklich gut zu sein: Ich benötigte nur ein paar Nägel und einige alte Holzlatten. Versuche haben ergeben, dass ich mit einem Nagel so viel Druck erzeugen kann, dass sich die geklebte Verbindung weder bei hohen noch bei niedrigen Temperaturen löste. Warum sollte es also nicht möglich sein, auf diese Weise ein Boot zu bauen? Der Gedanke, nach dem Versuch mit einem Nagel eine Yacht mit den Abmessungen Länge über alles 10,90 m, LWL 8 m, Breite 3,10 m und Tiefgang 1,50 m zu bauen, erscheint wahnwitzig.«

Trotzdem wagte R. Creekmore, der Autor dieser Zeilen[29], den Schritt. Um die erste Schicht der Außenhaut auf der Form zu befestigen, verbrauchte er 50 000 Klammern. Um auf die folgende, zu verklebende Schicht den erforderlichen Druck ausüben zu können, befestigte er Latten mit Nägeln, die er anschließend wieder entfernte. So waren bereits während des Krieges Flugzeuge gebaut worden. Aber dies war die erste Anwendung des kalt verleimten Yachtbaus.

Der französische Erfinder J. Genevaz stellte sich vor, die einzelnen Holzlagen in einer Negativform zu befestigen und anschließend »einen Luftsack mit Form und Dimension des Rumpfes« einzulegen und diesen auf den erforderlichen Druck aufzublasen. Er hatte viele weitere Ideen, die aber kaum praktikabel waren und vor allem dazu dienen sollten, die Einfachheit des Verfahrens aus Holz + Klebstoff + Klammern zu erreichen. Da ein tragendes Gerippe nicht notwendig war, ermöglichte kalt verleimtes Holz den Bau sehr leichter Teile. Sehr steife und extrem leichte Rümpfe waren die Voraussetzung für Schwertboote, die zu ihrer Zeit revolutionär waren: Darunter waren die Coronet von John Westell – der Vorfahre des 505er – und der Flying Dutchman. Die moderne Leichtbau-Schwertyacht war also ein unschuldiger Ableger eines Konfliktes, der 40 Millionen Menschen das Leben kostete …

Der Krieg hatte aber auch andere Materialien als künstliche Klebstoffe hervorgebracht.[30] Man bezeichnete sie als Harze, weil sie Ähnlichkeit mit der Konsistenz von natürlichen Säften hatten. Natürliche Baumharze wurden für Reifen (Kautschuk), Seife (Kiefer) und Sirup (Ahorn) verwendet, die chemisch hergestellten Harze stellten sich als ebenso vielseitig heraus. Die neuen Produkte waren Feuchtigkeit gegenüber recht unempfindlich. Sie stammen aus Kohlenwasserstoffen, die aus Erdöl gewonnen wurden, und das wiederum ist nichts anderes als … fossile Bäume. Die Kunststoffe[31] sind schnell weiterentwickelt worden, nachdem Baekeland sich 1909 die Herstellung von Bakelit[32] hat patentieren lassen. Man konnte dem Bakelit jede beliebige Form geben, aber das Material blieb im Gegensatz zu Holz spröde. Der wichtigste Bestandteil aller Pflanzen ist die Zellulose[33], ein Karbonat, dessen lange Molekülketten widerstandsfähige Fasern bilden. In weniger holzartigen Formen als in Holz wurden diese Fasern seit Tausenden von Jahren verwendet: als Baumwolle (besteht zu 91 Prozent aus Zellulose), Hanf, Sisal, Jute, Leinen … Es sind die Fasern, die dem Material seine Widerstandskraft verleihen. Um das Holz zu ersetzen, musste man also lediglich in seine Struktur eindringen und einen Mischstoff oder ein formbares Harz mit widerstandsfähigen, langen Fasern erfinden.

Die Owens Illinois Glass Company in den USA vermarktete seit 1938 Tuche auf den Grundlagen einer französischen Erfindung des Jahres 1836[34]: der Glasfaser. Das Material ist kaum elastisch, chemisch neutral und alterungsbeständig, also bestens geeignet, um damit Komposit-Bauteile wie Flugzeugnasen[35] oder Bootsrümpfe zu verstärken. Um die Glasfasern miteinander zu verbinden, wird Polyesterharz verwendet, eine Erfindung des großen amerikanischen Chemikers Wallace Carothers.[36]

Die Besucher der Bootsaustellung in New York 1948 entdeckten ein kleines Boot mit dem Namen *Beetle*, hergestellt aus mit Glasfasern verstärktem Polyesterharz. Das war die Zukunft – aber was für eine komplizierte Geschichte! Um einen Rumpf von neun Meter Länge in einem Stück herstellen zu können, mussten die Formen mit Dampf erhitzt werden, allein das positive Teil der Form, das den Druck erzeugte, wog 11,5 Tonnen! Sicher, man arbeitete bereits an einem Polyesterharz, das auch ohne Wärmezufuhr von außen und ohne Druck aushärten sollte, aber damit war erst einige Jahre später kommerziell zu rechnen. Bis dahin wurde das Verfahren nur in den USA für Prähme und einige wenige, sehr wichtige Rümpfe angewandt.

In jener Nachkriegszeit, gleichzeitig leidenschaftlich technologisch und nostalgisch geprägt, war das Polyesterharz nur eines von vielen Dingen. Die Zukunft gehörte dem Leichtmetall. Hatte nicht bereits im Flugzeugbau das Metall das Holz ersetzt? Wir haben bereits gesehen, dass die Amerikaner für den Mast von *Enterprise* und ihre Nachfolger Aluminium verwendet haben. Das kleine Schwertboot Firefly, das 1946 nach Plänen von Uffa Fox in einem Werk des Unternehmens Fairey Aviation heiß formverleimt worden war, hatte einen Mast, der zum Teil aus Aluminium bestand.[37] Im gleichen Jahr gewann *Good News* mit einem aus Aluminium gezogenen Mast, der allein so teuer war wie eine 6-Meter-R-Yacht, das Bermuda-Rennen.

Es fehlte nur noch, daraus einen Rumpf zu bauen. Die Versuche mit *Vendenesse* 1893 oder mit *Defender* zwei Jahre später hatten keine guten Erinnerungen hinterlassen! Trotzdem, das Aluminium hatte sich Dank einer zusätzlichen Prise Mangan verändert. Die Aluminium Company of America (Alcoa) orderte 1936 bei W. Starling Burgess die Zeichnungen für ein halbes Schiff, das aus der neuen Legierung gebaut wurde. Diese Hälfte, genannt Streichholz, wurde im Meer versenkt und sechs Monate später wieder gehoben – es gab keinerlei Anzeichen von Oxydation. Die Erfordernisse des Krieges verhinderten, dass das neue Material im Yachtbau eingesetzt werden konnte. Es scheint, als ob die erste Segelyacht aus der leichten Legierung, eine 8,40 m lange Slup, 1944 von einem gewissen Geerd Hendel in den USA gebaut worden ist. Zwei Jahre später konzipierte Olin Stephens die 11,60 m lange *Wind Call*: »Das geringe Gewicht von Aluminium war nicht das wichtigste Argument für dieje-

Das Tragflügelboot Arc-en-Ciel *von René Couzinet im Jahre 1950: Es war das erste französische düsenangetriebene Boot.*

nigen, die dieses neue Boot konstruiert haben. Entscheidender war die Dichtigkeit, die Haltbarkeit, die Reduzierung der jährlichen Überholungskosten und die Liefermöglichkeiten des Materials.«[38] Die Bleche beider Boote wurden wie Flugzeugkanzeln vernietet. Die Rettungsboote der *Corona* (34 000 t) und auch die Aufbauten des Passagierschiffes *United States* bestanden aus dem Leichtmetall[39]. Eine weitere Stufe der Entwicklung stellte die Werft Gouget 1947 in Paris vor. Sie zeigte ein kleines Schwertboot aus gezogenem Alu des Typs Moth, das als eine der ersten Yachten überhaupt einen geschweißten Rumpf hatte.[40] »Anlässlich der Umstellung von der Kriegs- auf die Friedensproduktion wird eine unserer nationalen Gesellschaften für Flugzeugbau versuchsweise einen neuen Typ Segelyacht (6 m x 1,95 m) aus Aluminium mit dem Ziel bauen, es in Großserie zu fertigen.«[41] Grumman in den USA hatte bereits eine Yachtabteilung gegründet, in der Kanus und kleine Boote aus Aluminium entstanden. Auf der London Boat Show 1949 zeigte Brooke Marine eine Serie von Aluschiffen zwischen 12 und 25 Fuß Länge. Trotzdem, sehr zum Verdruss der von der Industrie eingesetzten Technologie und trotz der wohlwollenden Neugier des Publikums hatten die Bemühungen nur geringe Wirkung …

Nicht mehr übrigens als jene amerikanische Werft, die ein altes Material neu belebte: Stahl. Steelcraft entwickelte eine Reihe moderner, bewohnbarer Motorschiffe[42], gebaut nach im Krieg entstandenen Verfahren. Die Preise waren unschlagbar. Innerhalb eines Jahres verkaufte man einige Dutzend Einheiten, bis die Produktion mangels Gewinn eingestellt wurde. Der industriellen Fertigung von Yachten war der Durchbruch also nicht gelungen. Die Serienproduktion war technisch und gesellschaftlich durchaus möglich: Die Rationierungen und die Knappheit haben die Einkäufer daran gewöhnt, Standardgüter zu akzeptieren; durch die Erfordernisse des Krieges und der Nachkriegszeit ist die Individualität der Massenproduktion zum Opfer gefallen. Dennoch und trotz der Hoffnung auf ein besseres Leben nach den harten Kriegsjahren lag die Freizeitschifffahrt wegen der ökonomischen Rezession am Boden.

Europa war ausgeblutet. Die Preise kletterten in astronomische Höhen. Ende 1946 kostete ein 6,5 Meter langes Boot 500 000 Francs, 77-mal so viel wie 1920, und man musste zwei Millionen Francs aufwenden, um eine 8-Meter-R-Yacht wieder in Stand zu setzen.[43] Die Schwarzmärkte blühten vor dem Hintergrund der allgemeinen Knappheit. Sparen lohnte sich nicht: Ausländisches Geld gab es nicht, das britische Pfund wurde schwarz zu 160 Prozent des offiziellen Kurses gehandelt. Außerdem wurde eine wüste Steuergesetzgebung eingerichtet. In Frankreich waren seegängige Boote von der Steuer befreit, auf Fahrzeuge für Binnengewässer wurde jedoch eine Steuer von 31,23 Prozent des Kaufpreises erhoben und hielt deshalb die meisten Kaufinteressenten ab.[44] In England versuchte der Schatzkanzler, auf Boote eine Steuer von 33 Prozent ihres Wertes zu erheben, musste aber wegen technischer Probleme einen Rückzieher machen. Großbritannien, das einzige Land in Europa, das weder neutral war noch besiegt worden ist (der Schutz des Englischen Kanals musste ja etwas bewirkt haben), schien es eilig zu haben, seine Nachbarn bis in die tiefsten Abgründe zu verfolgen. Die Kolonien wurden ausgebeutet. Die Flugzeugindustrie, die das starke Deutschland vernichtet hatte, drastisch reduziert.[45] Die Autoindustrie rutschte, wie viele andere auch, in den Keller. Die Rationierungen wurden noch sieben Jahre nach dem Waffenstillstand fortgesetzt, zwei Jahre länger als im Land der Besiegten. Der bekannte Schriftsteller (auch Segler und Flugzeugkonstrukteur) Nevil Shute Norway veröffentlichte 1951 eine politische Fiktion[46]: 30 Jahre in der Zukunft sei England unerträglich und von seinen Bewohnern verlassen, die meisten nach Australien[47] oder Kanada emigriert. Niemand konnte in der damaligen Zeit über ein so unglaublich trauriges Orakel lachen …

Nur in den USA entwickelte sich die Freizeitschifffahrt. Um den Krieg im Pazifik gewinnen zu können, hatten die Außenbordmotoren eine ungeahnte Zuverlässigkeit erreicht und eroberten bald ein breites Publikum. Segeln war aus der Mode gekommen. Der Motoryachtsport erreichte schnell große Popularität, Motorboote wurden Gebrauchsgegenstände.

Eine solche Entwicklung war im von Knappheit geprägten Europa undenkbar. Bis 1948 gab es praktisch kein Benzin. Holz war bis auf miserable Qualität Mangelware. Auch Baumwolle war bis 1949 nicht zu kaufen … Der Yachtsport der Vorkriegszeit existierte nicht mehr, die im Krieg entwickelten Technologien hatten es nicht geschafft, ihn zu erneuern. Die demokratische Freizeitschifffahrt war gestorben, die Nachkriegsjahre hatten sie erledigt.

Motoren, Treibstoffe, Metallindustrie – eine gemeinsame Evolution

Aus dem Rennen um die höhere Leistung von Verbrennungsmotoren resultierten auch effizientere Treibstoffe (Oktanzahl 27 im Jahr 1910, 1943 erreichte man 110). Da aber die Herstellung von Motoren noch nicht mit gleichmäßig hoher Präzision möglich war, konzentrierten sich die Ingenieure weniger auf die mechanischen Probleme als auf die Optimierung der Verbrennung.

Im zweiten Jahrzehnt des letzten Jahrhunderts wurde das Gemisch der Flugzeugmotoren vorverdichtet, sodass die Brennräume überversorgt wurden. Die Verdichter arbeiteten nach Prinzip der einstufigen, schnell laufenden Gleichdruckturbine, das vor allem von Carl Gustaf de Laval für Dampfturbinen entwickelt worden war. Ende der 30er-Jahre hatte man bei den Verdichtern ebenso große Fortschritte gemacht wie bei den Werkstoffen für den Turbinenbau, sodass man von einem neuen Motor mit interner Verbrennung sprechen konnte: Hier wird die verdichtete Luft in eine oder mehrere Brennkammern geführt[48] und die durch die Verbrennung ausgedehnten Gase beaufschlagen eine Turbine die wiederum den Verdichter antreibt. Der Strahlantrieb ging aus verschiedenen Ansätzen hervor.

Bereits 1948 versuchte Malcolm Campbell, ein Düsentriebwerk für den Antrieb eines Rekordwagens einzusetzen. Zwei Jahre später testete der Flieger René Couzinet das erste strahlgetriebene Boot Frankreichs. Doch der enorme Treibstoffverbrauch der ersten Düsenaggregate war nicht zu bewältigen, auch nicht für Luxusyachten, und so setzte sich dieser Antrieb bis heute bei Sportbooten nicht durch.

6874

Babyboom 1950–1960

»1946 gab es 40 Millionen Franzosen, 1968 waren es 50 Millionen (+ 25 Prozent).«

Statistik

Strandleben Anfang der 60er-Jahre: Vauriens (V als Segelzeichen) gab es überall.

Im Krieg sind unglaublich viele Maschinen verbraucht worden und Millionen Menschen haben daran Anteil gehabt ohne zu realisieren, dass allein der Konflikt dafür verantwortlich war. Jetzt im Frieden wurde deutlich, dass von den so genannten Industrielandern nicht viel ubrig geblieben war. Ihre Hauptsorge war nicht die Versorgung, sondern das Überleben. Die Nahrungsmittel verschlangen allein rund 40 Prozent der Budgets.[49] Welche Priorität konnten also Ausgaben für eine Freizeitbeschäftigung haben, wenn z. B. im Frankreich von 1950 eines von drei Häusern nicht über fließendes Wasser, zwei von dreien nicht über ein eingebautes WC, vier von fünf weder über eine Dusche noch eine Badewanne verfügten und die meisten Behausungen auch noch überbelegt waren? Es ging weniger darum, das Land zu verändern als es auf den Stand der modernen Technik zu führen, der durch den Krieg unumkehrbar geworden war.

Dinge des täglichen Gebrauchs waren unerschwinglich. Im Jahre 1950 kostete ein nagelneuer Citroën 2CV so viel wie rund 20 Monatslöhne eines Arbeiters (40 Jahre später, als das Modell eingestellt wurde, waren es nur sieben). Und wenn die Werbung für einen Vaurien, ein neues, beliebtes Segelboot, das 1951 auf den Markt kam, behauptete »ein Boot zum

Der Citroën 2CV: genügsam und klein – wie der Vaurien –, aber das war erheblich besser als dass, was man aus der Zeit des Mangels kannte!

Preis eines Fahrrades«, dann war das sonnenklar, weil ein Fahrrad so teuer war wie ein Schwertboot![50]

Das hielt den Vaurien nicht davon ab, passend zu seinem Namen (Taugenichts) außerordentlich preiswert zu sein: Er kostete mit 50 000 Francs damals fünf Mal weniger als ein 9-Quadratmeter-Scharpie in traditioneller Bauweise, das die gleiche Größe hatte. Sein selbsttragender Rumpf wurde aus Sperrholz als Knickspanter gebaut, eine Methode mit wenig Verschnitt. Sein Erfinder war einer der besten französischen Regattasegler, der 1932 zur Olympiamannschaft gehörte. Er hatte bereits mehrere sehr schnelle Schwertboote entwickelt. Dieser Jean-Jacques Herbulot war Gebäudearchitekt[51] in einer Zeit, als der Bau von Wohnraum eine soziale Notwendigkeit war und befreundet mit Philippe Viannay, dem Gründer des spartanischen Segelzentrums Les Glénans. Die beiden bildeten das ideale Paar, um ein Segelboot für jedermann zu entwerfen und zu vermarkten. Der Vaurien hatte sofort so viel Erfolg, dass ihm seine Erzeuger ein Jahr später einen großen, bewohnbaren Bruder bescherten, den Corsaire. Beide Boote segelten für damalige Verhältnisse ausgesprochen gut, denn beide waren wegen der Sperrholzbauweise recht leicht. In Großbritannien wurde das gleiche populäre Programm mit *Enterprise* und *Silhouette* aufgelegt: Die Namen waren anders, nicht aber das Material und nicht die wirtschaftliche Machbarkeit. Das Potenzial des Yachtsports konnte auch einer Zeitung zu einem besseren Image verhelfen: Der populäre »Daily Mirror« brachte das Mirror Dinghy auf dem Markt, das anschließend tausendfach verkauft wurde (und die Auflage der Tageszeitung steigen ließ). Diese Serienboote dominierten 15 Jahre lang die Schwert- und populären Küstenboote, sie waren robust, aber auch modern. In Frankreich waren der Vaurien und der Corsaire die Verkörperung des Geistes von Glénans, eine Mischung aus Gleichheit und Einfachheit, »mens sana in corpore sano«[52], Rückkehr zur Natur und »eine gesunde Seele in einem gesunden Körper«. Das war sogar gleichbedeutend mit der Ablehnung des Segelsports der Vergangenheit.

Gleichzeitig zu dieser volksnahen Metamorphose des Segelns wandelte sich auch der Motoryachtsport – aber genau entgegengesetzt. Der wachsende Import amerikanischer Außenbordmotoren, die stärker und kompakter als die europäischen Modelle[53] waren, machte es wieder möglich, auf dem Wasser schnell zu fahren. Diese Außenborder machten aus den eleganten, lackierten Rümpfen Sportmaschinen, Renner; sie dienten der Sensationslust, wie sie sonst nur dem sehr viel teureren Automobil-Rennsport vorbehalten war. Der Motoryachtsport wurde zu einem erschwinglichen Statussymbol. Er sprach eine Klientel an, die am Aufschwung der 50er-Jahre verdiente und die in dieser wassersportlichen Nische das ultimative Symbol des individuellen Erfolges wiedererkannte: das Automobil. Die neuen Gläubigen des Motoryachtsports atmeten anders herum als jene, die dem Segeln zugetan waren. Die einen zeigten ihren Reichtum, genossen das wilde und moderne Auftreten; die anderen kehrten zu den Wurzeln zurück und machten sich mit der subtilen Härte einer althergebrachten Disziplin vertraut. Bis zu dieser Zeit hatten Segler und Motorbootfahrer in gutem Einverständnis miteinander gelebt. Wegen geringer Motorleistung (starke Motoren waren nur einer kleinen Gruppe von Rennfahrern vorbehalten) hatten Motoryacht- und Segelsport geringes Tempo und hohe Kosten gemeinsam. Innerhalb weniger Jahre lösten die mit den neuen Außenbordern erreichbaren Geschwindigkeiten einerseits und die preiswerten neuen Schwertboote andererseits diese Gemeinschaft auf. So kam es, dass die Unterschiede innerhalb des demokratisierten Yachtsports die Schere zwischen Seglern und Motorbootfahrern immer weiter auseinander klaffte und dieses noch ein halbes Jahrhundert später spürbar war.

Diese Auseinandersetzung hat es aber nicht überall in Europa gegeben. Die kriegsbedingte industrielle Explosion war nicht bis nach Skandinavien und in die Schweiz gedrungen, sodass man dort diese Auseinandersetzungen später wahrnahm. Deutschland war geteilt worden und hatte genug mit dem Wiederaufbau zu tun, als an die Fertigung von Booten zu denken, deren Größe in jedem Falle von den Alliierten auf 5,5 Meter Länge begrenzt worden war. In Großbritannien gab es einen gut sortierten Gebrauchtbootmarkt, der jungen Einsteigern alte Yachten zu günstigen Preisen offerierte. In Frankreich und Italien dagegen gab es nur wenige Boote, sodass so gut wie keine gebrauchten Yachten angeboten wurden. Man musste also neu bauen und tat das auch.

Es war der Motoryachtsport, der die Früchte dieses Wachstums erntete. Die Italiener visierten mit Markennamen wie Abbate, San Marco, Cantieri di Pisa und natürlich Riva nur Erstklassiges an. In Frankreich blieb man bei Dinghies, die wie Kanus von Matonnat, Kirié, Jeanneau und Seyler gebaut wurden. Und von der Werft Rocca, die enorm expandierte, eben weil sie die Bauweise gewechselt hatte.

Domenico Rocca, ein italienischer Küfer, war 1925 nach Frankreich emigriert.[54] 1931 arbeitete er als Tischler bei Chauvière. Diese berühmte Fabrik für Flugzeugpropeller wollte ihre Produktion diversifizieren und begann 1934 mit dem Bau von Motorbooten und Kanus. 1936 – dem Jahr des ersten bezahlten Urlaubs – eröffnete Rocca sein Geschäft. Das war zunächst nichts anderes als der Bau von Kanus, die ein bisschen dynamischer als andere waren, ein bisschen mehr nach den Wünschen seiner Kundschaft. Man wollte preiswerte Rümpfe? Rocca verstärkte die Spanten, konnte deshalb weniger einbauen und schneller arbeiten. Wie alle anderen auch, beschäftigte er sich nach dem Krieg mit dem Motoryachtsport. Wie viele andere (vor allem die Italiener) zog es seine Söhne hin zu den Wettbewerben. Sie fuhren Motorbootrennen, aber organisierten auch Shows, bei denen sie durch einen Feuerring fuhren.[55] Im Jahre 1952 empfing Rocca den Repräsentanten einer Kunststoff-Firma. Louis, einer der beiden Brüder, war von dem neuen Werkstoff Polyesterharz sehr angetan. Er überzog zunächst eines seiner Boote. Zu jener Zeit waren die Harze sehr dünnflüssig, sodass man zur Verdickung ein teures Mehl verwenden musste. Louis Rocca erinnerte sich daran, dass Gips den gleichen Effekt hat. Er entwickelte neue Baumethoden. Dass die neuen Rümpfe teurer waren und dass das Innere fast pockennarbig aussah, spielte eher eine untergeordnete Rolle: Es war nicht mehr erforderlich, nach jeder Saison in die Werft zu gehen! Keine Wartung mehr! Das war wie ein Wunder und die Gerüchte übertrieben zusätzlich: Man behauptete, dass der glasfaserverstärkte Kunststoff (GFK) viel leichter sei als Holz, dass ein 10-Fuß-Dinghy drei Personen tragen konnte, ohne dass man zusätzliche Auftriebskörper benötige (die Dichte von GFK ist 1,7-mal so groß wie die von Wasser). Sicher, der Kunststoff sonderte einige Zeit lang einen Styrol-Geruch ab, der nichts mit der See zu tun hatte, aber es roch eben modern und das war jedes Deodorant wert. Im Jahre 1959 war Rocca mit fast 100 Mitarbeitern zu einer der führenden Werften für Sportboote in Frankreich[56] geworden. In jenem Jahr produzierte die Werft in Vitry-sur-Seine 2800 Kunststoffboote. In Frankreich und Belgien sprach man bald nicht mehr von einem Motorboot, man sprach von einem Rocca …

Jean-Jacques Herbulot, Konstrukteur der Vaurien und Philippe Viannay, geistiger Vater und Gründer von Glénans.

Der Corsaire dominierte die Küstensegelei wie der Vaurien die Schwertboote.

Myth of Malham, die erste Maschine zum Gewinn von Kreuzer-Rennen.

Der Siegeszug des Polyester ging über den Motoryachtsport hinaus. 1958 legte Lucien Lanaverre, ein Konstrukteur aus Bordeaux, ein leichtes Schwertboot auf Kiel, das speziell für die verstärkte Kunststoffbauweise entwickelt worden war: Es handelte sich um den 420er, der eine unglaubliche Karriere vor sich haben sollte. Aber auch größere Boote wurden bald aus Polyester gebaut: 1960 lief in den Niederlanden bei der Werft E. G. van de Stadt[57] eine 9,30 Meter lange Segelyacht vom Stapel, dessen Formen speziell an das neue Material angepasst worden waren. Das Boot vom Typ Pioneer war die erste bewohnbare Kunststoff-Serienyacht und segelte (wie viele andere) in Klasse 3 des RORC.

Nach dem Krieg ging es allmählich wieder mit Kreuzer-Rennen los: 1945 gab es bereits neun Meldungen für die Wettfahrt Cowes–Dinard. Noch handelte es sich eher um Spaß als um harten Wettbewerb, der Ton war sehr gemäßigt, die Konkurrenten dippten die Flaggen, wenn sie sich begegneten. Einige jedoch hatten Gefallen an dem Spiel und trieben den Spaß der Kreuzer-Rennen zum Perfektionismus, aus dem die Regatten wurden. In den USA war es vor allem Rod Stephens, der die Ausrüstung und Riggs immer mehr verfeinerte und mit Schiffen gewann, die sein Bruder Olin Stephens gezeichnet hatte. In Großbritannien, Dank des Royal Ocean Racing Club zum Vaterland der Kreuzer-Rennen geworden, hieß der große Mann John H. Illingworth. 1947, 1948 und 1949 beherrschte er mit seiner berühmten *Myth of Malham* die Szene. »Eine Reihe sehr persönlicher Ideen, die auf einer großen Erfahrung des Segelns und der Navigation basieren, das ständige Bemühen um Perfektionismus sowie die Vereinfachung der Manöver, reichen völlig aus, um das erzielte Resultat zu erklären, das revolutionär erscheint, aber in Wirklichkeit nichts anderes ist als die rationelle Konsequenz aus Beobachtungen und Folgerungen von John H. Illingworth (Eigner und Skipper) und von Laurent Giles (Konstrukteur).«[58] Leichtigkeit, Einfachheit, Effizienz, das war die Devise an Bord der *Myth of Malham*. Die Yacht wog nicht mehr als acht Tonnen, und das zu einer Zeit, als andere Schiffe der gleichen Größe zwölf Tonnen verdrangten. Der Mast stand weit achtern, das Vorsegel war im Topp angeschlagen, sodass sich die Reduzierung der Segelfläche auf die vorderen Segel beschränkte. Während des äußerst harten Channel-Race (1947) »mussten wir nicht ein einziges Reff ins Großsegel binden, so zufrieden war das Schiff mit seinen Vorsegeln von immer noch stattlicher Fläche«[59]. *Myth of Malham* setzte in dieser Zeit der aufstrebenden küstennahen Regatten Zeichen; die Genua, deren Holepunkt weit achterlich des Mastes lag[60], hatte eine große, von der Formel nicht erfasste Fläche. Bald segelte kein Boot mehr ohne diese kostenlose Segelfläche. Gleichzeitig begrenzte die Formel die Größe der Spinnaker, indem sie die Länge des Spinnakerbaumes willkürlich limitierte. Und weil die siegreichen Segler sich den Forderungen der Formel ergaben – diese Form des Spinnakers, jener Typ von Genua oder jenes Rigg – waren sie automatisch mit den Siegen verknüpft, aus denen die nautischen Zeitschriften große Geschichten machten. Seit Mitte der 50er-Jahre, während der Serienbau ins Stottern geriet, konnte eine Segelyacht kaum verkauft werden, wenn sie nicht ein sportliches Etikett vorzuweisen hatte, und das gängigste war das der Klasse 3 des RORC. Zum ersten Mal (es handelt sich nicht um das letzte Jahr!) tauchten auf Rennyacht getrimmte reine Fahrtenschiffe auf, um sich besser verkaufen zu können. Die Formen und Proportionen dieser Yachten hätten völlig anders aussehen können, wenn die Formel des RORC – über die nur er selbst zu befinden hatte – eine andere gewesen wäre. Übrigens regierte in den USA die Formel CCA, die ganz anders war und spezielle Proportionen und Riggs verlangte, das Ergebnis aber war nicht anders als das der Europäer …

Die Differenzen der einzelnen Länder untereinander spielten nur bei einer einzigen Gelegenheit keine Rolle: bei den Olympischen Spielen. Segeln wurde eher zögerlich im Jahre 1900 in Paris als olympische Disziplin eingeführt.[61] 1924 fanden die Spiele wieder in Paris statt, und da gab es eine Neuigkeit: Alle Einzelsegler segelten auf gleichen Booten, den Einheitsklassen.[62] Diese Regelung gilt bis heute. Im Laufe der 50er-Jahre breiteten sich die Einheitsklassen immer mehr aus und erfassten auch Regatten für Schwert- und Kielboote mit zweiköpfiger Besatzung.[63] Sie wurden zu Symbolen des olympischen Gedankens, mit Konsequenzen, die erst viele Jahre später offenbar wurden.

Während die Olympischen Spiele mit den Einheitsklassen die Ideale des Sportes für jedermann opferten, wurde der elitärste aller Wettbewerbe aus der Vergessenheit wiedergeboren. Der letzte America's Cup war 1937 ausgesegelt worden. Es war unvorstellbar, die Giganten aus der Zeit vor dem Ersten und dem Zweiten Weltkrieg auch in Zukunft finanzieren zu können. Man beschloss also, neu zu beginnen.[64] Die Amerikaner segelten 1958 wieder gegen die Briten und gewannen ohne Aufsehen.

Trotzdem hatte der erste Cup nach dem Krieg fortdauernde Konsequenzen ... auf den Motoryachtsport. Raymond C. Hunt, der bereits einige bemerkenswerte, unorthodoxe Segelyachten entworfen hatte, zeichnete einen Kandidaten für den Vergleich 1958[65]: Dabei hat er auch gleich ein motorisiertes Hilfsfahrzeug entwickelt, das man als »Segelyacht, die versucht ein Motorboot zu sein«[66] bezeichnete. An Bord eines anderen Konkurrenten[67], hatte Dick Bertram, eines der Crewmitglieder, den Geistesblitz für dieses Motorboot, das »einen Spant mit tiefem V hatte (...), der es ihm ermöglichte, aufrecht wie ein Zerstörer quer durch die Seen zu gehen. Unter dem Boden liefen horizontale, ebene Plankengänge von vorne nach achtern und hoben den Rumpf auf eine Weise an, dass er wirksam gleiten konnte. (...) Als ich das sah, dachte ich: Jesus! Das ist eine Revolution! Alle an Bord von *Vim* waren davon überzeugt. Dennoch, wenn es nicht auf offener See gewesen wäre, hätte man das tiefe V des (besseren) Rumpfes vielleicht nicht erkennen können«.

Der amerikanische Motoryachtsport wandte sich immer mehr der offenen See zu (Europa folgte erst einige Jahre später). Bis 1957 fanden Motorsport-Wettbewerbe in den USA nur auf Seen statt, mit gewaltigen Drei-Punkt-Rümpfen, die von Kolbenmotoren aus Jagdflugzeugen angetrieben wurden. Die Rennen hatten sich noch spektakulärer entwickelt seitdem für *Slo-mo-shun*[68] die Oberflächenschraube wiederentdeckt worden war[69], bei der immer nur ein Blatt ins Wasser taucht, was einerseits den Reibungswiderstand verringert, andererseits aber auch eine schön spektakuläre Wasserfontäne erzeugt. Doch diese Giganten funktionierten nur bei glattem Wasser, mit Wellen wurden sie nicht fertig. Die Regierung der Bahamas wünschte sich ein Rennen von Miami (Florida) nach Nassau (Bahamas), um damit Touristen anzulocken. Natürlich wandte man sich an Sherman »Red« Crise, der ein Vermögen mit der Organisation von Autorennen gemacht hatte. Der ehemalige Pilot hatte mit einem Fallschirm über Nordafrika abspringen müssen; der Schirm öffnete sich nicht und Crise stürzte im freien Fall in den einzigen Fluss weit und breit. Er hatte vor nichts Angst und organisierte das erste Miami-Nassau-Rennen quer durch den Golfstrom im Jahre 1957. Vor dem Rennen 1960 lernte »Red« Crise den Teilnehmer Dick Bertram kennen, der auf einem 9,45 Meter langen Rumpf saß, entworfen von Segelyacht-Konstrukteur Ray Hunt. »Als das Boot vor der Startlinie auftauchte, begannen alle zu lachen. Sie dachten, es handelte sich um einen Verdränger (keinen Gleiter), aber als das Boot sich aus dem Wasser hob und davon flog, verging ihnen das Lachen«. Das Boot erreichte Nassau nach nur acht Stunden. Zwei Stunden später folgte eine kleinere, 7,31 Meter lange Schwester, die mit

Slo-mo-shun*: ein Drei-Punkt-Rumpf, eine Oberflächen-Schraube und eine Sammlung von Siegestrophäen.*

einem Z-Antrieb ausgerüstet war (dem ersten Stern-Drive-Volvo). Der Rest der Flotte aus herkömmlichen Booten erreichte Nassau … am folgenden Tag! Der Grund war klar. In Zukunft konnten (sehr) schnelle Motoryachten die offene See bewältigen. »A fortiori« konnten die Motorboote von Herrn Jedermann in den Ferien viel besser mit den kleinen Wellen fertig werden. Innerhalb von zehn Jahren hatte sich der Rumpf mit dem tiefen V weltweit durchgesetzt.

All diese Veränderungen hatten nicht immer sofortige Konsequenzen zur Folge. Es war noch nie einfach, die guten Ideen von den schlechten zu trennen[70] – künftige Generationen mussten sich damit befassen. Die Zeitgenossen dieser Metamorphosen aber sahen in ihnen vorübergehende Zustände im Zuge des Fortschrittes. Niemals zuvor hatte sich das Leben so schnell verändert: Innerhalb weniger Jahre brachte es eine bescheidene Familie zu Wohnraum, WC, Dusche, Telefon, Radio und zu all dem anderen modernen Komfort, und zu einem Sportboot als Zugabe! Es war die wohl aufregendste Epoche der Geschichte. Damals schmiedete man die wunderbare Welt des Jahres 2000, diese Zukunft, in der allen an schönen Tagen Gerechtigkeit widerfährt, in der alle Versprechen erhört werden: All diese Hoffnungen waren erlaubt: Der Sieg des Kapitalismus oder der des Kommunismus oder der Wohlstand in den befreiten Kolonien oder die interstellaren Reisen oder, bescheidener, das volkstümliche und massenhafte Vergnügen …

Ein Rennboot aus dem Jahre 1948 für den Direktor von Lancia (oben).

»Runabouts« nannte man die maritime Version eines Cabriolets. Hier ein Boesch-Boot aus der Schweiz, massiver gebaut als die italienischen Rivas und bestens geeignet für den Wasserskisport.

Boesch

2784
14

Der Homo triumphare und der Fall

1960–1980

»Weißt du des Himmels Ordnungen, oder bestimmst du seine Herrschaft über die Erde?
Kannst du deine Stimme zu der Wolke erheben, damit dich die Menge des Wassers überströme?
Kannst du die Blitze aussenden, dass sie hinfahren und sprechen zu dir: Hier sind wir?«

Das Buch Hiob, 38, 33–35

Nicht nur auf dem Meer, auch auf dem Mond hinterlässt der Mensch nun seine Spuren …

Am 21. Juli 1969 kletterte der amerikanische Astronaut Neil Armstrong aus seiner Raumfähre, während auf dem blauen Planeten, 400 000 Kilometer entfernt, Millionen Menschen vor den Fernsehern saßen und miterlebten, wie dessen Stiefel sein Profil in den Mondstaub drückte. »Ein kleiner Schritt für den Mann, ein großer Schritt für die Menschheit …« Nach dem affenähnlichen Homo erectus, dem prähistorischen Homo sapiens und dem Homo mechanicus der industriellen Revolution sahen die 60er-Jahre nun einen neuen Menschen: den Homo triumphare. Er kannte die Gesetze des Himmels. Er war Beherrscher der Welt, den Mond eingeschlossen. Er hat fast den Traum des 19. Jahrhunderts erfüllt: Gerechtigkeit und Fortschritt, während die sozialen Ungleichheiten durch die Wissenschaft und ein ununterbrochenes wirtschaftliches Wachstum ausgeglichen sein würden. Das Werkzeug des Wachstums war die Konsumgesellschaft. Damit sich der Lebensstandard verbessert, müssen die Massen besser bezahlt werden; um die Löhne zu erhöhen, müssen die Profite steigen – also mehr Konsum – der Massen, die ihr Geld ausgeben und dann eine weitere Erhöhung brauchen, die wieder nur durch höhere Profite möglich ist, die wiederum durch mehr Konsum, eine verbesserte Kaufkraft …

Der wirtschaftliche Aufschwung wurde von den Medien unterstützt, deren Einfluss immer größer wurde. Sie waren es, die zeigten, was man haben sollte und die damit den Konsum ankurbelten. Um die potenzielle Klientel ansprechen zu können, musste auch das Vergnügen mediengerecht aufbereitet werden. Und wie verkauft man Spaß in den Medien? Mit nie zuvor gesehenen Sensationen. Es sind die Rahmenbedingungen »Conditio sine qua non«, nach denen man urteilt. Um 1960 gab es in Frankreich und Italien in etwa gleich viele Sportboote. Acht Jahre später bauten die Italiener 3778 Schiffe, die Franzosen aber 28 363. Die französischen Medien sind von etwas überrascht worden, das die Italiener nicht hatten: einen Helden, der die Massen begeisterte – Éric Tabarly.

Das Transatlantikrennen 1960 hatte die Fantasie des in Angers geborenen Bretonen angeheizt. Er wollte das Rennen 1964 unbedingt gewinnen. Er ließ

Pen Duick II, *»die Meise mit dem schwarzen Kopf«, war der historische Gewinner des Transatlantikrennens 1964 (links).*

Éric Tabarly; Pen Duick III *am Start des Sydney-Hobart-Rennens, das sie in ihrer Klasse gewann; der gewaltige Spiegel von* Pen Duick V *während des Transpac 1969; Höhenmessung auf dem Trimaran* Pen Duick IV.

sich eine Yacht bauen, die speziell auf die Einhandregatta über den Atlantik zugeschnitten war und die die Boote der Konkurrenz übertraf. Er siegte. Mit diesem Sieg bot Tabarly den französischen Medien, den französischen Lesern und den französischen Fernsehzuschauern das ideale Abenteuer. Der Held: fit wie ein Sportler, bescheiden (und Junggeselle) wie Tintin, gekleidet in eine bestechende Offiziersuniform, repräsentierte er die Grande Nation, die Seemacht Frankreich. Das Abenteuer: entfesselte Elemente, keinerlei Angst vor Widrigkeiten (wie dem Bruch der Selbststeueranlage), das Foto der glücklichen Mutter in der Zeitschrift »Paris-Match« … Und dann der Triumph: Das Kind des Landes düpierte die Engländer, indem er sie auf ihrem eigenen Terrain schlug. Ein perfektes Szenario. De Gaulle, politisch am Ende, verstand, dass das Volk in dem gestern noch Unbekannten plötzlich den volkstümlichem, einfachen und bescheidenen Helden sah: Er verlieh dem jungen Oberstleutnant das Kreuz eines Ritters der Ehrenlegion. Um ein berühmtes Wort von einem Schüler des Meisters[71] zu wiederholen, Frankreich hatte sein Idol der See. Dazu kam, dass die Bruderschaft der Segler in dem Helden des Atlantik mit absoluter Einstimmigkeit und völlig berechtigt einen der ihren sah.

In jenem Jahr stiegen die Verkäufe von Küstenkreuzern um 78, ein Jahr darauf um 25 Prozent …

Wie anders soll man die plötzliches Begeisterung der Franzosen für den Yachtsport erklären, während sich ein ähnlicher Erfolg weder in Italien noch im blühenden Deutschland einstellte? Mit dem Transatlantikrennen 1964 wurde für den Yachtsport zwar keine Tür – das wäre doch zu banal gewesen – sondern ein Dachfenster aufgestoßen[72]: und zwar zum Fernsehen. Nachdem er die Lawine losgetreten hatte, nahm Tabarly das Fernsehen mit auf die andere Seite der Erde zum Sydney-Hobart-Rennen[73] 1967. Radio Luxemburg hatte den Transport seines Schiffes nach Australien bezahlt. Im Gegenzug war jeden Mittag eine große Menge wertvoller Zuhörer von dieser Stimme vom Ende der Welt fasziniert, die von Stürmen und Flauten, Hoffnungen und Enttäuschungen erzählte … Ein Jahr später verteidigte Tabarly seinen Erfolg im Transat auf einem futuristischen Trimaran, einem schwimmenden Tennisplatz. Obwohl er *Pen Duick IV* aufgeben musste, änderte das nichts an der Größe seines Unternehmens. Wieder ein Jahr darauf gewann der Bretone das Einhand-Transpazifikrennen mit einer anderen radikalen Yacht, einem riesigen Schiff mit Wasserballast, das bereits die segelnden Monster des Jahrtausendwechsels ankündigte. Trotz des nationalen Ruhmes blieb Tabarly äußerst bescheiden. Als man ihn an der Seite der ebenfalls berühmten Brigitte Bardot sah, war man begeistert, sie waren seinerzeit das Beste aus Frankreich, was zusammentreffen konnte (übrigens stehen beide aus Wachs im Museum Grévin) …

Der Volksheld: Tabarly aus Wachs im Museum Grévin.

Die ungeheure Popularität von Éric Tabarly bezog sich natürlich auf das Segeln, das ursprünglich zur Flucht aus dem Alltag diente. Fortan dreh-

Pen Duick III *war 1967 die Yacht, die es zu schlagen galt (unten).*

ten sich die französischen Yachtsportler nach dem großen Mann um, der die Einhandrennen verkörperte. Der Motoryachtsport fristete ein kümmerliches Dasein, um so mehr, als die nautischen Zeitschriften in Frankreich von kompromisslosen Seglern geleitet wurden. »Bateaux« erschien erstmals 1958, »Neptune-Nautisme« und »Nautisme« 1962. Auch wenn diese Zeitschriften dem Motoryachtsport einen eher symbolischen Platz einräumten, so geschah dies nur, um von den Anzeigen zu profitieren. Die neuen Motorsportler, die sich vor allem auf den Autorennsport konzentrierten, fanden sich in den Zeitschriften, in denen es nur um das Segeln ging, nicht wieder. Die besten Informationen für den Motoryachtsport fand man noch im »Auto-Jounal«. So wurde der Entwicklung des französischen Motorbootsports die kulturelle Stütze einer eigenen Fachzeitschrift bis ans Ende der 80er-Jahre 1980 entzogen …

Der Ausbau einer Arpège: Man sieht die Innenform, an der die Einrichtungsteile befestigt sind.

Begünstigt durch diese neue Popularität begann der industrielle Abschnitt des französischen Segelsports. Im Jahre 1968 hatte die internationale Bootsaustellung von Paris die Londoner überflügelt und war größer als alle anderen Messen in Europa. Der industrielle französische Schiffbau sah die Sportschifffahrt aus einer neuen Perspektive, die den Bootsbau mit Erfahrungen aus anderen Bereichen interessant werden ließ. Die des jungen Ingenieurs Michel Dufour stammten aus dem industriellen Formenbau, zum Beispiel für Teile von Lokomotiven. Er begann mit dem Bau von Yachten und versuchte nicht, den Kunststoff zu verstecken, im Gegenteil: die Einbauten, die Schotten und die Decke wurden wie der Rumpf laminiert. Dank dieser verfeinerten, aber kostspieligen Technik gaben Dufour und seine Nachahmer dem Boot das neue Image einer fertigen, sauberen, glänzenden und unverwüstlichen Segelyacht. Innerhalb weniger Jahre beherrschte Dufour zusammen mit Dehler in Deutschland, Westerly in Großbritannien, Peterson in Schweden und Morgan Yachts in den USA den Markt für seegehende Yachten. Kein Mensch konnte damals voraussehen, dass diese Riesenunternehmen auf tönernen Füßen standen und 20 Jahre später entweder verkauft oder verschwunden sein würden …

Die Wettfahrten hatten sich nicht weniger verwandelt: Aus den Kreuzer-Rennen war eine eigene Disziplin entstanden. Sie erzeugte viele derart verbissene Rivalitäten, dass die Regelwerke für Seekreuzer von den Regattaseglern umgangen wurden. Der RORC zum Beispiel bevorteilte solide gebaute Yachten. Diese Fürsorge wurde genutzt, um die Siegchancen zu erhöhen. Es gab 13 Meter lange Yachten, die die Dicke des Decks von 25 auf 80 Millimeter erhöhten um von einem günstigeren Rennwert zu profitieren. Deartige Auswüchse machten niemanden glücklich.

Unter den Unzufriedenen gab es einige, die mal in den Vereinigten Staaten und mal in Europa segelten und die ihr Boot gleichzeitig an die Eigenheiten der Formeln des RORC und des Cruising Club of America (CCA) anpassen mussten. »Zu Beginn der 60er-Jahre bildete sich in Deutschland eine kleine Gruppe, die zunächst als Bremer Komitee bekannt war. Es setzte bald ein Komitee zur Koordinierung (…) der (verschiedenen) Formeln ein. Diese Bewegung setzte sich durch und führte schließlich zum Offshore Rating Council und zur IOR-Formel.«[74]

Die International Offshore Rule (IOR), die ab dem 1. Januar 1970 die alten nationalen Formeln (RORC, CCA, etc.) ersetzte, bedeutete im Sinne aller, dass man sich innerhalb kurzer Zeit von den Seekreuzern verabschieden musste. Daraus folgte, dass künftige Zeiten nur Neukonstruktionen bringen sollten. Das Konzept dieser neuen Formel stammte nicht, wie viele Segler glaubten, von den amerikanischen Konstrukteuren Olin Stephens und Dick Carter, sondern von Malden Heckstall-Smith[75], einem Engländer, der seit 15 Jahren tot war. »Sein Einfluss auf Regatta-Modellboote war, wenn das überhaupt möglich ist, noch größer als der auf richtige Yachten. Die internationale ›A‹-Klasse war das Produkt seiner intelligenten Formel. Es war die gleiche (Formel von November 1912), die als Grundlage der British Racing Association und deren Formel diente. Und es war die gleiche, die unverändert blieb und dann als Grundlage der Formel des RORC fungierte«[76] und von der schließlich die neue IOR-Formel abgeleitet wurde. So kam es, dass die Seeregatten der 70er-Jahre auf Basis einer Formel aus dem Jahre 1912 ausgetragen wurden, die ursprünglich nur für Modellrennyachten gedacht war!

Die neue Formel war bald wegen der Erfindungsgabe der Konstrukteure überholt. Es war eine direkte Konsequenz aus den Überlegungen bei der Konzeption der IOR-Formel: Beim Anpassen der Formel des RORC hat man immer die Vergangenheit aufgearbeitet ohne darauf zu achten, was die Zukunft bringen könnte. Die Politik des »wait and see« war im Vergleich zum Fortschritt immer zu spät. Der Typ, den Dick Carter 1966 mit *Tina* definiert hatte und der als Wunder aller Wunder galt, wurde 1973 durch die neue kleine *Ganbare*[77] abgelöst, die eine ganze Serie von Federgewichten vier Jahre später in Grund und Boden segelte. Diese schnelle Weiterentwicklung der Rennyachten war mit einer weniger offensichtlichen, aber erheblich konsequenteren Evolution verbunden, die das Wesen des Wettbewerbs auf See betraf.

Bis 1965 trotzte Dupon mit seiner 7,20-Meter-Yacht *Samsuffit* auf einem vorgegebenen Kurs der 16 Meter langen *Entourloupe* von Dubois-Machin. Die Formel war dazu da, um die Unterschiede der Größen und der gesegelten Zeiten auszugleichen und jedes Schiff entsprechend seiner theoretischen Leistung gemäß einzustufen. Alles kippte, als der Cercle de la Voile in Paris den alten Eintonnerpokal, der seit Einführung der internationalen Formel geruht hatte, wieder reaktivierte und die Trophäe für eine Seeregatta stiftete. Der Eintonnerpokal wurde wie früher von Yachten mit ähnlicher Vermessung nach gesegelter Zeit ausgetragen.[78] Er wurde sofort ein Erfolg. In den folgenden Jahren teilten sich die Konstrukteure Olin Stephens und Dick Carter die Führungsrolle in dem Wettbewerb, der zur offiziellen Weltmeisterschaft im Seesegeln geworden war. Es zählte nur die Qualität der Crew, da die Schiffe als gleich schnell angesehen wurden. Der Eintonnerpokal machte Schule[79]; die neuen Regatten nach gesegelter Zeit erschütterten die Regeln des Spiels: Künftig segelte man ebensoviel gegen die Formel wie gegen die Konkurrenz. Die Formel war ursprünglich entwickelt worden, um existierende Yachten der unterschiedlichsten Formen vergleichen zu können. Das Formel-Werkzeug von gestern hatte sich selbst ein Ende bereitet. Vielleicht hätte man die Formel ändern und wieder bei Null beginnen müssen, damit die Vorstellungen der Segler und Konstrukteure eine neue Spielwiese finden … Statt dessen bemühte sich eine neue Generation von Hohepriestern, Papier mit einem Regelwerk zu füllen, das die Segler in jeder Saison neu nutzen sollten, um einen möglichst günstigen Rennwert zu erreichen. Die IOR-Formel hat es ebenso wenig wie ihre Vorgängerinnen geschafft, universell zu werden. Im Jahre 1976 mutiert sie offiziell zu einer Formel der Einschränkungen, wie sehr viel früher schon die International Rule …

Diese grundlegende Änderung wurde von einem kleinen Komitee beschlossen: Innerhalb der International Offshore Rule repräsentierte eine kleine Gruppe nationaler Delegierter (oft einer für mehrere Länder) die Wünsche der normalen Segler sehr schlecht. Die Entscheidungen wurden vielmehr von einigen Konstrukteuren diktiert, die einen Bootstyp verteidigten, der nicht zwangsläufig populär war, den sie aber, welch Zufall, am besten beherrschten. Innerhalb von zehn Jahren hatten die Seeregatten wieder ein Stadium erreicht, in dem es schon zu Beginn des Jahrhunderts zu erheblichen Problemen gekommen war. Dennoch beeinflussten die Entscheidungen einiger weniger den gesamten europäischen Markt[80] für seegehende Yachten. Wenn die Entscheidung getroffen wurde, achtern breite Yachten oder Bulbkiele zu bestrafen, begannen diese Boote zu verschwinden. Die erste Welle der neuen Sportschifffahrt der 60er-Jahre hatte für bares Geld die offiziellen Strukturen dieser wunderbaren Welt angenommen, die ihn entdeckt hatte: den Yachtsport. Der Homo triumphare, hypnotisiert von den Wundern der Technik, akzeptierte die Komplexität der Rennyachten, wie er festhielt an allem, was Fortschritt bedeutete. Bis …

Der Optimismus der 60er-Jahre übertünchte eine Notlage. Einige hatten sich dazu entschieden, dem zivilisierten Königreich des Überflusses zu entfliehen und wurden Hippies. Andere revoltierten und gingen auf die Straßen wie im Mai 1968. Über die Demonstrationen und Ablehnungen hinaus, hatte diese Gesellschaft auf Pump, mit roten Wangen und prallem Bauch, deren fortwährendes Wachstum die Grenzen des Überflusses endlos ausdehnen zu müssen schien, diese vor Gesundheit strotzende Gesellschaft hatte eine andere Schwäche: ihr riesiger Appetit. Der Bedarf an Energie stieg und damit die Abhängigkeit von Erdöl. Nach dem Jom-

Olin Stephens (oben) und Dick Carter, die beiden Begründer der IOR-Formel.

Wo der Blick (und die Denkweise) den Sinn verändern ...

Die Zeitschriften veröffentlichten Fotos von Yachten des ausgehenden 19. Jahrhunderts und diese Illustrationen zeigen, über die Boote hinaus, eine bestimmte Vorstellung von Yachtsport. Die Schiffe ziehen wie bei einer Parade vorbei. Diese äußeren Elemente von Reichtum, diese Statussymbole befördern, nein, nicht den Geist der Reise, sondern den Pomp einer Gesellschaft, in der es wichtig ist, dass man gesehen wird. Die heiligen Monster des Kapitalismus triumphieren, indem sie aufgeplustert am Wind segeln, alle Segel gesetzt, dem Fotografen das bietend, was akademisch als schönste Ansicht betrachtet wird: das Profil, welches man aus einer 3/4-Position vor der Yacht sieht.

Dieser Blickwinkel erreichte in der Zeit zwischen den Kriegen eine dominante Position: 70 bis 80 Prozent aller veröffentlichten Illustrationen.[81] Selbst dieser teuflische Uffa Fox, den man wohl kaum als Komplizen verdächtigen wird, wählte zur Illustration seines Buches »Sailing Seamanship and Yacht Construction« 73 Prozent der Klischees aus, die eine Yacht unter dem privilegierten Winkel zeigen: der Steven teilt die See, das Rigg ist geneigt, das Heck zieht eine Welle, die Yacht erhebt sich gegen den Wind. Sie erhebt sich zu kurz: aus diesem Winkel gesehen schwebt der Rumpf fast in der Luft, er macht einen viel längeren Eindruck, wobei wegen der Krängung zu berücksichtigen ist, dass sich das Heck anhebt, weil das Achterschiff niedrig ist.

War es ein Zufall, wenn die Fotografen beim Auslösen des Verschlusses das Werk ihrer Zeitgenossen besonders berücksichtigten? Nein, denn wenn sich die Denkweisen veränderten, änderten sich auch die Bilder.

Dieses Mal war der Pol der Attraktion nicht mehr der Steven, sondern das Heck. Zum Beispiel war die Frühjahrsausgabe 1978 von »Seahorse«, der Zeitschrift des Royal Ocean Racing Club, zu 80 Prozent mit Fotos von Segelyachten aus der Sicht von achtern illustriert. Die moderne Yacht defilierte nicht mehr, sie segelte davon, einem Ziel entgegen, das nur sie selbst kannte, aber die mit Sicherheit einem Zuschauer den Mund wässrig macht, der nicht mehr in der besten aller möglichen Welten lebt, in der von vor der Ölkrise, als ihm noch die Zukunft gehörte. Bisher war die Yacht ein Anblick von und in die Welt gewesen, nicht aber ein Mittel, sich davonzustehlen. Wie soll man nicht denken, dass all diese Boote, die fortan ihre Hecks zeigten, die fortsegelten, die dieses Tal der Tränen verließen ..., dass all dieses Auslaufen abgebildet in vier Farben nicht die Darstellungen von einem Wunsch nach Flucht waren?

Es war verführerisch, diese Umkehrung der Bilderfabrikation auf die neuen Proportionen der Yachten abzuwälzen. Die Freiborde sind höher geworden, die Flanken breiter und die Spiegel riesig. Haben diese Hinterteile bei ihren Zeitgenossen einige kalligrafische Komplexe entwickelt? Wenn das der Fall war, hätten die Zwölfer auch weiterhin von vorne fotografiert werden müssen, denn ihre Proportionen haben sich in der vergangenen 40 Jahren nicht verändert. Oder, um 1977[82] ein Buch über den America's Cup zu illustrieren, zeigen 87 Prozent der Zwölfer-Fotos die Yachten von achtern!

Diese sinnlose Rangliste, aufgestellt anhand der Abbildungen unserer Zeit, sei der Rückentwicklung der Funktion des Segelschiffes gewidmet. Während sich die Bilderfabrikation des Motoryachtsports wegen unveränderter Inhalte kaum verändert hat, die des Segelsports hat daraus das Instrument der großen Abreise gemacht.

Kippur-Krieg im Herbst 1973 kletterte der Preis für Erdöl dramatisch um 400 Prozent[83]. Die erdölexportierenden Länder hatten den westlichen Gesellschaften ihre Verwundbarkeit demonstriert.

Diese Krise konnte die Entwicklung des Yachtsports zwar nicht stoppen, ersetzte den Optimismus aber durch zunehmende Ernüchterung. Im Gegensatz zu dem, was man geglaubt hatte, waren die schönen Tage vielmehr Teil der Vergangenheit als der Zukunft. Auf die »Swinging Sixties« folgten die »Sad Seventies«.[84] Pessimismus machte sich breit. Die Arbeitslosigkeit kam auf. Die Bedingungen für Kredite verschärften sich. Als man konsterniert feststellte, dass die natürlichen Ressourcen irgendwann aufgebraucht sein würden, begann man, die Bedeutung der Umwelt zu begreifen. Man hatte sich wegen des Fortschritts gehen lassen. Die Wahrheit, das waren die Bäume, die Pflanzen, die kleinen Vögel, die Reinheit: »Die Natur hat Recht.«[85] Der Fortschritt, der gestern noch hochgejubelt wurde, machte sich nun daran, überall (atomaren oder anderen) Abfall zu verteilen, Konkurse und Niedergänge nahmen zu.

Dieser Rückschritt verursachte die gleiche Ablehnung wie das, was nach dem Ersten Weltkrieg kam und hatte den gleichen Reflex zur Folge: Flucht. Man ging, um auf dem Land Schafe zu züchten, Man verließ Paris, um in der Provence einen Bauernhof zu restaurieren. Man verkaufte alles und ging auf Weltreise. Es war keine Minderheit von einigen Unzufriedenen wie in den 20er-Jahren: Es war eine Bewegung. Herr Jedermann fand in einem Boot das perfekte Fahrzeug, um sich in mildere Gefilde abzusetzen. Er zertrümmerte sein Sparschwein, verkaufte seine Wohnung, sein Auto, seine Waschmaschine … um sich ein Boot zu bauen. Er hatte noch nie gesegelt? Unwichtig: Er besaß die Sicherheit eines Schlafwandlers. In der Person von Bernard Moitessier fand er seinen Guru. Der Nomade der sieben Meere hatte Dank seiner ausgezeichneten Fähigkeiten als Seemann (und aus Verdruss über ein ungeeignetes Boot[86]) zwei Mal Kap Hoorn passiert. Er hat einige der schönsten Bücher über den Segelsport geschrieben und besserte damit seine geringen Mittel auf. Was Tabarly im Regattasport, war Moitessier im Bereich Fahrtensegeln.

In offenem Gelände, an Flussufern und in den Gärten wurde eine Armada gebaut. Das wurde die große Zeit von Ferrozement: Die Rümpfe waren aus Mörtel, der auf ein Geflecht aus Hühnerdraht aufgebracht wurde. Das interessante Material[87] erfüllte natürlich keineswegs die Vorstellungen der Bauherrn. Viele Rümpfe wurden nie fertiggestellt, andere erreichten nie das nasse Element, weil sie nicht dorthin transportiert werden konnten und wieder andere schafften nie den Absprung in die weite Welt. Nur sehr wenige erreichten die Karibik oder den Pazifik …

Die Outsider waren nicht die einzigen, die sich über ihr Leben Gedanken machten, die die Wurzeln des Vergnügens wiederfinden wollten, ohne sich mit Traditionen, Schwierigkeiten und technischen Auswüchsen zu belasten, die die wahren Freuden belasteten. Selbst die Regattasegler waren betroffen. Die Rennyachten waren zu komplexen Maschinen mutiert, in teure und komplizierte Geräte. Zum Teufel mit dieser dauernden Trimmerei! Man wollte den Spaß sofort genießen und nicht zwei Stunden im Mast sitzen und ihn einstellen. Im dem Moment, als die bekanntesten Einheitsklassen drastische Melderückgänge zu verzeichnen hatten, tauchte eine neue Schwertjolle auf, die sofort sehr erfolgreich wurde. Die Ausstattung

Bernard Moitessier in seinem Element: Seinetwegen fühlten sich viele berufen.

Der weltweit erste Rumpf aus Ferrozement wurde 1848 von Jean-Louis Lambot gebaut. Er ist im Museum von Brignolles ausgestellt (Mitte).

100 Jahre nach Lambot hat sich die Bauweise mit Ferrozement kaum geändert: Man befestigte Maschendraht über einem Gerippe aus Metallrohren. Der Zement wurde von innen nach außen aufgebracht und erreichte eine Dicke von zwei bis drei Zentimetern.

dieses Laser war im Gegensatz zu den Konkurrenzbooten extrem einfach. Wenn also die anderen noch mit dem Stellen des Mastes beschäftigt waren, segelten die Laser-Eigner bereits und hatten dabei den größten Spaß: Mit seiner langen Wasserlinie und seiner generösen Segelfläche segelte der Laser genauso schnell wie er aussah. Man glaubte, dass der Neue alle Melderekorde schlagen würde, aber das Gegenteil war der Fall: Laser-Regatten waren bald ebenso dürftig besetzt wie die anderen.

Die Regatten mit all den Schwierigkeiten und Opfern, die sie verlangten, interessierten all die nicht mehr, die nur den schnellen Spaß wollten und die sogar beim Segeln Benzin brauchten. Sie fanden

Der Windsurfer, eine Erfindung von Hoyle Schweitzer. Bald wurden 150 000 Segelbretter pro Jahr hergestellt.

das Objekt der Begierde, reduziert auf das Nötigste: ein schwimmfähiger Rumpf, ein Segel als Antrieb und ein Mensch, der das alles zusammenhielt. Der Windsurfer war die Summe der Einfachheit. Der Mensch übernahm die Rolle der Besatzung, des beweglichen Ballastes und der Verstagung; das Segel war in alle Richtungen einstellbar und diente als Motor und Ruder: Indem man den Segeldruckpunkt veränderte, drehte das Segel das Brett nach Luv oder Lee; der Rumpf hatte die Form eines Ski und es brauchte fast nichts um ihn fortzubewegen. Schon bald erreichte der Holländer Derk Thijs mit einem Windsurfer 19,3 Knoten und einige prophezeiten, dass irgendwann die 40-Knoten-Marke geknackt werden würde (sie wurde es inzwischen).

Hoyle Schweitzer, der Erfinder des Windsurfers, hatte seine Idee sorgfältig geschützt und wurde damit reich. Er hatte in fast allen Ländern Patente erworben, nicht jedoch in Frankreich, sodass dort schnell viele der am meisten frequentierten Windsurf-Reviere entstanden. Ohne an den Erfinder Lizenzgebühren zahlen zu müssen, produzierten französische Fabrikanten bis zu 150 000 Bretter pro Jahr. Sie beherrschten bald den Weltmarkt …

Die Komplexität, die für die Schwertboote zum Verhängnis geworden ist, hatte wenigstens auch einen positiven Aspekt: Sie hatte als Labor fungiert. Weil man die Pläne des 505ers zum Beispiel im Gegensatz zum 470er seit 1963 veränderte, hatten sich die Leistungen erheblich verbessert. Auf diesem guten Untersatz hatte man einen Turbo installiert, neue Segel mit biegsamen Riggs. Das Segel war mit dem Mast wie verheiratet: Trimmte man den Mast, veränderte man die Form des Segels. Immer wenn das Boot einsetzte, milderte der Mast den Stoß, öffnete dabei den oberen Teil des Segels und verringerte so den Winddruck. Er arbeitete wie ein Ventil: das Rigg partizipierte an der Form der See. Die leichten Schwertjollen kamen selbst hoch am Wind ins Gleiten. Warum gab es diese wahnsinnigen Erlebnisse nicht mit seegehenden Yachten? Die Formel bestrafte leichte Schiffe, breite Hecks? Zum Teufel mit der Formel! Die Öffentlichkeit nahm die sich entwickelnden Argumente begierig auf, darunter die des Leichtverdränger-Papstes Bruce Farr aus Neuseeland: »Was den normalen Fahrtensegler betrifft, geschehen mehrere Dinge, wenn (der Leichtverdränger) populär wird. Zunächst wird der Mann weniger bezahlen, weil das Boot sehr viel leichter ist, denn das bedeutet weniger Material und weniger

Rigg. Dann wird er ein Boot haben, das deutlich leichter zu handhaben ist, weil ein leichtes Boot weniger Segelfläche benötigt (…). Die Yacht kommt sogar nur unter Großsegel voran. Daraus folgt, dass die Arbeit für die normale Crew (aus Ehemann-Ehefrau bestehend) erheblich leichter wird. Letzten Endes wird er die Segelei viel mehr genießen. Yachten mit geringer Verdrängung reagieren viel schneller (›auf Zuruf‹) und sind viel aufregender.«[88] Spannend: Dies waren Worte des Meisters. Über die Formeln und die verpflichtenden Gewohnheiten hinaus trat das Segeln in eine Zeit von ebenso kraftvollen Empfindungen ein wie in der Popmusik.

Ein 3/4-Tonner von Bruce Farr: »Die Boote mit geringer Verdrängung reagieren viel schneller (›auf Zuruf‹) und sind viel aufregender« unten.

12
12
12

Das Regatta-Spektakel

1958–1983

»Das Geld gibt die Reinheit des Regattasegelns zurück: Man darf sich nichts vormachen, es ist kein Geld, um sich davon ein Haus oder einen Farbfernseher zu kaufen, es versetzt uns in die Lage, besser zu werden.«

Olivier de Kersauson[89]

Alan Bond: Der Finanzier aus Australien hatte sich geschworen, den America's Cup zu gewinnen.

All das beeinflusste kaum den seit 1851 andauernden Kampf um das Aushängeschild des Yachtsports, den America's Cup. Ganz gleich, ob sie ein Tee-Imperium, eine Flugzeugfabrik, eine Eisenbahngesellschaft besaßen, ob sie eine Zeitschrift für Frauen herausgaben oder Kugelschreiber[90] produzierten, immer wenn der Reichtum den unglaublichen Aufwand möglich machte, hatten sie nur noch einen Traum: den Traum vom Cup. Diese 3827 Gramm Silber waren der Gral, der Beweis dafür, dass der Yachtsport so etwas wie das Erbe der Zivilisation besaß: ein urtümliches Epos. Man fand dort den Stoff der Reise, der Suche, der Verfolgung eines Symbols, Gemeinsamkeiten mit der Odyssee und mit den Rittern der Tafelrunde; die Zuflucht ins Magische mit der übernatürlichen Schönheit turmhoher Segel und den Zufällen bei Regatten; und endlich die Präsenz des immer siegreichen Helden, die Amerikaner nicht immer überlegen aber immer ungeschlagen.

Der Erfolg des Cups aber hing weniger mit seiner Mystifizierung als mit den Wettbewerben selbst zusammen: Die Dominanz der Amerikaner war häufig so groß, dass die Regatten nur noch eine Formalität waren, die manchmal im Nebel entschieden wurde. Selbst die Technologie spielte nicht die große Rolle: Die 12-Meter-R-Yachten, mit denen der Cup seit 1958 ausgetragen wurde, waren konzeptionell schwere, anachronistische Antiquitäten[91], nichts aufregendes, unvergleichbar mit den glanzvollen Auftritten von *Reliance* (1903) oder *Ranger* (1937). Um das Interesse wiederzubeleben, hätte man die geheiligte amerikanische Hegemonie aufbrechen müssen, aber das konnte sich niemand ernsthaft vorstellen. Allerdings, der Prozess dazu war bereits im Gang: Alan Bond, ein Amateur des Seesegelns, hatte Anfang der 70er-Jahre angefragt, ob er den amerikanischen Verteidiger *Intrepid* besichtigen dürfe und handelte sich eine hochnäsige Ablehnung ein. Bond hatte erwidert, dass er zurückkommen werde, um sich diese verdammte Kanne zu holen und aus ihr so etwas wie eine alte Radkappe eines Plymouth zu machen. Seitdem hat er alles getan, um sein Wort zu halten.[92] Und dabei haben ihm die Amerikaner eher versehentlich geholfen, indem sie ihm die Grundlage für ihre eigene Niederlage lieferten.

An diesem Punkt der Geschichte sei der Leser eingeladen sich zu erheben und in Erinnerung an George Schuyler eine Schweigeminute einzulegen. Der ame-

Zwei Zwölfer an der Kreuz. Diese schweren Yachten beschleunigten progressiv (= sehr langsam!) und waren deshalb ideal für das Match-Racing geeignet (links).

Jester, *das umgebaute Folkeboot mit einem Dschunkenrigg, mit dem Herbert George »Blondie« Hasler (ovales Bild) an dem ersten Transatlantikrennen teilnahm, das er selbst initiiert hatte.*

Gipsy Moth V*: mit dieser Yacht nahm Sir Francis Chichester (ovales Bild) an seinem letzten Transat teil.*

rikanischen Yachtsegler hatte bis zu seinem Tod während der jährlichen Kreuzfahrt des New York Yacht Club im Jahre 1890 seiner Leidenschaft gefrönt. Er war der letzte Überlebende des Syndikats, das die *America* gebaut und dem Club in der 44. Straße die in England gewonnene Trophäe übergeben hatte. Diese Stiftung wurde den Regeln einer Stiftungsurkunde unterworfen. Um die Vorherrschaft seines Clubs besser gewährleisten zu können, hat Schuyler mit neuen Urkunden in den Jahren 1882 und 1887 die Vorgaben für die Herausforderer verschärft.[93] Diese Vorgaben konnten vom Verteidiger nach Belieben ausgeschöpft werden, je nach dem, ob man gute Laune hatte, ob man höflich zu ihm war usw. Der Baron Bich ist immer äußerst höflich gewesen und hatte 1970 vorgeschlagen, dass sich die Herausforderer zunächst untereinander messen, bevor der beste gegen den Verteidiger antritt. Die Amerikaner sahen darin ein Instrument, um zu schwache Herausforderer zu eliminieren; sie waren sich nicht darüber im Klaren, dass sie dann nicht mehr gegen ein Land, sondern gegen den Meister der restlichen Welt antreten müssten. Über kurz oder lang würde der Wettbewerb der Herausforderer untereinander so hart werden, dass der Beste von ihnen, rein statistisch gesehen, dem besten Amerikaner überlegen sein würde …

So war dieser Wettbewerb zwischen Männern und Yachten letztlich von der Interpretation einer Schenkungsurkunde, von den Vorschriften einer Formel oder von den Wettfahrtbestimmungen abhängig …

Wie die Geschichte zeigt, hatte sich die gesamte Evolution des Yachtsports an den obskuren Inhalten einer Zettelwirtschaft – Verträge, Gesetze, Regelwerke – orientiert, ausgebildet oder missgebildet … – im Allgemeinen von der Öffentlichkeit und von den Akteuren selbst ignoriert. Jedes Ereignis, aufgeklärt durch eine gründliche Studie, erschien wie ein riesiger Schatten, erzeugt vom Kleingedruckten am Fuße eines Dokumentes.

Der moderne Yachtsport ignorierte offensichtlich diese Spitzfindigkeiten. Selbst die hochkarätigen Match-Races zwischen zwei Yachten um eine viktorianische Kanne interessierte nur eine kleine Gruppe von Anhängern. Die große Öffentlichkeit verlangte nach einer viel größeren Bühne: nach den Ozeanen mit heldenhaften Theaterstücken, die aber leicht zu verstehen waren, die Herrn Jedermann von seiner Fernsehsucht heilen und ihm das Segeln schmackhaft machen würden. Oder dieses Stück … Im Jahre 1958 war es nicht mehr als ein Stück Papier am Schwarzen Brett des Royal Ocean Racing Club (RORC) in London. Es handelte sich um einen Vorschlag von Oberst H. G. »Blondie« Hasler, der im Zweiten Weltkrieg in Bordeaux mit einem Kajak deutsche Frachtschiffe versenkt hatte. Er schlug vor, eine Einhandregatta über den Atlantik ohne Beschränkungen hinsichtlich Bootsgröße und -typ zu veranstalten. Oh weh! Die einzige Person, die sich für diesen absurden Vorschlag interessierte, war verhindert. Der Mann war in den heroischen Zeiten der Fliegerei mit einer winzigen Maschine von England nach Australien und dann von Neuseeland nach Australien geflogen, hatte mit seinem Wasserflugzeug einen Crash mit einer Hochspannungsleitung überlebt, war von Fliegerkollegen als Navigations-Genie hochgelobt worden, um letzten Endes die patentreife Idee von Hasler am selben Tag zu entdecken, an dem er ins Krankenhaus musste um sich einen hoffnungslosen Fall von Lungenkrebs operieren zu lassen, welch traurige Ironie! Wunderbarerweise[94] entkam Francis Chichester der Operation und dem Tod: Nach 15 Monaten Kampf gegen die Krankheit kehrte er wieder in den Club zurück und fand den Vorschlag von Hasler immer noch angeheftet. Aus diesem unwahrscheinlichen

Zusammentreffen ergab sich ein gutes Stück Sport, eine neue, große Herausforderung.

Chichester gewann das Transatlantikrennen 1960 und wurde 1964 Zweiter (hinter Tabarly). Schon damals blickte er viel weiter. Er wollte endlich mit einer Segelyacht eine Einhand-Weltumrundung realisieren, die er in den 30er-Jahren mit seinem Flugzeug nicht geschafft hatte. Seine neue *Gipsy Moth IV* war 16,18 Meter lang und verdrängte 11,5 Tonnen: Es war die größte Yacht, die jemals einhand um die Welt gesegelt war, ein hartes Stück Arbeit für einen Vierundsechzigjährigen. Der britische Segler passierte die drei berüchtigsten Kaps – der Guten Hoffnung, Leeuwin und Hoorn – bevor er nach 226 Tagen wieder seinen Ausgangshafen erreichte.[95] Die englische Königin adelte ihn mit dem gleichen Degen, mit dem schon Sir Francis Drake[96] zum Ritter geschlagen worden war. Was hätte besser sein können? Chichester hatte in Sydney eine Pause eingelegt: Man musste also nur den Zwischenstopp auslassen.

Um von dieser Tat abzulenken, schlug die »Sunday Times« eine Einhand-Nonstop-Regatta um die Welt gegen den Uhrzeigersinn vor. Alle neun Teilnehmer mussten irgendeinen britischen Hafen vor dem 30. September 1968 verlassen haben. John Ridgway gab auf. Loick Fougeron kenterte in einer Welle durch und gab auf. Leslie King machte einen Überschlag, verlor dabei den Mast und warf das Handtuch. Chay Blyth erlebte einen Überschlag Heck über Bug und gab auf. Donald Crowhurst kreuzt im Atlantik umher, tut so, als ob er die Erde umsegelt, wird verrückt und ertränkt sich. Nigel Tetley sieht, wie sich sein Trimaran unter seinen Füßen allmählich zerlegt und gibt auf.[97] Bernard Moitessier segelte einem Sieg entgegen, fürchtete sich vor der Rückkehr in die Gesellschaft, gab das Rennen auf und segelte weiter bis nach Polynesien. Nur einer bleib übrig, Robin Knox-Johnston, der letzten Endes den Golden Globe erhielt. Einen Zweiten gab es nicht.

Ein Jahr später (1970–1971) übte Chay Blyth Revanche. Mit einer 18 Meter langen Stahlketsch absolvierte er eine Einhand-Weltumsegelung ohne Stopp und gegen die vorherrschenden Winde und Strömungen. Die unmögliche Reise war vollbracht, was gab es jetzt noch zu tun?

… Ein weiteres Rennen um die Welt, aber mit voller Besatzung. Die Organisation wurde von der Brauerei Whitbread gesponsort – Oberst John Whitbread war schon einer der Finanziers von Chichester bei dessen Weltumseglung. Bei der ersten Auflage des Whitbread-Round-the-World-Race (1973) ertranken zwei von rund 100 Crewmitgliedern. Anlässlich des zweiten Rennens (1977) konstatierte der Schriftsteller Paul Guimard: »Es ist noch nicht lange her, da war ein derartiger Wettbewerb nicht vorstellbar. Ich behalte eine rührende Erinnerung an die Bücher von Jean Merrien[98], die zur Bibel für Generationen von Seglern geworden sind und in denen die Überquerung des Englischen Kanals (…) als die Krönung einer mehrjährigen Ausbildung zum Fahrtensegler beschrieben wird, als eine Expedition, die das Herz höher schlagen lässt! Heutzutage kann eine Weltumseglung durch die hohen südlichen Breitengrade mit einer Durchschnittsgeschwindigkeit von acht Knoten ohne Unfall und ohne schwere Havarie als Misserfolg angesehen werden (wenn das Ergebnis nicht gut gewesen ist). Auch die See unterliegt der Geschichte.«[99]

Ein Rennen über die offene See hat also den Status eines der letzten modernen Abenteuer angenommen. Und die Medien machten mit. Die Werbefachleute fanden in den Regattaseglern neue Imageträger für Männlichkeit, Abenteuer, Ökologie und Reinheit. Die größte Schwierigkeit der Ozeanrennen wurde die Suche nach einem Sponsor, nicht aber das Rennen selbst.

Das Transat 1968 leitete die Wende ein. Der Sieger Geoffrey Williams war der Erste, der bei einer großen Seeregatta mit einem gesponsorten Boot triumphierte, das einen (fast) kommerziellen Namen trug: *Sir Thomas Lipton*, die beste Sorte des gleichnamigen Tees. Sechs Jahre später, beim Start zum Transat 1974, gab es eine Reihe ganz unterschiedlicher Namen auf den Rümpfen, von *Prémaman*

Robin Knox-Johnston hätte lange vor seiner Leistung an Bord von Enza *während der Jules-Vernes-Trophy nie gedacht, jemals Sir Robin zu werden.*

Geoffrey Williams gewann das Transat 1968 mit Sir Thomas Lipton*: Er war der erste Sieger eines Atlantikrennens, der gesponsort wurde und auch der erste, der von den Ratschlägen eines Meteorologen per Funk profitierte (unten).*

Die Gestalt kommender Dinge: Olympus *während der Route du Rhum 1978.*

(Bekleidung für Mütter und Kinder) über *Logo* (Optikerkette) und andere bis hin zu *Nova* (Milchprodukte). Alles konnte auf die offene See: Biskuits, Wurstwaren, Schuh- und Hemdenfabriken ... Manchmal verhalf ein kleines Budget, das »in extremis« ausgehandelt wurde, zu einem medienwirksamen Sieg: Mike Birch, der Gewinner der Route du Rhum 1978, erhielt nicht mehr als 80 000 Francs[100] von Olympus Photo. Die Wochenzeitschrift »Observer« hatte 1960 das erste Transatlantik-Rennen mehr aus Passion als aus Streben nach Gewinn unterstützt. Sieben Jahre später, als die »Sunday Times« die Non-stop-Einhandregatta um die Welt lancierte, waren die Motive weit weniger uneigennützig. Im Verlaufe der 70er-Jahre wurde die Szene von purem Sponsoring beherrscht: Die Kurse um die Welt finanzierten die Brauerei Whitbread und die Zeitung »Financial Times«, das Transat die Zigarettenmarke Gauloises, die Rundreise Europa-Asien-Europa die Hotelkette Parmelia und die Route du Rhum die Rumfabrikanten aus Guadeloupe.

Die Einführung des Kommerz in ein aggressives Milieu, das mit dem Amateurkonzept verbunden war, löste ein Zähneknirschen von heute unvorstellbarer Intensität aus – und war dennoch unumkehrbar.

Das Segelsport keinen Erfolg damit gehabt hat, den Geist der ersten Amateure zu bewahren als zum Preis eines scheinheiligen Zaubertricks: Der Steuermann war Amateur, er wurde von einem professionellem Skipper und einer Proficrew unterstützt.[101] Es war absurd wenn man sich vormachte, dass eine komplizierte Rennmaschine ohne die Profis funktionieren könnte. Aber die Toppsegler, die Konstrukteure und die Werften, die in einem Wettbewerb die hohe Qualität ihrer Produkte verteidigten, kassierten am Ende eines Regattatages kein Geld, und die Schein war gewahrt.

Diese bezahlten Crewmitglieder konnten für eine Einhandregatta nicht angeheuert werden. Das Transat, ein atypischer Wettbewerb, erforderte spezielle Yachten, die unter anderen Bedingungen kaum zu gebrauchen waren und sich deshalb ohne die Hilfe eines Sponsors nicht rechneten. Es ist also kein Zufall, wenn dieses Rennen die ersten Banderillos ins Fell des Amateursegelsports setzte. Die Steuerleute, die fähig und heiß darauf waren, sich in diesem langen Vergleich

auszuzeichnen, ihre gesamte Zeit zu opfern und das eigene Leben zu riskieren, konnten nicht gleichzeitig ein Unternehmen leiten. Man musste also irgendwo Geld finden und warum nicht bei den Firmen, die nach den Interessen schielten, die die Medien auf das Segeln brachten? Der Skipper war sein eigener Agent (Geoffrey Williams hat 3000 Briefe geschrieben!), er organisierte das Zusammentreffen zwischen Kapitalismus und Abenteuer. Der Skipper[102] wurde gleichzeitig zum Produzenten, Regisseur, Agent und Spieler seiner guten Leistungen. Diese Funktion des inszenierten Mannes beherrschte die Bühne in den 70er-Jahren, ob es sich um Einhandrennen über die Ozeane, um das Whitbread oder selbst um den America's Cup handelte: Der Skipper war unersetzbar geworden. Die Yacht, die war er selbst.

Alain Colas war der Erste, der die Medien nutzte.

Die Regattasegelei war durch ihre Stars zu einem von Groupies, Impresarios und Spielernaturen umgebenen Spektakel geworden. Der berühmteste dieser loyalen Herren war der Organisator der Route du Rhum. Dieser Michel Etévenon, der im Olympia, dem Pariser Sangestempel gearbeitet hatte, verstand sich auf Spektakel. Er hatte sein Rennen genauso lanciert wie man für einen Star aus dem Show-Business Reklame macht. »Meine Leidenschaft«, sagte er, »ist das Ereignis und dann die Menschen, die es befördern. – Und die Yachten? – Oh ... zum Angeln ...«.[103]

Die Route du Rhum ist entstanden, weil die Briten die Größe der Yachten eingeschränkt hatten. Rückblende: 1972 gewann Alain Colas, ein Schüler von Tabarly, das Transat mit dem Trimaran *Manureva, ex Pen Duick IV*. 1976 wollte der Schüler seinen Meister verdrängen. Er ließ den 72 Meter langen Viermaster *Club Méditerranée* bauen, die größte Yacht, die jemals einhand gesegelt worden ist. Clans hatten sich gebildet, die Zeitungen »Partei für Colas« oder »Tabarly« bezogen. Letzterer gewann schließlich den Vergleich mit *Pen Duick VI*, die für eine zwölfköpfige Crew gebaut worden war. Die Englän-

Der Start zur Transat 1976: Der Viermaster Club Méditerranée *von Alain Colas war offensichtlich gewaltig. Man erkennt* Pen Duick VI *auf der linken Seite (unter der Lücke zwischen den Textspalten).*

der, schockiert durch die Monster, die diese teuflischen »Frenchies« vorführten, hatten die Engländer die Länge der Yachten für das Transat auf 17,06 Meter begrenzt. Davon überzeugt, das öffentliche Interesse mit einer Regatta ohne Größenbeschränkungen ködern zu erregen, kreierte Etévenon die Route des Rhum, mit Summen, die das Publikum ansprachen: Der Sieger erhielt 200 000, der Zweite 100 000, der Dritte und Vierte je 50 000 Francs (70 000, 35 000 und 17 000 Mark). Traditionell eingestellte Segler waren entsetzt, weil die Motivation nun nicht mehr nur die persönliche Befriedigung sei und befürchteten, dass sich der Yachtsport mit der Rückkehr von Geldpreisen prostituiere. Sie hatten wohl vergessen, dass Preisgelder in der Zeit vor dem Ersten Weltkrieg üblich waren oder dass es für den Sieger des ersten Transat 75 Pfund und für den des Golden Globe 5000 Pfund gegeben hatte.

Diese Gelder konnten allerdings nicht mit den Summen verglichen werden, die in anderen Sportarten gezahlt wurden. Ende des 20. Jahrhunderts verdienten die besten und bekanntesten Skipper nicht mehr als Fußballspieler der Zweiten Liga. Wie dem auch sei, die Skipper versuchten bald, ermutigt durch ihren Bekanntheitsgrad, ihre Aktivitäten selbst zu regeln. Durch ihre Föderation Acimo hatten es die französischen Hochsee-Regattasegler geschafft, gewisse Vergütungsregelungen durchzusetzen, aber das, was für die Segler gut war, war nicht zwangsläufig gut für die Behörden, die Konstrukteure, die Sponsoren oder die Medien.[104] Die Aktiven konnten nicht gleichzeitig die Regie führen – wie auch in der Formel 1. Die Föderation scheiterte schließlich vor allem an den stählernen Klippen des Egoismus, aber vielleicht hatte sie da bereits ihre Daseinsberechtigung verloren. Die Vielzahl von Wettbewerben und Disziplinen eröffnete den Skippern diverse Arbeitsmöglichkeiten. Das olympische Komitee hatte sogar anerkannt, das man an den Spielen teilnehmen konnte, wenn man sich reamateurisieren ließ …

Pen Duick VI: *Der Sieger der Einhand-Transatlantikregatta 1976 war für eine Crew von zwölf Personen gedacht.*

Der Kiel der Australia II von vorne. Durch die Flügel aus Blei konnte der Gewichtsschwerpunkt tiefer gelegt werden (links).

Zu Beginn der 80er-Jahre hatte der Yachtsport das Zeitalter des Geldes erreicht. Es war das Jahrzehnt des schnellen Reichtums, das der »Golden Boys«.

Das Vermögen von Alan Bond war gigantisch, als er 1983 den America's Cup gewonnen hatte. Der Australier war zum Liebling der Börsen und Aktionäre geworden. Was er auch anfasste, es wurde Gold daraus. Selbst der Sieg seiner *Australia II* hatte den Nimbus von Zauberei. Die Yacht hatte einen geheimen Kiel mit Flügeln. Diese Flügel waren nichts anderes als eine Methode, den Gewichtsschwerpunkt des Bleiballastes tiefer zu bringen und die Stabilität insgesamt zu erhöhen. Dadurch konnte das Boot auf dem Leichtwindrevier vor Newport mehr Segelfläche tragen – und diese Segel waren auch noch besser als die der Amerikaner. Doch hatten diese objektiven Elemente einen dramatischen Einfluss auf die Subjektivität der Amerikaner: Verhext von der australische Demonstration waren die Verteidiger von ihrer unausweichlichen Niederlage überzeugt – und wurden am Ende der siebten Wettfahrt doch nur um 49 Sekunden geschlagen. Wie 1851 hatten die Bauern die Herren der Welt besiegt. Wie im 19. Jahrhundert kündigte dieser Sieg den Einbruch einer weiteren Nation in die Phalanx der technisch entwickelten Länder an. Man entfernte die alte Trophäe aus ihrer Vitrine. Einige etwas angeheiterte Mitglieder des New York Yacht Club wollten aus der Kanne trinken. Sie füllten Champagner hinein, aber der silberne Cup hatte keinen Boden und der Champagner versickerte im Teppich. In diesem Moment erschien der gepanzerte Wagen, in dem der America's Cup abtransportiert werden sollte, sodass keine Zeit mehr blieb, ihn von den Champagnerresten zu reinigen. In Newport empfing den Polizisten, der die Türen des Wagens öffnete, ein Geruch wie von ranzigem Essig und er rief aus: »Puh! Das Ding stinkt als ob es 132 Jahre alt ist!« Es war die Grabinschrift der längsten Vorherrschaft in der Geschichte des Sports …

Das Ende einer 132-jährigen Hegemonie: Im Jahre 1983 entführten die Australier den America's Cup …

Die 80er-Jahre waren die der Geschwindigkeit. Fortan liefen Motor-Rennboote auf offener See Durchschnittsgeschwindigkeiten von rund 150 km/h – und dies war nichts im Vergleich zu den Leistungen auf geschützten Gewässern.

Die Multiplikation des Yachtsports

Zieleinlauf der Route du Rhum 1978: Im letzten Moment passiert der kleine Trimaran Olympus *den fast doppelt so langen Einrümpfer* Kriter, *den er nach 4000 Seemeilen mit 98 Sekunden Vorsprung schlug.*

Zwei Rümpfe sind mehr Wert als einer

900–1990

»Das ist so wie fliegen sein soll.« Rudy Choy nach seinem ersten Schlag auf dem Trimaran Manu Kai *(1947)*[1]

Mit den Einhandregatten sind die Mehrrumpfboote in das Bewusstsein der Öffentlichkeit gerückt. Sie repräsentierten das Abenteuerlichste, Schnellste und Modernste, was der Yachtsport hervorgebracht hat. Dennoch geht ihre Herkunft bis in früheste Zeit zurück. Sie kommen aus einem Land, das einst die halbe Welt bedeckte. Dieses Gebiet, das die Europäer »Pazifik« nannten, war nicht mit den Pferden der Tartaren oder

Für die Intuition gibt es nichts anderes als die Nase!

»Ich habe aus verschiedenen Quellen gehört, dass die Hoden des Mannes das sensibelste (Analyseinstrument) waren und des Nachts oder wenn der Horizont verdeckt war oder man sich unter Deck befand, dies die Methode war (die die polynesischen Seefahrer benutzten) um die Originalrichtung der Dünung zu bestimmen.«[2]

Ein Auslegerboot aus Polynesien. Jede Inselgruppe hat ihren eigenen Bootstyp hervorgebracht, anders als die anderen, aber immer mit mehreren Rümpfen (oben).

Selbst als Ruderboot machten sich Mehrrümpfer ausgezeichnet (rechts).

den Kamelen der Beduinen erobert worden, sondern mit Booten und Liedern. Man gab diesen Gefährten einen Namen der aus Ceylon kam, wo man die Flöße bei Wind vorne zusammenband. In der Sprache der Tamilen kam »catumaram« von »catu« (festzubinden oder binden) und »maram« (Baumstamm).

Diese Katamarane sind die einzigen hochentwickelten Boote der Geschichte gewesen, die ohne Werkzeuge aus Metall gebaut wurden. Der Holzbearbeitung mit einer Queraxt, die eine Klinge aus Stein hatte und mit Raspeln aus Rochen- oder Haihaut ging nur sehr langsam voran. Aus Mangel an Metall war es unmöglich die erforderlichen Planken herzustellen, wie sie für chinesische, arabische oder europäisches Schiffe verwendet wurden. Die Rümpfe wurden wie auch die Segelfläche auf das notwendige Mindestmaß reduziert. Das wechselhafte Wetter erlaubte es den Europäern, auf günstige Winde zu warten, die mit einem Tiefdruckgebiet heranziehen. Die Bewohner des Pazifik dagegen lebten in einem Bereich mit stetigen Winden aus immer der gleichen Richtung, sodass die Boote auch kreuzen können mussten. Die Polynesier waren deshalb die Ersten, die ein Rigg mit Schratsegeln einsetzten, deren westliche Vorfahren, die Lateinersegel, wahrscheinlich von arabischen Händlern mitgebracht worden sind, die die dreieckigen Segel in Mikronesien kennen gelernt hatten[3] …

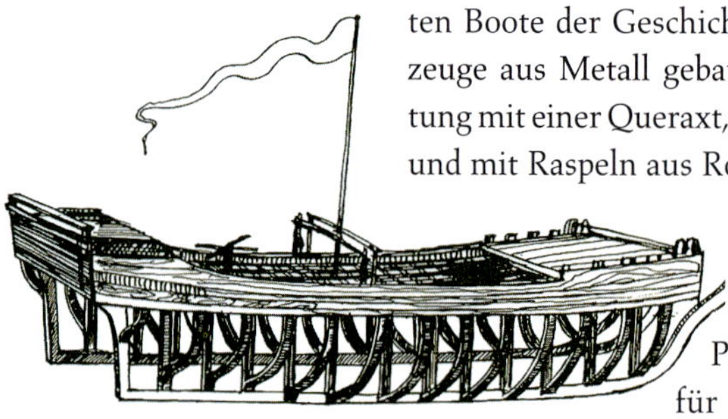

Modell des Katamarans Experiment *von Sir William Petty, der 1664 das erste Seerennen der Geschichte gewann.*

Der Mangel an Booten im pazifischen Raum hielt die Eingeborenen nicht davon ab, die ersten großen Ozeanreisen der Geschichte zu unternehmen und ein Gebiet zu bevölkern, in dem es vor allem Raum in Hülle und Fülle gab. Der Mangel an Werkzeug war der Grund für die ersten Mehrrümpfer. Die Sicherheit – um die sich die Reichen Sorgen machen! – die Basis für die Nächsten.

Ticket für die Fähre mit zwei Rümpfen Nassau *des Jahres 1812 in New York.*

Ein guter Teil der europäischen Schiffe ging während der langen Seereisen verloren. Eine der häufigsten Ursachen für Unfälle waren Kenterungen. Sir William Petty, den man auch als den irischen Leonardo da Vinci bezeichnete, stellte sich vor, dass zwei auseinandergerückte, durch Querträger miteinander verbundene Rumpfhälften stabiler sein müssten als ein normaler Rumpf. Sein erstes Versuchsobjekt, das zweifellos nichts mit den Polynesiern zu tun hatte, bestand aus zwei tonnenförmigen Rümpfen. *Simon & Jude* ging 1662 zu Wasser und schlug eine schnelle königliche Schaluppe. Zwei Jahre später musste sich der neue Katamaran *Experiment* von Petty mit einem Kurierboot Seiner Majestät bei einer Querung der Irischen See messen. In jenem Jahr, in dem Molière seinen »Tartuffe« uraufführte, wurde das erste Hochseerennen der Geschichte von einem Katamaran gewonnen …

Die experimentellen Mehrrumpfboote von Sir William Petty erwiesen sich stabiler als andere Schiffe jener Zeit, aber sie waren auch teurer und konnten weniger Ladung transportieren. Das genügte, um sie abzulehnen. Im folgenden Jahrhundert tauchte der erste Mehrrümpfer mit einem Hilfsantrieb auf: Die Wahl fiel zwangsläufig auf einen Katamaran, weil ein Erfinder, ein gewisser Miller, einen Tunnel zwischen den Rümpfen brauchte, um von Muskelkraft angetriebene Schaufelräder zu installieren. Robert Fulton gab dem Dampf den Vorzug vor Segeln und Muskeln: Im Jahre 1812 waren übrigens die ersten drei Fährboote 118 Tonnen schwere Katamarane.[4] Sie legten die Strecke New York – Hoboken (New Jersey) in fünf Minuten zurück. Dort baute sich im Jahre 1820 ein junger Mann einen Segelkatamaran mit dem passenden Namen *Double Trouble*. Anschließend führte der junge John Cox Stevens das Kricket in den USA ein (aus dem Baseball entstand) und gründete den ersten Yachtclub Amerikas. Später nahm er in England mit dem schwarzen Schoner *America* an einer Regatta teil und gewann einen berühmt gewordenen Pokal …

Die Sicherheit eines Schiffes, das breit genug war, um als kentersicher zu gelten, blieb verführerisch. Der Holländer Johannes Smit fühlte sich berufen und baute 1859[5] eine »dubbel jacht«, die noch ein halbes Jahrhundert später Touristen beförderte. Und warum setzte man diese Stabilität nicht ein, um Leben zu retten? Das patentierte Rettungsboot *Non-Pareil* hatte drei aufblasbare, 7,62 Meter lange Rümpfe. Um seine Einsatzfähigkeit zu beweisen, überquerte Kapitän John Mikes damit in 51 Tagen den Atlantik. Das war 1867 und die erste Transatlantikfahrt eines Mehrrumpfbootes.

Non-Pareil war auf Grund der einfachen Bauweise ein leichtes Boot. Niemand konnte sich vorstellen, dass das ein Vorteil sein könnte. Die ersten westlichen Katamarane wie die von Petty, Miller und Stevens waren schwer. So auch andere wie *Copula*, auf die wir noch zu sprechen kommen werden. Man wusste allerdings durch die Berichte europäischer Entdecker von den polynesischen Mehrrumpfbooten und deren spinnenartiger Zerbrechlichkeit. Man hatte nichts davon geschrieben, dass die Stabilität auf den weit auseinander angeordneten Rümpfen beruht; man hatte vergessen, dass es sich wegen der Bauweise um Federgewichte handelte. Nat Herreshoff war der einzige Mensch, der die Bedeutung des geringen Gewichtes verstanden hatte. Er war noch nicht der Gigant, dessen Schiffe später sechs Mal den Pokal gewinnen sollten, den John Cox Stevens aus England mitgebracht hatte; er war nur ein junger Ingenieur, der die Vorteile eines günstigen Verhältnisses aus Gewicht und Leistung begriffen hatte. Zu der Regatta anlässlich der Einhundertjahrfeier der USA (1876) in New York hatte er mit seinem Katamaran gemeldet. Das war zum Totlachen. *Amaryllis* wurde von Herreshoff selbst gesteuert und segelte in der leichten Brise nach dem Start hinterher. Dann kam Wind auf, das Boot beschleunigte und gewann. Da gab es nichts mehr zu lachen. Man disqualifizierte diese Ungehörigkeit, die einen Rumpf zu viel hatte. Doch der Sieg dieses David gegen die übertakelten und mit beweglichem Ballast ausgestatteten New Yorker Goliaths, dieser unwahrscheinliche Triumph … erhitzte die Gemüter. Einige mehr oder weniger gute »Katamaranisten« bauten Mehrrumpfboote aller Art und Gewicht, die sich manchmal schon beim Stapellauf zerlegten.

Herreshoff war sich der Mängel seiner *Amaryllis* bewusst. Der Katamaran hatte die Tendenz, mit dem Bug einzutauchen, sodass er hätte kentern können. Das passierte ein Jahr später auch. Herreshoff erfand die absolute Lösung: Die Rümpfe waren unabhängig mit Holmen aus flexiblem Spruce untereinander verbunden, die auf kugelförmigen Bronzezapfen saßen. So wurden die Bewegungen im Seegang aufgefangen. Ein Steven konnte eintauchen, ohne dass ihm der Rest des Bootes folgte und es gab mit einem Katamaran dieses Typs nie wieder einen Überschlag nach vorne. Diese Aufhängung hielt nebenbei harte Belastungen von der Rumpfstruktur ab, sodass letztere leichter ausgelegt werden konnte.[6]

Herreshoff, überzeugt davon, die Segelyacht der Zukunft erfunden und den Grundstein seines Vermögen gelegt zu haben, reichte am 20. März 1877 das Patent mit der Nummer 189 459 ein. Um seine Kosten decken zu können, entschied er sich dazu, vier ähnliche Katamarane zu bauen. Das war der erste Serienbau in der Geschichte des Yachtsports. Es handelte sich auch um die ersten modernen Katamarane mit schlanken und leichten Rümpfen, einem zentralen Cockpit und Höchstgeschwindigkeiten von 19 Knoten.

Aus Sorge um sein Monopol verhinderte Herreshoff Regatten zwischen Ein- und Mehrrümpfern, aber so kamen keine Aufträge herein. Man kennt die genaue Zahl der von ihm gebauten Katamarane nicht, es gab aber wenigstens einen in San Francisco und einen anderen, der 15 Meter lang war und sich als zu schwer herausstellte. Das Konzept hatte einen nicht lösbaren Fehler: Es funktionierte nur in einer bestimmten Größenordnung – zwischen

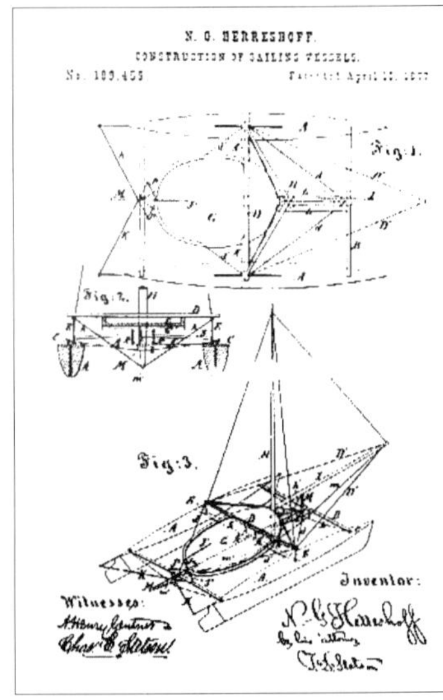

Patentschrift eines Katamarans von Nat Herreshoff, erteilt am 10. April 1877 … und die Umsetzung in die Praxis (unten), dabei handelt es sich um einen Nachbau des Jahres 1933.

1877: Der erste Überschlag

»Plötzlich sah man wie *Amaryllis* stoppte und die Hecks der beiden Rümpfe und sein (einziges) Ruder hoch in den Himmel stiegen. Das Boot blieb einen Moment so auf den Steven stehen, verlor dann das Gleichgewicht und drehte Heck über Kopf, der Mast im Wasser und die Rümpfe Kiel oben. Der Skipper Hughes und sein zweiter Mann hielt es nicht an Bord der *Amaryllis*. Mit großer Einmütigkeit behielten sie ihre Geschwindigkeit bei, während das Boot die seine brutal verlor, und man sah sie hoch in die Luft fliegen und gut 20 Fuß vor dem gekenterten Boot landen.«[7]

etwa 4,60 und 9,50 Meter – und mit der Ausrüstung »eines Gartenstuhls«, wie der Konstrukteur ironisch anmerkte. Die Katamarane waren zu speziell und die Riggs hatten einen zu schlechten Wirkungsgrad, um die Möglichkeiten voll nutzen zu können. Herreshoff gestand seinen Misserfolg ein und verkaufte sein Patent 1881 an Thomas Fearon, der es zehn Jahre lang nutzte. Die Weiterentwicklung der Katamarane wurde letzten Endes durch die Erfindung des Finnkieles mit Ballastbombe – von Herreshoff selbst – gestoppt. Die Yachten waren ebenso leicht und hatten große Segelflächen wie die Katamarane, waren aber nur halb so teuer.

Im 19. Jahrhundert gab es einige Mehrrumpfboote: Den Sieger einer Regatta im australischen Sydney (Cup Inter-Kolonial) im Jahre 1890, einen Katamaran mit drei Rümpfen (den Begriff Trimaran gab es damals noch nicht) 1893 in Madagaskar, einen Bewerber für den Seawanhaka Cup, den Sieger dieser Regatta 1898 und einen Bewerber für den französischen Eintonnerpokal im Jahre 1900; das war alles.[8] Der Yachtsport war also bereits so gut organisiert, dass man in der Lage war, derartig exzentrische Erscheinungen auszugrenzen.

Erst 1947 tauchten die Katamarane wieder auf. Wieder kam die Idee aus dem Pazifik. Inzwischen wehte die Flagge der USA auch über den Hawaii-Inseln und man hatte auch deren Technologie übernommen. Dort traf ein seltsames Trio zusammen, das die gemeinsame Passion des Surfens miteinander verband: Woody Brown, der Wasserflugzeuge konstruierte und flog, Al Kumalae, ein Hawaiianer reinsten Blutes und Rudy Choy, ein junger Mann chinesischer Abstammung. Gemeinsam entwarfen und bauten sie *Manu Kai*, den ersten wirklich modernen bewohnbaren Katamaran. Das Brückendeck war profiliert wie eine Tragfläche. Seine Rümpfe waren asymmetrisch, sodass keine Schwerter erforderlich waren. Er war nicht sehr breit, nur vier Meter auf zwölf Meter Länge. Die Segelfläche betrug nur 35 m^2, aber die Konstruktion in Zollenbauweise aus Sperrholz wog nur eine Tonne. *Manu Kai* segelte schnell und die Dünung des Pazifik konnte dem Boot nichts anhaben. Und außerdem, es war das erste schöne Mehrrumpfboot.

Manu Kai, *der erste moderne Katamaran.*

Das aber war nicht die Ansicht der ganzen Welt. Die Nachfolger von *Manu Kai* wurden nicht für die Transpazifikregatta von Los Angeles nach Hawaii zugelassen. Sie starteten außer Konkurrenz und kamen jahrelang immer als Erste an. Man begann, von einer exotischen Revolution zu sprechen, von einer unschlagbaren Neuheit (weil man alle bereits beschriebenen Vorgänger vergessen hatte): von einem Katamaran. Und Rudy Choy war sein Prophet! Er führte eine sehr gut laufendes Unternehmen für Tagescharter in der Bucht von Waikiki (*Manu Kai* war sein erstes Boot), bevor er eine Karriere als Yachtkonstrukteur begann. Seine Entwürfe waren gemäßigt, relativ schmal, mit moderater Segelfläche und komfortabler Ausstattung. Es waren keine reinen Rennboote, sondern eher vom Typ »Gran Tourismo«.

Wenn es Rudy Choy gelang, mit bewohnbaren Katamaranen bemerkenswerte Leistungen zu erzielen, warum sollte das nicht auch mit kleineren Versionen möglich sein? Ende der 50er-Jahre gab es eine Explosion von Schwertbooten mit einem oder zwei Rümpfen. In England leisteten die Brüder Prout Pionierarbeit mit einem Katamaran, der geringe Freiborde hatte und dessen Foto um die Welt ging, weil Prinz Philip an Bord war. Dieser erste königliche Mehrrümpfer war der Vorfahr des Shearwater. Frankreich hatte den Véloce[9] und vor allem den Exocet. Sie alle hatten schlanke Vor- und voluminöse Achterschiffe. Bald wertete Macalpine-Downie seine Erfahrungen aus und zeichnete *Iroquois*, den ersten Serienkatamaran aus Kunststoff. Er war schnell, spektakulär, aber so kenteranfällig, dass er einen serienmäßigen Auftriebskörper im Masttopp erhielt.

Die Katamarane blieben nicht die einzigen Mehrrumpfboote: Die Trimarane tauchten auf (Der Begriff wurde in den 40er-Jahren von Victor Tchechett geprägt, einem in die USA emigrierten Russen). Ihre Einführung war von Prahlerei und Übertreibungen genährt, die die Neulinge begeisterten und die Traditionalisten zittern ließen. Arthur Piver hatte eine Serie von Trimaranen aufgelegt, die, wie man hörte, 30 Knoten unter Bedingungen erreichten, in denen andere Yachten sechs Knoten machten. Piver verkaufte vor allem Pläne für Selbstbauer, die den preisgünstigsten Einstieg ermöglichten … und die Trimarane wurden eine Zeit lang der magische Trank der Outsider des Segelns. Jene, die das zweifelhafte Vergnügen hatten, bei Wind mit den Stummelsteven nach den Plänen von Piver auf der offenen See zu segeln

Der erste Sieg eines Trimarans in einer bedeutenden Regatta war der Erfolg von Toria *im Round Britain Race 1966 (links).*

zu machen, werden nicht vergessen, wie groß der Unterschied zwischen Traum und Wirklichkeit war.

Piver blieb auf See, er verschwand auf dem Weg zum Start des Transat 1968. Da er Plymouth nicht mehr erreichte, konnte er auch nicht mehr sehen, wie viele seiner Konstruktionen am Start waren. Sicher, die Trimarane waren favorisiert (auch wenn ein Einrümpfer in jenem Jahr gewann), aber es gab zwei verschiedene Konzepte. England wurde von Derek Kelsall repräsentiert, der zwei Jahre zuvor mit seiner *Toria* das Round Britain Race gewonnen hatte. Die Schwimmer waren voluminös (80–100 Prozent der Gesamtverdrängung) und fast genauso lang wie der Mittelrumpf. Frankreich wurde durch *Pen Duick IV*, »den schwimmenden Tennisplatz«, vertreten. Man behauptete, bei Wind sei es besser, den Leeschwimmer mit seinem geringem Auftrieb (das Volumen beider Schwimmer betrug weniger als 50 Prozent der Gesamtverdrängung) unter Wasser zu drücken und dass ein Tri gekrängt wie ein Einrümpfer gesegelt werden müsse. Die Erfolge von *Pen Duick IV/Manureva* (1. Transat '72), *Cap 33* (3. Transat '72)[10] und *Kriter IV* (4. Route du Rhum '78) haben nicht den Beweis für die Gültigkeit dieser Theorie erbracht, aber die geringe Stabilität war ein Resultat der Gewichtsersparnis in den tragenden Elementen zu einer Zeit, als man noch nicht gleichzeitig leicht und fest bauen konnte.

Das alles änderte sich, als Dick Newick eher puristisch an die Mehrrumpfboote heranging. War dies die Reaktion auf den lüsternen Namen des ersten Katamarans, auf den er ein Auge geworfen hatte? *Copula*, »entstanden aus der Verkuppelung der beiden Rümpfe«, so die Erläuterung des Konstrukteurs und Eigners (ein belgischer Unternehmer aus Toulouse), war aus Stahl und sehr schwer. Trotzdem war es der erste Katamaran, der 1949 den Atlantik von Ost nach West[11] überquerte (das Buch dieses Abenteuers ist auch in die englische Sprache übersetzt worden). Als der junge Newick *Copula* Jahre später zum ersten Mal sah, fand er das Boot sehr hässlich, und wenn so etwas den Ozean überqueren konnte, konnte er sich auch ohne Scheu an den Entwurf von Yachten machen. Newick war pleite, schämte sich aber nicht: Er setzte Minimallösungen um. Toiletten? Ein Loch mit Deckel, der von einem Bolzen aus Holz gehalten wurde. Die Einrichtung? Etwas zum Essen und Schlafen, sonst nichts. Seine Trimarane waren leicht und wie Werkzeuge auf das Nötigste reduziert. Sie lockten Menschen mit ähnlich puristischer Einstellung wie Michael Birch und Phil Weld an. Im Jahre 1976 wurde Birch mit der unglaublich kleinen, neun Meter langen *Third Turtle*, gezeichnet von Newick, Dritter des Transat. Zwei Jahre später erreichte Weld mit seiner luxuriösen *Rogue Wave* einen ausgezeichneten dritten Platz bei der Route du Rhum (Birch gewann mit einer Konstruktion von Walter Greene, der nach den Prinzipien von Newick arbeitete). 1980 wurde Phil Weld mit dem Newick-Design *Moxie* erster des Transat. Durch diese Folge von guten Ergebnissen ergab sich ein neuer Standard hinsichtlich der Abmessungen und Volumina: Die Trimarane waren etwas länger als breit, das Volumen der Schwimmer betrug rund 115 Prozent der Verdrängung und der Volumenschwerpunkt der Schwimmer lag vor dem Gewichtsschwerpunkt. Das Unterschneiden eines Schwimmers zog den Trimaran hoch, erhöhte so seinen Freibord, seine Längsstabilität und seinen Widerstand gegen das von den Segeln erzeugte vorausgerichtete Drehmoment.[12] Die Vorherrschaft der Newick-Konstruktionen Ende der 70er- und Anfang der 80er-Jahre war dem ausge-

Die Trimarane von Arthur Piver waren weder schnell noch wirklich gut, mauserten sich aber zu Herolden einer Gegenkultur.

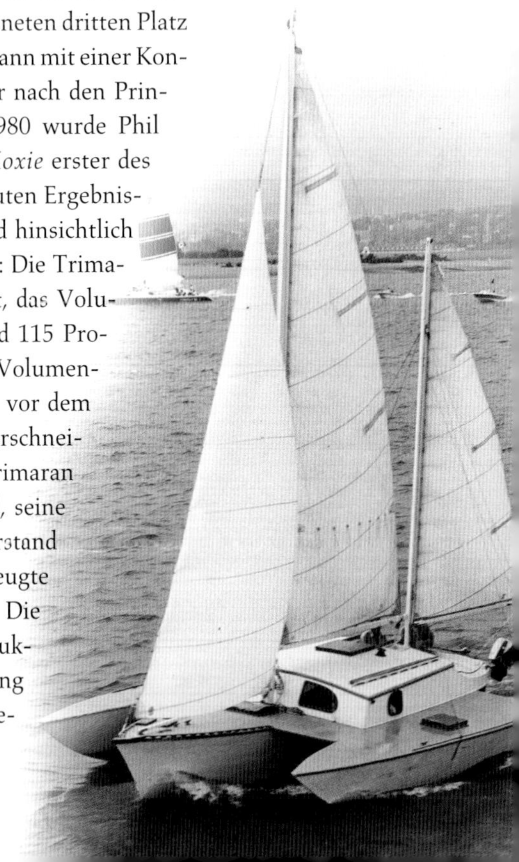

zeichneten Verhältnis von Leistung zu Gewicht – 27m²/Tonne – und dem homogenen Verhalten zu verdanken, das diese Boote zu hervorragenden Segelmaschinen machte.

Im Jahre 1983 versicherte der französische Skipper Eugène Riguidel etwas naiv, die Giganten seien, im Gegensatz zu den kleinen, aber hochentwickelten Yachten, die Lösung der Armen. Einige Jahre lang bestimmten die Monster bis 27,43 Meter, bald reduziert auf 25,90 Meter, das Geschehen. Weil die meisten dieser Kolosse Katamarane[13] waren, folgerte man daraus, dass zwei Rümpfe besser sein müssten als drei. Diese Dominanz ließ sich allerdings nur mit Konstruktionsschwierigkeiten begründen. Seit einigen Jahren war mit Epoxy gesättigtes Holz (WEST-System[14]) die bevorzugte Bauweise, selbst wenn dessen Mangel an Festigkeit die Vortriebskraft eher abfederte als sie in Geschwindigkeit umzusetzen. Die Lösung, so sagten

Rogue Wave *von Dick Newick (ovales Foto) war eine Überraschung: Ein Mehrrumpfboot konnte schön sein! Die Einrichtung (hier die Pantry) war eine Mischung aus Genügsamkeit und Raffinesse.*

William Saurin *(Kelsall-Design) war der Apostel des Gigantismus, mit der die teure technische Weiterentwicklung ausgeglichen werden sollte (unten).*

Der von Tragflächen stabilisierte Trimaran Charles Heidsieck *beendete nie eine Regatta, er war zu schwer und unausgereift (unten).*

Charente Maritime II *(Joubert-Design), einer der Giganten mit den meisten Erfolgen.*

alle, liege in der Kohlefaser, widerstandsfähig wie der beste Stahl, aber nur ein Drittel so schwer. Also ließ man sich auf diese hochtechnische Kompositbauweise ein, ohne zunächst dieses noch in den Kinderschuhen steckende Verfahren für den Yachtbau sauber auszutesten. Das Ergebnis überraschte nicht: *Elf II* war als lupenreiner Kohlefaser-High-Tech-Bau mit 4,5 Tonnen berechnet und wog beim Stapellauf mehr als zehn. *Charles Heidsieck* sollte 12 Tonnen wiegen und verdrängte mehr als 20. Eine Überschreitung des berechneten Gewichts um 200 Prozent war eher die Regel als die Ausnahme.[15] Aber als ob das nicht schon schlimm genug war, den Monstern mangelte es auch an der Steifigkeit: Wenn man auf *Charente Maritime II* die Großschot richtig dicht holte, bewegte sich der Rumpf, aber nicht das Segel! Auch die Standardbeschläge waren den Kräften nicht gewachsen, vor allem die Festigkeit[16] genügte den enormen Anforderungen keineswegs. Die Konsequenz: Es machte keinen Sinn, ein sehr großes Boot zu bauen, ein Katamaran reichte aus. Ein Trimaran wäre steifer gewesen und hätte eine bessere Kontrolle des Riggs ermöglicht (mit welchen Beschlägen?), aber der Gewinn an Vortriebskraft hätte das hohe Gewicht des Mittelrumpfes nicht kompensieren können.

Im Lauf der Zeit wurden die Giganten zu teuer, sodass man die Länge zunächst auf 75 und später auf 60 Fuß begrenzte. Mit dem Ende der Riesen verschwanden auch deren Mängel in puncto Steifigkeit und bei den Beschlägen. Die Trimarane machten noch kleiner weiter, zunächst in der Formel 40.[17] Diese nur für Tageswettfahrten gedachten Yachten mussten voluminöse Schwimmer haben, um die erlaubten gewaltigen Segelflächen tragen zu können. Weil das aber nicht ausreichte, verlängerte man die Querholme immer mehr, bis die Boote so breit wie lang waren. Ein Katamaran dieser Breite würde sich in alle Richtungen verwinden: man baute deshalb Trimarane mit

Die Prau: eine verpasste Gelegenheit?

Am Ende seines langen Lebens verbrachte Herreshoff die Winter in Florida. Dort lernte er einen einheimischen Exzentriker kennen, der sich mit den Wasserfahrzeugen der Polynesier beschäftigte. Im Alter von über 80 Jahren segelte der »Zauberer aus Bristol« eine dieser Praus und testete anschließend verschiedene Modelle. In den Jahren 1967–1968 nahm Dick Newick die Idee der Ausleger-Piroge auf, baute aber den Schwimmer auf die Leeseite. Diese Atlantik-Prau wurde drittes Schiff des Transat und verursachte zwischen 1976 und 1982 einen kleinen Boom. Auf dem Papier war der Mehrrümpfer das ideale Boot für die Hochseefahrt: Durch die Abschaffung des Rumpfes in Luv fielen auch die entsprechenden Querholme weg. Der Wegfall erlaubte es, die Breite in Lee zu verringern und dadurch noch mehr Gewicht einzusparen (bis zu 50 Prozent von dem eines Katamarans). In der Praxis sah das aber weniger rosig aus. Die Erfolge (*Funambule*) waren überschattet von Zusammenstößen, die auch anderen (*Eterna, Azulao*) hatten passieren können, und von eingeschränkter Verwendbarkeit: zu kleines Boot (*Godiva*), absurde Veränderungen (*Tahiti*) und vor allem außergewöhnliche Formeln (*Rosières, Languedoc Roussillon*). Die Formel erwarb sich dort einen schlechten Ruf und bedeutete das Ende aller Experimente auf See. Auf 500 Metern Strecke hingegen machte das asymmetrische Mehrrumpfboot Furore: seit 1972 und der ersten Crossbow waren alle Segelmaschinen, die den Geschwindigkeitsweltrekord hielten, Praus.

Ein Trimaran, der wie ein Kat gesegelt wird: Die Rennyachten der Formel 40 (oben) hatten einen dauerhaften Einfluss.

Die Prau Cheers beim Start zum Transat 1968, das sie als Dritter beendete.

Schwimmern[18] (und Rudern) von Katamaranen, und sie gewannen alles. Schuld daran waren die Vorschriften der Formel 40, die nur die Länge, nicht aber die Breite begrenzten. Der Hochseeregattasport führte ähnliche Einschränkungen ein, die auch zur Dominanz einer neuen Generation von Trimaranen[19] führten.

Diese Beschränkungen führten gegen Ende der 80er-Jahre dazu, dass sich die Boote immer mehr einander anglichen. Dieser Mangel an Profil innerhalb der Flotte führte offensichtlich zu einem gewissen Desinteresse der Medien, die lieber über spektakuläre Gegensätze berichteten als über Ähnlichkeiten. Inzwischen hatte die Popularisierung der Regatta-Mehrrumpfboote den Fahrtenkatamaranen Auftrieb gegeben. Diese Yachten mit ihrem riesigen Salon auf dem Brückendeck mit Rundumsicht wurden als Alternative zu herkömmlichen Einrumpfbooten angesehen. Im Jahre 1981 wurde in Frankreich nicht ein einziger Fahrtenkatamaran gebaut, 15 Jahre später repräsentierten sie bereits 17 Prozent aller Neubauten über zehn Meter Länge. Sicher, diese Mehrrümpfer, überladen mit seemännischen Geschirr, Ausrüstung und Urlaubsgepäck, waren meistens nicht schneller als vergleichbare Einrumpfboote, aber sie boten eine andere Art zu segeln, ohne Krängung, näher zur Sonne und

David gegen Goliath: 3 : 0 (der Justiz zufolge)

Im Februar 1987 gewann Dennis Conner den America's Cup zurück, den die Australier vier Jahre zuvor mitgenommen hatten. Darauf debattierten das Syndikat, das die Herausforderung organisiert und finanziert hatte und der San Diego Yacht Club[20], der die Meldung abgegeben hatte, über das Nutzungsrecht an der Trophäe. Sie waren mit ihren Auseinandersetzungen so beschäftigt, dass sie vergaßen, die Ausschreibungen für den nächsten Cup zu veröffentlichen und allen anderen Herausforderern zugänglich zu machen. In diesen rechtlichen Freiraum hinein meldete Michael Fay, ein Bankier aus Neuseeland (viel später Sir Michael) eine Herausforderung nach altem Muster an, einer gegen einen, während der Rest der Welt zusehen musste. So wie die Stiftungsurkunde des America's Cup es spezifizierte, teilte Fay die Dimensionen des Herausforderers mit, die massiv waren: *New Zealand* würde, mit einer Wasserlinie von 27,43 Meter und einem Tiefgang von 6,09 Meter, am Maximum gebaut sein. Es war klar, dass die Yacht wie ein 505er oder ein 18-Footer aus Sydney aussehen würde und abzusehen war, dass die Besatzung entsprechend ausreiten würde. San Diego lehnte diese völlig absurde Herausforderung ab und die Kiwis zogen vor Gericht. Sie behaupteten, die Stifter des Cups

Primagaz in ihrem Element: Mehr als genug Leistung, und 540 Seemeilen in 24 Stunden.

hätten die Entwicklung der Yachtkonstruktionen unterstützen wollen, und dass ihr Monster die Dinge weiter vorantreiben würde als die alten Zwölfer (womit sie Recht hatten). Der Anwalt der Kalifornier gründete seine Verteidigung auf Auszügen aus »Lawson's History of the America's Cup«, einem Plädoyer des Finanziers der unglücklichen *Independence* des Jahres 1901. Die Kiwis hatten keine Schwierigkeiten, Fehler darin zu finden und danach den Richter davon zu überzeugen, dass die Verteidiger unehrlich waren (während es sich vielmehr nur um Dummheit gehandelt hatte). San Diego wurde verurteilt, die Herausforderung zu akzeptieren. John Marshall[21], der technische Direktor des amerikanischen Syndikats glaubte, dass ein kleiner, aber hochtechnologischer Katamaran die Kiwis bei geringen Kosten würde schlagen können. Man musste natürlich klären, ob die Stifter in den Jahren 1870 bis 1880 einen Kat akzeptiert hätten und ob sich der Supreme Court in New York würde davon überzeugen lassen. Der Verfasser hat zusammen mit Corine Renié recherchiert und herausgefunden, das Mehrrumpfboote im 19. Jahrhundert bekannt waren und dass ein Katamaran an der Kreuzfahrt des New York Yacht Club im Jahre 1877[22] teilgenommen hatte. Die Neuseeländer machten eine Kehrtwendung und behaupteten dieses Mal, dass die Boote ähnlich sein müssten. Das aber war, wie die Arbeiten des Verfassers und seines Gehilfen[23] bewiesen habe, eine Fehleinschätzung. Der Richter ordnete an, die Regatta habe stattzufinden. Inzwischen beanspruchten andere Herausforderer mitmischen zu wollen, woraufhin die Kiwis mit der Hand auf dem Herzen angekündigt hatten, dass sie Ausscheidungskämpfe gegen ähnliche Boote wie ihr eigenes akzeptieren würden (dessen Details geheim gehalten wurden). Die Engländer, finanziert von Peter de Savary, bauten eine Yacht mit Tragflügeln, die in zwei Teile zerbrach; der Australier Ian Murray schlug einen riesigen, ultraleichten »Schlitten« vor, der ohne Zweifel von allen akzeptiert worden wäre, wenn sein Urheber die Zeit und die Mittel für den Bau gehabt hätte. In der Zwischenzeit ging der Bau der Yachten voran. Der amerikanische Katamaran erhielt ein starres Segel, konstruiert von Rutan (zwischen zwei Flugzeug-Prototypen); er war 18,28 Meter lang[24] und bestand ausschließlich aus Kohlefasergelegen. Der Gigant der Kiwis war 42 Meter lang und hatte seitliche Flügel, damit die Crew weit ausreiten konnte. Leider lief der Bau in großer Eile ab, sodass die Gewichtsvorgaben des Konstrukteurs Bruce Farr nicht eingehalten wurden: die Yacht verdrängte statt der geplanten 25 etwa 45 Tonnen. Das hatte keine Konsequenzen, denn die Überlegenheit des kleinen Katamarans stellte sich als unstrittig heraus: Er gewann alle Wettfahrten glatt und gewann drei zu null. Dann zog man wieder vor Gericht, verlor, gewann und erreichte schließlich, dass der Cup (vorübergehend) in San Diego blieb. Diese unschöne Episode hatte allerdings gezeigt, dass die traditionellen Yachten des Cup nur noch wenig Begeisterung entfachten. Die 12-Meter-R-Yachten wurden daraufhin von sehr viel moderneren Rennyachten in Kompositbauweise, mit geringer Verdrängung, einer zahlenmäßig größeren Crew und spektakuläreren Leistungen ersetzt. Die International America's Cup Class (IACC) wird von einer Formel mit vielschichtigen Einschränkungen regiert. Das atypische Match von 1988 bewirkte eine Umgestaltung der Cup-Regatten auf einer moderneren Basis.

Im Jahre 1988 lancierten die Neuseeländer eine »wilde« Herausforderung um den America's Cup, ohne sich mit den Verteidigern abzusprechen. Die Justiz erzwang dieses Match-Race. Beide Seiten kamen mit extremen Konzepten: Die Kiwis hatten eine 42 Meter lange Yacht, die rund 45 Tonnen verdrängte (oben). Die Amerikaner bauten einen 18,28-Meter-High-Tech-Katamaran (unten).

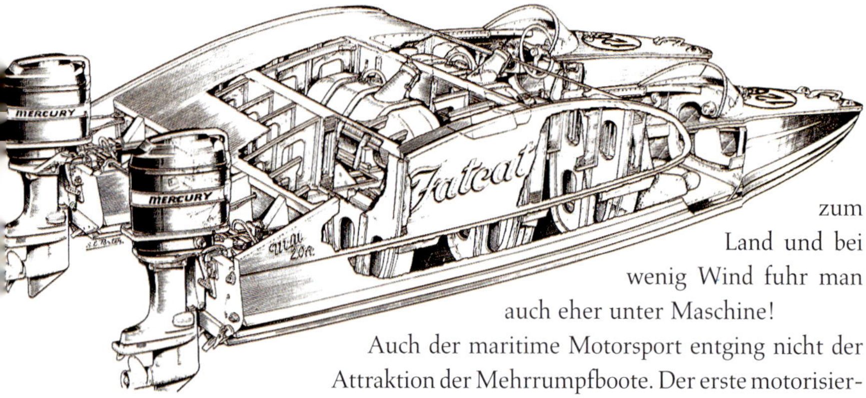

Einer der ersten motorgetriebenen Rennkatamarane: Die Brüder Switzer setzten einen tragflügelartig geformten Aufbau auf die Rümpfe, dessen Auftrieb das Boot anhob.

zum Land und bei wenig Wind fuhr man auch eher unter Maschine!

Auch der maritime Motorsport entging nicht der Attraktion der Mehrrumpfboote. Der erste motorisierte Katamaran war 1907 entstanden, aber es vergingen 30 Jahre, bis man wieder auf die Mehrrümpfer zurückkam. Schuld daran waren die erfolgreichen Drei-Punkt-Boote, die jedoch seit Anfang der 60er-Jahre von allen Seiten mehr und mehr kritisiert wurden.

Der Rumpf mit dem tiefen »V«, der von Ray Hunt erfunden worden ist, hatte sich bei Seegang als überlegen erwiesen, und eine Meute von Rennbooten mit Höchstgeschwindigkeit verwandelte eine glatte Wasseroberfläche in einen Hexenkessel. Andererseits entwickelten die Amerikaner immer stärkere Außenbordmototren, die aber auch immer schwerer wurden. Ein Drei-Punkt-Rumpf war für einen vorn eingebauten Motor gedacht und konnte achtern kein Gewicht vertragen. Im Jahre 1961 montierten die Brüder Switzer das Ende eines Flugzeugflügels über zwei schlanke Rümpfe mit dem »V«. Ihr Katamaran gewann anschließend die meisten amerikanischen Rennen. Es gab nur ein Problem: Er fuhr (sehr) schlecht Kurven. Das war bei den Katamaranen, die Angelo Molinari[25] am Comer See baute, nicht der Fall. Seine Boote waren in der Tat Drei-Punkt-Rümpfe mit bis zum Heck verlängerten Kufen, die einen Tunnel bildeten, in dem der Fahrtwind komprimiert wurde. Das Profil eines so langen Tunnels war kritisch: Wenn sich das Luftkissen nur ein wenig verlagerte, veränderte sich der Längstrimm, bis das Boot unkontrollierbar wurde. Nur als Rennfahrer konnte man damit Erfahrungen sammeln, sodass die besten Konstrukteure dieser Katamarane auch die Sieger stellten: die Brüder Molinari, Dieter Schultze, Len Melley, James Baird ... Das große klassische Langstreckenrennen war seit 1955 die Sechs-Stunden von Paris. Die elfte Auflage wurde von Molinari mit einem Katamaran gewonnen, und der Motorrennsport trat in ein neues Zeitalter ein.

Die Offshore-Rennen konnten sich besser gegen den Angriff der Katamarane wehren. Sicher, in den 70er-Jahren beherrschte James Baird die kleine Klasse mit seinem Kat *Volare II*. Um den Auftrieb zwischen den Rümpfen nach achtern zu verlagern, fing der Tunnel ein Stück hinter den Steven an. Das Boot ähnelte einer Gurkengabel und erhielt deshalb den Spitznamen »picklefork«. Baird gründete die Werft Cougar Marine und blieb lange Zeit der Einzige, der Offshore-Rennboote mit zwei Rümpfen baute. Sie wurden bei 100 Kilometern pro Stunde in der Dünung der offenen See so sehr durchgeschüttelt, dass die komprimierte Luft im Tunnel Gefahr lief, seitlich herausgedrückt zu werden. Die Einrumpf-

Start zu den Sechs-Stunden von Paris. Seit 1966 wird das Rennen von Katamaranen beherrscht.

boote waren so schmal, dass ihr Widerstand vergleichbar mit dem der beiden Rümpfe war. 20 Jahre nachdem der Katamaran aufgetaucht war, gewannen die Einrümpfer die Rennen, wenn die See rau war …

Auf geschützten Gewässern beherrschten die Katamarane seit Beginn der 70er-Jahre das Geschehen. Der Wettstreit wurde von den Werksrennställen der großen Außenborder-Hersteller geführt: von OMC (Evinrude/Johnson) und Mercury. Man interessierte sich nur wenig für Motorbootrennen, deren einzige Triebfeder der Kampf um die Hegemonie der zwei großen amerikanischen Motorenhersteller war. Die Leistungen stiegen von 150 PS in zehn Jahren auf 300 bis 350 PS. Dann, 1981, brachte OMC einen V8 mit 3,5 Liter Hubraum heraus, der bei 10 000 Umdrehungen pro Minute 400 PS leistete. Er war so groß, dass er den Spitznamen »King Kong« erhielt. Das war zuviel: Mercury zog sich vom Rennsport zurück, der aus Mangel an Konkurrenten bald einging. Doch diese Auseinandersetzung hatte für den normalen Wassersportler Konsequenzen. Wie die Mechaniken in den Rennbooten wurden bald auch die Motoren von Herrn Jedermann hydraulisch auf den Fahrtzustand eingestellt: Man konnte den Eintauchwinkel durch Druck auf einen Knopf vergrößern oder verkleinern. Die leistungsstarken Außenborder waren zu komplexen Systemen geworden, weit mehr als nur Abfallprodukte aus dem Rennsport. Sie lieferten nicht nur die notwendige elektrische Energie, sondern regulierten auch den Längstrimm des Bootes, das sie antrieben und steuerten. Natürlich brachten diese hochentwickelten Antriebsmaschinen zum Preis eines Autos so viel Gewicht auf die Waage, dass man sie nicht mehr ohne weiteres auswechseln konnte, was der ursprüngliche Zweck der Erfindung der Außenborder gewesen war. Nun versah man bei der Geburt einen Rumpf mit einem Motor und änderte daran nichts mehr. Der Außenborder war ebenso dauerhaft geworden wie eine Einbaumaschine …

Die Offshore-Rennen sind zu einem Spektakel geworden. Vor allem die italienischen Fernsehanstalten machten daraus das, was die Sponsoren suchten: ein Medienereignis. Der Höhepunkt wurde 1989 erreicht, als Fabio Buzzi seinen Katamaran *Cesa 1882* vorstellte, den er gezeichnet und gebaut hatte, ausgestattet mit vier Dieselmotoren, die wie die hochseetauglichen Cockpits nach seinem Konzept entstanden sind (der Ehemann von Caroline von Monaco war in einem Offshore-Rennen getötet worden und die Sicherheit war entscheidend für das Überleben dieses Sports). Buzzi pilotierte sein viermotoriges Monster von Sieg zu Sieg, bis die internationalen Rennsportgremien (in denen keine Hersteller von Dieselmotoren vertreten waren) das Ungetüm disqualifizierten, das zu viele zu Verlierern gemacht hatte. Andere waren der Meinung, dass die Rennen nicht weit genug entfernt von den Küsten verliefen

Ein Offshore-Katamaran Ende des 20. Jahrhunderts. In dieser Disziplin ist die Vorherrschaft der Mehrrümpfer nicht absolut, die Technik oder die Wellenbedingungen erlauben auch Siege von Einrumpfbooten.

und wandten sich dem Blauen Band des Nordatlantik zu, das seit 1952 von dem Passagierschiff *United States* mit seinen 200 000 PS gehalten wurde. Die ersten Bewerber – darunter Richard Branson, der exotische Besitzer von Virgin Records[26] – mussten unterwegs tanken. Dann tauchte ein italienisches Syndikat auf und schaffte die schnellste Überquerung mit einem 66 Meter langen Monster, das den gesamten Treibstoff mitführen konnte. Die Kosten für eine weitere Herausforderung vergraulte die Amateure …

Die Außenborder-Rennen auf geschützten Gewässern wurden von den Japanern wieder reaktiviert. Anfang der 90er-Jahre beschleunigten die Katamarane des Typs F1 in vier Sekunden von Null auf 160 km/h, schneller als ein Formel-1-Rennwagen. Und eine 180-Grad-Kurve, in der ein Rennwagen auf 90 km/h abbremsen musste, passierten die Boote 140 bis 160 km/h! Immer wenn es um Geschwindigkeit geht, ob unter Motor oder Segeln, sind zwei Rümpfe besser als einer.

Der Gleitsport

1000–1995

»Man hat mir versichert, dass ein Surfer an nichts anderes als ans Surfen denkt. So verstehe ich es auch. Besser als Jesus: Gleiten auf dem Wasser, sich tragen lassen, oben, auf dem Kamm einer Welle, bis dann, so spät wie möglich, absteigen, sich fallen lassen. Es ist wie Sex mit dem Ozean.«

Edgar Morin, 1970[27]

Die mit Mehrrumpfbooten erreichbaren Geschwindigkeiten bedeuteten einiges mehr als nur rasch zurückgelegte Strecken. Das Gefühl dabei war beinahe wie eine unbekannte Trunkenheit, tief greifend, fast erotisch. Bei 31 Knoten Fahrt auf einem großen Trimaran bei glattem Wasser – und man saß in der Kajüte, ohne den Wind zu spüren und den Himmel zu sehen! – hatte man den surrealistischen Eindruck, als ob der Horizont kippte, das Meer ein Abhang war, das Boot ein gigantischer Schlitten wurde und dass man das unerhörte Privileg hatte, Emotionen zu erleben, die selbst eine Generation früher kein Mensch je erlebt haben konnte.

In handelte sich natürlich um eine Illusion: Die Männer mit der goldenen Haut kannten das bereits seit 1000 Jahren. Sie surften auf geformten Brettern die Wellen von Hawaii hinab.[28] »Wir haben verblüfft mit angesehen, mit welcher Kühnheit und Geschicklichkeit die Eingeborenen ihr schweres und gefährliches Manöver absolviert haben« berichtete Cook im Jahre 1778.[29] Die Hawaiianer ritten ihre Bretter stehend, sitzend, liegend … Der Sport hieß »He 'Enalu« (surf ist ein englisches Wort). Die Häuptlinge hatten das Recht des »olo«, eines bis zu fünf Meter langen Bretts, während sich das Volk mit einem kürzeren, dem »alaïa« begnügen musste. »He 'Enalu« hatte eine religiöse Bedeutung. Die amerikanischen Missionare des 19. Jahrhunderts versuchten, das Surfen auszurotten. Erst im Jahre 1907 tauchte der Sport auf Veranlassung von George Freeth wieder auf; kurz darauf brachte Duke Kahanamoku[30] das Surfen nach Kalifornien und Australien. Die Schwertfinne tauchte 1930 auf, das erste Brett aus Schaum 1946. Dann folgten die ersten Filme und die ersten Fernsehserien …

Der französische Surfsport erhielt sein erstes Brett 1956 in Biarritz. Hennebutte – einer der Schlauchboot-Pioniere – patentierte den »leash«, die Leine, die den Surfer mit seinem Brett verbindet. Es gab damals etwa 15 Franzosen, die vom Surfen begeistert waren, darunter zwei Brüder: Joël und Arnaud de Rosnay. Sie hatten bereits andere Freizeitbeschäftigungen aus Kalifornien importiert: Frisbee, Skateboard, Bungee, Hobie Cat (1971). Dann erfand

Arnaud de Rosnay, Pionier und Märtyrer des Gleitsports (unten).

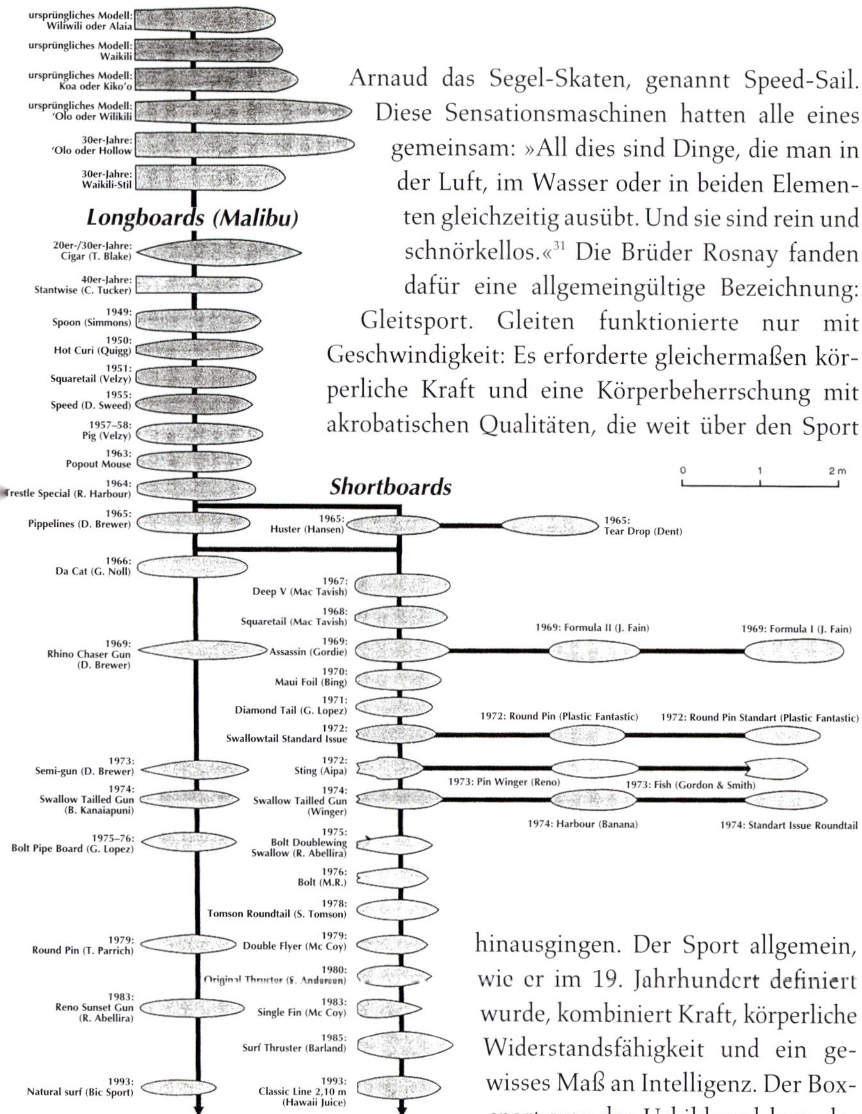

Die Entwicklung der Surfbretter im 20. Jahrhundert (oben).

Arnaud das Segel-Skaten, genannt Speed-Sail. Diese Sensationsmaschinen hatten alle eines gemeinsam: »All dies sind Dinge, die man in der Luft, im Wasser oder in beiden Elementen gleichzeitig ausübt. Und sie sind rein und schnörkellos.«[31] Die Brüder Rosnay fanden dafür eine allgemeingültige Bezeichnung: Gleitsport. Gleiten funktionierte nur mit Geschwindigkeit: Es erforderte gleichermaßen körperliche Kraft und eine Körperbeherrschung mit akrobatischen Qualitäten, die weit über den Sport hinausgingen. Der Sport allgemein, wie er im 19. Jahrhundert definiert wurde, kombiniert Kraft, körperliche Widerstandsfähigkeit und ein gewisses Maß an Intelligenz. Der Boxsport war das Urbild und kam der Definition so nahe, dass die englischen »sportsmen« ihn als die vornehme Kunst bezeichnet hatten. Diese Muskelübungen waren ernste Dinge, – man sprach von sportlichen Disziplinen – denen es nicht an Fantasie mangelte wie allen Tätigkeiten einer guten Gesellschaft, in der selbst die Tänze festgelegt wurden und keine Improvisationen zuließen. Bis sich schließlich die Oberklassen herabließen und sich der Mode entsprechend kleideten, den Tango tanzten, den Swing, den Boston und den Bebop, vor allem aber den Rock, den Everybody zu einer Befreiung des Körpers zusammenfasste, aus der sich eine Befreiung aller Körper ergab … Verwunderlich ist nur, dass diese Ausbrüche, die alle sowohl in den Tanzschuppen als auch in den Schlafzimmern (ohne die Auto-Rücksitze zu zählen) in Trance versetzt haben, nie den Sport erreichten. Vielleicht weil seine Anhänger weniger introvertiert waren und weil deren Akrobatik nicht mehr lächerlich wirkte, sondern, im Gegenteil, bewundert wurde. Das Ziel beim Windsurfen Anfang der 80er-Jahre war nicht eine Spitzengeschwindigkeit von 30 oder 40 Knoten, sondern der Looping beim Springen vom Kamm einer Welle. Dies war er, der Gleitsport: das Verschmelzen zwischen den Härten des Sports und den Bewegungen der modernen Tänze.

Nicht zu vergessen die Prahlerei! Diese Pirouetten, diese Sprünge, dieser Hüftschwung, diese Geschicklichkeitsdemonstrationen hatten ihr Publikum und ihre Groupies. Die Prinzen des Gleitsports benutzten Glitzerkleidung, Sonnenbrillen, Kombinationen, Badeanzüge … die sie von den normalen Strandbesuchern unterschieden, die sich das gleiche Outfit kauften, um ihren Göttern ähnlich zu sein. Schließlich ist es die Uniform, an der man den Soldaten erkennt – und die Kutte macht den Mönch! –, dieser neue Lebensstil begleitetet von einer Kleiderkultur, die im Outlook wiedergab, wem die Jugendlichen am Ende des 20. Jahrhunderts opferten.

Der Gleitsport besaß eine Attraktivität, die stark wie eine Droge war. War es tatsächlich ein Zufall, dass diese Sportart im Laufe der 80er-Jahre aufkam, als auch der Konsum von Drogen aller Art explodierte? Sicher, das Erreichen des Geschwindigkeitsrausches hatte nicht die gleichen entkräftenden Konsequenzen wie die chemischen Drogen, aber es bot die gleichen Empfindun-

Der erste Jetski.

gen von intensiver Erweckung, Losgelöstheit, absoluter Befriedigung. So wie es mehrere Sorten des künstlichen Paradieses gibt (natürlichen oder chemischen Ursprungs), gab es zwei natürliche Paradiese für das Gleiten. Oben die Berge zum Skifahren (Geschwindigkeit pur auf den Pisten, Extremski auf unmöglichen Steilhängen) und für die Akrobatik die Snowboards; unten das Meer für Segelyachten mit verblüffenden Leistungen – Mehrrumpfboote oder Schwertjollen zum Ausreiten, Windsurfer mit hohen Geschwindigkeiten und Akrobatik –, und für die Unentwegten den Jetski.

Der Jetski hätte die Gründer des Gleitsports zittern lassen: Dies war kein sauberes Ding, sondern ein Motorfahrzeug. Doch er entpuppte sich für den Motoryachtsport als das, was der Windsurfer für die Segler war: ein reinrassiger Spender von starken Empfindungen. Die Idee eines Wasser-Motorrads war nicht neu: Um 1958 gab es in Deutschland diese Fahrzeuge mit ILO-Motoren, 15 Jahre später gab es sogar eine Art Wasser-Granate auf Tragflächen. Diese Maschinen waren nur wegen der Neugier ein Erfolg: Kamen sie in jedermanns Hände, wurden schwerwiegende Mängel sichtbar. Man konnte mit ihnen kentern (und brauchte dann eine Bergungsmannschaft) und einen Schutz gegen Feuer gab es praktisch nicht. Kawasaki aus Japan war das erste Unternehmen, das ein unsinkbares, selbstaufrichtendes Wasser-Motorrad mit Jet-Antrieb auf den Markt brachte. Das war 1973[32]; zwei Jahrzehnte später produzierte man 250 000 Jetskis pro Jahr (bei Yamaha fast einen pro Minute) …

Kurioserweise wurden diesen Gleitsportarten zwei Disziplinen nicht zugeordnet, die die gleichen körperlichen Reserven voraussetzten und den gleichen Adrenalinausstoß erzeugten. Wasserski einerseits befand sich in freiem Fall, weil dies ein Sport war, den man nur mit Hilfe eines von zwei Personen[33] besetzten Motorbootes ausüben konnte, während sich das Gleiten unabhängig ergab.[34] Wildwasser-Kajak hatte in den 80er-Jahren eine solide Entwicklung durchgemacht, ist aber dennoch nicht in die Gleitsportarten integriert worden.

Die knappe Freizeit zur Erforschung von Flüssen und Wildbächen hat ohne Zweifel zu einem neuen Ferien-Rhythmus geführt: im Winter in die Berge, im Sommer an das Meer. Die Aktiven konnten durch diese abwechslungsreiche Urlaubsaufteilung[35] von einer Disziplin zur anderen springen. Éric Tabarly, der vom Skifahren ebenso begeistert wie vom Segeln war, ist das beste Beispiel für diese nach Geschwindigkeit lechzende Generation. Fortan drehte man seine Pirouetten mit dem Windsurfer und dem Snowboard. Man zappte von Schaum zu Pulver. Man konsumierte Gefühle je nach Lust und Laune, auch wenn dieses Hin und Her das Gegenteil dessen war, was das Konzept des Gleitsports beinhaltete.

Das Angebot war sehr variantenreich geworden. Die Palette der verfügbaren Freizeitbeschäftigungen hatte sich stark vergrößert, vervielfacht und bis zur Unendlichkeit diversifiziert, sodass der Interessierte sich nicht mehr ausschließlich für den Segel- oder Motoryachtsport, die Berge oder das Meer entscheiden musste: Er konnte alles haben, und zwar sofort. Vor allem musste er keine langwierige Ausbildung mehr absolvieren wie früher. Wenn jemand in den 50er-Jahren segeln

Ein Windsurfer war die erste Windmaschine, die die 40 Knoten-Grenze durchbrach (unten).

Das Schlauchboot verbreitete sich sehr stark, nachdem man einen festen Boden einbauen konnte (rechts).

lernte, begann er auf einem Pirat, stieg auf die H-Jolle um, dann auf den Jollenkreuzer … und in jeder Phase wurde die Ausbildung schwieriger, die Erlebnisse etwas interessanter. Dieser allmähliche Fortschritt fand im Gleitsport nicht statt. Zuerst begann man mit einem Windsurfer, ging ein paar Mal baden, und beherrschte bald eines der rasantesten Gefährte der Meere, das sehr viel eindrucksvoller war als eine sehr viel teurere Schwertjolle. Und wem es allein zu langweilig geworden ist, konnte zu zweit einen der sportlichen Katamarane segeln. Bis hierher lief alles gut, aber dann kamen Kinder und das war das Aus! In jedem Falle stiegen die Ausgaben und segeln konnte man nur noch mit weniger aufregenden Booten. Gleitsport mit Familie, das existierte nur in Zeitschriften! Dann folgten die französischen Segler, die ihrem Sport nur eine Generation lang verschworen waren, dem Beispiel ihrer ausländischen Kollegen: Sie beschäftigten sich mit Motoryachten oder Runabouts. Im Jahre 1986 wurden mehr Motorboote als Segelyachten verkauft. Zum Ende des Jahrhunderts hatten Motorboote zwei Drittel des Neubaugeschäftes erobert. Paradoxerweise hatte der Gleitsport, die Sucht nach außergewöhnlichen Erlebnissen, den Motorbootsport triumphieren lassen.

Die Geburt der Schlauchboote[36]

Assurbanipal, König der Assyrer, befahl seinen Truppen, einen Fluss zu überqueren und sie gehorchten, indem jeder Soldat auf einem luftgefüllten Lederschlauch über das Wasser ritt. Das war im 9. Jahrhundert vor Christus. 2000 Jahre später verbesserten die Chinesen diese Idee, indem sie ein Gestell aus bis zu 20 Lederschläuchen und mehreren tausend Lanzen bauten. Die Flöße »Hsiehfa« waren die ersten Schlauchboote. Im Jahre 1839 half der Herzog von Wellington bei Versuchen mit pneumatischen Pontons, bei denen zum ersten Mal ein Gewebe verwendet wurde, das mit einem südamerikanischen Harz bestrichen war. Die Eingeborenen bezeichneten dieses Harz als »cahutchuc«. Im gleichen Jahr erfand Dr. Goodyear in den USA die Vulkanisierung von Kautschuk, bei der das leichter zu verarbeitende und haltbare Gummi entstand. Ein Jahr später stellte William Rider das erste gummierte Leinen her. Der Engländer Thomas Hancock führte mehrere Versuche mit aufblasbaren Geräten durch. Kurz darauf (1844) erfand Leutnant Hackett das so genannte Pelerinen-Boot, ein gummiertes Tuch, auf das innen ein Schlauch in Form eines Bootes aufgebracht war, der mit dem Mund aufgeblasen wurde. Versuche in England, Schottland und Irland brachten Hackett dazu, ein richtiges Boot zu bauen, das von der Admiralität als ideal für Forschungszwecke eingestuft wurde. Die Folge war, dass diese pneumatischen Boote bei mehreren Polarexpeditionen zwischen 1846 und 1857 mit einem so großen Erfolg eingesetzt wurden, dass man ein Kap der Melvillehalbinsel (nordwestlich von Grönland) nach dem Erfinder benannte. Hackett war mit seiner Arbeit für die Navy so beschäftigt, dass er sein Rettungsboot für 30 Personen nicht fertig stellen konnte; darüber machten sich andere Gedanken für ihn.

Ein amerikanischer Erfinder kam auf die Idee, drei Würste aus gummiertem Gewebe zusammenzubinden und mit einem Belag aus Holz zu versehen. Das Floß war 25 Fuß (7,62 m) lang und in der Neuen Welt ohne Vorbild: Man taufte es *Non-Pareil* (Ohnegleichen). Gibt es einen besseren Test für ein Rettungsboot als eine Atlantiküberquerung? So geschehen im Jahre 1867: Der Amerikaner John Mikes schaffte die Überquerung mit dem beschrieben Trimaran und einer Crew aus zwei Deutschen in 51 Tagen.

Dieses Ereignis blieb ebenso folgenlos wie das Motorboot von Clément Ader. Der französische Industrielle, der mit der Telephonie ein Vermögen verdient hatte und der mit den ersten beiden Motorflugzeugen der Geschichte[37] geflogen war, baute Automobile.[38] Er installierte einen seiner Verbrennungsmotoren auf einem futuristisch anmutenden, aufblasbaren Kanu. Eine vom Motor angetriebene Pumpe hielt den Luftdruck. Der Antrieb mit Welle und Propeller war klassisch. Das erste Schlauchboot mit eigenem Antrieb erfüllte die Erwartungen, wurde aber wegen mangelnder Absatzmöglichkeiten wieder aufgegeben.

Im Ersten Weltkrieg wurde vielfach Guttapercha (eine leichte, zähe kautschukähnliche Masse) zum Bestreichen von Gewebe eingesetzt,

Pierre Debroutelle an Bord des ersten Zodiac (unten).

zum Beispiel für Zeppeline oder Fesselballons, die von Maurice Mallet bei Zodiac hergestellt wurden. Das deutsche Unternehmen »A. Meyer, Bau Pneumatischer Boote« stellte seit 1913 Schlauchboote her, von denen die Armee eine kleine Stückzahl abnahm. Im Jahre 1919 baute der Engländer Reginald Foster Dagnall versuchsweise ein kleines Schlauchboot und gründete, bevor es ein Erfolg wurde, die Gesellschaft RFD, um schwimmfähiges Gerät für Luftfahrzeuge zu bauen. Seit 1932 verkaufte RFD aufblasbare Rettungsboote für Flugzeuge und, sechs Jahre später, ein aufblasbares Zelt. Auch auf dem Kontinent tat sich einiges. Der Fabrikant Semperit aus Österreich stellte wasserdichte Kleidung her und brachte 1932 den ersten aufblasbaren Ponton heraus. Im Kielwasser des Deutschen Klepper stellten mehrere Firmen Kanus und Kajaks aus gummiertem Gewebe her, einige mit längs eingebauten Schläuchen zur Verbesserung der Stabilität.
Pierre Debroutelle, ein Ingenieur bei Zodiac, konstruierte ein aufblasbares Kanu, dann einen kleinen Katamaran. Er kam 1937 auf die Idee, die beiden Schläuche vorne zusammenzuführen und achtern einen Spiegel einzubauen. Konstruktionsbedingt befand sich der Spiegel ein gutes Stück vor dem äußersten Ende der beiden Längsschläuche. Wenn sich der Bug hob, wurden diese Enden ins Wasser gedrückt und hinderten durch ihren Auftrieb das Boot daran, vorne zu hoch zu steigen.

Der Typ A, dessen Grundkonstruktion 50 Jahre unverändert bleiben sollte, wurde noch nach der Zeppelin-Technik gebaut. Die Produktion war bis Ende der 40er-Jahre nicht groß, inzwischen wurde allerdings Neopren, der 1931 von William Carothers erfundene künstliche Kautschuk, verwendet. Auftraggeber waren meistens die Militärs. Die Atlantiküberquerung des Arztes Bombard mit einem serienmäßigen Zodiac im Jahre 1952 war für das Schlauchboot eine unglaubliche Werbung. Die Fahrt der *L'Hérétique* war der Beweis für die Solidität des Materials, aber es sollte noch bis in die 60er-Jahre dauern, bis das Schlauchboot im Bereich der Sportschifffahrt eine ernst zu nehmende Rolle spielen sollte.
Der Vorteil eines Schlauchbootes war weniger die (relative[39]) Möglichkeit, es zerlegt zu transportieren, sondern das geringe Gewicht. Der Luftdruck sorgte für die notwendige Stabilität und als Zodiac das gewaltige Schlauchboot *Aphrodite* für Jacques Cousteau baute, wog das 19,80 m lange Boot gerade sechs Tonnen! Ein herkömmlich gebautes Schiff hätte 30 oder 40 Tonnen verdrängt. Ende der 60er-Jahre baute der Vizeadmiral D. J. Hoare eine Serie von Schlauchbooten mit festem Boden, er kombinierte die traditionellen Würste in Hufeisenform mit einem tiefen »V« à la Ray Hunt. Die britische Firma Avon nutzte das Patent, das nicht für Frankreich galt. Der französische Importeur patentierte die englische Idee und verlangte von seinem Lieferanten Lizenzgebühren. Man kann sich vorstellen, dass das nicht gerade besonders elegant war. Als diese Patente ausgelaufen waren, wurden die Schlauchboote mit festem Boden zu einem durchschlagenden Erfolg. Die Marktlücke leichter Motorboote für die Freizeit wurde besetzt.

Zodiac produzierte Anfang der 70er-Jahre rund 6000 Schlauchboote pro Jahr, geriet aber dennoch in finanzielle Schwierigkeiten. Die Situation wurde mit einem Sanierungsplan, begleitet von einer Unterstützung des staatlichen Instituts für industrielle Entwicklung, bereinigt und es entstand mit der Hilfe der Banken ein Riesenunternehmen, das am Ende des Jahrhunderts überall auf der Welt Filialen betreibt.[40] Sicher, das Unternehmen war technisch sehr leistungsstark, aber dieses Wachstum erinnerte daran, dass es keine Wunder gibt, weder im Yachtsport noch anderswo: Um den Schritt von einem kleinen oder mittleren Betrieb zu einem Großunternehmen machen zu können, brauchte es eine aggressive Entwicklungs- und Akquisitionspolitik, die nicht ohne die Unterstützung der Banken möglich war. Ob Schlauchboote oder andere Produkte, ein solides Finanzwesen war für das Unternehmen unverzichtbar.

49er
119

Warten auf den großen Tag

1956–2000

»Es gibt eine Theorie, nach der das Universum an dem Tag, an dem man genau weiß welchem Zweck es dient und warum es überhaupt existiert, augenblicklich verschwindet und von etwas noch weniger Erklärlichem und noch Merkwürdigerem ersetzt wird. Einer anderen Theorie zufolge ist das bereits geschehen.«

Douglas Adams, »Das Restaurant am Ende des Universums«

»Das Recht wie Glut im Kraterherde
nun mit Macht zum Durchbruch dringt.
Reinen Tisch macht mit dem Bedränger!«

Eugène Pottier, »Die Internationale«

Die beiden Kinder wanderten in den Wäldern des Burgund: Der Einheimische zeigte dem Feriengast (der sieben Jahre alt war, wie sich der Autor erinnert!) die Stelle, an der während des Winters ein Flugzeug abgestürzt war, »und der Aufprall ist so schrecklich gewesen, dass man nicht einmal den Propeller gefunden hat«. Normal: Es war ein Flugzeug ohne Propeller. Der Eingesessene war verblüfft: ohne Propeller? In jenem Jahr 1956 – es war am 17. November – absolvierte die »Mirage« ihren Jungfernflug; es war der erste Mach-2-Abfangjäger Europas. Sechs Jahre zuvor hatten die USA mit der Convair B-58 den ersten Mach-2-Bomber der Welt in die Luft gebracht. Und in dieser Zeit, in jenem Weiler in der Bourgogne, diskutierte Vater Bazerolles mit seinem Sohn, der einen Traktor gekauft hatte »also mit einem Pferd ist das so: selbst der Mist ist für etwas gut«. So unterschiedlich waren die Rollen verteilt: Die einen taten sich schwer, das 19. Jahrhundert zu vergessen, die anderen schickten sich an, den Mond zu erobern. Zugleich gaben diese Kontraste Anlass zu den schönsten Hoffnungen: Hinter dem Misthaufen leuchteten die Sterne. Und eines Tages (der schon da war, oder fast, so stand es jedenfalls geschrieben …) wird all dieser Trödel ausgedient haben, alle Franzosen werden Toiletten[41], Fernseher, Autos und Yachten haben. Eines Tages wird die Sportschifffahrt dermaßen populär sein, dass eine große Industrie entstehen wird. Eines Tages fliegen wir in den Ferien auf den Mond. Eines Tages wird mein Prinz kommen. Eines Tages wird die Zukunft da sein, die alle Probleme löst. Welch ein großer Tag wird das sein!

Die Erwartung des großen Tages, begründet auf den Ruinen der Bastille, war in den Genen des von der industriellen Revolution abstammenden Homo mechanicus angelegt worden. Wie viele Millionen haben für diese katastrophale Vision von Evolution ihr Leben gelassen? Der große Tag wird politisch oder sozial (»… alles zu werden, strömt zuhauf. Völker hört die Signale! Auf zum letzten Gefecht! Die Internationale erkämpft das Menschenrecht!«), aber auch technisch sein. Der Yachtsport wurde offenbar nicht ausgespart: Er wartete ebenfalls auf seinen großen Tag. Er wartete bereits drei Mal: zum ersten Mal 100, beim zweiten Mal 30 und beim dritten Mal 70 Jahre lang. Und alle diese großen Tage kamen in den Jahren 1970 bis 1980. Und keiner hat etwas davon gemerkt.

Der 49er, eine Zweimann Schwertjolle bei den Olympischen Spielen 2000: Seine Vorfahren waren weniger Einheitsklassen als Serienboote, bei denen alles erlaubt war (links).

Der Bomber Convair B-58 »Hustler« flog als erster mit zweifacher Schallgeschwindigkeit, und das zu einer Zeit, als in Europa die Bauern ihre Äcker noch mit Pferden bestellten.

Rechte Seite: Ein 505er, eine »Einheitsklasse«, bei der der Mastfuß im Laufe der Zeit um 30 Zentimeter nach achtern verschoben wurde (rechts)!

Der große Tag Nummer eins war die Ankündigung einer idealen, wissenschaftlichen Vermessungsformel, die es erlauben würde, unterschiedliche Segelyachten gemeinsam und gerecht gegeneinander segeln zu lassen. Der Theoretiker dieser hoffnungsvollen Idee war Dixon Kemp. In seinem Gefolge wurden Millionen Seiten Papier vollgeschrieben, Leidenschaften entfesselt, zahllose Gipfeltreffen abgehalten und Milliarden ausgegeben, um Boote zu schaffen, die diese oder jene Lücke der Formel ausnutzen … Die Recherchen zu diesem Stein der Weisen des Regattasports dauerten ein Jahrhundert. Als man ihn schließlich zu Beginn der 80er-Jahre entdeckte, erwies sich der Stein der Weisen nur als ein Kieselstein ohne zweckmäßige Nützlichkeit, weil man keinen Erfolg damit gehabt hatte, die Unvollkommenheiten der Personen zu berücksichtigen, die das System anwendeten. So fiel die ideale Formel von ihrem Thron und enthüllte ihre wahre, utopische Natur. Man konnte praktisch zusehen, wie ihre Verwirklichung einen aberwitzigen Misserfolg schuf. Aber dieser Fehlschlag blieb fast unbemerkt, weil man fortan zu sehr mit einem anderen Traum beschäftigt war: mit der Einheitsklasse.

Mit der ersten Utopie – der alten, der enttäuschenden – schwand der Glauben an die Möglichkeiten der Wissenschaft, die Ungleichheiten zwischen Segelyachten zu kompensieren. Das traurige Ergebnis dieses Details (der Formel) innerhalb einer Anekdote (der Sportschifffahrt) zeigte alle Aspekte eines Gleichnisses. Zum Ende des Jahrtausends haben Wissenschaft und Fortschritt, diese weltlichen Gottheiten des 19. Jahrhunderts, die sich wer weiß was einbildeten, ihre Unfähigkeit bewiesen, Ungleichheiten aller Art ausgleichen zu können … Die zweite Utopie – die neue – war nicht weniger als eine weltliche Metapher: Dort, wo die Wissenschaft gescheitert war, würde die Ordnung (unter anderem die von gleichen Booten der Einheitsklassen) triumphieren. Welch ein großer Tag würde das sein!

Diese Hoffnung war nicht weniger lobenswert als andere und in ihrer Verwirklichung kaum weniger problematisch. In der Zeit, als man von der universellen Formel träumte, hatte man bis zur Bewusstlosigkeit darüber debattiert, was ungleiche Boote unterschied; dieses Mal füllte man Seite um Seite, um festzulegen, wie weit die Boote gleich sein mussten.

In den Kinderjahren der Einheitsklassen waren die Bestimmungen schon aus technischen Gründen eher lax: Die Qualität der Werkstoffe war so ungleichmäßig, dass sich niemand vorstellen konnte, dass zwei Boote wie eineiige Zwillinge sein könnten. Der technische Fortschritt hat daran allerdings nicht viel geändert. Bei der Produktion zum Beispiel der Finns, der ersten olympischen Einheitsklasse, differiert die Länge über alles der Rümpfe um gut einen Zentimeter. Bei den 505ern hat sich im Verlauf des 40-jährigen Bestehens dieser Einheitsklasse die Position des Mastfußes um 30 Zentimeter (sechs Prozent der Gesamtlänge) verändert … Wenn es manchmal

Wie soll man diese Gruppe völlig unterschiedlicher Yachten gegeneinander werten?

dazu kam, dass irgendeine Einheitsklasse von einem bestimmten Konstrukteur beherrscht wurde, dann nicht, weil dessen Boote den anderen nicht ähnlich waren, sondern weil sie sich in Details unterschieden: steifer oder am unteren Gewichtslimit gebaut oder mit Linien, die im Rahmen der Regeln modifiziert worden waren. Seitdem war ein Boot einer Einheitsklasse den anderen nicht ähnlich, sondern ein Boot, dessen Unterschiede zu den anderen spezifiziert wurden. Sicher, es gab Ausnahmen wie bei den Olympischen Spielen, bei denen angeblich identisches Material gestellt[42] und dann per Losentscheid den Crews zugeteilt wurde. Es war ihnen nicht erlaubt, Veränderungen gleich welcher Art durchzuführen. Da die Mannschaften nicht die Eigentümer der Boote waren, hatten sie auch nicht die Freiheit, sie individuell zu modifizieren. Die ideale Einheitsklasse war der Gegenpol zur klassischen Eigneryacht und öffnete sich als eine Disziplin für alle. Monsieur Rousseau, wir sind da! Eine gute Idee, sicher, die aber nicht auf einer soliden Wahrheit gegründet war. Die Einheitsklassen waren nichts anderes als eine Ideologie, ein gleichmachendes Dogma, das mit Sprüchen wie »Steuerleute an die Macht« oder »gleiche Arbeit, gleiches Resultat« von sich reden machte und das, zusammen mit dem Amateurstatus, eine von den zwei Seiten des olympischen Gedankens geworden ist. Das Problem war, dass die Amateure von gut zahlenden Sponsoren abhängig waren. Anfang der 90er-Jahre erlebte die Chancengleichheit wegen des Medieninteresses einen realpolitischen Angriff (das heißt des sinkenden Interesses wegen, ganz einfach[43]). Der traditionelle Kurs, das olympische Dreieck, war für das Fernsehen nicht spektakulär genug, einfacher war die olympische Banane (das klang trotzdem nicht gleich!). Schade, denn man eliminierte dadurch den absolut schnellsten Kurs auf dem Wasser … Nachdem man also die Mannigfaltigkeit der freien Wahl des Konstrukteurs ausgemerzt hatte, ging man nun nicht auch daran, die Vielfalt der Talente zu zerstören? Zum Leidwesen der Flautengenies oder Starkwindspezialisten wurden fast alle Regatten, die nicht nach der neuen Regel gesegelt wurden, gestrichen …

Die Einheitsklassen wurden als Allheilmittel angesehen, um jedes Problem lösen zu können. Gewisse Kreise beabsichtigten, sie auf das Whitbread, den America's Cup, die Route du Rhum und so weiter auszuweiten, also genau auf die Wettbewerbe, die durch die Konkurrenz unterschiedlicher Konzepte erfolgreich geworden sind. Vor allem der missionarische Eifer der Dogmatiker ließ fast die ursprüngliche Idee des Konzepts vergessen: die Preise zu senken. Was war aus dieser rein ökonomischen Sorge geworden? Erinnert sich jemand daran, dass bei der Einführung von Einheits-Serienbooten jemals davon die Rede war, ein Boot zu einem niedrigen Preis anzubieten? Drachen und

Starboot gaben vor, volkstümliche und preiswerte Kielyachten zu sein. Man hat versucht, vom 470er bis zum Optimist über die Europe und den Laser, preiswerte Schwertjollen zu entwickeln, die Mehr und Besseres für weniger Geld bieten.

Das alles spielte sich so ab, als ob man es eilig hatte, das zu vernichten, was jedes Serienboot an wirtschaftlichem Erfolg[44] bieten konnte. War einer große Verbreitung der einzige Erfolg? Für diese Verbreitung sorgte entweder eine offizielle Auswahl (im Fall FD und Finn) oder die Einbettung innerhalb einer bestehenden Serie (im Fall 505er und Strale, bekannt bei Kanuten), oder vor allem ein konkurrenzfähiger Preis, der die günstigen Konditionen verbreiteter Serienboote erklärte. Sobald sich eine Einheitsklasse jedoch durchgesetzt

hatte, wurde ihre Verbreitung durch die Dynamik der Serie gesichert, sprich, durch Regatten. Die Segler, nicht davon überzeugt, dass allein eine Teilnahme wichtig sei, kauften das beste, raffinierteste und stabilste[45] Material, weil sie gewinnen wollten. Plötzlich stiegen die Preise ins astronomische. Ein Mal mehr war das schöne Ideal der Preisgleichheit ins Zwielicht geraten, weil die Crews gern die Gleichheit wollten, allerdings unter der ausdrücklichen Voraussetzung, dabei vor den anderen zu sein! Das war das Problem! Die Ideologie war großzügig, die Segler aber nicht. Die Einheitsklasse, so hieß es, garantiere eine ständige Bewegung in der Serie, aber das stimmte nicht. Zu Beginn der 70er-Jahre – noch vor dem donnernden Startschuss des Windsurfers – war die Zahl der Schwertjollen bei Regatten in ganz Europa eingebrochen. Ein einziges Land bildete eine Ausnahme: Großbritannien, wo zahlreiche Serienboote mit Beschränkungen aufgeblüht waren und wo die Einheitsklassen am wenigsten unter Zwängen litten. Ähnlich war die Situation in Neuseeland, in dem Land, in dem es weltweit die meisten Siege pro Einwohner gab … Die Einheitsklassen haben in der Tat die Konkurrenz unter den Konstrukteuren eliminiert. Es gab mit den Linien von Rümpfen nichts zu verdienen, weil sich niemand dafür interessierte: Die Segler der Einheitsklassen waren Experten darin, wie ein Segel (der Motor) funktionieren musste, sie kannten aber nicht die Funktionen jedes der Teile, die

Das Resultat aller Freiheiten, aller Verrücktheiten und der Inspiration aller Jollensegler ist Ende des letzten Jahrtausends entstanden: der australische 18-Footer.

einen Rumpf (die Bremse) ausmachen. Dementsprechend schöpften die neuen Einheitsjollen, die in der Mitte der 90er-Jahre erschienen (Laser 2000, 49er), ihre Eingebung und ihre Techniken – Ausleger, asymmetrische Spinnaker – von dem Nährboden des Serienbaus mit seinen Beschränkungen, die (wie die Bezeichnung nicht vermuten lässt) ein Maximum von konstruktiver Freiheit innerhalb des lockeren Rahmens einiger Bestimmungen boten (meistens eine maximale Länge wie bei den 12-, 14- und 18-Footern). Die Folge war, dass die Erneuerung der Regattajollen nicht wie nach dem Zweiten Weltkrieg mit den Einheitsklassen Vaurien, 470er, 420er und Europe aus dem französischen Einflussbereich stammte, auch weil man alle entsprechenden Versuche bereits im Keim erstickt hatte. Die Stabilität der Einheitsklassen hatte die Flut schöpferischer Ideen gestoppt. Man hatte die berühmte Maxime des Philosophen Nino Baratieri ignoriert: »Ich laufe auf meinen Untergang zu. Da, wo ich anhalte, wo immer das auch ist, da ist mein Untergang«. Sicher, die Einheitsklassen funktionierten. Sie bedeuteten für Millionen von Amateuren bei freundschaftlichen Regatten Vergnügen ohne Reue. Sie ermöglichten auch Regatten auf sehr hohem Niveau zu niedrigen Kosten wie beim Zirkus der Match-Race-Veranstaltungen im Gefolge des America's Cup, die auf der ganzen Welt stattfanden. Doch der ideale Mythos des preisgünstigen Hochleistungssports konnte nicht verwirklicht werden, weil die Segler zu jedem Wettbewerb die Boote wechselten und keine Zeit hatten, sie zu verfeinern. Der Wechsel[46] und die Alterung der Serienboote waren deshalb die Voraussetzungen dafür, dass die Einheitsklassen bei den Topp-Regatten ihre Vorzüge beibehielten. Dadurch fanden sich die Segler in den Status regattasegelnder Werkzeuge versetzt, als austauschbare Objekte, fast so unpersönlich wie das Seitpferd für einen Turner. Seit langem hatte das Boot den Nimbus eines einzigartigen Gerätes verloren; dafür hatte die Serienproduktion bereits gesorgt. Historisch gesehen, tat sie wenig für die Regatten der Einheitsklassen. Der Begriff der Serienproduktion, bei dem man an das Ford-T-Modell denkt, das zu jener Zeit am Fließband montiert wurde, war seinerzeit für Yachtwerften nicht zutreffend: Man müsste eher sagen Produktion einer (oder mehrerer) Serien. Bis in die 50er-Jahre ist in den meisten Werften der Bau von Einzelyachten verlangsamt oder unterbrochen worden, um Zeit für die Produktion einer Serie identischer Boote zu haben. Die Mitglieder eines Clubs bestellten bei der ortsansässigen Werft gemeinsam eine gewisse Zahl von Einheitsbooten wie Chatou oder Snipe. Nachdem der Auftrag ausgeführt war, ging der normale Werftbetrieb weiter.

Einige jedoch glaubten, dass es sich dabei um eine temporäre Situation handelte, um die Vorstufe zu einer echten industriellen Expansion. Und man träumte von dem großen Tag – dem dritten! – an dem die Werften vom Handwerk zur industriellen Produktion emporwachsen würden und die Sportschifffahrt in den Yachtfabriken Zehntausende Menschen beschäftigte.

Schon 1892 eröffnete der berühmte Klavierbauer William Steinway neben seinem Geschäft für Musikinstrumente ein weiteres für Motorboote: er glaubte, der Motoryachtsport biete mehr kommerzielle Möglichkeiten als die junge Kraftfahrzeugbranche. Damit hatte er Unrecht. Im Jahre 1920 eröffnete Lucien Rosengart, kaufmännischer Direktor des Automobilherstellers Peugeot unter dem Namen Peugeot Maritime eine Abteilung für Motorboote. Als er Peugeot[47] verließ, um eine eigene Automarke zu gründen, eröffnete

Start einer Regatta mit J 24, einer sportlichen Einheitsklasse, die anfangs auch für Fahrtensegler in Küstennähe gedacht war, sich aber zu einer reinen Rennklasse entwickelte.

er gleichzeitig unter dem Namen Rosemarine eine maritime Abteilung. Zur gleichen Zeit investierte Horace Dodge in Detroit (USA) in den Wassersport, weil er dachte, die industriellen Expansionsmöglichkeiten würden sich bedeutend entwickeln. Es gab nach dem Zweiten Weltkrieg Diversifikationsversuche von Industriellen, die sich in dem Glauben, die Demokratisierung der Sportschifffahrt sei unausweichlich, an die Arbeit machten. Allerdings mit enttäuschenden Ergebnissen. Der große Tag ließ weiter auf sich warten.

In der Sportschifffahrt wie in allen anderen Aktivitäten bedeutete die fortdauernde Produktion einer Serie mehr als nur eine Änderung der Arbeitsmethoden: Sie verlangte auch nach einer kommerziellen Erneuerung. Um die große Masse erreichen zu können, musste man über ein derartiges Händlernetz verfügen, durch das die Verbreitung des Automobils zwischen den Weltkriegen ermöglicht wurde. Erst gegen Ende der 50er-Jahre wurde die Idee auf dieser Seite des Atlantiks[48] in die Tat umgesetzt. Zuerst für den Motoryachtsport und rund zehn Jahre später für Segelyachten. Die Werften überließen den Händlern die Kontakte zu den Kunden und konzentrierten sich wieder mehr auf ihren Job: den Yachtbau.

Wie viele andere Hersteller auch verzeichneten sie astronomische Produktivitätssteigerungen. Ein 6,50 m langes Segelboot, für dessen Bau in den 30er-Jahren noch 800 bis 1000 Arbeitstunden notwendig waren, konnte Ende des 20. Jahrhunderts in 30 Stunden gebaut werden, eine unglaubliche Reduzierung um 3000 Prozent![49] Der größte Gewinn an Arbeitszeit im Bootsbau wurde erst durch die Verwendung von glasfaserverstärktem Kunststoff möglich: In den 60er-Jahren benötigte man für eine 6,50-m-Yacht 150 Stunden, fünf Mal so viel wie 30Jahre später, obwohl sich weder das industrielle Umfeld noch das Material verändert hatte!

Diese Intensivierung aber hatte leider eine Kehrseite: die Werkzeugkosten und die der Techniker, die das Werkzeug konzipierten und das Material auswählten und einkauften. Die großen Werften der Vergangenheit beschäftigten einen Konstrukteur, der den Typ des zu bauenden Schiffes festlegte und die Formen und Details vom Kiel über die Beschläge bis zum Flaggenkopf entwickelte. Nun wurde seine Rolle auf die Vorlage eines allgemeinen Konzepts der Kosten einerseits und eines ausführlichen Konzeptes für die Herstellung andererseits reduziert. Die Pläne wurden von den Ingenieuren der Arbeitsvorbereitung, die zwischen Konstrukteur und Arbeitern wirkten, bearbeitet und gegebenenfalls modifiziert, um die Herstellungskosten zu verringern. Die Einrichtung dieser Arbeitsvorbereitung etwa gegen 1975 (im Motoryachtbau früher) erhöhte die Vorlaufzeit eines Modells: Es dauerte fast doppelt so lange von der Entscheidung zum Bau bis zum Stapellauf wie 20 Jahre zuvor (oder 50 oder 100). Die Reaktionszeiten der Werften waren also länger geworden und sie mussten sich sputen, um einen sich immer schneller verändernden Markt bedienen zu können. Man hat den Zusammenbruch von Werften erlebt, die auf ein nicht verkäufliches Modell gesetzt hatten und nicht in der Lage waren, es rechtzeitig zu modifizieren …

Welch ein Unterschied zwischen einer Werft der 50er-Jahre (unten) und einem modernen Betrieb (rechte Seite: eine der Montagehallen von Bénéteau!).

Die ersten Pleitiers waren also Opfer der Überzeugung, der große Tag käme bald. Sie hatten vorwärts stürmen mit der Flucht nach vorn verwechselt. Dufour war eine der ersten Werften in Europa, die industrielle Fertigungsmethoden einsetzte und kapitulieren musste, als der Dollar abstürzte und wegen der deshalb hohen Preise keine Yachten mehr exportiert wurden (man hatte noch dazu auf die falschen Modelle gesetzt). Die Firma SEB, Erfinder des Schnellkochtopfs, hatte eine nautische Abteilung eröffnet, die nicht lange erfolgreich war. Die Schiffswerft Dubigeon, die die drei größten französischen Werften[50] übernommen hatte, konnte in den mageren Jahren ihre Filiale nicht wieder flott machen, weil es der Muttergesellschaft schlecht ging. Trotz dieser Pleiten entwickelte sich die Bootsindustrie mit 15 Prozent pro Jahr nach oben, sodass man Ende der 70er-Jahre dachte, der große Tag sei gekommen. Es gab weltweit einige Werften für Sportboote, die mehr als 1000 Beschäftigte hatten.

In dieser wunderbaren Zeit Ende der 70er waren die Yachten zu schwimmenden Appartements mit fließendem Wasser in allen Etagen geworden. Natürlich war das Angebot an Zulieferer vielfältiger geworden; es gab nicht nur Hersteller von Motoren, Winschen und Masten, sondern auch Segelmacher, Polsterer, Yachtelektriker … Durch diesen Überfluss an Lieferanten verwandelten sich auch die Werften. Herreshoff Manufacturing Co., die Anfang des 20. Jahrhunderts weltweit größte Werft, baute eine Yacht komplett selbst: den Rumpf, die Beschläge, die Einbauten, die Maschinen und Heizkessel, die Winschen und Klampen, … einfach alles. 50 Jahre später produzierten die Werften immer noch etwa 60 bis 70 Prozent des Wertes einer Yacht und bis zum Ende

des Jahrtausends war dieser Anteil auf unter 40 Prozent gesunken! Im Allgemeinen bauten die Werften Rümpfe, Decks[51] und Einrichtungen. Dann montierten sie Antrieb, Elektrik, Beschläge, all die Dinge einer fortschreitenden Vielschichtigkeit, die die Segler für ihren Komfort verlangten. Umsatzmäßig waren die Werften zu Montagebetrieben geworden. Vom Gewinn her waren sie eher zu Großhändlern als zu Fabrikanten geworden: Es war einfacher, ein Prozent an der Ausrüstung zu verdienen (das war Verhandlungssache und eine Angelegenheit der Zahlungsmodalitäten) als im Bereich der Produktion. Der Wertzuwachs durch die Montage der Ausrüstungen war zum entscheidenden Rentabilitätsfaktor geworden.

So hat sich das Hauptproblem der großen Werften – wie vieler anderer Fabrikanten auch – innerhalb weniger Jahrzehnte komplett verändert: Günstig einkaufen ist wichtiger als günstig produzieren.

Musste man denn selbst bauen? Man begann in Frage zu stellen, ob laminierte Elemente (Rumpf und Deck) in dem Land gebaut werden mussten, in dem sie verkauft wurden. Diese Nation musste vom Wesen her ein entwickeltes Land sein (sonst gäbe es kaum einen Markt für Sportboote). Die Arbeitskraft verteuerte sich folglich, je nach Höhe der Steuern des jeweiligen Staates.[52] Und ausgerechnet dort fertigte man die Teile an, die die geringste Qualifikationen erforderten! Warum hier machen was man auch anderswo zu einem Stundenlohn bekommt, der nur ein zehn- bis fünfzigstel beträgt? Warum nimmt die Werft, die bereits den Schritt von einem Verarbeitungs- zu einem Montagebetrieb hinter sich hat, nicht die letzte Hürde zu einer Schrumpfung und reduziert sich zu einem Büro für kommerzielle und technische Angelegenheiten?

Schon Anfang der 60er-Jahre haben einige Amerikaner Yachten in Hongkong bauen lassen, allerdings mit sehr unbefriedigenden Ergebnissen: Man erzählte die Geschichte von einer dieser Yachten »Made in Asia«, bei der sich der Motor von seinen Fundamenten gelöst hatte und die Schraubenwelle wegen der nicht mehr korrekten Ausrichtung so stark vibrierte, dass die Stopfbuchse immer weiter ausgeschlagen wurde ... 20 Jahre später sah man in Taiwan noch, wie frisches Holz mit Polyester überzogen wurde, sodass eine baldige Delamination garantiert war. Das war aber auch schon das Ende dieser Epoche: Die Qualität wurde spürbar besser, in Hongkong und Taiwan ebenso wie auf den Philippinen und in der Türkei ... Die niedrigen Löhne machten diese exotischen Modelle zwar für die hiesigen Märkte interessant, die hohen Transportkosten aber hielten sie dennoch auf Distanz. Plötzlich, brutal, auf ein Mal und ohne jede Vorwarnung (!), gab es einen wunderbaren Erdstoß, eines dieser Erdbeben, das neue Inseln gebiert, die sich den Kontinenten annähern und die Geografie der Welt verändern.

Dieser Weltuntergang wurde vom Getöse brechender Bronze verursacht, vom Einsturz der Statuen von Lenin, Hoxha, Ceauşescu und von dem der Mauer, vom Zusammenbruch einer Utopie, die das industrielle Epos seit Mitte des 19. Jahrhunderts begleitet hatte. Als sich der Staub dieses soundsovielten großen Tages gelegt hatte, entdeckte man, dass es im Herzen Europas Länder mit ähnlichem Arbeitsmarkt wie im Orient gab, allerdings ohne die hohen Transportkosten. Einige westliche Werften, die sehr stolz auf ihre Fahne waren, drückten ihr Siegel unauffällig Booten auf, die in Polen oder in Ungarn gebaut wurden. Die Zulieferer (wie die meisten Hersteller) waren sehr diskret, aber nichts desto trotz damit beschäftigt, ihre Produktionen zu verlagern.

In einigen Ländern des Ostens ging der Vorteil schnell wieder verloren: Der Preis eines in Polen gebauten Schiffes bot zusammen mit den Transportkosten bald keinen Vorteil mehr. Andere Länder übernahmen, sehr zum Beifall von Regierung und Opposition, die Ablösung. Nichts mehr war festgelegt. Zwei oder drei Jahre reichten aus, um ein rentables Werk in den finanziellen Abgrund zu treiben. Der Westen versank in scheinbar unlösbaren Gegensätzen, eingezwängt zwischen nationalen Bedürfnissen (Beschäftigung, eigene Industrie ...) und makroökonomischer Logik. Gegen Ende des Jahrtausends erwiesen sich die altbewährten Rezepte als unbrauchbar. Die schwachen Zinsen und die positiven Bilanzen sollten die westlichen Länder Europas eigentlich ermutigen, ihre Industrien zu erweitern. Das Gegenteil jedoch war der Fall, sie litten allesamt unter hoher Arbeitslosigkeit. Einer von sieben oder acht Erwachsenen und einer von drei oder vier Jugendlichen war ohne Arbeit.[53] Außerdem floss eines von vier Gehältern zum Beispiel in einem Land wie Frankreich[54] in den öffentlichen Dienst.[55] Das alles kostete unglaublich viel Geld: Die staatlichen Schulden Frankreichs betrugen 54 Prozent des Bruttosozialprodukts (und das waren nur 40 Prozent des Durchschnitts der sieben am meisten industrialisierten Länder).

In Frankreich musste man zwei Millionen Francs (ca. 700 000 Mark) verdient haben, um sich nach Abzug der Steuern[56] eine Yacht im Wert von einer Million Francs (ca. 350 000 Mark), von der der Staat weitere 20,6 Prozent kassiert, leisten zu können. Von diesen 794 000 Francs (ca. 265 000 Mark) erhält der Händler eine Kommission, sodass der Werft noch 660 000 Francs (ca. 220 000 Mark) bleiben. Nach Abzug der Arbeitslöhne bleiben von den zwei Millionen Francs, die der Kunde verdient haben musste, nur 440 000 Francs (ca. 145 000 Mark), um das Boot zu bauen. Fast vier fünftel der Ausgangssumme sind an ihrem eigentlichen Zweck vorbei ausgegeben worden![57]

Darf man sich wundern, dass die Segler immer weniger neue Yachten kauften, wenn die modernen Boote unverwüstlich, nicht rostend und unzerstörbar geworden und deshalb auch noch 20 Jahre nach dem Bau gebrauchsfähig waren? Yachten wurden beim Kauf wie Fahrzeuge (wie bewegliche Güter) behandelt, beim Verkauf wie Häuser (wie Immobilienbesitz). In der Sportschifffahrt hatte sich nicht die Wegwerfmentalität durchgesetzt, in der alte Dinge schnell durch neue ersetzt werden mussten. Der Wechsel des Eigentümers von Gebrauchtbooten machte den größten Teil des Gesamtumsatzes der Branche aus.[58] Übrigens, warum überhaupt kaufen, es gab doch das Chartergeschäft, das in den 80er-Jahren explosionsartig gewachsen war und Yachten zu sehr günstigen Preisen vermietete? Es verlangte weniger Engagement seitens der Segler, von denen immer mehr nur gelegentlich auf Törn gingen.

Zum ersten Mal seit 100 Jahren schien es, als sei die Zahl der aktiven Wassersportler (leicht) zurückgegangen. Man hatte weniger Zeit und weniger Leidenschaft: Yachten wurden im Durchschnitt nur 30 Stunden pro Jahr bewegt.[59] Pro Jahr! Das Meer beunruhigte. Die Ausgabe schreckte ab. Angst erzeugte Angst. Um die Käufer zu überzeugen präsentierten die Werften Hochglanzprospekte, die ihre Yachten an idyllischen Ankerplätzen zeigten, wie Wohnungen, mit Blick auf das Meer der Träume, auf dem nichts los war. Der Segler der Jahrtausendwende, der in einer Welt lebte, in der die Buchhalter über die Unternehmer triumphierten, frönte fortan mehr seiner Leidenschaft als Familienoberhaupt. Er fand dort am Ende der Straße nichts als Liegeplätze, die ebenso überfüllt waren wie der Arbeitsmarkt. Der große Tag der Demokratisierung war gekommen, aber die Erfüllung ließ auf sich warten …

Nichtsdestotrotz bereitete man sich auf die Festlichkeiten zum Jahrtausendwechsel vor. Würden es diese Feuerwerke, diese Reden, diese Feierlichkeiten aller Art schaffen, den Trauerzug auf dem Weg zum Grab der letzten größten Utopie aufzuhalten? Seit dem 19. Jahrhundert war 2000 das Jahr aller Hoffnungen, der große Schlusstag, der den Triumph des Weges zum Fortschritt sehen würde, der Beginn der Zukunft. »Das Jahr 2000 könnte das Paradies sein«, wurde einstimmig proklamiert, am lautesten von den »kalten Kriegern« aus dem Osten und dem Westen. Aber, je näher das magische Datum rückte, um mehr entfernte sich die Zukunft. Tatsächlich lag sie hinter, unter uns, in diesen Jahren 1950, 1960 und 1970, als man davon geträumt hatte, dass die Technik alles möglich machen würde. Man hatte vor allem geglaubt, dass die Erde, von allen Problemen befreit, am Rande des dritten Jahrtausends das Sonnensystem erkunden würde, um, am Planeten Mars vorbei, die Wahrheit auf Jupiter zu finden wie in Buch und Film »2001, Odyssee im Weltall«. Eine andere Odyssee startete am 31. Dezember 2000: The Race, das ultimative Rennen um die Welt, ohne Stopp und ohne Einschränkungen hinsichtlich der Größe und Art der Schiffe sowie der Crew. Sicher, dieses Rennen, bei dem alles erlaubt war, krönte ein Jahrhundert, das den Einzug des Liberalismus gesehen hatte, aber wie weit hatte man sich von den früheren Zukunftsvisionen entfernt! …

Das pittoreske Ambiente der Sportboothäfen Ende des letzten Jahrtausends …

Kann man beim Anblick des 60-Füßers Aquitaine Innovations *von Yves Parlier glauben, dass 100 Jahre (oder 105 Seiten) früher die Yacht* Spray *von Joshua Slocum das ideale Boot war, um die Welt einhand zu umsegeln?*

Tendenzen

Orkan auf dem Bildschirm

»Es gibt keine Geräusche (...) in der Leere der Tiefsee (...), wo die von Muscheln bedeckten Kabel liegen (...). Die Männer sprechen heute jenseits der Brache des letzten Schlicks, und ein neues Wort verbreitet sich, plätschernd, seien wir eins!«[1]

Rudyard Kipling, »Die Unterwasserkabel«, ca. 1903

»Während des mechanischen Zeitalters sind wir bis ins Weltall vorgedrungen. Heute, nach einem Jahrhundert der Elektrotechnologie, ist es unser zentrales Nervensystem selbst, dass wir wie ein Netz über die gesamte Erde geworfen haben, dass keine Grenzen durch Raum und Zeit kennt und sich nicht im geringsten um unseren Planeten schert.«

Marshall McLuhan

Immerhin, der große Tag der Kommunikation war gekommen. Seit 1989 hatten wenigstens 95 Prozent der französischen Haushalte einen Fernseher.[2] Das Fernsehen löste eine stille, aber grundlegende Revolution aus: Die Akzente verschwanden. Es handelte sich nicht um die Orthografie, sondern um die Dialekte bestimmter Gegenden oder sozialer Schichten. Diejenigen, die (wie der Autor) kurz nach dem Zweiten Weltkrieg geboren worden sind, erinnerten sich an den Akzent »cht'i«, die eigensinnige bretonische Sprache, das Pfeifen der Auvergne, den spöttischen Tonfall von Paris, den Singsang des Südens. Obwohl sie die »gleiche« Sprache sprachen, verstanden sich die Einwohner von Huy (Belgien) und Nizza (Frankreich) nur unter Schwierigkeiten[3]; ein in Plymouth gebürtiger fühlte sich in der Gegend von Edembharrrrrra (Edinburgh)[4] als Fremder; der Hamburger erkannte den Münchener am Tonfall und umgekehrt; ein Texaner musste nur den Mund aufmachen und jeder wusste, dass er nicht aus Boston oder Chicago stammte. Die Oberklassen hatten ihre sauberen Sprachen: Der Akzent von Oxbridge[5] war berühmt und es genügte, den Aufnahmen von Sacha Guitry (Frankreich) oder Noël Coward (England) zu lauschen um deren typische Affektiertheit zu bemerken. Bevor man begann Gedanken auszutauschen, hatte die Sprache dazu gedient, die Zugehörigkeit zu einer Klasse oder einer Region auszudrücken. Den Mund öffnen bedeutete Bekenntnis eines Unterschiedes. Und dann verschwand diese jahrtausendalte Funktion der Sprache innerhalb von zwei Generationen. Der Niedergang der Dialekte bedeutete gleichzeitig das Abtragen von Einschränkungen: Man gehörte nicht mehr dem Süden, der Hanse oder Texas, sondern dem globalen Dorf an, wie es der Medienvisionär Marshall McLuhan vorausgesagt hatte.

Wie in jedem Dorf gab es einige Exzentriker, die es drängte, der Enge des Nestes zu entfliehen. Bernard Moitessier war einer von ihnen. 1969 führte er in dem von der »Sunday Times« organisierten Einhand-Nonstop-Rennen um die Welt, segelte dann aber weiter in Richtung Südsee, weil er befürchtete,

Orkan am Kap Hoorn (links).

Einhandsegeln vor der High-Tech-Invasion: Bernard Moitessier bessert 1968 ein Segel aus.

Die Wunder des Funks: »Mein Spinnakerbaum hat mich angegriffen!« erzählte Jean-Luc van den Heede life (Mitte).

im Schoß des westlichen Dorfes seine Seele zu verlieren. Er übermittelte seine Entscheidung einem Frachtschiff. Und wie hat er sie übermittelt, zu einer Zeit, als die Boeing 747 (diese Straßenbahn des globalen Dorfes) bereits flog? Mit einer Steinschleuder. Der Einsatz dieses prähistorischen Werkzeugs war das Symbol dafür, dass Moitessier sich (vorübergehend) aus der Kommunikationsgesellschaft zurückziehen wollte.

Diese Anspruchslosigkeit war nicht die Exzentrik eines Mannes von gestern, sondern vielmehr ein origineller Charakterzug. Beim Losmachen seiner Festmacher hat sich das erste Boot vorübergehend von der Welt losgelöst und alle hinter ihm waren zu der gleichen endlosen Stille verurteilt. Sieben Jahre nach der seltsamen Mitteilung von Moitessier gewann Éric Tabarly das Einhand-Transatlantikrennen 1976. Er erreichte das Ziel ohne sich anzukündigen, unter etwas hemdsärmeligen Umständen.

Der Nationalheld hatte – gegen alle Wetten – seinen jungen Kontrahenten (Alain Colas mit einem 72 Meter langen Schiff) geschlagen. Er erreichte das Ziel mit einer prämedialen Diskretion, ohne Pauken und Trompeten, ohne Journalisten oder Fernsehen, ohne Rauchbombe oder Applaus. Als sich *Pen Duick VI* aus den Nebeln vor Newport schälte war das die letzte Vision der Jahrhunderte schweigender Seefahrt, die letzte große Demonstration eines segelnden Einzelgängers, »auf sich selbst bezogen, die Gedanken losgelöst von der umgebenden Wirklichkeit, absurdes Verhalten«[6]. Éric Tabarly segelte seine Regatta für sich selbst, ohne jene Welt, die gierig nach Einzelheiten seines Abenteuers war. Sein Schweigen ließ die Journalisten mit den Zähnen knirschen, sie hatten drei Tage lang die Ankunft von Tabarly angekündigt, aber es geschah nichts, das Funkgerät blieb still. Die Presse, erschöpft von den endlosen Warterei, hatte sich schlafen gelegt, und derjenige, der *Pen Duick VI* früh morgens völlig überrascht im Hafen entdeckte, tat dies weniger wegen seiner Wachsamkeit als wegen seiner vollen Blase. Man stelle sich ihn vor, der Kopf noch von Träumen vernebelt, sich dem Vergnügen der morgendlichen Erleichterung hingebend, und dort, unter seinen Augen, glitt die große schwarze Ketsch in den Hafen, und er musste noch die laufende Aufgabe vollenden, ehe er die Kollegen warnen konnte …

Verteilung der Winde zu einem bestimmten Zeitpunkt: Wenn man mit ausreichender Genauigkeit weiß, was gerade passiert, kann man vorhersagen, was geschehen wird …

So etwas sollte nie wieder vorkommen! 15 Jahre nach Moitessier ermöglichten Einseitenband-Funkgeräte[7] von der Größe eines Schulranzens über Relaisstationen eine gesicherte Kommunikation mit der Welt. Weitere 15 Jahre später benötigte man auch keine Relaisstationen mehr – einige Einhandsegler konnten sich sogar aus dem Südpazifik direkt ins Internet einwählen …

Natürlich war es nicht mehr dieselbe Einsamkeit. Im Jahre 1992 kostete die Kommunikationsanlage eines Vendée Globe-Teilnehmers mehrere zehntausend Francs; 1994 war man bereits bei 100 000 und 1996 blätterten die Favoriten bis 500 000 Francs (30 000 bzw. 170 000 DM) hin – ein Budget, das zwölf Jahre zuvor für ein komplettes Boot ausgereicht hatte! Sicher, der Sportler war noch immer allein im leeren Stadion der See unterwegs, aber er konnte die aufmunternden Kommentare der Öffentlichkeit hören, sich mit seinem technischen Team, seinem Sponsor[8], seiner Frau und den Kindern sowie Vater und Mutter unterhalten. Während des ersten Vendée Globe (1992) beschwerte sich ein blutbesu-

Satellitenfoto eines Tiefdruckwirbels. Wie konnten unsere Vorfahren ohne all diese Informationen segeln? Antwort: Mit so großen Schwierigkeiten, dass viele dabei ihr Leben verloren haben.

delter van den Heede life »Mein Spinnakerbaum hat mich angegriffen!«, und man hätte ihn von Paris aus moralisch wieder auf die Beine gebracht, wenn das nötig gewesen sein sollte. Noch eindrucksvoller war eine Aktion des späteren Siegers Titouan Lamazou im gleichen Rennen, als er nach einem Ersatzteil suchte. Sein technisches Team auf der anderen Seite der Welt teilte ihm mit, in welchem Schapp und in welcher Schublade er es finden konnte.

Bereits zu jener Zeit erhielten die Regattasegler Hinweise von Land, sie wurden ferngesteuert. Während des Transat 1968 hatte Geoffrey Williams regelmäßig Kontakt mit einem meteorologischen Berater, der ihm den zu steuernden Kurs mitteilte. Die Ratschläge waren gut, Williams gewann und die Geschichte wurde zu einem Skandal: Es war ein Verrat am Geist der sauberen Autonomie der Einhandsegler. Na und? Das war der Fortschritt. Die Kapitäne hatten sich nicht beschwert, als sie ab 1880–1890 Chronometer benutzen konnten oder als der Oktant im 16. Jahrhundert erfunden wurde. Die Berater waren jetzt schon da und sollten es auch bleiben, um den Tankern die jeweils wirtschaftlichste Route zu übermitteln.

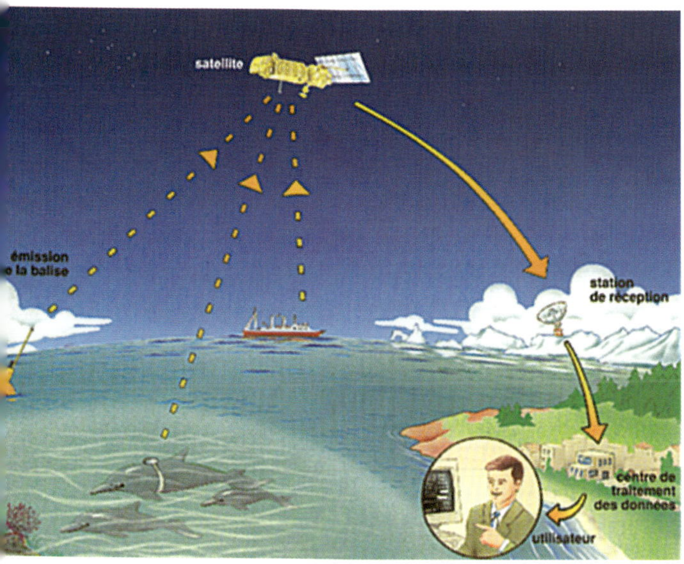

Ein Berater hatte mit zwei geografischen Problemen zu tun: 1. Wo lagen und wohin zogen die Tiefs, Fronten und Hochs? 2. Wo war das zu beratende Schiff und welche Route war die schnellste? Zur Lösung des ersten Problems stand in den 70er-Jahren ein ganzes Arsenal elektronischer Geräte zur Verfügung. Es gab Meteo-Satelliten im All und Supercomputer an Land. Die Kombination aus beiden führte zu unerwarteten Resultaten. Die nationale Raumfahrtbehörde in Frankreich kam auf die Idee, kleine Funkbaken ins Meer zu setzen, die via Satellit meteorologische Daten übermitteln sollten. Logischerweise musste man dazu den Standort der Baken kennen, aber dies war nur eine Folge des Projektes und ein Problem, das mit Hilfe dieser neuen Alchemie Elektro-Weltraum-Mathematik gelöst worden ist. Eine Bake an Bord eines Schiffes sendete dessen Position. Im Jahre 1979 waren die Yachten der Regatta Transat-en-Double (mit zwei Personen als Crew) von Lorient in der Bretagne zu den Bermudas und zurück mit Baken des Typs Argos ausgerüstet. Der Navigator an Bord kannte seine Position nicht (man sendete sie ihm von Land vier Mal pro Tag), die Baken aber waren mit einer Art Alarmknopf versehen, sodass man Toulouse und die Wettfahrt-Organisation informieren konnte, wenn es ein Problem an Bord gab.

Funktionsschema der Argos-Satelliten (links).

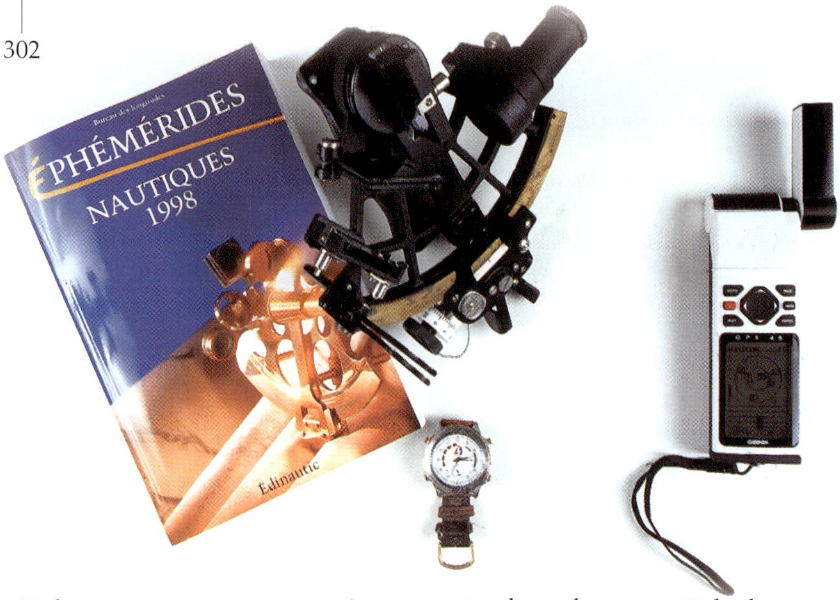

Vorher:
Sextant + Chronometer + Ephemeriden.
Nachher:
GPS-Empfänger, sehr viel kleiner und 600-mal genauer (oben).

Argos war eine bemerkenswerte Sicherheitseinrichtung, die vielen Seglern das Leben rettete. Aber warum bediente man sich nicht der Satelliten selbst, um den Schiffsort einer Yacht zu bestimmen? Beim Start zur ersten Route du Rhum 1978 war der Trimaran *Kriter IV* von Olivier de Kersauson mit einem Satelliten-Navigationsgerät ausgerüstet. Man war beeindruckt von diesem Apparat in der Größe einer Anrichte. Vier Jahre später war er auf die Größe eines Wörterbuches geschrumpft und man fand SatNav sogar auf kleinen Küstenseglern![9] Dann benötigten die US-Militärs für ihre Bomber, die Marine für ihre fliegenden Bomben sehr viel genauere Positionen und brachten eine Reihe von Navigationssatelliten ins All. Für zivile Nutzer gab es nur ein künstlich verfälschtes Signal, aber dennoch konnten sie ihren Standort mit dem Global Positioning System (GPS) alle paar Sekunden auf 15 bis 20 Meter genau ermitteln.

Ein GPS-Empfänger war so groß wie eine Zigarettenschachtel. Man konnte ihn auf den Handteller legen, die Finger darum schließen und sich, selbst auf die Gefahr hin auf den Rücken zu fallen, zurücklehnen: 15 Jahre zuvor benötigte man, um seine Position bestimmen zu können, einen Sextanten (30 x 30 x 20 cm), die Nautischen Tafeln (Ephemeriden, 20 x 20 x 10 cm) und ein Zeitmessgerät (eine gute Quarzuhr war völlig ausreichend, ein teures Chronometer von der Größe eines Aschenbechers war überflüssig). Dazu musste man am Himmel wenigstens ein bekanntes Gestirn sehen können. Und alle diese sperrigen Dinge hatten, wenn man sehr geübt war, den Erfolg, dass man eine Position berechnen konnte, die 600-mal weniger genau war als 15 Jahre später mit einem GPS-Empfänger von der Größe einer Kinderfaust!

Diese hohe Genauigkeit – die Breite einer Straße – war präziser als die der Seekarten. Einige Gebiete waren ein Jahrhundert früher vermessen worden, in Zeiten, als die Fotografie von Flugzeugen oder Satelliten noch nicht existierte. Doch diese geschichtliche Schizophrenie, die darin bestand, eine Position mit Satelliten zu bestimmen, um sie danach auf einem Papier aus der Zeit der Dampfschifffahrt einzutragen, wurde Ende des 20. Jahrhunderts von einer wachsenden Zahl von Seglern ignoriert. Die GPS-Position wurde von einem eingebauten Rechner weiterverarbeitet, der die zurückgelegte Strecke auf einer elektronischen Seekarte darstellte. Der Computer konnte mithilfe gebündelten, kohärenten Lichts (einem Laserstrahl) die dazu notwendigen digitalen Information lesen, die auf einer aluminiumbeschichteten Scheibe mit 119 mm Durchmesser (CD-ROM) gespeichert waren.
Am Ende des 20. Jahrhunderts diente der Computer an Bord nicht nur als Verbindungsglied zwischen bordeigenen Messsystemen (Geschwindigkeit, Kurs, Position) und gespeicherten Daten (Seekarten): er verarbeitete ebenfalls Informationen, die zuvor an Land zusammengestellt wurden und per Funk an Bord kamen: Wetterkarten, Wassertemperaturkarten, Satellitenfotos (auf denen ein Skipper, dessen Yacht in der Karibik vor Anker lag, einen entstehenden Hurrikan entdeckte und beschloss, dass es an der Zeit sei, die Vorzüge

Der Kartentisch von Isabelle Autissier auf dem 60-Füßer PRB. *Der Kessel beweist, dass die Computer noch immer keinen Tee kochen können!*

Das »Büro« von Christophe Auguin, dem Sieger der Vendée Globe 1997, an Bord der Géodis: alles beherrschende Elektronik.

Venezuelas kennen zu lernen, dass Flucht besser sei als Schiffbruch). Dem Hochseesegler standen gegen Ende des Jahrhunderts viel mehr und viel genauere Informationen an Bord zur Verfügung als dem Routenberater Ende der 70er-Jahre an Land. Der Regattasegler des ausgehenden Jahrtausends verwandelte sich in einen Meteorologen und beschäftigte sich fast rund um die Uhr mit dem Thema Wetter. Die vorangegangene Generation hatte noch den Elementen an der Pinne getrotzt; fortan studierten die Skipper die täglichen Veränderungen der Elemente an ihren Bildschirmen und änderten nach Bedarf die Kurseingabe ihrer Autopiloten mit dem Joystick neben der Tastatur.

Vielleicht fehlte da ein bisschen die Poesie – aber 20 Jahre zuvor hätte man den Überfluss an Wetterinformationen nur allzu gern ertragen! Während der ersten Whitbread-Rennen hatte ein Crewmitglied, dass Morsezeichen in Wetterkarten umsetzen konnte, einen Platz an Bord sicher. Er verbrachte Stunden damit, die Punkte und Striche in Isobaren zu verwandeln. Das war eine heroische Zeit. Aus den »Brüllenden Vierzigern« brachte man die abenteuerlichsten Geschichten mit: Eine Woche mit einem Durchschnitt von 200 Seemeilen pro Tag, unglaublich! 25 Jahre später lachte man darüber, man machte die Tour um die Welt mit einem Durchschnitt von 400 Seemeilen pro Tag, dabei stellte eine Segelyacht, von Laurent Bourgnon einhand geskippert, ein Etmal von 540 Seemeilen auf.

1000 Kilometer pro Tag allein durch die Kraft des Windes! Um derartige Rekorde erzielen zu können, brauchte man den richtigen Wind. Es waren die Möglichkeiten an Bord die Meteorologie zu nutzen, um auf den Isobaren zu reiten, sich zur richtigen Zeit und am richtigen Ort an die Wettersysteme zu hängen und sich wie ein Pilotfisch zu einer Überquerung mitnehmen zu lassen.

LES COPAINS D'ABORD
52

G.I.G.O. oder das Ende der wissenschaftlichen Utopie

»Eines Tages habe ich Einstein gefragt – Glauben Sie, dass man absolut alles wissenschaftlich würde ausdrücken können? – Ja, antwortete er, das wäre möglich, aber es würde keinerlei Sinn machen. Es wäre eine Beschreibung ohne Bedeutung, als wenn Sie eine Symphonie von Beethoven als Variationen von Druckwellen beschreiben würden.«

Hedwig Born[10]

Der perfekte Umgang mit der Meteorologie war aber nicht der einzige Grund für die beispiellosen Leistungen, die das Ende des 20. Jahrhunderts zu der bemerkenswertesten Zeit in der Geschichte des Segelsports machten. Die Yachten hatten sich gewaltig verändert, vielleicht weil die Formeln bereinigt wurden und weil allein die Geschwindigkeit (endlich!) zum wichtigsten Kriterium geworden war. Seitdem mussten die Konstrukteure nur auf eine einfache Frage eine Antwort geben: Wie kann der Widerstand verringert und die Segelfläche gleichzeitig erhöht werden?

Warum sollte man die Segelfläche vergrößern, wenn man gleichzeitig mehr Ballast einbauen musste? Der Ballastanteil (Ballastgewicht/Gesamtgewicht) regierte zwischen 1885 und 1980. Trotzdem war das Verhältnis Segelfläche/Gesamtgewicht in aller Munde. Darum ging es im Kampf der Konstrukteure untereinander, mehr als um die Zahl der Rümpfe oder die Höhe des Riggs.

Ende der 70er-Jahre lag das Verhältnis aus Segelfläche zu Gesamtgewicht bei 17 m^2 pro Tonne und bei 127 m^2 pro Tonne für Mehrrumpfyachten.[11] Eine Generation später waren es bereits 45 bis 50 m^2 pro Tonne. Alles durcheinander? Perfekt – oder besser: Selbst die Einrumpfboote hatten mehrere Rümpfe!

Der erste Schritt der Metamorphose war die Umwandlung des festen Ballastes in beweglichen: Statt immer einen Ballast mitzuschleppen, der nur auf Kursen am Wind benötigt wurde, wählte man flüssigen Ballast (einfache Tanks, die mit Wasser gefüllt wurden), der auf Kursen, auf denen weniger Stabilität erforderlich war, nach außenbords gelenzt wurde. Diese Idee war nicht neu: In den Zeiten der Sandbagger und der Clipper von Argenteuil, die durch ihre Ladung aus Sand oder Kies in Säcken extrem steif waren, sah man des öfteren, wie sich ein Konkurrent vor dem Wind einiger überflüssiger Säcke entledigte. Diese Praxis war lange Zeit in Vergessenheit geraten, bis sich Éric Tabarly dazu entschied, im Jahre 1969 auf seiner *Pen Duick V* Wasserballast einzusetzen, der ihm den Sieg in der Einhandregatta von San Francisco nach Tokio einbrachte. Das war offenbar ein Weg, der sich lohnte, dass man ihn weiterverfolgen sollte, obwohl die Idee, kaum wiederentdeckt, schon wieder totgeredet wurde: Kaum jemand war wie Tabarly in der Lage, die Kraft und die Energie aufzubringen, um Tanks mit Ballast zu füllen und umzupumpen. Diese Probleme stellten sich auf einem kleinen

Eine Yacht der Mini-Transat: 20 Jahre lang diente diese Einhand-Transatlantikregatta mit 6,50 m langen Yachten als Labor für die Entwicklung immer radikalerer Einrumpfboote (links).

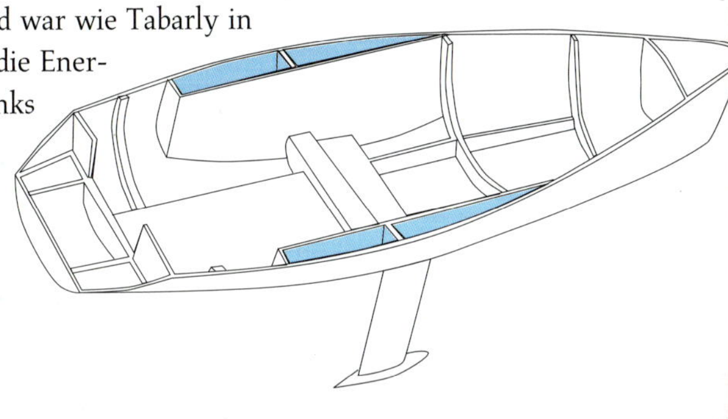

Anordnung der Wasserballasttanks auf einer Yacht für die Mini-Transat.

Boot nicht, sodass Wasser als Ballast im Jahre 1979 auf einem Boot der Mini-Transat[12] auftauchte, an Bord der favorisierten *American Express*[13], die das Rennen auch gewann. Die Entwicklung wäre wohl an dieser Stelle stehen geblieben, wenn nicht zwei Parameter die Spielregeln komplett auf den Kopf gestellt hätten.

Zuerst erhielten die Regattayachten … einen Motor! Die Funkverbindungen zu den Journalisten und Organisatoren verbrauchten einiges an Energie, sodass sich der Einbau eines Generators geradezu anbot. Aber wenn man schon Strom an Bord hatte, warum sollte man dann nicht auch elektrische Selbststeueranlagen benutzen? Nur die Manöver mussten von Hand durchgeführt werden, die Winschen also manuell bedient werden der Rest konnte elektrisch angetrieben sein. Mit einem Motor, der mehrere Stunden pro Tag lief, konnte man also auch Ballastpumpen einbauen. Dadurch war die Menge des Wasserballastes nicht länger von der Muskelkraft der Crew abhängig.

Damit der Wasserballast so effektiv wie möglich eingesetzt werden konnte, mussten die Tanks so weit wie möglich außen angeordnet werden. Das erforderte Rümpfe, die so breit wie möglich gebaut wurden. Man wusste, wie man leicht bauen konnte, aber mit einem breiten Rumpf schnell segeln? Das schien unmöglich, der schob dann zu viel Wasser vor sich her. Warum also nicht zwei schmale Rümpfe? Nicht unbedingt, der Beweis: Gegen Ende des 19. Jahrhunderts hatte man fast rechteckige Einrümpfer entwickelt, die bei Krängung wie der Leerumpf eines Katamarans nur mit einer schmalen Sichel eintauchten.

Nat Herreshoff hatte[14] die Idee zu einem Segelboot mit plattem Boden, das sich nur gekrängt vor-

Die Selbststeueranlagen

Seit Beginn des letzten Jahrhunderts waren alle großen Schiffe mit einem automatischen Kurshaltesystem ausgerüstet; aber diese Technik wurde für kleinere Boote (vor allem für Fischer) erst in den 60er-Jahren[16] entwickelt. Auf einem Segelboot war ihr Einsatz nicht so einfach: Wenn der Autopilot einen Kurs hielt und der Wind drehte, musste die Crew eingreifen und die Segel entsprechend neu einstellen. Man brauchte also ein Gerät, dass nicht den Winkel zwischen dem Schiff und Nord hielt, sondern zwischen

dem Boot und der Windrichtung. Dann konnte die Crew ruhig schlafen und musste sich nicht um die Segel kümmern. Oder man brauchte gar keine Besatzung wie bei den segelnden Schiffsmodellen. Und es waren ganz sicher diese Modelle, die als erste mit Windfahnensteuerungen ausgestattet worden sind. Bevor das Modell ins Wasser gesetzt wurde, stellte man die Windfahne so ein, dass sie auf die kleinste Winddrehung reagierte, bis der Winddruck auf beiden Seiten der Fahne wieder gleich war. Bei der ersten Einhand-Transatlantikregatta 1960 hatte jeder Teilnehmer sein eigenes System. Das war nicht so einfach wie man glauben könnte: Um genug Druck auf die Pinne erzeugen zu können, baute sich der zum Kartografen gewordene ehemalige Pilot Francis Chichester eine Windfahne von vier Quadratmetern auf seine *Gipsy Moth III*, die er wie ein Segel reffen konnte. Der Ex-Oberst »Blondie« Hasler entwickelte eine sehr elegante Lösung: Eine kleine Vertikal-Windfahne bewegte ein kleines, senkrecht aufgehängtes Ruder, von dem die Kraft aus Anstellwinkel und Anströmung durch die Fahrt auf die Pinne geleitet wurde. Dieses Servo-System wurde bald von allen benutzt, aber die Windfahnensteuerungen blieben anfällige Geräte und waren verantwortlich für zahlreiche Aufgaben bei Einhandregatten.

Der englische Ingenieur Derek Fawcett kam auf die Idee, die Pinne elektrisch auf Grund von Impulsen einer winzigen Windfahne zu bewegen. Die erste Autohelm-Anlage wurde 1975 vorgestellt. Sie war klein, leicht, abnehmbar und funktionierte gut. Das war eine handliche Sache, man musste seine Yacht nicht mehr mit einem abenteuerlichen Gerüst aus dem 19. Jahrhundert entstellen. Die elektronischen Autopiloten waren zuerst nicht verlässlicher als die mechanischen. Bei der Route du Rhum 1978 gab es Einhandsegler, die vier, acht oder zehn Geräte mit an Bord hatten und sie über Bord warfen, sobald sie ihren Geist aufgegeben hatten. Diese Unsicherheit hielt einige Jahre an, während sich die Boote stark veränderten. Die Yachten beschleunigten so stark, dass der sehr schnell verändernde scheinbare Windeinfallswinkel den Autopilot veranlasste, die Pinne in alle Richtungen zu bewegen. Die Skipper benutzen bald einen elektrischen Autopiloten, der nach einem Kompass steuerte. Der Kreis hatte sich geschlossen.

wärts bewegte. 1896[15] konstruierte er die erste Scow *Alfreda.* Ab 1898 wurde der Kiel mittschiffs durch Kimmkiele ersetzt, die wiederum bald von zwei Schwertern und zwei Ruderblättern abgelöst wurden, damit man besser mit Lage segeln konnte. Ab 1900 gab es zwei Klassen von Scows: Klasse A (11,58 m lang, 54 m^2) und Klasse B (9,75 m lang, 37,7 m^2).[17] Diese gewaltigen Jollen erreichten 20 Knoten, aber das flache Vorschiff schlug schon bei kleinen Wellen äußerst unangenehm. Es war, »a priori«, der am wenigsten geeignete Bootstyp für die offene See …

Trotzdem diente eine radikale Version einer Scow Anfang der 70er-Jahre als Vorbild für den Franzosen Jean-Marie Finot. Das Boot würde so konzipiert werden, dass es bei Krängung nur mit einer schmalen Kante ins Wasser tauchte, aber beide Kanten würden am Steven zusammenlaufen. Der Rumpfquerschnitt sollte die Form eines Winkels erhalten, ein Dreieck, das sich mal auf den einen und mal auf den anderen Schenkel stützt. Das war eine Revolution: Seit Jahrtausenden krängten Segelboote um die Längsachse oder um eine Parallele dazu. In diesem Fall veränderte sich die Krängungsachse, es gab viele davon, ausgehend vom Steven wie die Äste eines Fächers. Man erhielt in der Tat zwei Unterwasserschiffe, eines für jeden Bug (und jeder hatte sein eigenes Ruderblatt), integriert in einen extrem breiten Rumpf für gute Surfeigenschaften und um dem Wasserballast den größtmöglichen Hebelarm zu geben – oder um den Seglern möglichst viel Platz zum Leben anzubieten.

Bei Fahrtenschiffen hatte sich das Konzept (ohne den Ballast) nur langsam verbreitet: Die schwerfälligen Yachten waren immer voluminöser geworden, mit Unterwasserschiffen, die ohne eine Verschiebung der Krängungsachse unkontrollierbar gewesen wären. Bei Hochseeregatten wurde die dominierende Rolle des Konzepts (mit Ballast) ab Mitte der 90er-Jahre eklatant.

Dieser Rumpf-Typ stellte ein schwer zu lösendes Problem dar. Wie sollte man einen Rumpf planen und berechnen, der bei jedem Krängungswinkel die Achse änderte? Finot war der erste, der seit den 70er-Jahren alle seine Rümpfe direkt im Computer erstellte. Zu jener Zeit handelte es sich um rohe Anwendungen mathematischer Funktionen und man fragte sich manchmal, wer die Entscheidungen traf: der Mensch oder die Maschine? Der Zweifel wurde schnell ausgeräumt. Und die Möglichkeit, sehr

Eine Scow der Klasse E: Die gewaltigen Schwertboote waren entwickelt worden, um gekrängt zu segeln. Im Grunde waren es Katamarane, deren Rümpfe durch eine Brücke miteinander verbunden waren (oben).

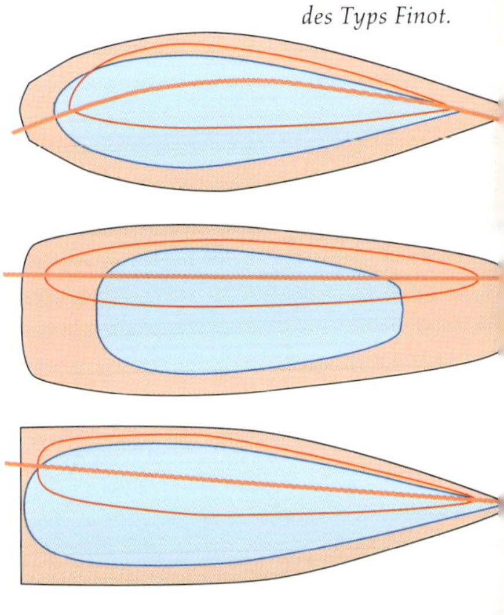

Die Veränderung des eingetauchten Unterwasserschiffes bei Krängung. Von oben nach unten: normaler Einrümpfer, Scow, Einrümpfer des Typs Finot.

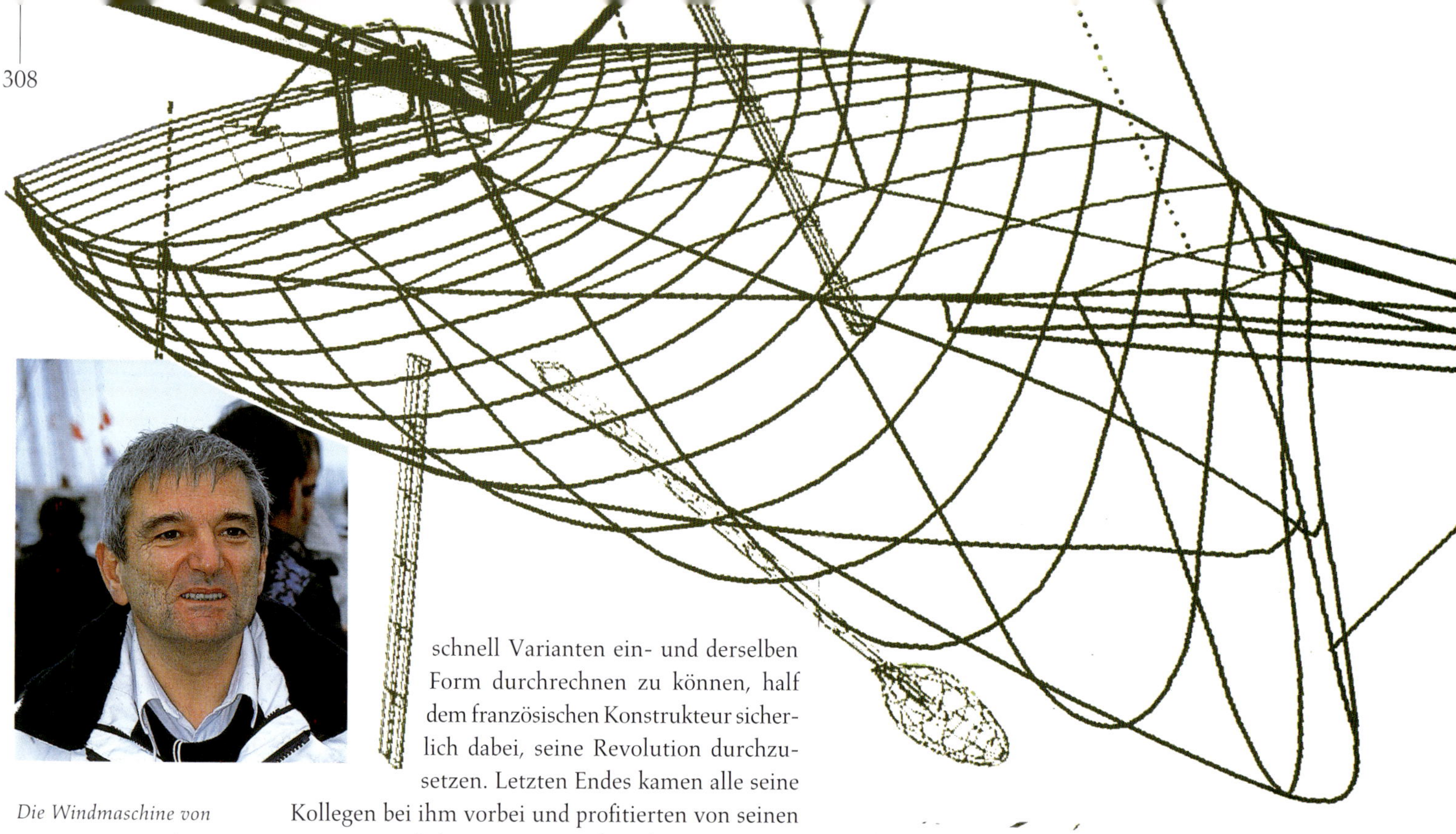

Die Windmaschine von Jean-Marie Finot (kleines Bild): Bugspriet, um einen asymmetrischen Spinnaker setzen zu können (der wie ein Vorsegel auf den anderen Bug geholt wird), kippbarer Kiel mit Ballastbombe, Schwerter und eine ultraleichte Konstruktion aus Kohlefasergelegen. Eine Yacht wie ein gigantisches Surfboard.

schnell Varianten ein- und derselben Form durchrechnen zu können, half dem französischen Konstrukteur sicherlich dabei, seine Revolution durchzusetzen. Letzten Endes kamen alle seine Kollegen bei ihm vorbei und profitierten von seinen weiterentwickelten, weniger abstrakten Programmen. Trotz der immer größer werdenden Rechnerkapazitäten vereinfachten sich die Linien. Adieu zu den bauchigen Rümpfen, die aussahen wie eine Brust oder eine Schulter![18] Die intuitive Schönheit der Linien war keine ausreichende Garantie mehr für Effektivität. Die animalischen Formen, die die vorangegangenen Generation begeistert hatten, waren nicht ineffektiv, sondern im wahrsten Sinne des Wortes nicht berechenbar – und berechnen war sehr verlockend! Die Möglichkeit, eine Wasserlinie per Mausklick[19] zu verändern und sofort sehen zu können, welche Auswirkungen das auf das Krängungsverhalten hatte, war schon eine Revolution für sich. Das alles war bis zum großen Auftritt »Seiner Majestät« des Computers unmöglich.

Seit den 60er-Jahren hat sich die Rechnerleistung etwa alle eineinhalb Jahre verdoppelt. Er hat die Abläufe in der Finanzwelt, in den Büros, in der Kom-

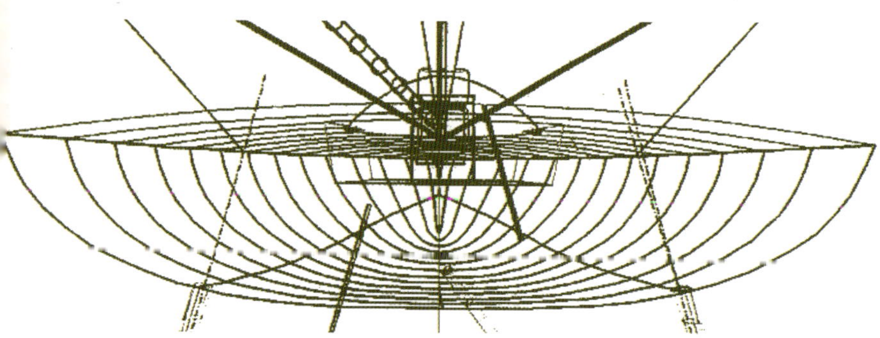

munikation, im Druckgewerbe, im täglichen Leben drastisch verändert ... warum also nicht auch die der Yachtkonstruktion? 15 Jahre vor dem Jahrtausendwechsel war der Computer überall zu finden. Die Zeichenbretter gab es nicht mehr. Innerhalb einer Generation waren die Straklatten und Bleigewichte, die zur Entstehung von Meisterstücken (und Flops!) notwendig waren, durch das Flimmern der Bildschirme ersetzt worden. Ein kompletter Satz Zeichnungen war auf die Größe einer Diskette geschrumpft. Und schließlich war auch die Diskette überflüssig geworden: Die gespeicherten Pläne wurden direkt an den Lasercutter übertragen, der die Mallen für eine Bauform schnitt. In einigen Jahren wird man die am Computer erstellten Pläne (CAD, Computer Aided Design) direkt in die Fabrikation (CAM, Computer Aided Manufacturing) weiterleiten.

Während des unaufhaltsamen Siegeszuges ist auch übertrieben worden. Jene, die sich die Krone des »Königs«-Computers näher betrachteten, entdeckten dort eine unverständliche Gravur: G.I.G.O.! Das waren die Anfangsbuchstaben für: Garbage In, Garbage Out. Wenn man Abfall (auf englisch garbage) eingab, kam auch Abfall wieder heraus; mit anderen Worten, nur auf gute Fragen erhielt man (manchmal) auch gute Antworten.

Das Problem entstand dadurch, dass der Computer nicht ein Boot (unter anderem) rechnete, sondern sein mathematisches Abbild, vereinfacht wie alle Bilder. Alle CAD-Programme erlaubten die Berechnungen der Schwimmlage und der Stabilität des mathematischen Modells eines Schiffes, aber dieses Modell segelte nicht durch echte Wellen. Als der im Computer entworfene und gerechnete Einrümpfer *Fleury-Michon X* während der Vendée Globe 1992 kenterte

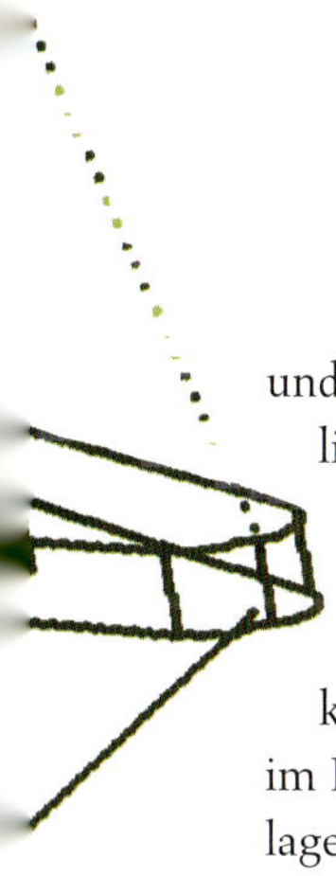

und, anstatt sich wieder aufzurichten, auf der Seite liegen blieb, bedeutete das nicht, dass die Berechnungen falsch gewesen waren. Es bedeutete ganz einfach, dass niemand daran gedacht hatte, dass sich der Mast mit so viel Wasser füllen könnte, dass er das Gleichgewicht zum Bleiballast im Kiel halten konnte.[20] Als sich bei der 1996er Auflage des gleichen Rennens die Yacht *Pour Amnesty International* von Thierry Dubois um 180 Grad drehte und mit dem Kiel nach oben treibend liegen blieb, stellte das nicht die Berechnungen in Frage, die dieses Verhalten vorausgesehen hatten. Als sich der Kiel einer Regattayacht löste – deren Name wird nicht genannt aus Angst davor, nicht allen, die dieses Unglück der 80er-Jahre kannten, Gerechtigkeit widerfahren zu lassen! –, und sich der Rumpf umdrehte wie ein toter Fisch, bedeutete das nicht, dass die Berechnungen der Strukturen falsch waren, sondern dass die Realität der Konstruktion und des Materials nicht mit den Vorgaben übereinstimmte.

In der Tat traf die Perfektionierung von CAD und besonders die Berechnungen von Strukturen durch die Finite Elemente Methode[21] mit einer Serie der bemerkenswertesten, strukturellen Unfälle der Geschichte zusammen: gebrochene Rümpfe, geknickte Boote, wie Konservendosen geöffnete Bordwände, verschwundene Kiele und Ruder, zerlöcherte Schutzaufbauten (nach dem Motto »hier ausschneiden«), sogar eine Kombination mehrerer Fälle … Es waren die Konsequenzen von G.I.G.O.: Wer den Computer für die spektakulären Katastrophen verantwortlich machte, sprach auch das Messer des Mordes schuldig, nicht den Mörder.

Das wahre Motiv war die nur verständliche Gier nach Leistungen. Man rechnete immer mehr, damit man immer weniger widerstandsfähigeres Material einsetzen konnte, das bedeutet: Man sparte überall an Gewicht. Die ersten 60-Fuß-Einrümpfer (18,28 m) für Einhandrennen um die Welt (BOC Challenge[22], Vendée Globe) verdrängten im Jahre 1981 rund 15 Tonnen. 15 Jahre später war es die Hälfte, aber mit einer doppelt so großen Segelfläche. Da wunderte es nicht, dass man mit den Struktur-Berechnungen des einen oder anderen dieser Monster die Wände hätte tapeziert werden können …

Es gab aber nicht nur jene, die sich – bildhaft gesprochen – um eine Platane wickelten. Eines der wichtigsten Programme zur Untersuchung der Leistungen von Segelschiffen wurde zu Schlägen in so manche Gesichter.

Welch schöner großer Aufwand ist das gewesen, fürwahr! In den Niederlanden wurde im Schlepptank von Delft der Widerstand einer Serie von ähnlichen Rümpfen gemessen, an denen man die Breite, den Gewichtsschwerpunkt und anderes veränderte. Zwei Wissenschaftler des Massachussetts Institute of Technology (MIT) in den USA kompilierten diese

Die Jagd nach Leistung erlebte ihre Fehlschläge: oben der Einrümpfer Drum *ohne seinen Kiel, unten das in sich zusammengeklappte Boot eines La-Baule-Dakar-Teilnehmers.*

Die Banalisation des nicht alltäglichen

Am Rande der technischen Evolution blieb das Hochseesegeln ein öffentliches Phänomen, dem man jeden Anstrich gab. Die Ankunft der Vendée Globe 1996–1997 führte auf den Seiten des (Satiremagazins) »Le Canard Enchainé« zu folgendem Erguss: »Davon getrieben, ihren Rumpf zu wienern, fühlt sich die religiöse Skipperin wohl, die den langweiligen Seemann meidet und von Felsklippen mit Humor spricht, das ganze Jahr über, auf der ganzen Welt.«[23]

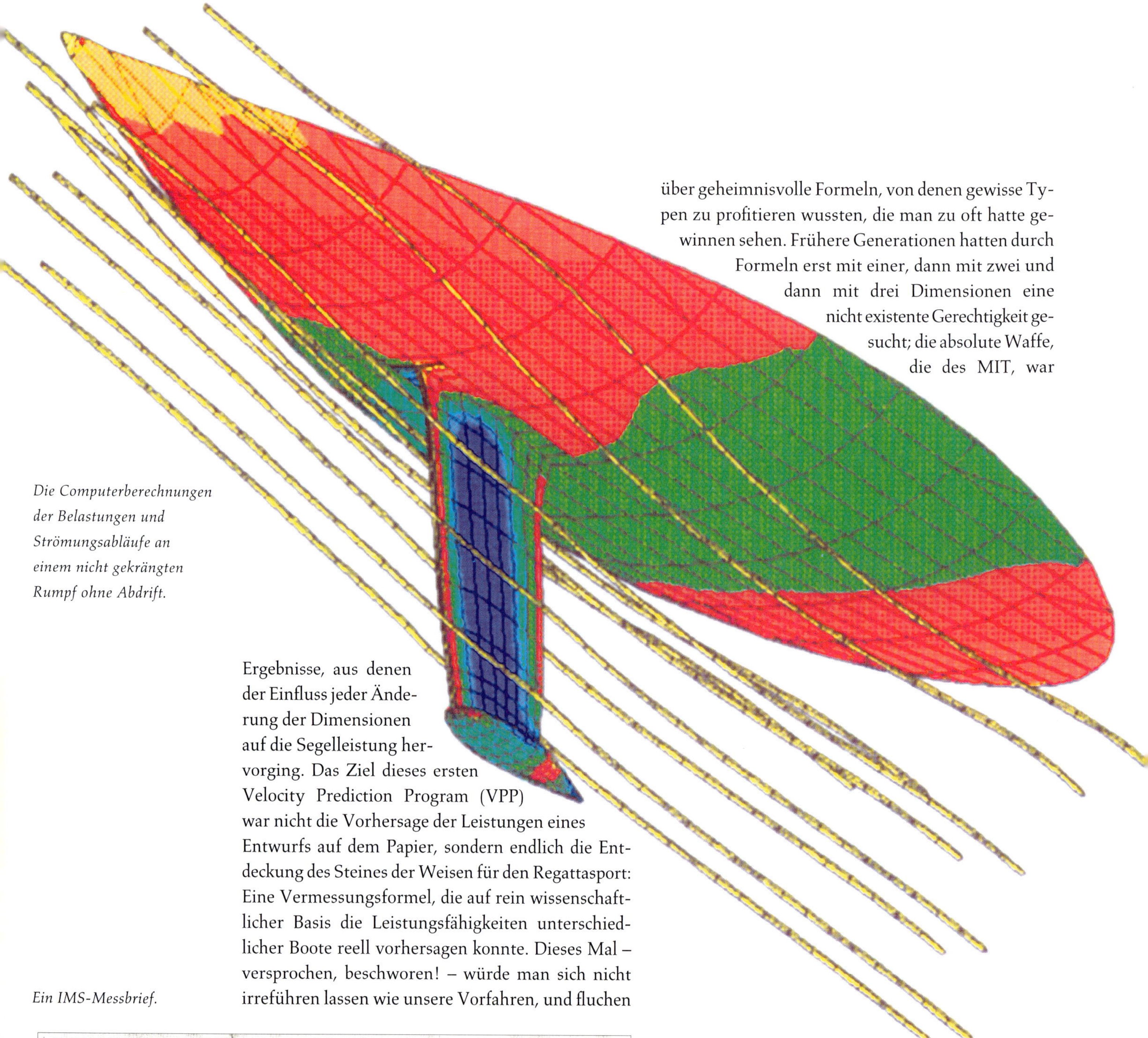

über geheimnisvolle Formeln, von denen gewisse Typen zu profitieren wussten, die man zu oft hatte gewinnen sehen. Frühere Generationen hatten durch Formeln erst mit einer, dann mit zwei und dann mit drei Dimensionen eine nicht existente Gerechtigkeit gesucht; die absolute Waffe, die des MIT, war

Die Computerberechnungen der Belastungen und Strömungsabläufe an einem nicht gekrängten Rumpf ohne Abdrift.

Ergebnisse, aus denen der Einfluss jeder Änderung der Dimensionen auf die Segelleistung hervorging. Das Ziel dieses ersten Velocity Prediction Program (VPP) war nicht die Vorhersage der Leistungen eines Entwurfs auf dem Papier, sondern endlich die Entdeckung des Steines der Weisen für den Regattasport: Eine Vermessungsformel, die auf rein wissenschaftlicher Basis die Leistungsfähigkeiten unterschiedlicher Boote reell vorhersagen konnte. Dieses Mal – versprochen, beschworen! – würde man sich nicht irreführen lassen wie unsere Vorfahren, und fluchen

Ein IMS-Messbrief.

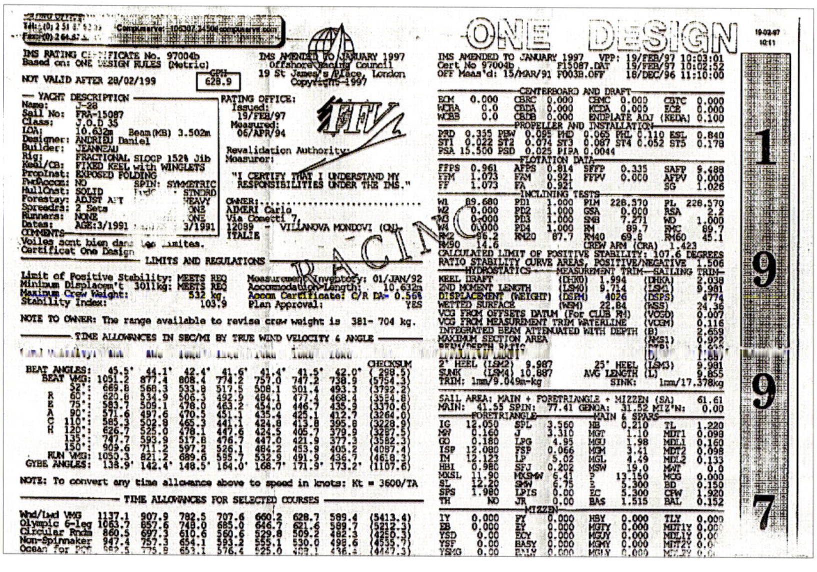

Compuserve: 106307.3450@compuserve.com

IMS RATING CERTIFICATE No. 97004b
Based on: ONE DESIGN RULES (Metric)
NOT VALID AFTER 28/02/199
GPH 628.9

IMS AMENDED TO JANUARY 1997
Offshore Racing Council
19 St James's Place, London
Copyright 1997

— YACHT DESCRIPTION —
Name: J-28
Sail No: FRA-15087
Class: J.O.D 35
LOA: 10.632m Beam(MB) 3.502m
Designer: ANDRIEU Daniel
Builder: JEANNEAU
Rig: FRACTIONAL SLOOP 152% Jib
Keel/CB: FIXED KEEL with WINGLETS
PropInst: EXPOSED FOLDING
FwdAccom: NO SPIN: SYMMETRIC
HullCnst: SOLID STNDRD
Forestay: ADJUST AFT HEAVY
Spreadrs: 2 Sets ONE
Runners: NONE ONE
Dates: AGE:3/1991 3/1991

RATING OFFICE:
Issued: 19/FEB/97
Measured: 06/APR/94
Revalidation Authority:
Measurer:
"I CERTIFY THAT I UNDERSTAND MY RESPONSIBILITIES UNDER THE IMS."
OWNER: ....
AIMERI Carlo
Via Cometti 7,
12089 – VILLANOVA MONDOVI (CN)
ITALIE

COMMENTS
Voiles sont bien dans les limites.
Certificat One Design

— LIMITS AND REGULATIONS —
Limit of Positive Stability: MEETS REQ
Minimum Displacem't 3011kg: MEETS REQ
Maximum Crew Weight: 532 kg.
Stability Index: 103.9
Measurement Inventory: 01/JAN/92
Accomodation Length: 10.632m
Accom Certificate: C/R DA= 0.568
Plan Approval: YES

NOTE TO OWNER: The range available to revise crew weight is 381- 704 kg.

— TIME ALLOWANCES IN SEC/MI BY TRUE WIND VELOCITY & ANGLE —

								CHECKSUM
BEAT ANGLES:	45.5°	44.1°	42.4°	41.6°	41.4°	41.5°	42.0°	(298.5)
BEAT VMG:	1051.2	877.4	808.4	774.2	757.0	747.2	738.9	(5754.3)
52°:	669.8	568.3	533.8	517.5	508.1	501.4	493.3	(3792.2)
R 60°:	620.8	534.9	506.3	492.9	484.1	477.4	468.4	(3584.8)
E 75°:	583.7	509.1	478.0	463.2	454.0	446.7	435.9	(3370.6)
A 90°:	571.6	497.6	470.5	451.1	435.4	425.1	412.7	(3264.0)
C 110°:	585.3	502.8	465.3	441.1	424.8	413.8	395.8	(3228.9)
H 120°:	626.7	525.0	478.1	447.6	424.5	405.7	379.9	(3287.5)
135°:	747.7	593.9	517.8	476.7	447.0	421.9	377.3	(3582.3)
150°:	909.6	711.2	597.2	526.1	484.2	453.9	405.2	(4087.4)
RUN VMG:	1050.3	821.2	689.6	595.7	532.9	491.9	436.7	(4618.3)
GYBE ANGLES:	138.9°	142.4°	148.5°	164.0°	168.7°	171.9°	173.2°	(1107.6)

NOTE: To convert any time allowance above to speed in knots: Kt = 3600/TA

— TIME ALLOWANCES FOR SELECTED COURSES —

Wnd/Lwd VMG	1137.1	907.9	782.5	707.6	660.2	628.7	589.4	(5413.4)
Olympic 6-leg	1063.7	857.6	748.0	685.0	646.7	621.6	589.7	(5212.3)
Circular Rndm	860.5	697.3	610.6	560.6	529.8	509.2	482.3	(4250.3)
Non-Spinnaker	947.4	757.3	654.1	593.2	555.1	530.0	498.6	(4535.7)
Ocean for PCS	982.5	775.8	653.1	576.4	525.0	[illegible]	436.4	(4447.3)

ONE DESIGN

IMS AMENDED TO JANUARY 1997 VPP: 19/FEB/97 10:03:01
Cert No 97004b F15087.DAT 19/FEB/97 10:02:52
OFF Meas'd: 15/MAR/91 F0038.OFF 18/DEC/96 11:10:00

— CENTERBOARD AND DRAFT —
ECM 0.000 CBRC 0.000 CBMC 0.000 CBTC 0.000
WCBA 0.0 CBDA 0.000 KCDA 0.000 ECE 0.000
WCBB 0.0 CBDB 0.000 ENDPLATE ADJ (KEDA) 0.100

— PROPELLER AND INSTALLATION —
PRD 0.355 PBW 0.095 PHD 0.065 PHL 0.110 ESL 0.840
ST1 0.022 ST2 0.074 ST3 0.087 ST4 0.052 ST5 0.178
PSA 15.500 PSD 0.025 PIPA 0.0044

— FLOTATION DATA —
FFPS 0.961 AFPS 0.814 SFFP 0.335 SAFP 9.488
FFM 1.073 FAM 0.921 FFPV 0.000 AFPV 0.000
FF 1.073 FA 0.921 SG 1.026

— INCLINING TESTS —
W1 89.680 PD1 1.000 PLM 228.570 PL 228.570
W2 0.000 PD2 1.000 GSA 0.000 RSA 2.2
W3 0.000 PD3 1.000 SMB 7.271 WD 1.000
W4 0.000 PD4 1.000 RM 89.7 RMC 89.7
RM2 96.2 RM20 87.7 RM40 69.8 RM60 45.1
RM90 14.6 CREW ARM (CRA) 1.423
CALCULATED LIMIT OF POSITIVE STABILITY: 107.6 DEGREES
RATIO STABILITY CURVE AREAS, POSITIVE/NEGATIVE 1.506

— HYDROSTATICS — MEASUREMENT TRIM — SAILING TRIM —
KEEL DRAFT (DHKO) 1.994 (DHKA) 2.038
2ND MOMENT LENGTH (LSM0) 9.714 (LSM1) 9.981
DISPLACEMENT (WEIGHT) (DSPM) 4026 (DSPS) 4774
WETTED SURFACE (WSM) 22.84 (WSS) 24.36
VCG FROM OFFSETS DATUM (For CLUB RM) (VCGD) 0.007
VCG FROM MEASUREMENT TRIM WATERLINE (VCGM) 0.116
INTEGRATED BEAM ATTENUATED WITH DEPTH (B) 2.659
MAXIMUM SECTION AREA (AMS1) 0.922
2° HEEL (LSM2) 9.987 25° HEEL (LSM3) 9.981
SUNK (LSM4) 10.887 AVG LENGTH (L) 9.855
TRIM: 1mm/9.049m-kg SINK: 1mm/17.378kg

SAIL AREA: MAIN + FORETRIANGLE + MIZZEN (SA) 61.61
MAIN: 41.55 SPIN: 77.41 GENOA: 31.52 MIZ'N: 0.00

— FORETRIANGLE — MAIN & SPARS —
IG 12.050 SPL 3.560 HB 0.210 TL 1.220
MW 0.160 J 3.310 MGT 1.10 MDT1 0.098
GO 0.180 LPG 4.95 MGU 1.98 MDL1 0.160
ISP 12.080 FSP 0.066 MGM 3.41 MDT2 0.098
IM 12.123 LP 5.02 MGL 4.49 MDL2 0.133
HBI 0.980 SFJ 0.202 MSW 19.0 MWT 0.0
MXSL 11.90 MXSMW 6.41 P 13.150 MCG 0.000
SL 12.20 SMW 6.75 E 5.300 BD 0.150
SPS 1.980 LPIS 0.00 EC 5.300 CPW 1.920
TH NO JR 0.00 BAS 1.515 BAL 0.152

— MIZZEN —
IY 0.000 PY 0.000 HBY 0.000 TLY 0.000
EB 0.000 EY 0.000 MGTY 0.000 MDT1Y 0.000
YSD 0.00 ECY 0.000 MGUY 0.000 MDL1Y 0.00
YSF 0.00 BASY 0.000 MGMY 0.000 MDT2Y 0.0
YSMG 0.00 BALY 0.000 MGLY 0.000 MDL2Y 0.0

1997

eine Formel mit unbegrenzten Dimensionen. IMS (International Measurement System) war eine Formel der Geometrie mit verstellbaren Tragflächen[24], bei der man sogar die meteorologischen Bedingungen während einer Regatta berücksichtigen musste. Der große Tag, auf den man ein Jahrhundert lang gewartet hatte, war Anfang der 80er-Jahre gekommen!

Die Künstler einer anderen Epoche hätten sicher ihr Vergnügen gehabt, das Sinnbild dieser IMS-Formel zu malen! Ein pausbäckiges Baby in einem Strampelanzug aus Fahnen Amerikas und den Niederlanden, auf einem Thron sitzend, dessen Füße Delfine und der Sitz ein Computer sein würden, mit seiner Rechten die schaukelnde Waage der Fairness, mit seiner Linken das geweihte Speedometer hochhaltend, unter einem Baldachin aus Spinnakern im Wind, gefolgt von

Engeln die Schirmmützen der Jury tragend und bewaffnet mit Windmessern! Ach, hätte diese optimistische Vision doch wenigstens entfernt Ähnlichkeit mit der Wirklichkeit …

Die IMS-Formel sollte alle Typen von Yachten akzeptieren. Schon beim Entwurf der Formel hatte man nicht daran gedacht, sich mit den ultraleichten Booten zu beschäftigen, die bereits bei Regatten nach gesegelter Zeit Unheil anrichteten. In die berechnete Zeit flossen die verschiedenen Wettervariablen mit ein, dabei wurde berücksichtigt, dass bestimmte Boote bei wenig Wind langsam und bei viel Wind schnell waren – oder umgekehrt –, aber man hätte auch das Logbuch jedes einzelnen Teilnehmers konsultieren müssen, um die individuellen meteorologischen Bedingungen zu jeder Zeit des Rennens mit einzurechnen. Das war unmöglich. Die Vielschichtigkeit von IMS stieß auf unumkehrbaren Vereinfachungen des menschlichen Managements. Man konnte in der Berechnung nicht einfach die Messfehler der Organisatoren oder der Vermesser einfließen lassen.[25] Das Problem waren nicht die Yachten, sondern der Mensch!

Gleichzeitig wurde eine alte Frage wieder aktuell: Warum sollte man nicht von den neuen wissenschaftlichen Erkenntnissen profitieren, um die Geschwindigkeit von Segelyachten vorherzusagen, schließlich waren die Berechnungen der Leistungsfähigkeiten von Motorbooten und Flugzeugen verlässlich. Verlässlich? Die Bestätigung war mit einem Salzkorn von der Größe Helgolands gewürzt. Wie viele Schiffe, die teure Schlepptankversuche hinter sich hatten, mussten mit einer ganzen Serie von Propellern getestet werden, bevor man die angekündigten Leistungen erreichte? Wieviele Flugzeuge, an denen lange versucht und gerechnet worden war, mussten modifiziert werden?[26] Noch immer krängten Flugzeuge nicht und sie bewegten sich, im Gegensatz zu Schiffen, nur in einem Medium und nicht in zweien, was die Berechnungen sehr viel einfacher gestaltete.

Man hat natürlich versucht, die wissenschaftlichen Methoden an die Segelyachten anzupassen. Der Schlepptank ist bis 1973 ein mystisches, prestigeträchtiges Instrument gewesen. In jenem Jahr testete Britton Chance, der aufgehende Stern am amerikanischen Konstrukteurshimmel, den Verteidiger eines America's Cup-Projekts in dem Schlepptank, in dem schon K. M. Davidson die Modelle von *Ranger* geschleppt hatte. Chance hatte sich für einen abgeschnittenen Rumpf entschieden, um die Formel auszutricksen. Das Schiff wurde in Originalgröße gebaut und *Mariner* getauft, es erwies sich als absoluter Flop. Da es um nur minimale Optimierungen ging, erwiesen sich die kleinen Modelle als nicht genau genug.

Man versuchte es mit größeren Modellen bis hin zum Maßstab 1:3 – die waren im Falle des America's Cup sieben Meter lang! Der Initiator dieser Methode unterbrach sein Gespräch mit einem Journalisten über das Thema Hydrodynamik und fragte: – Kennen Sie die Geschichte des Blöden, der seine Geld-

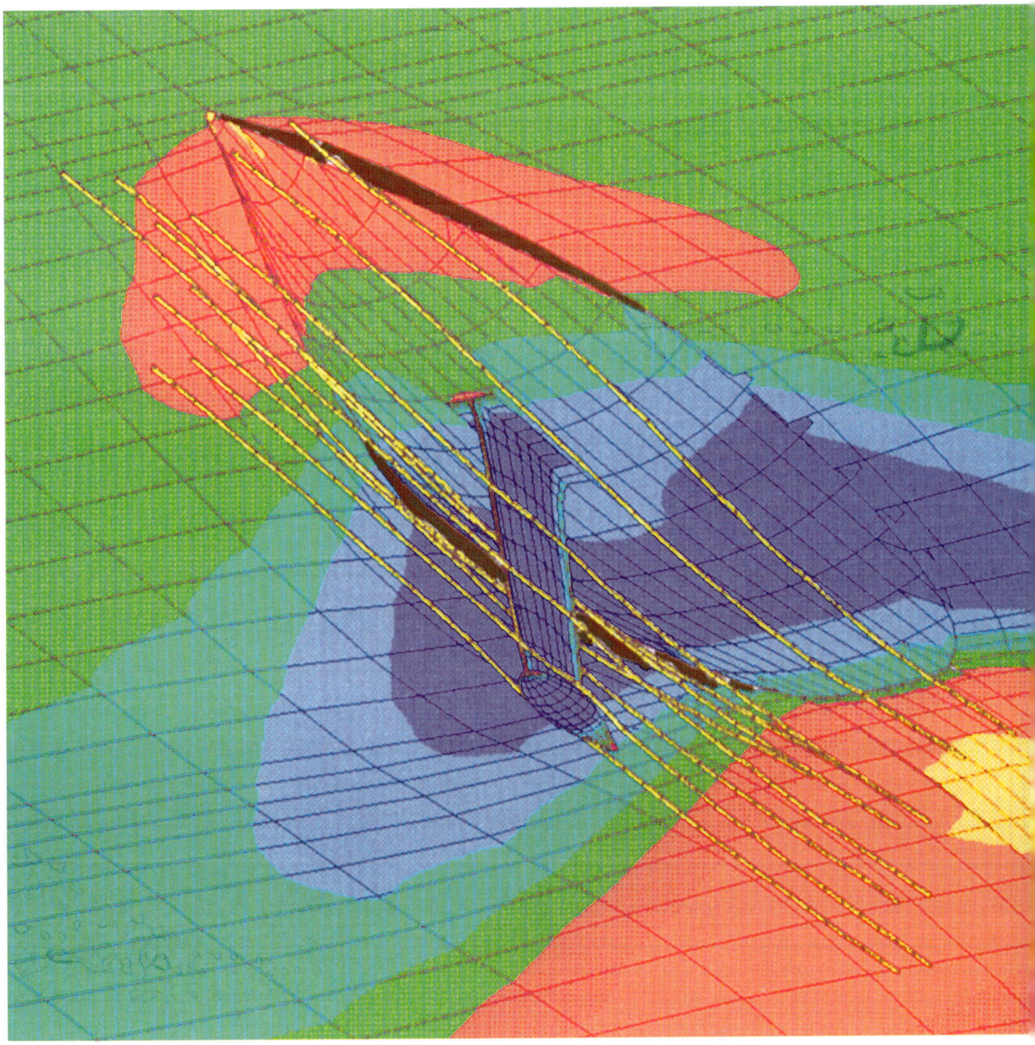

Der Computer konnte die Verformungen der Wasseroberfläche berechnen, die von einem fahrenden Schiff verursacht werden, allerdings nur bei einem glatten Oberfläche. Wenn es Wellen gab oder das Boot beschleunigte, wurden die Ergebnisse immer fragwürdiger.

Wendeduell vor dem Start zu einer America's Cup-Wettfahrt. Die Boote beschleunigten und bremsten, die Wendewinkel waren sehr groß, die Strömungsverhältnisse instabil und die Computer stürzten ab (rechte Seite).

Bordmesssystem von Brookes & Gatehouse: Es lebe der Informationsfluss!

börse verloren hatte? – Nein. – Da war ein Blöder, der hatte seine Geldbörse verloren. Es war stockdunkle Nacht und der Blöde suchte auf allen Vieren unter einer Straßenlaterne. – Was machen Sie da, fragte ein Polizist? – Ich suche meine Geldbörse. Der Polizist und der Blöde suchten zusammen, beide auf allen Vieren. Nach einigen Minuten fragte der Polizist: – Ich finde nichts, sind Sie sicher, die Börse hier verloren zu haben? – Oh nein, sagte der Blöde, ich habe sie weiter hinten im Dunklen verloren, aber hier kann ich wenigstens etwas sehen. – Sehen Sie, das ist das gleiche wie die Versuche mit den kleinen Modellen: Sie haben das Gefühl etwas zu tun, aber Sie erreichen nichts.[27] Das Problem war, dass man die Viskosität des Wassers nicht im gleichen Maße verändern konnte wie die Modelle[28] und die Arbeiten am MIT, die damals begannen, erlaubten die Hoffnung auf ein Programm zur verlässlichen Vorausberechnungen der Geschwindigkeiten (VPP, Velocity Prediction Program). Diese Hoffnung wurde erhört. Anfang der 90er-Jahre waren die VPPs so effektiv, dass sie Antworten auf die gestellten Fragen liefern konnten, bis auf … Die Fragen wurden zunehmend komplexer als die Mittel, sie zu beantworten. Man hatte zum Beispiel immer davon geträumt, die Geschwindigkeiten von America's Cup-Yachten verlässlich vorausberechnen zu können und schaffte das schließlich auch – um festzustellen, dass die Geschwindigkeit auf einem Kurs geradeaus weniger wichtig war als Manövrierfähigkeit und Beschleunigung, obwohl die Berechnungen die durchschnittlich verfügbaren Möglichkeiten[29] der Informatik bei weitem überschritten. Die Anforderungen an die Genauigkeit gingen in dem Maße zurück wie man vorankam: Das exponentielle Wachstum der Computer würde niemals ausreichen, alle Probleme zu lösen.

Außerdem hatte der Mathematiker Kurt Gödel in einer berühmten Theorie für alle deduktive Methoden die Unmöglichkeit bewiesen, alle Fragen mit Zahlen beantworten zu können. Und es wurde noch schlimmer! Die künstliche Intelligenz, die man so herbeigesehnt hatte und die immer wieder angekündigt wurde … erwies sich dermaßen als Science Fiction, dass ein weltweiter Kongress, der sich 1997 diesem Thema widmete, zu dem Schluss kam, dass es, um den Intellekt von Maschinen zu messen, zweckmäßiger sei ihre Fehler zu quantifizieren als ihre Intelligenz. Das war eine ebenso destruktive Feststellung wie die Evolutionstheorie für die Religion: Man bezweifelte die Möglichkeit einer Allwissenheit, die fähig sein würde, den Menschen zu verdrängen.

Wenigstens gab die Wissenschaft ihre Bemühungen um eine umfassende Serie von Aufzählungen nicht auf, die ihr das Risiko von unglaublicher Ungenauigkeit, von Intuition, von schöpferischem Chaos erlaubte … Und gerade da begannen die Mathematiker, sich dem Chaos zuzuwenden. Sie entdeckten dort Arten neuer verführerischer Linien[30], die vor allem dazu dienten, Vorhersagen über den Wasserablauf von Schiffen zu erstellen. Man erlebte bald das Erscheinen neuartiger Mikroprozessoren mit ungenauer Logik[31], die, anstatt ihre Zeit damit zu verschwenden, genau zu rechnen, zum Beispiel eine Menge größer als 1 und kleiner als 2 mit »ungefähr 1,5« auswiesen. Die Ungenauigkeit schuf eine verrückte Zeit. Man setzte sie ein in Waschmaschinen, Kühlschränken und, im Bereich der Sportschifffahrt, in Bordrechnern und Autopiloten.

In dieser Zeit kamen Computer auf den Markt, die ihre Informationen nicht mit elektrischem Strom übermittelten, sondern mit Licht. Ein anderes Stadium könnten chemische Rechner sein, die mit den gleichen elementaren Proteinen als logische Schalter ausgestattet sind wie das Band der DNA. Was wird man sagen, wenn ein solcher Computer, der sich lebender Mechanismen bedient, nicht funktioniert? Er ist kaputt, oder, er ist tot?

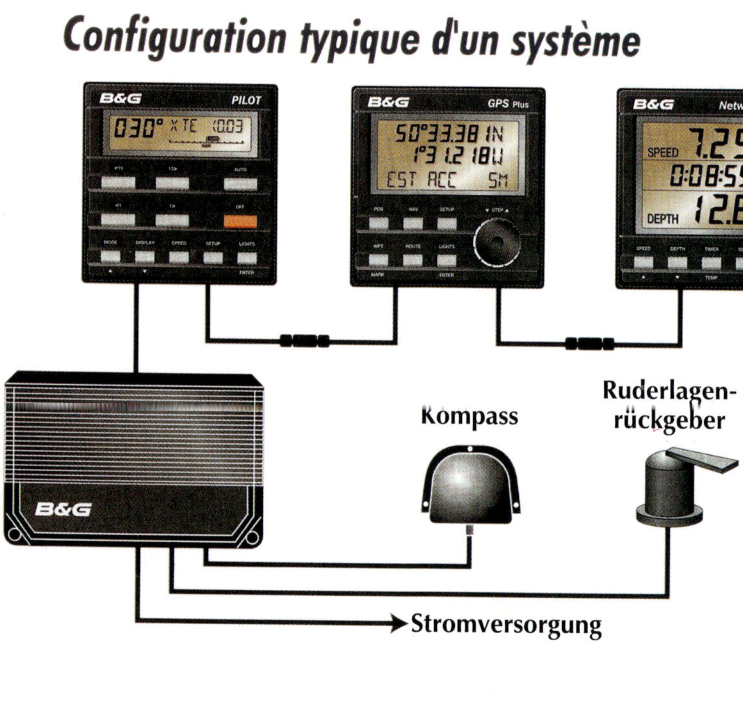

USA
104

Die Überraschungen des Jahres 2000

»Technologische Voraussagen sind die wahrscheinlich subtilsten und am weitesten entwickelten Formen der Futurologie. Dies ist vor allem deshalb wahr, weil man an diesem Vorhersage-Typus am meisten gearbeitet hat (davon abgesehen, waren Voraussagen der Ergebnisse von Pferderennen sowie für Börsen- und Wechselkurse offensichtlich Teil dieser Versuche).«

Herman Kahn[32]

Während einer Konferenz im Jahre 1881 hat der große schottische Konstrukteur George Lennox Watson die Yacht der Zukunft beschrieben. »Sehen wir uns einen Zehntonner für die Saison 2000 an: Die Spanten und Decksbalken werden aus Aluminium sein; die Außenhaut unter Wasser aus Manganbronze, das Überwasserschiff und die Aufbauten wieder aus Aluminium. Als Ballast werden wir kaum etwas anderes als Platin verwenden, es sei denn, der Eigner macht diese Ausgabe nicht mit. Aber zu jener Zeit, hoffe ich, werden wir uns beim Segeln nicht mehr mit einem so trägen Element wie Wasser abquälen müssen.«[33]

Wie lächerlich diese Prognosen erscheinen, jetzt, ein Jahrhundert später! Im Jahre 2000 sind die Zehntonner seit langem verschwunden. Zwölf Jahre nach der Konferenz mit Watson hatte man Versuche mit Unterwasserschiffen aus Bronze gemacht, ist aber dann sehr gut anders klargekommen. Tabarly hat an Stelle von Platin einen Kiel aus Uran unter seine *Pen Duick VI* montiert, aber dann erfand man andere Methoden zur Verbesserung der Stabilität. Die Spanten waren mit dem Auftauchen des verleimten Holzes und später der Kompositbauweise verschwunden. Den Motorbootsport, den es in der Zeit von Watson (aus gutem Grund!) noch nicht gab, hatte die Segelei in den Hintergrund gedrängt. Man bewegte sich in der Luft (und sogar außerhalb der Atmosphäre), aber das hielt niemanden davon ab, sich mehr als je zuvor auf den Meeren und Flüssen zu vergnügen …

Selbst kurzfristige Voraussagen erwiesen sich oft von der Geschwindigkeit des Jahrhunderts überholt. Im Jahre 1981 prophezeite ein Tuchentwickler des Segelherstellers North, dass die Dacronsegel[34] innerhalb von fünf Jahren durch solche aus Mylar-Kevlar ersetzt werden würden. Er täuschte sich: Zwei Jahre reichten dazu aus! Kurz darauf veröffentlichte die französische Fachzeitschrift »Le Cahiers du Yachting« eine Artikelserie über die Zukunft[35]; in einer der Voraussagen war von einem vollkommen elektronischem Kartentisch die Rede – und das irritierte die Fachleute am meisten: Dazu wird es niemals kommen, dazu benötigt man viel zu viel Speicherplatz usw. Und dann befassen sich diese so genannten Fachleute kaltblütig, zu Ehren ihres Kurzzeitgedächtnisses, mit der Computererfassung von Seekarten …

Eine Tatsache jedoch erwies sich immer wieder als richtig: Jedes Mal, wenn es in der Sportschifffahrt zu einem Fortschritt kam, stammte die Technik ursprünglich aus der Flugzeug- oder Automobilindustrie, wo sie meist bereits jahrelang im Einsatz war. Am Ende des 20. Jahrhunderts erschien die der Sport-

Cogito, *der Gewinner des Little America's Cup 1996, ein Wettbewerb, der für C-Klasse-Katamarane ausgeschrieben wird, hatte starre Segel, deren Profil sowohl in der Höhe als auch in der Breite verstellbar war. Hinter den Verkleidungen des Riggs gab es ausreichend viele Drähte, um ein Klavier damit bestücken zu können (linke Seite)!*

Das Ende der Nähte und der geschnittenen Bahnen: 3DL-Segel werden über einer Form laminiert.

schifffahrt eigene gesamte Technologie in ihrer Derbheit um so grotesker, je mehr man sich anstrengte, das Gegenteil zu behaupten. Auch wenn in Pressemitteilungen mit Vorliebe die Begriffe Hochtechnologie oder High-Tech verwendet wurden, war die Realität ein wenig rosiger. Die so genannten modernen Techniken des Yachtsports waren im Vergleich zu denen der Flugzeugindustrie (zum Beispiel) wie ein Traktor im Vergleich zu einem Ferrari. Die Winschen am Ende des Jahrtausends waren technologisch auf dem Stand von Getrieben für Automobile aus den 30er-Jahren. Die Bauweise von Rümpfen – selbst die Kompositkonstruktionen von Rennyachten – hatten im Vergleich zur jüngsten Technologie einen Rückstand von zehn Jahren. Alles andere – bis auf Segeltuche und Außenborder, siehe unten – hinkte entsprechend hinterher. Und das war völlig normal! Technische Errungenschaften der Luftfahrt rechneten sich nicht oder hätten schlechte Ergebnisse gebracht.

Die astronomischen Kosten von Entwicklungen im Flugzeug- oder Automobilbau, die diesen Namen auch verdienen, würden das kommerzielle Potenzial für eine bestimmte Yacht bei weitem überschreiten. Der Gesamtumsatz aller französischen Werften erreicht nicht einmal ein Drittel der Kosten, die Renault für die Entwicklung des Typs Mégane ausgegeben hat. Andererseits dauern derartige Entwicklungen Jahre, und das ist für die einer Yacht einfach zu lang; sie wäre zu spät fertig, um davon profitieren zu können.

Jedes Boot, das innerhalb einer vorgegebenen Zeit gebaut wurde, war das Resultat eines oder mehrerer Konzepte. Es wurde unter Anwendung bekannter Techniken gebaut (bis auf seltene Versuche während des Baus) und stellte das dar, was man im Flugzeugbau als Demonstrationsobjekt oder als Prototyp bezeichnet, in den man nicht all das hineinbaut, was die aktuelle Technologie zu bieten hat (was die Sportschifffahrt auch niemals erreicht hat, Ausnahmen bilden die Jetskis, die Windsurfer und die Jollen).

Es gab allerdings zwei Fälle, in denen der Yachtbau eigene Technologien entwickeln konnte. Die Segel haben während der 80er-Jahre eine Revolution in allen Bereichen erlebt. Die neuartige Zusammensetzung bereits bekannter Materialien wie Mylar und Kevlar hat zu Segeltüchern geführt, die widerstandsfähiger und luftundurchlässiger waren. Die um 20 bis 30 Prozent leichteren Segel konnten mit größeren Windbereichen fertig werden als die alten Tücher. Der Entwurf kam aus dem Computer, die Bahnen wurden von Lasern geschnitten, der Verstärkungen aufgeklebt. Und dann kam die Erfindung der 3DL-Segel durch zwei Schweizer, die Segel ohne Nähte über eine Form laminierten und damit die Fabrikation komplett veränderten. Diese spektakulären Fortschritte waren möglich, weil es nur wenige Tuchhersteller gab und der Markt jedes einzelnen sehr groß war. Und weil viele Segelmacher dem Beispiel von North folgten, sich als Franchise-Unternehmen zusammenschlossen und ihre Entwicklungen dadurch konzentrierten.

Das Segment Außenbordmotoren, das sich eine Handvoll Hersteller teilte, wies die gleichen wirtschaftlichen Strukturen auf. Investitionen rechneten sich nur über einen langen Zeitraum: Die wirtschaftlich kalkulierte Lebensdauer eines Motors[36] lag bei 10 bis 15 Jahren. Diese Situation erlaubte bemerkenswerte Fortschritte, die eher auf dem Verhältnis Leistung zu Gewicht als im Spritverbrauch lagen. Letzterer hatte sich innerhalb von 30 Jahren halbiert. Die Umweltbelastung war besonders eindrucksvoll reduziert worden – Ökologie verpflichtet. Trotzdem wurden Verbrennungsmotoren auf immer mehr Binnengewässern verboten, was aber nicht zum Boom elektrisch angetriebener Außenborder führte. Die Technologie gab es – der Weltrekord für elektrisch angetriebene Boote lag nahe bei 100 km/h –, aber noch keine Kundschaft.

Für Megayachten dafür um so mehr. Niemals zuvor in der Geschichte sind so große Yachten gebaut worden. Nie zuvor hatte sich der Freizeit-Kult derar-

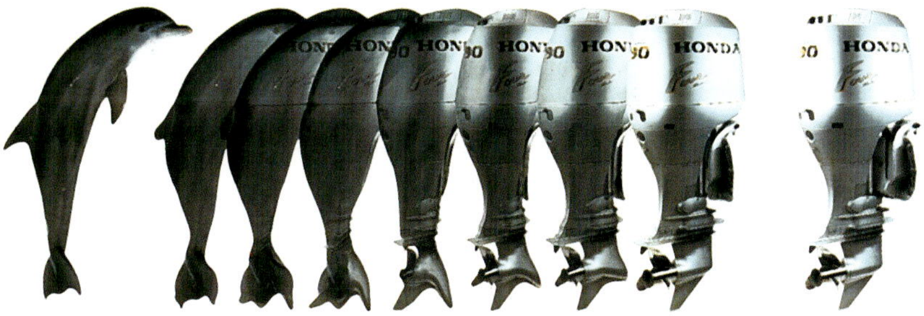

Außenborder haben so viele Fortschritte gemacht, dass sie (wie in dieser Werbung von Honda) manchmal kaum noch an Maschinen erinnern … (oben).

Die neuen Superyachten bestätigten stolz ihre Funktion als Maschinen, sie waren ausschließlich dem Vergnügen geweiht.

In den 80er-Jahren wurden private Kreuzfahrtschiffe wie Nabila *gebaut (Design Bannenberg, oben).*

tige schwimmende Paläste zugestanden. Auf den privaten Kreuzfahrtschiffen, die über Satellit mit dem Rest der Welt ständigen Kontakt halten konnten, bekam die Arbeit hedonistische Züge. Man war der Herr nach Gott in einem beweglichen Mikrokosmos, auf einer beweglichen einsamen Insel, die mit allen Vorzügen der Zivilisation ausgestattet war. Mit 20, 50, 100 Millionen pro Stück (Dollar, of course) bildeten die Superyachten einen ungeheuren Markt, der in den 60er-Jahren aus dem Nichts entstanden war. Zunächst handelte es sich ausschließlich um Motoryachten, um Derivate der zivilen oder militärischen Schifffahrt. Später entwickelte man elektrische oder hydraulische Winschsysteme und lernte, wie sehr lange Masten (mit bis zu sechs Paar Salingen) gebaut werden. Das war die Renaissance der riesigen Segelyachten, deren Auftauchen in der Domäne der Motoryachten für Überraschungen sorgte.

Es gab auch noch eine weitere, dieses Mal enttäuschende Überraschung in einem ganz anderen Bereich. »Ich hoffe«, hatte Watson im Jahre 1881 geäussert, »dass wir uns beim Segeln nicht mehr mit einem so trägen Element wie Wasser abquälen müssen.« – und man hatte von fliegenden Yachten geträumt, die sich von Tragflächen getragen aus dem Wasser heben würden. Der erste Hydrofoil tauchte 1939[37] auf. Mitte der 50er-Jahre gab es Versuche mit dem Boot *Monitor*, das auch 50 Jahre später immer noch das fortschrittlichste segelnde Tragflächenboot war, das jemals gebaut worden ist. Dieser 7,50 Meter lange Einrümpfer konnte ohne Geschwindigkeitsverluste über bis zu einem Meter hohe Wellen fliegen und erreichte dabei 31,1 Knoten.

Anfang der 80er-Jahre gab es im Gefolge von Tabarlys *Paul Ricard* eine ganze Reihe von hochseetauglichen Trimaranen mit Tragflächen. Bei den sehr anfälligen Flügeln konzentrierten sich die Belastungen in einem einzigen Punkt, der verstärkt werden musste, sodass die gesamte Struktur immer schwerer wurde. Der Ansatz ist sehr schnell wieder aufgegeben worden.

Das Hauptproblem war, dass ein Flügel, der Auftrieb erzeugen sollte, dabei Geschwindigkeit vernichtete. Dieses bremsende Moment war unterschätzt worden: Bei bewegtem Wasser wurde der Widerstand einer getauchten Tragfläche bei gleichem Auftrieb so groß wie der eines ganzen Rumpfes! Der 18,28 Meter lange Hydrofoil, der von Dassault und DCN Anfang der 90er-Jahre gebaut worden war, segelte nur unwesentlich schneller als ein traditioneller Mehrrümpfer und war damit der Beweis für die Grenzen dieses Ansatzes. Um den Wasserablauf zu verringern, mussten die Tragflächen den optimalen Anstellwinkel haben (innerhalb extrem enger Grenzen). Die beiden einzigen funktionierenden segelnden Tragflächenboote waren die alte *Monitor*, auf der ein einfaches mechanisches System das Krängungsmoment des Riggs kompensierte und die Hochgeschwindigkeitsmaschine *Longshot*[38], auf der Sensoren ständig die Winkel der Tragflächen anpassten. Trotz dieser Techniken bezweifelten immer mehr Menschen, dass Tragflächen die Lösung für hohe Geschwindigkeiten sein könnten. Oberhalb von 40 Knoten zeigten sie Tendenzen zur Kavitation.[39] Auf *Yellow Pages Endeavour*, der Rekordmaschine aus Australien, die 1994 86 km/h erreichte, hatte man mehrere kleine Flügel montiert, um den Widerstand verringern und die Kavitation vermeiden zu können. Bei sehr hoher Geschwindigkeit war der Wasserablauf eines Flügels etwa so wie der eines Wasserski oder eines Gleitrumpfes. Aber was brachte das?

Selbst im Motoryachtsport stießen Tragflügel eher auf Skepsis als auf Interesse. Sicher, sie ermöglichten durch die Verringerung der von allen ungeliebten Fahrtwellen eine drastische Reduzierung des Treibstoffverbrauchs. Die Vorteile aber machten die Anfälligkeit der Flügel nicht wett und die notwendige Technik (Gyrolaser[40], Rechner zur Kontrolle der Lage) verschlang einen großen Teil der eingesparten Kosten. Außerdem wurden die Tragflächenboote der kommerziellen Schifffahrt aus den 70er-Jahren bald von den kostengünstigeren Katamaranen verdrängt.

So also stellte sich das Ende des Jahrtausends, in das man so kühne Erwartungen gesetzt hatte, mit zurückhaltender Vorsicht dar. Die Faszination kühner architektonischer Lösungen war verschwunden. Trotzdem spielte sich der Fortschritt im Verborgenen ab. Man muss einfach nur zurückblicken um zu begreifen, dass es eine Zeit ohne Quarzuhr, ohne Fax, ohne Mobiltelefon, ohne elektronische Seekarte gegeben hat …

Wer erinnert sich noch an die Außenborder der 50er-Jahre, die einen Liter Benzin pro PS und Stunde

Yellow Pages Endeavour, *die Rekordmaschine aus Australien, schraubte 1994 den Geschwindigkeitsrekord auf 86 km/h.*

Mit Macht kehrten die Boote zurück, von denen man träumte: Rosalie *(oben), ein Gar-Wood-Design von 1938 im Jahre 1997 auf der Gironde, die Massen (unten) drängten sich 1996 in Brest, und zwei alte Segelyachten segelten bei der Nioulargue gegeneinander (großes Foto).*

verbrauchten? Wer weiß noch, dass der 1963 hochmoderne 470er Höchstgeschwindigkeiten von 13 bis 14 Knoten erreichte, gerade halb so viel wie der 49er (4,99 m), eine Jolle der olympischen Segelwettbewerbe des Jahres 2000? Wer denkt noch an die Zeiten, als das WC und die Kombüse auf Fahrtensegelyachten im Vorschiff eingebaut waren, in jenem Bereich des Rumpfes, der am meisten durchgeschüttelt wurde?

Und wie viele kennen noch aus eigenen Erfahrungen den Aufwand, den man vor Erfindung der Kunststoffe mit der Pflege einer durchschnittlichen Yacht verbrachte, wie viele die Tugenden der Muskelkraft? Niemand? Im Gegenteil! Immer mehr erinnern sich daran. Die alten Yachten, einst das einzige Zuhause vieler Segler, sind wieder zum letzten Schrei geworden.

In Frankreich war die Initiative dazu von den Bretonen ausgegangen. Die maritim-ethnologische Zeitschrift »Le Chasse Marée« hatte zu einer regionalen Aktion zugunsten alter Yachten und Arbeitsboote aufgerufen und wurde von der Welle der Begeisterung selbst überrascht. Zu dem Treffen in Brest

1992 erschienen mehr als zehn Rekonstruktionen traditioneller Schiffe, die aus Mangel an Kapital zu einer zweiten Generation von Wracks[41] führten. Der Ausspruch war von grausamer Nüchternheit, aber die kräftezehrende Derbheit der segelnden Arbeitsboote war für die Freizeitsegelei denkbar ungeeignet. Diese Yachten – so klein sie auch waren – zeigten sich aber auch bequem. Es gab noch rund 100 davon, Segel- und Motorboote. Der Kultusminister erkannte ihren Wert und stellte einige von ihnen unter Denkmalschutz. Man begann, sich für die Geschichte dieser Boote zu interessieren. Seit den 90er-Jahren widmeten die Wassersportzeitschriften in Europa der Vergangenheit den Raum, den sie 15 Jahre zuvor dem Regattasegeln eingeräumt hatten. Der alte Stil inspirierte zu einer wachsenden Zahl von Nachbauten: Auf der Bootsaustellung in Paris nahm der Platz für traditionelle Boote ständig zu.

Die Segler entdeckten ihre Wurzeln mit Booten, die mit ihrer Poesie mangelnde Segelleistungen kompensierten. Der Geschmack für das Bewährte war eine der auffälligsten Neuerungen. Am Rande des Jahres 2000 wurde die Geschichte der Sportschifffahrt zur Gegenwart, und damit zur Zukunft.

HOOD
HOOD
26

Botschaft

»Das Ziel meines Lebens war, die Epoche zu beenden, in der ich gelebt habe. Wenn also meine Vergangenheit heute noch dort wäre, könnte man sagen, dass ich gescheitert bin. Aber sie ist nicht mehr dort. Wir haben gewonnen. Aber der Sieg ist bedeutungslos. (...) Das, was zählt, ist die Hoffnung.«

John Le Carré[42]

»Schau auf die Impulse die von außen kommen ... Was bleibt sind innige Leidenschaft und der goldene Abglanz vergangener Arbeit ...«

Antoine de Saint-Exupéry[43]

Die Geschichte der Sportschifffahrt geht weiter, sie verändert sich selbst in der Minute, in der der Leser dieses Buch schließt, das sich mit ebensoviel Imaginärem wie mit Einbildung befasst. Ist die Geschichte nicht der Geometrie ähnlich, der Kunst der Darstellung mit Scheinfiguren? Welche Sorgfalt man auch bei der Prüfung der Quellen walten lässt, es wird immer »diskussionswürdige, zweifelhafte Argumente geben. (...) Und es gibt falsche Zeugen«.[44] Der Autor hat den Beweis dafür erlebt.

Phil Weld hat 1980, nachdem er für eine amerikanische Zeitschrift beschrieben hatte, wie man das Transat gewinnt, seine eigenen Ansichten wörtlich befolgt. Im Alter von 66 Jahren[45] machte er sich mit seinem Trimaran *Moxie* daran, das legendäre Einhandrennen zu gewinnen. Ein französisches Fernsehteam wollte ihn in seiner Einsamkeit filmen und lief mit einem Boot am Vorabend seiner Ankunft aus. Der Autor, der mit von der Partie war, behauptet, dass bald Nebel aufzog, keinerlei Sicht bestand und das Boot rund 20 Seemeilen vom Ziel entfernt war, als Phil Weld die Linie als Sieger überquerte. Dies war ein Versehen, auch wenn die Kollegen des Autors recht ungehalten waren. Ihm selbst war es gleich, er hatte seine Freude an der Leistung seines alten Freundes, für den er den Verkauf seines authentischen Logbuches verhandelte. Von Phil Weld zwischen zwei Interviews redigiert, beschrieb dieser Text – zur Verblüffung des Autors – den Ausflug im Nebel völlig anders. Der Sieger des Transat erzählte, dass er rund 20 Seemeilen vom Ziel entfernt ein Boot im Nebel sichtete, in dessen Bugkorb »mein alter belgischer Freund Daniel Charles hockte, der mich mit den Worten von denen ich geträumt hatte anrief: Du bist Erster, Phil«.[46] Es handelte sich um einen Artikel ohne große Konsequenzen – bis Weld seine Memoiren schrieb. Da merkte er, dass die Erinnerungen an seinen Triumph von späteren Ereignissen überschattet wurden und dass er keine andere Wahl hatte als sich auf sein authentisches Logbuch zu beziehen (in dem die Nebelszene beschrieben war). Wem soll man also glauben? Dem Autor, der behauptet, nichts gesehen zu haben, oder dem wahren Helden der Geschichte, der in seiner Autobiographie beschreibt, der Autor sei sehr wohl da gewesen?

Während ihres letzten Zusammentreffens diskutierten die beiden Freunde diesen Fall. Der Jün-

Der optimistische Amerikaner Phil Weld (Mitte).

Die Freude gemeinsam zu segeln (linke Seite).

gere war sehr betroffen: die geschichtliche Wahrheit war ein Spiel. Der Ältere[47] verabschiedete sich mit einem breiten Grinsen: Who cares? Warum sich Gedanken machen, ob die Geschichte immer korrekt dargestellt ist? Zweifellos ist es modern, unseren kritischen Geist im Umkleideraum zu lassen und sich diesem Zierrat zuzuwenden, der auf dem Altar des Vorbildhaften geopfert wird, den Wohlgeschmack dieser Anekdoten ohne weitere Konsequenzen zu genießen, die, wahr oder wahrheitsgetreu, einen großen Teil der Sportschifffahrt ausmachen …

Im Jahre 1975 hatte *Pen Duick VI* drei Jahre nach dem Stapellauf noch nichts gewonnen. Éric Tabarly meldete die große schwarze Ketsch für das Triangle Gauloise an, die neue Regatta Saint Malo–Kapstadt–Rio–Saint Malo. Er engagierte wie immer junge Crewmitglieder und einen Mediziner. Zur allgemeinen Überraschung segelte er von Beginn an an der Spitze. Nach einigen Tagen teilte einer aus der Crew dem Arzt mit: – Ich kann nicht mehr. – Wie das? – Du musst verstehen, Éric ist seit meiner frühesten Kindheit mein Idol, ich schaffe es nicht, vor ihm die Hosen herunter zu lassen und mich zu erleichtern (das WC war offen mitten im Schiff eingebaut). Der Arzt verordnete ein Abführmittel, ohne Erfolg. Er versuchte es mit einem anderen Produkt, nichts (*Pen Duick VI* lag immer noch in Führung). Auch Antibiotika halfen nicht. Schließlich setzte der Arzt den Mann aus Angst vor einer Darmverschlingung wachfrei. Inzwischen war die gesamte Crew informiert. Am zwölften Tag lag *Pen Duick VI* vor der Küste Südamerikas noch immer in Führung. Der Skipper hatte die Wahl, den kranken Mann in Brasilien an Land zu setzen und das Rennen zu verlieren oder aber möglicherweise mit einem Toten an Bord zu gewinnen. Im Cockpit suchte die Crew verzweifelt nach einer Lösung. Selbst die verrücktesten Einfälle wurden ausprobiert, wichtig war nur, dass eine davon funktionierte. – Meine Großmutter, die auch öfter unter Verstopfung litt, erzählte mir einmal, dass man sich nur auf die Toilette setzen und mit lauter Stimmer die einzelnen Stationen einer Metro-Linie vorlesen müsse. Die Schrift war so klein, dass man sich voll konzentrieren müsse und dabei das eigentliche Problem vergisst. Da die Crew der großen Aluminium-Rennyacht nichts zu verlieren hatte, machte sie sich daran, einen Plan der Pariser Metro zu suchen – und sie fanden tatsächlich einen! Sie erklärtem dem Kranken, was sie von ihm erwarteten, dass ihm niemand zusehen, aber alle zuhören würden. Bei einer fast religiösen Stille ertönte die Stimme des Kranken aus dem Niedergang: »Grrgnngn! Porte de Clignancourt! Gnnnn! Marcadet-Poissonniers! Gnngnnnn! Château-Rouge! Mmmgnngn!« Bei Barbès-Rochechouart gab es eine Explosion und am Gare du Nord war alles vorbei. Dank eines Metroplans erreichte *Pen Duick VI* mit der gesamten Mannschaft als erste Yacht Kapstadt[48] …

Im Jahre 1983 wurde der geheime Kiel von *Australia II* in Newport verhüllt, vor aller Augen verborgen und wie ein Staatsgeheimnis von mit Maschinenpistolen bewaffneten Wächtern geschützt. Den kanadischen Herausforderern mangelte es an Geld und an Segelleistung. Sie hatten außer ihrer Ehre nichts zu verlieren. Dieser geheimnisvolle Kiel aber, den alle inzwischen so sehr fürchteten, erschien den Kanadiern wie eine große Herausforderung. Eines Tages entdeckten die Wächter Luftblasen, die aus dem Wasser in der Nähe des geheimen Kiels aufstiegen und holten einen kanadischen Taucher heraus. Die Australier machten einen Skandal aus der Affäre, beruhigten sich aber schnell wieder, weil, wie sie meinten, nichts passiert sei. Sie hatten allerdings nicht bedacht, dass es einen zweiten Taucher geben könnte. Einige Zeit später, das Kriegsbeil war längst wieder begraben, besuchte Ben Lexcen, der Konstrukteur von *Australia II* das kanadische Lager. Das Gelände war uneben, staubig und ärmlich. Die Toiletten waren irgendwo versteckt in einer Bretterbude untergebracht. Nach einigen Bierchen verspürte Lexcen (der nicht nur ein begnadeter Designer, sondern auch ein gefürchteter Trinker war) ein natürliches Bedürfnis. Er mar-

schierte in eine der Kabinen, ließ seine Hosen herunter, drehte sich um, setzte sich auf die Toilette und sah direkt vor seinen Augen ein Foto seines geheimen Kiels, das mit Reißzwecken an der Tür befestigt war! Verdammt!

Der überragende Taktiker Sherman Hoyt hatte Prinzipien wie: eine volle Flasche ist da, um geleert zu werden; nur gewonnen Rennen sind gute Rennen und: an Bord fühlt man sich nur in Shorts wohl. Im Jahre 1930 erhielt Hoyt den Job des Taktikers an Bord von *Enterprise*, einem der möglichen America's Cup-Verteidiger. Der New York Yacht Club schrieb vor, dass an Bord keine Knie zu sehen sein durften. Er fand sich also in langen Hosen wieder. Da er es nicht gewohnt war, sich derartig ausstaffiert auf einem Deck zu bewegen, geriet der Saum der Hose bei einer Wende in einen Backstagsblock. Das Backstag wurde losgeworfen und riss die Hose mit sich, sodass Hoyt in Unterhosen dastand. Dabei

hatte er sich ein Bein so verbrannt, dass er das Bett hüten musste. Er kehrte gerade noch rechtzeitig an Bord zurück, sodass er für die Auswahl von *Enterprise* als Verteidiger sorgen und später den Cup gewinnen konnte …

Am Ziel der Route du Rhum '78 erklärte der berühmte britische Segler, ein ehemaliger Offizier mit der Nase eines Boxers und einer sehr hübschen Verlobten, dass Einhandregatten reine Männersache seien. Ein Journalist fragte ihn: – Und was ist mit Florence Arthaud? (Das 21-jährige Mädchen segelte gerade mit gutem Erfolg ihr erstes Einhandrennen). – Das hat nichts zu bedeuten! Sie segelt mit einer 10,67 m langen Yacht. Auf größeren Booten braucht es Frauen wie die russischen Athletinnen. Florence kam am nächsten Morgen völlig verschwitzt ins Ziel. Bevor sie ihr Boot verließ, zog sie sich um und streifte ein leichtes Hemd über. Der englische Segler und der Journalist beobachteten sie,

als sie vorbeiging, sichtbar eine bezaubernde Kreatur. – Eine russische Athletin, was? Fragte der Journalist. – »Erzähle bloß nichts meiner Frau!«, rief der Skipper …

… Um an Bord zurückkehren zu können, musste sie in ein in den Wellen auf und nieder tanzendes Beiboot springen. Aus dem leichten schlanken Boot ertönte die Stimme ihres Ehemannes: »Wenn ich sage ›Spring!‹, spring.« (…) Es war nicht länger mein Mann, es war jetzt der Kapitän; (…) ich musste also seinem Befehl gehorchen, ohne ihn in Zweifel zu ziehen. (…) »Spring!«, brüllte Malcolm. (…) Nach einer nur winzigen Pause für ein Gebet sprang ich (…). Oh je, der kurze Moment für das Gebet erwies sich als fatal. Kaltes dunkles Wasser hatte den Platz der soliden Planken des Beibootes eingenommen. Die See lockte mich in ihre Arme, ich stützte mich auf das Beiboot und brachte es zum Kentern. Neben mir tauchte wild planschend mein Mann aus dem Wasser. (…) »Also gut, sagte er, gut dass ich

keine Zeit hatte, auf deinem Kopf eine Flasche Champagner zu zerschlagen. Jetzt können wir also endlich auslaufen.«[49]

… Louis Van de Wiele hatte zusammen mit seiner Frau Annie an Bord von *Omoo* eine wunderbare

Reise um die Welt absolviert. Danach hat er sich als Konstrukteur selbstständig gemacht und den ersten Segler entworfen, der die Umrundung des amerikanischen Kontinents durch die Nordwest-Passage und um das Kap Hoorn schaffte.[50] Van de Wiele hatte ein langes Gesicht mit markanten Zügen. Er war etwa so gesprächig wie ein See. Die Besatzung löste sich am Ruder eines großen Motorboots ab, das

immer wieder ausscherte, bis Louis übernahm und einige unnachahmliche Ruderkorrekturen ausführte. Das Schiff lag anschließend ruhig auf Kurs. Es war wie Magie[51]...

Der Wind heulte, die kleine Segelyacht raste auf eine Küste zu, die sich unter dichten dunklen Wolken versteckte. Der Skipper war jung und leichtfertig (oder selbstbewußt) genug und ließ sich von den schnell näher kommenden Untiefen nicht einschüchtern. Er rief einem der Crew zu, er möge ihm ein Stück Schokoladenkuchen holen. Der Mann stieg hinunter, bekam den Geruch des Kuchens in die Nase und erbrach sich in den Ausguss. Das begleitende Geräusch wurde vom Lärm der Wellen und des Sturms verschluckt. Kurz darauf sichtete der Steuermann die Einfahrt nach Newhaven. Hinter

den Wellenbrechern herrschte absolute Ruhe, man sah stille Wolken aus weißem Wasser, die sich über der Pier auflösten. Der Geruch aus der Kabine war nicht mehr ganz frisch ...

Das Fahren eines Rennmotorbootes der 30er-Jahre war etwa so feinfühlig und präzise wie ein Bulldozer. Irgend wann begannen die Schultern zu schmerzen, sichere Vorboten von Krämpfen der Bizeps. Wenn man eine Kurve fahren wollte, musste man brutal das Gas wegnehmen, das Boot krängen (es wendete wegen der Schraubendrehungen ausschließlich nach links) und wieder Gas geben, wenn es quer lag. Im Ausgang der Kurve musste man es wieder auf eben Kiel bringen, Gas wegnehmen und den Körper nach vorne beugen, damit die Nase eintaucht, sich wieder hinsetzen und Vollgas

geben. Wenn man einige Runden ohne Helm gedreht hatte, brannte das Gesicht, die Haut angegriffen von Benzin, weil die Vergaser ebensoviel Benzin nach außen wie in den Motor abgaben ...

Wenn sie im Zug von Paisley nach Gourock von einem hochgewachsenem alten Mann beim Anzünden einer Zigarette beobachtet werden und er sich dann vorbeugt und fragt, ob sie tanzen können, seien sie nicht überrascht. Dann handelte es sich um den berühmten Yachtsegler J. Herbert Thom vom Clyde, der wieder jemanden für seine Crew suchte. Mr. Thom segelte auf der Yacht *Canna* in einer Klasse, die von den schottischen Inseln[52] stammte und mit der er einige bemerkenswerte Erfolge erzielt hatte. Er wählte seine Crewmitglieder natürlich nach ihrem Können aus, aber er bevorzugte Raucher und Tänzer. Auf einer kleinen Yacht muss man als Segler leichtfüßig sein und Mr. Thom hatte immer wieder festgestellt, dass begeisterte Tänzer auch gute Segler waren. Und da immer die Möglichkeit bestand, dass eine Yacht in der Flaute liegen blieb, zeigte der Rauch einer Zigarette bereits den kleinsten Windhauch zuverlässig an[53]...

Charlie Barr rauchte pausenlos Zigarren. Die Zigarre war wie sein Schnurrbart ein Element seines Gesichts. Das berichteten Zeitgenossen: Es gibt

nicht ein einziges Foto von Charlie Barr mit einer Zigarre im Mund ...

Nach einem Törn bei leichtem Wind hatte die Ketsch im Loch Moidart in Lee einer schottischen Burgruine geankert, die von Schafen mit langen Hörnern bevölkert war. Die Crew hatte schweigend den Malt und die Havannas aufgebackt. Der Geruch nach dem Jod der Hebridensee, der der Herde und des Whisky vermischte sich zu einem pfefferigen, moosigen Aroma, zu dem sich der erdige Duft der

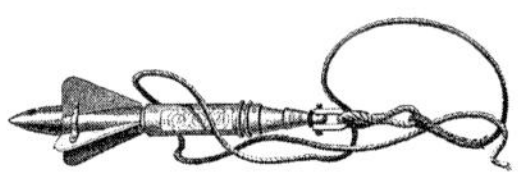

Zigarren gesellte, deren Rauch sich in sinnlichen Spiralen auflöste. Die Ruhe blieb unvergessen ...

Diskussionen nach dem Segeln, genährt von guten Geschichten, die man wie ein Faden (englisch yarn, Faden aus Baumwolle oder Leinen) abrollt, um die mageren Abenteuer des Tages besser zusammenbinden zu können, tatsächlich erlebte Schicksale in Reiseberichten, in diesen Büchern, die man in der Stadt suchen wird, nach dem Segeln. Leuchtende Gesichter vor den Regalen des Armchair Sailor in Newport, der Librairie d'Outremer in der Rue Jacob in Paris, oder einem der Buchläden im Freien wie in einer Gasse in Maldon (England), Fremantle (Australien) oder San Diego (USA), vor all diesen Bucheinbänden, die genauso viele Beispiele für mögliche Fluchten sind, genauso viele Türen, die man mit klopfendem Herzen öffnet, um dort zu lesen ...

Häuser sind nichts anderes als schlecht gebaute Boote, so weit an Land gebaut, dass man keine Chance hat, sie fortzubewegen. Der Wunsch, ein Haus zu bauen, ist fortan der müde Wunsch eines Mannes, der mit einem einzigen Ankerplatz zufrieden ist. Der Wunsch, ein Boot zu bauen, ist der Drang der Jugend, die den Gedanken an einen festen Standort ablehnt. Das ist vielleicht der Grund dafür, warum man dem Wunsch, ein Boot zu bauen, nicht widerstehen kann, wenn er erst einmal entstanden ist. So etwas beginnt wie eine kleine Wolke am Horizont, die bald den gesamten Himmel bedeckt, sodass man bald an nichts anderes mehr denken kann. Das Boot muss mit dem Gedanken gebaut werden, dass es perfekt sein wird, das Boot, das man in keinem Hafen der Welt finden wird.[54]

Es wäre ein Traum, ein Buch zu schreiben, in dem all dies erzählt wird! Aber das wäre die unmögliche Idee eines Gesamtkunstwerks[55], eines Buches, das die Geschichte der Sportschifffahrt und kurze Geschichtchen enthält, in dem präzise Technik zu einem Abenteuerroman wird ... Der Traum von der Synergie der Paradoxien, von einer Schrift, die Bilder erzeugt, journalistisch literarisch und objektiv polemisch, pädagogisch und ein Schelmenroman, von einem Fantasiebuch, das Leser und Leserinnen zu Zielen mitnehmen würde, wo die Tinte den Geruch des weiten Meeres verströmt, eine geblendete, fiebrige Zusammenfassung, in der alle Abenteuer und aller Wahnsinn gebündelt sein würden, die Geniestreiche wie die Borniertheiten ... Welch ein unvernünftiges Vorhaben! Welch eine Utopie!

Damit man das Unvollendete dieser Ambition nicht bedauert: ihr Ende würde jene Leidenschaft begraben, die man wirklich will. Der Autor, der sein Thema neu bearbeitet, empfindet es noch und stets neu als das Schönste der Welt. So viele Anekdoten oder Recherchen sind nur Alibis, damit sich die Faszination fortsetzt, damit sich das Werk von einem Geschichtsbuch abhebt und zu einer Liebeserklärung wird. Sportschifffahrt unter Segeln, mit Motoren oder Riemen, auf dem Meer oder auf einem Fluss, allein oder mit Crew, bei Flaute oder Wind ... Sportschifffahrt, ich liebe Dich!

Namur, 1977 – Bordeaux, 1997

Biografien

Hunderte von Namen sind im Text dieses Buches erwähnt worden, sehr viele konnten aus Platzgründen gar nicht erwähnt werden. Daraus 40 Biografien auszuwählen, ist ein fast willkürlicher Akt. Warum keine Biografie von William Fife (schottischer Konstrukteur) oder von Arnaud de Rosnay (Prinz und Märtyrer des Gleitens) oder von Marcel Bardiaux (der einzige Einhandsegler, der mit zwei Booten zur gleichen Zeit gesegelt ist)? – Weil man irgendwo einfach aufhören muss. Es gibt hier keine umfassende Liste, sondern ich nenne es eine Reihe von Einladungen.

Daniel Charles

ALTER, Hobart »Hobie« Laidlaw (1935)

Visionär des Gleitens

Der Kalifornier hat es geschafft, Passion und Abenteuer miteinander zu verbinden. Talentierter Fotograf, perfekter Skiläufer, hervorragender Surfer, erstklassiger Regattasegler, ausgezeichneter Techniker, Geschäftsmann … 1954 baute er sein erstes Surfbrett aus Balsa, drei Jahre später aus Polyuhrethanschaum. Dann entwickelte er einen Strandkatamaran ohne Schwerter, der sich von der Konkurrenz durch ausgefeilte Details und seine Stabilität unter allen Bedingungen unterschied. Der erste Hobie-Kat, der wegen seiner Fertigstellung im April 1968 auf den Namen *April* getauft wurde, war sofort ein Erfolg. Das Image des zuverlässigen Sportboots war ausschlaggebend dafür, dass der Hobie schnell von der breiten Masse angenommen wurde. Alter verkaufte sein Unternehmen im Jahre 1976. Danach beschäftigte er sich mit Immobilien und Sportbekleidung, bevor er sich in den 80er-Jahren wieder mit der Konzeption von Segelfahrzeugen widmete.

ARCHER, Colin (1832–1921)

Konstrukteur, Bootsbauer, Theoretiker

Der Norweger schottischen Ursprungs, ein besessener Mathematiker, vervollständigte sein Können im Bereich Yachtkonstruktion während einer abenteuerlichen Reise, die ihn bis nach Australien führte. 1861 ließ er sich in Norwegen nieder und begann mit dem Entwurf und Bau von Rettungs- und Fischerbooten. 1878 veröffentlichte er seine Theorie über die Form der Welle, bei der es ihm besonders auf den unter der Wasseroberfläche befindlichen Teil ankam. Auch wenn sich bald herausstellte, dass seine These durch keinerlei Fakten untermauert werden konnte, führte sie zu einer Reihe nüchterner, sehr solider Boote. Eine davon war die *Fram* des Polarforschers Fridtjof Nansen (1895). Colin Archer wurde zu einem Synonym für das spitz zulaufende Heck, den Spitzgatter (auch »Norweger« genannt). Große Segler wie Gerbault, Tambs, Dumas, Le Toumelin und Moitessier vertrauten auf Schiffe von Colin Archer, auch wenn einige Yachten des Norwegers keine Spitzgatter waren!

ARTHAUD, Florence (1957)

Seglerin

Die Bücher von Tabarly und Moitessier waren der Auslöser für die 21-jährige Florence Arthaud, im Jahre 1978 mit einem sehr schweren Einrumpfboot an den Start der ersten Route du Rhum zu gehen. Lange Zeit blieb sie die einzige Frau der Course Open. Nach ungezählten Rennen einhand und mit Crew (darunter eine Whitbread-Etappe) gewann sie 1992 die Route du Rhum und unterbot dabei den 1988 von Philippe Poupon mit einem sehr viel größeren Boot aufgestellten Rekord um fünf Stunden. Die kompromisslose Frau wurde Dank ihrer beachtenswerten Popularität zu einer Persönlichkeit, die zusammen mit Yves Le Cornec zu den Initiatoren der Jules-Verne-Trophy (Nonstop-Rennen um die Welt ohne Einschränkungen) gehört. Sie selbst würde den Rekord gerne unter 65 Tage drücken.

BANNENBERG, Jon (1930)

Designer

Der Australier war zunächst Konzertpianist, arbeitete dann als Bühnenbildner am Theater, bevor er zu einem der gefragtesten Innenarchitekten wurde. »Meine Kunden besaßen auch Yachten und ich war entsetzt von ihrem Traditionsbewusstsein.«[1] In den 60er-Jahren begann Bannenberg damit, den Stil der Yachten zu erneuern. Seine erste große Yacht war *Carinthia IV*[2] des deutschen Kaufhauskönigs Helmut Horten. Sie war wegen ihrer strengen Geradlinigkeit eine Sensation. Bei Bannenberg gab es keine Willkür. Er wurde für Yachten das, was Le Corbusier oder Mies van der Rohe für Gebäude waren. Ende der 70er-Jahre entwarf Bannenberg mehr als ein Viertel aller großen Motoryachten, die weltweit gebaut wurden. Damit erreichte er eine Dominanz wie niemand je zuvor. Das Geheimnis seines Erfolges lag in der besonderen Sorgfalt, von der seine Kunden profitierten: eine Yacht von Bannenberg bedeutete die Erfahrung eines Konzeptes von A bis Z ohne negative Überraschungen. Sein Unternehmen residiert in London. Bannenberg hat mit den besten Werften der Welt gearbeitet und eine ganze Generation von Innendesignern ausgebildet, darunter bekannte Namen wie Andrew Winch

BARR, Charles, »Charlie« (1864–1911)
Skipper

John Barr, der Halbbruder des Schotten, war ein renommierter Skipper und der junge Charlie (der im Winter in einem Lebensmittelgeschäft arbeitete) folgte ihm 1887 als Matrose auf die Yacht *Thistle*. Ein Jahr später heuerte der 24-jährige als Skipper auf *Minerva* an und ließ sich in den USA nieder. Der schmächtige, aber engagierte Mann erlangte bald eine Reputation als kompromissloser Regattasegler. Er war der erste Skipper einer großen Rennyacht, der sich intensiv mit den Regeln beschäftigte. Dabei hielt er sich strikt an die Texte. Seine Verbissenheit gefiel Nat Herreshoff, der ihn wie einen Sohn unter seine Fittiche nahm und ihm *Gloriana* und *Alpha* anvertraute. Er war eine Führernatur und ein methodischer Organisator, der als Erster das systematische Training einführte und seine nordische Crew (»die norwegische Dampfmaschine«) alle Manöver immer wieder üben ließ. Charlie Barr gewann mit *Columbia* (1899 und 1901) und *Reliance* (1903) drei Mal den America's Cup. 1905 überquerte er mit dem Schoner *Atlantic* den Nordatlantik in 12 Tagen 4 Stunden 1 Minute 19 Sekunden. Dieser Rekord hielt bis 1980, dann erst wurde er von Éric Tabarly und seinem Tragflächen-Trimaran *Paul Ricard* gebrochen.

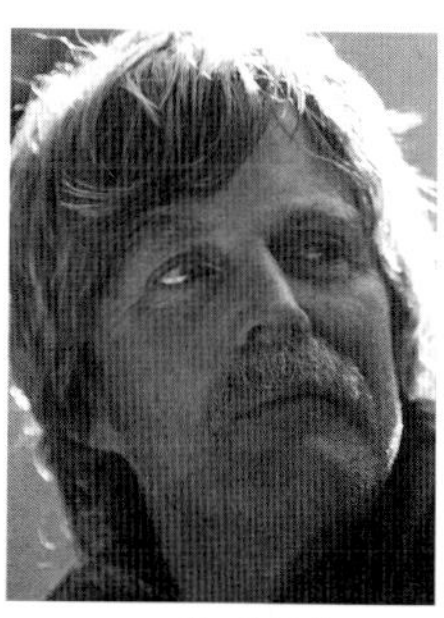

BLAKE, Sir Peter (1948)
Skipper

Wenn der Amateurstatus mit den gleichen Beschränkungen wie in den 60er-Jahren noch bestehen würde, hätte sich Peter Blake niemals voll auf die Segelei konzentrieren können, die ihn letztlich wie Charlie Barr zu einem der großen Segelprofis gemacht hat. Zwei Mal segelte er das Whitbread als Crewmitglied, drei Mal als Skipper. 1990 gewann er das Rennen um die Welt mit *Steinlager II*. Seit 1973 hat Blake mehr als eine halbe Million Seemeilen zurückgelegt, das Fastnet Race auf *Condor* gewonnen (1979), Sydney–Hobart mit *Ceramco New Zealand* (1980) und das alle zwei Jahre stattfindende Round Australia mit dem Trimaran *Steinlager I* (1988). 1994 gewann er zusammen mit Co-Skipper Robin Knox-Johnston die Jules-Verne-Trophy für die schnellste Weltumsegelung mit dem Katamaran *Enza* (beide Männer wurden anschließend von Königin Elisabeth geadelt). Er bewies seine Führungsqualitäten erneut beim America's Cup 1995, den er als Skipper (nicht als Steuermann) mit der neuseeländischen Herausforderin *Black Magic II* gewann. Seine roten Bootsschuhe sind legendär.

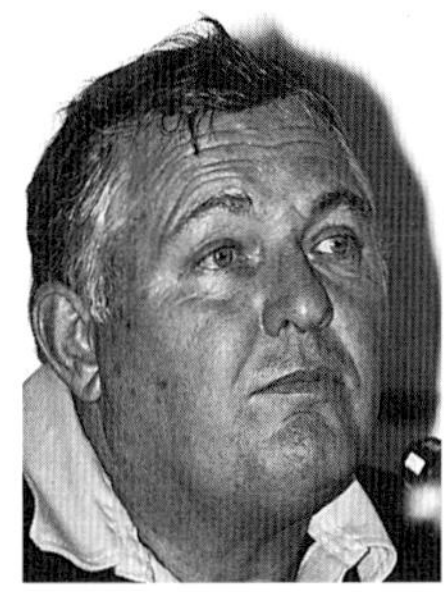

BOND, Alan (1938)
Finanzier, Segler

Der aus Großbritannien stammende Australier verdiente sein erstes Geld mit 15 Jahren als Schildermaler, machte aber bald mit Immobiliengeschäften ein Vermögen. Später kamen Minengeschäfte, Brauereien und Sendeanstalten dazu. Der begeisterte Segler ließ sich von dem intuitiv arbeitenden Konstrukteur Bob Miller (der später Ben Lexcen hieß) mehrere Herausforderinnen für den America's Cup bauen: *Southern Cross* (1974), *Australia* (zusammen mit Johan Valentijn, 1977 und 1980) und schließlich *Australia II* (1983), die Yacht, die als Erste nach 132 Jahren amerikanischer Dominanz die alte Silberkanne gewinnen konnte. Der Nationalheld »Bondie« musste mit ansehen, wie sein Imperium auseinander genommen wurde. Der weltweit engagierte Finanzier schaffte es 1987 nicht, den America's Cup zu verteidigen. Der Börsencrash von 1987 war für Bond der Anfang vom Ende. Innerhalb weniger Jahre war er ruiniert und landete schließlich wegen eines betrügerischen Bankrotts hinter Gittern.

BONNEMAISON, Paul (?–1939)
Ingenieur

Einzelheiten aus dem Leben dieses unauffälligen Mannes, der gleich zwei Mal den Motorbootsport revolutionierte, sind kaum bekannt. Im Jahre 1906 erfand er den einstufigen Rumpf. Die Yacht *Ricochet-Antoinette*, die er 1907 entwarf und die einen Geschwindigkeitsrekord auf dem Wasser aufstellte, war mit einem Oberflächenpropeller und zwei Ruderblättern ausgestattet. Bonnemaison war auch im Automobilbau tätig, zum Beispiel bei Darracq, er ging nach England und arbeitete bei Sunbeam-Talbot zusammen mit Louis Coatalen an den Rekordfahrzeugen dieser Marke. Zurück in Frankreich entwickelte er 1932 für den Marquis de Soriano einen außergewöhnlichen Außenbordmotor, mit dem Jean Dupuy und die Brüder Romani in den Jahren 1932 bis 1936 zahlreiche Geschwindigkeitsweltrekorde aufstellten. Ein weiterer kam 1953 dazu, 21 Jahre nach der Entwicklung! Vielleicht findet sich ein Student, der dies hier liest und dem legendären Paul Bonnemaison seine Abschlussarbeit widmet.

BURGESS, Edward »Ned« (1848–1892)

Konstrukteur

Der aus einer wohlhabenden Bostoner Familie stammende Edward studierte Entomologie (Insektenkunde) und war ein Verfechter der britischen Kutter-Formel. 1883 war er pleite und wandte sich mit Hilfe eines reichen Sponsors, des Generals Paine, der Konstruktion von Yachten zu. Mit seinem wissenschaftlich geschulten Geist arbeitete er bereits mit Papier, als seine Kollegen noch Halbmodelle schnitzten. Enttäuscht von der mangelnden Stabilität der Kutter, entwickelte er einen Kompromiss zwischen der amerikanischen Breite und dem britischen Ballast. Seine Yachten *Puritan* (1885), *Mayflower* (1886) und *Volunteer* (1887) triumphierten beim America's Cup. Diese Erfolge führten zu Reichtum und viel Arbeit.

BURGESS, William Starling (1878–1947)

Dichter, Erfinder, Konstrukteur und Flieger

Sohn von Edward Burgess. Im Alter von 19 Jahren erfand er ein Maschinengewehr und engagierte sich im Spanisch-Amerikanischen Krieg. 1904 veröffentlichte der große Verführer »The Eternal Laughter and Other Poems«. Als Yachtkonstrukteur wurde mit seinen Formelbooten *Lookout* (1900) und *Outlook* (1902) bekannt, die beide den Quincy Cup gewannen sowie mit den sechs ersten amerikanischen 12-m-R-Yachten. Zwischen 1910 und 1918 baute er zunächst Flugzeuge mit einer Lizenz der Gebrüder Wright (eines davon für T. O. M. Sopwith) und später Nurflügler nach einer Lizenz von Dunne. Den Ersten Weltkrieg beendete er als Chef der US-Navy-Flieger. Danach wandte sich Burgess wieder der Yachtkonstruktion zu, wobei er im Schnitt alle zweieinhalb Jahre seine Partner wechselte. Er liebte die Frauen, beschäftigte sich mit Parapsychologie und entwickelte drei erfolgreiche Verteidigerinnen des America's Cup für Harold Vanderbilt: *Enterprise* (1930), *Rainbow* (1934) und *Ranger* (1937). Zwischendurch, im Jahr 1933, war er als Chefingenieur verantwortlich für die Konstruktion des revolutionären Kraftfahrzeugs Dymaxion von Buckminster Fuller.

BUZZI, Fabio

Ingenieur, Konstrukteur, Pilot und Motorbootfahrer

Der jugendliche Fabio Buzzi infizierte sich an Bord eines Bootes von Molinari mit dem Virus Motoryachtsport. Nach seinem Ingenieurstudium in Turin arbeitete er an dem Bau von Rümpfen aus Polyester, die von Cigala & Bertinetti konstruiert wurden. Dann wechselte er zu Baltek und entwickelte dort das Kernmaterial für die Kunststoff-Sandwichbauweise. Als Buzzi für den Glasfaser- und Kevlargelege-Hersteller Saatilar arbeitete, verwendete er dessen Produkte für den Bootsbau. 1978 stellte Buzzi mit seinem ersten Rennboot einen Diesel-Geschwindigkeitsweltrekord auf. Dann gründete er einen Rennstall für Offshore-Racing. 1982 wurde Buzzi mit großem Abstand Offshore-Weltmeister. Obwohl er mit seinem Rennstall und seiner Werft genug zu tun hatte, fand Buzzi noch die Zeit, einen Dieselmotor zu entwickeln, der mit einem PS pro Kilogramm ein herausragendes Leistungs-/Gewichtsverhältnis hatte. Er verkaufte diesen unter dem Markennamen Seatek. Mit seiner gewaltigen *Cesa 1882*, die von vier Seatek-Motoren angetrieben wurde, dominierte Buzzi die Offshore-Szene derart, dass man das Regelwerk änderte, um ihn ausschließen zu können. Buzzi ist ohne Zweifel der Einzige in der Geschichte des Motorbootsports, der mit großem Erfolg seine Boote selbst entwarf, baute, motorisierte und steuerte.

CAILLEBOTTE, Gustave (1848–1894)

Künstler, Regattasegler, Philatelist, Konstrukteur und Gärtner

Der aus einer reichen Familie stammende Caillebotte studierte Jura und widmete sich dann der Malerei. Er stellte auf der zweiten Ausstellung der Impressionisten (1876) aus, und wurde dann, bis zur Auflösung der Gruppe 1882, deren Mäzen[3] und Organisator. Nach 1880 ließ er sich zwei Boote bauen. Mit dem Zweiten, dem reinrassigen Clipper *Condor* dominierte er die Regattaszene. Seine ersten Erfahrungen als Konstrukteur mit *Jack* (1882) führten dazu, dass Caillebotte die französischen Schwertyachten mit beweglichem Ballast kritisierte und zu einem Verfechter des Außenballastes wurde, mit dem er auf den Yachten *Cul-Blanc* und *La Pioche* experimentierte. Er war der Veranstalter des ersten Kongresses der nautischen Gesellschaften, der zur ersten nationalen Vermessungseinheit führte, deren Formel er entwickelte (1886). Er war in den Jahren 1887, 1888 und 1889 mit seiner *Thomas*[4] der französische Segler mit den meisten Siegen. Er wurde zum Verteidiger der Vermessung von Segeln und kreierte 1889 die erste Regattaserie mit Beschränkung bezüglich der Segel, die 30 m² CVP. Er zeichnete 25 Yachten, darunter *Arico* und *Roastbeef* (30 m²) sowie die große *Dahut* (13,6 m), mit der er die Seeregatten 1893 dominierte. Zusammen mit seinem Bruder Martial wurde Caillebotte zu einem der Pioniere der Philatelie und vor seinem Tod mit 46 Jahren beschäftigte er sich mehr und mehr mit Orchideen. Das Leben von Caillebotte war trotz seines Festhaltens an seinen Überzeugungen eine unablässige Suche nach Neuerungen, auch wenn diese von Traditionen geprägt blieben.

CONNER, Dennis (1943)

Skipper und Geschäftsmann

Der Kalifornier wurde früh als Regattasegler und Taktiker bekannt. Er gewann allein fünf Weltmeisterschaften in Einheitsklassen, darunter mit dem Starboot zwei Weltmeisterschaften (1970, 1977) und eine olympische Bronzemedaille (1976). Als er 1974 mit dem America's Cup in Kontakt kam, konzentrierte er sich mit all seiner Kraft darauf. Conner änderte diesen Wettbewerb grundlegend, indem er daraus eine permanente Aktivität machte und die einst rein sportliche Prüfung zu einer großen Medienmaschine werden ließ. 1980 verteidigte er den America's Cup mit *Freedom*, verlor 1983 gegen die Australier, gewann ihn 1987 zurück und verteidigte ihn 1988 und 1992, um ihn dann 1995 wieder zu verlieren. Conner bewies einen hervorragenden Geschäftssinn, als er eine Reihe von Firmen gründete, die sein Image als Draufgänger vermarkten.

CURRY, Manfred (1900–1953)

Schriftsteller, Regattasegler, Konstrukteur und Mediziner

Der Deutsch-Amerikaner verfasste als Medizinstudent das Buch »Die Aerodynamik des Segelns und die Kunst des Regatta-Segelns« (veröffentlicht 1925), in dem er sowohl die Interaktion zwischen Segeln und Wind als auch die der Segel untereinander sowie zweier dicht beieinander segelnder Boote (mit den taktischen Vorteilen, die man daraus ziehen kann) beschreibt. Die Legende (zu der Curry selbst immer eifrig beitrug) ordnet ihm 800 Siege zu. Sein erstes Versuchsboot zeichnete Curry 1927. Seine Konkurrenten freuten sich über die schlechten Leistungen dieses arroganten Mannes bei den Olympischen Spielen 1928, der nie zögerte, die Regeln optimal auszunutzen. Curry war ein begeisterter Eiskunstläufer (er nahm mit seiner ersten Frau an einer Europameisterschaft teil), Bergsteiger und Fotograf. 1939 wurde er schwer krank. Später entwickelte er die bioklimatische Medizin, in der Ozon und atmosphärischer Druck eingesetzt werden. Er interessierte sich auch für Strahlenheilkunde, um eine Therapiemöglichkeit gegen Krebs zu finden.

ETÉVENON, Michel (1921)

Publizist und Organisator

Der Werbefachmann und Freund des Spektakulären überzeugte 1973 den Weinhersteller Kriter davon, in eine Hochseerennyacht zu investieren. *Kriter I* nahm am ersten Whitbread-Rennen um die Welt (1973–1974) teil. Es gab zehn weitere Yachten dieses Namens. Als die Briten, geschockt von der Länge der *Club Méditerranée* von Colas, die Größe der Yachten für das Transat beschränkten, rief Etévenon die Route du Rhum (ohne Begrenzung der Länge) ins Leben (1978). Der nationale Hochseesegler-Verband UNCL beauftragte ihn mit dem technischen Teil und er vermarktete das Rennen wie ein Schauspiel, das mit einem unerwarteten Zieleinlauf von zwei Yachten innerhalb von 98 Sekunden zu Ende ging (die Zweite war *Kriter V*). Neben der Route du Rhum organisierte Etévenon auch die Wettfahrten La Rochelle–New Orleans, Québec–Saint-Malo und Monaco–New York. Der Befürworter vielversprechender Traumregatten gibt immer wieder vor, von Yachten nichts zu verstehen (falsch!).

EVINRUDE, Ole (1877–1934)

Ingenieur

Ole Evinrude wurde in einer Scheune in Wisconsin geboren. Früh entwickelte er eine Leidenschaft für mechanische Zusammenhänge. Er begann mit dem Bau eines Einzylindermotors für Automobile. Er hofierte Bess Carey und wollte bei einem Ausflug an einen See mit einem Ruderboot Eis holen. Als er zurückkehrte, war das Eis geschmolzen. Wenn er nur einen Motor gehabt hätte ... Wahrscheinlich hat Evinrude auch einen der 25 ersten Außenborder in den USA gesehen, einen Motor von Harry Miller mit dem Namen American (1896). Evinrude jedenfalls baute seinen ersten Außenborder im Jahre 1908. Seiner Frau Bess war er aber nicht gut genug, sodass er im April 1909 einen Zweiten konstruierte. Die eigentliche Produktion begann erst 1911. Bess übernahm die Geschäfte, während Ole sich der Technik widmete. Er war der Erste, der einen Außenborder mit einer Magnetzündung versah. Die Fabrik lief ausgezeichnet. Angesichts des angeschlagenen Gesundheitszustandes von Bess verkauften die Evinrudes 1913 ihr Unternehmen und gingen mehrere Jahre lang auf Reisen. Der Krieg hatte die Vorteile von Aluminium bewiesen, einem Material, das es bald in Mengen gab. 1917 konstruierte Ole Evinrude den ersten Leichtmetall-Außenborder[5], den er ab 1921 unter dem Markennamen Elto verkaufte. Im Jahre 1926 schlossen sich die Marken Elto, Lockwood und Evinrude zu dem Unternehmen Outboard Marine Corporation (OMC) zusammen, dessen Leitung Ole ab 1929 übernahm. Obwohl untröstlich nach dem Tod von Bess (1933), entwickelte er den ersten stromlinienförmigen Außenborder. Ole starb im Alter von 57 Jahren. Sein Sohn Ralph übernahm die Firmenleitung und lenkte OMC bis zu seinem Tod 1986.

FARR, Bruce (1948)

Konstrukteur

Bruce Farr ist der Konstrukteur, dessen Yachten im letzten Viertel des 20. Jahrhunderts die meisten Siege eingefahren haben. Der Neuseeländer erregte zum ersten Mal 1973 Aufsehen, als mit *45° South* beim Vierteltonnerpokal erschien, einem im Vergleich zur Konkurrenz kleinen und leichten Boot mit wenig Segelfläche, das wie eine Jolle surfen konnte. Es war sein erster Entwurf und er gewann damit den Pokal. Danach war er in fast allen Tonnerklassen siegreich (1/4-Tonner, 1/2-Tonner, 3/4-Tonner und 1-Tonner), obwohl die IOR-Formel leichte Yachten immer stärker bestrafte. Trotzdem war er einer der Verfechter von IOR (1981). Im Jahre 1981 ließ er sich in den USA nieder. Er schaffte es, dass die besten Skipper auf seinen Entwürfen segelten. Kein Yachtkonstrukteur hatte mit seinen Einrümpfern jemals so viele Preise errungen: Es gab praktisch keine Regatta, die eines seiner Boote nicht irgendwann gewonnen hat. Allein drei Sieger des Whitbread-Rennens stammen von Farr: *UBS Switzerland* (nach gesegelter Zeit 1986), *Steinlager II* (1990) und *New Zealand Endeavour* (1994). Er zeichnete die gewaltige *New Zealand* für den America's Cup 1988 und den Sieger des Cups 1995. Gleichzeitig hat sein Büro rund 800 Serienschiffe gezeichnet.

FOX, Uffa (1898–1972)

Schriftsteller, Konstrukteur und Exzentriker

Uffa Fox hat eine Vielzahl bemerkenswerter Boote gezeichnet, mehrere Bücher geschrieben aber sein erfolgreichstes Stück war zweifellos sein Leben, »ein langer Einsatz für die Freiheit und gegen die Dummheit, die Dummen und die Eingebildeten, die sich mit einer männerüblichen Ignoranz bis hin zur Selbstaufgabe zerfleischen«.[6] Natürlich interessierten ihn Yachten, die er in Cowes jeden Tag sah und als Jugendlicher überquerte Uffa an Bord von *Typhoon* den Atlantik. Er heiratete und ließ sich als Konstrukteur nieder, leitete seine Werft und seine Baufirma von einem alten Fährschiff aus. Mit seinem 14-Fuß-Boot *Avenger* gewann er 1928 52 von 57 Rennen. Es war wegen seiner Gleitfähigkeiten die wohl erste moderne Schwertjolle. In den 30er-Jahren erlangte er mit seinen Büchern, die eine Mischung aus technischen Überlegungen, Konstruktion und Abenteuer darstellten, einen gewissen Wohlstand. Im Zweiten Weltkrieg entwickelte er ein Rettungsboot, das mit einem Fallschirm abgeworfen wurde, damit sich ins Meer abgestürzte Flugzeugbesatzungen damit retten konnten. Er konstruierte eine Menge Yachten, darunter *Firefly*, die Einheitsklasse der Olympischen Spiele von 1948 und sein Lieblingsboot, die transportable Kielyacht *Flying Fifteen II*. Er entwickelte mehrere Ruderboote zur Überquerung des Atlantik, darunter *Britannia* für John Fairfax (1968) und interessierte sich auch für den Motorwassersport, für den er in den 50er- und 60er-Jahren mehrere Rümpfe konstruierte. Uffa Fox interessierte sich für alles, er spielte mehrere Instrumente, nahm sogar eine Schallplatte mit Liedern auf, sammelte Pfeffermühlen und Frauen (nicht unbedingt in dieser Reihenfolge). Fox war am Ende seines Lebens eine der schillerndsten Figuren des britischen Yachtsports.

GERBAULT, Alain (1896–1941)

Flieger, Tennisspieler, Segler und Schriftsteller

Der hervorragende Tennisspieler Alain Gerbault stammt aus einer wohlhabenden Familie in Laval und hätte einer der Lebemänner dieser Zeit werden können, wenn er nicht als Flieger des Ersten Weltkriegs gezeichnet worden wäre. Die moderne Gesellschaft gefiel ihm nicht. Er kaufte sich 1921 *Firecrest*, ein 1892 von Dixon Kemp gezeichnetes Boot. Mit der schweren und unbequemen Yacht überquerte er 1924 in 101 Tagen den Atlantik und hatte dabei immer wieder Materialprobleme. Er setzte die Reise fort und wurde der erste französische Einhand-Weltumsegler (nach Slocum und Pidgeon der dritte überhaupt). Seine Rückkehr 1929 wurde ein Triumph. Seine Bücher (»Allein über den Atlantik«, »Im Gefolge der Sonne«, »Auf dem Weg zurück«) wurden zu Bestsellern. Der Nationalheld spielte seine Berühmtheit aus, obwohl er das alles nicht mochte. Als es ihm in Frankreich zu langweilig wurde, ließ er sich von Jouët einen norwegischen Kutter bauen, die *Alain Gerbault*. Er überquerte den Pazifik und ließ sich in Bora Bora nieder, wo er einerseits nicht mit den Eingeborenen zurecht kam und anderseits immer mehr vergreiste.

HARLÉ, Philippe (1932–1992)

Konstrukteur und Segelausbilder

Der Physiker hat die Anfänge des Segelzentrums Glénans mitbegründet. Das Standardwerk »Cours de Navigation de Glénans« erschien 1961 und war zum größten Teil sein Werk. Der spartanische Geist des Zentrums spiegelte sich auch im ersten Entwurf von Harlé, der *Muscadet*, wider. Von da an trugen alle Konstruktionen die Namen von Schnäpsen oder Weinen. Boote des verbissenen Regattaseglers gewannen mehrfach den Vierteltonnerpokal (*Tequila*), einen Namen machte sich Harlé allerdings mit schnellen, voluminösen und ausgewogenen Fahrtenyachten (*Sangria* war das erste französische Fahrtenschiff, das mehr als 1000 Mal gebaut wurde, *Romanée* entstand aus Aluminium). Er wurde auch »Monsieur 25%« genannt, weil rund 25 % alle französischen Fahrtenyachten in den 70er-Jahren aus seinem Büro stammten. Seine Boote wurden in vielen Ländern gebaut, selbst in Japan. Sein Augenmerk galt vor allem leichten und einfachen Booten und seine letzte Yacht war *3615 Met*, die beim Vendée Globe 1992 den dritten Platz belegte. Mit seiner Familie machte er eine Rundreise um den Nordatlantik und segelte später »aus Spaß« beim Minitransat einhand über den großen Teich. Trotz seiner Taubheit war der Pfeifenraucher auch ein sehr humorvoller Mensch.

HASLER, Herbert George »Blondie« (1914–1987)

Soldat, Erfinder, Segler und Landwirt

Der Offizier war er einer der Erfinder von Kommandounternehmen. Da er sich um Umgang mit Booten auskannte, plante und steuerte er die Verminung des Hafens von Bordeaux mittels Kajaks. Mitten im Winter eine der gewagtesten Operationen des Krieges: sieben Boote sanken, Hasler und sein Mitstreiter überlebten als Einzige.[7] Nach dem Krieg nahm Oberst Hasler mit der einfachen Konstruktion *Tre Sang*, einer 30m² SKR, an Regatten teil und gewann die RORC-Meisterschaft in Klasse III. Der passionierte Einhandsegler versuchte sich in den 50er-Jahren mit einem Ljungström genannten Rigg, bevor er sich auf das Dschunken-Rigg verlegte. Mit einem solchen Rigg rüstete er sein modifiziertes Folkeboot *Jester* aus und nahm am ersten Transat teil, einer Regatta, die er bereits 1957 angeregt hatte. Zur gleichen Zeit, als er das Dschunken-Rigg für Sportboote modifizierte, entwickelte er die erste funktionierende Selbststeueranlage, die bald von Gibbs verkauft wurde. Dann hatte er die Idee zu einer Regatta mit zweiköpfiger Crew rund um England, die wie das Transat vom Royal Wester Yacht Club in Plymouth organisiert wurde (1966). An dieser Regatta nahm Hasler mit *Sumner* teil, dem einzigen Boot, das er selbst gezeichnet und gebaut hat. Der bescheidene und stille Held verabscheute den Film, den man über seine Taten im Krieg gedreht hatte und lebte zurückgezogen in einer Scheune in Schottland, bis er im Alter von 73 Jahren starb.

HÉRIOT, Virginie (1890–1932)

Seglerin

Sie war Erbin der großen Kaufhauskette »Le Printemps« und das Opfer einer unglücklichen Ehe. Virginie Hériot wurde die erste große Regattaseglerin und die erste Steuerfrau, die eine olympische Medaille gewann (1928, mit *Aile VI*). Sie besaß insgesamt 13 Yachten der Meter-R-Formel: ein 10 m-R *Aile* (1912), mit der sie am Coupe de France teilnahm, sieben 8 m-R, *Aile I* bis *VII* (1922 bis 1931) und fünf 6 m-R, darunter *Petit Aile* (mit der sie 1927 den Eintonnerpokal in England gewann). Ihr gehörten aber auch zwei große Segelyachten: *Ailée I*, die frühere *Meteor IV* (1924) und *Ailée II* (ein Schwesterschiff von *Créole* und *Sonia*, 1928). Die selbst ernannte Muse des französischen Yachtsports mit ausgeprägtem Nationalgefühl, gierig nach Anerkennung, die erste Quartiermeisterin (ehrenhalber) der französischen Marine (1928), war eine mäßige Schriftstellerin – aber ihre Leidenschaft für das Segeln war unglaublich. Am 27. August 1932 bestand sie trotz schwerer Krankheit darauf, ihre *Petite Aile V* bei den fünfzigsten Regatten von Arcachon selbst zu steuern. Sie musste von Bord geholt werden und starb am nächsten Tag.

HERRESHOFF, Nathanael »Nat« Greene (1848–1938)

Genie

Herreshoff ist ohne jeden Zweifel der größte Konstrukteur und Erfinder aller Zeiten. Der Entwicklungsingenieur hat fast alles erfunden: den ersten modernen Katamaran (1876–1877), die ersten Segelyachten, die in Serie gebaut wurden (1877–1878), die ersten Flossenkiele (1891), die ersten leichten Schwertboote (1892), die ersten Verstärkungen aus Bronze (1893), die ersten modernen Segelschnitte mit waagerechten Bahnen (um 1894), die erste große Segelyacht aus Aluminium (*Defender*, 1895), die ersten Scows (1898), den Bau von Rümpfen über Kopf, um Zeit zu sparen (um 1890), und so weiter. Die Liste aller Erfindungen würde zwei Seiten füllen! Zur Jahrhundertwende war sein Werftbetrieb Herreshoff Manufacturing Co. der bedeutendste der Welt und, gemessen an der Zahl der Mitarbeiter, zweifellos der größte der Geschichte. Herreshoff konstruierte fünf Verteidigerinnen des America's Cup: *Vigilant* (1893), *Defender* (1895), *Columbia* (1899 und 1901), *Reliance* (1903) und *Resolute* (1920). Er entwickelte auch die amerikanische Universal Rule. Herreshoff hat sein Leben lang ohne Zeichnungen, nur mit Halbmodellen gearbeitet. Er wurde von seinem Bruder John Brown unterstützt, der blind, aber ein bemerkenswerter Verwalter war, und maßgeblich zum Erfolg des Unternehmens beigetragen hatte (das nach dem Tod von John Brown schnell zugrunde ging). Während seiner langen Karriere über ein halbes Jahrhundert hinweg hat »der Zauberer aus Bristol« mehr als 2000 Yachten gezeichnet.

HOOD, Frederick »Ted« Emmett (1927)

Segelmacher

Der in Massachusetts geborene Ted Hood schnitzte mit neun Jahren sein erstes Segelboot und baute sich als Zwölfjähriger seine erste Schwertjolle. Nach dem Krieg führte er Segelreparaturen mit der Singer-Nähmaschine seiner Großmutter aus. Das Geld, das er für ein selbst gebautes Haus erhielt, investierte er in eine Segelmacherei (1950). Da er mit der Qualität der zur Verfügung stehenden Tuche nicht zufrieden war, kauften Ted und sein Vater vier alte Webstühle für Kopfkissenbezüge und modifizierten sie, um auf ihnen Segeltuch aus Dacron herzustellen. Die schmalen Bahnen (50,8 statt 91,4 Zentimeter) ermöglichten ein engeres Gewebe und eine Dampfbehandlung, die das Tuch noch dichter und wirksamer machte. Ted Hood war ein ebenso guter Tänzer wie Segler und heiratete seine Tanzpartnerin Harriet (1956). Hood erfand den waagerechten Schnitt von Spinnakern, der eine größere Segelfläche ermöglichte ohne von der Formel bestraft zu werden. Ab 1958 produzierte er Segel für America's Cup-Yachten. Durch seinen wirtschaftlichen Erfolg hatte er die Zeit, sich mit der Konstruktion von Yachten zu beschäftigen. Er entwarf Boote der Typen Little Harbour, von denen eines den Eintonnerpokal gewann sowie zwei 12-m-R-Yachten, *Nefertiti* (1962) und *Independence* (1977). Ende der 70er-Jahre bestand die Segelmacherei Hood aus 19 Niederlassungen von Sydney in Australien bis Lymington in Südengland. Ted Hood entwickelte das erste Mastrollsystem und eine Serie von Vorsegelrollanlagen.

HOPE, Linton Chorley (1863–1920)

Goldsucher, Konstrukteur und Bootsbauer

Im Alter von 25 Jahren machte sich Linton Hope auf den Weg nach Südafrika, um dort nach Gold zu suchen (1888). Als er vier Jahre später zurückkehrte, ließ er sich als Architekt und Yachtkonstrukteur nieder (wo und wann er diese Berufe gelernt hat ist unbekannt). Sein erstes bemerkenswertes Boot war *Sorceress*, das 1894 auf seiner Werft Thames Boatbuilding Co. entstand und 25 von 28 Regatten, an denen es teilnahm, gewann. Es war eine Revolution des Leichtbaus. Obwohl er bald international für seine Rennyachten bekannt war (seine *Scotia II* gewann 1901 den Eintonnerpokal), vernachlässigte Hope die wichtigen Boote keineswegs: 1896 hatte er bereits 40 Yachten bis 60 Tonnen Verdrängung gezeichnet. Ab 1902 interessierte er sich für den Motoryachtsport, gründete die Marine Motoring Association und war 1904 als Spezialist für Rennmotorboote anerkannt (durch *Napier I*). Seine Erkenntnisse über Gleitrümpfe setzte er 1912 auf Rümpfe von Flugbooten um. Er arbeitete für Supermarine und die Armee und überlebte ein schweres Flugzeugunglück. Er starb kurz vor der Veröffentlichung seiner »Notes on Flying Boat Hulls«.

HUNT, Charles Raymond »Ray« (1908–1978)

Konstrukteur und Erfinder

Obwohl kaum bekannt, revolutionierte der Konstrukteur von Segelyachten den Motoryachtsport völlig. Er absolvierte seine Lehre bei Frank C. Paine und Norman L. Skene[8] und machte sich 1938 selbstständig. Während des Krieges konstruierte Hunt Boote für die Küstenwache und machte dann durch radikale Designs der ultraleichten Kielrennyachten 510, 110 und 220 auf sich aufmerksam, die an beiden Enden gleichermaßen flach waren, gut und schnell segelten. Er entwickelte auch die ersten Sportkatamarane (1949). Hunt war aber auch in der Lage, klassische Yachten wie die Concordia Yawls zu konstruieren, die zwei Mal das Bermuda-Rennen gewannen (1954 und 1968). Er zeichnete die unglückliche Kandidatin zur Verteidigung des America's Cup 1958 *Easterner* und, um Segel schneller an und von Bord bringen zu können, das erste Motorboot mit einem tiefen »V«. Das Boot fiel Dick Bertram auf, einem Crewmitglied der anderen Verteidigerkandidatin, der dafür sorgte, dass es in Serie gebaut wurde. Ray Hunt widmete sich dann fast ausschließlich der Konstruktion von Motorbooten für die Werften Bertram und Fairey Marine, die Rennen wie Miami–Nassau und Cowes–Torquay gewannen. Gleichzeitig entwickelte Hunt die pontonähnlichen Rümpfe mit dem »V« der Boston Whaler, die ausgiebig kopiert wurden. Am Ende des 20. Jahrhunderts ähnelten rund 90 Prozent aller Motorbootrümpfe den von Ray Hunt entwickelten Formen!

ILLINGWORTH, John Holden (1903–1985)

Soldat, Regattasegler und britischer Konstrukteur

Illingworth lernte im Alter von acht Jahren segeln. Der Karriereoffizier sammelte seine ersten Erfahrungen bei Hochseerennen auf *Maid of Malham* (einem Laurent-Giles-Design, 1937) und gewann im Jahr darauf die Meisterschaft des RORC (1938). Nach dem Krieg erfand er das »Fastnet der Antipoden«, das Rennen Sydney–Hobart, das er auf *Rani* gewann (1945). Der kompromisslose Techniker optimierte das Konzept der *Myth of Malham* (Laurent Giles, 1947), einen Leichtbau, der die Hochseesegelei revolutionierte und gewann zwei Mal das Fastnet (1947 und 1949) sowie die RORC-Meisterschaft. Anfang der 50er-Jahre eröffnete John Illingworth zusammen mit Angus Primrose ein Konstruktionsbüro, dessen schnelle und elegante Entwürfe wie *Maica* und ihr Meisterstück *Outlaw* 15 Jahre lang die Hochseerennen dominierten. Sein letzter wichtiger Entwurf war *Gipsy Moth IV* von Francis Chichester (1966), der sich als zu »spitz« für eine Einhand-Weltumsegelung erwies. Seine Erfahrungen schrieb er in zwei Büchern nieder, die Kultstatus erreichten: »Offshore« und »Further Offshore«. Illingworth arbeitete viel mit französischen Werften wie CMN und Labbé zusammen. Er liebte auch andere Elemente als Wasser: sein Whisky-Verbrauch war beeindruckend.

KNOX-JOHNSTON, Sir Robin (1939)

Segler und Gentleman

Als er in Indien stationiert war, baute er sich die kleine Ketsch *Suhaili*. Er nahm sie mit zurück nach England, um an der ersten Nonstop-Einhandregatta um die Welt teilzunehmen, die er als Einziger nach 313 Tagen beendete (1986–1969). Sein Sieg war kein Zufall. Er gewann das Round Britain Race 1970 auf dem Einrümpfer *Ocean Spirit*[9] und 1974 mit dem Katamaran *British Oxygen*. 1973 und 1975 fungierte Knox-Johnston als Teamchef der britischen Admiral's Cup-Teams. Beim Whitbreadrennen 1977 war er Co-Skipper auf *Heath's Condor* und nahm in den 80er-Jahren an zahlreichen spektakulären Rennen (Route du Rhum usw.) teil, hatte aber nie das richtige Schiff für seine Fähigkeiten – auch wenn er das Gegenteil behauptet! Interessiert an der Geschichte segelte er mit seiner alten *Suhaili* auf den Spuren von Kolumbus und benutzte die Navigationsinstrumente der damaligen Zeit, wie das Astrolabium und den Jakobsstab. Seine damit berechneten Positionen lagen nie mehr als einige Meilen von den per Satellit ermittelten entfernt. 1994 war er Co-Skipper von Peter Blake auf dem Kat *Enza*, mit dem sie einen neuen Rekord nonstop um die Welt mit Crew (Jules-Verne-Trophy) aufstellten. Der große Seemann ist der einzige Brite, der das Lied »La Mer« von Charles Trenet im Originaltext singen kann!

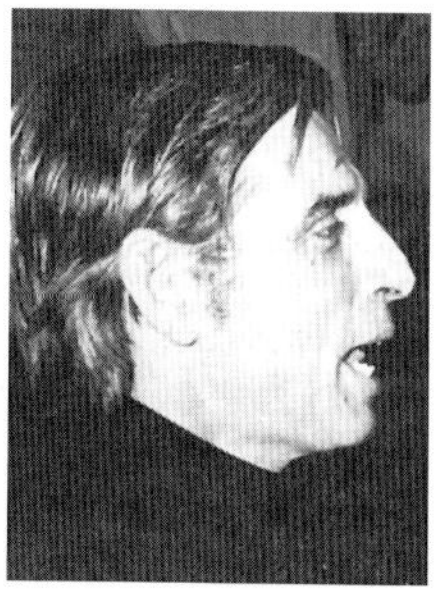

LÉVI, Renato »Sonny« (1926)
Flieger, Konstrukteur und Erfinder

Der in Karatschi geborene Lévi studierte in Europa und ging dann in der Werft seines Vaters in Bombay in die Lehre. Während des Zweiten Weltkriegs war er Pilot der RAF und machte sein Diplom als Flugzeug-Ingenieur, bevor er die Leitung des väterlichen Betriebs übernahm. Er war einer der Ersten, der ab 1951 Epoxydharz verwendete. Obwohl er einige Segelyachten (und einige Flugzeuge) entworfen hatte, wurde er durch den Motoryachtsport bekannt, zuerst mit *Speranza Mia* (1956). Er arbeitete wie Ray Hunt an Rümpfen mit tiefem »V« und entwickelte, inzwischen in Italien lebend, wo er ab 1961 die Werft Tecnica leitete, die Rumpfform »Delta«. Seine *Thunderbolt X* gewann 1964 die Sechs-Stunden von Paris überlegen. *A'Speranziella* siegte 1963 bei Cowes-Torquay und *Surfury* 1967. Ende der 60er-Jahre ließ sich Lévi in Cowes nieder und machte einige Versuche mit Mehrpunkt-Rümpfen, zu denen die berühmte *Arcidiavolo* gehörte. Später konzentrierte er sich vor allem auf Antriebe für Oberflächenpropeller.

Peyron, Loïck (1959)
Segler

Sein Vater war Kapitän auf den größten Tankern der Welt und sein Onkel (Jean-Yves Terlain) steuerte den damals größten Segler einhand (*Vendredi* 13, 39 Meter, 1972). Sein älterer Bruder Bruno wurde durch Langstreckenrennen bekannt, sein jüngerer Bruder Stéphane überquerte den Atlantik mit einem Windsurfer … Welch eine Familie! Loïck Peyron gehörte zu dieser neuen Generation von Langstreckenseglern, die jedes Jahr 15 000 bis 20 000 Seemeilen absolvieren , etwa das Zehnfache dessen, was ein normaler Fahrtensegler in seinem ganzen Leben schafft. Vor seinem 40. Geburtstag hatte er 30-mal den Atlantik überquert, davon 15-mal allein. Er hatte das Geschäft von dem Kanadier Michael Birch gelernt und war klug genug, seine ersten Schiffe gebraucht zu kaufen. Erst als er zehn Jahre lang als Profi gesegelt hatte, baute er sich seine erste Yacht neu. Er gewann mit Booten, die sein Sponsor Fuji finanzierte, drei Mal das Course de l'Europe und zwei Mal das Transat (1992 und 1996) . Damit stellte er den von Éric Tabarly gehaltenen Rekord ein. Peyron nahm alles mit, was ihm seine Zeit bieten konnte: er ist Kommunikationstechniker, Informatiker, Hubschrauberpilot und Autorennfahrer. Er ist der Gegensatz zu Joshua Slocum, auch wenn er Slocums Hang zu guter Arbeit teilt, dessen Mut und den Spaß am Segeln.

ROCCA, Oreste (1926–1989)
Flieger und Konstrukteur

Oreste Rocca war zehn Jahre alt, als sein Vater Domenico mit der Produktion von Kanus begann. Schon bald war die Nachfrage trotz des Zweiten Weltkrieges so groß, dass der Junge die Auslieferung übernahm, wobei er die Boote hinter seinem Fahrrad herzog. Anfang der 50er-Jahre begann Oreste damit, an Wettkämpfen teilzunehmen und erzielte schnell beachtliche Erfolge: den Stundenweltrekord im C1 von 1954 bis 1956, Weltrekorde in 5, 10 und 15 Minuten (1962, 1963, 1965) sowie zahlreiche nationale und europäische Titel. Unterstützt wurde er dabei von der väterlichen Werft, die durch die Produktion von 2800 Rümpfen im Jahr 1959 zur bedeutendsten Frankreichs geworden war. Oreste konnte so von einem Wettbewerb zum nächsten quer durch Europa ziehen. Da er, ein leidenschaftlicher Liebhaber schöner Autos, sich ebenso um den guten Kontakt zur Kundschaft bemühte, gelang es ihm in den 50er- und 60er-Jahren seine Boote so auszulegen, dass sie den Erwartungen der neu entstehenden Spaßgesellschaft entsprachen. Er beendete seine sportliche Laufbahn 1968 und trat 1972 die Nachfolge seines Vaters als Werftchef an. Mit der dritten Ölkrise (1981) begann der Niedergang des Unternehmens, das im Jahr 1985 den Rumpf Nummer 100 000 baute. Oreste Rocca wurde krank und verkaufte die Firma ein Jahr bevor er starb.

Rosengart, Lucien (1890–1976)
Industrieller

Der junge Rosengart war der Sohn eines Industriellen aus Paris und Autodidakt. Er erfand zahlreiche Dinge, darunter eine höchst wirksame Granate, die im Ersten Weltkrieg eingesetzt wurde. 1918 wurde er Generaldirektor von Citroën, wechselte aber bald darauf als kaufmännischer Direktor zu Peugeot. Motorgetriebene Kanus waren sein Hobby und er gründete die Werft Peugeot Marine. Er war überzeugt davon, dass die Sportschifffahrt und vor allem der Motoryachtsport eine Zukunft vergleichbar mit des Automobils haben würde und gründete die Bootsausstellung Paris (1926), auf der bereits ein Jahr später 400 Aussteller ihre Produkte zeigten. 1928 stellte Rosengart die Automobilmarke mit seinem Namen und gleichzeitig einen Außenbordmotor (Rosemarine) vor. Bis 1938 bleib er Präsident der Bootsaustellung Paris. Er unterbrach seine Autoproduktion von 1940 bis 1947, baute nach 1947 aber keine Außenborder mehr. 1955 stellte er den Betrieb ein.

ROUX, Annette (1942)

Werftinhaberin

Die im Jahre 1884 gegründete Werft Bénéteau begann 1964, nach dem Eintritt von André Bénéteau, mit der Produktion von Sportfahrzeugen. Bald kümmerte sich André mehr um die Entwicklung und übergab die Geschäftsführung seiner Schwester Annette Roux. Die Werft baute zunächst Fischer- und Ruderboote, begann aber 1973 mit dem Bau der Segelyachten des Typs Évasion. 1977 besorgte sich Bénéteau die Bauformen eines Halbtonners von Konstrukteur Mauric, änderte das Deckslayout und die Einrichtung und verkaufte das Boot als First 30, das ein unglaublicher Erfolg wurde. Seit den 70er-Jahren investierte Bénéteau in den Motoryachtsport und baute Rennkatamarane von Van Velden. Die Werft baute auch Segelyachten, die am Admiral's Cup teilnahmen. Annette Roux verfolgte hartnäckig einen modernen Stil und engagierte Stylisten wie Philippe Starck oder Pinin Farina, um die Produkte attraktiver zu machen. Der Börsengang von Bénéteau erbrachte die zum Ausbau der Werft notwendigen finanziellen Mittel. Annette Roux wurde 1983 zur »Geschäftsfrau des Jahres« und 1996 zum »Mann des Jahres« gewählt! Die 1986 in den USA errichtete Produktionsstätte wurde zu einer der drei größten Werften Amerikas. Mit der Übernahme von Jeanneau 1995 wurde Annette Roux, die seit 1992 Präsidentin der Firmengruppe ist, zur ungekrönten Königin der französischen Yachtindustrie.

SCHWEITZER, Hoyle

Erfinder

Der Begriff »Windsurfer« existierte bereits seit den 50er-Jahren. Darunter verstand man einen platten Rumpf (mit oder ohne Cockpit) und ein Rigg (mit oder ohne Wanten). Auf die Idee, ein Surfbrett mit einem Segel, das mit den Händen zu halten war, zu kombinieren, stammte 1965 von den Kaliforniern Jim Drake (der den beweglichen Mastfuß erfand) und Hoyle Schweitzer (der das Gefährt konstruierte). 1968 ließen sie sich den Windsurfer in vielen Ländern patentieren, allerdings nicht in Frankreich und ignorierten ähnliche Produkte, vor allem das des jungen Engländers Newman Darby. Die Produktion begann zunächst nur langsam, der Windsurfer wurde erst 1973 in Europa und 1976 in Frankreich bekannt. Die Explosion kam erst Ende der 70er-Jahre und fand vor allem in Frankreich statt, wo bald bis zu 150 000 Windsurfer pro Jahr gebaut wurden. Im Zuge der Erfolges verteidigte Hoyle Schweitzer (der die Anteile von Jim Drake sehr früh übernommen hatte) in zahlreichen Prozessen seine Patente. Im wurde äußerst unbehaglich, als er in der Zeitschrift Voiles et Voiliers las, dass der Windsurfer bereits seit 1913 existierte, merkte aber erst viel später, dass er einem Aprilscherz aufgesessen war. 16 Jahre nach der Erfindung des Windsurfers 1984 wurde er als olympische Segeldisziplin zugelassen, ein olympischer Rekord an sich.

SLOCUM, Joshua (1844–1909[10])

Segler und Schriftsteller

Joshua Slocum, der an den Küsten der Bucht von Fundy (wo es den größten Tidenhub der Welt gibt) aufgewachsen war, begann im Alter von 16 Jahren mit der Seefahrt. Mit 25 fuhr er als Kapitän im Pazifik und lernte in Sydney seine Frau Virgina Walker kennen. Slocum, der sich als Reeder vor allem im chinesischen Meer einen Namen machte, wurde 1881 Kapitän und Miteigner des Dreimasters *Northern Light* (1800 Tonnen, 66 Meter lang). Nach dem Kauf der *Aquidneck* 1884 verlor Slocum seine Frau. 1886 heiratete er erneut und erlitt 1987 mit *Aquidneck* in Südamerika Schiffbruch. Danach baute Slocum ein kleines Segelboot mit einem Dschunken-Rigg, taufte es auf den Namen *Liberdade* und unternahm mit seiner Frau und den beiden Kindern eine 5510 Seemeilen lange Reise bis in die USA. Das allein hätte genügt, ihm einen Platz in der Geschichte der Sportschifffahrt zu sichern. Außerdem war Slocum ruiniert und fand keinen Job als Kapitän. Daraufhin rekonstruierte er ein 100 Jahre altes Wrack, taufte es auf den Namen *Spray* und ging mit einer Barschaft von einem Dollar und 80 Cents auf Weltreise (1895 bis 1898). Die Geschichte der Reise erschien im Jahr 1900 und wurde ein Bestseller. Von dem Geld kaufte sich Slocum einen kleinen Hof auf der Insel Martha's Vineyard. Mit seiner Frau konnte er jedoch nicht lange zusammenleben und verbrachte die Winter deshalb in der Karibik. Dort starb er Ende des Jahres 1909.

SMITH, Christopher »Chris« Colombus (1861–1939)

Konstrukteur und Flieger

Der junge Chris Smith, Sohn eines Schmiedes aus Michigan, begann mit dem Bau von schwimmenden Pontons für die Entenjagd, baute dann Boote für die Jagd (1874), dann Kanus und sogar Segelboote für den Fluss St. Clair. Seine Werft wurde offiziell im Jahre 1884 gegründet. Ab etwa 1895 rüstete Smith seine Boote mit Verbrennungsmotoren aus. Im Jahre 1906 baute er ein Schiff, das 32 km/h schnell war. 1910 stellte er den Besuchern der Bootsausstellung in New York ein Boot vor, für das 100 Dollar für jeden Knoten Geschwindigkeit zu zahlen waren. Ein Jahr später verbündete er sich mit dem reichen Playboy John Ryan, für den er eine Reihe von Schiffen mit den Namen *Baby Reliance* baute. Im dritten Versuch erreichte eines davon mit 86,4 km/h die höchste Geschwindigkeit eines amerikanischen Bootes. Nachdem John Ryan kein Geld mehr hatte, gründete Chris Smith die Firma CC Smith Boat & Engineering Co. und baute mit *Miss Detroit* ein Rennboot, das viele Jahre lang die Konstruktionen für Rennen und Rekorde beeinflusste. Smith ging mit Gar Wood eine Partnerschaft ein und ihre *Miss America I* gewann die Harmsworth Trophy. Wegen der Prohibition steig die Nachfrage nach schnellen Rümpfen und Al Capone setzte eine ganze Flotte von Chris Craft ein (der Name wurde 1922 von Smith's Sohn und 1930 als Firmenname eingeführt). In den 30er-Jahren baute Chris Craft rund 1000 Boote pro Jahr, die 250 Händler in alle Welt verkauften. Als der Gründer 1939 starb, umfasste das Angebot von Chris Craft 115 verschiedene Modelle. Bis heute baute die Werft rund eine viertel Million Schiffe.

SOPWITH, Sir Thomas Octave Murdoch (1888–1989)

Pilot, Flugzeugbauer und Segler

Der Sohn eines Priesters wurde der berühmteste Flieger Englands. Er liebte den Motoryachtsport und steuerte die gewaltige *Maple Leaf IV* – das damals schnellste Rennboot der Welt – zu einem Sieg bei der Harmsworth Trophy. Er kaufte eines der ersten von W. Starling Burgess gebauten Flugzeuge und gründete bald seine eigene Fabrikation. Sein Partner war der australische Pilot Harry Hawker. Die beiden entwickelten eine Reihe von sehr beweglichen Jagdflugzeugen. Die Sopwith Camel war der Jäger der Alliierten, der im Ersten Weltkrieg die meisten feindlichen Flugzeuge abschoss. Als sein Partner starb, gab Sopwith der Firma dessen Namen Hawker. Der gewiefte Geschäftsmann war in den 20er-Jahren einer der wichtigsten britischen Flugzeugbauer. Sein Vermögen erlaubte ihm die Teilnahme am America's Cup mit *Endeavour*, mit der er 1934 nicht gewinnen konnte und mit *Endeavour II* (1937). Er besaß auch einige große Yachten mit den Namen *Philante*. Er gründete das Unternehmen, das heute als British Aircraft Corporation bekannt ist.

Stevens, John Cox (1785–1854)

Sportsmann

Der dritte der Stevens-Brüder war ein Dandy, ein Pfeiler der elitären jungen amerikanischen Gesellschaft. Er war ein Sportsmann durch und durch, liebte den Reitsport und führte Cricket in den USA ein. Er besaß mit *Trouble* eines der ersten amerikanischen Sportboote (1814) und später (1820) *Double Trouble*, einen Katamaran. Er wurde zum Gönner von George Steers, dem er sein erstes wichtiges Schiff, das Katboot *Manhattan* anvertraute. 1844 gründete John Cox Stevens den New York Yacht Club nach dem Vorbild der britischen Segelclubs, die er als Jugendlicher in England kennen gelernt hatte. Die Gründungsversammlung fand an Bord der Steers-Konstruktion *Gimcrack* statt, die dem neuen Commodore Stevens gehörte. Mit seinen Brüdern und einigen Freunden gründete er ein Syndikat mit dem Ziel, bei Regatten gegen die Engländer antreten zu können und ließ den Schoner *America* bauen (1851). Der Diplomat Stevens überzeugte die Briten davon, eine Regatta zum Gedenken an Königin Victoria auszurichten. Es war angeblich Stevens' Idee, den Pokal der Königin zu einem Wanderpreis zu machen, während andere Mitglieder des Syndikats mit Erinnerungsmedaillen liebäugelten. John Cox Stevens gehörte mit zu denen, die die erste Fassung der Stiftungsurkunde verfassten.

TABARLY, Éric (1931–1998)

Segler, Erfinder und Ausbilder

Seine Ideen auf technologischem Gebiet sind vor dem Hintergrund seiner zahlreichen Regattaerfolge fast vergessen worden: Tabarly hat nacheinander den größten Kunststoffrumpf (*Pen Duick*, 1898, neuer Rumpf aus Polyester 1958), den größten aus Sperrholz (*Pen Duick II*, 1964) und den größten aus Aluminiumgerippe (*Pen Duick III*, 1967) gebaut. Er hat dabei mitgewirkt, den ersten großen Regattatrimaran zu entwickeln (*Pen Duick IV*, 1968), der mit dem ersten Flügelmast für eine seegehende Yacht ausgestattet war und hat das Konzept des modernen Einrümpfers erdacht (*Pen Duick V*, 1968), extrem breite Rümpfe mit flüssigem Ballast und großem Tiefgang. Zehn Jahre später war er mit dem ersten Regattaboot unterwegs, das mit Tragflügeln versehen war (*Paul Ricard*, 1979). Tabarly hat aber auch die Beschlagstechniken verbessert und unter anderem den Spinnakerstrumpf entwickelt. Von 1964 bis 1984 war er der bekannteste Sportler Frankreichs[11]. Seine Wissbegierde war immer wenigstens genauso groß wie seine Leidenschaft für die Segelei. Éric Tabarly starb 1998, als er bei der Überführung seiner *Pen Duick* nachts über Bord fiel.

VANDERBILT, Harold »Mike« Stirling (1884–1970)

Segler und Bridgespieler

Harold wurde 40 Jahre nach der Gründung des New York Yacht Club geboren und gehörte zur dritten Generation der Yachten segelnden Vanderbilts. Sein Großvater, der unvergessene Cornelius ließ bereits 1853 die erste große Dampfyacht *Northstar* bauen; er hatte auch mit Geschäften im Transportwesen den Grundstock für das Familienvermögen gelegt. Sein Vater William Kissam gründete das Familienimperium der Eisenbahngesellschaften und ließ sich immer größere Yachten bauen. Sein Onkel Cornelius war von 1906 bis 1908 Commodore des New York Yacht Club. Und Harold setzte die Familientradition fort, indem er drei Mal erfolgreich den America's Cup verteidigte (1930, 1934 und 1937). Seine Erfolge basierten vor allem auf seiner Fähigkeit, sich mit herausragenden Könnern zu umgeben. Es war Vanderbilt, der Sherman Hoyt als Taktiker engagierte und er war es auch, der die Zusammenarbeit der Konstrukteure W. Starling Burgess, Olin Stephens und Kenneth Davidson anregte. Er war ein Regelfanatiker und machte all seinen Einfluss geltend, wenn es um die des Regattasegelns ging. Er machte auch nicht vor den Regeln des Bridge halt, des Spiels, in dem er als unschlagbar galt. Bis zu seinem Tod gehörte er dem America's Cup-Komitee an. Als die Australier den Cup 1983 gewannen, wurde er ihnen in Marble House überreicht, in dem Palast, den sich Vanderbilt hatte in Newport bauen lassen.

Anmerkungen

Die Entwicklung des Segelsports

1 Aus: Antonius und Cleopatra, 2. Akt. 2. Szene.

2 Nach einer anderen, unzuverlässigen, aber recht komischen Version, soll der geniale Archimedes nur die Schiffbauer seiner Zeit überredet haben, Schiffe nicht mehr aus Stein zu bauen.

3 Zitiert aus: Michel Rouche, Dialectique de la Violence et de la Douceur: fantasque Garonne (Dialektik von Gewalt und Sanftmut: seltsame Garonne), in: Une histoire de la Garonne (Eine Geschichte der Garonne), Ramsay, Paris 1982.

4 Später, im 20. Jahrhundert, musste ein großer deutscher Geschäftsmann den Hafen von Cannes vergrößern lassen, um mit seiner Yacht anzulegen. Bei ihrer ersten Kreuzfahrt hatte die Yacht die umwerfende Ehre, ein nicht auf den Karten verzeichnetes Riff zu entdecken. Sie wurde bald darauf durch eine andere, etwas größere ersetzt.

5 Man sollte diese Beschreibung Plutarchs mit der seines »Abschreibers« Shakespeare vergleichen, die zu Beginn des Kapitels zitiert ist.

6 Nähere Informationen über die Flusshäuser und die gesamte Lustschifffahrt von Bordeaux findet man bei: Nicolas Guichet, Plaisance en Gironde (Lustschiffe auf der Gironde), Recherches sur l' Histoire de la Navigation de Plaisance en Gironde et ses Sources, Réalisées à la Demande du Conservatoire International de la Plaisance de Bordeaux (Forschungen über die Lustschifffahrt auf der Gironde und ihre Ursprünge), November 1995.

7 1466–1536.

8 Eine andere Fluchtwelle, dieses Mal von Franzosen, wurde durch die Aufhebung des Edikts von Nantes ausgelöst. Ein protestantischer Arzt aus Honfleur, Alexandre Olivier Exquemelin, floh nach Holland, kam auf die Antillen, wurde dort Seeräuber und schrieb darüber eine epochemachendes Werk: Die amerikanischen Seeräuber. In den freien Niederlanden konnte man alles veröffentlichen. 1968 in Tübingen in deutscher Sprache neu aufgelegt. Das Piratenbuch von 1678.

9 Dieser Hafen wurde bis 1781 genutzt.

10 25 Jahre später wurde er aufs Ostufer verlegt.

11 Tagebucheintrag von John Evelyn, datiert auf den 1. Oktober 1661.

12 Später verlangte Admiral Dönitz von seinen U-Bootkommandanten, dass sie einhand zu den Orkneyinseln segelten.

13 Nicolas Guichet, a.a.O.

14 Alles über die Bruderschaft von Montuzet bei Nicolas Guichet, a.a.O.

15 Augenscheinlich wurde hier, wie überall in der menschlichen Gesellschaft, Unzucht getrieben. Möglicherweise war das der Auslöser für den Niedergang der Bruderschaft von Montuzet: Gegen 1785 fanden die Brüder eine Mitschwester sehr verführerisch, und nachdem sie deswegen buchstäblich den Verstand verloren hatten, verführten sie sie auf den Stufen der Kirche von Plassac. Das Verbrechen bestand weniger in der Vergewaltigung selbst, als in der Wahl des Ortes. Die Bruderschaft von Montuzet erholte sich danach nicht mehr.

16 Bezeichnung für eine Gondel-Wettfahrt auf dem Canale Grande, die im 17. Jahrhundert aufkam.

17 Noch heute sind viele Türen der Stadt bordeauxblau gestrichen, ferne Erinnerung an das Indigo von damals.

18 Wovon Aquitanien seit 1451–1453 nach dem Ende des Hundertjährigen Krieges abhing.

19 Nicolas Guichet, a.a.O.

20 Jean de Gaufreteau, Chronique Bordeloise, Bordeaux 1878. 2. Band (1600–1638), zitiert bei: Guichet a.a.O. Festzuhalten ist, dass 1823 auch die Herzogin von Angoulême an Bord der städtischen Yack ihre Besitzungen am Fluss besuchte.

21 Historische Beschreibung der Feiern in Bordeaux aus Anlass der Wiedereinsetzung des Parlaments, von M. Paris, Bordeaux 1775. Zitiert bei: Guichet, a.a.O.

22 Frowlike, Frolic: vom Niederländischen »Vrolijk«, fröhlich. Das Wort soll im 16. Jahrhundert nach England gebracht worden sein. Siehe: Concise Oxford Dictionnary of English Etymology, Oxford 1986.

23 Es ist nicht bekannt, ob die Schiffe aus Caudebec geholt oder in Paris nach dem Vorbild der Boote von Caudebec gebaut worden sind.

24 Das Wort kommt aus dem Lateinischen von »juxtare«, reffen = handgreiflich werden.

25 Zitiert aus: Arthur Clark, The History of Yachting, 1600–1815, Putnam & Son, New York 1903.

26 Das Wort kommt von dem niederdeutschen »Klumpen«. Im 13. Jahrhundert wurde daraus im Englischen »Club«, der Stock, mit dem man, z.B. beim Golf, einen Ball schlägt. Im 16. Jahrhundert wurde es auf ein Kartenspiel angewandt, ein Jahrhundert später auf den Ort, wo man Karten spielte, wo die Spieler zusammen kamen, die alle möglichen Spiele veranstalteten, darunter auch maritime.

27 Der Begriff »Haulbowline« ist äußerst vielsagend. Wörtlich bedeutet er: an den Seilen eines Schleppkahns oder an der Leine von der Luvkante eines Rahsegels ziehen.

28 Im Original heißt es »when my Lords the Justices«, das heißt, »wenn meine Herren Gerechtigkeiten«.

29 Der gesellschaftliche Rang des Water Clubs ist wohl im Laufe des 18. Jahrhunderts bedeutender geworden, sodass, was ursprünglich nicht der Fall war, nur die reichsten Einwohner von Cork Mitglieder waren.

30 In Frankreich tauchte das Wort »Sport« erst 1828 auf.

31 Fredrik Henrik af Chapman, Tractat om Skepps-Byggeriet, 1775. Chapman war Admiral der königlich schwedischen Werften.

32 Die Seeleute, die nicht fleißiger sind als andere, machten daraus einfach »Flammen«, die noch drei Jahrhunderte später Teil des Signalbuches sind.

33 Es dauerte ein gutes Jahrhundert, bevor man sich eingestand, dass die vergoldeten, verschnörkelten Halbreliefs den Blick auf die Landschaft erheblich einschränkten, und bevor die holländischen Lustsegler bereit waren, zugunsten der runden Hecks der Boeierjachten auf dieses äußere Zeichen ihres Reichtums zu verzichten. Sie hielten sich schadlos, indem sie am Vorsteven einen geschnitzten Kopf befestigten ...

34 Die Berufsgruppen waren durchlässig. So wurden die Dächer des bretonischen Parlaments und der Kirche in Honfleur von Schiffszimmerleuten errichtet.

35 »Die Engländer bauten (in Amerika) immer wieder kleine Schiffe. Diese Kriegsschiffe wurden in vorübergehend von der Regierung eingerichteten Werften von Zimmerleuten gebaut, die eigens dafür in die Kolonien gebracht wurden. Nachdem die Arbeit beendet war, kehrten sie in ihre Heimat zurück. Diese Strategie hinderte die (amerikanischen) Kolonien daran, einen eigenen Schiffbau zu entwickeln.« Aus: Howard I. Chapelle, The History of the American Sailing Navy, New York 1949.

36 Bis zu zehnmal geringer als beim Zug in Faserrichtung.

37 Es gab eine sehr breites holländisches Fischerboot, dessen Linien auf jeder Seite des Bugs weit ausbuchteten, bevor sie einen konventionellen Verlauf nahmen. Durch das so entstandene breite Vorschiff konnten sie auf eine Galionsfigur verzichten.

38 Da die Boote durch einen langen Riemen gesteuert wurden, konnte die Wasserlinie senkrecht zur Fahrtrichtung enden, wie ihr Bug.

39 Der ins Wasser eintauchende Teil des Ruders. Bei den großen Erfindungen hat man die Bedeutung des Ruders zu hoch bewertet. Das Ruder erschwerte den Bau und beschränkte den Raumgehalt. Es war nur deshalb notwendig, weil die Alternative, das Steuerruder, für die Hochseefahrt oder für eine Anwendung auf großen Schiffen, die für solche Reisen unerlässlich sind, zu zerbrechlich war.

40 Das gilt nicht für das 18. Jahrhundert. Der Autor erinnert sich, wie verblüfft er war, als er 1982 während einer Japanreise feststellte, dass Yamaha mehr als 60 verschiedene Bootstypen für den Fischfang baute: Um im Geschäft zu bleiben, hatte man jedes Modell entsprechend der Sitten und Gewohnheiten jedes einzelnen Hafens konstruieren müssen.

41 Was natürlich jedes Mal mit unterschiedlichen Maßeinheiten ausgedrückt wurde. Die große Vereinheitlichung durch das metrische System existierte noch nicht. Um ein bereits genanntes Beispiel wieder aufzunehmen: Beim französichen Holzschuhmacher hat (1997!) ein Zoll 10 mm, in England aber 25,4 mm. Im 18. Jahrhundert änderten sich die Maße, besonders die vom menschlichen Körper abgeleiteten, dazu kamen noch regionale Unterscheide.

42 Völligkeitsgrad der Hauptspantfläche (CM): Das Verhältnis der eingetauchten Hauptspantfläche (M) zu dem umschriebenen Rechteck aus Breite und Tiefgang wird mit Hilfe einer Formel bestimmt: $CM = \frac{AM}{BWL \times T}$ Das ist natürlich eine später getroffene Festlegung: im 18. Jahrhundert ermittelte niemand diesen Wert.

43 In der Welt der Schifffahrt besetzten die Piraten eine Nische, vergleichbar mit den Fleischfressern bei den Säugetieren. Der Löwe kann nur überleben, weil es Antilopen gibt. Die Piraten überlebten, weil es unbewaffnete Handelsschiffe gab, allerdings nur so lange, wie deren Reviere nicht von Kriegsschiffen der seefahrenden Länder besegelt wurden.

44 Zu Beginn des 19. Jahrhunderts entstanden auf beiden Seiten des Atlantiks neue Schiffstypen: In den Vereinigten Staaten der Klipper, von »to clip« – mit der Schere schneiden, und in England der Kutter, von »to cut« – mit dem Messer schneiden. Zwar setzten sich diese Bezeichnungen erst nach 1850 wirklich durch, aber die Ähnlichkeit der Bilder zeigt doch, wie sehr die Seeleute von den damlas entwickelten Rumpflinien beeindruckt waren.

45 Der Fluss an dem die Stadt New York liegt.

46 Es waren die Inkas, deren Flöße schmale Schwerter hatten. Das entdeckte Thor Heyerdahl, auch er schob schmale Schwerter zwischen die Stämme seiner *Kon Tiki* um die Abdrift zu verringern.

47 European Magazine, 1792.

48 Das französiche Wort »souquer« bedeutet: ziehen, um etwas zu spannen.

49 Bei achterlichem Wind dagegen vermindert der Fahrtwind die Kraft des atmosphärischen Windes ganz erheblich.

50 Sie hatte auch ein Mittelschwert.

51 Diese beiden Boote existieren heute noch: Eins davon in Windermere, das andere auf der Isle of Man. Sie sind die ältesten noch erhaltenen Segelsportfahrzeuge.

52 »All the world is a stage,/ And all men and women merely players:/ They have all their exits and their entrances;/ and one man in his times plays many parts.« Aus: William Shakespeare, Coriolan.

53 1781 haben Herschel und Lexell den Uranus entdeckt. Neptun wurde erst 1845 entdeckt, Pluto 1930.

54 Sogar die Chronometer der Marine, die doch für eine genaue Längenbestimmung unabdingbar waren, waren in der Handelsschifffahrt in größerer Anzahl erst ab 1870 verbreitet. Man wunderte sich über Joshua Slocum, der mit einem billigen Wecker als Zeitmesser auskam – aber er hatte seine ganze Lehrzeit ohne Chronometer hinter sich gebracht, und er war sicher nicht der Einzige auf dem Wasser, der auf so unzulängliche Art die Zeit maß.

55 Diese Ausübung mehrerer Berufe währte bis in die industrielle Revolution hinein. Vor dem Zweiten Weltkrieg war einer der Großväter des Autors gleichzeitig Briefträger, Fabrikarbeiter und Flickschuster. Allerdings hatte er große Träume: er wollte seinem Sohn ein Lehrerstudium bezahlen.

56 Zitiert bei: Roy Porter, Les Anglais et les Loisiers (Die Engländer und ihre Freizeit), in: L'Avènement des Loisirs, Aubier, Paris 1995.

57 Etwa dort wo heute das »Hôtel des Invalides« steht.

58 Heute wäre dieser Regattakurs nicht möglich, weil man dort ein halbes Dutzend Brücken gebaut hat. Bei der einzigen Regatta die Ende des 20. Jahrhunderts auf der Themse bei London noch veranstaltet wird, segeln jeweils Mannschaften des Oberhauses und des Unterhauses gegeneinander. Seit einigen Jahren siegt stets die Crew des Unterhauses, womit wohl hinreichend erwiesen ist, dass Segeln ein volkstümlicher Sport geworden ist.

59 Mit Ausnahme hochseetüchtiger Schiffe wie *Cleopatra's Barge* oder des Weltumseglers *Union*. Die Flussschiffe, selbst wenn es sich um einen veritablen schwimmenden Palast handelte, wie Ruel ihn im 18. Jahrhundert auf einer Tuschezeichnung dargestellt hat, maßen nicht mehr als 15 m Länge, aber welche Pracht! »Diese nach orientalischem Vorbild gebaute Galeasse bietet in der Kabine, die man in einer Galerie umrunden kann, Raum für 16 Personen. Sie trägt eine Kanone, wird von vier Ruderern bewegt und kann Segel setzen. Man kann nach Belieben darauf tanzen, und die seitlichen Pforten können herabgelassen werden, um den Damen das Betreten des Schiffes zu erleichtern.« Zitiert in: Loisirs sur l'Eau, Histoire de la Plaisance en France, 1640–1940. (Ausstellungskatalog) Musée de la Marine, Paris 1979. Die Zeichnung ist Eigentum dieses Museums, Katalog Nr. 27 OA11.

60 *Gibbon* und *Smogleur* waren um 1840 bekannte Boote auf der Seine, sie konnten gerudert und gesegelt werden. Zitiert bei: Jacquin, a.a.O. Dieses Chanson und eine Reihe anderer Lieder dieses Genres zwischen 1840 und 1940 wurden von der Gruppe »Guingettes et Canotiers« aufgenommen. Die CD ist erhältlich bei La Jolie Plaisance, 20bis, rue Victor-Hugo, F-95170 Deuil-la-Barre.

61 »Sturm und Drang« war der Titel einer 1776 aufgeführten Tragödie von Friedrich Maximilian von Klinger. In Deutschland übernahm eine poetische und musikalische Bewegung, der auch Schiller und Goethe angehörten, den Ausdruck als Reaktion auf Rationalismus und Klassizismus. »Sturm und Drang« ist eine der Grundlagen der Romantik.

62 Sechs Jahre später ertrank Shelley bei einem Sturm vor Viareggio an der ligurischen Küste.

63 Manuel Universel et Raisonné du Canotier (Allgemeines und wissenschaftlich bearbeitetes Handbuch des Ruderers) von einem »Süßwasserbär«, d.i. Abt Jules Jacquin, Priester von Saint Gatien bei Montmorency, Dauvin et Fontaine, Paris und Olivier-Fulgence, Poissy 1845.

64 Vicomte Alfred de Chateauvillard, in: Le Canotage en France (Rudersport in Frankreich), von A. Karr, L. Gatayes, L. Môre, Vte. A. de Chateauvillard, G. Viard, E. Jung, F. Lecaron, Taride, Paris 1858, neu aufgelegt bei Chasse-Marée, Douarnenez. Weitere Informationen über die Sportschifffahrt in Frankreich bei: D. Charles, Le Mystère Caillebotte, Architecte Naval, Peintre Impressionniste, Jardinier, Philatéliste et Régatier (Das Geheimnis Caillebotte. Schiffbauer, Impressionist, Gärtner, Briefmarkensammler und Regattasegler), Glénat, Grenoble 1994.

65 Eine Flotte von Oyster Smacks segelt immer noch Regatten am Nordufer der Themse (siehe: D. Charles, Les Chasseurs de Futurs, EMOM-Ouest France, Rennes 1991). Die älteste, die *Boadicea*, wurde 1808 gebaut, stammt also aus der Zeit, in der diese Anekdote spielt.

66 Sullivan, Yachting, Band 1 und 2, Badminton Library, London 1895.

67 Edward Burgess, American und English Yachts, New York 1887.

68 The Yachting Season of 1845, Nautical Publishing, London 1971 (Neuauflage des Werkes von 1845). 1858 ließ sich die Squadron auf der Isle of Wight in einem Fort nieder, dessen äußere Formen so an Kühe erinnerten, dass man es Cows nannte. Aus diesem Spitznamen ist Cowes geworden, das Mekka britischer Segler.

69 Man konnte damals mit einer Rente von 1000 Pfund ein angenehmes Leben führen.

70 Nicolas Guichet, freundliche Mitteilung an den Autor.

71 Französische Fassung des Wortes Schmuggler: ein ganzes Programm!

72 Mehr darüber bei: N. Guichet, L' Affaire Pagelet, erschienen bei Chasse-Marée, Douarnenez.

Eine Legende wird geboren

1 Aufgekommen am Ende des 13. Jahrhunderts.

2 Es gibt eine ganze Reihe Indizien, die darauf hinweisen, dass der amerikanische Kontinent vielleicht schon 2000 v. Chr. von den Chinesen entdeckt wurde, auf jeden Fall aber im 5. Jahrhundert n. Chr. Von dieser Reise existieren nicht nur schriftliche Zeugnisse, sondern es gibt auch eine zumindest beunruhigende Ähnlichkeit zwischen chinesischen Motiven und denen der Majas. Ein Historiker aus Hongkong hat eine 12-bändige Geschichte der Chinesen vor Kolumbus geschrieben. (Da der Autor die chinesische Sprache nicht beherrscht, hat er nur eine englische Zusammenfassung konsultieren können.) Man muss zugeben, dass dieser Satz eine gewisse Herausforderung birgt, aber er erinnert zumindest daran, dass Kolumbus nicht der Erste war, und dass, wenn man die isländischen Sagen für voll nimmt, nicht einzusehen ist, warum man das chinesische Äquivalent ablehnen sollte, und dass die Abendländer nicht die einzigen Entdecker waren.

3 David Fergusson, *Cleopatra's Barge*, Little, Brown, Boston 1976.

4 Am 9. November 1870.

5 Das erste mit Dampf betriebene Fahrzeug war 1769 der dreirädrige, nicht lenkbare Dampfwagen von Nicolas-Joseph Cugnot, die 5 km/h fuhr, aber jede Viertelstunde anhalten musste, um den Dampfdruck wieder zu erhöhen. (Ein Modell von 1700 steht noch heute im Musée des Arts et Métiers). Dampf als Mittel zur Energie-Erzeugung war nichts Neues. Gegen 450 v. Chr. baute Archytas von Tarent eine Spielzeug-Taube, die mit einem Dampfstrahl angetrieben wurde. 250 v. Chr. untersuchte Philon von Byzanz die Ausdehnung erwärmter Luft. 165 v. Chr. konstruierte Ktesibios von Alexandria eine Art Druckluft-Gewehr. 60 v. Chr. erfand Hero in Syrakus eine Kugel, die sich in einem Dampfstrahl drehte. Viele Jahre später, gegen 1680, erfand Isaac Newton einen Wagen, den ein Dampfstrahl aus einem riesigen Horn antrieb. Unklar ist, wo er den notwendigen Brennholzvorrat unterbrachte. Zur gleichen Zeit baute in China Pater Verbiest, ein Jesuiten-Missionar, das Modell einer Postkutsche, die von einer kleinen, dampfbetriebenen Turbine gezogen wurde. Ernsthafter war schon der Versuch von Denis Papin, einem in Deutschland im Exil lebenden Franzosen und Erfinder der ersten Ventile, 1707 ein Dampfschiff zu konstruieren, das Kassel mit Minden verbinden sollte. Leider gelang es ihm nicht, die notwendigen Finanzen aufzutreiben. All diese aus eigenem Antrieb betriebenen physikalischen Versuche entsprachen keinerlei militärischen oder wirtschaftlichen Anforderungen. Sie bewirkten keinen Fortschritt in Bergwerken oder in der Metallverarbeitung, was beweist, dass eine gute Idee ohne technologischen oder industriellen Hintergrund keine Aussicht auf Erfolg hat.

6 Wörtlich: Feuerschiff.

7 »Vor 25 Jahren sagte er (Giuseppe Tomasi de Lampedusa) mir, er wolle einen historischen Roman schreiben, in dessen Mittelpunkt sein Urgroßvater väterlicherseits stehen solle, der Astronom Giulio de Lampedusa.« Erinnerungen der Frau von Giuseppe de Lampedusa, berichtet von Giorgio Bassani im Vorwort zu: Der Leopard.

8 Der am 26. September 1905 veröffentlichte Artikel »Zur Elektrodynamik bewegter Körper« ist Grundlage der Relativitätstheorie. In jenem Jahr veröffentlichte Einstein eine Serie von fünf Artikeln, die berühmtesten in der Geschichte der Physik. Als Konsequenz erhob ihn das Patentbüro in Bern in den Rang eines »Technischen Experten 2. Klasse«. Allerdings erfolgte diese schwindelerregende Ernennung am 1. April.

9 Genau gesagt lebte diese Frau in London, wo er ein Jahrhundertgeschäft witterte: Die Gelegenheit, die erste Fabrik mit Serienfabrikation der Geschichte zu bauen. Das Produkt sollten Tausende von Taljenblöcken für die Marine sein.

10 »Kingdom« bedeutet »Königreich«, aber dieser zweite Vorname war kein Ausdruck von Patriotismus, sondern es handelte sich ganz einfach um den Namen der Familie seiner Mutter, Sophia Kingdom.

11 Diese Definition der Statuten des Clubs wurde erst 1865 verbindlich, als der New York Yacht Club seine Statuten offiziell anmeldete.

12 Zitiert aus: Tony Gibbs »Faster than *America*« »Schneller als *America*«, in: Magazine Yachting, Juli 1976.

13 Zitat aus: »Boston Herald«.

14 1858, zwei Jahre nach dem Tod von Robert Stevens, wurde die *Maria* verkauft und zum Schoner umgebaut.

15 Das sollte gleichzeitig das Gleichgewicht unter den Segeln verbessern und die Konstruktion vereinfachen. Die Kielsohle hatte die Neigung des Ablaufweges, denn die Schiffe liefen rückwärts auf mit Talg bestrichenen Schienen vom Stapel. Man errichtete zunächst den Kiel und stellte darauf alle (Quer-)Spanten auf. Wenn der Kiel des Schiffes horizontal aufgestellt gewesen wäre, wie bei der *Onkahye*, dann hätte er während der ganzen Bauzeit schräg liegen müssen, und dann hätte man auch alle Spanten am Ablaufweg schräg aufstellen müssen, was die Anlage der Spantrahmen und überhaupt die ganze Konstruktion entscheidend kompliziert hätte.

16 »Waveline hull form«. Das erste Schiff, das Russell als Direktor einer Werft in Glasgow nach diesem Prinzip baute, nannte er *Wave*, Welle. Es ist eigenartig, dass die erste Yacht der Stevens 1832 denselben Namen hatte.

17 Es war das erste Gebäude aus vorgefertigten Teilen überhaupt.

18 Das gilt auch noch im Computerzeitalter, aber es ist heute unangebracht, auf Augenmaß und Eingebung zu setzen. Bekleidet mit Karbonfaser, gekrönt mit Giga-Bytes, gibt sich der Schiffbauer als High-Tech-Ingenieur. Wie sagte doch meine Concierge: »Man muss alles im Kopf haben«.

19 Zitat aus: Der Mann, der Liberty Valence tötete. Bei der ersten Veröffentlichung des Textes 1980 hatte ein Druckfehler den Satz: »Wenn die Legende stärker ist als die Wahrheit, druckt man die Wahrheit« auf diese Art verändert. Wie kann man die Ungereimtheiten von Legenden aufhellen, wenn sich sogar der Zufall einmischt?

20 G. L. Watson, in: »Yachting«, Badminton Library, London 1895.

21 Zitiert aus: Tony Gibbs, »Faster than *America*«, in: Magazine Yachting, Juli 1976.

22 1825 war die *Fortitude*, eines der Themse-Rennboote, im Besitz »mehrerer Einzelpersonen, die kein Unternehmen betreiben«, d.h. von ihrer Rente leben. Bell's Life, London, 1825.

23 Oberflächlich betrachtet kann man für Klipper drei Perioden unterscheiden: die Frühzeit zu Anfang des 19. Jahrhunderts, als in Baltimore (USA) ein schneller Schiffstyp entwickelt wurde, der genau so für die Handelsschifffahrt, wie für Kaperkrieg und Schmuggel geeignet war. Die 2. Periode nach 1840, als man der aufkommenden Dampfkraft mit sehr schnellen Seglern Paroli bieten wollte, und die englische Periode, etwa 1865–1880, als die Klipper sich spezialisierten auf den Transport von leichten und kostbaren Waren, wie Tee. Nach 1860 gaben die Amerikaner den Klipper auf zugunsten größerer Schiffe, die mit gleicher Mannschaft mehr Ladung transportieren konnten. Arbeitskraft war in den USA teuer.

24 Die Neigung der Amerikaner zu großer Besegelung besteht weiterhin. Als Ende der siebziger Jahre die Freizeit-Schifffahrt in Japan aufkam, vergaben die dortigen Werften Aufträge an die größten amerikanischen Konstrukteure. Das Ergebnis war für sie enttäuschend, denn die Schiffe hatten zuviel Segelfläche für asiatische Gewässer, über die Taifune hinweg brausen, die in der Bucht von Long Island nur selten vorkommen. Die Franzosen Finot und Harlé zogen damals den Auftrag an Land.

25 Die entsprechenden Boote in New York waren 2- bis 2,5-mal so lang.

26 Wie konnte Steers diesen unglaublichen Bedingungen zustimmen, wo er doch die *Maria* kannte, die größer, stärker und sicher schneller war, als die *America*? Wahrscheinlich hatte er keine Wahl, denn seine Werft war gerade pleite, und das Eignersyndikat hat ihm wohl die Bedingungen aufgezwungen. Möglich wäre auch, dass der durch den Konkurs hoch verschuldete Steers einen Auftrag arrangierte, bei dem er ganz offensichtlich kein Geld verdienen konnte, mit dem Hintergedanken, dass es nicht in die Hände der Gläubiger fiele? Das Ende der Geschichte legt das nahe.

27 Damals rechnete man, dass der Bau eines Lotsenbootes 90 Dollar pro Tonne kostete, das wären für ein Schiff von der Tonnage der *America* 15 300 Dollar.

28 Ein Freund des Vaters und des älteren Bruders von Steers.

29 Tony Gibbs, a.a.O.

30 Das entsprach dem fünffachen Jahresverdienst des tüchtigsten und bestbezahlten Ingenieurs, in Kaufkraft ausgedrückt zwischen 1,16 und 2,32 Millionen DM. Aber der Wert steigt auf 2,32 bis 4,35 Millionen DM, wenn man den Preis eines Schiffes in Betracht zieht. Die *America* wurde für 5000 Pfund verkauft.

31 Es war nicht die erste Regatta, zu der man die *America* eingeladen hatte. Sie hatte sogar für den Queen's Cup gemeldet, aber das Wetter war schlecht, und es war ein Rennen mit Handicap, was die Amerikaner benachteiligte. Die *America* startete nicht. Diese Meldung erklärt, warum man manchmal zu Unrecht den America's Cup (ex 100 Guineas Cup) mit dem Queen's Cup verwechselt.

32 Stevens in: Henry Steers: »Récit de la Course du 21 Août 1851« – »Bericht über das Rennen vom 21. August 1851«, in: Le Yacht – Journal de la Marine, 1879.

33 Er hieß Underwood (wörtlich: Unterholz), ein Name, der wie geschaffen ist, einen außergewöhnlichen Streich zu spielen.

34 Stevens in: Henry Steers »Récit de la Course du 21 Août 1851« in: Le Yacht – Journal de la Marine, 1879.

35 Der Adler vom Heckspiegel der *America* hängt noch in der Eingangshalle des New York Yacht Club. John Marshall, einer der wichtigsten Handwerker in der Zeit von der Inbesitznahme über den Verlust bis zur Rückeroberung des Cups in den Jahren 1970–80, ist ein heftiger Kritiker der Wahl des gekrönten Adlers als Symbol seines Landes. Er sagt, der Adler sei ein feiger Aasfresser. Er schlägt die Pute vor, die wenigstens Charakter hat. Der Autor erinnert sich lieber nicht mehr an den Alkoholkonsum während dieser bilderstürmerischen Konversation.

36 Bruch der Befestigung des Baums während einer Halse.

37 Thomas Jefferson (1743–1826), der dritte Präsident der Vereinigten Staaten, war einer der Gründer der Stadt Washington. Jefferson ist und bleibt das Symbol der Beschränkung des föderalen Staates auf die Außenpolitik, mit einem Maximum an Autonomie für die Einzelstaaten. Während seiner ersten Regierungszeit wurde Louisiana gekauft. Mit seinem Namen verbindet sich der schwache Staat, der aus der Ferne unabhängige, zu jener Zeit landwirtschaftlich geprägte Regionen verwaltet.

38 Selbst wenn Geschichte sich nicht wiederholt, so ist doch bemerkenswert, dass die Australier 1983 den America's Cup gewannen, weil sie bessere Segel hatten als die Amerikaner, vor allem bei raumem Wind.

39 »Britannien beherrscht die Meere«, Satz aus der berühmten Hymne »Rule Britannia«, – Herrsche, Britannien.

Menschen und Ideen

1 Zitiert aus: Anita Leslie, Sir Francis Chichester, Hutchinson, London 1975.

2 Tennis ist eine der wenigen patentierten populären Sportarten. Erfinder war Walter C. Wingfield, ein Major der britischen Armee in Indien.

3 Gemeindearchiv von Saint-Antoine-Noble-Val, Sign. 26-6-1847. Zitiert aus: Claude Harmelle und Gabrielle Elias, Les Piqués de l'Aigle. Saint-Antonin et sa Région, 1850–1940, Recherches, Paris 1982.

4 Lehrmeinung, die den Gegenwert des Geldes in Silber und in Gold forderte, anstatt einfach nur Gold zur Referenz und Deckung zu haben.

5 Die Mutter des Autors entdeckte in einer Dose für Hustenbonbons in der Mauer ihres Bauernhofes in Tarn-et-Garonne einen Schatz von 50 Francs aus den 20er-Jahren. Die Geldscheine waren von der Banque de France herausgegeben, aber alle Münzen stammten von den Handelskammern.

6 Im Text auf englisch.

7 Herbert E. Julyen, Sixty Years of Yachts.

8 Ibidem.

9 Encyclopedia Britannica, Yachting, 1991.

10 Man findet das heute noch in zahlreichen spanischen Clubs, wo Yacht Club eher soziale Vereinigung bedeutet, als Segelgemeinschaft.

11 Heute kommt man sich als Logiergast in einem der Zimmer des New York Yacht Club vor wie in einem Museum mit all den Modellen, Gemälden und Fotos. Ein unvergessliches »Muss«.

12 Dieser Wellington, dessen Anschrift – London Nr. 1 – einige Leute zu Recht neidisch machte, war im Bett weniger tüchtig als im Kampf. Eine junge Dame, die das am eigenen Leib erfahren hatte, drohte alles aufzudecken, wenn er ihr nicht ein erkleckliches Geschenk mache. Wellington erwiderte: »Print and be damned!« »Drucken Sie es doch und gehen Sie zum Teufel«, was so mutig, wie kurz war.

13 Anthony Heckstall-Smith, Sacred Cowes, Anthony Blond, London 1965.

14 Herbert E. Julyen, a.a.O.

15 Ibidem.

16 1904, zitiert aus: W. Wallace, The Macmillan Book of Boating, Macmillan, London 1964.

17 Zitiert von: Ian Dear, *Enterprise* to *Endeavour*, the J-Class Yachts, London 1977.

18 Kaiserin Eugénie floh an Bord einer Yacht der Squadron aus Frankreich.

19 Später nahm man ihn wieder auf.

20 Sullivan, Yachting, Band 1 und 2, Badminton Library, London 1895.

21 Solche Theoretiker äußerten sich auch zwischen den Weltkriegen zum Verhältnis zu den Juden oder in Amerika am Ende des Jahrtausends zu den Männern, die sämtlich Machtmissbrauch treiben. Lesen sie zu diesem Thema die haarsträubende Sammlung frauenfeindlicher Artikel: Sex and Dating, The Official Politically Correct Guide, Henry Beard and Christopher Cerf, Harper Collins, London 1994.

22 Sullivan, a.a.O.

23 Anweisung, die Nicolas Guichet aufgefunden und dem Autor mitgeteilt hat. Wahrscheinlich ist sie nie strikt angewandt und auch nicht außer Kraft gesetzt worden.

24 L. Francis Herreshoff, An Introduction to Yachting, Sheridan House, New York 1963.

25 5000 Mann in der englischen Yacht-Segelei und 5 836 in der österreichisch-ungarischen Marine.

26 In: The Forest and Field, 1896.

27 Sullivan, a.a.O.

28 Dixon Kemp, A Manual of Yacht and Boat Sailing, The Field, London 1880.

29 Dieser Typ bestand bis in die 30er-Jahre.

30 Edward Empson Middleton, The Cruise of the Kate, 1870, neu aufgelegt von Granada, London 1984.

31 Le Petit Moniteur, 30. Mai 1883.

32 Eine Vortragsreihe brachte 10 042 Pfund ein, eine astronomische Summe, die zweimal dem Preis des Schoners *America* entspricht.

33 Die Schreibweise »Kajak« ist europäisch, weil die Eskimos keine Schrift hatten. Ein Missionar bemühte sich, diese Lücke zu füllen und schlug Ende des 19. Jahrhunderts eine phonetische Schrift vor, die ganz einfach Stenografie war. Ein Jahrhundert später verteidigen die Stenografen-Eskimos diese Schrift als Ausdruck ihrer althergebrachten Eigenständigkeit, was nicht einer gewissen Ironie entbehrt.

34 Mehr als ein Jahrhundert danach bezeichnen alte Engländer Kanus immer noch als »Rob Roy«.

35 Unter dem Einfluss dieses Buches wurde die *Rob Roy* von MacGregor zum Vorbild für andere Einhandsegler. Sie diente als Modell für das Boot, mit dem Middleton zwei Jahre später die Britischen Inseln umfuhr, und inspirierte zweifellos auch die *Pacific*, mit der Bernard Gilboy 1882–1883 als Erster allein von San Francisco nach Australien segelte.

36 Die Anwendung dieses Wortes ist eigenartig. Als Veränderung des flämischen Wortes »scheeper« für den Kapitän eines kleinen Schiffes tauchte es im 19. Jahrhundert in England auf. Dann übernahmen es die Rugby-Spieler, deren Sport der berühmten Schule desselben Namens entstammte, und bezeichneten damit den Mannschaftskapitän. Allem Anschein nach hat das Wort mit nautischem Ursprung in Analogie zu diesem Spiel wieder zum Meer zurückgefunden.

37 Das entspricht dem damaligen Monatsgehalt eines Handwerkers, heute kriegt man dafür einen kleinen Motorroller.

38 Die Zeiten ändern sich nicht. 1952 sprach man vom Nichtsnutz, der »so teuer wie ein Fahrrad ist.«

39 Eine Art Anker.

40 Le Yacht, Dezember 1900, gezeichnet mit »La Colombière«.

41 Zitiert aus: Satzung des Royal Mersey Yacht Club, 1844 (siehe auch 49).

42 Eigenartiger Weise war darunter kein einziger Schiffsrumpf.

43 Die Royal Society, deren Mitglied Isaac Newton war, wurde im 17. Jahrhundert in London gegründet.

44 Der griechische Philosoph Aristoteles (384–322 v. Chr.) war Schüler Platons. Die Schriften des Verfechters von Rationalismus und Logik sind verloren gegangen, sodass Aristoteles vielleicht weniger aristotelisch war, als seine Nachfolger.

45 Allerdings war diese Denkweise eher die Ausnahme. Aristoteles und eine Überzeugungen waren nicht für alle gestorben: 1879, ein Jahrhundert nach Chapman, erklärte Papst Leo XIII. die von aristotelischem Gedankengut durchsetzte Scholastik zur offiziellen Philosophie der katholischen Kirche.

46 Dixon Kemp, Yacht design, a Treatise on the Practical Application of the Scientific Principles upon which is based the Art of Designing Yachts, London 1876.

47 Zur gleichen Zeit hat Charles-Augustin de Coulomb (1736–1806) neben Arbeiten über die Elektrizität (nach ihm ist die elektrische Ladungseinheit Coulomb genannt) Gesetze zum Reibungswiderstand fester Körper formuliert.

48 Dieser Zusammenhang berücksichtigt Geschwindigkeit und Länge des Modells, aber auch die durch die Schwerkraft bedingte Beschleunigung, auf der das Ausmaß der Wellen beruht.

49 Es war auch geistiger und finanzieller Mittelpunkt von sehr viel größerer Bedeutung als heute. Logischerweise war es also auch ein großes Segelzentrum.

50 G. L. Watson in: Yachting, Band 1 und 2, Badminton Library, London 1895.

51 Beweis dafür ist, dass Watson auf der Höhe seines Ruhmes die revolutionäre *Britannia* entwarf. Dieser Typ war immer wieder in kleineren Ausführungen gebaut worden, und das bauliche Risiko war außerordentlich gering. Andererseits erforderte es das ganze Können eines sehr großen Schiffbauers, diese bekannten Formen in eine völlig unbekannte Größe umzusetzen. Das zeigte sich 1903, als es Herreshoff gelang, die riesige *Reliance* als Bauwerk vollständig zusammenzuhalten, was zwei Jahre zuvor Crowninshield für seine *Independence* mit ganz ähnlichen Formen nicht gelungen war. Vielleicht war die geniale *Vélox* die Ausnahme von der Regel, aber auch dort bewies J. A. Normand Mut vor allem bei Bauweise und Ausführung.

52 Sullivan, Yachting, Band 1 und 2, Badminton Library, London 1895.

53 Le Yacht – Journal de la Marine.

54 Zwei andere Schiffe hatten die übrigen vier Regatten gewonnen.

55 Im wahrsten Sinne des Wortes: »nicht vom Übel besudelt« (E. Robert).

56 Vanderdecken, der eigentlich William Cooper hieß, war einer der ersten großen Autoren des Segelsports. Sein 1873 in London erschienenes Buch »Yachts and Yachting« war lange Zeit maßgeblich. Es nahm das im Text erwähnte Diagramm wieder auf.

57 Dixon Kemp wandte seine eigenen Theorien an und entwarf zahlreiche ziemlich wert- und erfolglose Schiffe, darunter die *Firecrest* von Alain Gerbault, die sicher das für eine Einhand-Weltumseglung am schlechtesten geeignete Schiff war, das man je gesehen hat. Daraus folgt, dass im Schiffbau theoretisches Wissen allein nicht ausreichend ist.

58 Zu allen Zeiten haben Fahrtensegler unter dem Einfluss von Regattabooten gestanden, die wiederum sehr von der Vermessung beeinflusst waren. So hatten beispielsweise in den 70er-Jahren die Fahrtensegler keinen Ballast im Bugwulst, weil die Vermessung jener Zeit diese Möglichkeit des Gewinns von Stabilität außerordentlich beschränkte.

59 W. P. Stephens, zitiert bei: Daniel Strohmeier, Yacht Rating, Marine Technology, SNAME, April 1974.

60 Sullivan, a. a. O.

61 Jacob Bronowski, Physiker, Philosoph und Essayist, in: The Origins of Knowledge and Imagination, Siliman Lectures, 1977, Yale Universitiy Press, New Haven und London 1878.

62 Die von Abraham Darby III. entworfene Brücke steht auch noch am Ende des 20. Jahrhunderts.

63 Das eiserne Gerippe der von Perrault erbauten große Colonnade des Louvre war die erste Anwendung des Metalls in größerem Maßstab.

64 Zusammen mit einem Amerikaner, dem Colonel Stevens, hatte sein Vater, Marc Brunel, als erster ein Dampfschiff mit Schraube auf dem Passaic River in New Jersey fahren lassen.

65 Auch wenn Zapfen, Nägel und Nieten in dieser Reihenfolge aufgetaucht sind, so haben sie doch lange gleichzeitig nebeneinander existiert. Der Autor erinnert sich noch an holzverzapfte Fischerboote.

66 Diese nach dem Aufbau erzeugte Spannung gab es schon im Holzschiffbau. Dort drang bei Holzzapfen Feuchtigkeit ins Holz, wodurch der Zapfen aufquoll und das Holz unter Spannung setzte. Bei Metallzapfen (Nägeln, Nieten) quoll die feuchte Außenhaut auf und wurde durch den unbeweglichen Nagel oder den Niet angepresst.

67 Le Yacht – Journal de la Marine.

68 Für ungeduldige Leser sei gesagt, dass die beiden anderen Revolutionen die gleitenden Rümpfe der Motorboote kurz vor dem Ersten Weltkrieg, sowie das Erreichen einer praktisch unbegrenzten Stabilität am Ende des 20. Jahrhunderts waren.

69 Sullivan, Yachting, Band 1 und 2, Badminton Library, London 1895.

70 Man sagt oft, die USA seien lange ein landwirtschaftlich geprägtes Land gewesen. In Wirklichkeit waren sie Vorreiter der Mechanisierung aus dem einfachen Grund, dass qualifizierte Handarbeit dort rar, also teuer war, viel teurer als in Europa.

71 Von Osten nach Westen von England aus: Irland, Kanada, die Bermudas und Teile der Antillen, die Falklandinseln, Britisch-Honduras, Neuseeland, Australien, Hongkong, Singapur, Birma, Indien mit Bengalen, Kenia, Südafrika, Rhodesien und viele andere Länder Afrikas, Gibraltar – es war schwindelerregend.

72 Auch andere Länder Europas schliefen nicht, brauchten aber sehr viel länger, um aus ihren Kolonien enorme Gewinne zu ziehen. Als der belgische König Leopold II. den Abgeordneten des Parlaments die riesigen, unberührten Länder anbot, die Henry Stanley für ihn im Kongo erobert hatte, lehnten sie dieses Gebiet, das 77-mal so groß war wie ihr eigenes, ab mit der Begründung, das käme zu teuer.

73 Die *Sylvia* war fast zur gleichen Zeit wie die *America* und neben ihr wahrscheinlich für einen Reeder aus Le Havre gebaut worden. Im Gegensatz zur *America* war die *Sylvia* ein Schwertboot.

74 497 der 617 1875 registrierten Yachten, d.h. 80,5 Prozent.

75 Le Yacht – Journal de la Marine, 3/3/1883, nach: The Field.

76 Ironie des Schicksals: William Gardner, dem Besitzer der *Mohawk*, wurde sein Laster zum Verhängnis. Ein von W. P. Stephens, ein leidenschaftlicher Segler, verbreitetes Gerücht besagt, dieser habe sich den großen Schoner vom Wettgewinn der Wettfahrt zwischen *Comet* und *Magic* gekauft.

77 C. P. Kunhardt, der lange Zeit das bedeutende Ressort »Yachting« von »Forest and Steam« leitete, ist begeisterter Anhänger der Kutter.

78 Die *Gracie* war von 1868, während die *Bedouin* zwar in England gebaut worden war, aber ein alter Riss zugrunde lag. Das technische Niveau der beiden Boote war zu niedrig, als dass ihre Wettfahrt wirklich repräsentativ sein konnte, was kritische Stimmen auch aussprachen.

79 The Spirit of the Times, New York.

80 In ihrer großen Zeit arbeiteten mehr als 1100 Männer auf dieser Werft in Bristol. Der Autor kennt keine andere Werft für Yachten, die je so viele Arbeitnehmer am selben Ort beschäftigt hätte.

81 Man hatte ihn um ein Angebot für ein Schiff gebeten, das 1885 den Cup verteidigen konnte, aber es war zu teuer.

82 Zunächst war sie auf den Namen *Zemajteij* getauft worden.

83 Der Beruf des Nagelschmieds verschwand mit dem 19. Jahrhundert.

84 1773 war die Formel für die Berechnung des Volumens $\frac{L \times B \times C}{96}$, wobei L die Länge ist, B die Breite und C die Seitenhöhe in Fuß gemessen.

85 $L - \frac{3/5\,B \times B \times 1/2B}{94}$. Diese Builder's Old Measurement genannte Formel wurde 1764 aufgestellt. 1855 verwendete der Royal Thames Yacht Club in England das erste Mal eine nur für Yachten aufgestellte Formel, T.M.–Thames Measurement genannt – $= \frac{L - B \times B \times 1/2\,B}{94}$.

86 1844 übernahm auch der New York Yacht Club bei seiner Gründung die Formel wie unter 85 mit der Variante durch 96 zu teilen, wobei C wirklich am Schwertgang entlang bis unter die Bodenbretter gemessen wurde.

87 $\frac{LWL \times SA}{4000}$, wobei LWL für die Wasserlinie stand und SA für die Segelfläche. Diese Formel, die die Segelfläche übermäßig bestrafte, wurde nach einigen Monaten zugunsten der linearen Formel Racing Length = $\frac{L \times \sqrt{SA}}{2}$ aufgegeben.

88 $\frac{2 \times L + \sqrt{SA}}{3}$. Der Eastern Yacht Club folgte darin dem NYYC.

89 Im Englischen heißt Steuerbord »starbaord«, das ist eine Deformation des mittelalterlichen Wortes »steorboard« als Bezeichnung für das Steuerruder aus der Zeit, bevor das chinesische Ruder nach Europa kam. Dieses Ruder war rechts am Heckschiff angebracht, an Steuerbord, als logische Bevorzugung der Rechtshänder, aber dadurch hatte der Rudergänger schlechte Sicht nach links, und es war normal, dass der Rudergänger mit der besseren Sicht, nämlich der nach rechts schauende, dem anderen Vorfahrt gewährte. Das ist lange her, aber obwohl die Notwendigkeit, die dazu geführt hatte, nicht mehr besteht, wahrt man die Übereinkunft.

90 Dagegen tragen Russen und Deutsche den Ehering rechts.

91 Blöder Ausdruck! Hat man je von einem hässlichen Vermögen sprechen hören?

92 Kaum vorstellbar, dass am Ende des 2. Jahrtausends eine Sammlung unter Freizeitseglern 800 000 DM für einen verdienstvollen Konstrukteur bringen könnte!

93 Die gute Fee trat auf in der Person des Generals Charles J. Paine, einem Freund der Familie Burgess, der dem jungen Erben vertraute und die *Puritan* bei ihm bestellte. Leider enden nicht alle Märchen gut: Edward Burgess starb 1891 an Typhus.

94 Meist dreieckiges Schönwettersegel über dem Gaffelsegel.

95 Formschwerpunkt oder Verdrängungsschwerpunkt. An diesem Punkt wirkt von unten nach oben der Auftrieb. Wenn sich das Schiff zur Seite neigt, wandert der Schwerpunkt zur Seite und der Auftrieb droht, das Schiff kentern zu lassen.

96 Er machte den Schiffbau bald zu seinem Beruf, ließ sich in den USA nieder und spezialisierte sich auf große Dampfschiffe.

97 Pall Mall Gazette.

98 New York Evening Post.

99 Die Segelfläche der *Mayflower* übertraf die der *Galatea* um 90 m^2 .

100 *Thistle* – Distel, das schottische Emblem.

101 Die beiden Gründe für den Verlust der Trophäe durch die Amerikaner waren, dass seit 1958 dem Herausforderer nicht mehr vorgeschrieben war, übers Meer zu kommen (und damit für schlechtes Wetter gebaut zu sein, was der Verteidiger in seinen eigenen Gewässern nicht nötig hatte), und dass ab 1977 mehrere Herausforderer zugelassen wurden, die sich bei den Ausscheidungsrennen gegenüberstanden und belauerten, was faktisch darauf hinaus lief, dass sich der Besitzer der Trophäe dem Rest der Welt stellen musste, und nicht nur einem Land. Mehr über Umstände und Einfluss des Reglements (Stiftungsurkunde) finden Sie im Anhang 1 von: Les Chasseurs de Futurs, Yachts et Yachtmen, 1870–1914, vom selben Autor, EMOM, Rennes 1991.

102 Offiziell blieb das unmögliche Regelwerk von 1887 gültig, wurde aber nur einmal bei dem eigenartigen Rennen 1988 in dieser Form angewandt. Ab 1992 verfasste eine Gruppe von Vertretern aller Vereine, die jemals die Trophäe gewonnen hatten, ein Protokoll, eine Art Parallel-Regelwerk.

103 Zitiert von: G. L. Watson in: Sullivan. Yachting, Band 1 und 2, Badminton Library, London 1895.

104 Die *Tilikum*, das Kanu, mit dem Kapitän Johannes C. Voss von 1901 bis 1904 zum Teil allein die Welt umsegelte, war ursprünglich eine 100 Jahre alten Indianereinbaum.

105 Die gegen Mitte 1850 in Frankreich aufgetauchte *Océan* folgte direkt auf die *Margot*. Es war ein kurzes, weniger als 6 m langes, sehr breites Catboot mit einem am Heckspiegel aufgehängten Ruder. Die Clipper waren größer, mit einem gänzlich unter Wasser liegenden Ruder, das unter einem Überhang am Heck angebracht war.

106 Schamhafte Leser brauchen nicht zu erröten: der Arsch (le cul) des Schiffes ist ein völlig korrekter Ausdruck. Wenn ein Schiff rückwärts fährt, sagen sogar Prinzen und Könige, vorausgesetzt sie wissen, wovon sie reden: il cule (es fährt zurück). Das einfache Volk, das weniger Bescheid weiß, sagt: il recule, ohne sich der Etymologie des Ausdrucks bewusst zu sein.

107 Die 70 kg eines 7-Zylinder »Gnôme« Sternmotors mit 1300 Umdrehungen pro Minute stellten einen unglaublichen Kreisel dar, sodass das Flugzeug wie ein Kinder-Kreisel in eine Richtung drehte und nur schwer in die andere zu bringen war.

108 Ende der 20er-Jahre auf einigen schwach besegelten Modellen wie dem schwedischen 30 m^2-Scharenkreuzer und allgemein seit den 60er-Jahren.

109 1863 hatte man Monsieur de Broca zum Studium der Austernzucht nach Amerika geschickt. Er war mit zwei Scharpies zurückgekommen. Dasselbe machte Lucien Môre einige Jahre später. In Frankreich hatten die Scharpies einen umwerfenden Erfolg. Ende der 1870er-Jahre sah man in Paris, Arcachon und Nantes Scharpies in allen Größen, preiswerte und leicht zu handhabende Boote, die den Segelsport auch für wenig betuchte Amateure möglich machten.

110 Im Gegenteil, die langgezogene Segelfläche des 20. Jahrhunderts war so schmal, dass trotz aller Anstrengungen der Segelschwerpunkt mehr oder weniger an der gleichen Stelle blieb und diese Art von Manövern nicht mehr erlaubte, was dann zum Einsatz überdimensionaler Ruder führte.

111 Diese Art des Ausgleichs hielt sich lange auf den Booten in der Chesapeake-Bucht an der Mündung des Potomac, an dem Washington liegt.

112 Im gleichen Jahr 1851 schlug während der Regattasaison ein 5,5 m Boot aus New York, die *Truand*, fast alle kleinen englischen Yachten von 7 bis 10 Tonnen. So bewiesen die neuen amerikanischen Linien bei den kleinen wie den großen Yachten ihre unbestreitbare Überlegenheit über die in Europa üblichen Boote. (Lucien Môre, in: Lucien Môre et al., Le Canotage en France, Taride, Paris 1858). Die Aussage betreffs der *Truand* konnte nicht nachgeprüft werden.

113 »Rig«, englisch Takelung. Diese Takelung wird gewöhnlich »Catboat« genannt und ist die amerikanische Originalbezeichnung.

114 Und aller Wahrscheinlichkeit nach auch in Australien. Die australischen Segelskiffs, aus denen die außergewöhnlichen 18-Fuß-Jollen entstanden sind, wurden wohl von New Yorker Slups beeinflusst.

115 Lucien Môre, op.cit.

116 Ibidem.

117 Lucien Môre, 1816–1898. Mit 20 Jahren war er eifriger Ruderer, gewann mehrere Regatten und schlug vor allem 1844 die Mannschaft des Prinzen von Joinville. 1853 gründete er die Société des Regates Parisiennes, den späteren Cercle de la Voile de Paris. Wegen der Erfolge mit der *New York* nannte man ihn den »Vater der Regatta in Frankreich«. Er gehörte 1867 zu den ersten Mitgliedern des Yacht Club de France, dessen Sekretär er lange war. 1877–1878 war er Präsident des Cercle de la Voile de Paris und Mitarbeiter bei der Wochenzeitung »Le Yacht–Journal de la Marine« seit deren Gründung 1878. Er hatte wohl geschäftlich in Amerika zu tun, daher beobachtete er aufmerksam das amerikanische Segeln.

118 Le Yacht – Journal de la Marine, 5. November 1898.

119 Es handelt sich um die *Condor* aus dem Besitz von Gustave Caillebotte.

120 Roger Pierard, Le Royal Club Nautique Sambre et Meuse, Cent Ans de Vie Sportive Namuroise, Selbstverlag, Namur 1962. Dieses Boot, das dem Vetter des Malers, Kupferstechers und Ruderers Félicien Rops gehörte, hatten Vater und Sohn Cummins, Briten mit Wohnsitz in Lüttich, entworfen. Gebaut wurde es vom Tischler Legrand aus Lüttich.

121 Es ist nicht ganz sicher, ob das französische Sportsegeln jener Zeit wegen des deutsch-französischen Krieges 1870 aufhörte. Vielleicht käme eine Untersuchung über die wirtschaftlichen Verhältnisse um 1860 zu anderen Ergebnissen. Bewiesen ist, dass der Cercle de la Voile de Paris 1870 nur noch 7 Mitglieder hatte, während es 1877 wieder 119 waren.

122 Eigenartiger Weise geht diese Entwicklung schon auf die Zeit vor der Gründung des Société Nautique de Marseille im Jahre 1887 zurück.

123 Das ist sehr wichtig, denn der Boden bremst die Windgeschwindigkeit, sodass sie direkt über dem Wasser geringer ist, als einige Meter darüber.

124 Schematisch kann man es folgendermaßen erklären: auf der Saugseite (der gewölbten Seite eines Segels, Flügels, Ruders, Kiels oder einer Schraube) wird die Luft schneller und formt ihre Energie in Geschwindigkeit um, wobei sich der Druck abbaut, der Druck wird also geringer. Auf der Druckseite (der ausgebeulten Seite) wird die Luft langsamer und formt ihre Geschwindigkeit um in Druck: der Druck steigt. Man erhält also einen Unterdruck (eine Saugwirkung) auf einer Seite und Druck auf der anderen; beide zusammen bilden den Auftrieb. Aber was geschieht am Ende, wo kein Flügel, Segel oder Kiel die beiden Strömungen voneinander trennt? Der Unterdruck saugt den Druck an, und dieser Druckabfall am äußeren Ende hat zwei negativen Folgen: einerseits wird die Strömung zum äußeren Ende gezogen und stört deren Verlauf; andererseits entsteht ein Wirbel, der die Leistung herabsetzt. Wenn man Flügel oder Segel verlängert, hält man den Druckabfall von der Oberfläche weitgehend fern und vermindert proportional das Ausmaß der Störung. Deshalb haben Rennyachten eine so hohe Besegelung und Segelflugzeuge so lange Flügel.

125 Sie ahnten auch nicht, dass sie ein noch besseres, aber damals genau so unerreichbares Holz besaßen: Die Fichte. Es gibt ein Holz, das für Masten noch besser geeignet ist als Fichte, das ist das Holz, aus dem die Japaner ihre eigenartigen Holzschuhe, die »kotos« machen. Leider sind dessen Stämme zu kurz. Brüder, der brasilianische Finn-Champion, machte Ende der 60er-Jahre Masten für Finns aus diesem seltenen Material.

126 Der Ursprung dieser Bezeichnung ist unbekannt, aber so ist es bei vielen technischen Details, die an irgend etwas erinnern. So wird der Lümmelbeschlag für den Baum »Maultierglied« genannt (wieviele Freizeitsegler haben wohl diese Körperpartie untersucht, um die Richtigkeit nachzuprüfen?), während die Engländer »gooseneck« Gänsehals dazu sagen.

127 Dieses Mal ging es weniger um Geschwindigkeit, als um die einfache Anwendung, denn die Bermuda-Takelung à l'Américaine hatte keine Wanten, war leicht beweglich. Manche rollten das Segel einfach um den Mast, anstatt es einzuholen.

128 Das Ende der Werften auf den Bermudas hatte noch eine weitere, politische Ursache: Nach dem amerikanisch-englischen Krieg von 1812, in dem die Engländer Washington niedergebrannt hatten, wurde der amerikanische Markt für die in britischem Besitz befindlichen Bermudas geschlossen.

129 Bei Booten, die größer waren als Jollen, setzte sich die wirklich leichte Bermuda-Takelung (oder Marconi, wegen der Ähnlichkeit mit den hohen Antennenmasten) erst durch, als Masten aus Leichtmetall (später aus Verbundstoff) allgemein üblich wurden. Wirklich gute Bermuda-Masten konnte man nur mithilfe von Leimen aus mehreren Teilen zusammenbauen, was zwar keine Sicherheit, aber doch eine gewisse Homogenität garantierte.

Eine grundlegende Revolution

1 Le Yacht – Journal de la Marine, 9. 3. 1895.

2 F.-C. de Syrène (Arsène Houssaye) in einem Bericht über die 4. Impressionisten-Ausstellung in L'Artiste, Mai 1879. Das Wort »Impressionist« wurde hinzugefügt. Zitiert von D. Charles in Le Mystère Caillebotte, Architecte Naval, Peintre Impresionniste, Jardinier, Philateliste et Régatier, Glénat, Grenoble 1994.

3 Sullivan, Yachting, Band 1 und 2, Badminton Library, 1895.

4 Le Yacht – Journal de la Marine, 20.6.1891.

5 Im Dezember 1887 hatte Caillebotte den Riss des Eintonners *Arriett* (internationale Vermessung Caillebotte-YCF) gezeichnet, der noch 30 Jahre später modern gewesen wäre. Caillebotte war zu sehr damit beschäftigt, alle Möglichkeiten der *Thomas* auszuschöpfen, und hat darum diesen Plan nie verwirklicht, der den Fortschritt im Schiffbau wohl um einige Jahre beschleunigt hätte.

6 Das geschah zum Nachteil Caillebottes, eines Verfechters der damals in den USA und seit 1886 auch in Großbritannien üblichen Vermessung.

7 Herreshoff ist ein bemerkenswerter Name, den man sich umso leichter merken kann, als es wohl nur eine Familie dieses Namens in den USA gibt.

8 Er baute das erste Torpedoboot der US-Marine.

9 Dazu kam bald ein neue Konstruktionsmethode, die zur Vermeidung von Algenbewuchs und Verschmutzung Bronze für den Boden verwandte; der Horizontalschnitt der Segel, der bis zum Aufkommen nicht gewebter Stoffe in den 80er-Jahren angewandt wurde; und die Scow, ein breites, flaches Schwertboot, das schon im 19. Jahrhundert in der Lage war, zu gleiten; der Bau der Rümpfe »kieloben« …

10 Das wurde durch neue Farben ermöglicht. Weiß war schon bei Dampfyachten sehr beliebt, denn ein weißer Rumpf wirkt luxuriöser, also anziehender. Diese Theorie hatte eine Fortsetzung, indem Mitte der 70er-Jahre einige bekannte Schiffe dunkelgraue Decks hatten. Man glaubte, dadurch werde die Luft aufgeheizt, die aufsteigend bei gutem Wetter die Spinnaker füllte, und so sah man einige Jahre lang dunkle Aufbauten.

11 New York Herald.

12 Le Yacht – Journal de la Marine, 19.12.1891.

13 »Der Hexenmeister aus Bristol« zeichnete nie Schiffsrisse, sondern übernahm die Dimensionen immer von Modellen, die er auf die alte Weise schnitzte.

14 Außer wenn man das Gewicht des Metalls einkalkuliert, aus dem das »feste Schwert« bestand.

15 Nähere Informationen über diese Erfinder: über Garrard: W.-P. Stephens, Memories of American Yachting, Motor Boating, New York 1942; über Plateau: D. Charles, Les Chasseurs de Futurs, Emom, Rennes 1991; über Caillebotte: D. Charles, Le Mystère Caillebotte, Glénat, Grenoble 1994.

16 Als er seine Maschine auf dem Kai in Bristol (USA) ausprobierte, fing sie Feuer, und ihm blieb nichts übrig, als in die Naragansset Bucht zu springen. Der unvorhergesehene Versuch mit einem schwimmenden Motorrad oder U-Boot mit Verbrennungsmotor war ein feuchter Misserfolg.

17 1981 traf der Autor dessen damals 101-jährige Witwe. Sie erzählte, ihr 1916 verstorbener, blinder Mann habe sich jeden Nachmittag im Auto auf derselben Route spazierenfahren lassen, sodass er die Landschaft beschreiben konnte. John Brown Herreshoff war verantwortlich für den finanziellen Erfolg der Werft in Bristol.

18 0,5 (Lfl + V).

19 Le Yacht – Journal de la Marine, 2.9.1895.

20 Heckstall-Smith: The Britannia and her Contemporaries, Methuen & Co., London 1929.

21 Brief von Louis Mouillard an Octave Chanute am 21.7.1891, veröffentlicht von Pierre Lissarague in: Pégase Nr. 47, September 1987, Association des Amis du Musée de l'Air.

22 Victor Guilloux, »De l'Emploi de l'Aluminium dans la Construction des Yachts«, in: Le Yacht – Journal de la Marine, 20. und 27.2.1892.

23 Er hatte 1893 mit seiner von Caillebotte entworfenen und gesteuerten 10 t *Dahut* eine glänzende Saison hinter sich.

24 Es war fast Aluminum-Bronze!

25 Der sarkastische Leser wird gebeten, nicht zu lachen. Linoleum, eine Mischung aus Kork und Leinöl, ähnelte dem Trackmark und anderen Gleitschutzmitteln, die Ende des 20. Jahrhunderts viel verwandt wurden.

26 Steht für: His Royal Highness.

27 Herbert E. Julyen, Sixty Years of Yachts.

28 Für Schottland die Distel, für England die Rose und für Irland das Kleeblatt.

29 G. L. Watson in: Sullivan, a.a.O.

30 Zwar wurden sie von ihresgleichen in ihr Amt gewählt, aber das war eine Demokratie, die der des Politbüros in der Blütezeit des Kommunismus ähnelte.

31 Später kaufte der Prinz von Wales sie zurück.

32 Die Formel war (0,5) (Lfl + B + 0,75P + 4d + 0,5°V) = R, wobei Lf die Länge der Wasserlinie bedeutet, B die größte Breite, P den Umfang der halben Breite, die Differenz zwischen dem Umfang der halben Breite unter Berücksichtigung der Vertiefungen und dasselbe, wenn man eine gerade Linie über die Vertiefungen zieht, V das Segelwerk und R das Handicap.

33 0,00333333 x {L x P x (2L + P)}.

34 0,5 x {(0,25P) 2 x (Lfl - 0,5 B)}

35 Drei Jahre nacheinander errang er von allen Franzosen die meisten Siege.

36 Der Yacht Club de France, dem als Förderverein vom Staat Geld angewiesen wurde, das an andere Clubs verteilt werden sollte, entwickelte sich immer weiter weg vom nautischen Zirkel zu einer Vereinigung von Spielern. Von 55 stimmberechtigten Mitgliedern waren nur noch fünf Segler. Mit Caillebotte an der Spitze bildete sich eine Bewegung, die sich für einen Förderverein ausschließlich für Vergnügungssegeln einsetzte. Die im Jahre 1891 gegründete Union des Yachts Français war es sich schuldig, eine eigene Vermessungsformel zu haben. Schnell trat die UYF die Stelle des YCF und erhielt den seit 1904 vakanten Namen Yacht Club de France.

37 0,0076923 {(Lfl - 0,25P) x P x °V}.

38 Unter britischem Druck zogen sich die beiden Letzteren schnell wieder zurück.

39 In leicht veränderter Form wurde die Vermessung nach Godinet in der Schweiz bis 1920 angewandt.

40 D. D. Strohmeier in: siehe Anm. 47.

41 Und das trotz einiger spektakulärer Börsen-Kräche und der immer wieder auftretenden Schwäche der föderalen Finanzen. Die wieder erlangte Stabilität des Dollar, eine verstärkte Einwanderung, die billigere Arbeitskräfte brachte und die Ausbreitung nach Westen trugen dazu bei, den Reichtum zu vermehren.

42 Diebische Barone nannte man Finanzleute, die im Börsenwesen mit Tricks arbeiteten.

43 Das Ergebnis konnte sich sehen lassen: Als Folge dieser Kampagne Lawsons wurde das Antitrust-Gesetz verabschiedet, das zu einer dauernden Verbesserung der amerikanischen Finanzgewohnheiten führte, Frenzied Finance. The Crime of the Amalgamated (Ridgway-Thayer Co., New York 1905) ist eine eindrucksvolle Beschreibung der Korruption, selbst wenn sie alles andere als objektiv geschrieben ist.

44 David Fergusson, *Cleopatra's Barge*, Little Brown Co., Boston 1976. Crowninshield war nicht der einzige Don Juan. Sein Zeitgenosse W. Starling Burgess, einer der beiden Söhne von Edward Burgess, hielt seine männlichen Gelüste auch nicht zurück.

45 Sein erstes Boot, die *Shadow*, hatte er 1870 entworfen.

46 Die letzte geschah 86 Jahre nach dem Abwracken des Bootes. Lawson hatte auf eigene Kosten in eigener Sache eine Verteidigungsschrift veröffentlicht, in der er die ganze Geschichte erzählte: The Lawson's History of the America's Cup. Es war ein eindrucksvolles, bei Sammlern sehr beliebtes Buch mit vergoldetem Ledereinband und prachtvollen Abbildungen. Als die Amerikaner der San Diego Yacht Club 1987 im Cup durch die Neuseeländer heftig herausgefordert wurden, gründete ihr Anwalt, der von diesem würdigen Werk beeindruckt war, seine Verteidigung auf das, was er darin gelesen hatte. Leider war der Text nicht objektiv, Lawson machte genüsslich seine New Yorker Freunde runter, und die Kiwis, die einen der zahlreichen Irrtümer beweisen konnten, gewannen den Prozess. Thomas Lawson hatte wieder einmal zugeschlagen! Die gebührend gestraften Amerikaner beschlossen, sich an jemanden zu wenden, der etwas davon verstand, nämlich an den Autor. Die Ergebnisse dieser besonders von der feindlichen Partei stark diskutierten Wahl wurden veröffentlicht in: Les Chasseurs de Futurs, op.cit.

47 Es war eine 32-Zylinder Bugatti in H, obgleich die auskuppelbaren Kurbelwellen eher einen 4 x Boxermotor 8 daraus machten, weil jede Gruppe von 8 Zylindern bei einer Panne ausgekuppelt werden konnte. Dieses Monstrum von 2 Tonnen ist nie geflogen.

48 Ende der 20er-Jahre erreichten die Wasserflugzeuge der Schneider Trophy diese Leistung, aber im Gegensatz zu den Flugzeugen hatten sie kein Problem beim Starten, weil ihnen die unbegrenzte Wasserfläche zur Verfügung stand.

49 »Seine Kennzeichen waren: Länge 12,1 m, Länge in der Wasserlinie 8,75 m, Breite in der Wasserlinie 2,68 m, Tiefgang 1,8 m, Wasserverdrängung 8500 kg, benetzte Oberfläche 29,2529 m^2, Segelfläche 114,214 m^2. Der Bau war gediegen: Die wichtigsten Teile, wie Schwert, Steven und Achtersteven waren aus Eiche, Spanten abwechselnd aus gesägter Eiche und gebogenem Mahagoni, Querbalken aus Esche, eingefasst mit 0,25 m starkem Teakholz, Bordleisten in einem Stück aus Tanne, Beschläge aus Teakholz mit Kupferdübeln und -nieten, äußerer Ballast aus Blei (5000kg). Die Segel stammten von Allain in Bordeaux; alle Trossen waren Sonderanfertigungen aus den Spinnereien Bessoneau in Angers.«

50 Canal Latéral de la Garonne, dann ab Toulouse Canal du Midi.

51 Mit Bremswirkung.

52 Ein weiteres Pferd.

53 Im Original »staries, surestaries«. Es handelt sich dabei um ein französisches Wortspiel, nicht übersetzbar.

54 Wie 53.

55 Small Yacht Construction and Rigging, veröffentlicht etwa 1901.

56 Der Supermarine Sea Lion II wurde von der Fédération Aéronautique Internationale der allererste offizielle Rekord für Wasserflugzeuge zugesprochen: Dauer (1 Stunde 34 Min., 51,6 Sek.), Entfernung (370 km), Geschwindigkeit auf 100 km (209 km/h) und auf 200 km (208,334 km/h). Ein historisches Ereignis.

57 Alte Schreibweise von Sète.

58 Für ein so großes Unternehmen war die Besegelung eher klein. Der Baum war an Deck gesichert, anstelle eines Großsegels hatte sie ein kleines, dreieckiges Segel ohne Baum.

59 Alphonse Cyprien Fabre, Aureto e Aurasso, Les Beaux Jours de la Navigation de Plaisance à Marseille, 1846–1914, Aix-en-Provence 1932.

60 1919 wurde sie international anerkannt. Die 6,50 m-»Chemin de fer«-Klasse war Ende des 19. Jahrhunderts auf dem Genfer See noch sehr aktiv.

61 Le Yacht – Journal de la Marine, 29.9.1894.

62 Brief zitiert von: E. Stuart Stevenson in: Once-a-Week Magazine, 26.8.1893.

63 1000° MC {(Lfl-0,25 P) x P x °V}, wobei MC für den Hauptspant steht, der die Wasserverdrängung einer vorgegebenen Wasserlinie repräsentiert. (Die Wasserverdrängung von Einrumpf Booten variiert aus hydrodynamischen Ursachen zwischen 0,5 und 0,6 Lfl MC.) Diese Méran-Vermessung nahm die Grundsätze der Godinet-Vermessung von 1892 wieder auf, {(Lfl-0,25 P) x P x °V}, erleichterte aber die Bewertung der Wasserverdrängung unter Berücksichtigung des Umfangs P durch einen Teiler, der auf eine andere Art (den Hauptspant) das Gewicht des Bootes maß. Das war absurd, aber sehr wirksam bei der Verdrängung der leichten Boote.

64 Zitiert von: Daniel D. Strohmeier, op. cit.

65 0,2 °3 Pds (Lx °V), wobei Pds für das Gewicht steht. Zum ersten Mal wurde bei einer Vermessung das Boot gewogen.

66 Eine für die ganzen USA zuständige Seglervereinigung entstand erst in den 70er-Jahren.

67 Rechnen Sie nach: für eine Nominierung braucht man nicht mehr als 50 % der Mitglieder. Die Mehrheit von 50 % macht 25 %. Es müssen nur drei Kandidaten anwesend sein, und schon reichen 15 % für eine allerdings wenig repräsentative Mehrheit aus. Alle Clubs, Vereinigungen und Vereine funktionieren auf diese Weise.

68 0,5 (Lfl + B + 0,5P + 3d + 0,3333°V), wobei d für den unterschiedlichen Spantumfang steht. Es war die veränderte britische Vermessung von 1896, bereichert durch eine strenge Beschränkung bei Wasserverdrängung und Besegelung.

69 Auf sehr subtile Art und Weise, denn sie war umgekehrt proportional zur Wasserverdrängung. Man konnte ein Leichtdeplacement mit großer Segelfläche entwerfen, aber da der Tiefgang beschränkt war, hätte ein solches Boot niemals die notwendige Stabilität erreicht und nur bei sehr schönem Wetter in flachem Wasser Gewinnchancen gehabt, eine wenig reizvolle Aussicht.

70 Le Yacht – Journal de la Marine, 16.6.1906

71 Yachting and Boating Monthly, Mai 1909.

72 Das französische Wort baragouiner-radebrechen kommt vom bretonischen bara-Brot und gwin-Wein. Hintergrund ist, dass es den bretonischen Seeleuten im 16. Jahrhundert nicht gelang, sich verständlich zu machen, wenn sie im Hafen Nahrungsmittel kaufen wollten, pain et vin – baragouin.

73 Le Yacht – Journal de la Marine, 25.5.1906.

74 Ibidem.

75 1909 betrug er 5100 Mark.

76 Brief des Club Nautique von Nizza an den Cercle de la Voile de Paris, November 1906.

77 Am 14. Februar 1908.

78 In der Schweiz Hocco genannt mit vergrößerter Takelage.

79 Englisch: One-Design, ein Entwurf.

80 Nach Sir Peter Johnson gab es schon einige Jahre zuvor eine Einheitsklasse-Regatta in Großbritannien. Diese Serie verschwand, während die North Heaven Dinghies noch heute wettsegeln.

81 New York Herald, 19.4.1893.

82 Das war bis Ende der 70er-Jahre üblich.

83 Reverend Charles Dodgson, alias Lewis Carroll. Alice's Adventures in Wonderland, 1895.

84 In: Le signe des Quatre. Diese 1890 veröffentlichte Geschichte von Sherlock Holmes ist die erste fiktive Verfolgung mit Maschinen getriebenen Schiffen.

85 Im Original: Le Yachting de Grand Style.

86 Sir Edward Sullivan.

87 Dieser Zwang hatte Maschinen auf Schiffe gebracht, lange bevor Lokomotiven aufkamen.

88 Die Verfechter des Elektroantriebs fordern ohne sich zu schämen eine Ausbeute von 90 %. Das ist natürlich lächerlich. Richtig ist, dass ein Elektromotor 90 % der elektrischen Energie in Antriebskraft umformt. Aber zur Herstellung von Elektrizität verwendet man in den meisten Fällen Dampfkessel, die mit Kohle, Erdöl oder Atomkraft betrieben werden und deren Ausbeute schlecht ist. Man hat auch ganze Landschaften zerstört, um Staudämme zu bauen. Unter Berücksichtigung der Umweltverschmutzung, ist der Elektromotor nicht der ökologischste, sondern, wenn man die ganze Kette der Stromproduktion einbezieht, der am wenigsten wirksame, den man sich denken kann.

89 Diese Zahlen gelten für ein Torpedoboot von etwa 29 m.

90 Sodass das Produkt (Dampfdruck x Kolbenoberfläche) in beiden Zylindern gleich groß wurde, was beiden Kolben dieselbe Geschwindigkeit geben und erlauben würde, sie auf dieselbe Kurbelwelle zu montieren.

91 G. Clerc-Rampal und F. Forest, Le Yachting, Lafitte et Cie Éd., Paris 1910. Fernand Forest, der Vorreiter der Motorschifffahrt starb »passenderweise« in Monaco während des Meetings 1910.

92 Kennzeichen dieser für die großen Seen in Amerika bestimmten Schiffe, war ihre geringe Leistungsfähigkeit und das geschlossene Gehäuse, obwohl bei den meisten Maschinen die Kurbelwelle sichtbar war. Zweifellos sollte dadurch verhindert werden, dass die Damen ihre Röcke beschmutzten. Böse Zungen behaupteten, die Schiffe der Thomas Kane Co. seien auf dem Wasser so wenig tauglich, wie das andere Produkt der Gesellschaft, die Kirchenbänke. Die Menschen sind schlecht.

93 Nach der ersten Reise fehlte dem Passagierschiff *Normandie* bei der Ankunft in Le Havre ein Schraubenflügel. Die enorme Bronzeschaufel war durch dieses Phänomen zerstört worden.

94 1907 überquerte die *Mauretania*, 240,80 m und 31 398 Tonnen, den Atlantik in vier Tagen, 10 Stunden und 51 Minuten mit einer durchschnittlichen Stunden-Geschwindigkeit von 20,06 Knoten.

95 Darum wurden die Flugzeugmotoren der Jahre 1909–1917, die Gnômes, Rhônes, Clerget und Oberüssel mit Rizinusöl geschmiert. Die Piloten absorbierten die Rizinusdämpfe, und da es ein wirksames Abführmittel ist, mussten einige Flugzeuge in höchster Not landen, damit die Insassen einem dringenden natürlichen Bedürfnis nachgehen konnten.

96 Das englische Wort »launch« bedeutet Boot.

97 1880 verlor Nathanael Herreshoff seine Zulassung als Ingenieur, weil er einen Unfall zu verantworten hatte. Das hinderte ihn nicht, eine brillante Karriere zu verfolgen! Man muss feststellen, dass die Renaissance der Vergnügungsschifffahrt mit Dampfkraft Ende des 20. Jahrhunderts nur dadurch möglich wurde, dass viele Regeln außer Kraft gesetzt wurden, die es ein Jahrhundert zuvor zu teuer gemacht hatten.

98 D.h. der Maschinen mit einfacher Wirkung, bei denen der Dampf nur auf einer Seite des Kolbens eingepresst wurde. Diese Formel wurde von den Anhängern der Dampfkraft praktisch aufgegeben zugunsten des doppelt wirkenden Zylinders, bei dem der Dampf teils oberhalb, teils unterhalb des Kolbens eingepresst wurde. Das erforderte zwei Ausbreitungsräume pro Zylinder, wobei die Kurbel senkrecht durch die untere Kammer verlief, was ein Gelenk in der Mitte der Kurbel erforderlich machte, damit die Kurbelwelle sich drehen konnte. Fast alle Dampfmaschinen, die überlebt haben, gehören zu diesem Typ.

99 Angenommen man schaut auf den antreibenden Teil des Motors, und die Scheibe dreht sich im Uhrzeigersinn, dann dreht sich eine senkrecht gestellte Scheibe bei der Berührung mit der rechten Seite der antreibenden Scheibe von oben nach unten und bewegt die hintere Scheibe entgegen dem Uhrzeigersinn. Die gegenüberliegende Scheibe dreht sich beim Kontakt mit der linken Seite der antreibenden Scheibe von unten nach oben und nimmt die Schraubenscheibe im Uhrzeigersinn mit. Man kümmerte sich nicht um den Leistungsverlust, der bei der sanften Berührung der Scheiben entstand, die Leistung war ohnehin schwach genug.

100 Beide sind erhalten. Einer ist im kleinen Museum in Saint-Antonin-Noble-Val (Tarn-et-Garonne) ausgestellt.

101 Die Einspritzpumpen waren nicht neu, man hatte sie für Dampfmaschinen auf Schiffen erfunden. Sie dienten dazu, das aus dem Kondensator ausströmende Wasser in einen Heizkessel zu spritzen, wo der Umgebungsdruck oft 10 bis 12 kg pro cm^2 betrug.

102 Das »Bunker C«, das auf Schiffen mit Dieselmotor als Brennstoff verwandt wird, ist so dick und teerartig, dass man es erwärmen muss, bevor es durch Rohrleitungen zum Motor gelangen kann.

103 J. Nicolson, Great Years in Yachting, Nautical Publishing, 1970.

104 1881 hatte Gustave Trouvé, allerdings ohne praktische Konsequenzen, Vorführungen mit seinem abnehmbaren Elektromotor gemacht. Am 1. August 1881 hielt er darüber einen Vortrag vor der Académie des Sciences und stellte sein Schiff und die Mechanik bei der Weltausstellung in Paris 1881 aus.

105 31,02 Knoten.

106 Als die Bezeichnung Yacht Club de France vakant wurde, wurde sie von der Union des Yachts Français übernommen. Ursprung des heutigen YCF ist also der UYF und nicht der YCF.

107 Le Yacht – Journal de la Marine, 17.4.1909.

108 Für Dampfmaschinen existierte das Problem der Kühlung nicht. Selbst wenn der Dampf unter Hochdruck überhitzt war, stieg seine Temperatur nicht auf mehr als 450–500 °C, während die Temperatur im Zylinder eines Verbrennungsmotors mehr als 1200 °C beträgt. Man kann also wirksam sehr große Dampfmotoren laufen lassen, während das bei Verbrennungsmotoren Schwierigkeiten bereitet.

109 Eigentlich wurde er auf zwei Schiffen gebaut. Das erste war aus Holz und nicht fest genug. Das zweite, längere, aus vernietetem Metall erwies sich als brauchbar.

110 Der von Bugatti entworfene Benz-Tourenwagen und der Kleinwagen Isotta Fraschini.

111 Der von dem Schweizer Ernest Henry entworfenen Peugeot Grand Prix. Jeder der 745 ccm Zylinder (78 x 156 mm) hatte vier Ventile und machte 3000 Umdrehungen pro Minute.

112 Hispano V8, 150–180 PS.

113 Le Yacht – Journal de la Marine, 14.9.1901.

114 Er hatte 1898 am Rennen um den Seawanhaka Cup teilgenommen.

115 Aber der Fahrtwiderstand würde weiterhin mit der Geschwindigkeit zunehmen, allerdings weniger, als wenn der Widerstand nicht durch den hydrodynamischen Auftrieb vermindert würde. Diese etwas schwer verständliche Bemerkung ist gerechtfertigt, weil viele Menschen glauben, dass der Widerstand eines Schiffes, das sich aus dem Wasser hebt, z.B. eines Tragflügelbootes, geringer wird. Nein, er nimmt weiterhin mit der Geschwindigkeit zu.

116 Omnia Nr. 223, 9.4.1910.

117 Omnia Nr. 173, 24.4.1909.

118 Diese Technik wird noch heute beim Bau von Kriegsschiffen mit großer Oberfläche angewandt.

119 Die Verbiegung des Blechs zwischen den Spanten nennt man auch »Rippenfellentzündung«.

120 Man versuchte, selbsttragende Rümpfe zu verkleben, aber die damaligen Albumin- und Kaseinkleber weichten nach längerer Zeit im Wasser auf.

121 Tellier hat wohl die genähten Planken vor Saunders entwickelt. Der aber ließ das Verfahren patentieren und mechanisieren, sodass die genähte Außenhaut sein Markenzeichen wurde.

122 Am 30. Dezember 1898.

123 Nach der Tochter seines Geldgebers, Antoinette Gastambide. Gleichzeitig nannte Jellinek, der Mann der Daimler Autos und Motoren nach Frankreich einführte, die Wagen nach seiner Tochter Mercedes. Bald heißen alle von Daimler gebauten Wagen Mercedes.

124 Le Yacht – Journal de la Marine, 17.12.1910.

125 Wohl durch Umkehr der Magnetzündung. Man musste den Motor stoppen, mit einem Schalter die Reihenfolge der Zündung ändern, und in die andere Richtung fahren. Dieses System wurde bei Außenbordmotoren bis in die 30er-Jahre angewandt.

126 Dieser Evinrude, der unter dem Namen »Propulsor« durch die Manufacture d'Armes er de Cycles de Saint-Étienne vertrieben wurde, wog bei 2,5 PS nur 29 kg und kostet 425 Francs.

127 Was ihnen fehlte war der Rückwärtsgang, den 1917 der schwedische Konstrukteur Archimedes entdeckte: man brauchte den Motor nur um 180° zu drehen.

Zwischen den beiden Weltkriegen

1 H. G. Wells, The War of the Worlds, London 1898.

2 Smith, Elder & Co., London 1903. Der Titel ist ein Wortspiel und kann genau so gut übersetzt werden mit »Rätsel der Sände«, wie »Geheime Winkel der Sände«. Dass dieses großartige Buch über Schifffahrt nicht ins Französische übersetzt ist, gehört zu den Rätseln des französischen Verlagswesens.

3 Zitiert von: Malwin Drummond in seiner Einleitung zu »The Riddle in the Sands«, The Folio Society, 1992.

4 »Ich wollte diesen Anti-Patrioten seiner gerechten Strafe zuführen,« erklärte Raoul Villain, nachdem er Jaurès am 31. Juli 1914 ermordet hatte.

5 Am 28. Oktober 1918, dem Tag, als Ungarn seine Unabhängigkeit erlangte, erklärte sich auch die Tschechoslowakei für unabhängig.

6 Der schon erwähnte Erskine Childers, Autor von »The Riddle in the Sands«, plante die Fahrten der CMB von Dünkirchen aus. Road Banks, einer der »Hexer« der Superbenziner der 20er-und 30er-Jahre, befehligte die CMB in der Nordsee und später, während der Kämpfe der sowjetischen Revolutionäre, im Kaspischen Meer. Näheres in: Rod Banks, I Kept No Diary, Airlife Publications, Shrewsbury 1978, eine unerlässliche Lektüre für alle, die sich für die technische Entwicklung der Motorboote interessieren.

7 Das entsprach einem Viertel des Kaufpreises für ein kleines Haus.

8 1920 erreichten die Motoren oft 10 PS pro Liter, im Vergleich zu 3 PS pro Liter 15 Jahre zuvor.

9 Wörtlich: rumlaufen, in Gang kommen.

10 Das Schiff wurde von Herreshoff entworfen und gebaut.

11 Die Anleger wurden 1925 ruiniert und Cochran starb im Gefängnis. Krimileser werden in dem bei Dorothy Sayers erwähnten Megatherium Trust die verrückte Pyramiden-Spekulation von Cochran wieder erkannt haben, was beweist, dass sie Geist und Brieftaschen in gleichem Maße beeindruckte.

12 In: Vers une Architecture, das 1923 zum ersten Mal veröffentlicht und 1977 bei Arthaud in Paris neu aufgelegt wurde.

13 Erskine Childers, The Riddle of the Sands, Smith, Elder & Co., London 1903.

14 Eigentlich war er 55 Tage unterwegs, aber er hatte in Maine und in Albercastle unterbrochen, sodass die Fahrt von den USA nach England genau 46 Tage dauerte.

15 Regierungsbeamte aus Surinam (Holländisch-Guayana) suchten nach seiner Ankunft lange nach Shackford, weil sie dieser Schifffahrt ungläubig gegenüber standen. Der Untersuchungsbericht ist erhalten, was die Echtheit des Unternehmens beweist und bestätigt, dass der Segler über Lorient gekommen ist.

16 In 51 Tagen auf der 6,10 m langen und 76 cm hohen *New Badford.*

17 Es war nicht die erste Überquerung zu Zweit. Die hatten Buckley und Primoraz, der erste Deutsche, 1870 auf der *City of Ragusa* unternommen.

18 Sie hatte fünf Jahre zuvor in Marseille geheiratet. Man weiß nicht, was sie dort tat, aber ihr Mann war Zweiter auf der Transport-Brigg.

19 23 Jahre später versuchte Crapo, nachdem der Verlust zweier Schiffe ihn ruiniert hatte, noch einmal Geld mit einer Atlantiküberquerung zu verdienen, aber er ertrank.

20 Er hieß *Non-Pareil* und war sowohl das erste Mehrrumpfboot, als auch das erste aufblasbare, das den Atlantik überquerte.

21 Donald Sharp in Nautical Quarterly, Nr. 3.

22 Bewohner Feuerlands.

23 Das Schiff ist heute im Museum in Vancouver ausgestellt.

24 The Venturesome Voyages of Cap tain Voss.

25 Die *Islander* war der große Bruder des Bootes, auf dem Day den Atlantik überquerte.

26 12 Jahre später ließ der Cruising Club of America sie wieder aufleben; kurz vor dem Zweiten Weltkrieg hatte sie mehr als 30 Teilnehmer.

27 Zu Beginn übernahm der CCA die Vermessungsformel, die die Engländer bei den ersten Fastnet Races angewandt hatten: 0,2 (L x S1/2) / (B x D) 1/2. Schon zu Beginn der 30er-Jahre wichen die Formeln voneinander ab.

28 Manfred Curry, Yacht Racing, The Aerodynamics of Sails and Racing Tactics, Charles Scribner's Sons, New York 1949 (Es handelt sich dabei um die letzte Ausgabe seines bekannten Werks »Die Aerodynamik des Segels und die Kunst des Regatta-Segelns«, die zu seinen Lebzeiten erschienen ist.).

29 Wir haben gesehen, dass sich der Vortrieb aus niedrigem Druck an der Außen- und hohem an der Innenseite zusammensetzt. Wenn das Segel (oder der Tragflügel, das Ruder, der Kiel ...) von unendlichem Ausmaß wäre, wären Unter- und Überdruck an der gesamten unendlichen Länge gleich. Aber dort, wo das Segel zu Ende ist, laufen Über- und Unterdruck zusammen und es bilden sich Verwirbelungen, die einerseits eine nicht zu vernachlässigende Schleppe bedeuten (die Wirbel haben ein Volumen und verdrängen die umgebende Luft) und andererseits zusätzliche Energie verbrauchen (man muss diese Wirbel nur sichtbar machen) sowie Energie nach oben ableiten. Das »Treffen« am Ende des Segels und die Wirbel, die dadurch verursacht werden, stören den Ablauf (etwa wie der Wirbel in der Umgebung des Abflusses einer sich leerenden Badewanne). Anstatt sich lotrecht zum Rand zu verhalten, sind die Luftströmungen auf der Innenseite nach oben und die an der Außenseite nach unten gerichtet. All diese Unordnung ist am Ende offensichtlich negativ. Mit einer größeren Streckung werden diese Störungen vom größeren Teil des Segels abgedrängt, und sie werden nur einen geringen Teil der Oberfläche betreffen.

30 Vom Stapel gelaufen 1906.

31 Das Turbo-Segel von Cousteau geht letztendlich auf eine Abwandlung des Rotorprinzips von Flettner zurück.

32 Die »Aerodynamik des Segels und die Kunst des Regatta-Segelns«. Das Werk wurde 1928 ins Englische und 1930 ins Französische übersetzt. 73 Jahre nach seinem ersten Erscheinen ist dieses mittlerweile antiquierte Buch bis heute im Buchhandel erhältlich.

33 Curry war ebenso wenig ein Fachmann für Aerodynamik wie Dixon Kemp einer für Hydrodynamik war. Tatsächlich war Curry Doktor der Medizin und erfand eine bioklimatische Heilmethode. Außerdem beschäftigte er sich am Ende seines Lebens mit Röntgenstrahlung.

34 Für die höheren Klassen bedeutete dies eine Reihe von Einschränkungen. Die Segelabmessungen wurden festgelegt und bei den Ausmaßen des Rumpfes gab es nur einen geringen Spielraum. So waren zum Beispiel für die Rennjollen mit einer Segelfläche von 22 m^2 folgende Rumpfmaße erlaubt: Länge und Breite zusammen 7,80 m, davon Breite max. mindestens 1,70 m; Breite in der Wasserlinie mindestens 1,50 m, Freibord mindestens 0,42 m.

35 Länge über alles: 5,00 m; Breite: 1,725 m; Segelfläche: 15 m^2, Verdrängung: 380 kg.

36 Ein Teil davon war bereits 1903 auf *Reliance* und noch 1937 auf *Ranger* Bestandteil der Ausrüstung!

37 Erinnerungen des Schiffskonstrukteurs André Mauric in einem Gespräch mit dem Autor im Mai 1978.

38 Der Bootsbauer Charles E. Nicholson in einem Brief, der in Yachting World vom 26.5.1939 veröffentlicht wurde.

39 Sherman Hoyt in einem Brief, der in Yachting World vom 19.5.1939 veröffentlicht wurde.

40 Normalerweise heißte man Crewmitglieder mit Tauwerk in den Mast, das schwächer war als das Großfall – aber wenn dieses Tauwerk gerissen war, blieb keine andere Wahl. 60 Jahre später war der Autor bei einem ähnlichen Manöver an Bord von *Velsheda* dabei. Das Fall lag unbelegt frei an Deck, aber sein Gewicht hielt das Gleichgewicht zu dem des Crewmitglieds, der völlig außer Atem wieder an Deck kam, weil er dazu viel Kraft aufwenden musste!

41 Sherman Hoyt, Sherman Hoyt's Memories, Van Nostrand, 1950.

42 Der Cup wurde nach der Universal Rule von 1903 ausgesegelt, innerhalb der die Klassen nach Größen aufgeteilt waren, die Klassen R, M und J, die größte von allen.

43 K.S.M. Davidson, Some Experimental Studies of the Sailing Yacht, Trans. SNAME, 1936.

44 Man kann das Modell eines wirklichen Bootes bauen und die Geschwindigkeit gleichermaßen proportional verringern, man kann aber das Wasser nicht einem anderen Maßstab anpassen. Aber, was geschieht entlang eines realen Bootes eigentlich? Der Rumpf bewegt sich mit einer gewissen Geschwindigkeit im Vergleich zum Meer fort. Auf Grund der Viskosität des Wassers haften Teilchen der Flüssigkeit an der gesamten eingetauchten Oberfläche und werden mitgezogen. Durch diese Adhäsion macht man Schneebälle und das Boot schleppt eine Schicht aus Wasser, genannt Grenzschicht, mit sich, innerhalb der sich die Geschwindigkeit der Teilchen ändert: An der Wasserseite haben die Teilchen die Geschwindigkeit des Meeres, sagen wir null Knoten, an der Rumpfseite haben sie die Geschwindigkeit des Bootes (zum Beispiel sechs Knoten). Dazwischen kommen alle Geschwindigkeiten zwischen null und sechs Knoten vor. Jedes Teilchen nimmt ein anderes mit, sodass die Grenzschicht mit wachsender Länge des Bootes immer dicker wird. Ab einer gewissen Rumpflänge und einer bestimmten Geschwindigkeit werden die Spannungen innerhalb der Grenzschicht so groß, dass sich Wirbel bilden. Es ist klar, dass die mitzuschleppenden Wirbel einen Energieverlust bedeuten, der zu berücksichtigen ist, wenn man das Leistungsvermögen eines Schiffes vorausberechnen will. Bei einer 12-m-R-Yacht kann die Grenzschicht auf jeder Seite im Heckbereich 20 bis 30 Zentimeter stark werden, sodass das Boot eine Heckwelle hinter sich her zieht, die ein Gewicht von bis zu 10 % der eigenen Verdrängung hat – ein gewaltiger Widerstand! Oder, wenn der eingetauchte Rumpf nur sehr kurz ist wie bei einem kleinen Modell, reicht die Länge zur Bildung von Wirbeln nicht aus. Das Verhalten des Wassers am Rumpf eines Modells ist deshalb völlig anders als am Rumpf eines echten Bootes, sodass diese Art von Versuchen zu bedeutungslosen Ergebnissen führt. Um dieses Problem lösen zu können, hat Davidson eine Methode zur Erzeugung künstlicher Wirbel erfunden.

45 Der Konstrukteur Olin Stephens in einem Gespräch mit dem Autor, 1977.

46 Der Zeichner von W. Starling Burgess in einem Gespräch mit dem Autor, Juli 1981.

47 Olin Stephens und sein Bruder Rod waren eingebunden in die Vorbereitungen und in den Trimm des Bootes.

48 Brief von Colin R. Barby in: Yachting World, August 1947.

49 Er war Segellehrer von Prinz Philip und Prinz Charles. Er verstand sich gut mit der britischen Königsfamilie und ist dafür bekannt, die einzige Person zu sein, die jemals ihre nackten Füße auf die Planken der königlichen Yacht Britannia setzen durfte.

50 Eine angelsächsische Klasse, deren Beschränkungen in der Länge von 4,27 m, in der Segelfläche und in der Bauweise lagen (zum Beispiel durfte der Rumpf nicht eingedeckt sein). Die Klasse gibt es bis heute.

51 Le Yacht – Journal de la Marine, 17.7.1948.

52 Aus: Motor Boating (USA), Dezember 1918, zitiert von: Stan Grayson, Old Marine Engines (2. Ausgabe), Devereux Books, Marblehead, Massachusetts 1994. H. Piersach war bei Evinrude angestellt.

53 Welcher Statistiker wird uns schließlich eine richtige Studie über die Beziehungen zwischen Sportschifffahrt, Reichtum und verfügbare Wasserfläche anbieten? Es ist nicht sicher, dass bezüglich des Wertes das Verhältnis (Wert aller Sportfahrzeuge/ Länge der Küste/Einwohner x mittlere Kaufkraft) nicht über einen langen Zeitraum hinweg konstant war und dass die Sportschifffahrt sagen wir in den letzten 20 Jahren ein konstantes Verhältnis von Reichtum eines entwickelten Landes (unter Berücksichtigung der verfügbaren Küstenlänge) repräsentiert. Kurioserweise gibt es diese Daten nicht, die bei der Verteilung von Schiffsgrößen und -typen ein Analyse-Instrument von entscheidender Bedeutung sein würde. Es gibt genug Themen, die noch unerledigt herumliegen!

54 Ohne die Entwicklung leistungsstarker Riggs zu vergessen, die bei gleicher Geschwindigkeit den Bau von Booten mit weniger Segelfläche, also mit kürzeren Masten, weniger schwer und weniger teuer, erlaubten.

55 Dabei handelte es sich um eine Art zweisitziges Kajak mit flachem Boden und gerader Kimm. Diese engen Rümpfe wurden schon mit einer Stabilität versehen, die der eines stehenden Fahrrads entsprich; sobald das Gefährt krängte (zum Beispiel weil sich einer der Crew am Ohr kratzte), kam die Kimm aus dem Wasser, die Breite der Wasserlinie nahm rapide ab und ... platsch!

56 Der Autor selbst widmete sich noch Anfang der 60er-Jahre dieser Art Übungen.

57 Die Vorherrschaft der Kanus setzte sich bis Anfang der 60er-Jahre fort. Philippe Poupon begann seine Karriere in einem Kanu.

58 Uffa Fox, Sailing, Seamanship and Yacht Construction, Peter Davies, London 1934.

59 Dieser Motor wurde mit unterschiedlichen Leistungen angeboten; Manufrance verkaufte den 2,5-PS-Motor für 3695 Francs, den 5-PS-Motor für 4830 Francs. Die Mechanik war zwar mit einem System zum Anheben versehen, aber da der Motor feststehend war, musste man den Schaft drehen, um Kurven fahren zu können.

60 Er wurde eine Zeit lang von Peugeot mit dem Zeichen des Löwen verkauft.

61 Die Thai ersetzten später die dann veralteten Motoren ihrer Motorboote durch solche aus amerikanischen Autos und tunten sie zusätzlich, die Geburtsstunde der gefährlichen Wassertaxis von Bangkok.

62 Und ab 1932 Goïot.

63 Um sich eine Vorstellung von der explosiven Mixtur machen zu können, auf die man sich einließ, um das energetische Potential von Kraftstoffen zu erhöhen, sei hier das Rezept abgedruckt, mit dem die Rennwagen von Mercedes-Benz (Achtzylinder-Reihenmotor mit zwei obenliegenden Nockenwellen, 3990 cm³, 325 PS bei 5500 U/min.) 1935 den Großen Preis von Frankreich gewannen: 63 % Methylalkohol + 16 % Benzol + 12 % Äthylalkohol + 2 % Benzin + 4,4 % Aceton + 2,2 % Nitrobenzol + 0,4 % Äther. Da es auch noch einen Kompressor gab, war der Spritverbrauch von bis zu 85 Liter auf 100 Kilometer exorbitant.

64 Diese Zahl ist nicht genau. Bonnemaison hatte genügend Teile hergestellt, um mehr als die 12 bis 15 Motoren bauen zu können. Von allen für den Rennsport gebauten Motoren haben bis heute mindestens zehn überlebt! Außerdem hat Bonnemaison für Soriano und Orpheus Synchronica einen »normalen« Motor für Fahrtenboote gebaut, einen Vierzylinder mit einfacher Schraube, von dem es noch einen Prototypen gibt.

65 Die Excelsior-Gruppe wurde 1997 von einem Neffen Jean Dupuys geleitet. Sie veröffentlichte »Sciences et Vie«, »Automobile Classique«, usw.

66 Es gab auch den Evinrude X, ein Motor, von dem 1936 nur vier Exemplare gebaut wurden. Im Gegensatz zu Dupuy-Soriano war es ein Zweitakter ohne Kompressor. Er hatte mehr Leistung als der französische Motor (100 PS/Liter), weil sich die Konstrukteure besonders intensiv mit Metallurgie und Fertigungspräzision beschäftigt hatten. Andererseits hatte der Motor, der zunächst für den Motorbootsport konzipiert war, ein bemerkenswertes Schicksal. Der Vierzylinder mit zwei obenliegenden Nockenwellen, gebaut 1927 von Miller für die Trophäe des Herzogs von York, eingebaut in die siegreiche *Miss California*, wurde zu einem Automotor umgebaut. Bereits ab 1930 lief er in Indianapolis. Der Motor wurde von Offenhauser modifiziert und gebaut, seine Abkömmlinge dominierten 40 Jahre lang in Indianapolis .

67 Dieses hypothetische Beispiel stammt aus der ersten Hälfte des 20. Jahrhunderts. Um das Boot nicht zu überladen, hat man sich bei der Wahl des Motors – des Napier Lion – Zeit gelassen. Sein Leistungs-/Gewichtsverhältnis lag um 11 % über dem des Hispano, der einige Jahre zuvor entwickelt worden war. Trotzdem war das Ergebnis wenig überzeugend.

68 Sie wurden ab 1928 erneut zugelassen.

69 Betty Carstairs besaß auch Segelyachten, darunter den Schoner *Sonia*, sozusagen ein Schwesterschiff der *Ailée* von Virginie Hériot.

70 Diese 36-Liter V12-Motoren gewannen zwei Mal die Schneider Trophy für Wasserflugzeuge. Sie waren die Basis für den Merlin (Motor von Rolls Royce, der die Spitfires, Hurricanes, Mustangs und Lancasters während des Zweiten Weltkrieges antrieb) und die Weiterentwicklung Griffon, zwei Motoren, die man nach dem Krieg in Motorrennbooten wiederfand.

71 *Miss Columbia*, die dritte Konstruktion von Crouch, wurde Zweite.

72 Norman Bel Geddes, Horizons, Little, Brown & Co., Boston, 1932, Nachdruck von Dover Pub., New York 1977.

73 Der Franzose Raymond Loewy kam 1919 in die USA. Er hatte den Slogan »Hässlichkeit verkauft sich schlecht« erfunden. Einige Jahre vor seinem Tod versicherte er dem Autor, dass er in *Baby Bootlegger* (obwohl er den Namen vergessen hatte) die Form der Zukunft gefunden habe.

74 Die führende Rolle des Crouch-Designs und der Folgeentwürfe darf nicht unterschätzt werden. Nach Wissen des Autors waren es die allerersten völlig glatten Formen.

75 Ein so genanntes »bedeutendes Objekt«.

76 George Crouch war der einzige Konstrukteur.

77 Er war in Brüssel angesiedelt.

78 Man ordnet allgemein die Erfindung des Heckantriebes Jim Wynne im Jahre 1956 zu. Die Idee des Amerikaners war, eine hochklappbaren Antrieb wie bei einem Außenbordmotor zu entwickeln. Es ist nicht ganz klar, ob Jim Wynne von der Arbeit Bugattis wusste.

79 Die Amerikaner bevorzugten die Bezeichnung »Ventnor«, da die Werft Apel in Ventnor bei Atlantik City angesiedelt war.

80 Was eine Reduzierung des Widerstandes um wenigstens 50 % bedeutete. Revolutionär!

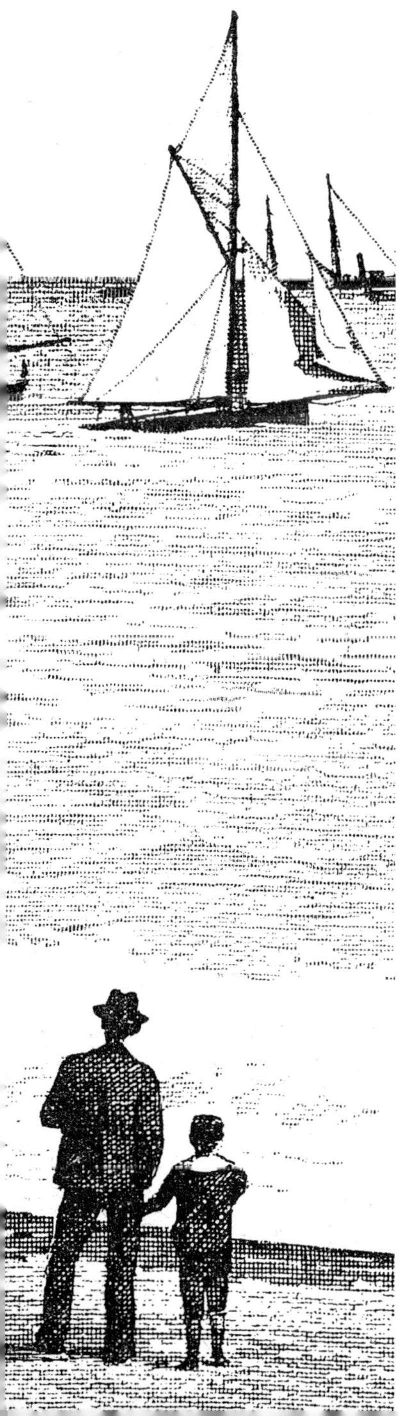

Die große Wende

1 »Surely the world will some day learn the folly of war and (...) that happy era will commence of Peace on Earth, and good will towards men.« G. L. Watson, Conference about Progress in: Yachting and Yacht Building, Glasgow 1881.

2 Von April bis Juli erhöhte sich der Preis auf 456 Pfund und 14 Schilling.

3 Yachting World, 8.9.1939 – fünf Tage nach dem Großbritannien und Frankreich Deutschland den Krieg erklärt hatten.

4 Le Yacht – Journal de la Marine, Ende September 1939.

5 Die Zeitschrift erschien nicht zwischen 1914 und 1919.

6 Für diese mutige Evakuierung verlieh der Cruising Club of America seine berühmte Blue Water Medal dem britischen Yachtsport.

7 Konstruiert 1916 von Herreshoff.

8 Gezeichnet von Charles Nicholson, gebaut 1931 in Gosport. Sie war sozusagen ein Schwesterschiff von *Créole* und *Ailée*. Sie war so erfolgreich, dass sie 34 Jahre später als Vorbild für das Segelschulschiff *Sir Winston Churchill* diente.

9 Yachting World.

10 Eine kleines, von Dauchez gezeichnetes Schwertboot, das in Serie gebaut wurde.

11 G. P. Thierry, À Travers un Siècle de notre Yachting de Course à Voile, Sté d'Editions Géographiques Maritimes 1948.

12 1939 gab es in Frankreich 85 Vereine an den Küsten und 32 an Binnengewässern.

13 Und die er zwischen 1949 und 1952 erfolgreich realisierte.

14 Le Toumelin machte zwischen 1949 und 1952 mit seinem Kutter *Kurun* eine vorbildliche Weltumseglung.

15 Der YCIF war einer der bedeutendsten Vereine für Schwertboote in Frankreich, der Schaden belief sich auf 1 278 693 Francs.

16 Einer der vier Musketiere des französischen Tennis' – mit Lacoste, Cochet und Brugnon –; er sorgte dafür, dass der Davis Cup sechs Jahre lang in Frankreich blieb. Glasser, ebenfalls ein Tennisspieler, war in dieser Kommission Chef der sportlichen Ausrüstung.

17 Vortrag von Jean Peytel, in: Le Yacht – Journal de la Marine, 6.2.1947.

18 1938 gab es im baskischen Socoa, an der Atlantikküste bei Saint Jean de Luz, die einzige Segelschule Frankreichs.

19 G. P. Thierry, a.a.O.

20 Le Yacht – Journal de la Marine.

21 Jean Peytel, a.a.O. – Diese Zahlen erscheinen sehr optimistisch.

22 Motor Boat and Yachting, November 1943.

23 Hugo van Kuyck, berühmter belgischer Architekt und Städtebauer, konstruierte für Louis und Annie Van de Wiele die Yacht *Omoo* und für sich selbst *Askoy II*, die Jacques Brel mit in den Pazifik nahm ... Siehe auch das Werk von Charles E. Schelfhout, Dans le Sillage d'Hugo van Kuyck, Ed. de la Dyle, Bonheiden (Belgien) 1988.

24 Das Zweimann-Segelkanu *Brynhild*, mit dem er den Englischen Kanal überquerte und die nordbretonischen Küsten besuchte und das auf der internationalen Ausstellung 1936 in Paris zu sehen war.

25 Le Yacht – Journal de la Marine, 29.5.1948.

26 Konstruiert von Laurent Giles. Die Yacht segelt noch heute.

27 Es gibt keinen Hinweis darauf, dass ein winziges Boot mit diesem Namen an der ersten Transatlantikregatta von Andrews nach Lawlor teilgenommen hat.

28 Le Yacht – Journal de la Marine, 12.4.1947.

29 Erschienen in der amerikanischen Zeitschrift »Yachting«.

30 Zur Erinnerung: Seit Jahrhunderten waren natürliche Klebstoffe bekannt, die aus Eiweiß, Milch (Kasein) oder Fisch hergestellt wurden. Einige davon hatten sehr gute Eigenschaften, aber keiner von ihnen konnte Feuchtigkeit vertragen.

31 Vom Lateinischen »plasticus« (modellierbar).

32 Das erste Kunstharz stellte man durch Behandlung (Polykondensation) von Formalin mit Phenol her.

33 Die fossile Form der Zellulose bildete die Grundlage der industriellen Revolution. In den Kriegen der Neuzeit wie in der Fotografie spielte das Nitrat der Zellulose eine erhebliche Rolle: Es wurden Schießpulver und Entwicklerflüssigkeiten daraus produziert und ... die ersten künstlichen Seidengewebe!

34 Die Glasfaser wurde in jenem Jahr von Dubus-Bonnel in Paris erfunden. Im Conservatoire des Arts et Métiers in Paris existiert ein aus Glasfasern gefertigtes Afrika-Diorama aus dem 19. Jahrhundert mit einem Löwen in natürlicher Größe. An eine industrielle Produktion dachte damals allerdings niemand.

35 Der sehr große Nachtjäger »Black Widow« von Northrop, der seinen Jungfernflug am 21. Mai 1942 absolvierte, war das erste Serienflugzeug mit einer Radaranlage sowie einer Nase aus glasfaserverstärktem Polyester.

36 Carothers, der für Du Pont in Nemours arbeitete, hatte die Polyamide bereits 1930 entdeckt.

37 Der oberste Teil des Mastes (oberhalb der Wanten) bestand aus Holz, das mit einer Aluminiumfarbe gestrichen war. Man war damals noch nicht in der Lage, zu vernünftigen Kosten ein Profil zu verjüngen. Der Typ Firefly wurde (obwohl als Zweimannboot konzipiert) als Einhandjolle für die Olympischen Spiele 1948 in London ausgewählt. Der dänische Vertreter war ein junger, engagierter Mann, der Paul Elvström hieß. Er war nicht schwer genug, um der Firefly genügend Stabilität zu verleihen. Wenn er sich aber weiter hinauslehnen könnte ... Er kaufte sich Gurtband und befestigte es am Rumpf seines Bootes. Es waren die ersten bekannten Ausreitgurte. So ausgerüstet gewann Elvström die erste von vier Goldmedaillen.

38 Le Yacht, 21.10.1946.

39 Dank einer leichten Bauweise und einer 220 000-PS-Maschine holte sich der Liner das Blaue Band des Atlantik.

40 Die Moth Gouget, die fast 20 Jahre lang in einer kleinen Serie produziert wurde, hatte einen abnehmbaren, zweiteiligen Mast und konnte von einem Fahrrad auf einem Anhänger gezogen werden.

41 Le Yacht – Journal de la Marine.

42 Die Formen der Rümpfe waren unausgereift und das Verhalten Im Seegang führte zu Unwohlsein.

43 In vier Jahren nach dem Zweiten Weltkrieg wurde ein einziger Sechser gebaut, der einzige auf der Welt seit 1945 und das war in den USA.

44 Von den 2092 in der FFV registrierten Wassersportler gehörten 1204 (57,5 %) Vereinen von Binnenrevieren an. Wenn man davon ausgeht, dass das Verhältnis von Registrierten zu Ausübenden das gleiche wie zum Ende des Jahrhunderts war (2,33 %), bedeutet das, dass es um 1946 rund 90 000 Wassersportler gegeben haben musste. Diese Hypothese scheint fragwürdig, da damals andere Dinge wichtiger waren als der Wassersport, und Führerscheine zur Teilnahme an Regatten nicht erforderlich waren. Nichtsdestotrotz erscheint eine Zahl von 90 000 bis 100 000 Wassersportlern (Segel, Motor, Kanu) möglich.

45 Hier kamen dem Autor, der dieses Klischee ohne Vorurteile übernommen hat, Zweifel und er überprüfte die Bedeutung »Existenzminimum«: Es handelte sich um den Betrag, den der Pfarrer einer Kirchengemeinde erhielt und der kaum zum Überleben ausreichte. Wie ungehörig!

46 The Far Country, William Heinemann Ltd., London 1951.

47 Dorthin wanderte auch Nevil Shute Norway selbst aus.

48 Einspritzdüsen wurden auch bei Dieselmotoren verwendet.

49 Im Jahre 1959, zehn Jahre später, lag der Aufwand für Nahrungsmittel immer noch bei 36 % eines Durchschnittslohns. 30 Jahre später, 1989, gab man im Schnitt 19,6 % dafür aus. Quelle: La France en Chiffres, Hatier Économie, 1990.

50 40 Jahre später kostete ein normales Fahrrad 30-mal weniger als ein Vaurien!

51 Er beendete seine Karriere als Architekt der Stadt Paris.

52 Eine gesunde Seele in einem gesunden Körper, aus: Juvenal, Satiren (10, 356).

53 In Frankreich wurden die Strafzölle auf Außenborder zum Schutz der eigenen Produktion 1958 aufgehoben: sofort machten Motoren von Evinrude, Johnson, Mercury, Scott der Grande Nation Konkurrenz. Fünf Jahre später wurden in Frankreich keine Außenborder mehr gebaut.

54 Zwischen den Weltkriegen emigrierten rund 1 800 000 Italiener nach Frankreich, einerseits aus Angst vor dem Faschismus, andererseits wegen der besseren Lebensverhältnisse.

55 Der junge Oreste Rocca war ein begeisterter Rennfahrer. 1956 trat er in der einzigartigen Fernsehshow »La Tête et les Jambes« auf: Immer wenn sein Partner eine Frage nicht beantworten konnte, erbrachte Oreste Rocca eine sportliche Leistung, um seine Mannschaft »zu retten«. Diese Art von Werbung hat der Werft mit Sicherheit nicht geschadet!

56 Der Autor hatte zunächst geschrieben »die wichtigste«. Andere Werften beschäftigten ebenso viele oder mehr, arbeiteten aber auch für die Marine und die Fischerei. Rocca produzierte immer nur für die Sportschifffahrt.

57 E. G. van de Stadt hatte den Nachteil, weder Engländer noch Amerikaner zu sein. Kurz nach dem Zweiten Weltkrieg trennte er das Ruderblatt vom Kiel, baute die ersten ultraleichten Boote und zeichnete mit *Zeevalk* und *Black Soo* Yachten mit technischen Einrichtungen, die anderswo erst 15 Jahre später zum Einsatz kamen. Mit glasfaserverstärkten Kunststoffen kombinierte van de Stadt sein Wissen als

Konstrukteur mit seinen Erfahrungen als Bootsbauer: Er zeichnete Dutzende von Segelyachten aller Größen, ausgelegt für die Märkte in den Niederlanden, Deutschland, Frankreich und Großbritannien.

58 Le Yacht – Journal de la Marine, 10.4.1948.

59 Ibidem.

60 Die Grenze war eine Größe des Vorsegels von maximal 150 % der Dreiecksfläche vor dem Mast.

61 Die Wettbewerbe für die kleinen Boote fanden bei Meulan, die für großen bei Le Havre statt. Es gibt keine Hinweise darauf, dass es sich um offizielle Regatten handelte. Offiziell wurde das Segeln zuerst bei den Olympischen Spielen 1908 (auch wenn dieses Datum von einigen bezweifelt wird und dem Autor die Motivation fehlte, nach Beweisen zu forschen).

62 Es handelte sich um eine nationale Einheitsklasse, von denen es über 70 Jahre später noch immer einige Exemplare gibt. Das Boot, das ursprünglich für eine zweiköpfige Crew entworfen wurde, war ein solides, nicht besonders schnelles Seeschiff.

63 Mit dem Flying Dutchman und dem Starboot.

64 Dazu musste die Stiftungsurkunde (1857) durch den obersten Gerichtshof des Staates New York geändert werden. Die 12-Meter-R-Klasse war die größte international verbreitete Klasse, die sehr aktiv war und in der die Amerikaner von einer überlegenen Technologie profitierten. Offensichtlich wollte der New York Yacht Club den Pokal, der den kleinen Salon rechts oben neben der Treppe schmückte, auf keinen Fall verlieren!

65 Es handelte sich um den Zwölfer *Easterner.*

66 Sam Griffith, gewann das Rennen Miami–Nassau 1957.

67 Es handelte sich um *Vim* von 1939.

68 Dieser chinesisch anmutende Name stammt von der Phonetik des Begriffs »slow motion« (langsame Bewegung), der eher ironisch ein 250 km/h schnelles Gefährt bezeichnete.

69 Der Weltrekordhalter *Ricochet-Antoinette* von 1907 war bereits mit einem Oberflächenpropeller ausgestattet.

70 Und, wie viele Ideen wurden geboren, die zu nichts führten, auch wenn einige davon den Fortschritt bedeuteten! Erwähnt seien die Spaltensegel, eine italienische Erfindung, die sich aus Reihen von parallelen Bahnen zusammensetzten, die an einem Drehpunkt verankert waren, oder das Rigg von Ljungström (erfunden, und das ist wahr, im Jahr 1935), mit einem drehbaren Mast, auf dem das Großsegel aufgerollt wurde, oder den Hilfsmotor mit längs eingebautem Z-Getriebe.

71 Olivier de Kersauson.

72 Malraux.

73 Erste ihrer Klasse, Zweite nach berechneter Zeit.

74 Olin Stephens in einem Gespräch mit dem Autor, April 1977.

75 Malden Heckstall-Smith (1865–1955) war der Bruder von Brooke Heckstall-Smith, dem Spiritus Rector der verschiedenen britischen Vermessungsformeln und der International Rule.

76 Yachting World, Januar und Mai 1955.

77 Konstruktion Doug Peterson.

78 22 Fuß nach der Formel des RORC, dann 27,5 Fuß nach IOR.

79 Halbtonner-, Vierteltonner-, Dreivierteltonner-, Zweitonner- und Minitonner-Pokal.

80 Die USA waren kaum beeinflussbar: In dem riesigen Land waren die eigenen Strukturen von größerer Bedeutung als internationale Gremien.

81 Detaillierte Zahlen siehe: Daniel Charles, L'Évolution de la Représentation Photographique des Yachts: Remarques Statistique sur un Changement Collectif de Sens et d'Image. Beitrag auf einem Sportkolloquium: Soziale Verknüpfungen und gemeinsame Handlungen, Haus der Wissenschaften von Aquitaine, 14.–15. Oktober 1993.

82 Daniel Gilles/Morris und Stanley Rosenfeld, La Coupe de l'*America*, Editions Gallimard, Paris 1977.

83 Der Preis für einen Barrel Rohöl stieg von drei auf zwölf Dollar.

84 Das Lebensgefühl der jungen Generationen in den 60er- und 70er-Jahren wird von diesen englischsprachigen Synonymen treffend charakterisiert.

85 Titel eines Buches über Pflanzen von Maurice Mességué.

86 *Joshua*, die Ketsch von Moitessier, sollte aus formverleimtem Holz entstehen. Moitessier baute sie aus Stahl, was den Freibord, die Stabilität und die Segelleistung drastisch beeinflusste. Kein Mensch will eine Fahrtenyacht, die ihre Crew bei der ersten Welle durchnässt, die bei der kleinsten Bö krängt und die einen Tiefgang wie eine Rennyacht hat. Trotz allem wurde *Joshua* zu einem Traum all derjenigen, die zum ersten Mal segeln wollten. Wenn sie zurückkehrten, wollten sie das Boot loswerden.

87 Die UNO förderte in den Ländern der Dritten Welt den Bau von Fischereifahrzeugen aus Ferrozement.

88 Yachting.

89 Gespräch mit dem Autor, November 1978.

90 Sir Thomas Lipton: *Shamrock I, II, III, IV, V;* Sir T.O.M. Sopwith: *Endeavour I, II;* Harold Vanderbilt: *Enterprise, Rainbow, Ranger;* Sir Franck Packer: *Gretel I, II;* Baron Marcel Bich: *France 1, 2* und *3.*

91 Selbst Olin Stephens, der seit 1937 bis auf einen (1964 *Weatherly*, gezeichnet von Philip Rhodes) alle siegreichen Cup-Verteidiger konstruiert hat, gab 1977 zu: »Ich bin mir nicht sicher, ob es nicht aufregender und interessanter für die ganze Welt wäre, den America's Cup radikal zu verändern (...), vielleicht Katamarane zuzulassen (...). Das hieße nicht nur eine neue Klasse, sondern ein völlig anderes Spiel.« (Gespräch mit dem Autor, April 1977.)

92 Als er endlich 1983 gewonnen hatte, überreichte ihm der New York Yacht Club den Cup und die verbeulte Radkappe eines Plymouth.

93 Da die Herausforderer gezwungen waren, auf eigenem Kiel anzureisen, mussten ihre Yachten im Gegensatz zu denen der Amerikaner entsprechend solide gebaut werden.

94 Das war jedenfalls der Rat seiner frommen Ehefrau, die eine Operation ablehnte und ihren Mann in die Schweiz schickte, wo der Krebs wunderbarerweise verschwand.

95 Vom 27. August 1966 bis zum 28. Mai 1967.

96 Entdecker (der erste Brite, der die Welt umrundete), Pirat und englischer Admiral, 1540–1596.

97 Er kehrte nie zurück, sondern beging Selbstmord. Man fand ihn erhängt, in Frauenbekleidung.

98 In den 50er- und 60er-Jahren schrieb Merrien zahlreiche – sehr konservative – Bücher über den Yachtsport.

99 Paul Guimard, L'Émpire des Mers, Hachette, Paris 1978.

100 Entspricht etwa 20 % des Schiffswertes.

101 Eine Ausnahme gab es auf *Endeavour* beim America's Cup 1934: Die Profis traten in einen Streik.

102 Ein Ausdruck aus dem Rugby für einen Spielführer, deshalb nicht geeignet für einen Einhandsegler, kommt aber dem deutschen »Schiffer« in der Aussprache sehr nah.

103 Gespräch mit dem Autor, November 1978.

104 Dieser Misserfolg schlug sich auch in anderen Bereichen wie bei den überwiegend französisch besetzten Langstreckenrennen nieder. Der Wunsch der Techniker, ihre Abenteuer kontrollieren zu wollen, traf auf eine unbezwingbare Felswand bei der französischen Herausforderung um den America's Cup 1995.

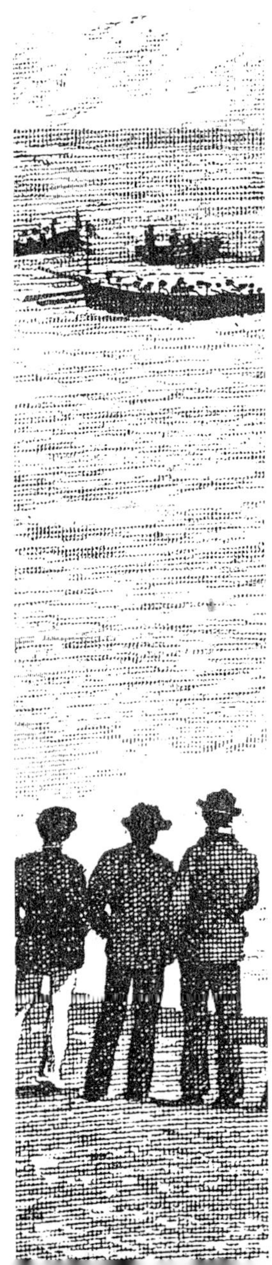

Die Multiplikation des Yachtsports

1 Rudy Choy, Catamarans Offshore, Macmillan Co., New York 1970.

2 Zitiert von: David Lewis, We, The Navigators, University Press of Hawaii 1972.

3 Die Polynesier haben auch die Trockenverpflegung erfunden. »Te Kabubu«, das Mehl der Pandanuss, hält sich zwei Jahre und wird mit Wasser vermengt gegessen.

4 Einer davon beendete seine Karriere als schwimmende Kapelle mit 14 Glockentürmchen.

5 10 m x 3,35 m.

6 Es existiert der Beweis, dass die Brüder Gougeon bereits 1985 mit Erfolg einen flexiblen Formel-40-Kat gebaut haben.

7 The World, 23.6.1877.

8 Oder fast: Die Werft Canton in Juan-les-Pins baute ab 1919 eine Serie kleiner Katamarane.

9 Beeinflusst von den Formen einer Kielyacht, der Requin.

10 Beide von André Allègre aus Sète gezeichnet.

11 André Sardin absolvierte mit dem 13,10 Meter langen französischen Trimaran *Ananda* eine Atlantiküberquerung von den Kapverden nach Martinique. Der große Vorreiter bezüglich langer Seereisen mit Mehrrumpfbooten aber war zweifellos *Kamiloa*, ein 11,60 m-Katamaran, den Eric de Bishop und Joseph Tatibouet von 1937 bis 1938 von Hawaii um Afrika herum nach Cannes segelten. Nach diesen Premieren darf man sich nicht wundern, dass die Franzosen die Langstreckensegelei mit Mehrrümpfern lieben.

12 Die Vortriebskraft der Segel konzentriert sich auf den Segelschwerpunkt, der ein gutes Stück oberhalb des Decks liegt. Die Kraft ist nicht nur seitwärts, sondern auch nach voraus gerichtet, sodass der Steven bei jeder Beschleunigung in die See gedrückt wird.

13 Ausnahmen bildeten der Trimaran *William Saurin* (der wegen seiner prähistorisch anmutenden Konstruktion auch als Saurier bezeichnet wurde) und der Tragflügeltri *Charles Heidsieck*, der wegen zahlreicher Probleme nicht eine einzige Regatta beenden konnte!

14 Steht für Wood Epoxy Saturated Technique: Diese Baumethode wurde von den Brüdern Gougeon aus Bay City (Michigan) entwickelt, bei der jedes hölzerne Bauteil mit Epoxydharz getränkt wird. Sie wurde beim Bau von *Rogue Wave, Olympus Photo* und *Moxie* eingesetzt. Das sehr flüssige Harz dringt teilweise in das Holz ein, schützt es und verhindert das Eindringen von Feuchtigkeit, die die Konstruktion auf Dauer schwerer machen würde.

15 Das einzige Boot jener Zeit, bei dem die Gewichtsvorgaben eingehalten worden sind, war der Katamaran *Tag* (die spätere *Enza*, Gewinnerin der Jules-Vernes-Trophy). Die Yacht wurde in einer Flugzeugfabrik gebaut und wurde als Erste in einem Trockenofen gebacken.

16 Der Autor erinnert sich an das Rennen Toulon–Porto Cervo (Sardinien) auf *Jet Services IV*, bei der es pro Minute für 70 Mark Schaden gab ... über 15 Stunden hinweg!

17 Eine Klasse französischen Ursprungs, die jedoch international sofort anerkannt wurde und die Ende der 80er-Jahre sehr erfolgreich war. Die Beschränkungen waren: Länge über alles 12 m, Minimalgewicht 1800 kg, Segelfläche 95 m². Die Idee war eine spektakuläre Klasse zu schaffen, die wegen der Zuschauer immer dicht unter Land segeln sollte. Leider aber sind Mehrrumpfboote dieser Größe nicht besonders für geschützte Gewässer geeignet. Der Traum von regelmäßigen Fernsehübertragungen erfüllte sich nicht (weil die Rennen nicht besonders aufregend waren), sodass die Klasse ebenso schnell wieder verschwand wie sie aufgetaucht war.

18 Der Auftrieb jedes untergetauchten Schwimmers war 3- bis 3,5-mal größer als die Gesamtverdrängung.

19 Es ist klar, dass die Letzteren kaum Chancen gehabt hätten, wenn man an Stelle der Längenbegrenzung von 18,28 m eine Höchstsumme aus Länge und Breite eingeführt hätte, zum Beispiel 36,56 m. Wer hätte vorhersagen können, dass 18,28 m lange und ebenso breite Trimarane in der Lage sein würden, Katamarane mit den Abmessungen 22,5 x 14,06 m nach gesegelter Zeit zu schlagen?

20 Die Herausforderung von Conner wurde offiziell vom San Diego Yacht Club eingereicht und nicht vom New York Yacht Club, dessen erfolglose Herausforderung 1987 von John Kolius geleitet wurde.

21 Der Biologielehrer war Meister verschiedener Jollenklassen, wurde Chef der Segelmacherei North Sails, die er durch Franchising in das erste multinationale Unternehmen im Bereich der Sportschifffahrt verwandelte. Er nahm seit 1974 am America's Cup teil und übte 1987 an Bord der siegreichen *Stars & Stripes* die Rolle des Taktikers aus.

22 Weitere Informationen siehe: Daniel Charles, mit Corine Renié, Yachts et Yachtmen, Les Chasseurs de Futurs, 1870–1914, EMON, Rennes 1991.

23 Siehe: Daniel Charles, mit Corine Renié, a.a.O. Anhang 1: Sportivité et America's Cup au XIXe Siècle.

24 Die Konstruktion war das Ergebnis einer Zusammenarbeit von Gino Morelli, Bernard Nivelt und einem Braintrust (selbst der Autor hat dazu beigetragen, was bedeutet, dass viele daran beteiligt waren) unter der Leitung von John Marshall.

25 Molinari und die Brüder Switzer waren nicht die einzigen Pioniere von motorisierten Katamaranen. Außer ihnen gab es Ray Leger aus Kalifornien, die Brüder Prout und die Werft Double M aus Großbritannien ... Weitere Einzelheiten siehe: Kevin Desmond, Power Boat Speed, Conway Maritime, London 1988.

26 Nach einem ersten Versuch, der mit dem Schiffbruch seines Katamarans endete, unterbot Branson mit seiner *Virgin Atlantic Challenger II* den Rekord der *United States* um zwei Stunden. Da er aber keine Passagiere beförderte, erhielt er nicht die Hales Trophy, die das Blaue Band ersetzte.

27 Edgar Morin, Journal de Californie, Editions du Seuil, Paris 1970.

28 Es ist nicht unwahrscheinlich, dass das Surfen aus Tahiti oder Neuseeland stammt.

29 Zitat nach: J.-P. Augustin: La Diffusion au Surf dans le Monde (Die weltweite Verbreitung des Surfens), aus: Surf Atlantique, les Territoires de l'Éphémère, eine Gemeinschaftsarbeit unter Leitung von J.-P. Augustin, Maison des Sciences de l'Homme d'Aquitaine, Talence 1994. Der überwiegende Teil der Informationen dieses Kapitels zum Thema Surfen stammt aus dieser wissenschaftlichen Arbeit. Die historischen Hintergründe sind aus: Brève Historique du Surf, von Gibus de Soultrait aus dem selben Verlag.

30 Er gewann mehrere Goldmedaillen bei den olympischen Schwimmwettbewerben 1912 in Stockholm.

31 Joël de Rosnay, zitiert von: Gisèle Lacroix und Olivier Bessy, Glisse d'Hier et Aujourd'hui, aus: Surf Atlantique, a.a.O.

32 Es handelt sich um den Einsitzer Kawasaki JS 450, der bis 1996 gebaut wurde.

33 Ein Steuermann (der nach vorne sieht) und ein Beobachter (der den Wasserskiläufer überwacht).

34 Diese Behauptung ist nicht ohne Reiz, wenn man ein Skigebiet betrachtet, das von Schleppliften, Sesselliften und Seilbahnen verunstaltet ist.

35 Im Frankreich der 80er-Jahre des 20. Jahrhunderts waren es fünf Wochen, aber einige Firmen erlaubten nicht den ungeteilten Urlaub, sondern verlangten Teilurlaube im Winter und im Sommer.

36 Hauptquellen: Kevin Desmond, The Guiness Book of Motorboating, Facts and Feats & Origins & Development of Motor Craft, Guiness Superlatives Ltd., Enfield 1979, und: Un Siècle d'Air et d'Eau, Groupe Zodiac, Paris 1996.

37 Dieser Titel gilt heute als unbestritten. Die beiden Flüge von Ader (in der Zeit um 1890) scheiterten an kleinen Problemen. Die Fluggeräte von Ader waren hoch entwickelte technische Meisterwerke, aber Ader beschäftigte sich mehr mit der Flugmechanik als mit dem Fliegen selbst. Im Gegensatz dazu entwickelten die Gebrüder Wright ihre Flugzeuge einzig aus der Sicht des Fliegers.

38 Die Scheinwerfer stammten zum Teil aus den Unternehmen eines Herrn Blériot ...

39 Ein 4,20 m langes Schlauchboot, das mit seinen Rudern und dem Außenborder nicht in den Kofferraum einer Limousine passte.

40 Die Zodiac-Gruppe war anlässlich ihres 100-jährigen Bestehens im Jahre 1996 das weltweit einzige Unternehmen, das Sicherheitsausrüstung für Flugzeuge, Fallschirmsysteme, Schwimmer für Hubschrauber, flexible Treibstofftanks, Sitze für Zivilflugzeuge, Schlauchboote, aufblasbare Freizeitgeräte und Swimmingpools für den Garten sowie Rettungsinseln für die Sportschifffahrt produzierte!

41 1962 waren nur 40,5 % der französischen Wohnungen mit Toiletten und nur 28,9 % mit Duschen oder Badewannen ausgestattet! Diese Werte lagen 1984 bei 89,4 % für Toiletten und bei 87,8 % für Duschen oder Badewannen.

42 Das Konzept der Einheitsklassen stammt aus einer Zeit, als Rigg und Segel nur einen kleinen Teil der Gesamtkosten ausmachten. Die Zeiten haben sich geändert: Ein sehr guter Antrieb (Mast + Segel) hat mittlerweile einen immer größeren Anteil am Preis und an der Segelleistung als der Rumpf; es gibt nur wenige Klassen (z.B. Laser), wo diese wichtigen Parameter tatsächlich kontrolliert werden.

43 Die International Sailing Federation erwirtschaftet einen bedeutenden Teil ihres Budgets aus der Vermarktung der Olympischen Spiele.

44 Das erinnert mich an eine Episode, die mit Booten wenig zu tun hat. Im Jahre 1942 erläuterte Frank Whittle, der Vater des Strahltriebwerkes, dem Chef (Hives) von Rolls-Royce das Prinzip: Whittle: »Sehen Sie, es handelt sich um eine sehr einfache Maschine«. Hives: »Bleiben Sie ganz ruhig. Wir werden ihr die Einfachheit schon austreiben«.

45 Bei den Einheitsklassen gab es in den 70er-Jahren einige spektakuläre philosophische Verirrungen, als man während einer Saison mehrfach neue Rümpfe brauchte, um wettbewerbsfähig bleiben zu können.

46 Das Veralten von Yachten war seit Beginn der 70er-Jahre eine Tatsache: Auch bei den Einheitsklassen wechselten die Besten ein oder zwei Mal pro Saison das Boot, was das Vertrauen in diese Klassen nicht gerade förderte.

47 Das beschleunigte die Schließung des von Beginn an defizitären Unternehmens Peugeot Maritime.

48 In den USA entwickelte sich dieser seit den 30er-Jahren.

49 Dabei ist zu bedenken, dass zum Ende des Millenniums die Mehrzahl der Teile in einer bestimmten, hier nicht berücksichtigten Zeit vorgefertigt wurden.

50 Arcoa, Jouet, Lanaverre.

51 In den meisten Ländern entwickelten sich große Werften für Serienyachten. Die Ausnahme ist Großbritannien: Es gibt einige bedeutende Werften, aber auch viele kleine, die nur deshalb überleben können, weil sie Rümpfe und Decks von Großherstellern wie Halmatic und Tyler produzieren lassen.

52 In Frankreich wurden dem Kunden am Ende des 20. Jahrhunderts für eine Arbeitsstunde 160 Francs berechnet, die das Unternehmen 103,60 Francs kostete, wenn man die Mehrwertsteuer und die Betriebskosten abzieht. Geht man davon aus, dass die Firma keinen Profit machte und zieht alle weiteren Kosten ab, blieben von 103,60 Francs 57,20 Francs übrig. Nach Steuern sind das etwa 50 Francs, für die man aber nur Waren im Wert von 39,70 Francs (ohne Steuern) einkaufen konnte. Mit anderen Worten, dem Unternehmer werden vom Staat nur 25 % der ursprünglichen 160 Francs gelassen, während er die übrigen 75 % mit einer Leistungszusage einbehält, deren Verwirklichung bzw. Wirksamkeit jeden Tag zweifelhafter wurde. Man kann diese Berechnungen auf vielfältige Weise und auf Basis anderer Grundlagen durchführen – sie alle sind verblüffend.

53 Die Arbeitslosenzahlen waren oft geschönt, weil man Langzeitarbeitslose in der Statistik nicht mehr berücksichtigte.

54 Die Franzosen rühmen sich, Descartes, den Vater des kritischen Gedankens, als Heiligen zu haben. Sie haben Unrecht: Es müsste Colbert sein, der Gründer der Verwaltung.

55 Vereinfacht gesagt, unterstützt jeder Arbeitnehmer in der freien Wirtschaft ein Drittel der Angehörigen des öffentlichen Dienstes und ein Siebtel der Arbeitslosen, nicht eingerechnet deren Kinder.

56 Erinnert man sich noch daran, dass in Frankreich die Einkommenssteuer während des Ersten Weltkrieges als Solidaritätssteuer in Höhe von 1 % eingeführt wurde? Der Einführung einer Solidaritätssteuer Ende des 20. Jahrhunderts in Frankreich, eines allgemeinen sozialen Beitrags nicht zur Deckung von Kriegskosten, sondern zur Sanierung der Sozialversicherung, mangelt es nicht an Ironie. Vergleichbar in Deutschland ist die Einführung der Ökosteuer zugunsten der Rentenversicherungen.

57 Das Beispiel ist selbstverständlich vereinfacht. Mancher Meinung nach ware das zu optimistisch kalkuliert.

58 1992 betrafen in Frankreich 67 % aller Bootsverkäufe Gebrauchtboote.

59 Quelle: Fédération des Industries Nautiques.

Tendenzen

1 »There is no sound (...) in the deserts of the deep (...) where the shell-burred cables creep. (...) Men talk today o'er the waste of the ultimate slime./ And a new Word runs between; whispering, ›Let us be one!‹.« Aus: Rudyard Kipling, Selected Poetry, Penguin, London 1992.

2 Rémy Arnaud, La France en Chiffres, Hatier, Paris 1990.

3 Das war schon ein bemerkenswerter Fortschritt. Ein Wallone zum Beispiel aus Charleroi, der den südbelgischen Dialekt sprach, konnte nur mit Mühe einen Einwohner aus Lüttich verstehen, der kaum 100 Kilometer entfernt wohnte. So groß waren die Unterschiede ...

4 Der Autor war 1976 östlich von London unterwegs und fragte nach dem Weg. Die Antwort lautete: »Gatadagana!«, was so viel wie »Go to Degenham!« bedeuten sollte.

5 Verbindung zwischen Oxford und Cambridge, den beiden bekanntesten britischen Universitäten, deren Studenten eine besondere Aussprache pflegen.

6 Le Petit Robert, Wörterbuch.

7 Die Einseitenband-Technik im Seefunkdienst hat den Vorteil der optimalen Ausnutzung der Sendeleistung.

8 Das Wunder der französischen Sprache! Der Läufer spricht mit seinem geschätzten Sponsor, weil er (der Läufer) den Sponsor teuer zu stehen kommt.

9 Es ist kein Stilbruch: 1982 war der Autor bei einem Test einer Etap 22 (6,60 m langer Küstenkreuzer) auf der kurzen Strecke vom Golf de Morbihan nach Houat unterwegs und entdeckte an Bord einen SatNav. Warum also sollte man navigieren, wenn man bereits die Ausrüstung für große Fahrt an Bord hat? Alles ist im Kopf ...

10 Hedwig Born in: Helle Zeit – dunkle Zeit: in memoriam Albert Einstein, Hrsg. vom Carl Seelig, Europa Verlag, Zürich 1956, zitiert von: Ronald Clark, »Einstein, the Life and Times«.

11 Beispiel eines Eintonners für Einrümpfer, und von *Rogue Wave* für Mehrrümpfer.

12 Es war das erste Mal, dass es beim den Transat für kleine Boote bis 6,50 m Länge Probleme mit den modernen Yachten gab: Man fand erst viel später heraus, wie diese sehr breiten Boote zu segeln, mit welchen Riggs und Segeln die übertakelten Boote auszustatten waren. Das »Mini« war in den 80er-Jahren zweifellos der wichtigste Spielplatz für die Konstrukteure.

13 Konstruktion Tom Wylie, Steuermann Norton Smith.

14 Gemeinsam mit Lucius Ordway sen., einem Segler aus dem Mittelwesten USA.

15 Der Begriff »scow« wurde bereits für sehr leichte Boote mit breitem Steven verwandt, die einige Jahre vorher aufgetaucht waren, aber diese Alfreda mit ihrer fast rechtwinkligen Decksfläche kann als Urmutter der modernen Scow angesehen werden.

16 Diese ersten Autopiloten wurden von Sharp & Co. hergestellt.

17 Die C-Klasse (6,1 m, ein einziges Segel) erschien 1906, die Klasse E, die die Klasse B ersetzte, 1924. E-Scows sind 8,5 m lang und haben eine Segelfläche von 30 m². Der wichtigste Konstrukteur in den 50er-Jahren war Buddy Melges in Zenda am Lake Geneva in Wisconsin, er konstruierte u.a. das X-Boat.

18 Antoine de Saint-Exupéry, zum Thema Flugzeugrümpfe.

19 Finot arbeitete fast 15 Jahre lang mit Computern, bis 1984 die Maus auftauchte. Der Digitalizer, die prähistorische Version der Maus, existierte bereits seit einiger Zeit, konnte aber nur vorgegebene Dimensionen darstellen. Eine Interaktion Mensch/Computer war damit nicht möglich.

20 Das deutet darauf hin, dass das Boot seit dem Entwurf schwerer geworden ist und dass die Änderung der Bedingungen für die Berechnungen nicht berücksichtigt worden sind.

21 Dieses Verfahren wird für die numerische Lösung von Festigkeits- und Stabilitätsproblemen im elastischen und plastischen Bereich angewandt. Die Struktur, d.h. das zu berechnende System, wird in einfache, endlich große Elemente aufgeteilt, die über Knotenpunkte miteinander verknüpft sind.

22 Eine Einhandregatta in Etappen um die Welt mit Start in Newport (USA). Der Franzose Philippe Jeantot hat sie drei Mal gewonnen.

23 Aus: L'Album de la Comtesse: Le Canard Enchaîné, 19.2.97.

24 Die Abmessungen jedes Bootes wurden erfasst, ohne bestimmte Punkte bevorzugt zu messen. Die Komplexität der Formel selbst war dazu gedacht, Vermessungstricks der Konstrukteure auszugleichen.

25 Es wurde trotzdem versucht. Die Vermessungsprozedur lief teilweise automatisch ab, um menschliche Fehler zu vermeiden.

26 Der legendäre Satz des Testpiloten Mutt Summers nach dem ersten Flug mit der Spitfire: »Fasst nichts an!«, sollte nicht bedeuten, dass man nichts verändern sollte, sondern er wollte den Prototypen für den nächsten Flug ganz einfach im gleichen Zustand behalten. Immer wieder gab es bemerkenswerte Überraschungen. Es kostete die theoretisch brillanten Sowjets zehn Jahre, den Jäger MIG 29 zu entwickeln. Eine andere Überraschung war die Instabilität der zweimotorigen Voyager, die den ersten Non-Stop-Flug um die Welt ohne Zwischenlandung und ohne Auftanken in der Luft schaffte. Die Schwierigkeiten, die Saab hatte, um den Jäger Grippen flugreif zu machen zeigen, dass man selbst Ende des 20. Jahrhunderts nicht gegen Überraschungen gefeit war. Wir werden noch sehen, dass dies normal war ...

27 Karl Kirkman, Gespräch mit dem Autor, 1977.

28 Endlich – man hatte die technischen Möglichkeiten gefunden, das Wasser durch eine chemische Substanz zu ersetzen. Die Kosten allerdings waren astronomisch.

29 Ein anderes Beispiel ist das Verhalten im Seegang. Das war besonders kritisch während des America's Cup vor San Diego, wo die Wellen nicht mit den herrschenden Windbedingungen der Modellrechnungen übereinstimmten. Die Nichtbeachtung dieses Parameters führte zum legendären Misserfolg der französischen Herausforderung im Jahre 1995. G.I.G.O.!

30 Das sind veränderliche mathematische Orte, die als Punkte der Anziehung oder des Angelpunktes an chaotischen Demonstrationen dienten, scheinbar ohne jede Ordnung.

31 Der amerikanische Begriff »Fuzzy Logic« ist treffender. »Fuzzy« bedeutet unscharf, ungenau, ein schlechter Witz. Wenn Charlie Brown das Gesicht von Snoopy formlos findet, behandelt er es wie ein »fuzzy face«.

32 Herman Kahn, Angriff auf die Zukunft: die 70er- und 80er-Jahre: So werden wir leben, Reinbek 1975.

33 G. L. Watson, Conference about Progress, aus: Yachting and Yacht Building, Glasgow 1881.

34 Mylar ist eine Polyesterfolie, die in alle Richtungen stabil ist. Kevlar ist eine ebenso zugstabile Faser (aber nicht druckstabil, was bei Segeln aber keine Rolle spielt) wie die Kohlefaser, die aber nach der Aufnahme von Wasser nicht mehr die ursprüngliche Leistung bringt. Dacron ist eine verwebte Polyesterfaser. Alle drei Materialien sind eingetragene Markenzeichen von Du Pont de Nemours & Co.

35 Daniel Charles in: Les Cahiers du Yachting, Mai 1982.

36 Außer den allmählichen Leistungssteigerungen (ein Motor konnte seine Karriere mit 40 PS beginnen und sie mit 70 PS beenden) und den oberflächlichen Änderungen (Ansicht, Aufbau, Zubehör).

37 Der Erfinder wandte sich der Fliegerei zu und beendete seine Karriere als Chef des Projekts Space Shuttle.

38 Eine Version jedoch wurde von Hobie Cat verkauft.

39 Der Unterdruck an der Außenseite ist so groß, dass das Wasser bei normaler Temperatur zu kochen beginnt und verdampft.

40 Der Gyrolaser basiert auf dem Prinzip des Interferometers und deckt wie ein Gyroskop Bewegungen auf, aber er besitzt keine beweglichen Teile Er wird vor allem in der Luftfahrt verwendet.

41 Gemäß des persönlichen Referenten eines Ministers.

42 John Le Carré, Der heimliche Gefährte, Köln 1991.

43 Antoine de Saint-Exupéry, Citadelle, Editions Gallimard, Paris 1948.

44 Elsa Triolet, Le Grand Jamais. Das vollständige Zitat steht am Anfang dieses Buches.

45 Während der Regatta hörte er über BBC, dass ein »64-jähriger« Amerikaner führte. Weld schickte per Funk eine Korrektur: Er sei stolz auf sein wahres Alter.

46 Philip S. Weld, Moxie, The American Challenge, S. 226, Atlantic Monthly Press, Boston 1981.

47 Er erlitt kurz danach eine Herzattacke, während er sich in seiner Lieblingsbibliothek aufhielt – ein beneidenswertes Schicksal.

48 Der Autor zog es vor, die Geschichte so wiederzugeben, wie man sie ihm erzählt hat, anstatt ein Detail zu recherchieren, das sie weniger interessant machen könnte. Die Neunmalklugen werden beklagen, dass die erwähnte U-Bahnlinie nicht jene ist, die benutzt wurde.

49 The Expectant Mariner.

50 Es handelte sich um *Williwaw* von Willy de Roos.

51 Das Schiff fuhr die panamaische Gastlandflagge – das Feld geviert: die obere Stockseite und die untere Flugseite weiß, die untere Stockseite blau und die obere Flugseite rot – und begegnete einem Landsmann, dessen Gastlandflagge anders herum gehisst war. Als die Mannschaft den vermeintlichen Fehler berichtigen wollte, sah sie, wie die Crew des anderen Schiffes das Gleiche machte ...

52 Im Jahre 1949 nahm J. H. Thom mit *Canna*, einem Boot der Scottish Islands Class (schottische Inselklasse), an 23 Regatten teil und gewann davon 15.

53 Clyde News, 8.12.1953.

54 Arthur Ransome, Racundra's First Cruise, Jonathan Cape, London 1923.

55 Anspruch der Wagner-Oper: Gleichzeitigkeit von musikalischem, visuellem und intellektuellem Erlebnis.

Biografien

1 Gespräch mit dem Autor, 1979.

2 Während der Jungfernfahrt auf einer Untiefe gesunken, die nicht in der Seekarte verzeichnet war.

3 Eine Rolle, die ihre Malerei später zu Unrecht verdammte.

4 Eine Konstruktion von Maurice Chevreux, gebaut von der Werft Luce, an der auch Caillebotte beteiligt war.

5 Die ersten Motogodille-Motoren hatten seit 1904 ein Gehäuse aus Aluminium, aber es waren vor allem die abnehmbaren Maschinen.

6 Philip, Herzog von Edinburgh und Freund von Uffa Fox, in seinem Vorwort für: June Dixon, Uffa Fox, a Personal Biography, Angus & Robertson, Brighton 1978.

7 Am Ende seines Lebens war er nicht etwa stolz auf diese skandalöse Aktion, sondern auf die Tatsache, dass er für ein Busdepot verantwortlich geworden war.

8 Autor der Bibel für Neulinge im Konstruktionsbereich, Skene's Elements of Yacht Design.

9 Zu jener Zeit das größte Serienboot aus Kunststoff der Welt, ein Entwurf von E. G. van de Stadt.

10 Anfang 1910: Joshua Slocum war auf dem Meer verschollen, der Tag seines Todes ist nicht bekannt.

11 Untersuchung der Zeitschrift »L'Équipe«, April 1984.

Register

Bildnachweis

AFP S. 247 o.
Allisy, D. S. 8, 124, 141, 155, 192 Mi., 193 o., 198 o., 302 o., 307, 320 o. + u., 330 li., 331 o. li., 333 u. li., 334 u. re.
Archive SNG S. 169 u.
Arthaud S. 8, 218, 246 o., 251 o., 299

B & G S. 312
Beken of Cowes S. 85 u., 165, 180, 184, 187, 238, 244, 247 u., 256 u. li. + u. Mi., 257 u., 269 o., 306, 334 u. li.

Chapuis, O. S. 304
Charles, D. S. 15 u., 35, 37 o., 40, 42/43, 45, 47, 53, 56, 59/60, 65, 69 o., 71, 73/74, 81, 82 o., 84 o., 85 Mi., 86, 88, 90 u., 92/93, 95, 98–100, 103, 105/106, 113, 115, 116 o., 117 u., 118 o., 119–121, 123 o., 128–131, 133, 135–137, 142/143, 151, 154, 157/158, 160–163, 174/175, 176 u., 177, 186, 189–191, 192 u., 193 u. re. + Mi. re., 194, 199 o., 204–210, 213 o., 214 o., 215 Mi., 217 u., 220/221, 224, 227–230, 232, 266 u., 267/268, 276 o., 280 o., 310 u., 324–327
CLS S. 301 u.
Coopers S. 139

DGA S. 164 o.
DITE S. 52
DPPI/Chevodian, P. S. 278
DPPI/Tibault, H. S. 276 u.
DPPI/Vapillon, J. S. 302 u.
DR S. 26 u., 27u., 37 re., 67, 87, 188, 200, 240, 261 u., 265, 266 o., 273 u., 292, 330 re. u., 331 re., 337 o. li., 338 o. li.

Favez, G. S. 146, 149, 185 o.
Fds. Alain Gerbault S. 195 li., 334 o. re.
Février, A. S. 321
Février, C. S. 6, 8, 27 o., 33 o., 34, 44, 48, 63, 66, 70, 72, 75/76, 80, 85 o., 91, 116 u., 118 u., 132 u., 170, 181, 196, 202, 237 u., 249 u., 250 u., 255, 259 o., 264, 269 u., 270, 271 o. + u., 272, 273 o., 275, 286, 288, 298, 300 o., 308 li., 314, 323, 331 u. li., 335 o. li., 339 o. re.

Glénans S. 237 o.
Guerney, G. S. 3, 8, 178, 198 u.
Guétat, Y. S. 172, 212, 213 u., 214, 215 o., 216, 217 o.

Hélice Club de France S. 170
Herreshoff Marine Museum S. 126, 132 o.
Honda S. 317 o.

Kanawa International Museum S. 51
Kawasaki S. 281 o.
Kramer, K. S. 148, 152

Lenormand, P. S. 258 o.
Lewmar S. 199 u.

Mariner's Museum S. 68 u., 201, 250 o., 134, 138, 144
Martin-Raget, G. S. 8, 26 o., 153, 167/168, 183 o., 241 o., 242, 254, 274, 280 u., 283, 287, 290, 295/296, 303, 313, 328, 333 o. li., 334 o. li., 337 u. li.
Mary Evans Picture Library S. 84 Mi.
Maux Museum & National Trust S. 37 u.
Météo France S. 300 u., 301 o.
Musée de Batignolles S. 251 Mi.
Musée de l'Air S. 176 Mi., 285
Musée de la Marine S. 15 o., 20/21, 22 o. + u., 30/31, 33 u., 39, 54, 84 u., 117 o., 166, 199 Mi.

NASA/DITE S. 245
Nederlands Sheepvaart Museum S. 12, 16/17, 41, 55
New York Public Library S. 102
New York Yacht Club S. 64, 68 Mi.
Norfolk Museum S. 24
NSMB, Wageningen/Ede S. 96

Öffentliche Archive, Ottawa S. 50
OMC S. 333 u. re.

Pepper, M. S. 8, 322
Philadelphia Museum of Art S. 8, 78
Poiloroux, H. S. 122, 252

Réunion des Musées Nationaux S. 8, 10, 14, 18, 29
Rijksmuseum S. 19

RORC S. 195 u.
Rosenfeld Collection S. 201 o., 203
Royal Thames Yacht Club S. 38

Schiller, P. S. 319
Science Museum, London S. 94, 123 u.
Sea and See/Allisy, D. S. 253
Sea and See/Borlenghi, C. S. 8, 249 o., 262, 277, 318, 332 o. re.
Sea and See/Charpentier, L. S. 293
Sea and See/Dousset, J. S. 251 u.
Sea and See/Favennec, H. S. 330 o. re.
Sea and See/Février, C. S. 248, 256 o. li., 257 o., 260, 271 Mi., 317 u., 336 u. re.
Sea and See/Forster, D. S. 261 o., 309 o.
Sea and See/Fyot, A. S. 28, 36
Sea and See/Guernay, G. S. 316
Sea and See/Hache, V. S. 309 u.
Sea and See/Kersauson, O. S. 246 u.
Sea and See/Richard, F. S. 338 u. li.
Sea and See/Salle, F. S. 284
Sea and See/Serazat, G. S. 308 o.
Sea and See S. 256 o. Mi., 258 u.
SERENHA S. 310 o., 311

Taglang, J. S. 90 o., 97, 107–112, 114, 127, 164 u., 183 u., 332 o. li. + u. li. + u. re., 335 o. re., 336 u. li., 339 o. li. + u. li. + u. re.
Tate Picture Library S. 46
Tienda Brothers S. 23 o., 159, 336 o. li.

Viking Ship Museum S. 32 o.
Viollet, R. S. 13, 82 u., 89, 169 o., 182, 193 u. li., 211, 223, 226, 234, 236, 279, 335 u. li.

Wadsworth Athenews S. 156

Zodiac S. 282

Danksagung

Ein Buch ist ein wenig wie eine Einhand-Transatlantiküberquerung: Der Autor steht völlig allein vor einem Sturm aus Ideen und einem Ozean voller Geschichten – diese Einsamkeit bleibt aber glücklicherweise nur relativ. Um zwischen den Seiten navigieren zu können, hat er außer sich selbst und dem Telefon seine Berater. Deshalb Dank an Christine de Colombel und an Jean-Charles Durand – er weiß wie es ist, auch wenn er meistens an seinem Computer sitzt, wenn andere ein Buch unter Bedingungen schreiben, die nicht denen entsprechen, die sie sich wünschten. Dank auch an Etienne Courcoux, Alain Oriot, Frédérique Péron und die gesamte Mannschaft von Libris. Die Hilfe von Aude Fleury aus dem Hintergrund war unersetzlich. Immer wenn der Autor außerhalb beschäftigt war, konnte er sich auf seinen Piloten verlassen. Somit Dank an Jacques Taglang für die Recherchen der Biografien (die Fehler habe ich selbst gemacht). Und dann gibt es da die vielen Freunde, die mir Mut zugesprochen, mich unterstützt und konstruktive Ideen zur Manövertaktik beigetragen haben: Dank an Daniel Allisy, Jean-Pierre Bosc, Patrick Brunet, Mary Charles, Jacques Chauveau, Joël Perrodo – nicht zu vergessen Éric Tabarly, dessen Unterstützung und Inspiration sehr wertvoll waren. Schließlich ist die Ziellinie erreicht, das Manuskript redigiert, der Autor kann sich bei allen seinen Helfern bedanken – stottert ein wenig angesichts der Menge, die man zitieren müsste: all diese Personen, denen er begegnet ist, all diese Bücher, die eine wankende Eingebung genährt haben, all diese Schiffe, die die Vorstellungen stützten, all diese andere Vergnügen … Aber sie alle zu feiern, das ist das Thema dieses Buches!

Daniel Charles

Titel der französischen Originalausgabe: HISTOIRE DU YACHTING

Die Deutsche Bibliothek - CIP-Einheitsaufnahme

Charles, Daniel:
Die Geschichte des Yachtsports / Daniel Charles. Aus dem Franz. von Ingeborg Nöldeke und Erik von Krause. - 1. Aufl. - Bielefeld: Delius Klasing, 2002
Einheitssacht.: Histoire du yachting <dt.>
ISBN 3-7688-1300-2

1. Auflage
ISBN 3-7688-1300-2

Aus dem Französischen
von Ingeborg Nöldeke (bis S. 195) und Erik von Krause (ab S. 197)
Schutzumschlaggestaltung: Gabriele Engel
Layout: Alain Oriot
Zeichnungen: Frédérique Péron
Printed in Spain 2002

Delius Klasing Verlag, Siekerwall 21, D - 33602 Bielefeld
Tel.: 05 21/5 59-0, Fax: 05 21/5 59-113
e-mail: info@delius-klasing.de
www.delius-klasing.de